OEUVRES

COMPLÈTES

DE BOILEAU.

1.

Cette Edition de Boileau, honorée d'abord du suffrage de deux des plus illustres secrétaires de l'Académie Française, MM. Andrieux et Arnault, a été ensuite adoptée par le Conseil royal de l'Instruction publique, pour être placée dans les bibliothèques des colléges royaux, et inscrite sur la liste des ouvrages à donner en prix. (Lettre de M. le ministre de l'Instruction publique.)

Imp. d'AD. MOESSARD ET JOUSSET,
rue de Furstemberg, n.º 8.

Peint par Rigaud   Tiré du Cabinet de M.˞ la Prem.˞ Présidente de Grosbois   Dess. et Gravé par C. M.˹ Pien

J. J. Blaise Libraire, Quai des Augustins.

OEUVRES

COMPLÈTES

DE BOILEAU,

COLLATIONNÉES SUR LES ANCIENNES ÉDITIONS ET SUR LES MANUSCRITS;

avec

DES NOTES HISTORIQUES ET LITTÉRAIRES,

ET DES RECHERCHES SUR SA VIE, SA FAMILLE ET SES OUVRAGES;

PAR M. BERRIAT-SAINT-PRIX.

NOUVELLE ÉDITION,

Ornée du *fac-simile* de l'écriture de Boileau, et d'un tableau généalogique de sa famille, contenant plus de 500 parens ou alliés de ce poète.

TOME PREMIER.

PARIS,
CHEZ PHILIPPE, LIBRAIRE,
RUE DE FURSTEMBERG, n.º 8.

1837.

AVERTISSEMENT
DU NOUVEL ÉDITEUR.

I. Les commencemens de cette édition remontent déjà à plus de trente années. Lorsqu'elle fut entreprise, nous nous occupions de recherches sur la vie et les ouvrages de Boileau. L'examen de la volumineuse édition de St.-Marc (*Notice Bibliog.*, § 1, n° 142), qui jouissait encore d'une haute renommée, et sa comparaison avec quelques éditions publiées pendant la vie du poète, nous firent reconnaître combien St-Marc avait commis d'omissions et d'erreurs, en rapportant, d'après Brossette (*ib.*, n° 113), les variantes de son auteur. Jusque-là, on avait cru, et nous partagions nous-même cette opinion, que Brossette, le contemporain, le correspondant de Boileau, avait rapporté avec une égale fidélité, et le texte et les variantes du poète. Nous fûmes d'autant plus promptement détrompé que, parmi les éditions originales que nous avions alors sous les yeux, se trouvaient celles de 1675 et de 1685 (*ib.*, n°ˢ 37 et 48) dont St.-Marc révoquait en doute ou niait (mêmes n°ˢ et ci-après, p. 8, note 1) formellement l'existence.

Nous conçûmes alors la pensée de compléter et même de rectifier le travail de ces éditeurs célèbres, à l'aide des éditions anciennes de Boileau qu'il nous était, à cette époque, possible de nous procurer. Le nombre en était fort borné; cependant au bout de quelques années, nous avions trouvé assez de leçons de texte et assez de variantes inconnues aux éditeurs du xviiiᵉ siècle, pour espérer d'obtenir quelque succès en donnant une édition nouvelle de Boileau, sans attendre d'être à portée de puiser à un plus grand nombre de sources.

Feu Léopold Collin, libraire à Paris, se chargea, en 1808, de la publier sous peu de temps [1].

Cette édition ne devait comprendre que les poésies. Aux va-

---

[1] Lettre du 17 septembre 1808.

riantes dont nous venons de parler, nous avions joint un assez grand nombre de notes historiques ou littéraires extraites de St-Marc, ou d'auteurs qui s'étaient aussi occupés de Boileau. Les préliminaires consistaient en des recherches sur la vie et les ouvrages de Boileau, et une notice des éditions et des ouvrages dont nous nous étions servi. Dans l'avertissement nous exposions les règles que nous avions suivies dans la rédaction du commentaire, à-peu-près en ces termes :

1° Nous avons élagué la plupart des notes biographiques... Outre qu'en général elles sont peu nécessaires à l'intelligence du texte, si elles concernent des personnages qui méritent d'être connus, elles dispensent rarement d'avoir recours à des dictionnaires historiques, et si elles concernent des individus obscurs elles n'offrent presque aucun attrait [1].

2° Nous avons aussi laissé de côté toutes les citations d'auteurs dont il paraît évident que Boileau ne s'était pas servi, tels que Lafrenaie-Vauquelin, dont St.-Marc a copié, dans ses notes, des pages entières, « quoiqu'il n'ait rien fourni à Boileau qui vaille la peine d'être cité » (La Harpe, *Lyc.*, VI, 264).

3° Nous avons supprimé des digressions relatives à des faits peu intéressans.

4° Des notes qui devaient être conservées, nous n'avons rapporté ou extrait que ce qui était essentiel pour l'intelligence du texte, ou contenait quelque observation littéraire.

II. En suivant une pareille méthode, nous avons dû écarter une multitude de détails dans lesquels se sont complus en quelque sorte, les anciens commentateurs, et en cela, nous croyons être entré dans la pensée de Boileau. En effet, quoique le vœu qu'il commentât lui-même ses poésies eût été émis par Bayle dès 1684 (Nouvell. rép. lett., III, 789), et que par conséquent Boileau eût eu 26 années pour réfléchir aux éclaircissemens dont

---

[1] Telles sont les notes que Brossette et beaucoup d'éditeurs d'après lui ont consacrées aux personnages qu'ils prétendent avoir été peints dans le Lutrin; notes d'ailleurs fort souvent inexactes, comme nous le montrons tome III, page 487 à 490.

ses poésies avaient besoin, leurs notes, dans l'édition publiée après sa mort (Not. bibl., § 1, n°^{os} 107 et 108), sont tout à-la-fois peu nombreuses et extrêmement concises. Rarement elles vont à une ou deux lignes, et fort souvent elles se réduisent à quelques mots : et si on les imprimait de suite, elles occuperaient à peine six pages de l'édition de St.-Marc, tandis que celles qui sont étrangères à Boileau, dans la même édition, en remplissent peut-être six cents [1].

III. Nous avons été moins réservé à l'égard des observations littéraires contenues dans cette même édition. Nous avons cru surtout ne devoir négliger aucune des critiques des ouvrages de Boileau ; nous en avons même ajouté un fort grand nombre qui avaient échappé à St.-Marc, et à ses devanciers, ou qui n'avaient pu leur être connues.

Les critiques fondées auront plus d'un genre d'utilité. Elles apprendront aux jeunes gens à se défier de leurs forces, à revoir avec scrupule leurs ouvrages avant de les publier, puisqu'ils verront qu'un auteur aussi naturellement correct que Boileau, et qui mettait tant de soin et de temps à revoir ses poésies, a cependant commis quelques fautes (on en cite dans l'Essai, n° 116, 162 et 163).

Les critiques injustes pourront aussi n'être pas inutiles. Elles montreront qu'au temps de Boileau comme au nôtre[2], la plupart des censeurs s'attachaient plutôt aux détails qu'à l'ensemble d'un ouvrage; que le plus souvent les innovations les plus heureuses ou les fautes grammaticales les plus légères leur faisaient jeter les hauts cris; qu'ils recherchaient les fautes avec autant de soin qu'ils fermaient les yeux sur les beautés, etc. [3]

IV. L'indication de ces dernières critiques offre même des

---

[1] Les anciens commentateurs ont épuisé dans leurs notes les inutilités, dit La Harpe, Lyc., VI, 184... Et c'est aussi le sentiment de d'Alembert, III, 116, note 24; de Voltaire, Siècle de Louis XIV, Catalogue, art. Boileau; de Victorin Fabre, Revue, an XIII, t. IV, p. 111 ; etc.

[2] Le lecteur se rappelle que nous écrivions ceci *avant* 1808.

[3] Il nous a paru aussi très piquant de mettre, pour ainsi dire, leurs critiques en parallèle avec les éloges que de bons écrivains ont faits des passages qu'ils avaient réprouvés (voy. aussi l'Essai, p. cxx).

avantages assez frappans. Ces critiques font mieux apercevoir les nobles hardiesses dont fourmille Boileau, et que nous ne remarquons guère aujourd'hui, parce que ayant, grâces à son exemple et à son autorité, enrichi notre langue, elles ont passé pour y être naturelles [1]. Elles confirment cette maxime de Voltaire et de La Harpe, qu'il n'appartient qu'aux bons artistes de juger des productions des arts, puisque la plupart de ces critiques injustes que nous rapportons n'émanent que de mauvais poètes ou de prosateurs médiocres, tels que Cotin, Coras, Desmarets, Brienne, Sainte-Garde, Pradon, Bonnecorse, Bellocq, Perrault, Gacon, St.-Marc, Chapat, Daçarq, Mermet.... Enfin elles confirment aussi cette autre maxime des grands poètes, qu'il ne faut pas mesurer la poésie avec le compas de la prose, puisque plusieurs des mêmes observations proviennent de grammairiens habiles, tels que Féraud et Condillac (*voy.* Not. bibl., § 2, n°s 93 et 98).

V. Nous nous sommes rarement permis d'énoncer notre opinion sur ces critiques. Outre que le nom de leurs auteurs les signale le plus souvent, et que nous leur avons opposé toutes les fois que cela a été possible, le sentiment d'autres auteurs dont le nom seul est une autorité (Voltaire, La Harpe, etc.), pour peu qu'on ait de goût, on les distinguera facilement de celles qui sont fondées. Mais, pour mettre les lecteurs à portée de les discuter, si bon leur semble, nous avons cité scrupuleusement, et comme pour toutes les autres notes, les sources où elles ont été puisées (les observations sans signature, ou suivies des lettres B. S., nous appartiennent).

VI. IMITATIONS. Nous avons recueilli les imitations des

---

[1] Victorin Fabre (ses observations sont rapportées, tome Ier, p. 29, note 2). Thomas avait déjà fait cette remarque... « Boileau, dit-il (*De la langue poétique*, OEuvres, 1819, II, 35), épura la langue et y ajouta plus d'expressions piquantes, neuves et même hardies que la régularité sage de son esprit et de son talent ne semblait le promettre «... Victorin Fabre indique en effet (même note 2) plusieurs expressions de ce genre, auxquelles on en pourrait joindre un grand nombre d'autres, par exemple celles dont il est question, Essai, p. lxxxvj à lxxxviij; tome I, p. 95, note 1; 263, note 2; tome II p. 173, note 3; 196, note 1; 197, note 3; etc., etc.

auteurs anciens, présentées jusqu'à ce jour, comme faites par Boileau.... Nous avons ajouté un grand nombre de passages d'auteurs contemporains ou modernes qui paraissent avoir pris Boileau pour modèle (ces imitations sont distinguées par un signe particulier, IM., ou bien IMIT. de B..; Imitation de Boileau), lorsque nous avons pu découvrir que Boileau était réellement l'auteur original.

VII. Variantes. Nous avons aussi rapporté tous les changemens faits par Boileau à ses ouvrages, depuis l'impression, qui sont indiqués dans les éditions de Brossette et de St.-Marc : ils sont désignés par la lettre V. (variante). Nous en avons même, soit rectifié plusieurs qui avaient été inexactement reproduits : ils sont désignés par les lettres V. E. (variante erronée); soit ajouté un grand nombre qui avaient été omis et qu'une nouvelle collation des éditions anciennes nous a fait découvrir; ils sont désignés[1] par les lettres V. O. (variante omise).

Nous avons rapporté avec le même soin, les changemens faits avant l'impression. Ceux dont on doit la connaissance à Brossette, et on lui en doit beaucoup, sont désignés par les lettres P. C. (première composition) et ceux que nous avons découverts, par P. C. O. (première composition omise). *V.* au reste, n° XI, p. viii.

L'utilité de l'indication des variantes de style est si généralement reconnue que nous ne nous y arrêterions point si un des principaux éditeurs de Boileau, l'abbé Souchay (Not. bibl., § 1, n° 131), n'avait cru devoir la supprimer. Il prétend (*préf.*, p. iij) s'être conformé en cela aux intentions de Boileau lui-même. « Je me suis fait, dit-il, une loi de le rendre tel qu'il a désiré de paraître aux yeux du public. »

Souchay n'a pas fait attention qu'il privait par là les jeunes littérateurs des leçons qu'ils pourraient puiser dans la préférence donnée par un auteur aussi correct que Boileau, à telle expression, à telle tournure sur telle autre; leçons d'autant plus utiles que Boileau s'est souvent déterminé à adopter des change-

---

[1] Les fautes grossières des éditions un peu répandues, non indiquées par les commentateurs modernes de Boileau, le sont par les lettres F. N. R. (faute non relevée).

mens faits par des éditeurs étrangers, ou proposés, même par de mauvais écrivains, tels que les Cotin, les Coras, Desmarets, Pradon, etc., et des écrivains qui étaient ses ennemis déclarés (*voy.* l'Essai, n° 162; et le tome III, p. 218, note 2).

Les variantes de noms et de qualités que nous avons cru ne pas devoir omettre, n'offrent pas sans doute le même avantage : cependant elles ne sont pas inutiles puisqu'elles tendent à jeter quelque lumière, soit sur la vie de Boileau (même Essai, n° 53 à 58), soit sur les mœurs ou les usages de son temps.

VIII. Nous avons placé avant chaque espèce d'ouvrage de Boileau, les éloges et les critiques, en un mot les jugemens principaux qui concernent ces ouvrages, considérés sous un point de vue général, lorsqu'ils étaient trop étendus pour être insérés, comme on l'a fait dans quelques éditions, à la suite des notes. D'ailleurs les notes sont naturellement réservées aux observations de détail, relatives au style proprement dit.

IX. Les mêmes raisons nous ont fait mettre avant les notices bibliographiques, les fragmens principaux des recherches sur Boileau dont nous avons parlé (n° I, p. 1), qui pouvaient servir d'éclaircissemens à divers passages de ses œuvres. Ils sont distribués sous le titre d'*Essai* dans plusieurs chapitres, dont le premier contient un coup-d'œil rapide sur la vie de notre poète, et divisés en une seule série de numéros pour en faciliter les citations.

X. Tel était, à très peu de chose près, le plan que nous avions suivi (et dont nous ne nous sommes pas écarté depuis) dans le commentaire envoyé, en 1808, à Léopold Collin.

Diverses circonstances ayant forcé ce libraire de renoncer à l'entreprise, nous avons depuis fait au manuscrit un fort grand nombre d'additions puisées soit dans des ouvrages plus récens, soit même dans les éditions nouvelles de Boileau, du moins lorsqu'il nous était permis d'en faire usage.

Ainsi nous nous sommes borné à extraire des éditions de M. Daunou (Not. bibl., § 1, n°^{s} 205 et 244), parmi les notes appartenant en propre à ce savant et élégant littérateur, celles qui avaient quelque rapport aux nôtres, qui, par exemple, exprimaient des opinions conformes ou opposées à celles que nous avions recueillies, et nous avons eu soin d'en citer l'auteur. Semblable méthode pour d'autres éditions, telles que celles de MM. Amar et de Saint-Surin (même § 1, n°s 227, 230 et 242), ce qui nous conduit à une nouvelle observation.

M. de S.-S. est le premier éditeur moderne qui ait eu et qui ait mis à exécution l'idée que nous avions conçue nous-même, il y a plus de trente ans, de collationner les œuvres de Boileau sur les éditions anciennes au lieu de s'en rapporter exclusivement au travail de Brossette. A la vérité, un assez grand nombre de variantes lui ont échappé; mais comme parmi celles-ci, il n'en est pas beaucoup d'importantes [1], on serait porté à croire que nous l'avons copié, ou au moins que nous nous sommes borné à adopter le plan suivi dans ses recherches... et nous ne pourrions opposer à ces soupçons le témoignage des littérateurs à qui Léopold Collin avait communiqué notre manuscrit (il l'a eu pendant deux ans entre les mains), parce qu'il ne nous les avait point indiqués.

Heureusement nous pouvons citer un fait authentique qui, nous l'espérons, dissipera tous les doutes.

Lorsque le savant bibliographe, M. Beuchot, travaillait à son excellente édition de Bayle, il éprouva quelque embarras à comprendre une note de ce critique, relative à ces vers de Boileau, sur le Sonnet (Art. poét., ch. II, vers 97 et 98):

> A peine dans Gombaud, Maynard et Malleville
> En peut-on *admirer* deux ou trois entre mille.

Nous levâmes la difficulté en lui rapportant la leçon des éditions de 1674 et 1675, où on lit *supporter* au lieu *d'admirer*. M. Beuchot cita cette leçon, en ajoutant qu'il nous en devait la connaissance, dans son tome VII (page 120) publié le 29 décembre 1821 (Journal de la librairie, n° 5333), long-temps avant que M. de S.-S. eût pu la donner.

---

[1] Voyez toutefois une omission d'une variante de quatre vers, citée tome I, p. 165, note 1; d'autres, de mots, citées p. 4, note 2; p. 5, note 2; p. 10, note 2; p. 76, note 6; p. 167, note 3; p. 170, note 1; p. 276, note 1... Tome II, p. 23, note 2; p. 53, note 5; 123, note 2; 126, note 1, 139, note 4; etc.

Les divers tomes de M. de S.-S. portent à la vérité le millésime de 1821, mais cette indication, suite d'un pur usage de librairie, convient seulement au tome IV [1] qui ne contient que la correspondance (*ib.*, 29 juin, n° 2498). Le tome II où se trouve la leçon précédente, ne parut que le 6 septembre 1823 (*ib.*, n° 3741) et la notice bibliographique où M. de S.-S. annonce qu'il ne s'en est pas rapporté pour les variantes à Brossette et à Saint-Marc, mais qu'il a conféré toutes les éditions originales (pages xxxiv et xxxv), le 20 décembre 1823 (même journal, n° 5760).

XI. Au reste, on conçoit d'après cela que le signe V. O. adopté précédemment (n° VII, page v), pour désigner les variantes omises, ne peut s'appliquer qu'aux éditions antérieures à celle de M. de Saint-Surin. Quant aux variantes omises par cet éditeur, ou aux erreurs qu'il a pu commettre dans celles qu'il a rapportées, nous les indiquons par les capitales italiques *V. O.* (*variante omise*) et *V. E.* (*variante erronée*) [2]. Enfin, les changemens antérieurs à l'impression qu'il n'a point notés, par les mêmes capitales *P. C. O.* (première composition omise).

On pressent qu'en nous occupant à recueillir ces variantes ou ces premières compositions, nous n'avons pas dû perdre de vue le texte proprement dit de notre auteur. Nous avons eu souvent à nous écarter des leçons adoptées par les éditeurs qui nous ont précédé; mais nous ne l'avons jamais fait que d'après les manuscrits de Boileau, lorsque nous avons pu y avoir recours, ou d'après les éditions revues par lui-même ou publiées à une époque qui leur donne un caractère presque égal d'authenticité. En discutant ces diverses leçons, nous avons cité les éditions fautives auxquelles la nôtre pourra, en quelque façon, servir d'*errata*.

Comme il serait impossible de mentionner ici les plus intéressantes de ces corrections de texte, nous renverrons aux notes

---

[1] Le tome III parut le 25 mai 1822, et le tome I, le 14 décembre suivant (*ib.*, n. 2368 et 5581).

[2] Les fautes non relevées (même n° VII, note 1, p. v), par *F. N. R.*

des œuvres [1]. Le lecteur y verra que, quoique publiées un peu tard, nos recherches n'ont pas été sans quelque fruit, puisque le total des additions, des corrections, des changemens que nous avons faits, soit au texte, soit aux variantes publiées jusqu'à ce jour, ne s'élève pas à moins de TREIZE CENTS. [2]

XII. TYPOGRAPHIE (*orthographe, caractères, ponctuation*, etc.). Nous avons substitué, comme presque tous les éditeurs modernes, l'orthographe actuelle à celle du siècle de Boileau (v. Not. bibl., § 1, n° 164) excepté lorsque les règles de la versification exigeaient la conservation de l'ancienne, et sauf à en faire l'observation dans les notes.

Nous n'avons pas cru néanmoins devoir suivre la méthode de plusieurs imprimeurs modernes, qui ont ajouté, sans nécessité, du moins selon nous, des lettres que n'admettait pas l'orthographe ancienne; ainsi, ils mettent : applaudissemen*t*s, savan*t*s, s'agaçan*t*s, etc., etc., [3] tandis qu'on lit dans toutes les éditions anciennes de Boileau : *applaudissemens, savans, s'agaçans*, etc.

Quoiqu'on multipliât beaucoup trop alors l'emploi des *italiques* ou des capitales pour les passages que l'auteur intercalait

---

[1] Nous nous bornerons à citer ici quelques exemples des fautes grossières que nous y signalons comme existant dans un grand nombre d'éditions (depuis *vingt* jusques à *soixante* et davantage).

I. Mots mis pour d'autres mots. — *Les flots*, pour *des flots* (t. I, p. 102); *rude*, pour *prude* (p. 121); *doré*, pour *doté* (p. 127); *honneur*, pour *bonheur* (p. 137); *un*, pour *tout* (p. 154); *ces*, pour *tes* (p. 176); *sur le ton*, pour *au défaut* (p. 191); *froide*, pour *faible* (p. 257); *battant*, pour *battent* (p. 264); *son*, pour *ton* (p. 291); *se signalant*, pour *te signalant* (p. 295); *du sang*, pour *de sang* (p. 301); *l'un et l'autre*, pour *l'un de l'autre* (t. II, p. 30); *tremblant*, pour *sanglant* (p. 197); *ni*, pour *et* (p. 242); *sous*, pour *sur* (p. 269); *des saints*, pour *de saints* (p. 372); *ses*, pour *les* (t. III, p. 188); *sut*, pour *put* (p. 261)...

II. Pluriels mis pour des singuliers. — Le mot... qui *sont* (t. III, p. 222); cette grandeur... qui *ont* (p. 274).

Ajoutons encore que dans un passage (t. I, p. 118), onze éditions et dans un autre (*ib.*, p. 144), dix-huit prêtent à Boileau un vers de *treize* syllabes; et que dans un troisième (*ib.*, p. 176), d'autres en réduisent un à *onze* syllabes.

[2] Dont plus de la moitié en variantes erronées, ou fautes non relevées (*voy.* Notice bibl., p. cxxvij, note 2).

[3] On ne suit pas cette méthode à l'imprimerie royale.

dans ses ouvrages, ou sur lesquels il voulait fixer l'attention du lecteur, nous avons pensé qu'il était nécessaire d'indiquer ces passages par quelque signe, tel que des guillemets, pour que le lecteur ne crût pas au moins que les premiers appartenaient à Boileau [1], ainsi qu'il peut y être induit d'après le système typographique de quelques éditions.

Il nous a semblé aussi que l'emploi des virgules qui séparent certains mots dans les éditions originales ne devait pas être négligé, puisque leur suppression tend quelquefois à donner aux expressions de l'auteur un sens différent, ou à altérer la mesure de ses vers. On en verra un assez grand nombre d'exemples dans les notes. [2]

XIII. *Notes Biographiques.* Nos observations (n° I, p. 11), relatives aux personnages obscurs, ne s'appliquent pas aux membres de la famille de Boileau. On aime à connaître les parens d'un homme célèbre. D'ailleurs, plusieurs passages, soit de ses actes, tels que son testament (tome IV, p. 493—495), soit de ses ouvrages et surtout de ses lettres, ne peuvent être bien compris qu'à l'aide de documens exacts sur les mêmes parens. C'est ce qui nous a déterminé à placer avant la correspondance du poète, des Recherches sur sa famille (t. III, p. 436), résumées ou développées dans un Tableau généalogique, et une Explication de ce tableau, numéro par numéro. Ces documens nouveaux sont appuyés de 221 pièces justificatives (t. IV, p. 467 à 506) puisées dans les archives de Paris et de nombre de communes environnantes, ou dans des minutes de notaires, etc.

Tous les noms qui figurent dans le tableau n'offrent pas assurément un intérêt égal; cependant, il nous eût été plus diffi-

---

[1] Telle était aussi la raison pour laquelle il employait ces caractères, comme nous l'avons vu dans des notes inédites de sa main qui sont parmi les papiers de Brossette. On lui demandait pourquoi les vers 153 à 156 de la satire IX y étaient en italiques : « C'est, répond-il, pour marquer que ce n'est pas l'auteur qui parle »... Et au sujet des vers 252 à 256 de la même satire, il dit : « Ces vers sont composés de phrases de Malherbe, c'est pourquoi je les ai fait mettre en différens caractères. »

[2] Entre autres dans celles-ci du tome I; 6, p. 45; 3, p. 63; 2, p. 66; 1, p. 97; 5, p. 110; 3, p. 124; 5, p. 188; 1, p. 195... du tome II; 1, p. 98; 4, p. 195, etc.

cile qu'on ne le croira au premier coup-d'œil, d'en réduire le nombre ; souvent tel nom obscur est indispensable pour éclaircir un fait qui concerne un nom plus connu, et d'ailleurs, dans ces sortes de recherches, l'essentiel, le nécessaire est bien rarement ce qui s'offre tout d'abord, et là, il faut, en quelque sorte, pour arriver à l'utile, commencer par accepter le superflu.

Ce travail avait été commencé en vérifiant les documens que Brossette a fournis à tous ses successeurs sur la vie et sur la famille de Boileau, et auxquels nous avions d'abord eu la même foi que tout le monde, à cause des relations suivies de cet éditeur avec le poète. A mesure que nos recherches avançaient, notre confiance en l'éditeur-modèle diminuait, et la somme de ses erreurs reconnues et démontrées est devenue telle, que nous avons dû faire, au moins des plus importantes, un article à part, placé à la suite de l'explication du tableau généalogique, et lui servant comme de corollaire (t. III, p. 466 à 498).

Pour les divers personnages cités par Boileau, ou bien auxquels il fait allusion, les lecteurs curieux de détails biographiques trouveront de quoi se satisfaire, soit dans les notes des précédens éditeurs, surtout dans celles de M. de Saint-Surin, qui a rectifié et complété leurs recherches ; soit dans la biographie abrégée et fort précieuse que M. Daunou a placée à la fin de son édition de 1825, t. IV, p. 403 à 490, sous le titre de Table alphabétique d'auteurs.

XIV. Il nous reste à dire un mot des autres parties de l'édition, qui n'ont, pour ainsi dire, pris naissance que depuis la révision de notre premier manuscrit. Lorsqu'il fut envoyé à Léopold Collin, en 1808, la première édition de M. Daunou (Not. bib., § 1, n° 205), qui a ouvert la carrière, et montré comment il fallait commenter Boileau, n'avait pas paru. Plus de dix ans après, celles de M. de Saint-Surin (1821-1823.. *ib.*, n° 227), de M. Amar (1821 et 1824... *ib.*, n°s 230 et 242), la deuxième de M. Daunou (1825... *ib.*, n° 244), si supérieure à la première, étaient venues, en quelque façon, épuiser la matière. Après des éditeurs si recommandables, nous ne pouvions pas donner moins ; nous devions même nous efforcer d'ajouter à notre travail de quoi faire naître un intérêt d'utilité. C'est dans cette vue que nos recherches ont été si fort étendues et portées successivement jusqu'à un point où nous ne pensions pas devoir aller.

Ainsi nous avons compris dans notre plan les œuvres en prose et la correspondance qu'il n'embrassait point d'abord. Le nombre immense d'éditions que nous avons consultées, nous a fourni pour les œuvres en prose, comme pour les poésies, une multitude de corrections de texte, de variantes nouvelles etc., que le lecteur trouvera dans les notes du tome III. Nous avons puisé des leçons et des variantes non moins intéressantes et non moins authentiques, dans les manuscrits de Boileau qui font partie de la riche bibliothèque de M. Renouard père, et que leur possesseur a gracieusement mis à notre disposition. Ces manuscrits qui se composent des autographes de la correspondance de Boileau avec Brossette, comprennent encore, outre une vingtaine de petites pièces de vers, quelques ouvrages en prose : les Héros de roman, la préface de la satire XII, etc.

Le *fac-simile* de l'écriture de Boileau placé en regard du titre de l'Essai, reproduit fidèlement un des feuillets les plus curieux de ces manuscrits. Le lecteur trouvera dans les corrections qui le couvrent la preuve irrécusable du soin que Boileau apportait à la composition de ses moindres ouvrages.

L'examen des registres de l'académie des inscriptions et belles lettres, nous a fait découvrir que Boileau était l'auteur de onze descriptions de médailles imprimées dans l'ouvrage intitulé, *Médailles sur les principaux évènemens du règne de Louis-le-Grand*, etc. : nous les avons jointes à notre édition (tome III, p. 124-139).

Les manuscrits de la bibliothèque royale, et un exemplaire du Traité du Sublime qui avait appartenu à Dacier, nous ont fourni un certain nombre de remarques inédites de ce savant; on les trouvera dans notre tome troisième (v. id., p. 406, n. IV).

Pour la correspondance, les lettres de Boileau et de Racine ont été revues sur les autographes eux-mêmes, qui existent encore presque tous à la bibliothèque du roi : on verra dans les notes, que nos devanciers nous avaient, pour le texte et les variantes, laissé de quoi glaner après eux. Les lettres de Boileau à Brossette ont été collationnées, pour la première fois, depuis Cizeron-Rival, sur les autographes de M. Renouard père; nous ne pourrions rappeler ici la plus petite partie des rectifications que ce travail a produit. A toutes ces restitutions de texte nous avons ajouté plusieurs lettres inédites de Boileau, l'une, adressée à Brossette (t. IV, p. 462), a été tirée des mêmes autographes; une autre adressée à Lamoignon (*ib.*, p. 106), nous a été communiquée par M. Villenave père; une troisième adressée à l'abbé Boileau (t. I, suppl., n° 13), par M. Champollion-Figeac.

Nous avons parlé des additions que la partie littéraire du commentaire avait reçue; les plus précieuses, sans contredit, sont des notes inédites, jusqu'à ce jour, recueillies au Cours de belles-lettres si regrettable et si regretté d'Andrieux, au collège de France, et auxquelles cet excellent homme nous avait permis d'attacher son nom.

L'Essai sur la vie et les ouvrages de Boileau, dont il a déjà été question, a reçu de nouveaux développemens. Nous aurions desiré pouvoir en réunir les différens chapitres aux appendices qui leur servent de preuves, de manière à en former un tout suivi et homogène; malheureusement le temps nous a manqué, et nous le regrettons d'autant plus qu'en nous occupant de la vie de Boileau, des faits nouveaux concernant d'illustres écrivains de son temps et même du siècle suivant, sont venus presque malgré nous, se placer sous notre plume. C'est ainsi qu'en examinant (I, v et suiv.) la tradition accréditée qui avait fait jusqu'à présent, naître Boileau à Crône, nous nous sommes convaincu (*ib.*, p. xj à xvj) que Voltaire n'était point né à Châtenay, et qu'il avait reculé de près d'une année le jour de sa naissance. D'autres faits moins importans, concernant Molière sont aussi venus s'ajouter à ces deux-là (*voy.* tome II, p. 87, note 3). Nous avons dit plus haut quelles avaient été nos recherches sur la famille de Boileau.

Les notices bibliographiques qui accompagnaient l'Essai dans notre premier travail et qui comprenaient, l'une, les éditions de Boileau, l'autre, les ouvrages de divers auteurs dont nous nous étions servi, n'excédaient point les nombres 12 pour la première, et 21, pour la seconde. A la suite de nouvelles investigations, celle-ci s'est élevée jusqu'à 140 ouvrages, et l'autre jusqu'à plus de 350 éditions. Du reste, nous ne pouvons, pour toutes les deux, que répéter ici ce que nous en disions alors, que nos notices ne portaient que sur des ouvrages que nous avions eu réellement entre les mains : assertion qui paraîtra d'autant plus croyable pour les éditions surtout, qu'aujourd'hui nous n'en possédons pas moins de 170.

Encore une observation sur cette édition; nous ne saurions nous empêcher de la consigner ici, et, d'ailleurs on devra, ce semble, nous la pardonner. Pendant la longue publication[1] de notre travail, nous avons été aidé de la collaboration de notre fils aîné, dont les soins nous ont été constamment utiles, et qui pourrait même, à bon droit, revendiquer plus d'une remarque parmi celles du nouvel éditeur.

---

[1] C'est par suite de l'usage de librairie dont il a été question, p. viii, que nos quatre volumes portent le même millésime : le tome II, publié le premier, a paru en octobre 1830; le tome IV, en septembre 1831; le tome III, en août 1832, et le tome Ier, en mars 1834.

EXPLICATION DES SIGNES ABRÉVIATIFS.

Cor... Correction faite par Boileau dans les copies de plusieurs de ses lettres (au tome IV).
Éd. ou Édit. or. ou orig... Édition originale.
Expl. généal... Explication généalogique (au tome III).
Im. ou Imit. de B... Imitation de Boileau.
P. Just... Pièce justificative (au tome IV).
Or. ou orig... Édition originale.
Tabl. généal... Tableau généalogique (au tome III).

> *N. B.* Les signes en capitales italiques, expliqués plus bas, indiquent les fautes non relevées, les premières compositions omises ou fautives, citées pour la première fois dans notre édition (*voy.* d'ailleurs ci-devant, p. v et viii).

F. N. R... ou bien *F. N. R...* Faute non relevée.
P. C... Première composition.
P. C. O... ou bien *P. C. O...* Première composition omise.
V... Variante.
V. E. ou bien *V. E...* Variante erronée ou fautive.
V. O... ou bien *V. O...* Variante omise.

> A l'égard des signes abréviatifs employés spécialement, 1° dans les Poésies mêlées; 2° dans le Traité du Sublime; 3° dans le Tableau et dans l'Explication généalogique; 4° dans la correspondance, l'explication des premiers est au tome II, p. 499; celle des seconds, au tome III, p. 294; celle des troisièmes, au même tome, p. 437; et celle des quatrièmes, au tome IV, p. 507, et dans l'Avertissement du même volume, p. vii.

ERRATA.[a]

TOME I.

Pages lij, ligne 1, *ajoutez* : toujours couvert d'une gloire coupable.
— lvij, ligne 24, *à* tombée, *substituez* tombée[1].
— cxxxviij, lig. 25, *à* épître II, *substituez* épître IV.
— 116, note 4, ligne 5, *à* 319, note *b*, *substituez* 318, note 2.
— 303, ligne 3, vers 220, *à* LES, *substituez* LAS.

TOME II.

Pages 13, ligne 9, vers 51, *à* AU NORD, *substituez* AUX BORDS.
— 29, ligne 2, *à* flottante, *substituez* flottante[2].
— 31, note 2, ligne 2, *à* vi, *substituez* ix.
— 59, not., ligne 12, et p. 67, not., ligne 4, *à* 58, *substituez* 54.
— 126, note 1, ligne 3, *à* 1741, *ajoutez* : mais v. Not. bibliog., § 1, n. 95 *a*, p. clxiij, note 2.
— 181, note 1, ligne 9, *à* 551, *substituez* 55.
— Ib., ligne 10, *à* il le brise, *substituez* il brise son vers.
— Ib., ligne 12, *à* 9 et 10, *substituez* 19 et 20.
— 215, ligne 8, *à* expliqué, *substituez* expliqué[5].
— 223, ligne 8, vers 136, *à* POINTE, *substituez* PLAINTE.
— 270, note 3, ligne 8, *à* 31, *substituez* 33, et *à* 260, 269.
— 335, ligne 4, vers 41, *à* PLEIN, *substituez* PLEINS.
— 451, note 1, ligne 1, *à* 406, *substituez* 402.

TOME III.

Pages 170, note 3, ligne 4, *à* 149, *substituez* 142.
— 205, ligne 4, *à* lecteurs, *substituez* lecteurs[2].
— 233, note 2, ligne 1, *à* 229, note 3, *substituez* 224, note 4.
— 241, note 3, ligne 4, *ajoutez:* mais v. page 501, note 1.
— 335, note 2, ligne 1, *à* 1674, *ajoutez* à 1713.
— 338, note *b*, ligne 3, *à* avertissement, *substituez*, Not. bibliogr.
— 480, ligne 22, *à* pour suivre, *substituez* puis suivre.

TOME IV.

Pages 75, ligne 11, *à* méconnaissant ou, *substituez* méconnaissant[1] ou.
— 438, ligne 7, *à* pourtant encore, *substituez*, pourtant encore.[1]

---

[a] Plusieurs des fautes suivantes sont, on le verra, des omissions de signes de renvoi qui se sont détachés pendant le tirage; il peut y en avoir quelques autres, mais les lecteurs les découvriront aisément. — Les fautes de texte des vers sont indiquées en grandes capitales.

FRAGMENS

D'UN ESSAI SUR LA VIE ET LES OUVRAGES DE BOILEAU.[1]

CHAPITRE PREMIER.

COUP-D'OEIL SUR LA VIE DE BOILEAU.

1. NICOLAS BOILEAU, surnommé DESPRÉAUX, naquit à Paris, le 1er novembre 1636[2], de Gilles Boileau, greffier de grand'chambre au parlement de Paris, dont la famille était connue depuis long-temps, au moins au barreau de cette cour souveraine.[3]

2. Quinzième et avant dernier enfant[4] d'un père, déjà âgé, peu opulent et souvent distrait de sa famille par son emploi, Boileau naquit sous de fâcheux auspices. Il perdit au berceau une mère tendre[5]. Sa première éducation, celle qui influe si puissamment sur le physique et le moral, fut abandonnée à une domestique ignorante, dure et impérieuse. A onze ans, il fut attaqué de la pierre et obligé de

---

[1] Nous avons annoncé dans l'avertissement que nous donnerions ici les passages un peu étendus de nos recherches qui pouvaient contenir des documens intéressans ou utiles sur Boileau ou sur ses ouvrages... Ajoutons qu'une table particulière facilitera l'examen de ces documens, dont quelques-uns se trouvent divisés, pour ainsi dire, entre le texte et les appendices de chaque chapitre.

[2] Voyez pour la date et pour le lieu de sa naissance et son surnom, les n°s 7, 8, et 11 c.

[3] Pour sa famille, voyez l'art. de la noblesse, n°s 9 à 12 ; et pour ses emplois, tome III, p. 446, Explicat. généal., n° 163.

[4] Même tome III, p. 453, note 5.

[5] Nous parlons du nom, de l'âge et de la famille de sa mère, même t. III, p. 471, n° 6, et p. 474, n° 10.

subir une opération cruelle qui fut très mal faite, et dont il se ressentit jusqu'au tombeau [1]. Aussitôt qu'il laissa entrevoir le germe des talens qu'il développa dans la suite, un frère aîné, excité par une jalousie peu honorable, lui suscita mille persécutions [2]. Privé dans son adolescence de la plupart des commodités qui allègent le poids de la vie [3], il fut contraint d'embrasser deux professions tout-à-fait contraires à ses goûts et à son genre d'esprit. Pour tout dire en un mot, lorsque la mort des Molière, des Corneille, des La Fontaine, des Racine, l'eut laissé seul à la tête du Parnasse; lorsque admiré de tous les gens de lettres, recherché par tous les grands, comblé des faveurs de Louis XIV, il semblait n'avoir qu'à se féliciter de la carrière qu'il avait parcourue, il assurait qu'il aurait renoncé à la vie, s'il lui eût fallu renaître avec les maux qui avaient affligé sa jeunesse.

3. A tant de traverses ou d'évènemens fâcheux, Boileau n'eut en effet d'abord à opposer qu'un caractère ferme, une ardeur infatigable au travail, et une passion décidée pour les lettres. Livré comme tous les jeunes gens d'une condition médiocre, à l'éducation des collèges, à une époque où elle était entre les mains d'hommes formés dans le siècle de Ronsard [4], une lecture assidue des poètes anciens éveilla et éclaira le goût qu'il avait reçu de la nature.

4. La lecture des romanciers n'eut pas moins d'attraits pour lui. Il est remarquable que les écrivains cités comme

---

[1] Louis Racine, p. 43. — A l'égard d'un accident qu'on prétend qu'il essuya dans son enfance, voy. l'art. III, n° 13.

[2] Gilles Boileau II... Il en est question, n°s 12, 50 et 72; tome I, p. 74; tome II, p. 453; tome III, p. 452 et 480.

[3] On le logea long-temps dans une espèce de guérite au-dessus d'un grenier. Il ne faut pas s'étonner s'il se plaint du voisinage des chats dans la satire VI, le second de ses ouvrages (*Brossette*, I, 68; *Bolœana*, p. 83).

[4] On en parle, art. IV, n. 14.

les plus corrects et les plus élégans [1] du XVIIe siècle, Boileau et Racine, tous les deux admirateurs de ce genre d'écrits, alors si éloigné de ce qu'il fut depuis sous la plume des Prévôt et des Richardson, aient eu, à un âge encore tendre, assez de discernement pour y démêler quelques beautés, sans se laisser corrompre le goût par des défauts sans nombre.

5. Quoi qu'il en soit, Boileau fit ses délices des poésies et des romans; il fallait presque user de violence pour l'enlever à une semblable lecture dont il ne se détournait qu'en s'essayant à quelque composition littéraire [2]. Il ne put jouir long-temps du plaisir qu'il commençait à goûter dans cette épreuve de ses forces. Sorti du collège et arrivé au milieu de son adolescence, il fut successivement obligé pour répondre aux desirs de sa famille, d'étudier la théologie, alors réduite aux subtiles obscurités de la scolastique, et la jurisprudence dont le style barbare, les doctrines déraisonnables, les inutilités et surtout les contradictions lui inspirèrent presque autant de dégoût que la théologie [3]. Un fâcheux évènement, la mort de son père [4], le tira de cette situation pénible. Devenu possesseur d'un bien médiocre, mais plus que suffisant pour un homme dont les goûts étaient fort simples et les besoins très bornés [5], il renonça à s'élever jusqu'à la fortune. Les jouissances qu'elle procure durent céder à l'élan de son génie, et désormais l'unique occupation de sa vie fut la culture des lettres.

---

[1] Voltaire, Dictionn. philosoph., mot *vers* (édit. Beuch., XXXII, 436).

[2] *Voy.* sur ces deux points, le n. 15.

[3] Tome IV, p. 401, lettre du 15 juin 1704... Nous revenons sur ces deux espèces d'études, n. 16 et 17.

[4] Les auteurs varient sur l'époque de cette mort; elle est indiquée t. III, Explic. du tabl. généal., n. 163, p. 446.

[5] Pour sa fortune, *voy.* n. 18.

6. Ce qui nous reste à dire ici de la vie de Boileau est peu de chose. Les divers évènemens qui la marquent trouveront leur place dans nos observations sur le critique, l'écrivain et l'homme [1]. Il nous suffira d'énoncer rapidement que trois années après l'abandon de la jurisprudence, il commença la composition de ses satires et successivement de ses épîtres et de ses autres poésies : que ses ouvrages le firent distinguer d'abord par quelques amis, lui procurèrent ensuite l'attachement de plusieurs gens de lettres [2] et fixèrent enfin sur lui jusqu'à sa mort l'attention du public. Dès l'instant qu'il les mit au jour, il fut sans doute en butte aux traits de l'envie et même de la haine de cette multitude d'écrivains dont il réduisait à de justes bornes la réputation usurpée ; mais les égards de tout ce qu'il y avait de plus éclairé en Europe, la faveur des grands, la protection de Louis XIV, et plus encore une philosophie douce et amie de la vertu, le consolèrent de ces traverses. Doué d'un caractère serein; libre de passions comme de préjugés, l'austérité de ses mœurs, la sagesse et la réserve de sa conduite lui procurèrent, malgré une constitution faible et les infirmités dont il avait été atteint depuis le berceau, une vieillesse longue et heureuse [3]. Il survécut à presque tous les bons écrivains de son siècle et mourut, à Paris, le 13 mars 1711. [4]

---

[1] C'étaient les trois divisions principales de nos recherches. On en trouvera des fragmens dans les chapitres II, III et IV.

[2] Et son admission dans deux académies (même chap. IV, Append., art. 1, n. 137).

[3] Elle ne fut troublée que par les tracasseries relatives à la satire de l'Équivoque, dont il est question dans la Notice bibliogr., § 1, n. 108, et § 2, n. 53.

[4] Nous reviendrons sur ses dernières années, sur le jour de sa mort et sur le lieu de sa sépulture, n°ˢ 19 à 21.

APPENDICE AU CHAPITRE I.

PREUVES OU DÉVELOPPEMENS.

ARTICLE I. — *Lieu de naissance de Boileau.* [1]

7. Nous avons été long-temps incertain sur ce lieu. Nous avions d'abord pensé que c'était plutôt Crône que Paris. Brossette, il est vrai (note sur sat. x, v. 255), désigne Paris et jusqu'à la maison de cette ville où il prétend que Boileau était né (maison du chanoine Gillot, rue de Jérusalem); mais il est formellement démenti par Louis Racine qui, ayant eu avec Boileau des relations plus longues et plus étroites, nous paraissait mériter beaucoup plus de confiance que Brossette. « Il n'était point né à Paris, dit Louis Racine (p. 42), comme on l'a toujours écrit, mais à Crône, petit village près Villeneuve-Saint-George; son père y avait une maison où il passait tout le temps des vacances du palais, et ce fut le 1ᵉʳ novembre 1636, que ce onzième enfant[2] y vint au monde... Quelque temps après, une partie du village fut brûlée, et les registres de l'église ayant été consumés dans cet incendie, lorsque Boileau, dans le temps qu'on recherchait les usurpateurs de la noblesse en vertu de la déclaration du 4 septembre 1696, fut injustement attaqué, il ne put, faute d'extrait baptistaire, prouver sa naissance que par le registre de son père... »

7 *a*. Nous nous arrêtions peu à la contradiction que Cizeron-Rival (*Lett. famil.*, III, 50) trouvait entre l'assertion de Louis Racine et ce passage d'une lettre de l'abbé Boileau[3]: « Il (Despréaux) est passé en l'autre vie à dix heures du soir, le 11[4] de

---

[1] Renvoi de no 1, p. 1 (c'est-à-dire, preuves ou développemens de ce que nous avons énoncé dans ce no).
[2] Erreur... C'était, on l'a dit (no 2, p. 1, et tome III, p. 453), le quinzième.
[3] D'alembert (III, 8, note 2) attribue mal-à-propos cette remarque à Brossette.
[4] Erreur: c'est le 13 (tome IV, p. 472, Pi. 39 et 40).

ce mois, âgé de soixante-quatorze ans et quatre mois, étant né le premier de novembre en l'année 1636. Il avait été baptisé dans la Sainte-Chapelle royale du Palais où il est enterré avec ses parens dans le tombeau de notre famille... » .... Nous pensions qu'il était facile de concilier ces deux témoignages, en admettant que Boileau avait pu être ondoyé à Crône le 1er novembre, et baptisé à Paris le deux de ce mois.[1]

7 *b*. Les renseignemens que nous recueillîmes à Crône, au mois d'août 1828, nous fortifièrent dans notre opinion. C'est une tradition constante parmi les habitans de ce village, que Boileau y est né. Chacun d'eux le répète, et il n'en est aucun qui n'indique aux voyageurs la maison et même la *chambre* où il vit le jour. Bien plus, dans tous les actes de mutation de cette maison, dont on a des extraits, il est énoncé formellement que Boileau y est né.

Par malheur, le plus ancien de ces actes ne remonte guère qu'à soixante ans. Nous observâmes à ce sujet chez le maire (M. Bonfils) que Louis Racine ayant publié ses mémoires une vingtaine d'années auparavant (1747), le possesseur de la maison des Boileau avait pu alors tirer partie de son assertion et choisir celle des chambres qu'il avait pensé avoir pu aussi être celle de la mère de Boileau, et que de là était peut-être née la tradition du pays.

On nous répondit en nous citant une ouvrière illétrée du maire, morte, en 1822, à quatre-vingt-quatre ans, et qui par conséquent était née en 1738. Certes, elle ne connaissait point les mémoires de Louis Racine : d'ailleurs Louis Racine ne parle point de la maison, et cette femme avait toujours dit : *Voilà la chambre où est né Boileau*.

7 *c*. Le document suivant, découvert un mois après, dans les registres de St.-Nicolas-des-Champs, vint ajouter de la force à cette observation déjà si importante.

« Le 30 juillet 1637 a été baptisée Nicole, fille de Me Thomas

---

[1] Un auteur moderne, sans doute par une espèce de pressentiment de la remarque précédente (depuis plus de vingt-cinq ans qu'elle est consignée dans notre manuscrit, nous n'en avons vu nulle part de semblable), a cherché à la réfuter, mais avec peu de succès, parce qu'il semble croire qu'alors on ne constatait jamais les ondoiemens: c'est une erreur. Nous en avons trouvé des actes

Clément, procureur au châtelet de Paris, et de Nicole de Niellé, sa femme, demeurant rue Quincampoix¹. Le parrain M⁶ Nicolas de Niellé aussi procureur audit Châtelet, père grand. La marraine, Anne de Niellé, femme de M. Gilles Boileau, second greffier de la grand'chambre du parlement de Paris, demeurant à la dite rue ».

Boileau, pensâmes-nous alors, a bien pu être baptisé à la Sainte-Chapelle, mais il n'a pas pu naître dans cette paroisse puisque son père habitait alors la rue Quincampoix... Il est donc fort probable qu'il sera né à Crône, et aura été apporté à Paris pour être baptisé. Le silence de tous les registres de Crône, sur son ondoiement, est assez insignifiant, parce que les registres de l'état civil, avant l'ordonnance de 1667, qui les soumit à l'inspection des magistrats, étaient très mal tenus. Ceux de Crône commencent à 1617, et de 1622 jusqu'à 1640, ils sont dans le plus grand désordre et présentent beaucoup d'omissions. Les années 1617 à 1622 ont chacune de cinq à dix actes; mais aussitôt on y trouve un baptême de 1633; 2° au feuillet suivant, cinq de 1628, deux notes de six ou huit morts et trois baptêmes de 1629, un baptême de 1630, un décès de 1646; 3° à l'autre feuillet, un baptême de 1631, un de 1636 (18 octobre), deux de 1638 (16 mai et 25 août), un de 1639 et un de 1640; enfin ce n'est qu'à partir de 1641, qu'on y trouve un peu de suite.²

7 *d.* Mais au bout de quelque temps un autre document nous fit changer d'opinion. Il s'agit de l'arrêt du 10 avril 1699, relatif à la noblesse de la famille Boileau. On y lit dans l'analyse des pièces produites³ :

« Extrait du registre des baptêmes de l'église Notre-Dame de

---

dans plusieurs registres, et, ce qui est fort remarquable, dans ceux même de Crône (actes du 14 août 1644 et du 20 septembre 1645).

¹ Le nom de la rue est seulement à la marge; mais tel était l'usage des rédacteurs des actes de cette paroisse.

² Les années 1632, 1634, 1635 et 1637 sont omises en entier avec la plupart des actes de 1631, 1633, 1636, 1638, 1639 et 1640.

³ Nous nous servons de l'analyse jointe aux papiers de Charles René d'Hozier, dont nous parlons dans l'article suivant, n° 9; celle de l'arrêt est plus abrégée.

Crosne, au diocèse de Paris, portant que *Gilles Boileau*, fils de M⁰ Jehan Boileau, trésorier provincial de l'extraordinaire des guerres en Bourgogne, et de damoiselle Catherine Rapoël, fut baptisé le 28 juin 1584. Les parrains [1] M. Gilles Brulart, Jean de Gironville et Jean Bourdin. Marraine damoiselle Marie Brulart fille de M. de Crosne... Délivré le 2 juin 1605 et signé de Lamotte, curé de Crosne »......

7 e. « Certificat signé Morel, curé de la basse Sainte-Chapelle du Palais à Paris, du 1ᵉʳ novembre 1672, portant que le 18 mars 1635 a été baptisé sur les fonts de la Sainte-Chapelle, *Jacques Boileau*, fils de M⁰ Gilles Boileau greffier de la grand'chambre du parlement de Paris et de damoiselle Anne de Niellé ses père et mère...»

7 f. « Autre certificat signé Binet, curé de la asse-Sainte-Chapelle du Palais, du 26 janvier 1699, portant que les registres de baptêmes de la dite paroisse de l'année 1636 ne se trouvent point et ont été égarés ou brûlés dans le dernier incendie arrivé à la Sainte-Chapelle; et que suivant le journal olographe du feu sieur Boileau, greffier du parlement, représenté par Anne Boileau, sa fille, veuve du sieur Dongois, le sieur *Nicolas Boileau*, fils du défunt sieur Boileau est né le 1ᵉʳ *novembre* 1636 et baptisé le lendemain par le curé de la Sainte-Chapelle. »....

8. Avant d'aller plus loin observons que Louis Racine avait à peine dix-huit ans [2] à la mort de Boileau, et que celui-ci accablé d'infirmités [3] pendant les dernières années de sa vie, n'a guère pu s'occuper alors de discussions relatives à sa famille, et que par conséquent il n'aura pu communiquer qu'assez long-temps avant sa mort, l'arrêt précédent à Louis Racine; qu'il s'est donc probablement écoulé une quarantaine d'années entre cette communication et l'époque où Louis Racine publiait ses mémoires, et qu'il aura pu très facilement confondre diverses circonstances

---

[1] A cette époque on en admettait souvent plusieurs : le premier de ceux-ci est un des ancêtres de madame de Genlis.

[2] Il naquit le 2 novembre 1692 (tome IV, p. 491, Pi. just. 194), époque qui paraît avoir été inconnue à ses éditeurs et à ceux de son père.

[3] Voy. art. VIII, n° 19.

auxquelles d'ailleurs, à cause de sa jeunesse, il aura dû donner peu d'attention.

Cette présomption est changée en certitude par un simple coup-d'œil sur les passages précédens de l'arrêt, puisqu'il en résulte que ce sont les registres de la Sainte-Chapelle qui ont été détruits en tout ou en partie par un incendie, tandis que Louis Racine avance que ce sont les registres de Crône. Et une chose très remarquable c'est qu'en effet les anciens registres de la Sainte-Chapelle offrent des traces de feu tandis qu'on n'en trouve aucune dans les registres de Crône.

L'erreur de Louis Racine, sur ce fait, l'aura entraîné naturellement dans une seconde, sur l'autre fait auquel il se lie, savoir la naissance d'un Boileau à Crône, et il aura attribué au poète ce qui ne concernait que son père.

Le témoignage de Louis Racine ne mérite donc presque aucune confiance en cette occasion.

8 *a*. A l'égard de l'indication de la demeure de Boileau père dans la rue Quincampoix, en 1637, qui nous avait d'abord frappés, l'erreur en est encore démontrée par les mêmes passages, puisqu'on y voit que, dès le mois de mars 1635, Boileau père demeurait sur la paroisse de la Sainte-Chapelle. Cette erreur est, au reste, peu extraordinaire, parce que Boileau père ayant demeuré dans la rue Quincampoix, de 1628 à 1634 (tome III, p. 470, note 1), le rédacteur de l'acte de 1637 aura cru qu'il y demeurait encore.

8 *b*. Il ne reste donc plus que la tradition des habitans de Crône.

Nous ne dirons point que les traditions de ce genre étant le plus souvent le pur fruit de l'amour-propre ne peuvent par elles-mêmes faire aucune autorité : le sentiment honorable qui anime les habitans de Crône nous semble donner à celle-ci plus d'importance, et c'est même ce qui nous a en grande partie déterminé à donner beaucoup de développemens à notre discussion....

Nous observerons que cette tradition est contredite par Brossette, qui, on l'a remarqué (p. v), assure que Despréaux et son frère l'abbé naquirent dans la maison du chanoine Gillot, rue de Jérusalem. Ce n'est pas que nous accordions beaucoup de confiance à ce témoignage de Brossette, qui, nous le prouvons ailleurs (tome III, p. 466 et suiv.), a commis un grand nombre d'erreurs dans ce qu'il dit de la famille Boileau ; mais ici son assertion est fortifiée d'autres preuves.

8 *c*. 1°. L'acte des fiançailles d'une sœur (Marguerite..., tome IV, p. 476, n° 71) de Despréaux avec le greffier Charles Langlois, énonce qu'elles furent célébrées le 22 juillet 1639 au logis du chanoine Tardieu, et le mot *logis* était alors pris pour maison [1] : Boileau père demeurait donc dans la maison de ce chanoine, c'est-à-dire dans l'ancienne maison canoniale de Gillot, oncle de Tardieu [2].

8 *d*. 2°. L'ambassadeur Guilleragues, ami particulier de Racine et de Boileau (l'épitre v lui est dédiée), faisant allusion à leurs travaux, écrivait au premier, en 1684 (*La Harpe, Rac.*, VII, 532) : « Il n'importe guères si les historiens et les grands poètes sont nés à Rome ou dans *la Cour du Palais*, à Athènes ou à la Ferté-Milon [3]. »..... C'était dire que Boileau était né dans cette cour, et la position de la maison Gillot, telle que l'indique Brossette, s'en rapproche assez pour que Guilleragues l'ait pu considérer comme une de ses dépendances, d'autant plus que la maison voisine, ou la première présidence (aujourd'hui la Préfecture de police) dépendait aussi de la paroisse de la Sainte-Chapelle (tome IV, p 488, Pi. 172).

8 *e*. Ajoutons qu'il est peu probable que Boileau père se fût facilement déterminé à abandonner sa femme et surtout une jeune femme [4] dès le lendemain de son accouchement, et eût exposé son

---

[1] Il suffit de citer deux délibérations de ce temps (22 avril 1634 et 23 août 1636, vol. 8978, f. 182 et 246) par lesquelles le chapitre de la Sainte-Chapelle enjoint à des chanoines d'habiter leurs *logis*, et où l'on se plaint de ce que l'un d'entre eux a loué son *logis* à plusieurs personnes.

[2] Il paraît, d'après divers documens trop longs à extraire, que la prébende de Gillot (mort en 1619) passa successivement à deux frères Tardieu, ses neveux. C'est le cadet qui en était pourvu en 1639. Il pouvait d'autant mieux avoir des locataires, que deux maisons dépendaient de cette prébende (ib., vol. 8980, f. 1 et 164, où on les indique pour son successeur).

[3] Lieu de naissance de Racine.

[4] Elle n'avait pas vingt-sept ans accomplis (Pi. just. 95, t. IV, p. 479).

enfant aux dangers d'un voyage de plus de neuf milles, fait au mois de novembre, et le tout pour le faire baptiser dans un lieu plutôt que dans un autre.. Si le choix du parrain eût nécessité ce déplacement, il aurait différé le baptême au moins jusqu'au rétablissement de sa femme.

D'après toutes ces considérations [1] nous pensons que Boileau naquit à Paris; mais nous desirerions que les habitans de Crône nous fissent changer de sentiment; leur attachement à la mémoire de ce grand poète mériterait qu'ils pussent prouver qu'en effet il fut leur compatriote.

Digression sur l'époque et le lieu de naissance de Voltaire.

8 *f.* Ce que nous venons de dire, au moins quant au lieu de naissance de Boileau, est tellement applicable à Voltaire, que nous n'avons pu résister au desir de présenter le résultat de nos recherches sur ce point.

Suivant les biographes modernes, Voltaire naquit à Chatenay le 20 février 1694, et, dit l'un d'eux (Goigoux), « ne fut baptisé à Paris que le 22 novembre suivant : son excessive faiblesse fut la cause de ce retard qui, pendant sa vie, a répandu des nuages sur le lieu et l'époque de sa naissance ».

8 *g.* Sur quoi se fonde-t-on pour faire naître Voltaire à Chatenay? uniquement, du moins à notre connaissance, sur une tradition, que nous examinerons bientôt. Il en est autrement quant à l'époque précédente de sa naissance; elle est indiquée par

---

[1] La correspondance de Boileau pourrait nous en fournir d'autres. Ainsi, comme nous le remarquons ailleurs (tome IV, p. 410), on serait fondé à induire d'une réponse de Boileau à l'expression *votre Lutèce* dont Brossette s'était servi dans une lettre, qu'en effet Boileau était né à Paris... Cela résulte encore indirectement d'une autre réponse où le poète accuse réception de plusieurs billets d'une loterie des administrateurs de l'hôpital de Lyon, que Brossette avait pris pour lui ; « assurez vos messieurs, dit-il, que bien qu'il n'y ait peut-« être pas d'homme en France *si Parisien* que moi, je me regarde néanmoins « comme un habitant de Lyon, et par la pension que j'y touche, et par les « honnêtetés que j'en reçois (tome IV, p. 333)».

Voltaire lui-même, dans une lettre écrite à Damilaville le 20 février 1765. Après lui avoir manifesté ses craintes qu'un paquet qu'il lui avait envoyé (il en parlait déjà dans une lettre du 13) et qui contenait probablement des brochures peu orthodoxes, ne fût tombé entre les mains des *barbares*, il ajoute: « *j'entre aujourd'hui* dans ma soixante-douzième année, car je suis né en 1694, le 20 février, et non le 20 novembre, comme le disent les commentateurs mal instruits. *Me persécuterait-on encore dans ce monde à mon âge*? cela serait bien welche ».

Cette énonciation serait sans doute d'un grand poids si la réflexion qui la termine et les circonstances dans lesquelles elle fut faite n'autorisaient pas à soupçonner une arrière-pensée. Lorsqu'on parcourt, en effet, la correspondance de Voltaire, on y découvre facilement que pendant les dernières années de sa vie, il cherchait à détourner les persécutions du gouvernement [1] en se présentant comme un homme à-peu-près sur le bord de la tombe... Augmenter son âge comme il le fait ici d'une année [2] put lui paraître un moyen aussi propre à atteindre ce but, que de se dire sans cesse atteint d'infirmités et de maladies qui, la plupart du temps, n'existaient que dans ses lettres.[3]

---

[1] Je pourrais, écrivait-il à Hénaut quatre mois auparavant (20 octobre 1764), me plaindre qu'à l'âge de soixante-et-onze ans, accablé d'infirmités et presque aveugle, on ne veuille pas me laisser finir ma carrière en paix... et le même jour il le mandait en d'autres termes à d'Argental et à Duclos (édit. de M. Beuchot, LXII, 65, 68 et 69).

[2] Ce n'est, au fond, que de neuf mois; mais à l'aide de cette addition il pouvait dire qu'il *entrait* dans une année (la 72e) différente de celle (la 71e) où il se trouvait réellement, et dont il n'avait encore parcouru qu'une petite partie.

[3] Nous pourrions citer d'ailleurs un grand nombre de lettres de ce temps, où il varie perpétuellement sur son âge, quoiqu'on y voie toujours l'intention de le présenter comme plus avancé qu'il n'était réellement. Ainsi, le 25 décembre 1761, il mande qu'il a *bientôt* 70 ans (même édit., LX, 104); le 4 novembre 1762, il n'en a plus que 68; le 25 février 1763, il en a 70, *car*, dit-il, *il est né en* 1693; le 30 mars, il est dans sa 70e (id., 437, 577 et 620); le 26 avril, il est dans sa 72e; le 30 juillet et le 6 août, il ne parle plus que de 70 ans (id., LXI, 18, 101 et 104); etc. etc.

A l'égard de ses prétendues infirmités, il avait souvent le chagrin d'être dé-

Admettons néanmoins que cette énonciation fut faite sans arrière-pensée, comment pourrait-on la concilier avec les documens suivans qui émanent de Voltaire lui-même ?

Nous puisons le premier dans l'article *Voltaire* du Dictionnaire des théâtres des frères Parfaict, article rédigé à ce qu'ils assurent, par Voltaire lui-même, publié à une époque (1755) où ce grand homme n'avait aucune raison de dissimuler son âge, et où il est dit « qu'il est né le 20 novembre 1694, de François Arouet, trésorier de la chambre des comptes, et de Catherine Daumart » (édit. de M. Beuchot, XLVIII, 315 à 317).

Le deuxième nous est fourni par un ouvrage de Voltaire, c'est-à-dire par son Commentaire historique publié (ibid., p. 312) onze ans après sa lettre à Damilaville et où il indique les deux époques précédentes sans s'expliquer sur celle qu'on doit préférer. « Les uns, dit-il, le font naître le 20 février 1694, les autres le 20 novembre de la même année. Nous avons des médailles de lui qui portent ces deux dates » (ibid., p. 315). Si la première ou celle qu'énonce la lettre à Damilaville, eût été la seule véritable, il était naturel qu'il le déclarât.

Supposons toutefois que l'article du dictionnaire des théâtres ne soit point de Voltaire et que quelques raisons inconnues l'aient empêché de s'expliquer sur les deux dates énoncées dans le Commentaire historique ; qu'en un mot lorsqu'il écrivait à Damilaville il crut de bonne foi qu'il était né le 20 février 1694 et non pas le 20 novembre suivant : comment les souvenirs d'un homme de soixante-douze ans [1] pourraient-ils l'emporter sur son acte de naissance, acte fait en présence de son père et de plusieurs témoins et où l'on déclare qu'il est né, non le 20, mais le 21 novembre 1694 (*né le jour précédent*, dit l'acte du 22...

---

menti par des voyageurs. « M. de Trudaine, écrit-il (ib., LIX, 247), ne sait ce qu'il dit quand il prétend que je me porte bien ».

[1] Ils étaient fort incertains sur ces sortes de faits, puisque, comme on vient de le voir, il donne, dans l'article du dictionnaire des théâtres, à sa mère un faux prénom (*Catherine*, au lieu de *Marie-Marguerite*.. Voy. notre tome IV, p. 492, Pi. 205 à 207), et à son père un emploi (*trésorier des comptes*), dont il ne fut pourvu que deux ans après (10 sept. 1696... Reg. de la chamb. des compt.)

tome IV, p. 492, Pi. just. 207)?. C'est, dit-on, comme Voltaire l'explique aussi dans le même commentaire, son excessive faiblesse qui fit qu'on se borna à l'ondoyer et qu'on renvoya le baptême à plusieurs mois.

Si cela était, l'ondoiement aurait été constaté dans un acte séparé, ou au moins cité dans l'acte de baptême, tandis qu'on ne trouve pas d'acte d'ondoiement dans les registres soit de Chatenay, soit de Saint-André-des-Arts, et que l'acte de baptême n'en fait pas non plus mention.

Et remarquez qu'on n'avait absolument aucun motif de passer sous silence cette première cérémonie religieuse [1] tandis qu'il y en avait de très puissans à la citer ; par exemple la crainte d'enlever au nouveau-né quelque legs qui aurait pu être fait aux enfans d'Arouet, désignés d'une manière générale, et qui aurait été ouvert de février à novembre 1694. Est-il possible qu'un notaire éclairé, en admettant qu'il se fût prêté à un mensonge si opposé à la délicatesse d'un homme de sa profession [2], eût voulu faire courir à son enfant de semblables risques?

On objectera peut-être que l'ondoiement avait été négligé et que de crainte de reproches du curé, on aima mieux dire que l'enfant venait seulement de naître... Mais outre qu'on ne résoudrait point par là la difficulté précédente, il nous paraît tout-à-fait improbable, à cause surtout des opinions religieuses du temps, qu'on eût laissé passer *neuf mois* sans faire ondoyer un enfant nouveau-né.

Une circonstance particulière que nous avons découverte nous autoriserait même à affirmer ce que nous ne venons de présenter que comme une vraisemblance: c'est que précisément la *faiblesse extrême* d'un frère aîné de Voltaire, ayant obligé de diffé-

---

[1] Cette cérémonie était alors d'un usage général. Nous en rapportons des preuves authentiques, même pour la paroisse de Voltaire (St.-André-des-Arts), dans nos pièces justificatives no 87, 189, 190, etc., tome IV, p. 478 et 490.

[2] Arouet lui-même était un homme très délicat. Il avait entre les mains les fonds de Boileau-Puymorin. Celui-ci le chargea d'employer 7,000 liv., qui en vaudraient 14,000 de notre temps, *suivant ses instructions et sans rendement de compte*. Après sa mort, dès l'ouverture de l'inventaire (18 déc. 1683... Annexe de ses minut...), Arouet remit aux héritiers cette somme, dont un autre eût pu être tenté d'abuser.. On voit qu'il ne voulait pas même être soupçonné.

rer son baptême de quinze jours, on ne négligea pas de *l'ondoyer à la maison* (tome IV, p. 492, Pi. just. 206).

Et cette même circonstance nous porterait à croire que, de même que Louis Racine a confondu l'incendie de la Sainte-Chapelle avec celui de Crône, et le baptême de Boileau avec celui de son père (n° 8), on aura bien pu confondre dans la suite, pour le retard de son baptême, Voltaire avec un de ses frères aînés.

8 *h*. La fixation de la naissance de Voltaire à Chatenay ne repose, nous l'avons dit, que sur une tradition. Nous avons trouvé dans les habitans de Chatenay la même conviction pour Voltaire que dans ceux de Crône pour Boileau. « Rien de plus sûr, nous disaient-ils : voilà une place, voilà une rue qui portent le nom de Voltaire ; dans cette rue était la maison de son père et c'est là qu'il est né ».

Par malheur pour le sentiment honorable sur lequel repose cette croyance, elle est d'abord contredite formellement par Voltaire lui-même, qui dans une lettre à de Parcieux, du 17 juin 1768 (édit. Beuchot, tome LXV, p. 119), dit être né à Paris, et ensuite les registres de l'état civil de Chatenay ne la favorisent pas plus que ceux de Crône, la croyance relative à Boileau. Dans les vingt-cinq dernières années du XVIe siècle on n'y trouve aucune trace, non-seulement de l'existence de Voltaire, mais de celle de quelque personnage que ce soit de sa famille. Cette preuve, quoique négative, est très forte. Au XVIIe siècle, les hommes appartenant aux classes aisées ou riches tenaient souvent sur les fonts baptismaux les enfans de leurs fermiers ou de leurs voisins de campagne. Nous en avons trouvé une foule d'exemples pour les Boileau, et leurs parens ou alliés, à Autîle, Chérence, Clignancourt, etc. etc. Eh! bien, le nom d'aucun des Arouet, ou des Daumart, ou des Marchand leurs alliés, ne se lit pendant ce quart de siècle dans les registres de Chatenay, tandis que nous y avons trouvé celui même de deux alliés de Boileau, entre autres de Simon Mariage (tome III, Explic. généal., n° 350) qui, le 10 avril 1682, a été parrain d'un enfant de ce village.

Que si l'on observait, en faveur de la même croyance, que l'acte de baptême du 22 novembre 1694 dit bien que Voltaire est né le *jour précédent*, mais sans indication de lieu, de sorte qu'il est possible que l'enfant ait été apporté de Chatenay à Paris pour y être baptisé, nous ferions ici la même réponse que pour Boileau (n. 8 e) sur l'improbabilité que, pour un baptême facile à différer, Arouet eût fait courir à la fin de novembre les risques d'un voyage, à un enfant d'un jour, surtout s'il était très *faible*, et eût en même temps quitté sa femme aussitôt après l'accouchement. Celle-ci, il est vrai, était plus âgée que la mère de Boileau, mais elle était encore assez jeune (33 ans.. tome IV, Pi. just. 207 A) pour mériter que son mari ne se reposât pas sur autrui des soins que son état exigeait.

Nous terminerons aussi cette discussion comme celle qui concerne Boileau. Nous sommes persuadés que Voltaire est né à Paris mais nous desirerions que les habitans de Chatenay nous fissent changer d'opinion.

ARTICLE II. — *Noblesse des Boileau.*

9. Les Boileau ont été reconnus nobles à dater de 1371, par un arrêt du 10 avril 1699 dont Brossette (I, 147) a fait mention et dont une copie se trouve parmi ses manuscrits (nous en donnons un extrait, tome IV, Pi. just., n° 211).

Plusieurs années après, deux savans généalogistes, Charles-René d'Hozier et Pierre de Clairambault ont critiqué l'arrêt dans des notes manuscrites mises en marge de diverses copies, soit de généalogies des Boileau, soit d'analyses de leurs titres; copies conservées à la bibliothèque royale. D'Alembert (III, 4, note 1), à qui il paraît que Foncemagne[2] avait communiqué au moins les notes de Clairambault, a donné l'extrait de l'une d'elles. Il en résulte entre autres, que le travail de cette généalogie avait été confié à un faussaire (condamné comme tel, dit Goigoux,) nommé Haudiguier (ou Haudicquer); que quelques années après l'arrêt

---

[1] Renvoi du n° 1, p. 1.
[2] D'Alembert (ibid.) le nomme positivement. C'est donc mal-à-propos que M. de S. S. (IV, 335) donne à entendre que cette citation a été imaginée par un éditeur moderne de Boileau.

de 1699 on trouva dans ses papiers un mémoire de vingt louis reçus de Despréaux pour sa part du travail... Enfin, ce dont d'Alembert ne parle pas, d'Hozier et Clairambault affirment positivement qu'on avait falsifié le contrat de mariage de François Boileau II (Tab. gén., n° 8 et 9; Pi-just., n° 211 *f*, 212 *b*) pour lier les Boileau de Paris aux Boileau sieurs Dufresne, véritables descendans de Jean Boileau, anobli en 1371.

9 *a*. Si l'arrêt avait été rendu par une cour souveraine, après une discussion approfondie et publique, et s'il y avait eu quelques individus vraiment intéressés à contredire et qui eussent gardé le silence, nous ne tiendrions aucun compte des notes de Clairambault, et nous dirions avec M. de Saint-Surin (IV, 355), « de simples allégations sont de faibles armes contre un arrêt ».

9 *b*. Il n'en est point ainsi. L'arrêt émane tout simplement d'une *commission* composée de conseillers d'état et de maîtres des requêtes, dont le rapporteur était Caumartin (Pi-just. 211 *a* et *j*, tome IV, p. 496 et 499) ami de Boileau [1], et il fut rendu à huis-clos, sur un rapport et sur de simples communications écrites.

9 *c*. Le seul adversaire des Boileau était le traitant Lacour de Beauval [2], qui, par son marché, était, selon toute apparence, chargé de verser au trésor royal une partie des sommes auxquelles il ferait condamner les usurpateurs de noblesse; de sorte que le rejet de sa prétention envers les Boileau ne pouvait lui causer aucune espèce de préjudice, s'il n'était pas lui-même condamné aux dépens, et l'arrêt n'en adjuge point aux Boileau quoiqu'ils y eussent conclu.

9 *d*. La décision ne causait d'ailleurs non plus de préjudice à qui que ce soit. Des deux branches des Boileau formées par Guillaume II et Gilles Ier (Tab. gén., n° 159 et 164) il ne restait d'enfans mâles dans la première que Gilles III, célibataire âgé de cinquante cinq ans (Pi. just. 124) et ruiné [3]; et dans la seconde de-

---

[1] On connaît le vers (104) de la satire XI composée précisément à l'occasion du procès : *tout n'est pas* CAUMARTIN, Bignon, *ni d'Aguesseau*.

[2] Et non *Poisson de Bourvalais* comme l'ont dit St. Marc, d'Alembert, Cizeron-Rival, etc... Brossette avait mis simplement l'initiale B (Pi. 211 *a*).

[3] Douze ans après, Boileau lui légua 500 livres de rente viagère, *insaisissable*

puis la mort de Gilles IV survenue en 1696 (id., n° 29), que Jacques, prêtre, et Despréaux, sexagénaire et infirme. On ne devait donc attacher aucune importance à reconnaître pour nobles des individus qui ne pouvaient transmettre ce rang à personne.

10. Un coup-d'œil sur la procédure d'après les pièces que vise l'arrêt, montre d'ailleurs les dispositions favorables des juges.

17 Mars 1697. Assignation donnée par Lacour de Beauval, chargé de la recherche des usurpateurs du titre de noblesse, à Gilles Boileau, payeur des rentes, de produire les titres justificatifs de sa noblesse.

21 Décembre 1697. Gilles n'ayant rien produit, arrêt par défaut qui le déclare usurpateur et comme tel le condamne à 2,000 livres d'amende et aux deux sous pour livre.

11 Janvier 1698. Signification de cet arrêt à Gilles.

5 Février 1699. Consignation de 2,000 liv. pour l'amende, faite par Gilles (probablement avec l'argent de ses cousins).

10 *a*. 16 Mars 1699. Opposition du même à l'arrêt [1], et ordonnance de soit-communiqué, rendue par Caumartin.

21 mars 1699. Signification à Beauval.

Mars 1699 (sans indication de jour). Requête en intervention de Jacques et de Nicolas Boileau (Despréaux) ils y emploient les mêmes pièces et s'y servent du même avocat que leur cousin.

10 *b*. 28 mars 1699. Ordonnance rendue par Caumartin, où il admet cette intervention, pour y avoir égard en jugement.

Ainsi sur une simple demande et sans communication, l'in-

---

attendu sa destination (Pi. just. 209 *f*, p. 494); et il résulte de l'inventaire du poëte (minut. de Dionis, 17 déc. 1711, pièce 13) qu'en 1679, Gilles III n'avait pu, avec son père Balthazard, emprunter 6,000 liv. que sous le cautionnement de Puymorin, et que celui-ci avait, en 1682, reçu un commandement judiciaire d'en payer les intérêts, qu'ils devaient depuis le prêt du capital.

[1] Ceci nous dévoile une autre erreur de Brossette. Suivant lui Boileau commença la satire XI au mois de novembre 1698, *dans la chaleur des poursuites de ce procès.* Il n'y avait, on le voit, et il ne pouvait y avoir alors aucune poursuite. Le premier acte après un jugement de défaut est l'opposition, ou bien la consignation d'amende préalable, lorsque la nature de la procédure l'exige. Peut-être Brossette veut-il dire qu'alors les Boileau faisaient des recherches pour établir leur noblesse.

tervention a été admise, et par une simple ordonnance du rapporteur ; ce qui est une double violation de l'ordonnance de 1667 (elle exige pour cela, sous peine de nullité, etc., la communication et un jugement contradictoire... Tit. xi, art. 28).

Même jour. Signification de cette ordonnance à l'avocat de Lacour de Beauval.

Un des jours suivans (non indiqué). Contredits de Lacour de Beauval.

Un des jours suivans (aussi non indiqué). Conclusions du procureur général de la commission.

10 c. Enfin le 10 avril, arrêt qui maintient les Boileau et leur postérité légitime « en la qualité de nobles et d'écuyers, tant qu'ils ne feront actes de dérogeance ». Il ordonne aussi la restitution de l'amende, mais ne statue point sur les dépens demandés [1], de sorte qu'il les refuse par là tacitement aux Boileau (Pi. just. 211 *a* et *i*).

On voit qu'en dernière analyse l'instruction effective et la décision du procès n'ont duré que treize jours.

11. Cette précipitation est bien propre à faire naître des doutes ; voici une circonstance qui ne les dissipera point.

Si l'on en excepte son premier mariage (1611), le baptême de son fils aîné (1612) et un autre baptême fait en son absence (1652) et dans un village à quinze lieues de Paris (Pi. just. 3, 4 et 37), dans aucun des nombreux actes où Gilles Boileau Ier a paru ou bien a été cité, jamais il ne prend, ni on ne lui donne la qualité de noble. [2]

Même remarque à l'égard de ses enfans mâles Jérôme, Nicolas, Puymorin, Gilles II, Jacques et Despréaux, excepté pour Jacques et pour Jérôme qui sont une fois qualifiés de nobles, l'un en 1653, et l'autre en 1663 ; encore celui-ci l'est-il en son absence et dans un baptême fait au même village (celui de Chérence... Pi. justificat. 26 et 211, tome IV, p. 470 et 498 *g*.)

---

[1] Cette omission étrange ne contribuerait pas peu aux yeux d'un homme qui a quelque connaissance des affaires, à affaiblir l'autorité de l'arrêt.

[2] On observe le contraire quant à son père, puisque des trois actes le con-

11 *a*. Nous avons certainement vu plus de deux cents actes où il est question de quelqu'un de ces sept personnages : partout, sous les exceptions précédentes, c'est le titre de *maître* ou M*r* qu'on donne au père comme aux enfans avant 1669; même dans des actes antérieurs ou postérieurs de peu de temps à ceux qu'on vient de citer (Pi. just. 24, 25, 61, etc.); même dans ceux où l'on donne à leurs parens ou amis des titres plus relevés[1]; et si depuis cette époque jusqu'en 1698, Gilles II et Puymorin sont qualifiés de *messires*, c'est à cause de la charge d'intendant des menus plaisirs qu'ils avaient obtenue.

Et il n'y a, sous les mêmes exceptions, aucune distinction à faire à ce sujet entre les actes passés à Paris où les rédacteurs pouvaient être plus réservés sur l'étiquette, et les actes passés dans les campagnes où naturellement ils devaient être plus faciles (Pi. just. 42, 43, 116, 117, 120).

11 *b*. Enfin, en novembre 1697, huit mois après le commencement du procès, Despréaux publie l'épître x, où (vers 96, tome II, p. 133), en parlant de ses aïeux, il les qualifie simplement d'*avocats*[2]; et en janvier 1698, deux mois après, il ne prend dans un acte que les titres de *monsieur* et d'*avocat* (Pi. just. 101).

11 *c*. Dans quelques actes, il est vrai (Pi. just. 85, 86, 119 et 120), il place entre son nom et son surnom la qualité de *sieur* (sieur Despréaux) que prenaient jadis assez fréquemment les possesseurs de fiefs simples...

cernant que nous avons découverts dans nos recherches, il en est deux où il prend, ou bien où on lui donne cette qualité (Pi. just. 121, 144 et 146).

[1] Ainsi le titre *Monsieur-Maître*, propre alors aux magistrats de cour souveraine, est donné à Baltazard Charles Boileau I*er* (Tab. gén., n° 266) dans un acte où l'on se borne (Pi. just., 124) pour son oncle Gilles I*er*, à celui de *Maître*.

[2] On verra plus bas (n° 12 *c*), combien ses idées étaient confuses sur ce point. Du reste il est clair qu'il ne parle dans ce vers que de ses aïeux paternels; s'il eût pensé à ses parens maternels il aurait dû parler de *procureurs*. On voit en effet par le tableau généalogique, que c'était en quelque sorte leur profession favorite, puisque Nicolas de Nyélé 1, et Hugues Merlon, l'un aïeul, l'autre bisaïeul de Despréaux, et plusieurs oncles ou cousins, tels que Nicolas de Nyélé II, François de Nyélé I, et Jean de Nyélé III, et les Clément, Labiche, Lefèvre, Mouin, Countereau et Angibout l'avaient exercée.

Mais d'abord, on ne voit point dans ses actes et notamment dans son inventaire, qu'il ait jamais possédé un fief nommé *Les Préaux* : en second lieu, ce surnom Despréaux, tiré suivant Louis Racine (p. 43), d'un petit pré qui était au bout du jardin de son père à Crône, paraît ne lui avoir été donné que pour le distinguer de ses frères, d'autant plus qu'il ne l'a jamais joint à son nom dans sa signature *(N. Boileau)*, ce qu'il eût fait si ce surnom eût désigné un fief; et que ce même surnom avait aussi été donné à l'une de ses nièces (Tabl. gén., n° 426), ce qu'il n'eût pas souffert s'il eût été un titre féodal à lui réservé... Enfin il ne joignait point dans ces mêmes actes la qualification de *noble* à celle de *sieur*.

11 *d*. Cette omission du titre de noble est d'autant plus frappante chez les Boileau, qu'alors pour peu qu'on y eût droit on s'empressait de s'en parer. On voit entre autres que des hommes de la profession de Boileau père (dont l'un même était fils d'un tailleur et d'une tailleuse) et jusqu'à de simples procureurs ne le négligeaient pas (Pi. just. 109 à 115).

12. Que conclure de là ? que la famille Boileau n'était pas noble ? non sans doute. D'abord les actes visés par l'arrêt, qui font remonter la filiation du père de Despréaux, sinon jusques à un Jean Boileau anobli en 1371, du moins jusqu'à Henri Boileau, avocat général en 1408 [1], se lient parfaitement, et ont été admis comme authentiques par la commission, ce qu'elle n'eût sans doute point fait si la falsification de l'un d'eux eût été *visible* comme l'assure d'Hozier (tome IV, Pi. just. 212 *b*.)... A quoi il faut ajouter que ni d'Hozier ni Clairambault n'indiquent les personnages véritables que cet acte eût dû désigner, non plus que ceux qu'on leur avait substitués à l'aide d'une falsification ou d'une altération, pour lier les Boileau de Paris aux Boileau sieurs Dufresne... 2° que ni l'un ni l'autre ne paraissent avoir connu les actes civils où plusieurs des Boileau de Paris ont pris la qualité de *nobles*...

---

[1] L'arrêt ne cite aucun acte d'où il résulte que Henri fût fils et petit-fils des deux Jean Boileau anoblis en 1371 (Pi-just. 209, *c*, *d*, *e*); cette inadvertance est un nouveau préjugé contre la décision.

En 2ᵉ lieu, l'indignation que parut causer à ses nobles parens en 1630, le mariage de Boileau père, avec une fille et petite-fille de procureurs (tome III, p. 475, n° 10), montre qu'ils le croyaient de leur caste.

En 3ᵉ lieu, l'omission, à la vérité fort étrange, du titre de noble dans les actes de Gilles Boileau Iᵉʳ et de ses enfans après 1612, est en partie réparée par le soin que son frère, son neveu et son petit neveu, Guillaume II, Balthazard Charles Iᵉʳ, et Gilles III ont eu de prendre cette qualité dans quelques-uns des actes où ils ont figuré depuis cette époque et dans le courant du xvııᵉ siècle (Pi. just. 122 à 127).

12 *a*. Mais il est une autre conséquence qui nous paraît évidemment résulter de cet état de choses, c'est que Gilles Boileau Iᵉʳ, ou ne se croyait pas véritablement noble, ou n'attachait absolument aucune importance à cette qualité; et que ses enfans, surtout ceux du second lit, n'ont pas été élevés dans l'idée qu'ils appartinssent au second ordre de l'état; ce qui nous explique une circonstance qui sans cela serait à-peu-près inexplicable, savoir la composition de la satire contre la noblesse.

12 *b*. Quelques-uns de leurs parens paraissent, à la vérité, avoir dans la suite changé d'opinion lorsqu'un accroissement de fortune leur procurant à eux-mêmes des alliances avantageuses, ils crurent devoir abandonner, ou peut-être furent invités à abandonner leurs anciennes et modestes qualifications, comme le firent les Dongois qui, du moins dans des actes passés hors de la capitale¹, se qualifièrent de *nobles* lorsque l'un d'eux eut épousé l'héritière des Lemarchand², et successivement de *messires* lors-

---

1 Pièces justific., nᵒˢ 26 et 48.—Celles qu'on a citées au n° 11 *a*, montrent que comme nous l'avons observé, on était moins facile à Paris. Ajoutons entre plusieurs autres, telles que nᵒˢ 47, 49, 61 et 63, l'acte de mariage de l'héritière des Dongois avec le conseiller Gilbert de Voisins (Piè. just. 55); les premiers et leurs parens y sont qualifiés de *sieurs*; Gilbert et les siens, de *messires*.

2 Nicolas Dongois marié en 1660, à Françoise, fille et petite fille de Roger et André Lemarchant, qualifiés de *nobles* (Tabl. gén., nᵒˢ 168 et 431 A; piè. just., nᵒˢ 48, 97 et 98), et nièce de Françoise et de Marie Lemarchant qui avaient épousé des nobles, Charles Crestot et Antoine Gedoin (même pièce 98).

qu'une cousine de celle-ci et de Despréaux eut épousé un des seigneurs de Sailly (Pi.-just. 103 et 105). Il était alors naturel qu'ils cherchassent à relever une famille à laquelle ils tenaient de si près ; et tel paraît avoir été le but d'une inscription que le chanoine Dongois (Tab. gén., n° 432) fit graver, en 1690, sur le tombeau de Boileau père (Pi. just. 210); mais outre qu'il est douteux que Despréaux, vu les *qualités* modestes dont il se contentait, on l'a dit (n° 11 *b*), plusieurs années après, pour lui et pour ses aïeux, ait partagé cette opinion, l'inscription elle-même prouve combien peu leurs idées sur leur noblesse étaient arrêtées puisqu'elle la fait remonter au règne de saint Louis, tandis que neuf ans après, lors du procès, ils se bornèrent à la faire remonter à Charles V, ou à plus d'un siècle en deçà.

12 *c*. Et quand on admettrait que Despréaux partageait les mêmes vues, le vers déjà cité où il qualifie simplement ses aïeux d'*avocats* prouve aussi que ses idées sur la noblesse de sa famille étaient encore plus confuses, puisque des sept aïeux indiqués dans sa généalogie pour remonter à la souche, il n'y en a que deux [1] qui aient été avocats (Pi. just. 211 *c* à 211 *f*).

ARTICLE III. — *Accident qu'on prétend arrivé à Boileau* [2].

13. Ce furent, sans doute, les incommodités dues à la malencontreuse opération de la taille subie par Boileau et dont nous parlons, n°s 12 et 19, qui le déterminèrent à renoncer au mariage; du moins Louis Racine (p. 115, 116) assure que Boileau en avait de tout temps pris la résolution. En effet, après avoir manifesté sa surprise de ce qu'on attribue à Boileau (t. II, p. 485) une épigramme dont le titre est *A une demoiselle que l'auteur avait dessein d'épouser*, il ajoute : « Tous ceux qui l'ont connu un peu familièrement savent qu'il n'a jamais songé au mariage et n'en ignorent pas la raison. »

---

[1] Loisel, dans son Dialogue des avocats au parlement de Paris (Opuscules, tirés de ses mémoires, in-4. 1652., p. 494), en cite un avec éloge.

[2] Renvoi du n° 2, p. ij.

Cette résolution connue fournit un sujet d'épigramme à Pradon, qui feignit de croire qu'elle était occasionée par une raison plus décisive. Voici ce qu'il osa dire à Boileau, en 1694, dans sa réponse (p. 2 et 4) à la satire des femmes :

> Il est vrai que privé des dons de la nature,
> Le ciel ne te forma que pour leur faire injure...
> Est-ce par tes exploits que tu prouves... crois-moi?
> Si les autres mortels étaient faits comme toi,
> Bien loin de décrier des belles les faiblesses,
> Tu ne pourrais citer que de chastes Lucrèces.

13 *a*. On sait quelle confiance il faut ajouter aux injures d'un ennemi, et cependant celles de Pradon paraissent avoir servi de fondement à une anecdote racontée, dit-on, après la mort de Boileau, par le médecin Gendron, son ami, et qui avait occupé après lui sa maison d'Auteuil, à l'intendant Le Nain, lequel la raconta à un quidam, lequel, cinq ou six années après la mort et de Gendron et de Le Nain, la raconta à un rédacteur de l'Année littéraire, *lequel* la rapporta, en 1756, dans son journal...... Suivant *l'arrangeur* de cette anecdote, Boileau, encore enfant, fut dans une chute blessé à grands coups de bec par un dindon..., d'où, suivant Helvétius, la haine de Boileau pour les jésuites importateurs des dindons; etc. (*voy*. MM. Daunou, 1825, I, liij; de St.-Surin, I, 85).

13 *b*. Quand toutes ces circonstances ne rendraient pas l'anecdote infiniment suspecte, comment, en l'admettant, concilier l'état où Boileau se serait trouvé avec quelques-unes de ses pièces de poésie légère, et surtout avec sa traduction inimitable de l'ode de Sapho (tome II, pag. 431, 434, 446, 449 et 451; tome III, pag. 325)?

13 *c*. Mais il est d'autres circonstances qui, achevant d'ôter toute vraisemblance à l'anecdote, auraient peut-être détourné *l'arrangeur* de la publier, s'il eût daigné y prendre garde.

1° Gendron, qu'on dit, sans doute pour donner plus de poids à son récit, avoir occupé la maison d'Auteuil après Boileau, n'en était point propriétaire à la mort du poète; il ne le devint qu'en 1714 (Pi. just. 213 *b* et *c*).

2° Il fut, ajoute-t-on, discret pendant la vie de Boileau, et ce ne fut qu'après sa mort qu'il conta l'anecdote à Le Nain, intendant du Languedoc.

Comme Le Nain n'obtint cet emploi qu'en 1743 (Tab. des Gaz. de France), ce serait donc cent ans après l'évènement, et lorsque Gendron était octogénaire (mort en 1750, à 87 ans), que ce vieillard aurait eu assez de mémoire pour transmettre avec exactitude des détails minutieux venus à sa connaissance une quarantaine d'années auparavant....

3° Supposons toutefois, et la tournure du récit de l'*arrangeur* prête même davantage à cette idée, supposons que ce fut aussitôt après la mort de Boileau, c'est-à-dire en 1711, que Gendron fit son récit... Ce médecin *discret* aurait donc violé un secret, et l'aurait violé en faveur d'un enfant de *treize ans,* car Le Nain n'était né qu'en 1698 (il mourut, en 1750, à 52 ans... Son père s'était marié en 1695... Même table et Moréri, édit. de 1725, h. v..) *Risum teneatis!*

ARTICLE IV. — *Professeurs de Boileau formés à l'école de Ronsard.* [1]

14. Sévin, sous qui Boileau étudia au collège de Beauvais, vers 1648, professait depuis 50 ans (De Boze, iij; Desmaiseaux, 24). Ronsard, mort en 1585, jouissait de la plus haute réputation lorsque Sévin fut nommé régent, et la conserva assez longtemps après[2]. Ainsi, en 1606, de Thou dit qu'il avait égalé les plus fameux poètes de l'antiquité et que ses ouvrages étaient entre les mains de tout le monde (*Hist., lib.* 37 et 82, édit. de 1620, t. II, p. 322; t. IV, p. 62)... Ainsi, en 1609, le conseiller de La Chetardie lui fit élever à ses frais un mausolée de marbre près de Tours (*Bayle,* mot *Ronsard,* note F).... Ainsi, en 1607 et en 1611, dans le livre VII (chap. 7) de ses Recherches, Pasquier qui lui-même faisait des vers, avance que Rome n'a jamais pro-

---

[1] Renvoi du n° 3, page ij.

[2] Nous observons ailleurs (Not. bibl., § 1, n° 113), qu'on le qualifiait de Prince des Poètes dans les éditions de ses œuvres.

duit un plus grand poète; que, quoiqu'il ait écrit plus qu'aucun autre, il les a tous surpassés ou du moins égalés [1].

Nous ignorons si le professeur de rhétorique La Place, sous qui Boileau étudia ensuite (vers 1650..., Lett. famil., II, 49), appartenait à la même école; mais, d'après ce que Boileau (tome III, p. 229) rapporte de sa manière de traduire, il était bien digne d'en faire partie.

ARTICLE V. — *Passion de Boileau pour l'étude... Premiers essais littéraires* [2].

15. On le surprenait quelquefois au milieu de la nuit sur ses livres favoris; et le jour « on était souvent obligé de l'avertir aux heures du repas au collège, quoique la cloche destinée à cet usage fût attachée à la fenêtre de sa chambre. » *De Boze*, p. iv.

Lorsque Boileau était en quatrième, il entreprit de faire une tragédie dont il citait dans la suite ces vers, ajoutant que, sur les quatre-vingt mille qu'avait fait Boyer, il n'y en avait pas un de cette force-là (Bolœana, 83; Cizéron-Rival, Récréat., p. 197):

. . . Géans, arrêtez-vous!
Gardez pour l'ennemi la fureur de vos coups.

---

[1] On cite encore comme lui ayant donné des éloges à-peu-près de même genre, Jules-César et Joseph Scaliger, Adrien Turnèbe, Papyre Masson, Scévole de Sainte-Marthe, etc. (Titon du Tillet, Description du Parnasse français, in-12, 1727, p. 310).
On a pu juger (tome II, p. 183, tome III, p. 205, tome IV, p. 51) par ce qu'en disent Boileau et Arnauld, combien la réputation de Ronsard était tombée au XVIIe siècle. On a cherché de nos jours, nous l'avons déjà remarqué (même p. 51), à la réhabiliter, et l'on s'est fondé en partie, sur les éloges de ses contemporains. Voici ce qu'observe à ce sujet M. Villemain (Cours de littérature française, 1829, I, 52):
« Malgré tout ce qu'une critique savante et fort spirituelle peut dire en faveur de Ronsard, malgré cette demande en cassation après deux siècles, j'ai peine à concevoir que de vrais, d'ingénieux appréciateurs des Grecs et de Virgile aient pu jadis tant admirer Ronsard. L'immense réputation de ce poète marque le peu de progrès que le goût avait alors fait en France... Un seul de ses admirateurs, Montaigne, eut un goût vrai ».

[2] Renvoi du no 5, p. ij.

Article VI. — *Étude de la théologie et de la jurisprudence* [1].

16. Il est assez naturel que les parens de Boileau l'ayant fait entrer dans l'état ecclésiastique dès son enfance (à onze ans... tome IV, p. 498, n° 211 g, al. 5°), il ait étudié la théologie au sortir du collège. Selon De Boze (suivi sur ce point par Louis Racine, p. 45), ce ne fut qu'après avoir essayé du barreau; mais ce que De Boze ajoute aussitôt (pag. IV), que la mort de son père rendit Boileau libre d'abandonner la théologie, dévoile son erreur. Boileau, en effet, reçu avocat, fut chargé d'une *première* cause... Qu'il l'ait plaidée fort mal, comme le dit Louis Racine (p. 44), ou qu'il s'en soit débarrassé sans la plaider, comme le raconte de Boze, toujours fallut-il un certain temps pour se procurer cette cause, et au moins jeter un coup-d'œil sur les pièces; et assurément les deux mois qui s'écoulèrent entre la réception de Boileau (4 déc. 1656... Même alin. 5°) et la mort de son père (3 fév. 1657... Pi.-just. 22) ne sont pas un intervalle trop long pour ces préliminaires.. A quelle époque alors aurait-il donc pu étudier la théologie assez de temps pour s'en dégoûter?

16 a. Voici, d'après les documens déjà cités et plusieurs autres, comment nous distribuerions, en quelque sorte, la jeunesse de Boileau.

1647. Études en quatrième... Opération de la pierre... 31 décembre, tonsure... — 1648. En troisième, sous Sévin... — 1649. En seconde. — 1650. En rhétorique, sous La Place. — 1651 et 1652. En philosophie. — 1653. En Sorbonne (théologie). — 1654, 1655 et 1656. Cours de droit, baccalauréat, licence... 4 décembre, réception comme avocat. — 1657. Janvier, première cause... 3 février, mort de son père, et émancipation.

17. Ce qui détermina Boileau à abandonner la théologie, c'est qu'il « fut également surpris et choqué d'y voir les points les plus importans du salut, réduits à de creuses spéculations, obscurcis par un langage barbare, et soumis à des contestations éternelles. » *Desmais.*, 27 (d'apr. le Mercure de Trévoux, 1711).

---

[1] Renvoi du n° 5, p. iij.

ARTICLE VII. — *Fortune de Boileau* [1].

18. « Son père lui laissa environ 12,000 écus dont il plaça à-peu-près le tiers (12,000 livres), à fonds perdu, sur l'Hôtel-de-Ville de Lyon, ce qui lui produisit 1,500 livres de rente. Son bien s'augmenta considérablement dans la suite par des successions et par des pensions du roi. »

Voilà tout ce que nous apprend Brossette (in-4°, I, 222), sur la fortune de Boileau, encore cette note si brève a-t-elle besoin d'éclaircissemens. Ainsi, nous ne comprendrions pas comment Boileau, qui n'avait que vingt ans à la mort de son père, aurait pu placer de l'argent à douze et demi pour cent, si Cizeron-Rival n'avait observé long-temps après (Lett. fam., III, 147) que les rentes de l'Hôtel-de-Ville de Lyon avaient été créées sur un pied trop haut, eu égard au capital; qu'un arrêt du conseil les réduisit d'un quart; et que le maréchal de Villeroi, à la prière de Brossette [2], et par distinction pour Boileau, ordonna que celui-ci serait payé en entier de sa rente [3].

18 *a*. Il nous est impossible, faute de documens, d'indiquer les accroissemens de fortune de Boileau dont Brossette parle d'une manière si vague; nous savons seulement qu'en 1683, il eut un cinquième de la succession de Puymorin [4], indépendamment d'un legs d'argenterie (Pi.-just. 34 *e*) : mais nous pourrons donner des détails exacts sur la fortune qu'il a laissée, parce que, aussitôt après sa mort, on fit un inventaire judiciaire, con-

---

[1] Renvoi du n° 5, p. iij.

[2] La vanité de Brossette (car c'est dans ses papiers que Cizeron-Rival a puisé ses documens) perce ici un peu trop, comme M. Daunou (IV, 398) l'a déjà remarqué. Assurément, Boileau, reçu à la cour, pensionné et chéri par le roi, qui lui réservait une heure d'audience par semaine, n'avait pas besoin auprès d'un courtisan renforcé tel que Villeroi, de la protection d'un jeune provincial inconnu, tel que Brossette.

[3] Ceci nous explique pourquoi Boileau dit (tome IV, p. 414) que la ville de Lyon fut « la mère nourrice de ses muses naissantes ».

Nous ne parlons pas de celle de Gilles Boileau II, mort en 1669 (Tab. généal. n° 282), parce que ses frères et sœurs l'acceptèrent sous bénéfice d'inventaire (opposition du 29 décembre 1682, annexée aux ventes des 10 et 24 de ce mois; Pi. just. 33).

tradictoire et évaluatif de ses biens (vacations du 20 mars au 9 avril 1711; minut. de Dionis). En voici les principaux résultats :

18 *b. Argent.* Espèces, 12,000 liv.; vaisselle, 4,720; 92 médailles (estimées simplement au poids), 1,802.—Total, 18,522 l.

Mobilier. Voiture suspendue et chevaux (deux cavales noires), 850 liv.; quarante-sept tableaux (un Fouquière, deux ou trois Bourdons, un Guaspre, un Blanchard), 757; autres meubles, 905; bibliothèque (230 à 240 in-fol.; 300 à 320 in-4°; 15 à 1,400 petits formats [1]), 2,346 liv. — Total, 4,838 livres.

Capitaux.— Débiteurs. — 1° *Parens.* Les mariés Gilbert de Voisins, 12,000 liv.; la veuve de Bessé et son fils, 8,000 liv.; la veuve Manchon ou son fils (quatre contrats), 16,000 liv.— 2° *Autres.* Le Verrier, 6,000 liv.; Cartigny, 4,000; Dumas, 6,000; Benard de Rosay, 60; ville de Montpellier, 16,100; ville de Paris (sept contrats, dont un de 57,520 livres, produisant 2,876 livres... Pi.-just. 38), 86,220. — Total, 154,380 livres.

Termes dus (outre les courans). Ville de Lyon, 750 liv.; *idem*, de Montpellier, 448.—Total, 1,198 livres.

Viager ou *pensions.* Le roi, 2,000 liv.; Le Verrier, 300; veuve Manchon et son fils, 120; ville de Paris, 320 liv.; *idem*, de Lyon, 1,500 liv. — Total, 3,240 livres.

18 *c. Passif.* Une rente viagère de 600 liv. à Mlle. Bourdet, d'après le testament de Puymorin (Pi.-just. 34 *d*).

18 *d. Revenus totaux.* Si l'on réunit l'intérêt des capitaux aux rentes viagères et aux pensions, Boileau, déduction faite du passif, jouissait de plus de dix mille cinq cents livres de rentes, ce qui équivaut peut-être à une valeur double de notre temps.

18 *e. Actif total.* L'argent, le mobilier, les capitaux et les termes dus arrivent à 178,928 livres; mais si l'on considère d'abord que les termes courans des revenus étaient dus, ensuite que l'estimation du mobilier (même celle des médailles), a été extrêmement faible, comme c'était d'ailleurs l'usage dans les in-

---

[1] Ils sont rangés et estimés par lots, et à chacun des lots, on n'indique malheureusement les titres que de deux ou trois ouvrages.

ventaires de ce temps qui se faisaient avec *crue ;* et enfin que le passif devait bientôt s'éteindre [1], nous croyons que l'actif total doit être estimé au moins à cent quatre-vingt-cinq mille livres.

Ce résultat confirme ce qu'écrivait l'abbé Boileau à Brossette, à la fin de mars 1711 (tome IV, p. 465), au moment où l'inventaire était assez avancé pour apprécier la valeur de la succession de son frère, « que celui-ci *avait légué la plus grande partie de son bien aux pauvres* », puisque les legs (87,500 livres en tout) n'arrivaient pas à la moitié de cette valeur. Un des plus judicieux éditeurs de Boileau a néanmoins élevé des doutes (IV, 401, 402) sur cette assertion de l'abbé [2], mais il n'a pas pris garde que le testament du poète qu'il cite à ce sujet, n'indique point en quoi pouvait consister son actif.

ARTICLE VIII. — *Infirmités, mort et sépulture de Boileau.* [3]

19. Boileau eut, en 1687, une extinction de voix dont il s'affecta singulièrement. Pour dissiper cette incommodité, il alla prendre les eaux de Bourbon, où il se réconcilia avec Boursault... Il devint ensuite très sourd avant la fin du xviie siècle... A vingt-cinq ans il fut atteint d'un asthme dont il ne put jamais guérir (tome IV, p. 153, 156 et suiv., 220, 300, etc.).

Les onze années qu'il survécut à Racine furent onze années d'infirmités et de souffrances; il éprouvait toujours de grandes incommodités des suites de l'opération de la taille qu'il avait subie dans son enfance et qui avait été très mal faite. *Louis Racine*, p. 302; *Bolæana*, p. 82; *de Boze*, p. iij; *Desmaiseaux*, 284; *même tome IV*, p. 447, 450, 453, 458 et suiv.

20. On a varié sur le jour précis de la mort de Boileau.

---

[1] Le legs viager avait été fait en 1683, et la légataire était déjà qualifiée de fille majeure dans un acte de cette année.

[2] Le témoignage de l'abbé est fortifié de celui de la Gazette de France du 21 mars 1711 (8 jours après la mort du poète) où la même assertion est en toutes lettres.

[3] Renvoi du n° 6, p. iv.

L'homme qui devait en être le mieux informé, puisqu'il avait assisté aux obsèques et qu'il a écrit peu de jours après, l'abbé Boileau, indique le *onze* mars, date qu'ont adoptée plusieurs écrivains tels que d'Alembert (III, 1) et les rédacteurs des précis historiques de la vie de Boileau insérés dans les éditions de Bastien et de Le Brun. Un autre recule cet évènement au *dix-sept mars;* quelques-uns même, suivant un éditeur moderne (Paris, 1824..., Not. bibl., § 1, n° 241), au *treize avril*. Les uns et les autres ne sont pas plus exacts que l'abbé Boileau, car la vraie date est le *treize mars* (Pi.-just. 39 et 40).

21. Par une rencontre assez singulière, la sépulture de Boileau à la Sainte-Chapelle, se trouvait précisément sous le Lutrin qu'il avait chanté, disent plusieurs de ses éditeurs modernes, ainsi que Marmontel (Poétique, I, 386)..., et leur assertion est confirmée par Morand (part. 1, p. 267) qui, en ajoutant que le tombeau était dans le chœur de la Sainte-Chapelle-Basse, observe qu'on voit encore à cette place une longue pierre sur laquelle on lit les noms et qualités des différentes personnes de la famille de Boileau enterrées en cet endroit [1] et la date de leur décès.

Mais ce rapprochement assez piquant nous paraît être le fruit d'une pure équivoque, parce que le service ordinaire des chanoines se faisant dans la Sainte-Chapelle-Haute [2], c'est là que fut et dut être élevé le Lutrin chanté par Boileau, et les tombeaux n'étaient et ne pouvaient être que dans la Sainte-Chapelle-Basse...

Louis Racine, il est vrai (p. 313), dont le récit paraît avoir donné lieu à l'équivoque, observe que le tombeau du poète était dans la Chapelle-Basse, au-dessous de la place où dans la Chapelle-Haute était le Lutrin, circonstances omises par les éditeurs; mais il ne se trompe pas moins sur ce point. La place du chan-

---

[1] Morand se trompe. Voy. Pi.-just. 210, tome IV, p. 495,496, et note 3, *i*.

[2] C'est ce qui avait été décidé, en 1657, par une sentence arbitrale (Morand, part. II, p. 110, chef 3).

Aussi Boileau fait-il dire par la Discorde au trésorier (tome II, p. 294) *et Là-haut à ta place... Le chantre... Étale son audace.*

tre, en effet, étant à la première haute stalle à la gauche de l'entrée du chœur, c'est là, et par conséquent sur les ais qui séparaient cette place des basses stales [1] que fut rétabli le Lutrin, tandis que le tombeau des Boileau était, non dans le chœur, mais dans la nef (Pi.-just. 22 et 210). Or, en supposant même que contre l'usage qui fixe le grand lutrin des choristes au milieu du chœur, on en eût placé un dans la nef, ce n'est ni ce grand lutrin, ni les lutrins en général que Boileau a chantés, mais le lutrin érigé devant la place du chantre.

21 *a*. Les cendres de Boileau ont été depuis la révolution transférées au Musée des monumens français, et enfin (le 14 juillet 1819), à la suite d'une cérémonie pompeuse et touchante, dans l'église de l'abbaye de Saint-Germain-des-Prés [2] (Moniteur du même jour; Revue encycl., 1819, III, 201, où en sont les détails).

---

[1] V. Morand, p. 114, 218, 253; Lutrin, ch. I, v. 159 à 164; notre tome IV, p. 367; surtout l'estampe du chant IV, édit. in-12 de 1701 (nous la citons comme une autorité, parce que les estampes de cette édition furent faites sous la surveillance de Boileau... même tome IV, p. 334).

[2] Nous ignorons pourquoi l'on a choisi cette église. Puisqu'on tenait à transférer dans un temple le mausolée de Boileau, il fallait le placer à Notre-Dame, dont la paroisse comprend les territoires de St-Jean-le-Rond et de la Sainte Chapelle, dernières demeures du poète et de sa famille.

CHAPITRE II.

BOILEAU CONSIDÉRÉ COMME CRITIQUE.

22. Nous ne dissimulerons point d'abord que le genre d'écrire que Boileau adopta en débutant, nous paraît, en général, digne de blâme [1]: la véritable critique littéraire, c'est-à-dire, comme l'indique l'étymologie de cette expression, un jugement motivé sur un ouvrage, dont on apprécie exactement les beautés et les défauts, exige des discussions sérieuses qui ne sont guère propres à entrer dans un poème, où d'ailleurs, diverses causes entraînent souvent l'aristarque bien loin du but qu'il s'était proposé. Malheur, dit Boileau lui-même (Art Poét., ch. II, v. 153 et 154) :

> Et malheur à tout nom qui, propre à la censure,
> Put entrer dans un vers sans rompre la mesure. [2]

23. Passe encore si l'homme que le nom désigne mérite réellement d'être censuré; mais il arrive trop souvent que, gêné par la césure, ou par la rime, ou par les autres difficultés qui naissent du mécanisme des vers, on adopte plus facilement un trait odieux, une personnalité répréhensible qui tirent d'embarras. [3]

24. Qui pourrait, par exemple, ne pas gémir de trouver dans Boileau les passages suivans (sat. II, v. 17 et 18; sat. I, v. 77 à 80).

> Si je veux d'un galant dépeindre la figure,
> Ma plume pour rimer trouve l'abbé de Pure...
> Tandis que Colletet, crotté jusqu'à l'échine,
> S'en va chercher son pain de cuisine en cuisine;
> Savant dans ce métier si cher aux beaux esprits,
> Dont Montmaur autrefois fit leçon dans Paris.

---

[1] *Voyez* l'appendice, articles I à III, et XVII, nos 45 à 52, et 86 à 92.
[2] Même n° 45.
[3] Nous en donnons des exemples, nos 51 et suiv.

Ces derniers vers, surtout, étaient d'autant plus blâmables que Pelletier, dont Boileau mit le nom dans ses premières éditions, et Colletet qu'il lui substitua, en 1694, étaient pauvres (*Chevræana*, I, 30) et devaient par conséquent être respectés, et que le premier n'avait jamais fait le métier de parasite reproché à Montmaur. [1]

25. Ne doit-on pas également s'affliger de voir la légèreté avec laquelle il substituait dans ses écrits aux noms qui y figuraient d'abord, des noms différens, quoique les auteurs censurés les premiers n'eussent souvent que le mérite de s'être réconciliés avec lui, et les autres que le tort de porter un nom de son ou de mesure semblable? [2]

26. Rien, sans doute, ne peut excuser de semblables écarts; mais il n'en est pas de même du genre d'écrire proprement dit qu'adopta Boileau. La satire littéraire en vers, nous le répétons, nous paraît blâmable : mais si jamais auteur fut excusable de s'y être livré, ce fut sans doute Boileau; si jamais auteur en fit, à part ce que nous venons de dire [3], un usage décent, réservé, noble, utile, ce fut aussi Boileau; si jamais auteur satirique, du moins parmi les modernes, mérita de servir de modèle par sa manière de traiter ce genre, ce fut encore Boileau.

27. Au moment où il prit la plume, les chefs-d'œuvre de Corneille avaient paru depuis assez long-temps; mais les scènes qu'on y admire n'étaient point écrites avec une élégance soutenue; elles péchaient souvent [4] contre les

---

[1] On revient sur ces points (ce qui est relatif à Colletet, à Pelletier, etc.), n°s 51 et 52, p. xlviij et xlix.

[2] *Voy*. n°s 53 à 57, et pour des exemples, tome I, p. 196, note 3, page 113, note 4.

[3] Et ce qu'on observera, chap. IV, art. xv, n° 160 et 161, sur ses critiques au sujet de Perrault et de Le Clerc.

[4] La Harpe, Lyc., VI, 190. —Corneille, dit Voltaire (*Siècle de Louis* XIV, chap. 32), eût trouvé beaucoup à apprendre dans l'Art Poétique.

convenances du style et ne pouvaient servir à éclairer les esprits et à les diriger dans la révolution qui se préparait pour notre littérature.

Molière, dans un autre genre, était encore moins propre à servir de modèle, parce qu'il présentait les mêmes imperfections [1]; d'ailleurs ses bons ouvrages ne commencèrent à paraître que dans le temps où Boileau composait ses satires et les répandait en manuscrit (*voy.* n° 59).

28. Frappés aujourd'hui des beautés dont étincellent les ouvrages de ces grands maîtres, nous avons peine à croire qu'ils n'aient pas eu la plus salutaire influence sur leurs contemporains. Nous ne pouvons nous persuader que les ayant applaudis, ces derniers n'aient pas cherché d'abord à les imiter; et qu'en méditant leurs beautés, ils n'aient point appris à les démêler des fautes dont elles étaient accompagnées. Nous sommes, au contraire, portés à penser que c'est uniquement à Corneille et à Molière que nous devons le plus parfait peut-être des poètes de tous les siècles, Racine. [2]

Il est vrai que les chefs-d'œuvre de Corneille avaient été accueillis avec enthousiasme, et que ceux de Molière obtenaient aussi du succès; mais la foule n'en courait pas moins [3] à un nombre prodigieux de pièces de théâtre, dont les auteurs ne nous sont connus que par les traits satiriques de Boileau, ou par les mémoires du temps, et dont on ne peut aujourd'hui lire les productions dramatiques sans dégoût.

---

[1] Ses pièces fourmillent de fautes de langage et de versification, dit La Harpe, Lyc., VI, 192.

[2] La Harpe (Lyc., VI, 189 et suiv., et Mercure de mars 1787, p. 154 et suiv.) discute l'opinion de Marmontel sur ce point, dont nous traitons aussi, n°⁸ 170 à 174. — C'est Boileau, dit d'Alembert (III, 129, note 27), qui a vraiment formé le goût de la nation.

[3] *Voy.* n°⁸ 60 et 61.

29. Il en était de même pour d'autres genres de poésie. Les odes de Malherbe, les satires de Regnier, les pastorales de Racan, les églogues de Segrais étaient confondues avec une multitude de compositions aussi oubliées aujourd'hui que celles des rivaux des Corneille et des Molière.[1]

On était encore plus malheureux pour la poésie épique. Non-seulement on admirait une foule de méchans ouvrages[2], mais on n'en avait pas à lire un seul qui fût supportable.

30. Le jugement du vulgaire peut s'égarer pendant quelque temps[3] sur les véritables beautés littéraires. Il peut prendre pour sublime ce qui n'est que gigantesque, pour grand ce qui n'est qu'enflé, pour fin et délicat ce qui n'est que bouffon, pour spirituel ce qui n'est que maniéré, pour simple, ce qui n'est que trivial ou bas. Pendant cette éclipse du goût, les écrivains formés aux vrais modèles les rappellent à leurs contemporains; ils réclament avec force les droits du bon sens, ils les font valoir avec persévérance et ils ont bientôt la gloire d'éclairer leur siècle..... Ainsi, il semble que les erreurs de la multitude, au temps où Boileau parut, ne durent point être partagées par les auteurs et surtout par les critiques, et que ces derniers prirent non moins de part que lui à la révolution qui s'opéra dans tous les esprits et donna naissance au véritable siècle de Louis XIV. Les auteurs de ce temps n'avaient pas manqué de ressources. Indépendamment des traits de génie de Corneille, ils avaient pu, jeunes encore, étudier les leçons solides du modeste Vaugelas, et en suivre l'appli-

---

[1] Il suffit pour s'en convaincre de jeter un coup-d'œil sur les recueils de fadaises publiées sous le titre de Pièces galantes, curieuses, etc., tels que ceux que nous citons, Notice bibliogr., § 2, n° 1 à 6.

[2] On en cite plusieurs, n° 62.

[3] Boileau, VI° préface, tome I, p. 22.

cation dans son Quinte-Curce, sous le rapport de la correction, et sous celui de l'élégance, dans les Provinciales de Pascal.[1]

On observait alors précisément tout le contraire. Le goût des écrivains n'était pas plus épuré que celui des lecteurs. Loin de concourir à éclairer le public, ils répugnèrent à abjurer leurs propres opinions lorsqu'on leur en montra le ridicule, et ils retardèrent pendant assez long-temps la révolution qui devait s'opérer.

31. Douterait-on de ce que nous avançons et qui, nous l'avouons, paraît assez étrange ? Que l'on prenne la peine d'ouvrir quelques-uns des ouvrages de critique littéraire de cette époque.[2]

Ici, c'est un Scudéri, auteur de romans agréables, admirables, écrits merveilleusement, dont l'antiquité n'a point laissé de modèles; de dix-huit tragédies, dont sept sont très illustres, et d'un poème (Alaric) recommandable par sa noblesse, son abondance et sa pompe.[3]

32. Là, c'est un Chapelain, le premier poète du monde pour le genre héroïque, écrivain qui, pour l'élocution, égale Virgile, s'il ne lui est supérieur.[4]

Ailleurs, un Cotin qui joint la science à la politesse et à l'esprit; bon philosophe et bon logicien; écrivain agréable, facile, pur et éloquent, en prose comme en vers.[5]

---

[1] Les remarques de Vaugelas, sur la langue, parurent en 1647; sa traduction de Quinte-Curce, après sa mort, en 1653; les Provinciales, en 1656.

[2] Tels que les ouvrages de Marolles, de Chapelain, de Balzac, de Costar, de Ménage, de St^e-Garde, de Desmarets, de Pradon, de Perrault et de Bellocq indiqués dans la Notice bibliographique, § 2, n°s 1, 3, 7, 11 à 18, 31, 34, 39 et 48. Ils furent composés depuis 1655 jusqu'en 1694.

[3] Marolles, II, 222, 223; III, 362; I, 328 : Chapelain, Préface; Costar, 318; Pradon, 95 (v. aussi Gui-Patin, lett. 453; Ménage sur Malh., 280).

[4] Nous revenons sur ces éloges, n°s 63 à 66.

[5] Bolæana, 151; Marolles, I, 325; Chapelain, Liste, 127.

33. Un Boyer, poète dramatique, qui ne le cède qu'au seul Corneille, réunissant, dans les détails, la force de la pensée à celle de l'expression ₁;

Un Desmarets, peut-être un peu hardi de se placer au-dessus de Virgile; mais esprit facile, écrivain plein de diversité et d'agrémens, en un mot le plus ingénieux des poètes français, l'Ovide de son temps....²

34. Il est inutile de continuer cette nomenclature et de rappeler, ce qui serait aisé, des éloges presque aussi pompeux donnés à une foule d'auteurs, ou méprisés ou inconnus aujourd'hui, tels que Cassagne, Colletet, Coras, Gombauld, Godeau, Le Clerc, Pelletier, Perrin, Pinchesne, S.-Garde, etc. ³

Nous croyons toutefois ne devoir pas omettre une autre preuve de l'état déplorable où était la littérature française. Qu'on daigne jeter les yeux sur le tableau de l'Académie à l'époque dont nous parlons (il est au n° 69). Si l'on en retranche Corneille et quatre ou cinq autres, bien inférieurs à lui, on ne trouvera également que des hommes, ou ignorés, ou qui devraient l'être.

35. C'est dans ces circonstances affligeantes que Boileau prit la plume. Nourri des beautés des anciens, il était indigné de l'état misérable de notre littérature. Il essaya d'abord de faire entendre sa voix dans quelques cercles; mais ces réclamations partant d'un jeune homme encore inconnu, étaient étouffées par la prévention, ou affaiblies par la crainte qu'inspirait l'homme (Chapelain) qui dispensait toutes les réputations et toutes les faveurs; ou elles expi-

---

[1] Chapelain, Liste, 23. Il en est aussi question dans le Théâtre fr., VIII, 313 à 368; IX, 88, 132; X, 6, 383; XI, 4, 329.

[2] Marolles I, 331, III, 310; Chapelain, Préface et Liste, 51; Costar, 322; Ménage, Langue, I, 122; et Malh., 280.

[3] On les cite, n° 67 et 68.

raient hors des cercles peu nombreux que fréquentait Boileau. Son génie lui montra alors la voie dans laquelle il fallait marcher, en lui dictant d'énergiques satires dont le style mit leur auteur en crédit, et dont l'étendue permit de les promptement répandre, soit par des lectures[1], soit par des copies manuscrites, car il n'eut point d'abord le dessein de les faire imprimer.[2]

Qui pourrait sous ce point de vue ne pas l'excuser, ou plutôt ne pas applaudir à cette courageuse et utile entreprise! En effet, avec un but si honorable, la satire cessait d'être odieuse. Boileau n'avait pas besoin de discuter, avec les gens de lettres, tous les défauts des écrivains qu'il voulait détrôner : il suffisait de leur reprocher, en général, leur admiration pour un Chapelain, pour un Scudéry, etc.; ou de leur rappeler Homère et Virgile, Malherbe et Corneille, et de les inviter à la comparaison.

Ce qu'il y avait de plus à craindre en commençant cette lutte, c'était le haut crédit dont jouissait Chapelain. Il fallait donc, avant tout, essayer de rendre aux poètes leur dignité oubliée, leur montrer de quelle honte ils se couvraient en ployant les genoux devant une si méprisable idole au lieu de préférer une pauvreté honorable à des libéralités achetées par des bassesses.

36. A ce premier but Boileau en joignit un autre non moins estimable, celui de démasquer les vices de ses contemporains, d'attaquer l'insolence d'une foule de traitans enrichis aux dépens de la substance publique sous le

---

[1] Une de ces lectures fut faite avec succès à l'hôtel de Nevers, le 3 février 1665 (Lett. de Pomponne, du 4, aux Mémoires de Coulanges, 1820, p. 384). Elles sont d'ailleurs indiquées directement ou indirectement dans divers écrits du temps, tels que ceux que nous citons, n° 72 et 73.

[2] Mêmes n°s 72 et 73 ; De Boze, dans S¹ Marc, I, xxxvi ; Louis Racine, p. 57.

ministère déprédateur de Mazarin ; de dévoiler les désordres du corps social et surtout de la législation et de la police.

Tel fut l'esprit dans lequel Boileau composa ses deux premiers ouvrages, la satire 1re et la satire vie. C'est là qu'après avoir parlé de la détresse trop ordinaire des auteurs, il l'oppose à l'opulence des maltôtiers et des flatteurs intrigans, et déclare néanmoins que les gens de lettres doivent plutôt vivre dans la misère que de ramper devant les grands ou devant les prétendus législateurs du Parnasse (Satire 1, vers 45 à 52, et 59 à à 70) :

> Enfin, je ne saurais pour faire un juste gain,
> Aller bas et rampant, fléchir sous Chapelain. [1]

C'est là qu'après avoir décrit les embarras de la capitale, il peint les désordres qui s'y commettaient la nuit surtout, faute de police (Sat. vi, v. 89 et 90) :

> Le bois le plus funeste et le moins fréquenté
> Est auprès de Paris un lieu de sûreté, etc.

Qu'il nous soit permis de remarquer, à cette occasion, que les censeurs des premières satires de Boileau n'ont vraisemblablement pas fait assez d'attention au but qu'il se proposait et à sa manière de traiter son sujet. On ne peut certes peindre les abus en vers plus énergiques que ceux que nous avons cités. Aussi produisirent-ils quelque effet, relativement au moins à la sûreté de Paris : une année après la publication des satires, Louis XIV établit une bonne police [1]. Qu'il en eût formé le projet dès longtemps, c'est ce que nous ignorons, mais il est permis de présumer que les écrits de notre poète purent hâter l'exécution de ses plans.

---

[1] Ces vers étaient dans les premières éditions; on en parle, n° 72, art. xi.
[2] Il en est question, n° 74.

37. Le succès des deux premières satires, qui fut dû à une versification bien supérieure à tout ce que l'on connaissait alors [1], influa naturellement sur le choix des sujets de plusieurs des suivantes. Boileau s'y attacha à discréditer les mauvais poètes. Chapelain, Pelletier, La Serre, Cotin, Scudéri, Colletet, Perrin et beaucoup d'autres, par lui signalés comme tels, furent alors scrupuleusement examinés. On s'avisa de comparer leur style dur, bas, froid, lâche, diffus, avec l'élocution noble, claire et pleine de verve du satirique; les pointes ridicules, les traits ampoulés dont la plupart de leurs ouvrages étaient semés, avec la raison, le bon sens, le sel attique dont fourmillaient ceux de Boileau, et aussitôt croula l'échafaudage de leur réputation. Ils ne conservèrent de partisans que chez les gens de lettres de la vieille école, qui, ayant écrit de la même manière, sentaient qu'ils étaient enveloppés dans la même proscription; mais la génération suivante fut presque entièrement purgée de ces ennemis de la raison et du goût.

38. Qu'on ne croie pas pourtant que Boileau, ainsi que certains modernes l'ont voulu faire entendre, se soit uniquement adonné à la censure littéraire. Fidèle au premier plan qu'il avait adopté, il se partagea entre cette censure et la satire des mœurs, des vices, des défauts, des travers, des abus, des opinions fausses ou dangereuses... Non-seulement plusieurs de ses satires sont particulièrement dirigées contre la folie de l'homme, la fausse honte, les chimères de la noblesse, le faux honneur, mais presque toutes sont remplies de traits relatifs aux mêmes sujets. Ici (satire IV), le poète se récrie contre l'orgueil, l'ignorance, le fanatisme, l'avarice, la fureur du jeu;

---

[1] La Harpe, Lyc., VI, 190 (il fait d'autres observations que nous rapportons, n° 75).

là (satire VIII), il blâme l'inconstance des desirs, l'ambition, la chicane, la cupidité; ailleurs (satire X), il tonne contre la débauche, la coquetterie, la jalousie, l'hypocrisie, le faste; enfin (satires V, VIII et XI) il tourne en ridicule plusieurs abus de la législation ou de la société, comme le droit d'aubaine, l'épreuve du congrès, le fatras des lois, le dédale des formes, la tolérance des duels, la supposition des généalogies.[1]

39. Mais Boileau, n'eût-il publié que la satire sur la noblesse, serait digne d'être placé auprès de Juvénal.... Jeune encore, sans protecteur, sans appui, il fallait qu'il eût un bien généreux courage pour attaquer avec tant de force un préjugé sur lequel la plupart des hommes puissans fondaient leur grandeur, pour oser dire (sat. V) :

> . . . Je ne puis souffrir qu'un fat dont la mollesse
> N'a rien pour s'appuyer qu'une vaine noblesse,
> Se pare insolemment du mérite d'autrui,
> Et me vante un honneur qui ne vient pas de lui. etc.

On voit combien sont injustes ceux qui prétendent que Boileau ne s'est adonné qu'à la satire littéraire. Par conséquent, si jamais auteur fut excusable d'avoir adopté ce genre de composition, ce fut Boileau, puisque, conduit à rendre de grands services à la littérature dégradée, il voulut en même temps corriger les mœurs et les opinions de ses contemporains, et faire cesser les abus de leurs lois.

Cette alliance de la véritable satire avec la censure proprement dite, suffit pour affranchir Boileau de tout blâme et lui mériter au contraire des éloges; mais, lors même qu'il se serait borné à la censure littéraire et qu'il ne s'y serait livré qu'à l'exemple des Horace et des Juvénal,

---

[1] On revient sur ces points et sur quelques autres, n°s 75 à 82.

combien ne serait-il pas louable d'y avoir mis ou plutôt introduit de la décence?

40. Il ne voulait, nous l'avons dit, que répandre ses satires en manuscrit; il fut trompé dans son dessein : cinq d'entre elles furent imprimées à son insu et avec mille fautes [1], surtout avec divers traits de méchanceté bien étrangers à son caractère [2]. Forcé, pour défendre son propre honneur, de les publier telles qu'elles étaient réellement, il montra alors comment on peut affaiblir tout ce que ce genre a d'odieux.

La première loi qu'il s'imposa fut le respect des mœurs publiques; je veux, dit-il (Art Poét., tome II, p. 309),

> Je veux dans la satire un esprit de candeur
> Et fuis un effronté qui prêche la pudeur.

Il se montra sévère et constant observateur de cette règle, qui semble avoir été ignorée de tous ses devanciers (*voy*. n° 82).

41. Il eut ensuite le soin, trop négligé par ses successeurs, de distinguer ce qui avait rapport à la personne des auteurs, de ce qui concernait leurs ouvrages. Si l'on excepte le petit nombre de traits déjà cités, et qui presque tous attaquent plutôt des ridicules que des vices, il ne se permit point de reproches contre les opinions, les mœurs, la conduite des écrivains qu'il censurait, et cependant accablé bientôt d'injures grossières et en proie à d'odieuses calomnies, eût-on pu le blâmer de sortir quelquefois des bornes de la modération (*voyez* n° 83 à 85)?

41 *a*. Il mit aussi un tel scrupule, il apporta une telle

---

[1] En 1665, ou au commencement de 1666 (Not. bibiogr., § 1, n° 6 *a*).

[2] On y avait mêlé les noms de personnes honorables, dit Boileau (tome I, p. 2), dans la préface de sa première édition (Not. bibl.,§. 1, n° 7). Nous

impartialité dans ses décisions poétiques, qu'à l'exception d'une seule, ses contemporains et ensuite la postérité les ont toutes confirmées (*voy*. art. XVII, n° 86 à 92).

42. Il nous reste à parler du mérite littéraire de Boileau, considéré comme critique... On trouvera avant les satires (tome I, p. 59 à 62) les opinions de divers écrivains qui l'ont apprécié. Il nous suffira de citer ici les vers si connus de Voltaire (3ᵉ discours sur l'homme):

> On peut à Despréaux pardonner la satire;
> Il joignit l'art de plaire au malheur de médire.
> Le miel que cette abeille avait tiré des fleurs
> Pouvait de sa piqûre adoucir les douleurs.

43. Si jusqu'à présent nous avons considéré Boileau plutôt comme censeur que comme critique littéraire, c'est que nous n'avons parlé que de ses satires, et qu'il est bien difficile, d'examiner avec détail, un ouvrage dans des vers. Mais Boileau nous a laissé d'autres preuves de son talent pour la véritable critique. Chacun connaît la plaisanterie ingénieuse et piquante [1] (tome III, p. 38 à 82) par laquelle il détruisit l'espèce de charme dont les romans ennuyeux de son siècle avaient, pour ainsi dire, fasciné tous les yeux; plaisanterie qu'il eut la discrétion de ne faire imprimer qu'après la mort de Mlle de Scudéri un des auteurs qu'il y persiflait; et toutefois, s'il faut le dire, ce dialogue où les raisons ne sont le plus souvent qu'indiquées, ne nous satisfait pas entièrement. C'est la dissertation sur la Joconde de La Fontaine, que nous regardons comme un modèle de critique. Observations justes, pleines de finesse, de goût et de modération ; éloges et censures bien moti-

---

présumons qu'il s'agit de Jacquier, de Bidal, de Batonneau et de Ménage, (même tome I, p. 67, 71 et 85, aux notes).

[1] M. Villemain (tome I, p. 53 et 55 du cours de littérature cité p. 26, note 1) en fait l'éloge.

vés; style élégant et correct, tout se réunit pour lui assigner une place éminente.[1]

44. Cette dissertation est cependant un des premiers ouvrages de Boileau. Elle fut composée (vers 1665) peu de temps après des stances où il faisait l'éloge de l'École des Femmes, décriée avec acharnement (vers 1663) par les ennemis de Molière... Ainsi, comme Boileau le prouva encore par sa conduite envers Racine, il se montrait non moins empressé à exalter le talent modeste qu'à rabaisser à sa juste valeur l'orgueilleuse médiocrité [2]. C'est avec raison que Racine écrivait de lui à son fils : « M. Despréaux a un talent qui lui est particulier et qui ne doit point vous servir d'exemple, ni à vous ni à qui que ce soit. Il n'a pas seulement reçu du ciel un génie merveilleux pour la satire, mais il a encore un jugement excellent, qui lui fait discerner ce qu'il faut louer et en même temps ce qu'il faut reprendre ».

---

[1] On verra, n° 93 et 95, où l'on revient sur ce point, le sentiment de plusieurs écrivains sur les éloges et les censures dont nous parlons.

[2] *Voy.* art. xix, n°s 96 et 97.

[3] Septième lettre de Racine à son fils (4e rec.).

« L'art Poétique est la preuve que ceux qui peuvent donner des modèles,
« sont aussi ceux qui donnent les meilleures leçons.... » *La Harpe*, *Lyc.*, VI, 222.

APPENDICE AU CHAPITRE II.

PREUVES OU DÉVELOPPEMENS.

ARTICLE PREMIER. — *Critique littéraire en vers.* [1]

45. Il faut bien distinguer la critique de la censure, du moins en prenant ce mot dans le sens où Boileau paraît l'employer dans les vers cités, n° 22, c'est-à-dire comme une simple indication des défauts d'un ouvrage, sans égard à ses beautés, etc.

La critique littéraire a même été réprouvée en général dans des ouvrages *ex professo*, par deux auteurs célèbres, Saint-Réal (*Traité de la satire*, in-12, Lyon, 1691), et Voltaire (*Mémoire sur la satire*), qui n'a à-peu-près que développé les idées de Saint-Réal. Ils ont été réfutés et avec succès par La Harpe, dans son Lycée (tome VI, p. 218 à 220). *Voir* aussi Boileau, Discours sur la satire (tome III, p. 83); Arnauld, lettre à Perrault (de 1694, tome IV, p. 29); Clément, Nouvelles observations (p. 405 et suiv.), etc.

46. Mais si l'on applique à la *censure proprement dite* les observations de Saint-Réal, nous ne connaissons aucune raison solide par laquelle on puisse les réfuter. Le mot *censure*, dans le sens où nous l'entendons, est presque toujours synonyme d'*injure*, et nous ne voyons pas pourquoi il serait permis de dire par écrit ce qu'il est défendu d'exprimer de vive voix.

ARTICLE II. — *Incivilité des critiques... Auteurs censurés, nommés par Boileau.* [2]

47. Souchay (édit. de 1740... Not. bibl., § 1, n° 134) dans sa note sur ces vers (59 et 60) de la satire III,

---

[1] Renvoi du n° 22 (c'est-à-dire, preuves ou développemens de ce qui est énoncé dans ce n°), p. xxxiij.
[2] Renvoi des n°s 22 à 25, p. xxxiij et xxxiv.

> Si l'on n'est plus au large assis en un festin
> Qu'aux sermons de Cassagne ou de l'abbé Cotin...

rapporte une anecdote dont il résulte que Cotin fut quelquefois sacrifié à la nécessité de la rime. « Vous voilà bien embarrassé, disait Furetière à Boileau, que ne placez-vous là l'abbé Cotin ? » Quoique Souchay ne s'appuie d'aucune autorité, cette anecdote est très vraisemblable d'après le caractère violent de Furetière, qui avait à se venger des injures de Cotin (celui-ci l'associe à Boileau, dans la *Critique désintéressée*, page 37)... Au reste, Brossette (in-4°, I, 30) affirme que Boileau dut à Furetière l'indication des prédicateurs (Cotin et Cassagne) censurés dans les mêmes vers.

48. Il semble que la censure doive conduire inévitablement à l'injure [1]... Le même Saint-Réal qui a fait de fortes objections contre la critique en elle-même, tombe dans ce défaut au chapitre II du traité déjà cité (n° 45), où il donne à l'auteur qu'il combat les épithètes de *pédant* et de *grossier*. Il avait cependant vanté la réserve, en effet, si recommandable de Vaugelas, qui non-seulement ne nommait pas les auteurs des phrases qu'il critiquait, mais tournait encore ces phrases de manière que ces auteurs seuls pussent les reconnaître.

Betuléius, commentateur de Cicéron, ayant prétendu que le mot *Caniculam* désignait une constellation, un deuxième commentateur, le P. Lescalopier, le traita *d'ignorant*, et fut traité à son tour *d'ignorantissime* par un troisième, l'éditeur d'Oxford. (*D'Olivet*, traduction de la Nature des dieux (tome III, p. 163, édit. de 1775).

49. Boileau s'étant avisé de placer Boursault au nombre des *froids rimeurs*[2] signalés dans les premières éditions de la sa-

---

[1] C'est sans doute une des raisons pour lesquelles Bossuet déclarait la satire, telle que l'avait conçue Boileau, incompatible avec la religion chrétienne. (Lettres d'Arnauld, VII, 616).

[2] Boileau trouvait cependant (tome IV, p. 324) que Boursault avait du mérite; mais il voulut, dit Brossette (I, 71), faire plaisir à Molière avec qui Boursault avait un démêlé... L'excellente raison !..

tire VII, vers 44 et 45, celui-ci, quoique d'un caractère très modéré, enchérit sur son censeur, en le plaçant dans une comédie intitulée la Satire des Satires ; et Boileau dut obtenir un arrêt du parlement pour empêcher qu'on ne le traduisît sur la scène, sous son propre nom (Not. bibl., § 2, n° 10).

Observons, à cette occasion, qu'en agissant ainsi, Boileau ne manquait point à sa promesse (tome I, p. 3) d'abandonner, sans murmure, ses ouvrages à la vengeance de ses ennemis; car, comme l'observe d'Alembert (III, 189), il ne s'était pas engagé par là à leur abandonner sa propre personne.

Bayle parle aussi de l'incivilité des critiques (*voy. Nouv. rép. des lett.*, mars 1684, p. 85), et l'on en verra d'autres preuves dans les notes des poésies, entre autres, dans celles des vers 89, 152, 192 et 280 de la satire IX (tome I, p. 195, 202, 205, 206 et 212).

50. Enfin, s'il fallait en croire Brossette, Boileau, dont le père peignait l'excellent naturel par ce mot naïf : « Colin est un « bon garçon, il ne dira jamais du mal de personne (De Boze, p. j; Desmaiseaux, p. 22; Brossette, in-4°, I, 473)... » Boileau s'oublia jusqu'à faire entrer dans ses satires plusieurs de ses parens, même de ses frères et sœurs!... Mais nous croyons avoir démontré (tome III, p. 468 et suiv., surtout p. 479, 480), le peu de fondement des assertions du commentateur.[1]

ARTICLE III. — *Même sujet (incivilité des critiques, etc.), et Remarques sur de Pure, Colletet et Pelletier.* [2]

51. L'abbé de Pure, au rapport du même Brossette (I, 22), faisait courir un libelle où l'on débitait les plus noires calomnies contre Boileau. Celui-ci pour se venger fit les deux vers rapportés, n° 24. Il faut convenir que la vengeance était modérée; mais comme Boileau avait lancé ce même trait contre Ménage

---

[1] Et par-là même de ceux qui les ont reproduites, tels que Dumolard, ou peut-être Voltaire sous son nom (édit. de M. Beuchot, XXXIX, 267).

[2] Renvoi du n° 23, p. xxxiij.

(tome I, p. 85, note 2), et qu'il ne fit que changer les deux vers, il n'est point excusable :

> Si je pense parler d'un galant de notre âge,
> Ma plume pour rimer rencontrera Ménage.

52. *Colletet* et *Pelletier*... Clément (*Nouv. obs.*, p. 440), et, d'après lui, sans doute, M. Amar (édit. de 1821 et 1824... Not. bibl., § 1, n° 230 et 242) excusent Boileau sur ce que Colletet était mort lorsque la satire 1re (où sont les vers rapportés, n° 24), fut publiée ; mais en ceci ils commettent deux erreurs.

1° Comme on l'observe ailleurs (tome I, p. 72, note 5), c'est Pelletier et non point Colletet qui est nommé dans les premières éditions (1666 à 1685) ; son nom n'en fut ôté (édition de 1694) qu'après sa mort (1680).

2° François Colletet qui y fut ensuite désigné, et non pas Guillaume (Moréri, h. v.), n'était pas mort lors de la publication de la satire 1re, puisque l'on cite un ouvrage qu'il publia lui-même en 1676 (M. Weiss.. Biographie univers., à ce nom).

ARTICLE IV. *Même sujet (incivilité des critiques, etc.)*—*Noms d'auteurs critiqués, déguisés ou substitués à d'autres. Apologies de Boileau.*—*Sa justification quant à Cassagne, etc.* [1]

53. Nous avons dit (n° 25), que Boileau, dans les substitutions de noms nécessitées par des réconciliations, ne se déterminait souvent que d'après la similitude du son ou de la mesure des nouveaux noms.... C'est ainsi qu'il en agit entre autres à l'égard de Boursault, de Quinault, d'Hesnaut, de Perrault.... Enfin, nous l'avons aussi remarqué (n° 49), il avait d'abord placé Boursault dans ses satires, quoiqu'il lui trouvât du mérite, et il ne l'en ôta qu'après s'être réconcilié avec lui (tome I, p. 153, note 3 ; 196, note 3 ; 213, note 4 ; tome II, p. 335, note 4, etc.).

Cette dernière remarque, qu'on pourrait aussi appliquer à Quinault, nous semble une réponse suffisante à la justification

---

[1] Renvoi du n° 25, p. xxxiv.

qu'un littérateur distingué (M. *Daunou*, Influence, pag. 75 à 77) a essayé de faire des procédés de Boileau. Les noms des auteurs critiqués par celui-ci, quoique substitués, dit-il, suivant le besoin, ont toujours été bien placés.... Ce n'étaient pas des hommes très estimables, du moins par leurs talens littéraires..., et c'est leur style que Despréaux attaque...

Ajoutons que cette dernière observation pourrait aussi être réfutée. Lorsque, en effet, Boileau traite Ménage, ou l'abbé de Pure, de *galans*, et Sauval, de *sot parfait* (tome I, p. 85, note 2; p. 152, note 5), il n'est là nullement question de style.

54. Il faut pourtant remarquer, à la décharge de Boileau, 1° que les satires où nous trouvons les traits cités dans cet article et les précédens sont des ouvrages de sa jeunesse; 2° qu'il n'attaque le mauvais goût et les mauvais écrivains qu'avec l'arme de la plaisanterie, tandis qu'il ne parle jamais du vice et des méchans qu'avec indignation (d'Alembert, III, 35).

55. Nous avions d'abord cru pouvoir aussi l'excuser avec quelques apologistes imprudens, sur le soin qu'il prenait dans ses premières éditions de déguiser les noms des auteurs, de sorte qu'on ne pouvait découvrir précisément de quels personnages il était question... Mais l'examen de ces mêmes éditions nous a fait changer de sentiment.

Il n'est presque aucun des personnages censurés qui ne dût être reconnu à la première lecture, à cause de l'extrême ressemblance du nom déguisé avec le nom véritable, ou des désignations qui l'accompagnaient.

Ainsi, en admettant qu'on eût pu méconnaître Cassaigne[1] et Cotin dans *Chaissaigne* et *Kautain*, et Quinault dans *Kinaut*, *Kynaut* et *Kainaut*, l'indication de l'état et des sermons des deux premiers, et celle d'une tragédie (l'Astrate) du troisième (*v.* not. sur sat. III, vers 60 et 194, tome I, p 99, note 2; p. 108, note 8) n'aurait-elle pas fait cesser toute incertitude[2]?

---

[1] Telle était d'abord l'orthographe de ce nom; on verra (sat. III, p. 99) que dans la suite on supprima l'*i*.

[2] Il y avait si peu d'incertitude que des éditeurs plus réservés que Boileau, tels que ceux des Recueils de 1668 et 1671 (Not. bibl., § 1, n°s 20 et 25),

En supposant d'ailleurs que Boileau pût croire suffisans ces espèces de déguisemens [1], devait-il espérer que les éditeurs étrangers ou les contrefacteurs de ses ouvrages auraient la même réserve?... Qu'importait à Boursault, à Quinault et à Perrault, de n'être désignés dans les éditions originales que par les noms ou signes de Bursaut, de Kainaut et de P**., lorsque leurs noms étaient imprimés en toutes lettres dans des contrefaçons ou des éditions étrangères, comme nous le remarquons dans les notes des poésies? (tome I, p. 196 et 250; tome II, p. 426, 464, 465, etc.)

56. Au reste, lorsque nous nous sommes permis de blâmer l'usage de Boileau relativement aux désignations des auteurs censurés, nous ne l'avons fait, pour ainsi dire, que d'après des autorités respectables. Nous avons déjà cité (n° 48, p. xlvij) Vaugelas : Voici ce que disent Lamotte et Gresset :

>Heureux, si de sages scrupules
>Retranchant ces traits séducteurs,
>Ton vers n'eût rendu ridicules
>Que les fautes, non les auteurs :
>Qu'un nom quelquefois respectable,
>D'un hémistiche irrévocable
>N'eût pas fait l'injuste ornement!
>Rival de Lucile et d'Horace,
>Craignais-tu de manquer de grâce
>Sans ce dangereux agrément?..
>
>*Ode à l'ombre de Despréaux.*

>Ce n'est point là que ma raison l'admire,
>Et Despréaux, ce chantre harmonieux,
>Sur les autels du poétique empire
>Ne serait point au nombre de mes dieux,

---

n'imprimèrent pas les vers où étaient ces noms, ou bien y laissèrent du blanc, ou même changèrent ces noms.

[1] Pourquoi aussi ne croyait-il pas devoir user, envers ces écrivains, des mêmes ménagemens qu'envers le comte du Broussain, que du vivant de ce seigneur (mort en 1693., *Lémontey, Monarch. de Louis XIV*, p. 82) il ne désigna, quoiqu'il ne lui imputât qu'un goût ridicule dont le comte se faisait même honneur, qu'il ne désigna, disons-nous, que par une initiale (tome II, p. 73, note 1)?. Serait-ce parce qu'ils étaient plébéiens?

> Si, de l'opprobre organe impitoyable,
> Il n'eût chanté que les malheureux noms
> Des Colletets, des Cotins, des Pradons :
> Mânes plaintifs qui sur le noir rivage,
> Vont regrettant que ce censeur sauvage
> Les enchaînant dans d'immortels accords,
> Les ait privés du commun avantage
> D'être cachés dans la foule des morts.
>
> *Épître à ma muse.*

57. Notre espérance n'a pas moins été déçue lorsque nous avons voulu examiner une autre apologie relative aux épigrammes de Boileau, que, disait-on, il avait eu le soin délicat de ne publier qu'après la mort des personnages qui lui servaient de point de mire... Cela est vrai, sans doute, pour l'édition de 1685, où il commença à donner ses épigrammes, mais entièrement faux pour celles de 1694, de 1698 et de 1701. Dans l'édition de 1694, en effet, trois auteurs vivans, Pradon, Bonnecorse et Charles Perrault (morts en 1698, 1706 et 1703), sont attaqués; et dans les 2e et 3°, le même Charles Perrault (tome II, p. 460, et 463 à 466).

Il est également faux que, comme l'assure Brossette, Boileau, dans son épigramme contre un médecin (même p. 466), *n'ait pas voulu* employer le mot FRÈRE, et qu'il ait préféré le mot *oncle*, afin, sans doute, qu'on ne devinât pas qu'il s'agissait du frère de Charles Perrault... Il y a *frère* dans les éditions originales de 1694 et 1698, et ce mot a été, bien entendu, répété dans la contrefaçon de Paris de 1695, et dans les éditions d'Amsterdam de 1695, 1697, 1700, 1701 et 1710, et de Rotterdam de 1697 et 1698 (Not. bibl., § 1, n°s 69, 70, 76, 86, 88, 98, 77 et 78).

58. Mais nous croyons pouvoir justifier Boileau de l'imputation peut-être la plus grave qui lui ait été faite, celle d'avoir été la cause de la mort de l'abbé Cassagne. Nous nous garderons bien de dire avec Clément (*Nouv. obs.*, 432), que c'était tant pis pour Cassagne, s'il s'affectait trop vivement du trait malin lancé contre lui... Nous observerons que les détails mêmes dans lesquels entre l'auteur de l'imputation, qui, au reste, ne l'a faite

que soixante ans après la satire où Cassagne était critiqué¹, en prouvent le peu de fondement. Cassagne, dit-on en substance, fut tellement affecté de la plaisanterie faite sur le *désert* de ses sermons, qu'il en devint fou et succomba aux suites de sa maladie... Or, la plaisanterie fut publiée en 1666 (*sat.* III, v. 60) et Cassagne ne mourut qu'au bout de treize ans, ou en 1679... Bien plus, dans cet intervalle il publia presque d'année en année divers ouvrages, et des ouvrages² considérables (il y a des poèmes de 500 et de 1000 vers).. Peut-on concevoir qu'un insensé, qu'un homme dévoré de chagrins, eût pu se livrer à de telles occupations et pendant si long-temps ?

D'après cela, il est presque inutile d'observer que le récit de D'Olivet est contredit indirectement, d'un côté par Brossette, auteur plus rapproché du temps de Cassagne, qui affirme (I, 31) que celui-ci ne témoigna aucun ressentiment de la plaisanterie de Boileau... et de l'autre, par l'auteur même que cite D'Olivet, c'est-à-dire Charles Perrault. Dans ses Parallèles, en effet (t. III, page 260) Perrault dit que la mort de Cassagne nous a privé d'un *sermonnaire* considérable, dont la composition lui avait été confiée par l'archevêque de Paris, *peu de temps* auparavant... Outre qu'on ne charge pas un fou d'un ouvrage considérable, si c'eût été la démence et non pas la mort qui nous en eût privé, Perrault n'eût pas manqué de le dire dans ce passage où il blâme précisément le trait lancé par Boileau contre Cassagne.

ARTICLE V. — *Epoque de la publication des bons ouvrages de Molière... — Rapports de Molière et de Boileau.*³

59. Les Précieuses parurent (à Paris) en 1659, mais elles sont en prose. L'Ecole des Maris fut jouée en 1661, l'Ecole des

---

[1] D'Olivet, Hist. de l'académie, 1743, II, 169... l'épître en est datée de 1729. L'imputation a été répétée par beaucoup d'auteurs modernes tels que Voltaire (*Notice sur les Femmes savantes*) et Lenoir Dulac (*Observ.*, p. 155), et par prestous les biographes.

[2] Leur notice se trouve dans la même histoire de l'Académie (II, 170).

[3] Renvoi de n° 27, p. xxxv.

Femmes, à la fin de 1662, le Misanthrope, en 1666, le Tartufe (à Paris), en 1667 (Théâtre français, IX, Tab. chronolog). Les sept premières satires de Boileau furent composées depuis 1660 jusqu'en 1665, et quoiqu'il ne les ait publiées qu'en 1666, on peut assurer que Molière les connaissait. Outre que la seconde satire lui est adressée, il paraît que ces grands écrivains étaient amis, au moins dès 1662, puisque dès le premier janvier 1663 (Brossette, I, 33), Boileau avait aussi adressé à Molière, ses stances sur l'Ecole des Femmes (tome II, p. 436).

D'Alembert (tome III, pag. 109, note 23) s'étonne de ce que dans la satire II, adressée à Molière, Boileau ne lui parle que de la *rime*, et non de ses chefs-d'œuvre dramatiques, c'est-à-dire de l'Ecole des Maris et de l'Ecole des Femmes qui avaient déjà paru, car cette satire ne fut composée qu'en 1664... On peut répondre que l'objet principal de la satire de Boileau était précisément la rime, ce qui ne le conduisait point à parler des chefs-d'œuvre de Molière..... qu'il était bien éloigné de montrer de l'indifférence pour ces chefs-d'œuvre puisqu'il venait d'en louer un et que l'année suivante, dans le Discours au Roi (tome I, p. 51 et 52), il célébra le Tartufe bien long-temps avant sa représentation à Paris (*voy.* notre n° 149).

ARTICLE VI. — *Poésie... Mauvais Goût du public.* [1]

60. Marolles, dans ses mémoires (II, 223) composés de 1655 à 1657, indique plus de 300 tragédies ou comédies qui avaient eu alors du succès.

Mais ce qu'il y a de plus étrange, c'est que des gens de lettres, même de réputation, préféraient Scudéri à Corneille, quoique celui-ci eût déjà publié ses chefs-d'œuvre (*Voltaire, Temple du goût,* note 7). Balzac (I, 204) écrivait à Chapelain, le 8 janvier 1640: sauf quelques petites choses, l'Amour tyrannique de Scudéri (représenté, en 1638, deux ans après le Cid) « est à mon gré, incomparable; il remue les passions d'une étrange sorte; il

---

[1] Renvoi du n° 28, p. xxxv.

m'a fait pleurer en dépit de moi ; il a fait que LE CID et *le Scipion* [1] ne sont plus mes délices »... Sarrasin composa, vers le même temps, un discours sur la tragédie, qui n'est autre chose qu'une apothéose de cet *Amour tyrannique*. Cette pièce, selon lui (pag. 309), « est un poème si parfait et si achevé que si le « temps n'eût point envié au siècle de Louis le juste, la naissance « d'Aristote...... ce philosophe aurait réglé une partie de sa poéti- « que sur cette excellente tragédie... » Il dit aussi (p. 316) de *la Mort de César*, du même auteur, que « c'est un poème cer- tainement incomparable en son espèce, et qui sans doute le sera toujours, tant la force des pensées et la magnificence des vers, le rendent digne de la majesté de la vieille Rome, et tant il est ré- gulier dans son économie. » Et ce traité didactique, où il ne dit pas un mot de Corneille, parut cependant si excellent, que Balzac (même lettre, p. 205) sur sa lecture, offrait son amitié à Sarrasin qu'il ne connaissait pas. Il conserva même long-temps cette réputation, puisque Pellisson, dans son discours sur les œuvres de Sarrasin, composé vers 1656, dit (n° *V*, p. 17) qu'il est sa- vant, agréable et qu'en y *louant très dignement le fameux poème de Scudéri*, l'auteur mérite lui-même mille louanges.

61. Molière ne fut pas plus heureux d'abord que Corneille ; la multitude, dit La Harpe (*Lyc.*, *VI*, 221), lui préférait quel- quefois Mont-Fleuri. Nous lisons, en effet, dans sa vie, que le succès du chef-d'œuvre de la comédie, du Tartufe, fut balancé par celui de *la Femme juge et partie* (*voy*. Théâtre français, X, 405, et ce que nous rapportons, n°s 85 et 91).

ARTICLE VII. — *Suite du même sujet.* — *Poèmes épiques du milieu du* XVIIe *siècle.* [2]

62. La Pucelle avait paru quatre ans (1656) avant la composi- tion des premières satires de Boileau, et elle avait été précédée

---

[1] Scipion est une mauvaise pièce de Desmarets... Quarante ans après, St-Evre- mont (*Dissertat. sur la tragédie*, postérieure à 1676) plaçait aussi la Mariamne de Tristan et l'Alcyonnée de Du Ryer sur la même ligne qu'Andromaque et que Britannicus !....

[2] Renvoi du n° 29, p. xxxvj.

de plusieurs autres poëmes épiques, dont Chapelain fait l'éloge dans sa préface, tels que le *Moïse* de St-Amand, le *St-Louis* de Le Moine, le *St-Paul* de Godeau, l'*Alaric* de Scudéri, le *Clovis* de Desmarets, le *Constantin* de Mambrun, etc. Au reste, Chapelain n'était pas le seul qui vantât ces mauvais poëmes. « Quelle fécondité d'invention! s'écrie Vaumorières (Lettres, édition de 1714, II, 193), auteur contemporain (mort en 1695), au sujet du *St-Louis;* » quelle abondance..! quel enthousiasme!.. Que de pompe, de majesté, de hardiesse! »

ARTICLE VIII. — *Sur le même sujet, et en particulier sur Chapelain.*

63. On peut voir, au sujet des louanges rapportées au n₀ 32 (p.xxxvij), Costar, p. 320; Chapelain, préface; Brossette, I, 49, 50 et 104; Ménage sur Malh., p. 280.

On ajoute que Chapelain est ami des hommes les plus distingués par leur naissance, considéré par le ministère, l'oracle de la littérature, le distributeur de toutes les grâces (*mêm. auteurs*).

64. On pourrait faire plus d'un volume des éloges donnés à Chapelain jusqu'au temps où les satires de Boileau furent répandues. Sarrasin (p. 19) lui dédia une ode dont voici le début:

> Esprit né pour les grandes choses,
> Qui chantes hautement les faits de nos guerriers, etc.

Ménage (Malh., 512) l'appelle, dans une élégie qu'il lui adressa:

> Un homme merveilleux, dont l'esprit sans pareil
> Surpassait en clarté les rayons du soleil.

Quand il me vient en la pensée, dit Voiture (*lettre* 131, OEuvres, 1691, I, 284) que c'est au plus judicieux homme de notre siècle, à l'ouvrier de la couronne impériale, au métamorphoseur de la lionne, au père de la Pucelle que j'écris, les cheveux me dressent à la tête si fort, qu'ils semblent d'un hérisson, etc.

Les auteurs du journal des savans (23 févr. 1665) le nomment *l'incomparable* M. Chapelain.[1]

---

[1] D'autres éloges non moins pompeux donnés à Chapelain par Tannegui-Le-

65. La Harpe (*Lyc.*, *VI*, 222) remarque avec raison que la Pucelle fut d'abord très bien accueillie. Voici ce qu'annonce à ce sujet Gui-Patin (II, 159), dans une lettre du 16 novembre 1655 : « Toute *l'Académie* dit beaucoup de bien du nouveau poème de la Pucelle d'Orléans. » Ajoutons qu'on fit de la première partie, six éditions en dix-huit mois (*D'Olivet, Histoire de l'Académie*, *II*, 151).

Il est bien plus extraordinaire de voir le savant et judicieux Huet soutenir, dans la suite, que la Pucelle était un poème admirable pour l'ordonnance et que toutes les règles de l'épopée y étaient exactement observées (il omettait sans doute celle de plaire), et regretter qu'on n'en eût pas publié la 2e partie. *Louis Racine, Réfl. sur la poésie*, III, 82, *ch.* 3; *Huetiana*, 1722, p. 51.

66. Voltaire (*Mém. sur la satire*) fait l'éloge des grâces de la prose de Chapelain. Elle est sans doute passable, surtout en comparaison de ses vers. On y trouve cependant des passages dignes de sa verve poétique, tels que ceux-ci : « Ceux qui me *connaissent* savent que je me *connais,* et que n'ayant jamais eu de moi que de modestes *pensées* je n'en ai jamais dit que ce que j'ai *pensé* » (id., Préface)... « *L'invention* de ses meilleures pièces (de Molière) est *inventée,* mais judicieusement. Sa morale est bonne; il n'a qu'à se garder de la *scurrilité* » (*id.*, *Liste.*)

ARTICLE IX.—*Suite du même sujet* (mauvais goût... etc.). *Auteurs dont la réputation est tombée.*

67. Voici par exemple ce qu'on dit de Cassagne, de Gombauld et de Godeau.

1º *Cassagne.* Très bel esprit, écrivain élégant, en vers et en prose, un des jeunes gens du siècle qui donnent la plus belle espérance. *Marolles,* III, 252; *Chapelain*, Liste, p. 50; *Ménage, Malh.*, p. 296.

2º *Gombauld.* Esprit délicat, écrivain pur, spirituel et orné,

fèvre, le jésuite Mambrun, Jean de St-Geniez et Nicolas Heinsius sont rapportés dans les *Récréations historiques*, Paris, 1767. II, 253.

[1] Renvoi du nº 34, p. xxxviij.

supérieur à tous les poètes dans les sonnets et les épigrammes ; ayant un style élevé et soutenu, en un mot, entendant merveilleusement l'art poétique. *Marolles*, III, 287; *Chapelain*, Liste, p. 38; *Costar*, p. 321; *Ménage, Malh.*, p. 272, 280, et *Langue*, p. 83.

3º *Godeau*. Ecrivain élégant, pur et éloquent; poète d'un merveilleux génie, auteur du St-Paul, poème incomparable pour la facilité, la majesté et la correction. *Marolles*, I, 328, et III, 286; *Chapelain, Liste*, p. 54, et *Préface*; *Costar*, p. 322; *Ménage, Malh.*, p. 591.

68. On pourrait faire un dictionnaire assez curieux des réputations tombées ; les auteurs du temps dont nous parlons y fourniraient un bon nombre d'articles. Nous avons trouvé dans les ouvrages cités, ou dans d'autres ouvrages du siècle de Louis XIV, des éloges pompeux des écrivains suivans.[1]

Bertaut neveu.	Chevreau.	Le Clerc.	Pure (de).
Bois-Robert.	Colletet.	Le Moine.	Rampale.
Boissat.	Conrard.	Levayer (l'abbé).	Roux (de).
Bourdelot.	Coras.	Mambrun.	St Amand.
Boyer.	Cotin.	Martinet.	Ste Garde.
Brianville.	Desmarets.	Mesnardière (La).	Scarron.
Brienne.	Ferrier.	Montauban.	Scudéri.
Calprenède (La).	Godeau.	Montereul.	Mlle Scudéri.
Cassagne.	Gombauld.	Morillon.	Tallemand.
Cassandre.	Gomberville.	Nicole (le présid.).	Testu.
Chambre (La).	Guilbert.	Pelletier.	Vaumorières.
Chapelain.	Habert.	Perrin.	
Charpentier.	Laboureur (Le).	Pinchesne.	

ARTICLE X. — *Suite du même sujet.* — *Académie Française.* — *Mauvais goût des littérateurs.*[2]

69. Tableau des académiciens existans en 1660, dans l'ordre de leur réception, rédigé d'après la liste de l'histoire de l'Acadé-

---

[1] Boileau n'a pas été aussi prodigue de critiques littéraires qu'on le croit généralement; il a passé sous silence environ la moitié de ces écrivains.

[2] Renvoi du même nº 34.

mie, par D'Olivet (tome II, p. 395 à 413)... les dix-sept premiers furent reçus lors de la création).

Bautru.	Montmort.	1650. Scudéri.
Bois-Robert.	Racan.	*Id.* Doujat.
Boissat.	Saint-Amant.	1651. Charpentier.
Bourzeis.	Sillon.	*Id.* Tallemant (Franç.).
Chapelain.	1637. Dablancourt.	1652. Coislin (duc de).
Courart.	1639. Esprit.	*Id.* Pellisson.
Desmarets (Jean).	*Id.* Levayer (La Motte).	1654. Pérefixe.
Duchastelet (Daniel-Hay).	*Id.* Priezac.	*Id.* Chaumont.
Giry.	1640. Patru.	1655. La Mesnardière.
Godeau.	1643. Basin de Besons.	*Id.* Cotin.
Gombauld.	1644. Salomon.	1658. Destrée (cardinal).
Gomberville.	1647. Corneille.	1659. Gilles Boileau.
La Chambre (Marin Cureau de).	1648. Balesdens.	*Id.* Villayer.
	Id. Mezerai.	

Suivant Marolles (cité dans l'Anti-Baillet, I, 305) « l'Académie n'était remplie que d'hommes choisis entre tous les autres, lesquels savaient parfaitement l'art de bien écrire. »

70. Nous avons dit (n. 30, p. xxxvij) que les gens de lettres retardèrent la révolution qui se préparait dans la littérature. On les voit en effet, tenir, assez long-temps après les satires de Boileau, à leurs opinions sur le mérite des auteurs, sur l'excellence du burlesque, des jeux de mots, etc..... Croirait-on qu'on fit six traductions en vers latins d'un sonnet de Benserade sur l'incendie de Londres (1666), incendie qu'il regardait comme un châtiment de l'exécution de Charles Ier, et à l'occasion duquel il terminait son sonnet par cette belle pointe (Anti-Baillet, 1, 239)?

> On voit le châtiment par degrés arrivé.
> La guerre suit la peste et le feu purifie
> Ce que toute la mer n'aurait pas bien lavé.

Croirait-on que Ménage (Langue, I, 83, 122, 234, 296, 450, 541) plaçait encore, en 1675, Chapelain, Gombauld, Desmarets, Cassagne et De Pure, au rang des plus grands poètes et des meilleurs écrivains ?... Coirait-on qu'en 1676 (ib., II, 301), il entreprit de justifier cette hyperbole de Voiture au sujet de la passion qu'inspirait une belle?

Comment diable, à trente pas d'elle,
Il fait plus chaud que dans un four!

71. Il fallait, observe le judicieux Vauvenargues, que Boileau fût né avec un génie bien singulier pour échapper, comme il l'a fait, aux mauvais exemples de ses contemporains, et leur imposer ses propres lois (*Répert.*, V, 16).

Au reste, nous ne citons point ici les censeurs de Boileau : il est évident qu'aux yeux des Pradon, des Perrault, des Desmarets, des S-Garde, etc., les méchans ouvrages qu'il critiquait devaient être sublimes (*voy.* tome II, p. 221, note 4; p. 233, not. 3 et 6, etc.).

ARTICLE XI. — *Premières critiques de Boileau... — Satires répandues en manuscrit.* [1]

72. Les vers cités, n° 36, p. xl (*Enfin je ne saurais....*), étaient avec six autres où Boileau critiquait la Pucelle et se plaignait de ce que son frère le *reniait* auprès de Chapelain, dans les premières éditions originales (1666 à 1669) de la satire première (nous les rapportons, p. 74, note 1). Boileau supprima ce huitain, en 1674, pour effacer jusqu'à la moindre trace du démêlé qu'il avait eu à ce sujet avec son frère. [2]

Mais ces mêmes vers ne se trouvent point, nous l'observons ailleurs (même note 1), dans la première composition de la satire première; et on n'y trouve non plus aucun trait direct contre Chapelain. On pourrait induire de là, comme nous l'avons déjà dit (n° 35) et comme cela est d'ailleurs assez vraisemblable de soi-même, que Boileau, avant d'attaquer Chapelain dans des satires, avait critiqué la Pucelle dans quelques sociétés; autrement son frère n'aurait eu aucune raison de le *renier*.

73. Quoi qu'il en soit, le passage suivant d'un auteur contemporain [3] (p. 232 du recueil de 1668... Not. bibl., § 1, n° 20) con-

---

[1] Renvoi des n°ˢ 35 et 36, p. xxxviij à xl.

[2] C'est que, dit Brossette (I, 16), « Gilles Boileau faisait sa cour à Chapelain, aux dépens de son frère cadet. »

[3] En voici un autre : Le Pays (Pièces choisies, part. I, p. 209) en remer-

firme ce que nous avons également avancé (même n° 35), savoir que Boileau, pour suppléer à l'insuffisance de ses critiques orales, répandit d'abord ses satires en manuscrit...

> Et si B*****, lassé de lire de ses vers,
> A fait courir les siens en cent endroits divers;
> Si, blâmant cent auteurs il nous apprête à rire,
> N'ai-je pas même droit de faire une satire?

Au reste la malignité publique, excitée par le talent qu'il montrait dans ce genre d'écrits, le seconda bientôt dans ses vues. « Chacun, dit Desmaiseaux (p. 34), s'empressait d'avoir des copies manuscrites de ses premières satires ».. et c'est, sans doute, sur ces copies que furent faites les premières éditions partielles des œuvres de Boileau, comme nous le remarquons, Notice bibliogr., § 1, n° 6 et 6 *a*.

ARTICLE XII. — *Influence des satires.* — *Désordres de Paris avant 1667.*[1]

74. C'est en 1667 que Louis XIV pourvut à la sûreté publique, en faisant placer des lanternes à Paris, augmenter le guet et publier et exécuter sévèrement plusieurs ordonnances de police (*Brossette*, I, 66).

Les désordres qui régnaient à Paris ne sont point exagérés par Boileau dans les vers rapportés n° 36, p. xl; les auteurs de ce temps les peignent sous d'affreuses couleurs. Voici entre autres ce que dit Gui-Patin (Let. du 26 sept. 1664) : « Je ne sais quel remède on apportera à un grand désordre qui est deçà : jour et nuit, on vole et tue ici... » Il annonce aussi (id., 28 oct. 1666) l'établissement de la police... « On parle de faire établir une si bonne garde toute la nuit par toutes les rues, qu'il ne s'y fasse plus de vols ni de massacres. »

---

ciant un ami de lui avoir envoyé les satires de Boileau imprimées (probablement l'édition de 1666), ajoute qu'il en avait déjà une partie en *manuscrit* (sa lettre n'a point de date, mais ce qu'il y énonce montre évidemment qu'elle fut écrite peu de temps après la même édition de 1666).

[1] Renvoi du n° 36, p. xl.

ARTICLE XIII. — *Mérite de la versification de Boileau* [1].

75. « Il nous apprit, le premier, à chercher toujours le mot propre, à lui donner sa place dans le vers, à faire valoir les mots par leur arrangement, à relever et ennoblir les plus petits détails, à se défendre toute construction irrégulière, toute locution basse, toute consonnance vicieuse, à éviter les tournures louches ou prosaïques ou recherchées, les expressions parasites et les chevilles, à cadencer la période poétique, à la suspendre, à la varier, à tirer parti des césures, à imiter avec les sons, à n'user des figures qu'avec choix et sobriété; et qu'est-ce que tout cela si ce n'est *apprendre aux poètes à bien faire des vers ?* ... Il donna à notre langue ce qui lui manquait encore, un système parfait de versification (*La Harpe, Lycée, VI*, 192).

C'est Boileau qui, le premier, enseigna l'art de parler toujours convenablement; et Racine est le premier qui ait employé cet art sur la scène (*Voltaire, Comment. sur le Cid, acte* 1, sc. 4).

ARTICLE XIV. — *Abus et préjugés attaqués par Boileau.* [2]

76. Ajoutons à l'énumération faite n° 38, p. xlij, ce que Boileau dit d'un des abus les plus crians des règnes antérieurs à Louis XIV, abus qui n'était pas encore bien détruit, lorsqu'il écrivait (*Sat.* v, vers 115 à 118):

> Bientôt pour subsister, la noblesse sans bien,
> Trouva l'*art* d'emprunter et de ne rendre rien,
> Et bravant des sergens la timide cohorte,
> Laissa le créancier se morfondre à sa porte.

Les anciens recueils d'arrêts contiennent beaucoup d'anecdotes sur cet *art*. Il était presque impossible de faire notifier quelque acte judiciaire aux gentilshommes qui habitaient les provinces. « Il y a du danger, dit Automne (*notes sur la Pratique d'Imbert, liv I, ch.* v), de donner assignation à un grand sei-

---

[1] Renvoi du n° 37, p. xlj. (v. aussi ce qu'on observe, n° 27, p. xxxiv et xxxv).
[2] Renvoi du n° 38, p. xlj.

gneur.. » et il rapporte qu'un huissier de Bordeaux eut une fois les oreilles coupées pour s'en être avisé.

Louis XIV chercha à remédier à cet abus en ordonnant à ces gentilshommes d'élire un domicile judiciaire dans les villes voisines de leurs châteaux (*Ordonn. de* 1667, tit. 2, art. 15). Mais il paralysa souvent l'effet de cette sage mesure en leur accordant avec trop de facilité, soit des lettres de répit contre leur créanciers, soit des lettres de grâce pour les attentats commis contre les huissiers (*Lémontey*, *Monarchie de Louis XIV*, 1818, 440; *Mémoires de Dangeau*, ibid., 46, 77).

77. Il faut remarquer que Boileau n'avait pas trente ans lorsqu'il composa la Satire sur la noblesse.

78. Il ne faut pas non plus oublier la plaisanterie (*Arrêt Burlesque*, tome III, p. 98) par laquelle il détourna (*Desmaiseaux*, 60) le parlement de Paris de proscrire l'enseignement de toute autre philosophie que celle d'Aristote. Ce fut un véritable service rendu à l'instruction publique et à la raison.

79. Enfin les traits épigrammatiques lancés dans la satire VIII (p. 172) contre l'usage du congrès, firent abolir cette coutume aussi contraire aux bonnes mœurs que peu propre à remplir le but qu'on se proposait (*Brossette*, I, 83).

80. Les contemporains de Boileau étaient bien éloignés de penser, comme les critiques modernes dont nous parlons (n° 38), qu'il se fût borné à la satire littéraire. Ils lui reprochent, au contraire, avec véhémence, de diriger ses traits contre le clergé, le gouvernement, les tribunaux, les grands, etc. Dès 1666, Cotin (*Satire des satires*...Not. bibl., § 2, n° 5) se récrie (p. 10 et 11) sur les attaques de Boileau contre le parlement, et s'étonne qu'on les souffre... Le païen Horace, dit-il ailleurs (*Critique*... même § 2, n° 7), est plus homme de bien que Boileau. Il n'offense ni l'empereur, ni la religion, ni ses dieux (id., p. 9)... Boileau, continue-t-il (p. 19), insulte aux particuliers et au public, soit qu'il décrie le gouvernement, dans sa première satire, soit qu'il décrie la religion... Il est semblable à l'athée Vanini... Plus loin (p. 43 et 44), il se récrie sur ce qu'à la cour, « où tant de braves demandent souvent des éclaircissemens d'un geste, *d'un tour de*

main, on n'ait pas désapprouvé le tableau que Boileau fait de cette même cour.....

Sept ou huit ans après, Desmarets *Défense du Poème...* (même § 2, n° 12), lui faisait dire (p. 139) dans un dialogue :

> Tu crois qu'à ta fureur tout le monde est soumis.
> Tu crois que dans tes vers tout te sera permis :
> Tu veux qu'insolemment ta verve s'autorise
> Pour offenser la cour, le parlement, l'église,
> La vertu, la raison, sans respect et sans choix,
> Les lieux saints, les prélats, les finances, les lois.

Il lui reprochait aussi (p. 130, 131) d'avoir osé présenter au roi un traité où l'on soutenait (*Traduct. du Sublime*, ch. 35) que le gouvernement populaire était plus favorable à l'éloquence que l'état monarchique.

81. Vers le même temps l'académicien Charpentier disait dans une épigramme (*f. 5 du Recueil manuscrit, cité Not. bibl.*, § 2, *n°* 7): j'ai souffert

> De Boileau, l'affreuse satire,
> Qui déchire nos rois et nos dieux.

Nous rapportons d'autres imputations du même genre, n°⁸ 153, 154, 155 et 159.

ARTICLE XV. — *Décence du Style de Boileau.* [1]

82. Il n'y a dans tous ses ouvrages qu'un seul mot qui blesse un peu la pudeur (*sat.* IV, v. 34) et que Pradon (p. 92) ne manqua pas de lui reprocher. « Les satires, dit Bayle (*Nouv. rép. lett.*, juin 1684, p. 366) qui avaient toujours été un égoût de saletés, ont pris un caractère de pudeur qui est pour le moins aussi admirable que l'esprit, le tour, le sel et les agrémens que l'illustre M. Despréaux y a fait briller. Cette pudeur fut la principale chose qui frappa le P. P. de Lamoignon et qui lui fit aimer le poète qui avait composé des satires si modestes ». Spanheim (cité par Desmaiseaux, p. 313) lui donne de semblables éloges.

---

[1] Renvoi du n° 40, p. xliij.

Lamoignon dut d'autant plus être frappé de cette pudeur que les poésies mêlées de son temps (et non pas seulement les satires comme on pourrait l'induire du passage de Bayle) étaient aussi fort souvent des *égoûts de saletés*. On pourra en juger par plusieurs recueils manuscrits conservés dans la Bibliothèque du Roi, entre autres par ceux-ci : Mss. Franç., suppl., n° 540, f. 10 et 117; n° 686, f. 13, 23, 26, 39, 41, 165, etc.

ARTICLE XVI. — *Satires publiées contre Boileau et les grands auteurs du* XVIIe *siècle.* [1]

83. Il serait difficile de donner un catalogue complet des libelles qu'on publia contre Boileau ou contre ses ouvrages. « Quoique plusieurs de ces écrits, dit Baillet, soient allés à d'autres usages que ceux pour lesquels ils ont été faits, M. Despréaux ne laisse pas de se vanter encore d'en pouvoir amasser de la mesure de plus d'un pied dans les trois dimensions [2] » *(Jugem. des savans,* v^e partie, p. 335, éd. de 1686). Un pied cube de critiques !... l'idée est assez plaisante.

« Le nombre, dit le père Niceron (Mémoires, t. XXIV), le nombre des pièces de poésie composées contre Boileau est presque infini. »

84. A l'égard des *personnalités* dont nous parlons (p. xlij) nous avons donné (n° 80) quelques exemples de celles que se permirent Cotin et Desmarets : on en verra plusieurs autres dans la Notice bibliographique (§ 2, n°s 8 à 13), et dans les notes des poésies. Nous nous bornerons à citer encore ici,

1° Des vers de la Satire des satires (p. 10), publiée en 1666 (même § 2, n° 5) :

> Lieux d'honneur, cabarets dont il est amphibie,
> Réglez sur ce pied-là le cours de votre vie,
> Et Priape et Bacchus dont vous faites vos dieux,
> S'ils venaient vous prêcher ne prêcheraient pas mieux.

---

[1] Renvoi du n° 41, p. xliij.

[2] Malgré des recherches faites avec soin pendant plus de trente ans, nous n'avons pu recueillir qu'une vingtaine de ces écrits (Not. bibliogr., § 2, n°s 5

2º D'autres vers du même Desmarets (*Défense*, etc., p. 139):

> Un ingrat comme toi n'eut jamais de courage,
> Ton humeur satirique est plutôt une rage,
> Cœur lâche, qui poursuis les vivans et les morts..

3º Les fragmens suivans de Ste-Garde (*Défense des beaux esprits*, 1675... même § 2, nº 14) : « Lorsque vous assurez qu'il n'y a que les âmes vulgaires qui soient susceptibles de ces lâches mouvemens, vous publiez vous-même votre honte (p. 3).. Les chanoines pourraient vous renvoyer l'honneur que vous leur faites, et vous appeler *fainéant impie* (p. 59)... Les Calvinistes n'ont pas répandu plus de venin que vous... et les âmes religieuses ne vous regardent qu'avec une secrète horreur » (p. 63)...

85. Au reste, presque tous les grands écrivains du siècle de Louis XIV furent également en proie à la censure.. Les éditeurs de Molière ont donné (tome 1er, édit. in-12 de 1730) un catalogue d'une vintaine de pièces écrites contre lui[1] et au nombre desquelles est Elomire (anagramme du nom de Molière) hypocondre, publié par Boulanger de Chalussay en 1670. Nous possédons un exemplaire de cette misérable farce. On y reproche à Molière d'avoir épousé sa propre fille (act. 1, sc. 3); on y dit qu'il n'a pas fait une seule pièce

> . . . . . . où l'on puisse trouver
> Le moindre trait d'esprit que l'on doive admirer...

On lui fait demander (act. v, sc. 2) s'il court quelque péril, et on lui fait ensuite répondre par un de ses acteurs :

> Oui, grâce aux saletés de ta tarte à la crème,
> Grâce à ton imposteur (*le Tartufe*) dont les impiétés
> T'apprêtent des fagots déjà de tous côtés.

et suiv.), et néanmoins Boileau, dans une réponse inédite à Perrault (manuscr. Brossette, II, 45) qui paraît avoir été composée de 1695 à 1697, en portait déjà le nombre à quatre-vingt... Que serait-ce si l'on y joignait les critiques non publiées, qui ont dû plus facilement périr, et dont on trouve encore plusieurs dans les recueils manuscrits du temps ? *Voy.* entre autres, Rec. Maurepas(B. R.), IV, 45 ; V, 347; VI, 101 et 511; VII, 479, 482, 486; VIII, 93, 97,141, etc.

[1] V. aussi Théât. franc., IX, 50, 172, 175, 214, 218, 346; X , 43, 388, 422; XI, 57... M. Taschereau, Hist. de Molière, 1828, p. 417 et suiv.

Un des journaux littéraires le plus répandus sous le règne de Louis XIV était le Mercure galant, rédigé par Visé. « Cet auteur était ennemi secret des grands hommes de son siècle, et jamais il n'a parlé de Molière, de Racine, de Boileau, de Lully et de Quinault (lorsque ce dernier écrivait dans le genre lyrique) qu'en des termes qui approchaient plus de la satire que de la louange. En récompense, il a porté jusqu'au sommet du Parnasse l'abbé de Pure, Boyer, Le Clerc, Pradon, etc. » *Théâtre fr.*, VIII, 320.

ARTICLE XVII. *Jugemens littéraires de Boileau (Le Tasse, Voiture, Quinault, La Fontaine, Molière*[1]).

86. Outre son jugement sur Quinault, on lui reproche avec raison (*Voltaire*, Dict. philos., *mot* épopée) de n'avoir pas assez estimé Le Tasse [2] et d'avoir trop prisé Voiture. On peut consulter, pour Le Tasse, ce que nous observons tome II, p. 229 [3], pour Quinault, tome III, p. 269 à 271, et pour Voiture, t. I, p. 24, note 1, p. 189, note 6, et p. 292.

87. Mais c'est mal-à-propos qu'on l'accuse de n'avoir pas rendu justice à La Fontaine. La Harpe, pour sa justification se borne (*Lyc.*, VI, 213) à rappeler la dissertation sur Joconde dont nous avons parlé (n° 43 et 44). Il aurait pu citer encore la viie réflexion critique sur Longin, composée en 1693, et publiée dans l'été de 1694 (La Fontaine est mort le 13 avril 1695) où Boileau s'exprime ainsi (tome III, p. 206), au sujet du style de Marot et

---

[1] Renvoi du n. 41 *a*, p. xliij.

[2] On pressent qu'il s'agit des vers de la satire ix (p. 204) où il dit qu'un sot peut préférer « le clinquant du Tasse à tout l'or de Virgile. »

[3] Nous y citons Ginguené qui approuve le jugement de Boileau rapporté dans la note précédente. La Harpe (Lyc., VI, 209 et suiv.), après avoir cité le couplet de l'Art poétique (même p. 229) où il est dit que *Le Tasse a illustré l'Italie*, et exposé diverses considérations qui ont pu motiver l'avis de Boileau sur le Tasse, ajoute qu'elles ne justifient pas suffisamment le vers de la satire ix dont on se plaint. M. Z. (Hoffmann) au contraire, le justifie en l'expliquant d'une manière fort ingénieuse. Le mot *clinquant*, observe-t-il, n'est relatif qu'au style... Boileau a voulu dire qu'il ne faut pas préférer *le clinquant qui domine dans le Tasse, à l'or qui domine dans Virgile;* ou bien, qu'il y a assez de clinquant dans le Tasse et assez d'or dans Virgile pour que l'homme qui préfère le premier au second soit un sot (*Journ. des Débats*, 30 déc. 1819).

de Saint-Gelais : « Pour trouver l'air naïf en français on a encore quelquefois recours à leur style ; et *c'est ce qui a si bien réussi au célèbre Monsieur de La Fontaine.* »

88. On insiste sur le silence que Boileau a gardé envers La Fontaine dans l'Art poétique, quoique le premier Recueil du fabuliste fût publié depuis six ans (1668, in-4°), et eût, dit-on, obtenu un grand succès...

En admettant ce succès, Boileau ne serait répréhensible qu'autant qu'en donnant les règles de l'apologue, il n'eût rien dit sur La Fontaine ; mais précisément il n'a point parlé de l'apologue, soit que cela n'entrât point dans son plan, soit qu'il fût entraîné par l'exemple d'Aristote et d'Horace, qui l'ont également passé sous silence.

D'autre part, dans les chants II et III où il trace les règles des divers genres de composition, il n'a nommé aucun auteur vivant, ni même aucun contemporain, à l'exception de Molière, mort depuis dix-sept mois.... et s'il s'est écarté de cette règle de bienséance dans le chant IV (v. 193 à 202), à l'égard de Corneille, de Racine, de Segrais et de Benserade, c'est uniquement pour les inviter à célébrer la gloire de Louis XIV.

89. Mais il est fort douteux que le premier recueil du bon homme contenant les six premiers livres de ses fables, eût en effet obtenu un grand succès aussitôt qu'il fut publié. On l'eût dans cette supposition, fréquemment réimprimé, d'autant plus qu'il semblait destiné, comme il l'est aujourd'hui, à l'éducation de la jeunesse, et qu'il paraissait sous la protection du dauphin... et néanmoins, l'on n'en cite (M. Walkenaër, p. 95, 105, 388 et 373) dans cet intervalle de six ans qu'une seconde édition (1669, in-12), qui put même être amenée par la cherté de la première, véritable édition de luxe.

On rappelle, il est vrai, des éloges donnés en 1671 par madame de Sévigné à plusieurs fables publiées la même année avec d'autres opuscules, dans deux volumes qu'elle envoie à sa fille... mais outre que ces éloges sont accompagnés de censures (il y a des endroits jolis et d'autres *ennuyeux,* dit-elle) qui peuvent s'appliquer à quelques-unes des fables, quoique les pièces qu'elles concernent n'y soient pas désignées ¹, madame de Sévigné put être entraînée à s'élever au-dessus de l'opinion commune par des louanges pompeuses que La Fontaine lui donne dans un de ces volumes (p. 91), et enfin son suffrage est balancé par celui de madame de Grignan, qui *rejetait bien loin* ces nouvelles œuvres du fabuliste ².

C'est à la publication faite en 1678 ou 1679 (quatre ou cinq ans après l'Art poétique) de la seconde partie des fables, considérée comme supérieure à la première et encore plus à la troisième, que le bon homme dut vraisemblablement sa haute réputation. Aussi madame de Sévigné lui donne-t-elle dès-lors des éloges sans aucun mélange. Faites-vous, écrit-elle aussitôt après cette publication (20 juillet, t. VI, p. 204), faites-vous envoyer promptement les fables de La Fontaine, elles sont divines. On croit d'abord en distinguer quelques-unes, et à force de les relire on les trouve toutes bonnes. C'est une manière de narrer et un style à quoi l'on ne s'accoutume point. »

90. On est tellement frappé aujourd'hui du talent inimitable de La Fontaine, que l'on ne tient aucun compte des diverses considérations que nous venons d'exposer, et que l'on ne saurait se persuader que Boileau ait pu sans injustice, et même sans des motifs peu honorables, se dispenser de célébrer un auteur vivant, et de le célébrer pour un ouvrage qui venait à peine de paraître (1668) lorsque Boileau commençait à travailler (1669) au sien.

90 *a*. On n'explique en effet le silence de l'Art poétique sur La Fontaine qu'en supposant qu'il existait alors de la désunion entre lui et Boileau, et que cette désunion (il eût fallu dire *inimitié*) était si forte que Boileau dirigea contre La Fontaine un des traits les plus sanglans du même ouvrage (je ne puis estimer ces auteurs, qui, de l'honneur *infâmes* déserteurs... rendent le vice aimable..

---

¹ Comparer sa lettre du 13 mars 1671 (édition 1818, I, 211) avec le passage (*ib.*, II, 86) rapporté dans la note suivante.

² « Ne rejetez point si loin ces livres de La Fontaine. Il y a des fables (elle ne dit pas *toutes* les fables) qui vous raviront et des contes qui vous charmeront. La fin des Oies du frère Philippe, les Rémois, le petit Chien, tout cela est très joli. Il n'y a que ce qui n'est point de ce style qui est *plat*. »

ch. iv, v. 93 à 96)... et toute la preuve qu'on en donne, c'est une note où Brossette dit que ce passage désigne les contes de La Fontaine [1]... L'on ne fait pas attention que le même Brossette, d'ailleurs très peu digne de confiance quant aux faits dont Boileau ne l'avait pas directement informé, comme nous le montrons ailleurs (tome III, article de ses erreurs), était si peu instruit de l'histoire de La Fontaine, qu'à quelques lignes de là (note du v. 121) il rapporte, comme une anecdote réelle, le conte absurde où l'on attribue à La Fontaine l'exclusion de son ami Furetière de l'Académie (voyez le même article, n° 45).

90 b. De bonne foi, est-ce sur une semblable autorité qu'on peut accuser un homme tel que Boileau, si attaché à ses amis (v. n° 132), de s'être conduit d'une manière aussi odieuse envers La Fontaine [2]?... S'il ne s'agissait que d'émettre des conjectures nous pourrions en former une bien plus vraisemblable, savoir, que les contemporains de Boileau ne furent point frappés de son *injuste* silence sur La Fontaine. L'admiratrice du fabuliste, dans un espace de deux ans (1672 et 1673) assista à trois lectures de l'Art poétique (*Lett. de Sévigné*, 9 mars 1672, 15 décemb. 1673, et 15 janvier 1674, III, 5, 323 et 370) dont l'une faite en présence d'un autre admirateur (le duc de la Rochefoucauld). C'est un chef-d'œuvre, dit-elle; on en est enchanté, enlevé, transporté.. mais pas un mot sur *ce silence* qu'elle et le duc eussent sans doute invité Boileau à réparer (l'Art poétique ne parut que six mois après la troisième lecture) s'il leur eût paru si injuste.

Au reste, on peut consulter à l'appui de ces deux opinions, le Mercure de l'an XIII, t. XIX, p. 320 et suiv.; Grouvelle, Lettres de Sévigné, 1818, XII, 58; M. Walckenaër, aux endroits déjà cités; la Revue encyclopédique, XIX, 443, et XXI, 448; etc.

---

[1] Et l'on se garde bien de citer une lettre publiée par le même Brossette (II, 316) et écrite en 1695 par Boileau à Maucroix, ami intime de La Fontaine, et où il dit du bon homme (ibid.), *notre défunt ami...* et plus loin (p. 332), « je me suis imaginé que je vous entretenais... avec tous ces *chers amis* que nous avons perdus. »

[2] Aussi MM. Amar et Daunou n'hésitent-ils pas à nier que ces vers concernent La Fontaine (nous rapportons leurs réflexions, tome II, p. 261).

91. Nous ne croyons pas mieux fondés les reproches faits à Boileau de s'être borné dans le même poème (ch. III, v. 394, tome II, p. 245), à dire que Molière eût PEUT-ÊTRE *remporté le prix de son art...*

Observons d'abord que selon Boileau (tome III, p. 208 à 211), un écrivain ne peut être apprécié à sa juste valeur que lorsque ses ouvrages ont eu l'approbation de la postérité; que jusque-là il est au moins imprudent de le mettre en parallèle avec les écrivains du même genre qui jouissent de l'admiration de plusieurs siècles. D'après cette opinion est-il étonnant qu'il ait hésité à décerner le prix de la comédie à Molière l'année même de la mort de ce grand homme?[1] (l'Art poétique parut dans l'édition de 1674; Molière était mort le 17 février 1673.)

Ajoutons que l'opinion publique devait maintenir Boileau dans cette hésitation. La multitude, on l'a déjà observé (n° 61), préférait quelquefois des farces aux chefs-d'œuvre de Molière.. Enfin « ce ne fut proprement qu'après sa mort que l'on *commença* « à lui rendre justice, » disent les auteurs du Théâtre français (VIII, préface, viij) qui auraient pu appuyer leur assertion du témoignage de Boileau lui-même. Il dit en effet de Molière, dans la première édition qu'il publia après celle de 1674 (édition de 1683, table), *son mérite n'a été reconnu qu'après sa mort.*

Et Boileau ne fut pas le dernier à reconnaître ce mérite. Quatre ans après cette mort, il le célébra en vers pleins d'énergie dans l'épître VII (v. 19 à 38); et dans la suite, Louis XIV lui ayant demandé quel était le plus rare des écrivains qui avaient illustré son règne, il nomma sur-le-champ Molière. *Louis Racine,* 122 [2].

92. Pour revenir à l'objet principal du présent article, que de traits nous aurions à rapporter s'il était besoin de prouver combien le jugement de Boileau était exquis? Bornons-nous à celui-

---

[1] Le Brun, on le verra (tome II, p. 436), aurait même voulu que dans ses stances sur l'École des femmes, publiées à une époque (1663) où Molière n'avait fait que deux ou trois bonnes pièces, Boileau eût devancé sur notre grand comique, le jugement de la postérité.

[2] Il ne cite pas l'époque de l'anecdote; mais il est évident, par la tournure de son récit, qu'elle doit être de la fin du XVII° siècle.

ci.... Racine frappé du peu de succès d'Athalie, craint d'avoir manqué son sujet : Boileau lui soutient au contraire qu'Athalie est son chef-d'œuvre. *Je m'y connais,* dit-il, *le public y reviendra (Louis Racine,* 236)... Le public y est effectivement revenu.

« Il me semble, écrivait Bayle (*Lett.* 186, t. II, édit. 1729) que l'industrie la plus artificieuse des auteurs ne peut tromper M. Despréaux... » Le judicieux Boileau, dit Voltaire (Essai sur la poésie épique, ch. 9), a presque toujours eu raison, excepté contre Quinault, etc.

ARTICLE XVIII. *Prose de Boileau...* DISSERTATION *sur la Joconde* [1].

93. Le style de cette dissertation est bien supérieur à celui de tous les ouvrages en prose de Boileau, et même de la traduction de Longin ; les vers par lesquels il a rendu une vingtaine de fragmens de poètes, que cite Longin, sont sans doute très beaux[2], mais la prose a beaucoup de locutions vieillies et surtout d'adverbes, de conjonctions et de consonnances. Il est vraiment étrange qu'un écrivain doué d'un goût si exquis, ait commencé la plupart de ses phrases par des adverbes ou des conjonctions. Nous parcourons deux pages (*chap.* XI) contenant quinze phrases ou grandes périodes; en voici les premiers mots : « Au reste, quel est, c'est, car, c'est, et certainement, car, de même, si bien que, ainsi, Platon néanmoins, car, au reste, en effet, pour ainsi dire, car bien que, puisqu'enfin, et n'est-ce pas en effet, puisque »... Pour les consonnances, nous trouvons dans dix lignes (ch. XVIII) ces huit mots : « maintenant, temps, premièrement, immédiatement, en commençant, avant, pourtant... »

« Il s'en fallait bien, dit d'Alembert (III, 97), que Despréaux, dans sa prose, fut le Despréaux du Lutrin et de l'Art poétique» (V. aussi *Lenoir-Dulac,* Obs., 163 ; *Garnier,* OEuv. de Racine,

---

[1] Renvoi du n° 43, p. xliv et xlv.
[2] Ils sont au nombre de cent quarante-et-un, sans compter six demi-vers.

I, 33; notre t. III, p. 285). Boileau, observe Thiébaut (*Tr. du style*, part. 2, p. 364) est traînant et souvent obscur dans sa prose.[1]

94. Le style des préfaces de Boileau et de ses réflexions critiques est meilleur, mais bien inférieur encore à celui de la dissertation sur Joconde.

Nous ne parlons point du style du dialogue sur les Français qui écrivent en latin, et de l'arrêt burlesque; le fragment qui nous reste du dialogue n'a été écrit que de mémoire par Brossette, et l'arrêt est conçu en termes de Barreau. Mais si l'on ne considère ces deux pièces que du côté de l'art de la critique, elles renferment des choses aussi plaisantes que piquantes, telles que cette disposition de l'arrêt : « *La cour bannit à perpétuité la raison*, des écoles de l'Université. »

95. Voltaire (*Liste des écrivains du siècle de Louis XIV*, article de La Fontaine) n'est point du sentiment de Boileau quant à la supériorité que celui-ci accorde au traducteur sur l'auteur de la Joconde, et telle est aussi l'opinion de Ginguené (Hist. littéraire d'Italie, IV, 433), et de M. Daunou (II, 10 et 35). Saint-Marc au contraire (III, 79) pense que La Fontaine est infiniment supérieur à l'Arioste (tel paraît être aussi le sentiment de M. de Saint-Surin). La Harpe se borne à observer (Lyc., VI, 364) qu'il est du moins difficile de ne pas embrasser l'opinion de Boileau dans tous les endroits où il les compare. Enfin, M. Amar dit que l'Arioste et La Fontaine ont chacun leur manière de raconter et que toutes deux sont excellentes dans leur genre.

Quoi qu'il en soit, il n'est personne qui n'ait confirmé son jugement sur la méchante traduction de Bouillon qu'on osait mettre en parallèle avec celle de La Fontaine... Veut-on à présent une nouvelle preuve de ce mauvais goût que Boileau combattit par ses satires? Voici ce que disent les auteurs du Journal des savans (26 janvier 1665) : « Il est à craindre qu'il n'arrive à ces deux pièces (les traductions de Bouillon et de La Fontaine) la même chose qui est arrivée à ces deux sonnets qui divisèrent le Par-

---

[1] Et Clément (Lett. III, p. 87) ose proposer la traduction du Sublime comme un modèle de style!... Mais c'est dans une critique de Voltaire.

asse en deux factions si célèbres sous les noms de Jobelins et d'Uranins. Car étant examinés de plus près, ils perdirent beaucoup de leur prix et de leur estime »... On assure pourtant (*Gui-Patin*, lett. 20 mars 1665) que trois académiciens, Chapelain, Bourzeis et Gomberville [1] travaillaient avec Salo à ce journal.

ARTICLE XIX. *Auteurs défendus ou assistés par Boileau.*

96. On a dit (n° 44, p. xlv), que Boileau prêtait son assistance aux auteurs dans le moment même où ils étaient le plus vivement attaqués. C'est ainsi qu'il agit, comme on le verra plus loin (n° 150), lorsqu'une cabale procura à la Phèdre de Pradon une espèce de triomphe sur celle de Racine.

97. Il tint la même conduite en faveur de Molière; car lorsqu'il publiait (tome II, p. 436) son éloge de l'Ecole des femmes, Visé disait dans ses Nouvelles-nouvelles (1663, in-12) : « C'est le sujet le plus mal conduit qui fut jamais; et je suis prêt à soutenir qu'il n'y a point de scène où l'on ne puisse faire voir une infinité de fautes. »... On représenta aussi, peu de temps après, trois pièces où l'on en faisait la critique et dont une avait été composée par Boursault. *Mémoires sur la vie de Molière*, en tête de ses œuvres; *Théâtre fr.*, IX, 174, 175, 180, 219.

Remarquons que Boileau aidait encore ses amis de ses conseils, et que Molière entre autres, en faisait grand cas (*Louis Racine*, p. 121). C'est à Boileau qu'il dut l'idée d'une des meilleures scènes des *Femmes savantes* [2]; comme Racine, celle d'une des plus piquantes des Plaideurs. — C'est encore d'après son conseil que ce dernier supprima deux scènes de Britannicus. *Bolœana*, p. 34; *Louis Racine*, 75, 81; *D'Alembert*, III, 48; *La Harpe, Racine*, II, 358, 424.

[1] D'autres (*Hist. des ouvrages des savans*, mars 1692, t. 8, p. 332) disent Gallois et La Roque.
[2] S'il faut en croire Brossette (MSS. B. R., lett. à Boulier, 15 avr. 1733), il lui avait aussi fourni pour le Tartufe, un dénoûment plus naturel, mais Molière n'eut pas le temps de l'exécuter.

CHAPITRE III.

BOILEAU CONSIDÉRÉ COMME ÉCRIVAIN. [1]

98. Si prendre sans servilité les anciens pour modèles et pour guides est un art, qui a mieux possédé cet art que Boileau ? qui mieux que lui a su faire passer dans ses écrits cette solidité, cette force, ce tact, cette délicatesse, cette justesse, ce goût du vrai beau qu'on admire dans tant de chefs-d'œuvre de leurs grands maîtres ? qui mieux que lui a su rendre dans une langue si inférieure, les pensées fortes et brillantes dont ils abondent, et les rendre en si peu de mots, sans en affaiblir le sens et souvent en lui donnant plus d'énergie ? que de passages nous aurions à rapporter si cette vérité avait besoin d'être démontrée par des exemples? (*Voy.* n°s 104 et 105).

99. Ce qui doit, ce nous semble, beaucoup contribuer à produire l'intérêt qu'offre la lecture des ouvrages de Boileau, c'est l'ordre qui y règne et tout ensemble l'art qui le déguise assez pour que le lecteur conduit, en quelque sorte, par une main invisible dans un chemin plein d'attraits, soit excité à le parcourir jusqu'à ce qu'il en ait trouvé l'issue.

C'est ce soin que Boileau recommande lui même (et quel précepte utile de composition a-t-il omis ?), quand il parle de l'unité nécessaire à un ouvrage (*Art. poét.*, ch. 1, v. 177 et 178):

---

[1] Les jugemens des bons écrivains sur les divers ouvrages de Boileau, que nous rapportons au commencement des satires, des épîtres, etc., nous dispensent de répéter ce que nous avions dit dans la plus grande partie du chapitre III. Nous nous bornerons à quelques réflexions sur les imitations faites par Boileau, sur l'ordre qui règne dans ses ouvrages, ou sur ses transitions, et sur son style.

> Il faut que chaque chose y soit mise en son lieu ;
> Que le début, la fin, répondent au milieu ;
> Que, *d'un art délicat*, les pièces assorties
> N'y forment qu'un seul tout de diverses parties.

Il faut donc en poésie, que le sujet soit disposé avec un art délicat, avec un art qui ne s'aperçoive pas. Il avait dit ailleurs (*Sat.* VIII, v. 115 et 116), en parlant des passions, qu'on ne doit pas les distribuer

> . . . . . . par classes et par titres,
> Dogmatiser en vers et rimer par chapitres.

Ces règles si essentielles il les a toujours observées même dans ses ouvrages les moins importans, dont la plupart sont recommandables par l'adresse des transitions. Il s'y est surtout attaché dans sa poétique, d'autant plus admirable en ce point, qu'il était très difficile, en y suivant l'une de ces règles, de ne pas manquer à l'autre (*voy.* n°s 106 et 107).

100. Il nous reste à parler du style de Boileau. Ici nous sommes arrêtés par des jugemens assez étrangement opposés. Plusieurs critiques modernes charmés de l'exactitude rigoureuse de son élocution, mais n'y voyant que ce mérite et la trouvant trop timide, se bornent à accorder à Boileau le titre de versificateur (mais voy. n° 108) : ses rivaux, au contraire, qui l'accusaient d'ignorer le mécanisme des vers, de n'avoir pas assez de justesse dans l'expression, d'employer des termes nouveaux, des tournures trop hardies, lui contestent ce même titre... Ainsi les uns reconnaissent en lui des qualités que les autres lui refusent, et ces derniers lui trouvent de l'exagération dans les parties mêmes où les premiers lui reprochent de manquer de force (voy. n°s 110 à 118)... S'il nous est permis maintenant d'énoncer notre opinion, nous rejetterons, et la censure des critiques anciens et celle des modernes, et nous dirons que Boileau est, tout à-la-fois, un grand ver-

sificateur et un excellent poète ; c'est peu sans doute, observe-t-il (*Art. poét.*, ch. I, v. 175),

> C'est peu qu'en un ouvrage, où les fautes fourmillent
> Des traits d'esprit semés de temps en temps pétillent...

Mais quel titre, si ce n'est celui de grand écrivain, donner à l'auteur d'ouvrages où l'on ne trouve presque point de fautes, et où les traits d'esprit pétillent à chaque instant et presque à chaque vers ?

101. Nous croyons qu'à très peu d'exceptions près, Boileau est celui de nos poètes qui a su le mieux plier son style [1] à tous les tons, qui, en un mot, est le peintre le plus universel. Sa poétique seule le prouve : en exposant les règles des divers genres de poésie, il saisit le ton de chacun avec la plus grande vérité. Il offre au lecteur une vaste galerie de portraits différens, tous aussi ressemblans, tous aussi pleins de physionomie ; il place enfin sous ses yeux, les meilleurs préceptes à suivre, et tout à-la-fois, les plus beaux modèles à imiter.

L'Art poétique est sans doute l'ouvrage où Boileau s'est approché le plus près de la perfection ; cependant nous trouvons une preuve de la même flexibilité de talent dans la plupart de ses autres productions.

S'agit-il, en effet, d'ajouter dans une peinture à la valeur des expressions par le son ou l'arrangement des mots, qu'y a t-il de comparable au tableau de l'effet du temps (épître III, vers 47 et 48) ?

> Hâtons-nous, le temps fuit et nous traîne après soi.
> Le moment où je parle est déjà loin de moi...

A celui d'un homme qui cherche à se tirer d'un bourbier (*épître* III, vers 190) ?... ou plutôt à celui de la Mollesse

---

[1] Nous revenons sur ce point, n°ˢ 119 et 120.

fatiguée d'avoir long-temps discouru (*Lutrin*, ch. II, vers 161 à 164)?..

Pour l'énergie, la pompe, l'harmonie, Virgile lui-même ne désavouerait peut-être pas nombre de comparaisons, de descriptions, de narrations semées çà et là, dans les Œuvres de Boileau, telles que celles de l'arbuste (*Disc. au roi*, v. 45 à 48) et de la fourmi (*sat.* VIII, v. 25 à 34); la description de l'âge d'or et du siècle de fer (*épît.* III, v. 55 et suiv.); la narration du passage du Rhin (*épît.* IV, v. 39 et suiv.).

102. Il est un autre moyen de se former une idée de la souplesse du talent de Boileau. Que l'on veuille placer dans le Lutrin d'autres personnages et d'autres objets, et l'on y trouvera une multitude de passages dignes de la plus haute poésie épique et même de la tragédie... Tels sont pour la *poésie épique*, la description du Lutrin, le récit de son érection et de sa ruine, celui de la rencontre du chantre et du trésorier, et du premier choc de leurs partisans; les comparaisons de la marche de Louis XIV et du combat des Taureaux... Tels sont pour la tragédie, les discours du perruquier et de la perruquière, de Girard et du chantre. Dans celui-ci surtout la marche et les variations des passions sont parfaitement tracées. Enfin le songe du chantre, avec les changemens dont nous avons parlé, occuperait encore une place honorable après celui d'Athalie auquel il est antérieur de dix-sept ans. [1]

Le talent de peindre des objets gracieux a été contesté à Boileau, et cependant, lorsqu'ils se sont présentés sous sa plume, il ne s'est point montré au-dessous de son sujet. Qu'y a-t-il de plus gracieux que sa description de Cîteaux, séjour de la Mollesse (*Lutr.*, ch. II, v. 98 à 104)?..

Boileau, quoi qu'on en dise, n'était pas non plus dé-

---

[1] Les 4 premiers chants du Lutrin furent publiés en 1674; Athalie, en 1691.

pourvu de sensibilité ; quel autre qu'un cœur sensible eût pu traduire ainsi l'ode fameuse de Sapho ?

Heureux ! qui près de toi pour toi seule soupire, etc.

103. Quels écrits, ont été plus utiles que les siens à la littérature? Renfermant les préceptes du goût le plus pur, et les leçons de la plus saine morale, ils ont singulièrement concouru à la révolution heureuse à laquelle nous avons dû le siècle de Louis XIV et le célèbre Racine, et ils servent encore aujourd'hui et serviront à jamais à ceux qui suivent la carrière difficile des lettres [1].. L'Art poétique seul mérite à Boileau une reconnaissance immortelle; c'est l'ouvrage le plus précieux peut-être de son siècle, ouvrage dont on ne saurait trop recommander l'étude aux jeunes littérateurs, qui pourrait, au besoin leur tenir lieu de toutes les rhétoriques [2], et qu'aucune ne dispense de graver dans sa mémoire.

Unique en son genre, cet ouvrage eut un succès extraordinaire; s'il ne brisa pas toutes les armes de l'envie, il put au moins en émousser la plupart des traits. Un poète contemporain et ennemi de Boileau veut faire une critique de ses ouvrages. Il s'en procure un exemplaire d'un grand format. Il y note avec soin toutes les imitations d'Horace

---

[1] Ils ont été traduits dans toutes les langues. *Brossette*, II, 370 ; *Desmaiseaux*, 314. — Nous n'indiquons dans la Notice bibliographique (§ 1, n° 203 *b* et 246 *b*) qu'une traduction en langue moderne, celle de l'Art poétique, en italien, parce que c'est la seule où nous ayons trouvé le texte français en regard, mais outre les traductions portugaise, italienne et anglaise citées par Brossette ou Desmaiseaux, on trouve à la bibliothèque du roi, des traductions en hollandais, publiées en 1754, 1768 et 1791 ; en anglais, publiées en 1801 et 1811 ; en russe, publiées en 1804, 1808 et 1824 ; en espagnol, en 1817, etc.; enfin, dans les bibliographies, on cite des traductions en d'autres langues, telles que l'allemand, etc.

[2] Voltaire, Dictionn. philos., mots Art dramatique et Art poétique.

et de Juvénal, toutes les observations satiriques de Desmarets. Arrivé à l'Art poétique, il rapporte en tête le jugement qu'en a fait ce misérable rimeur. Dans ce poème, écrit-il, d'après lui, *le mauvais étouffe le bon*. Il se prépare ensuite à noter en abrégé les passages ou les vers qui lui paraîtront méchans, médiocres, bons ou excellens. Il *exerce* aussitôt son crayon redoutable. Mais c'est presque toujours le signe du *bon* ou de l'*excellent* qu'il emploie. Cédant enfin au sentiment qui l'entraîne, il ne se borne plus à des signes, il écrit à chaque alinéa et souvent plus d'une fois, *beau! excellent! superbe! admirable!* Il revient soudain à la première page, et il écrit, et signe : « Ah! je ne suis plus de l'avis de M. Desmarets! » Il renferme alors sa critique et l'ouvrage attend encore d'être mis au jour [1].

---

[1] Il ne s'agit point ici d'une fiction : on trouve tous ces détails dans l'exemplaire annoté de Brienne (Not. bibl., §. 2, n° 13) dont les louanges sont d'autant plus remarquables, qu'il décriait beaucoup le Lutrin et était grand admirateur de Desmarets, comme on le voit par la note rapportée tome II, p. 456.

Ajoutons ici une observation que nous croyons neuve. On voit par les notes des satires, des épîtres et surtout du Lutrin que le sévère et scrupuleux Boileau a fait un très grand nombre de changemens, soit additions, soit corrections à ses ouvrages. Eh! bien, dans l'Art poétique qui se compose de onze cents vers, on ne trouve que douze passages où il ait fait des changemens (*voy.* notes des ch. I, v. 81; ch. II, v. 98, 171 et 204; ch. III, v. 59, 235, 259 et 348; ch. IV, v. 36, 69, 90 et 91); encore trois de ces changemens (les 1er, 3e et 4e) furent-ils commandés par la politique ou la bienséance; et cinq autres (les 5e, 7e, 8e, 10e et 11e) ne consistent-ils chacun que dans une syllabe.... Son principal chef-d'œuvre eut donc, en quelque sorte, dès le premier jet, toute sa perfection : il nous semble que c'est là une preuve irrécusable que Boileau ne devait pas moins à son génie naturel qu'à sa constance au travail.

APPENDICE AU CHAPITRE III.

PREUVES OU DÉVELOPPEMENS.

ARTICLE Ier. *Imitation des anciens... Reproches faits à Boileau à ce sujet.*

104. On trouvera dans les notes des poésies un grand nombre d'exemples des imitations heureuses dont nous parlons, n° 93; toutefois il n'est pas inutile d'en rapporter ici quelques-unes des plus remarquables.

Passages imités.	*Imitations.*
JUVÉNAL (sat. I, v. 79).	La colère suffit et vaut un Apollon (sat. I, v. 144).
Si natura negat facit Indignatio versum.	
HORACE (Ode I, v. 37, lib. 3).	Le chagrin monte en croupe et galope avec lui (ép. v, v. 44).
Post equitem sedet atra cura.	
Id. (Art poét., v. 35)...	J'évite d'être long et je deviens obscur.
...*Brevis esse laboro;*	(Art poét., I, 63).
Obscurus fio...	
Id. (ib., v. 136).	Que produira l'auteur après tous ces grands cris?
Quid dignum feret hic promissor hiatu?	La montagne en travail enfante une souris
Parturient montes nascetur ridiculus mus.	(ib., III, 273).
VIRGILE (Enéid., ch. I, v. 15).	Tant de fiel entre-t-il dans l'âme des dévots?
Tantæne animis cœlestibus iræ?	(Lutr., I, 12).

« Celui-ci, dit La Bruyère, en parlant de Boileau, passe Juvénal, atteint Horace, semble créer les pensées d'autrui, et se rendre propre tout ce qu'il manie : il a, dans ce qu'il emprunte des autres, toutes les grâces de la nouveauté, et tout le mérite de l'invention. Ses vers forts et harmonieux, faits de génie, pleins de traits et de poésie, etc... »

105. Cet éloge donné publiquement à Boileau, par La Bruyère, le 12 juin 1693, dans son discours de réception à l'Académie (*Desmais.*, p. 321), irrita encore les envieux de la gloire de notre poète. Il leur inspira selon toute apparence, l'idée de mettre en parallèle son travail avec celui de ses modèles. On la mit en œuvre

---

[1] Renvoi du n° 98, p. lxxv.
[2] Telles que les notes 3, p. 143, tome I; 1 et 2, p. 32; 6, p. 60, tome II; etc.

dans une édition faite à Amsterdam, au commencement de 1701 (*Nouv. rép. lett.*, mars 1701, t. III, p. 333 et suiv.; Not. bibl., § 1, n° 88), où l'on plaça au bas des pages les passages qui y étaient imités. Les journalistes de Trévoux, au bout de deux ans et demi (septembre 1703), tirèrent cette édition de l'oubli où elle avait dû être plongée par la publication presque immédiate de l'édition originale de 1701 (même § 1, n° 89 et 90, obs. 5). Ils observèrent entre autres, dans un article très détaillé, « que les pages de Boileau étaient plus ou moins chargées de vers latins imités, selon que certaines pièces de l'auteur avaient été plus ou moins estimées... Que par exemple dans l'Art poétique, il avait imité un grand quart de celui d'Horace, tandis qu'il n'y avait aucune imitation dans la satire x et dans l'épître xii.

Nous parlons dans les notes des épigrammes xxxv à xxxvii (t. II, p. 471 à 474) de la petite guerre que cette critique excita.. Observons seulement ici avec Desmaiseaux (p. 268 et suiv.), qu'en admettant l'exactitude de l'assertion des journalistes (il la conteste) pour l'Art poétique, comme le nombre des vers de ce chef-d'œuvre s'élève à onze cents, il y en aurait toujours un millier qui appartiendrait en propre à Boileau, puisque le quart de ceux d'Horace n'arrive qu'à 119.. Ensuite, qu'on ne doit point regarder comme une imitation la conformité qu'il peut y avoir entre les vers de Boileau et ceux d'Horace, par rapport à certaines maximes de bon sens qui peuvent se présenter à l'esprit de tout écrivain appliqué et judicieux.

ARTICLE II. — *Ordre dans les ouvrages de Boileau... Transitions.* [1]

106. A l'égard de l'ordre du quatrième chant de l'Art poétique, *voyez* la note dernière de ce chant (tome II, p. 271, 272).

107. *De l'art des* TRANSITIONS. Un éditeur des Œuvres de La Bruyère s'étonne que Boileau ait dit en parlant de l'auteur des *Caractères* qu'il s'était épargné ce qu'il y a de plus difficile dans un ouvrage, les transitions ; il ne trouve pas cette observa-

---

[1] Renvoi du n° 99, p. lxxv.

tion digne d'un grand maître. « Il y a, ajoute-t-il, dans l'art d'écrire des secrets plus importans que celui de trouver ces formules qui servent à lier les idées et unir les diverses parties du discours. »

« Il paraît, dit à ce sujet La Harpe (*Correspond. littér.*, III. 310), que c'est l'éditeur qui n'a pas assez réfléchi sur les secrets de l'art d'écrire, pour pénétrer tout le sens de la remarque de Boileau. Il se trompe fort s'il croit que tout l'art des transitions consiste dans les formules qui servent à lier les idées et les parties du discours. Il a cru parler apparemment des particules; mais l'art des transitions tel qu'il est en effet et tel que Boileau le connaît parfaitement, est celui qui apprend à disposer les idées principales de manière que l'une semble naître de l'autre, que cet ordre leur donne plus d'effet et de clarté, et que le lecteur soit mené insensiblement par cette succession d'objets, sans apercevoir jamais ni un vide à remplir, ni un intervalle à franchir, ni les efforts de l'auteur pour passer d'une chose à une autre. Or, il est sûr qu'après le talent qu'il faut toujours supposer, ce qu'il y a de plus difficile, c'est d'exceller dans cette partie de l'art d'écrire, l'une de celles qui constituent le bon écrivain, et qui font relire le plus souvent ses ouvrages, mais par la même raison, l'une des plus méconnues du vulgaire des auteurs et des critiques. »

Voyez encore, pour les transitions de Boileau, la note sur le vers 160 du chant III de l'Art poétique (tome II, p. 225) et les observations sur la satire X; tome I, p. 216, n° VI.

ARTICLE III. — *Opinion de Voltaire sur Boileau.* — *Vers devenus proverbes.* [1]

108. Nous ne plaçons point Voltaire au nombre des critiques dont nous parlons (n° 100). Pour un trait de satire échappé à sa vieillesse dans un moment d'humeur [2], nous trouvons dans ses

---

[1] Renvoi du n° 100, p. lxxvj.

[2] Boileau correct auteur de quelques bons écrits,
Zoïle de Quinault et flatteur de Louis...

Tel est le début de l'épître à Boileau composée par Voltaire à 75 ans (*voy.* à ce sujet, La Harpe, Lyc., VI, 312). — Palissot (*Commentaire sur Corneille*) pense

œuvres plus de cent passages où il donne à Boileau de grands éloges. Ici (*Dict. phil.*, mot *Académie*) il dit que les bonnes satires de Boileau sont immortelles; là (mot *ana*), que ses grands noms sont ceux de Newton, de Locke, de Corneille, de Racine, de La Fontaine, de Boileau; ailleurs, qu'il faut se nourrir de son style; que ses belles épîtres, et surtout son Art poétique sont des chefs-d'œuvre de raison autant que de poésie, dont le style est d'une perfection désespérante; que c'est un homme d'un très grand sens; qu'il est le premier de nos auteurs classiques; qu'il est le législateur du bon goût dans l'Europe entière; qu'il écrit toujours purement et est lu de tout le monde; que c'est le premier poète dans l'art difficile des vers français; que son style est trop beau pour qu'on puisse l'imiter; qu'il n'y a pas un seul de ses vers que les amateurs ne relisent cent fois et ne sachent par cœur, etc. etc. (*ib.*, *mots*, Vers, Art poét., et Atomes; Dialog. de Pégase; Lett. à Tressan et à l'Acad. franç., dans les Mélang. litt.; Epît. dédicatoire de dom Pèdre; Guerre de Genève, ch. 1; Comment. sur Pompée, acte II, sc. 4, etc. etc.; notre tome II, p. 161, n° 2).

109. Il ne faut pas toutefois prendre à la lettre le dernier des traits que nous venons de rapporter : Voltaire en a modifié l'exagération dans sa Liste des écrivains du siècle de Louis XIV, article de Boileau. « Il faut, dit-il, distinguer soigneusement dans les vers de Boileau, ce qui est devenu proverbe, d'avec ce qui mérite de devenir maxime. Les maximes sont nobles, sages et utiles; elles sont faites pour les hommes d'esprit et de goût.. Les proverbes ne sont que pour le vulgaire. Il cite alors les vers suivans (4, sat. XI; 134, épît. V; 48, 50 et 374, Art poét., ch. III):

> Pour paraître honnête homme en effet il faut l'être...
> On me verra dormir au branle de sa roue...
> Le vrai peut quelquefois n'être pas vraisemblable...
> L'esprit n'est point ému de ce qu'il ne croit pas...
> Chaque âge a son esprit, ses plaisirs et ses mœurs.

« Voilà ce qu'on doit appeler des maximes dignes des honnêtes

que ce qui causa vraisemblablement la mauvaise humeur de Voltaire, ce fut le parallèle que Batteux fit de la *Henriade* et du *Lutrin*.

gens. Mais pour des vers tels que ceux-ci (52 et 78, sat. 1; 16 et 20, sat. II; 119, sat. III) :

> J'appelle un chat un chat et Rolet un fripon...
> S'en va chercher son pain de cuisine en cuisine...
> Quand je veux dire blanc, la quinteuse dit noir...
> La raison dit Virgile et la rime Quinault...
> Aimez-vous la muscade? on en a mis partout...

ce sont là plutôt des proverbes du peuple que des vers dignes d'être retenus par les connaisseurs. »

Mais Voltaire est tombé ici dans plusieurs méprises qu'a relevées un des rédacteurs (M. F.) du Mercure (oct. 1809, p. 539). Parmi les *vers proverbes* que cite Voltaire, « le premier, dit-il, est d'une tournure piquante, c'est un vers de satire très heureux; le tour satirique du quatrième est aussi fort ingénieux. Les troisième et cinquième ainsi isolés, détachés, perdent de leur prix, mais ils en ont à la place que leur a assignée Boileau. »

Quant au deuxième (s'en va, etc.) il observe que ce n'est point un proverbe, mais tout simplement un fait que Boileau a voulu énoncer...

Je ne vois pas non plus, continue-t-il, une maxime dans celui-ci : *On me verra dormir*, etc.; c'est un beau vers et voilà tout; il n'y a point là de tour sententieux.

ARTICLE IV. — *Critiques anciennes du style et de la versification de Boileau.* — *Opinion des modernes sur ce point.* — *Rimes pour les yeux.*

110. Ces critiques sont dans les ouvrages polémiques dont nous avons parlé, n° 83. Elles roulent, en général, sur des expressions de Boileau que les censeurs taxent d'inexactes, ou de nouvelles, ou de hardies [2]; sur des césures où ils ne trouvent pas assez de repos; sur des transpositions qu'ils prétendent forcées; sur des rimes qu'ils soutiennent insuffisantes... Elles sont quelquefois

---

[1] Renvoi du n. 100, p. lxxvj.
[2] Pradon entre autres (T., 16), lui reproche d'abonder en métaphores hardies.

justes, lorsqu'il s'agit de l'exactitude des expressions [1], mais rarement quand il s'agit de toute autre chose [2]. On en trouvera un grand nombre d'exemples dans les notes des poésies; toutefois pour justifier ce que nous venons de dire et ce que nous avons avancé, n° 100, p. lxxvj, nous en rapporterons ici quelques-uns.

> 111. Ses ouvrages tout pleins d'affreuses vérités
> Étincellent pourtant de sublimes beautés.
> (*Art poét.*, ch. ii, v. 159, 160).

Etincellent est encore un mot apparemment du sublime, dit Pradon, *Rem.*, 91. « C'est mal parler, observe Desmarets, p. 87, que de dire *étinceler de beautés ;* il faut au moins savoir parler français quand on s'établit en maître de la poésie française. »

> Soit qu'il fasse au conseil courir les sénateurs,
> D'un tyran soupçonneux pâles adulateurs.
> (*Art poét.*, ch, ii, v. 163, 164).

Adulateur n'est pas français et est écorché du latin, dit Desmarets, p. 87. [3]

> 112. Dans son génie étroit il est toujours captif.
> (*Ib.*, ch. i, v. 5).

On peut dire un génie faible ou fort, mais non pas étroit ni large (Desmarets, 79, et Brienne), et c'est être téméraire que de hasarder de pareilles expressions. *Pradon*, p. 86.

> Et plus en criminel ils pensent m'ériger,
> Plus, croissant en vertu, je songe à me venger.
> (Épit. vii, v. 69 et 70).

[1] Nous verrons, n° 162, que Boileau en profita.

[2] Les mêmes remarques s'appliquent aux censeurs de Racine. Les plus beaux endroits d'Andromaque, dit Subligny (*Préface* de la Critique de ce chef-d'œuvre; 1668), les plus beaux endroits où l'on s'est récrié... sont *toutes expressions fausses* ou sens tronqués... Comme ce qu'il veut dire est beau, l'on y applaudit sans y penser, tout autant que *s'il était purement écrit...* J'y ai compté jusqu'à près de trois cents fautes... Racine profita aussi de quelques-unes des observations de son censeur (*Théâtre franç.*, X, 282, 283).

[3] Quinze ans après, on critiquait encore les mots *adulateur* et *adulation*, et l'on hésitait à les rejeter à cause de ce passage de Boileau (*Hist. ouvrag. savans*, V, 173, avr. 1689). Ainsi, c'est lui, selon toute apparence, qui en a enrichi notre langue.

Il veut dire que ce n'est qu'en croissant en vertu qu'il songe à se venger, et cependant il ne le dit pas, et son vers renferme un sens fort opposé. Ensuite, voilà une belle vertu qui songerait à la vengeance ! *Pradon*, 75.

> D'où l'œil s'égare au loin dans les plaines voisines.
> (Épît. VI, v. 6).

L'œil ne peut s'égarer de près : ce sont les regards qui se perdent dans les plaines voisines, mais l'œil ne se perd point pour cela. *Pradon,* 66.

> 113. Ce long amas d'aïeux que vous diffamez tous
> Sont autant de témoins qui parlent contre vous.
> (Sat. V, v. 59 et 60).

Amas ne vaut rien; on ne peut parler des aïeux, comme d'un *monceau* de blé. *Cotin, Crit.,* 37.

> Et tout ce grand éclat de leur gloire ternie
> Ne sert plus que de jour à votre ignominie.
> (*Ib.*, v. 61 et 62).

Cela frise le galimatias. *Cotin,* 25.

> 114. Les auteurs à grands flots déborder tous les ans...
> Et pour calmer enfin tous ces flots d'ennemis...
> Fend les flots d'auditeurs pour arriver en chaire.
> (Sat. IX, v. 110, 285, 291).

Le satirique *flotte* trop souvent. Il n'en ferait pas davantage s'il était en pleine mer... Ces expressions sont d'ailleurs aussi peu naturelles, que l'usage fréquent de cette métaphore est importun. *Coras,* 19.

> Muses, dictez sa gloire à tous vos nourrissons..
> (*Art poét.*, ch. IV, v. 193).

On ne dicte point la gloire, mais les écrits qui en parlent. *Sainte-Garde*, 61.

> Je veux dans la satire un esprit de candeur.
> (*Art poét.*, ch. II, v. 179).

On ne dit point un esprit de candeur, pas plus qu'un esprit d'honneur : c'est un barbarisme. *Sainte-Garde,* 48.

> C'est peu qu'en un ouvrage où les fautes fourmillent,
> Des traits d'esprits semés de temps en temps pétillent...
> (*Art poét.*, ch. I, v. 175, 176).

Fourmillent est un mot très bas... *pétillent* ne peut être mis en usage que dans un embrasement et à l'occasion des flammes. Qui a jamais ouï pétiller des traits? *Sainte-Garde*, 48 et 49.

Toutes leurs remarques sont en général de ce goût...

115. A l'égard des *méchantes* césures, ou rimes, nous renverrons aux notes des poésies les critiques de tous ces auteurs que Pinchesne, en 1674 (Not. bibl., § 2, n° 16, obs. 3), résuma quant à la rime, dans ce distique élégant :

> Si ton vers en beauté n'était pas inégal
> Et sujet à finir par la rime un peu mal.

Nous avons observé que ces auteurs avaient quelquefois raison sur les mots : devaient-ils pour cela condamner des ouvrages considérables? et après la publication des neuf premières satires, des quatre premières épîtres, de l'Art poétique et des quatre premiers chants du Lutrin, donner à Boileau (*Desmarets,* 141), ce conseil:

> Va te cacher encor : fuis, retourne à tes champs,
> Donner des coups de lime à tes vers si méchans...

116. Boileau dit, il est vrai (*Art poét.*, ch. I, v. 161 et 162):

> Sans la langue en un mot, l'auteur le plus divin
> Est toujours, quoi qu'il fasse, un méchant écrivain...

Mais il n'y aurait que de méchans écrivains si l'on oubliait le précepte célèbre, *non ego paucis offendar maculis.* Qui pourrait se flatter d'être parfaitement correct lorsque les fautes les plus évidentes ont échappé à Boileau ?[1] Il avait mis par exemple dans une douzaine d'éditions successives de l'art poétique (*ch.* IV, vers 191) :

> Que votre âme et vos mœurs *peints* dans tous vos ouvrages...

---

[1] C'est une bonne fortune que de trouver à critiquer dans Boileau, mais il faut en user avec respect et réserve. *Andrieux, Cours.*

Le professeur Gibert lui fit apercevoir cette faute, après l'édition de 1701, et il mit

> Que votre ame et vos mœurs *peintes* dans vos ouvrages.

Il ne pouvait s'étonner assez, on le verra (tome IV, p. 380), qu'une faute aussi aisée à remarquer eût échappé d'abord à lui Boileau; 2º à Patru qui revit avec soin l'ouvrage; 3º à ce flot d'ennemis qui, pendant trente ans, lui avaient chicané jusqu'aux points et aux virgules. Cela est en effet d'autant plus étonnant que Desmarets, le censeur le plus vétilleux de Boileau, a transcrit et critiqué tout le couplet dont ce vers fait partie.

117. Les auteurs contemporains de Boileau n'ont pas seuls émis l'opinion que son style péchait par un excès de force et de hardiesse : ils ont été imités par des critiques du commencement du dix-huitième siècle. Van-Effen, dont les feuilles parurent en 1711 et 1712, après la mort de Boileau, soutient (dans Saint-Marc, V, 205) que ce poète, tout en louant le goût des anciens s'est beaucoup éloigné de la simplicité élégante et majestueuse, mérite principal de leurs ouvrages. « Je ne connais point de poète, dit-il, dont le style soit plus figuré et plus rempli de *tours hardis* et brillans que celui de Despréaux. » Il rapporte pour preuve les vers 177 à 180 de la satire IXᵉ, et 107 à 110 de la VIᵉ, et déclare qu'on ne trouve pas dans les anciens beaucoup d'exemples de ces figures fortes.

118. Parmi les écrivains plus modernes qui ont adopté un système différent, ou qui, en accordant à Boileau le titre de grand versificateur, lui refusent celui de grand poète, on peut citer Fontenelle (*Journ. des Sav.*, 1741, p. 263), et cet ancien ennemi de Boileau eut la satisfaction de voir acquérir une assez grande vogue à une hérésie littéraire si étrange, quoiqu'elle eût été bientôt combattue par Vauvenargues (*ib.*, 1746, p. 80) en ces termes :

« Ceux qui bornent le mérite de la poésie de Boileau à l'art et à l'exactitude de sa versification, ne font peut-être pas attention que ses vers sont pleins de pensées, de vivacité, de saillies et même d'inventions de style. Admirable dans la justesse, dans la solidité et la netteté de ses idées, il a su conserver des caractères dans ses expressions, sans perdre de son feu et de sa force ; ce qui témoigne incontestablement un grand talent. »

118 a. Au reste, des contemporains de Fontenelle cédant peut-être à son ascendant, ont encore enchéri sur sa critique en refusant à Boileau jusqu'au mérite de la versification. L'un d'entre eux (l'auteur de la Lettre à la marquise de Mén., citée Not. bibl., § 2, n° 95) se fonde sur ce que beaucoup de vers de Boileau ont des hémistiches qui riment soit avec d'autres hémistiches, soit avec des vers voisins. Il est très vrai que ces sortes de consonnances sont peu agréables, mais il paraît que lorsque elles n'étaient pas très rudes, on ne les considérait au XVII° siècle que comme des fautes de peu d'importance, puisque malgré le nombre assez considérable de passages (trente-cinq) cités par le critique du XVIII° siècle, aucun de ces ennemis de Boileau qui lui chicanaient, dit-il, jusqu'aux points et aux virgules, et dont l'un (Desmarets, p. 84, 89 et 107) a précisément annotés trois des mêmes passages, ne lui a fait de reproches à ce sujet.

118 b. Nous sommes d'autant plus fondés à tirer cette induction de leur silence, que, comme on l'a vu par le distique de Pinchesne (n° 115), ils ne ménageaient pas non plus Boileau quant à ses rimes. Pour nous borner à un seul exemple, Sainte-Garde lui reprocha d'avoir fait rimer *furibond* à *jambon*, et Boileau changea son vers (Lutr., 1, 120, tome II, p. 198).

C'est qu'alors, et il faut l'observer, car quelques personnes ont paru en douter [1], on rimait plus pour les yeux que pour l'oreille, ainsi que l'ont remarqué Voltaire (*Dict. phil.*, lett. A) et Marmontel (*Préf. de la Henriade*), et que le décide indirectement Boileau lui-même en condamnant (tome IV, p. 132) en 1707, les rimes *terre* et *colère*, qui auraient été suffisantes si l'on n'eût consulté que l'oreille... Une lettre finale superflue rendait donc en général, comme dans l'exemple que nous venons de citer, la rime vicieuse ; à moins que le mot final du vers ne pût s'écrire ou ne se fût écrit de plusieurs manières, et alors le poëte adop-

---

[1] Tel est probablement M. Viollet-le-Duc puisqu'il qualifie (Lutr. VI, 122) de *mauvaises*, plusieurs des rimes que nous allons indiquer.

tait celle qui convenait à sa rime₁. Par exemple, Boileau écrit premièrement, *paroître* pour rimer à *cloître* et à *s'accroître* (t. II, p. 36, 325 et 397)... et *paraître* pour rimer à *maître* (id., 309).. deuxièmement, *connoître* pour rimer à *paroître* (tome I, p. 206, note 1), et *connaître* ou *connétre* pour rimer à *être* (ib., 119).

ARTICLE V. — *Souplesse, verve,* etc., *du style de Boileau.* 2

119. Nous ne prétendons pas que Boileau eût réussi dans tous les genres de composition; dans celui de la tragédie, par exemple; le style ne suffit pas pour cela (Voltaire, *Dict. philos.*, mot *Art poétique*).

Ouvrez, dit Clément (*Observ.*, p. 69), Boileau en quel endroit vous voudrez, et partout vous trouverez la même variété dans la structure du vers et dans l'harmonie.

Victorin Fabre (*Observations*, p. 107) regarde Boileau comme le vrai modèle de la poésie descriptive.

120. On a reproché à Boileau de manquer de *verve*; on a dit que ses vers étaient *froids*... La Harpe (*Lyc.*, VI, 201) établit le contraire; et Le Brun (*not. sur sat.* IV) s'écrie assez plaisamment : il fallait avoir l'âme à la glace de Marmontel³, pour n'être pas saisi, émerveillé de la flamme poétique qui embrasait Boileau !..

« L'auteur, dit Fabre (p. 13), des tonnantes apostrophes aux César, aux Alexandre, aux faux dévôts, devait-il être accusé de ne pas sentir? Malheur à celui qui peut les lire sans être enflammé du feu dont elles brûlent, de ce feu sacré qui ne s'éteindra jamais. ? »

---

1 Boileau croyait sans doute avoir cette faculté dans cette circonstance, car il avait supprimé le *d* de *furibond* (édit. de 1674 à 1698).

2 Renvoi du n° 101, p. lxxvij.

3 Il avait dit, au rapport de Le Brun (*OEuv.*, III, 210), dans une épitre couronnée par l'Académie : *Sans feu, sans verve et sans fécondité, Boileau copie...*

Madame de Staël a émis sur Boileau des jugemens presque aussi singuliers. Voy. à ce sujet, Dussault, *Annal. litt.*, IV, 322.

CHAPITRE IV.

BOILEAU CONSIDÉRÉ COMME HOMME.

121. Dépouillons à présent Boileau de toute sa gloire; mettons de côté l'écrivain et le poëte pour ne voir en lui que l'homme; voyons s'il a pu dire (ép. x, vers 83 à 86), qu'il était

> . . . Un esprit doux, simple, ami de l'équité,
> Qui cherchant dans ses vers la seule vérité,
> Fit sans être malin ses plus grandes malices,
> Et qu'enfin sa candeur seule a fait tous ses vices.

Voyons s'il ne se flattait point, quand il ajoute qu'il était sage, peu voluptueux, ami de la vertu, bon parent, bon ami, chéri des plus grands hommes, d'hommes même de partis différens (*ib.* v. 89 et suiv.).

122. Nous n'avons pas besoin de parler longuement de sa probité : on reconnaît qu'il la porta jusqu'au scrupule. Dans sa jeunesse, il avait obtenu un prieuré. Moins délicat, il eût pu le conserver jusqu'à sa mort, puisqu'il resta célibataire, et qu'alors il n'était pas nécessaire d'être engagé dans les ordres sacrés pour posséder un tel bénéfice. Mais reconnaissant qu'il n'était point appelé à l'état ecclésiastique, il remit, au bout de huit ans, le prieuré au collateur, calcula les sommes qu'il en avait tirées, et les distribua aux pauvres ; trait de délicatesse d'autant plus remarquable, qu'à cette époque, il y avait encore beaucoup de laïques et des laïques pères de famille qui jouissaient de riches abbayes (v. le n° 136).

Nous n'insisterons pas davantage sur son désintéressement. Jouissant d'une fortune dont la médiocrité suffisait à ses besoins et à ses desirs, il ne se mit point aux gages d'un libraire; il travailla uniquement pour être utile et pour acquérir de la gloire (v. n° 138 et 139), et lorsque Louis XIV commença à répandre sur lui ses bienfaits, il en éprouva plus de tristesse que de joie : il envisagea la perte de sa liberté comme une suite inévitable de ces largesses, et il osa même le témoigner (*épît.* VIII, v. 73 à 80).

123. Cependant Boileau avait en cette occasion trop peu de confiance dans son courage. L'attrait des honneurs et des louanges dont il était comblé, l'air contagieux de la cour, le poids du crédit et de l'autorité, l'ascendant presque irrésistible d'un monarque absolu, rien ne put le faire dévier un seul instant de cette mâle et héroïque franchise qui lui avait suscité tant d'ennemis et acquis tant de renommée (v. n° 140 et 141).

Un homme de la cour demande une place d'académicien [1] : Boileau s'oppose à son admission. On lui représente qu'il faut avoir des égards pour un homme de ce rang. Eh ! réplique-t-il, ce ne sont pas ses titres de noblesse que je lui conteste, mais bien ses titres de Parnasse.

Un ministre puissant [2] s'avise de censurer avec une hauteur dédaigneuse, la marche d'un opéra auquel Boileau avait travaillé. Si vous voulez que je vous réponde, observe avec fermeté le poète, consentez que je vous instruise d'abord pendant trois jours sur l'art dramatique.

124. Enfin il ne déguise pas ses sentimens au roi lui-même. Tantôt il ose dire qu'il se connaît mieux en vers que lui [3]; tantôt il ne craint pas de décrier les ouvrages burlesques du premier époux de madame de Maintenon... [4] Interrogé sur l'émotion qu'il éprouvait au siège de Gand

---

[1] Saint-Aulaire... Reçu en 1707. *Bolæana*, p. 75; *Louis Racine*, 167.

[2] Seignelay. *Bolæana*, 8 (c'était vers 1681 et il s'agissait de l'opéra de Bellérophon).

[3] Voltaire, Siècle de Louis XIV, ch. 29... V. notre n° 147.

[4] Scarron. *Louis Racine*, 175, 176; *Bolæana*, 10 (ceci se passait en 1690).

où le monarque, dont il était peu éloigné, s'exposait trop au feu de l'artillerie[1] : sire, déclare-t-il sans hésiter, je tremblais beaucoup pour votre majesté et encore plus pour moi... On raconte que le roi fait chercher l'apôtre du jansénisme, le célèbre Arnauld, qu'il veut faire arrêter ; le roi, s'écrie Boileau au milieu des courtisans stupéfaits, le roi est trop heureux pour le trouver ,!... Mot profond! mot sublime! qui seul annonce un cœur où étaient renfermés les sentimens les plus nobles et les plus généreux!

125. Qui pourrait le croire cependant! Boileau a été accusé d'une vile flatterie envers Louis XIV. Certes, dans les traits que nous venons de rapporter, et nous aurions pu en citer bien d'autres, on ne reconnaîtra guère le langage d'un courtisan. Boileau, sans doute, a loué le monarque... Eh! qui ne le louait pas alors ? Les écrivains de tout genre et de tout rang, les ennemis comme les amis de Boileau célébraient à l'envi un prince qui faisait de si grandes choses, qui pendant quarante ans fut regardé avec admiration même par ses ennemis.

Mais si nous exceptons un seul ouvrage où Boileau céda un peu trop à un enthousiasme du reste excusable, aucun de ces écrivains ne fut plus réservé que lui dans ses éloges, aucun surtout n'osa y mêler autant de conseils, que disons-nous? autant de leçons dont le roi pût profiter (v. n° 142 à 147).

Il lui avait annoncé, dans le principe, qu'il ne le louerait que lorsqu'il le trouverait digne d'éloges[3]. Peu d'années après, Louis XIV fait la conquête de la Franche-Comté et triomphe de l'Espagne... Boileau prend la plume : ce n'est point pour chanter des exploits dont le roi était eni-

---

[1] En 1678. *Bolœana*, 20; *Desmaiseaux*, 119 (v. tome IV, p. 213, note 2).
[2] Louis Racine, 283.
[3] Vers 109 à 114 du Discours au roi, composé en 1665, publié en 1666.

vré, c'est pour l'inviter à préférer les tranquilles jouissances de l'administrateur à la gloire éclatante du héros (*épît.* 1); et il célèbre aussitôt en vers magnifiques tout ce qu'a fait Louis pour ramener l'abondance, introduire la discipline chez les gens de guerre, extirper les abus, diminuer les impôts, augmenter l'industrie, améliorer la législation (v. n° 148).

126. C'en est assez, nous le pensons, pour disculper du reproche de flatterie un homme que d'autres accusèrent, avec aussi peu de raison, d'abhorrer la louange et de méconnaître toute espèce de mérite dans ses contemporains. Il serait bien à desirer, au contraire, que les auteurs distingués de tous les temps fussent disposés comme il l'était, à rendre justice au talent de leurs émules. Boileau ne se bornait pas à ces actes d'équité : il s'établissait généreusement le défenseur des gens de lettres attaqués par l'envie, l'intrigue ou le mauvais goût. Nous avons déjà dit (n°s 87, 95, 96, etc.) que, dès ses premiers pas dans la carrière des lettres, il avait fait une sorte de panégyrique de la Joconde et de l'Ecole des femmes. Nous le voyons bientôt adresser à Molière une pièce de vers pleine d'éloges, vanter dans une autre le Tartuffe, que les faux dévôts venaient de faire proscrire, gémir enfin sur la peine qu'on avait eue à accorder un peu de terre aux cendres d'un écrivain à qui la Grèce eût érigé des autels (v. n° 149). Il s'empresse en même temps de consoler, de venger des outrages de l'envieuse médiocrité, le trop sensible Racine (n° 150). Il élève, en présence de plusieurs jésuites, Pascal au-dessus des modernes et des anciens[1]. S'il ne peut faire mention dans ses écrits de tous les écrivains d'un mérite moins relevé, il ne néglige aucune occasion de les citer honorablement.

---

[1] Lett. de Sévigné, 15 janv. 1690, n° 760, t. VIII, p. 174, édit. de 1801; t. IV, p. 334, édit. de 1818.

Quel autre qu'un esprit jaloux de célébrer la gloire des grands hommes eût eu la hardiesse, peut-être l'audace, de porter, à chaque instant, jusqu'aux nues, Arnauld, alors exilé, errant en secret, loin de sa patrie, et proscrit par la faction qui dominait à la cour; de regarder comme un honneur immortel le soin que ce vieillard avait pris de défendre sa dixième satire (Arnauld, le grand Arnauld fit mon apologie, etc.., voy. épît. x, v. 122 et suiv.; et n° 151).

127. Et que l'on n'attribue pas cet enthousiasme à l'esprit de secte : Boileau était, il est vrai, plus partisan des jansénistes que des molinistes ; la sévérité de leurs mœurs et de leurs maximes devait les faire préférer à un homme austère et chaste dans sa conduite comme dans ses écrits (v. n° 152) ; mais il n'agit jamais en sectaire, c'est-à-dire en ennemi de quiconque est éloigné de notre opinion. Il fut au contraire lié constamment avec les jésuites les plus célèbres de son temps, les Bourdaloue, les Rapin, les Bouhours... Une foule de passages de ses écrits prouvent d'ailleurs que s'il était pénétré des principes de la religion catholique, il n'approuvait pas qu'on en abusât, et au premier rang des abus de ces principes doit bien figurer l'esprit de secte et ses funestes suites. Il se donna même sur ces matières délicates une liberté de censure qui le fit accuser d'impiété par ses ennemis, soigneux de réunir les traits nombreux qu'il avait lancés contre l'esprit de domination du clergé, le luxe et l'orgueil des gros bénéficiers, la mollesse des chanoines, l'oisiveté des moines, l'hypocrisie des faux dévôts, la complaisance des directeurs, la morale relâchée de certains théologiens (v. n°ˢ 153 à 155)...

128. Cet esprit de secte qui tend, avons-nous dit, à nous faire voir d'odieux ennemis dans nos semblables, pouvait-il être adopté par ce Boileau qui se montrait généreux jusques envers ses détracteurs? qui prêtait de l'argent à un Linière, quoique celui-ci ne sût manifester sa reconnais-

sance que par les épigrammes qu'il composait aussitôt contre son créancier [1]?

Nous n'aurions guère à louer Boileau de sa bienfaisance, il faut en convenir, s'il eût toujours aussi mal placé ses services; mais il donna plus d'une fois, au témoignage même de ses rivaux, des preuves d'une générosité éclairée. Nous citerons, entre autres, celle dont il usa envers Cassandre, traducteur estimé de la rhétorique d'Aristote, et surtout envers Patru, le meilleur avocat et le critique le plus habile de son temps [2]. Patru était réduit à la nécessité fâcheuse de vendre le bien qu'il appréciait le plus, et le seul à-peu-près qui lui restât, sa bibliothèque. Boileau accourt; il en donne un tiers au-delà du prix qu'on en offrait, et il exige ensuite que Patru garde ses livres pendant sa vie... On sait encore avec quelle noble chaleur il s'employa pour faire rétablir la pension de Corneille, suppliant que l'on retranchât plutôt la sienne propre, que celle de ce père de notre tragédie... Enfin, il légua en mourant la plus grande partie de son bien aux pauvres [3].

129. Cet empressement à rendre service aux malheureux tenait à un cœur compatissant, à une bonhomie singulière, bien opposée à l'opinion que beaucoup de gens ont eue du caractère de Boileau.

129 a. Retiré de bonne heure de la cour où l'étiquette et la louange, la dissimulation et la fausseté le fatiguaient et l'indignaient, il se fixa en quelque sorte auprès de la capitale, dans un village (Auteuil) qui devint bientôt le ren-

---

[1] De Boze, xij; Louis Racine, 126; Desmaiseaux, 299.

[2] C'est du moins l'idée qu'on en avait alors. *Moréri*, mot *Patru*; *Desmaiseaux*, 301; *de Boze*, xij; *Boileau*, note sur l'épit. v, vers 97. — Pour Cassandre, voy. De Boze, *ib.*; Louis Racine, 125.

[3] Voy. n° 18 e, p. xxix; de Boze, x et xij; Louis Racine, p. 125 et 313; Desmaiseaux, 300; Brossette (pour le trait relatif à Corneille), I, 477.

dez-vous de ce qu'il y avait à Versailles et à Paris de plus illustre parmi les hommes de la cour, les savans et les gens de lettres. La franchise, la cordialité, la simplicité avec laquelle il accueillait tout le monde multiplièrent bientôt les visites, au point d'amener dans sa maison jusqu'à des hôtes qui lui étaient inconnus. Une telle cohue eût pu inquiéter un homme d'un caractère moins facile ; mais l'humeur de Boileau n'en souffrit pas la plus légère altération. « Il est « bien heureux, s'écriait Racine, il est bien heureux de « s'accommoder ainsi de tout le monde : pour moi, j'aurais « cent fois vendu la maison [1]. »

Quelquefois il réunissait dans cette habitation, toute la famille de ce grand poète. Là, quoique sexagénaire et presque entièrement privé de l'ouïe, son plaisir le plus vif était de jouer avec des enfans, à peine hors du berceau, de leur procurer quelques divertissemens à la portée de leur âge. « Il n'entendait pas, observe encore Racine, il n'enten- « dait pas cependant un mot de ce que ces pauvres enfans « lui disaient... il n'y a pas de meilleur homme au monde! » (v. n° 157.)

On pense bien qu'avec un caractère aussi heureux et un cœur aussi aimant, il dut être fort attaché à sa famille. Quoiqu'il n'en eût pas été bien traité dans son enfance, il ne méconnut point ses devoirs. Il aida plus d'une fois ses parens de ses conseils, de sa bourse (n° 18 *b*) et de son crédit ; et il employa son talent à éterniser les vertus des auteurs de ses jours (voyez n° 158).

130. Ce caractère heureux et aimable ne répond guère aux portraits hideux que faisaient de lui ses ennemis. Tout ce que le fiel de la haine a de plus affreux et de plus amer

---

[1] 38ᵉ lett. de Racine à son fils... C'est en 1690 que Boileau se retira de la cour. *Brossette*, I, 268. — A l'égard de la maison de Boileau, à Auteuil, voy. Pi-Just. 213, tome IV, p. 502 et 503.

lui fut prodigué sans ménagement. Il est, écrivait Perrault (cité tome III, p. 192), un vrai loup-garou,

> . . . . . . Crasseux, maladroit et sauvage,
> Farouche dans ses mœurs, rude dans son langage...
> . . . . Le pédant
> Le plus fastidieux, comme le plus immonde
> De tous les animaux qui rampent dans le monde.

Pradon lui disait dans une épître (*Remarques*, p. 19) :

> Il est vrai, Despréaux, oui, tout homme est menteur,
> Traître, fat, ignorant, envieux, imposteur;
> Et pour mieux appliquer ta pensée à la nôtre,
> Despréaux est un homme et plus homme qu'un autre.

Un grand nombre d'autres, non contens de critiquer avec une minutie ridicule et souvent avec mauvaise foi chacun de ses vers, les interprétaient dans le sens le plus défavorable, lui imputaient de l'impiété, de l'ambition, le dessein d'outrager le roi, de favoriser les protestans : ils allaient même jusqu'à publier sous son nom des écrits qui pouvaient le perdre (v. n° 159).

131. Si Boileau eût eu quelques-uns des vices ou même des défauts qui lui étaient reprochés, possédant à un si haut degré le talent de la satire, combien il lui eût été facile d'humilier ses ennemis? il avait annoncé qu'il ne répondrait ni à leurs calomnies, ni à leurs censures; il tint parole (excepté dans deux seules circonstances) : il ne rompit le silence que pour défendre, et avec la modération convenable contre leurs attaques, les bons écrivains, les bons ouvrages, les saines doctrines (v. n° 160, 161)... ou pour avouer, avec une noble franchise, qu'il n'avait pas dédaigné de profiter de leurs conseils (*Je sais sur leurs avis corriger mes erreurs*.... V. Épît. VII, v. 65 à 70, et ci-apr. n°s 162 à 167).

Ajoutons que Boileau fut toujours empressé de se réconcilier avec ses ennemis; qu'à la moindre démarche, au plus léger signe, il leur tendait les bras et se liait avec eux. C'est ainsi qu'il donna son amitié à Quinault, à Le Pays, à Boursault, à Perrault[1].

132. Il était donc digne d'avoir des amis, puisque après les personnalités les plus odieuses, on osait se rapprocher de lui et l'on croyait à son affection! oui, certes, il en était digne, et il en eut, en effet, un si grand nombre qu'il serait fastidieux de tous les nommer. Il suffit d'indiquer parmi les grands qui protégèrent sa muse, les Lamoignon, les Termes, les Cavoie, les Pont-Chartrain, les Chamlai; parmi les gens de lettres, Arnauld, Daguesseau, Fléchier, La Rochefoucault, Regnier-Desmarais, Commire, Furetière et Costar[2].

Une liaison plus étroite l'unit encore avec Molière, avec La Fontaine, Bourdaloue, Nicole, La Bruyère, Bouhours, Chapelle, Rapin, Valincourt et Bernier.

Consulté et recherché par ces écrivains célèbres et par une foule d'autres, vivant sans cesse avec eux, qu'on en cite un seul qui ait renoncé à son amitié, qui toujours au contraire ne se soit empressé d'en resserrer les liens! il survécut à la plupart d'entre eux; mais son excellent cœur lui en acquit bientôt d'autres, et son convoi fut suivi d'un cortège si nombreux, qu'une bonne femme, qui le jugeait d'après les opinions vulgaires, ne put s'empêcher de s'écrier : « il avait bien des amis! On assure pourtant qu'il di« sait du mal de tout le monde » (v. n° 168).

133. Nous n'avons point encore parlé de Racine. Nous réservions aux mânes de Boileau, pour dernier hommage, celui dont ils doivent être le plus jaloux. Leur liaison fut

---

[1] De Boze, xj ; L. Racine, 125, 140; 11e et 13e lett. de Racine, 3e rec.; Brossette, in 4°, I, 40; notre tome IV, p. 159 et 377.

[2] V. Brossette sur l'épitre x, v. 113 et 118... V. aussi Desmaiseaux, 118; nos n°s 82 et 152.

amenée par une anecdote qui fait honneur à la sagacité et au caractère de Racine. Son ode sur la Renommée ayant été communiquée à Boileau par un ami commun, Boileau y mit des notes critiques. Un écrivain médiocre se serait peut-être offensé de ces observations; Racine, qui les apprécia, voulut connaître un critique aussi éclairé, et aussitôt commença cette amitié que jamais n'obscurcit aucun nuage, que la mort de l'un d'eux au bout de trente-cinq ans put seule interrompre. Il s'établit enfin entre eux un commerce si étroit d'affection, une communication si intime de démarches et de sentimens qu'il est impossible de faire la vie de l'un sans y mêler celle de l'autre [1].

Cette amitié fut d'abord plus utile à Racine qu'à Boileau. Un peu plus âgé et jouissant depuis sept années d'une fortune honnête, Boileau avait pu et dû acquérir plus de savoir; il s'était surtout appliqué à bien étudier le mécanisme de la versification française; trois de ses satires étaient déjà composées, et il en terminait une quatrième : lus dans plusieurs sociétés et répandus en manuscrit, on l'a dit (n° 35, 72 et 73), ces ouvrages lui avaient valu des leçons et des critiques utiles dont il avait su profiter (voy. n° 169). Il s'attacha à former Racine à cet art des vers où il était déjà si habile. Les gens de goût s'aperçurent bientôt aux représentations d'Alexandre, des progrès du disciple; ils virent, trois années après, à celles d'Andromaque, qu'il avait dépassé son maître. Ainsi, c'est à Boileau que la France dut, en grande partie, un poète à la perfection duquel on ne pourra peut-être jamais atteindre (v. n°ˢ 170 à 174).

134. Boileau qui s'enorgueillissait avec raison d'un tel

---

[1] C'est la remarque de Louis Racine (p. 41 et 42) à qui nous empruntons ces détails, et c'est aussi une des raisons pour lesquelles nous donnons (t. IV), les lettres de Racine à Boileau.

élève, ne fut point jaloux de son génie. Ni les honneurs littéraires accordés à Racine plutôt qu'à lui [1], ni les bienfaits répandus avec plus de profusion sur le poète tragique que sur le satirique, ni les railleries piquantes que se permettait quelquefois envers lui l'auteur des Plaideurs ne diminuèrent en rien l'attachement qu'il lui avait voué. Cet attachement, au reste, et malgré les mêmes railleries, fut réciproque. On pourrait citer à ce sujet presque toute leur correspondance, et entre autres les lettres (tome IV, p. 221 et 264) où Boileau rassure son ami qui était peiné d'avoir un traitement plus considérable dans leur emploi commun d'historiographe, et où il le félicite d'un service qu'il avait rendu à son frère l'abbé Boileau; mais il suffit de rappeler ce qui se passa aux derniers momens de Racine.

135. Atteint de sa dernière maladie, Racine fait réclamer le paiement de sa pension; son fils lui communique la lettre. « Pourquoi, dit Racine, ne demandez-vous pas aussi le paiement de la pension de Boileau ? Recommencez votre lettre et faites connaître à Boileau que j'ai été son ami jusqu'à la mort.. »

Enfin quelques instans avant d'expirer, il desire embrasser cet ami si cher. Il le fait approcher : à son aspect, ses forces éteintes semblent se ranimer. Il essaie de se lever sur son lit ; il veut le presser encore une fois contre son cœur. Il termine ensuite cette entrevue si douloureuse par ces mots si touchans : *Je regarde comme un bonheur pour moi de mourir avant vous* (Louis Racine, 291).

---

[1] Racine fut reçu à l'académie en 1673, Boileau, en 1684 (v. n° 137).

APPENDICE AU CHAPITRE IV.

PREUVES OU DÉVELOPPEMENS.

ARTICLE 1. — *Bénéfices possédés par des laïques.* — *Probité de Boileau.* — *Sa réception et ses assistances aux académies* [1].

136. Le trait de délicatesse rapporté, n° 122, est raconté par De Boze (dans Saint-Marc, I, xliij), par Brossette (I, 463), et par Louis Racine (p. 73). Ils varient seulement sur la restitution qui selon les premiers servit à doter une jeune personne (Marie Poncher de Bretouville), que Boileau avait aimée dans sa jeunesse (tome II, p. 433, note 1), tandis que suivant Louis Racine, elle fut distribuée aux indigens.

A l'égard des bénéfices possédés au XVIIe siècle par des laïques, même par des protestans, on peut consulter Saint-Simon, (II, 274, III, 405), Voltaire (édit. Beuchot, XXXIX, 317); les mémoires de la Société des antiquaires (VII, 333), et Lémontey (Monarchie de Louis XIV, 1818, p. 336)... Le roi, dit celui-ci, conféra jusqu'en 1687, des bénéfices simples à des gentilshommes laïques.

137. C'est aussi par délicatesse que Boileau assistait avec beaucoup d'exactitude (tome IV, p. 503, Pi-Just. 216) aux séances de l'Académie des médailles (depuis l'Académie des inscriptions), quoiqu'il n'y fût point question alors de la partie de la littérature où il avait obtenu le plus de succès.

Puisque nous en sommes sur ce point, nous observerons qu'il avait été élu à l'Académie française dès 1684, et élu à l'unanimité des suffrages, ce qui pourrait paraître singulier, lorsqu'on pense aux traits de satire décochés par l'élu contre plusieurs académiciens, si l'on ne pensait aussi et si eux-mêmes n'avaient pas dû éga-

---

[1] Renvoi de n° 122, p. xcij.

lement penser à la faveur dont il jouissait auprès du roi (*D'Alembert*, I, 83, III, 170). [1]

Mais les écrivains médiocres qui conservèrent long-temps de l'ascendant dans cette compagnie[2], bornèrent là leurs égards pour le grand poète ; ils ne firent presque aucun cas de ses avis littéraires. L'anecdote suivante donne une idée de l'esprit qui les dominait. Boileau fut un jour étonné de ce que, à l'exception de deux seulement, tous les académiciens approuvassent le mot *hypocondre* employé comme adjectif (l'homme hypocondre) dans le vers 267 de la satire VIII. « Je m'attendais, s'écria-t-il, à être condamné; outre que j'avais raison, c'était MOI »[3]. *Bolæana*, 60; *Louis Racine*, 166. — Desmarets (p. 47) et Pradon (Tr., p. 50), prétendaient qu'il fallait dire *hypocondriaque* ; mais outre que divers auteurs tels que Chalussay (v. n° 85) et La Fontaine (*liv.* 2, *fab.* 18) avaient déjà employé hypocondre pour signifier un fou mélancolique, l'usage, dit St.-Marc, a ratifié la décision de l'académie.

ARTICLE II. *Désintéressement de Boileau. — Ses travaux comme historiographe.*[4]

138. Il ne tira jamais, dit-il, de rétribution de ses ouvrages, quoiqu'ils eussent enrichi son libraire (tome IV, p. 8 et 444; Louis

---

[1] Le premier scrutin se fit le 15 avril. On en rendit compte le 20, au roi, qui déclara que « ce choix lui était très agréable et serait généralement approuvé » (circonstance importante omise par d'Alembert); le 24, on passa au deuxième scrutin. Dans l'un et l'autre il obtint, dit le procès-verbal, tous les suffrages. Sa réception solennelle fut différée à cause d'un voyage où il accompagnait le roi, jusqu'au 1er juillet suivant. *Registre de l'Académ.*

[2] On peut en juger par le choix étrange des morceaux lus à sa séance de réception. Le dernier fut à la vérité une fable de La Fontaine, mais les autres étaient une traduction de deux pseaumes par Benserade, un sonnet, par Leclerc, et quatre autres sonnets, par Boyer (*même registre*).

[3] Il est donc peu surprenant qu'il ne montrât pas la même assiduité à cette Académie qu'à l'autre (voy. tome IV, p. 341). Depuis le 14 août 1700, jour où commence le registre des présences de l'Académie française, jusqu'au 16 juillet 1701, jour où Boileau, par les raisons expliquées ailleurs (tome IV, p. 346), cessa d'être assidu à l'Académie des médailles, celle-ci a tenu 79 séances dont Boileau n'a manqué que *six*, tandis qu'il n'a été présent qu'à *cinq* des 136 séances tenues dans le même intervalle par l'Académie française.

[4] Renvoi de n° 122, p. xclj.

Racine, p. 57; Bolœana, p. 8), et ce qui donne du poids à cette assertion, c'est sa méthode de corrections à l'aide de remaniemens, de cartons, de *retouches* à la plume ou au grattoir, etc. (Not. bib., § 1, n° 37, obs. 3; tome II, p. 285, note 4; tome III, p. 281, note 4; p. 287, note 2; p. 413, note 1), méthode que le libraire n'eût pas facilement tolérée s'il lui eût acheté ses livres...

Boileau, toutefois, ne condamnait pas ceux qui profitent de la propriété sans contredit la plus précieuse et la plus respectable; ce n'est que l'abus qu'il proscrivait (Art poét., IV, 125 à 132):

> Je sais qu'un noble esprit peut sans honte et sans crime,
> Tirer de son travail un tribut légitime, etc.

139. Ce désintéressement ne s'accorde guère avec l'imputation que l'on fait à Boileau et à Racine d'avoir touché long-temps les honoraires d'historiographes sans travailler à l'histoire de Louis XIV; il n'y a rien de plus mal fondé que ce reproche. On voit par toute leur correspondance (tome IV, p. 179, 214 et suiv., 229 et suiv.; *Louis Racine*, p. 171, 172) qu'ils s'occupaient sans cesse de cet ouvrage[1]; que Racine, dans ses voyages à l'armée, prenait avec soin tous les renseignemens possibles sur les évènemens les plus importans, etc. On sait aussi que leur manuscrit périt dans un incendie (*Louis Racine*, ib.).

Cette imputation fausse répétée, depuis, par plusieurs écrivains modernes, fut d'abord faite par Pradon, qui, même plus réservé que ceux-ci, ne la présentait que comme fondée sur un simple ouï-dire[2]. Tu sais, fait-il observer à Boileau dans une épître (*Nouv. remarq.*, p. 21), tu sais que

> ... Pour peindre les faits d'un si fameux monarque,
> Il faut être du moins ou Salluste ou Plutarque;
> J'espère que ta prose aura leurs agrémens,
> Bonne ou non, reçois-en de bons appointemens;
> C'est ce que dit un jour un commis des finances,
> Nous n'avons encor vu rien d'eux que leurs quittances.

---

[1] Boileau continua à s'en occuper après la mort de Racine (tome IV, p. 394), qui, par son testament, avait ordonné (OEuvr., VII, 550) de lui remettre tous les papiers relatifs à cette histoire.

[2] Je n'ai pu m'empêcher, avait-il dit auparavant (p. 4), de répéter dans mon

Remarquez que cette épître fut imprimée en 1685 (Not. bibl., § 2, n° 22), et que Racine et Boileau n'avaient été nommés historiographes que sept ans auparavant (au mois d'octobre 1677.... *Desmaiseaux*, 117; *Brossette*, II, 364). On voulait sans doute qu'ils eussent improvisé l'histoire de Louis XIV [1].

ARTICLE III. — *Franchise courageuse de Boileau.* — *Eloges qu'il donne aux jansénistes* [2].

140. « Vous avez, lui disait Racine, un privilège que je n'ai point; vous dites des choses que je ne dis jamais; vous avez plus d'une fois loué dans vos vers des personnes dont les miens ne disent rien » (*Louis Racine*, 284).

On pressent qu'il s'agit ici des jansénistes... Tout le monde a été frappé des éloges que Boileau osa donner à Arnauld et que nous citons, n° 151... Celui qu'il fit indirectement de Pavillon, évêque d'Aleth (*Lutrin*, I, 189, tome II, p. 305), a été moins remarqué, quoiqu'il ne suppose guère moins de courage.. Pavillon était en effet alors (1674), et fut depuis jusqu'à sa mort (1677) en pleine disgrâce pour avoir résisté au roi dans les affaires de la régale (*Voltaire, Siècle de Louis XIV*, ch. 35) et du formulaire, auquel Louis attachait tant d'importance qu'il avait chargé des commissaires d'examiner la conduite de Pavillon; pour avoir été condamné (1668) par le pape; pour avoir publié (1670) un Rituel qu'on mit bientôt à l'index à Rome (*Moréri*, mot *Pavillon*; *Garnier*, Rac., VII, 147).

Et ce Boileau qu'on a accusé de flatterie envers Louis XIV (n° 142), lui récita avant l'impression (en 1673, dans le temps

---

épître un bon mot que l'*on donne* à un commis des finances. — Des modernes au contraire, affirment le bon mot. Suivant l'un (*Voltaire*, édit. Beuchot, XLVIII, 343, commentaire publié en 1776), *un commis du trésor royal disait*, etc...Suivant un autre, plus récent, *tout le monde sait qu'un commis du trésor royal disait*, etc.

[1] Nous voyons avec regret qu'un des meilleurs éditeurs modernes de Boileau semble adopter cette imputation : Il est fort probable, dit-il, que Boileau n'a point commencé cette histoire... et la seule preuve qu'il donne est le prétendu propos du commis des finances.

[2] Renvoi de n° 123, p. xcij.

même où Pavillon résistait à l'édit sur la régale) le poème où il avait inséré un semblable éloge, et persista à l'y laisser dans toutes ses éditions, quoique Desmarets (*Défense*, pag. 114) n'eût pas rougi de lui reprocher aussitôt après la première, d'y célébrer Pavillon !

141. On a également fait peu d'attention à son éloge de l'éducation donnée par les religieuses de Port-Royal (*sat.* x, v. 125 à 127, publiée en 1694), monastère que Louis avait en horreur[1], dont il avait chassé deux fois les pensionnaires et les novices (en 1661 et 1679), et dispersé une partie des religieuses, et qu'enfin il supprima bientôt après (*Racine, Hist. de Port-Royal, dans La Harpe, Rac.*, VI, 245 et suiv., surtout 382 et 463).

Racine s'étonnait beaucoup qu'une telle hardiesse n'attirât pas à Boileau de fâcheuses affaires (*Louis Racine*, p. 285); et la crainte de s'en attirer à lui-même, le contenait tellement, qu'il n'osait pas même lire à des jésuites le nom de Nicole contenu dans une lettre de son ami (tome IV, p. 210).

Ces observations et cette manière d'agir de Racine annoncent combien il était dangereux de heurter les chefs du molinisme, et cependant Boileau osa encore sept ans après la satire x, à une époque où ils étaient plus puissans que jamais, dire (*sat.* xi, v. 145) que sous Saturne

> La vertu n'était point sujette à l'ostracisme,
> Et ne s'appelait point alors un jansénisme...

éloge dont la hardiesse effraya tellement ses imprimeurs et ses éditeurs français, que ce ne fut qu'après plus de quarante ans qu'ils se hasardèrent à rétablir le mot jansénisme qu'ils avaient remplacé jusque-là par des *** (Not. bib., § 1, n° 131, obs. 2ᵉ).

On pourrait citer bien d'autres traits de *franchise courageuse*, ce qu'il écrit par exemple au comte de Revel (tome IV, p. 103)[2]..

---

[1] Cinq ans après, une de ses favorites, la comtesse de Grammont, faillit à être disgraciée et fut sévèrement réprimandée pour y avoir fait une retraite de quelques jours (St.-Simon, II, 314).

[2] Et sa réflexion (t. I, p. 273), qu'un roi peut souvent n'être qu'un infâme... et son éloge (ib., p. 309) d'Innocent XI, ennemi juré de Louis XIV; etc.

ARTICLE IV. — *Boileau accusé injustement d'être le flatteur de Louis XIV*[1].

142. Cette accusation de flatterie envers Louis XIV se trouve dans l'épître de Voltaire citée, n° 108, pag. lxxxiij. Elle a été répétée par plusieurs écrivains modernes.

Louis Racine (p. 164) rapporte une lettre qui prouve l'enthousiasme qu'inspiraient les grandes actions de Louis XIV, même à ceux qui avaient à se plaindre de lui... Nous avons aussi parcouru beaucoup d'opuscules poétiques du temps, ignorés aujourd'hui; il n'en est presque aucun où il n'y ait des éloges pour Louis. C'est aussi la remarque de Saint-Réal dans son traité de la Critique (chap. II), publié en 1691. « Il n'est pas que vous ignoriez, dit-il, le reproche que les écrivains étrangers font aux Français, que dans tous les livres qui s'impriment depuis un certain temps à Paris, il y a toujours quelque endroit qui paie le privilège, quelque peu de rapport que la matière qu'ils traitent ait avec le roi. »

« Les hommages, dit Duclos (OEuvr., 1821, III, 91), qu'on rendait à Louis XIV, étaient un culte, une émulation de servitude, une conspiration d'éloges qu'il ne rougissait pas de recevoir puisqu'on ne rougissait pas de les lui donner. »

143. Les traits suivans justifieront cette réflexion.

En 1685, des Minimes de Provence lui dédient une thèse où on le compare à Dieu, mais d'une manière, dit madame de Sévigné (VIII, 182, lett. du 13 juin), qu'on voit clairement que Dieu n'est que la copie.. Et madame de Sévigné qui blâme cet excès d'adulation ne s'en éloigna guère en écrivant six ans après: « Cela est parfait comme tout ce que fait le roi; il est le plus habile homme de son royaume: il travaille sans cesse et suffit à tout (*ib.*, XI, 37, lett. du 14 août 1691).

Il essuya une maladie grave vers la fin de 1686. On célébra sa guérison dans deux discours prononcés à l'Académie le 27 janvier 1687. Un des orateurs, l'abbé Tallemant, finit le sien en flattant le roi que le ciel lui accordera non-seulement les années de Nestor, mais encore « *la durée des jours de nos premiers pères,*

---

[1] Renvoi de n° 125, p. xciv.

parce qu'il n'y a point de miracle qu'on ne puisse attendre pour le prince le plus parfait qui soit monté sur le trône. » *Hist. des ouvr. des Savans*, 6 octobre 1688.

144. En 1694, Charles Boileau, abbé de Beaulieu, dans son discours de réception à l'Académie (p. 12 et suiv.), se plaignait en vingt façons, de l'impuissance où étaient les académiciens de louer le roi d'une manière digne de lui.

L'année suivante, un de leurs officiers, le chancelier Jean de La Chapelle, renouvela et précisa ces plaintes pour présenter comme la pensée du corps entier, ce qu'on aurait pu croire n'être que celle d'un membre emporté par un enthousiasme de débutant. « L'éloquence, dit-il, ne nous fournit plus d'ornemens qui ne soient trop au-dessous des nouveaux sujets d'admiration et de louanges que le roi nous fournit tous les jours; et ce serait trop abandonner le soin de notre gloire que d'entreprendre de relever la sienne par nos paroles : que nos esprits ne tentent donc plus d'inutiles efforts... » (*Discours prononcé à la réception de l'abbé de St.-Pierre*, in-4°, 1695, p. 25).

145. Mais ce découragement de rhéteur n'arrêta point les élans de servilité du fameux évêque de Noyon, Clermont-Tonnerre, si glorieux et si bas (expressions de Duclos). « Il fonda, en 1699, à l'Académie, un prix pour célébrer à perpétuité les vertus de Louis XIV [1] comme un sujet inépuisable » (*Duclos*, ib., III, 91; *D'Olivet*, p. 19)...

Trouvera-t-on rien de semblable dans Boileau?

« De toutes les louanges prodiguées à Louis XIV, dit La Harpe (édit. de Racine, I, 39), il n'y en eut point qui lui fissent autant de plaisir que celles de Boileau, et jamais il n'y en eut de plus *délicates*. »

146. Au reste, son enthousiasme pour Louis XIV n'était pas feint; on en peut juger par sa correspondance avec Racine (t. IV, p. 189, 190, 212, etc.), et par ses entretiens avec Montchesnay (*Bolœana*, p. 108). C'est dans l'épître VIII que nous trouvons

---

[1] Le choix annuel des sujets de ce prix nous fournirait d'autres exemples non moins étranges d'adulation (*voy. D'Alembert*, II, 34).

(v. n° 125, p. xciv) qu'il l'a un peu trop manifesté. Mais peut-être l'imputation que ses ennemis lui faisaient de ne pas assez louer le roi (on voit que les contemporains étaient bien éloignés de l'accuser d'être *un flatteur de Louis*) l'entraîna-t-elle à cette espèce d'excès. En effet, lorsqu'il composa l'épître VIII (1675), Pinchesne venait de répéter la même imputation (Eloges du satirique, p. 30... Not. bibl., § 2, n° 16), en ajoutant, car,

> Jusqu'ici, Despréaux, d'un froid assez étrange,
> Tu n'as fais qu'effleurer en passant sa louange.

C'est peut-être aussi dans le même temps, et par le même motif, qu'au rapport de Brossette (I, xiij), interrogé par le roi sur son âge, Boileau lui répondit « qu'il était venu au monde une année avant lui pour annoncer les merveilles de son règne », rapprochant ainsi sa naissance d'une année (1637 au lieu de 1636... n° 7 *f*, p. viij); ce qui l'obligea dans la suite à diminuer son âge du même espace de temps, lorsqu'il eut occasion d'en parler dans ses écrits [1].

147. Mais quoique l'imputation de Pinchesne eût été souvent renouvelée, peut-être sont-ce là les seules circonstances où Boileau ait cédé au torrent... Nous avons observé (n° 124) qu'il osait déclarer ses sentimens au roi lui-même et entre autres dire qu'il se connaissait en vers mieux que lui [2]... Et toutefois avant que Boileau fût admis à la cour, on lui avait fait un reproche, qui, s'il eût eu moins de courage, lui aurait imposé silence en cette occasion. Cotin, entre autres (*Sat. des sat.*, p. 6), disait, en 1666, au sujet des vers 85, 86, etc. de la satire Ire :

> Et comme si l'esprit n'était fait que pour lui,
> Il veut censurer tout ce qu'on fait aujourd'hui.
> Il croit, sans épargner la majesté suprême,
> Que le roi d'un auteur juge peu par lui-même.

Enfin, un des ennemis de Boileau (Bellocq), vers le temps peut-

---

[1] Nous regrettons de voir ici Boileau se rapprocher un peu trop de ces gens de cour qui avaient tous soixante ans lorsque Louis devint sexagénaire; qui manquaient de dents lorsque les siennes tombaient, etc.

[2] On peut voir une anecdote à-peu-près du même genre, tome IV, p 427.

être où celui-ci faisait preuve d'une si noble franchise, disait de
Louis XIV, dans la satire des Petits-Maîtres (*Paris*, 1694, p. 14),
qu'on l'avait vu cent fois,

> Prompt à se déclarer s'il fallait estimer,
> Et ne décidant point quand il fallait blâmer.
> Sûr dans ses jugemens, d'un goût dont l'excellence
> Sur les mortels l'élève autant que sa puissance...

ARTICLE V. — *Exhortations à Louis XIV de préférer la paix à
la guerre... Éloges que Boileau fait du roi à cette occasion* [1].

148. Ces éloges contenus dans l'épître première composée en
1669, lue presque aussitôt à Louis XIV (Brossette, I, 181 et
192), et publiée en 1672, étaient tous mérités : on le montre dans
les notes (tome II, p. 18 à 21).

Les exhortations utiles dont ils étaient en quelque sorte l'appui
sont une nouvelle preuve et de la franchise de Boileau et de son
éloignement pour ce vil métier de *flatteur* qu'on lui a si injustement reproché (n° 142). Tout le monde, en effet, connaissant le
genre de gloire qu'ambitionnait le roi, l'excitait à la guerre, et les
mêmes exhortations de Boileau servirent de prétexte à ses ennemis pour le décrier dans l'esprit de Louis. « C'est, disait Desmarets (p. 52 et 53), dès 1674, c'est la pensée la plus folle et la plus
injurieuse à la valeur de ce grand prince... il (Boileau) traite avec
bien peu de respect ce grand roi en lui conseillant le repos. C'est
ainsi que les lâches voluptueux jugent des nobles entreprises des
princes justes et vaillans... » Les mêmes remarques se retrouvent en
d'autres termes dans Sainte-Garde (p. 64), Pradon (*Remarques*,
p. 53), Bonnecorse (ch. II et III, et note, ib.), etc.

ARTICLE VI. — *Éloges donnés par Boileau à Molière* [2].

149. Ceux que nous citons, n° 126, sont dans la satire II, composée en 1664, dans le discours au roi, composé en 1665 et dans

---

[1] Renvoi de n° 125, p. xciv.
[2] Renvoi de n° 126, p. xcv.

l'épître VII composée en 1677... Les éloges donnés au Tartufe dans les deux premiers de ces ouvrages, étaient pourtant publiés à une époque où la pièce avait été défendue *pour le public* par le roi lui-même, où Molière avait à essuyer tout ce que « la vengeance et le zèle peu éclairé ont de plus dangereux. » *Mémoires sur la vie de Molière*, OEuvres, édit. in-4°, I, xxxviij.—V. aussi nos n°ˢ 85 et 91 ; tome II, p. 88, note 3 ; M. Taschereau, p. 189 et suiv. ; M. Etienne, Notice sur le Tartufe, 1824, p. 10 et suiv.[1]

ARTICLE VII. — *Défense et éloges de Racine*[2].

150. On sait que la Phèdre de Pradon, grâce aux efforts d'une cabale puissante, l'emporta d'abord sur celle de Racine, qu'on jouait dans le même temps (janvier 1677) et qui fut même sur le point de tomber tout-à-fait. On connaît le fameux sonnet où madame Deshoulières critique ce chef-d'œuvre, etc.[3]. *Racine*, dit Valincourt (*La Harpe, Rac., IV*, 366) *était au désespoir....* C'est alors que Boileau composa l'épître VII, où il le consola, et qui est un de ses meilleurs ouvrages.

On conçoit, au reste, le désespoir de Racine lorsqu'on pense à la prodigieuse distance qui existe entre les deux tragédies, distance que Voltaire (Préface de Mariamne) attribue surtout à l'extrême infériorité du style de Pradon. Celui-ci n'en avait pas la même opinion. Il avance sérieusement (*Remarq.*, p. 72 et 73) que les pièces de Racine perdent presque tout leur intérêt à la lecture parce qu'elles doivent surtout leur succès au talent des acteurs. Or, ajoute-t-il ironiquement, il arrive ensuite que

> Certains acteurs qu'on idolâtre,
> Qui seuls font réussir l'ouvrage tout entier,
> En le soutenant au théâtre,
> Ne se retrouvent plus, hélas ! sur le papier.

[1] C'est ce qu'on voit entre autres, dans un libelle sur le Festin de Pierre, dont MM. Taschereau et Etienne rapportent des fragmens, et qui parut au mois d'avril 1665 (le permis d'imprimer, cité par M. Etienne, est du 8 de ce mois).

[2] Renvoi du n° 126, p. xcv.

[3] Voyez pour les anecdotes relatives aux deux Phèdres, Brossette, I, 235 et 242 ; Théâtre franç., an 1677 ; La Harpe, Rac., IV, 364 et suiv.

ARTICLE VIII. *Eloges donnés à Arnauld et à Cassandre* [1].

151. Arnauld défendit la satire x dans une lettre écrite à Perrault, en 1694 (tome IV, p. 29 à 56), et depuis long-temps il était fugitif et *poursuivi à feu et à sang* (Hist. des ouvr. des Savans, février 1691, p. 268).

On peut citer pour exemple du soin que Boileau mettait à faire valoir le mérite des bons écrivains, les éloges qu'il donna, avant qu'elle fût publiée, à la traduction de la rhétorique d'Aristote par Cassandre (Not. bibl., § 1, n° 28, obs. 4).

ARTICLE IX. *Opinion de Boileau sur le Jansénisme et le Molinisme* [2].

152. La prédilection de Boileau pour les *Jansénistes*, se montre dans les vers de l'épître x (Arnauld, le grand Arnauld, etc.), cités, n° 126; dans ceux de la satire xi (*La vertu*, etc.), rapportés n° 141; dans son épitaphe d'Arnauld (tome II, p. 444) et dans plusieurs autres passages de ses écrits. Elle résulte d'ailleurs des anecdotes citées n°s 124 et 126, et elle est enfin attestée par Racine (cité, n° 140).

S'étendait-elle au *jansénisme*?... Boileau lui-même assure que non. « Je n'ai point pris de parti, écrivait-il (tome IV, p. 393 et 399, lett. du 7 décembre 1703 et du 15 juin 1704), sur le démêlé de la grâce.... Je regarde la querelle que les jésuites ont eue avec Arnauld sur Jansénius comme une vraie dispute de mots »... Il est du moins certain, on le montre ailleurs (p. 310, note sur le vers 328 de la sat. xii) qu'il ne considérait pas le jansénisme comme une hérésie.

ARTICLE X. — *Boileau accusé d'impiété.* [3]

153. Il est certain que beaucoup de vers de Boileau prêtaient à cette accusation d'impiété. Desmarets (p. 113), Brienne (p. 152

---

[1] Renvoi du n° 126, p. xcv et xcvj.
[2] Renvoi du n° 127, p. xcvj. (voy. aussi n°s 140 et 141, pag. cvj et cvij).
[3] Renvoi du n° 127, p. xcvj.

et suiv.), Sainte-Garde (p. 59 à 63), Pradon (p. 103), Bonnecorse (ch. v, et note sur id.), et Baillet (cité tome II, p. 389) lui reprochèrent d'avoir attaqué l'église et ses cérémonies, les prélats, les chanoines, les religieux, etc., dans une multitude de vers du Lutrin et entre autres dans les suivans :

> Ces pieux fainéans (les chanoines) faisaient chanter matines...
> Quand la discorde encor toute noire de crimes,
> Sortant des cordeliers pour aller aux minimes...
> J'aurai fait soutenir un siège aux augustins...
> La déesse (la discorde) en entrant, qui voit la nappe mise,
> Admire un si bel ordre et reconnaît l'église...
> Lui (à la discorde) donne toutefois la bénédiction...
> Est-ce pour travailler que vous êtes prélat?...
> Abîme tout plutôt, c'est l'esprit de l'église... (ch. I).
> Je ne pourrai donc plus être vu que de Dieu...
> Pour moi je lis la Bible autant que l'Alcoran... (ch. IV).
> Se croyait à couvert de l'insulte sacré (la bénédiction)...
> Et de leur vain projet les chanoines punis,
> S'en retournent chez eux éperdus et bénis... (ch. v).

Observons que Pradon terminait ses reproches par une réflexion d'autant plus perfide qu'il la publiait au moment de la révocation de l'édit de Nantes. « Si M. D., dit-il (p. 107), avait composé son Lutrin du temps de la naissance de l'hérésie en France, tout le parti des huguenots et des autres hérétiques lui aurait fort applaudi. »

154. On verra, pages 81 et 82, que, dans les premières éditions, la première satire se terminait par un couplet fort équivoque, surtout à cause de ces deux vers...

> Prêche que trois sont trois et ne font jamais un...
> Pour moi qui suis plus simple et que l'enfer étonne...

Cotin (*Satire des sat.*, p. 10, et *Crit.*, p. 19 et 31) et Desmarets (p. 32) se récrièrent fortement contre ce couplet, et quoique Boileau l'eût corrigé dans l'édition de 1683, Pradon, en 1685 (Rem., 32), et P. Henry, en 1695 (p. 4) répétèrent leurs imputations... Le comte de Brienne se contenta d'une leçon indirecte mais bien méchante : il mit en note ces deux autres vers de Boileau (tome II, p. 209).

> A la fin tous ces jeux que l'athéisme élève,
> Conduisent tristement le plaisant à la Grève..

Segrais fut plus modéré : il dit qu'on pouvait conclure du raisonnement du poète, que s'il avait de la religion, c'est que la politique exigeait qu'on en eût (*Segraisiana*).

155. On verra dans les notes des poésies (p. 181 et 266; t. II, p. 264, 304, 356, etc.) que Boileau corrigea aussi deux vers de la satire VIII qui pouvaient prêter à des imputations du même genre; que parmi les vers conservés dans d'autres pièces, plusieurs furent critiqués d'après de semblables motifs, par Pradon, Bonnecorse, Perrault, etc.

Terminons en observant que Racine nous donne des opinions de son ami, une idée bien opposée aux imputations qu'on lui faisait. Après avoir parlé à son fils de l'épître sur l'amour de Dieu, il ajoute : « Je puis vous assurer que Boileau est bien persuadé des vérités dont il a voulu persuader les autres. » *Lettre* 40, 4ᵉ rec.

ARTICLE XI. — *Générosité et bienfaisance de Boileau...*[1]

156. On a révoqué en doute le trait de générosité de Boileau envers Corneille. C'est ce que fit dès le mois de mai 1717, le père de Tournemine, dans un article du journal de Trévoux, où se souvenant un peu trop des divisions récentes de ses confrères et de Boileau (*Not. bibl.*, § 1, n° 88, et § 2, n° 53), il faisait d'autres reproches à notre poète.. Brossette lui adressa une dissertation où il démontrait, dit Cizeron-Rival (*Lett. fam.*, III, 158) que Tournemine avait tort sur tous les chefs. Cette dissertation étant restée sans réponse, Brossette se proposait de l'insérer dans une seconde édition de Boileau qu'il préparait en 1735, et qui n'a point paru.

Le long silence de Brossette joint aux infirmités dont il fut bientôt accablé, telles qu'une paralysie qui l'obligea d'abandonner toute espèce de travaux littéraires (*Lett. fam.*, III, 173), enhardit probablement Tournemine à renouveler ses imputations en 1738

---

[1] Renvoi du n° 128, p. xcvj et xcvij

(*Journ. des Sav.*, in-4°, p. 714 et suiv.). Mais il trouva un nouveau contradicteur dans Louis Racine, qui affirma (p. 125) tenir l'anecdote d'un témoin encore vivant.

Au reste, comment ne pas ajouter foi sur ce point au témoignage des contemporains de Boileau, et surtout à celui de ses ennemis? Au témoignage de Boursault, par exemple, qui, peu d'années après [1], rapporte ce trait ainsi que celui qui est relatif à Patru, et à qui ce récit fait faire ces réflexions? « Quand je serais encore l'ennemi de M. Despréaux, je ne pourrais m'empêcher d'en bien parler... Quoique rien ne soit plus beau que ses poésies, je trouve les actions que je viens de dire encore plus belles » (*Lett. nouvelles*, 1697, p. 465, et t. II, p. 149 et 150 des éditions de 1699, 1709, et 1715 [2]).

ARTICLE XII. — *Bonhomie, douceur, etc. de Boileau.* [3]

157. On trouve le récit et l'exclamation rapportés, n° 129 *a*, dans deux lettres écrites le 24 et le 31 octobre 1698 par Racine à son fils, lettres qui sont les 50 et 51ᵉ du quatrième recueil de l'édition de La Harpe (VII, 488 et 490). Dans l'édition de Luneau (1797, in-8, VIII, 372), on avait joint au récit cette autre exclamation, *c'est le meilleur homme du monde!* que nous avions d'abord préférée à la première, mais que nous avons dû ensuite écarter, parce qu'elle n'est point dans l'édition de La Harpe (p. 490) qu'on assure (p. 62) être faite sur les autographes. Nous n'en sommes pas moins persuadés de la bonhomie de Boileau. Les passages que nous avons rapportés prouvent assez la douceur, l'excellence de son caractère, pour qu'il soit même superflu de rappeler ce qu'on a vu (n° 50) que son père disait de lui, ni de citer l'éloge que Pontchartrain faisait de sa candeur et de sa sim-

---

[1] La lettre de Boursault n'est point datée, mais elle doit être de la fin de 1693 puisqu'il y cite comme récente la mort de Raisin; or ce fameux comédien mourut le 5 septembre de cette année (*Théâtr. franç.*, XIII, 317).

[2] Ainsi, lorsque Tournemine s'avisa de nier l'anecdote, il y avait vingt ans qu'elle était publiée, et elle l'avait été quatre fois dans cet intervalle de temps.

[3] Renvoi de n. 129, p. xcvij.

plicité (n° 168), ou le mot célèbre de madame de Sévigné (III, 325; lett. du 15 déc. 1673): « Il est cruel en vers, mais tendre en prose.. » ou enfin, ceux-ci de deux hommes, il est vrai, d'un caractère bien différent, puisque l'un était encore plus porté à censurer que l'autre à louer, mais dont par là même, l'accord dans cette occasion doit faire autorité; nous voulons parler de Saint-Simon et de Dangeau, qui en citant la mort de Boileau, s'expriment ainsi: » il a excellé dans la satire quoique ce fût un des meilleurs hommes du monde (*St.-Simon*, IX, 124) »... « quoiqu'il ait fait plusieurs satires, c'était le meilleur homme du monde » (*Extrait des Mémoires de Dangeau*, 1817, II, 64).

ARTICLE XIII. — *Affection de Boileau pour ses parens.* [1]

158. On peut voir (tome IV), 1° dans ses lettres du 9 et du 13 juin 1693, à Racine, combien était vif l'intérêt qu'il prenait à l'abbé Boileau... 2° dans celle du 8 janvier 1699, au conseiller La Chapelle, le reproche touchant qu'il lui adresse (soyez moins mon neveu, et davantage mon ami)... 3° dans son testament et (n° 18 b, p. xxix, et ci-après Supplém., n° 7) dans l'état de sa fortune, les legs et les prêts faits à ses frères, sœurs (même d'un autre lit que lui), beaux-frères, neveux et nièces.

A l'égard de son père et de sa mère, *voyez* leurs épitaphes, tome II, p. 437 et 438.

ARTICLE XIV. — *Calomnies et manœuvres des ennemis de Boileau... Libelles qu'on lui attribue.* [2]

159. On a déjà parlé 1° de leurs reproches d'impiété, d'hérésie, de jansénisme, de cupidité, de haine pour le gouvernement, les magistrats, les grands, etc. (n°^{s} 80, 81, 84, 139, 140 et 153).... 2° des libelles que l'abbé de Pure faisait courir sous son nom (n° 51), et l'on cite ailleurs (tome III, p. 153, 154) une imputation affreuse que lui faisait le médecin Perrault.

---

[1] Renvoi du n. 129 a, p. xcviij (il n'y eut pas d'abord réciprocité. V. u. 2).
[2] Renvoi du n. 130, p. xcviij et xcix..

L'abbé Cotin lui attribua aussi, dit Brossette (I, 440), une satire fort dangereuse (la satire contre les maltôtes du clergé... Not. bib., § 1, n° 20, obs. 3).

Il est permis de croire que ces manœuvres influèrent sur l'opinion des libraires de Hollande, qui, dès 1668, insérèrent dans leurs réimpressions des œuvres de Boileau et persistèrent, dans la suite, à lui attribuer, malgré ses réclamations, et cette satire, et d'autres non moins plates, et non moins virulentes contre le mariage, les abbés, les moines, etc. (même obs. 3).

ARTICLE XV. — *Critique trop amère que Boileau fait de Perrault et de Le Clerc.* [1]

160. Nous faisons allusion dans le texte, n° 131, à la défense des anciens et à celle de la sublimité d'un passage de la Genèse, que Boileau entreprit dans ses Réflexions critiques, contre Perrault et Jean Le Clerc. Il nous est impossible, à cette occasion, de ne pas blâmer le ton aigre et dur qu'il prit envers l'un et l'autre. La manière ridicule dont Perrault travestissait Homère et Pindare ne saurait excuser Boileau d'avoir présenté un de ses confrères et les parens de celui-ci comme atteints d'une espèce de manie (t. II, p. 406, note 4); de les avoir traités avec dédain, etc. (tome III, p. 151, 168, 191, etc).

161. A l'égard de la réfutation de Le Clerc, nous avions d'abord cherché à en excuser l'acrimonie sur l'âge de Boileau et les maux et les infirmités dont il était accablé lorsqu'il la composa [2], et dont nous avons parlé (n° 19, p. xxx).

Ces circonstances peuvent sans doute atténuer les torts de Boileau, mais elles ne sauraient les faire disparaître si l'on réfléchit qu'il s'agissait d'une opinion purement littéraire ; que le premier écrivain qui l'avait émise était un évêque (Huet) connu par sa piété et ses lumières; que Boileau s'était borné à la critiquer alors avec modération et même en y joignant des éloges de son antagoniste (tome III, p. 287); qu'il était bien peu délicat en réfutant celui

---

[1] Renvoi du n. 131, ligne 6, p. xcix.
[2] Elle est dans la x⁰ Réflexion critique, composée une année avant sa mort.

qui se bornait dans la suite à soutenir la même opinion, de laisser absolument de côté l'évêque pour maltraiter son défenseur, et cela, du moins Boileau le donne assez à entendre, parce qu'on ne voulait pas blesser un prélat orthodoxe, et qu'on s'inquiétait fort peu, au contraire, de rudoyer un protestant réfugié.

ARTICLE XVI. — *Docilité de Boileau pour la critique.* — *Soin dans ses compositions.... Second vers fait, dit-on, avant le premier... Esquisse en prose.* [1]

162. Nous avons indiqué (n° 116) une faute évidente dont Boileau ne s'était pas aperçu et qu'on n'avait découverte qu'au bout de trente ans. Il concluait de là (tome IV, p. 380), qu'il fallait avant de publier un ouvrage le montrer à beaucoup de gens; et, après l'impression, *s'enquérir curieusement* des critiques qu'on en faisait.

Voilà deux maximes dont Boileau ne s'est jamais écarté, et qui ont sans doute infiniment contribué à la perfection de ses ouvrages. On verra dans leurs notes, surtout dans celles des poésies, combien de changemens il y a faits, soit avant, soit pendant l'impression [2]. Sa correspondance avec Racine (tome IV, p. 262, 265, 266, etc.) montre d'ailleurs combien peu il tenait à ses propres idées, et combien il différait de ces auteurs intraitables qu'il peint si bien à la fin du premier chant de l'Art poétique. Ennemis ou amis, Français ou étrangers [3], de quelque part que vînt un conseil judicieux, il en profitait sur-le-champ. Ainsi, pour ne citer que les observations des premiers, Boileau a fait, d'après les critiques de Cotin, des corrections à plusieurs vers de la première satire; d'après celles de Desmarets, à plusieurs vers du discours au roi, des satires I, IV, V et VII, de l'épître I, du chant IV de l'Art poétique et des chants I et II du Lutrin; d'après celles de Perrault, à des vers de la satire X; d'après celles de Pradon, à des vers de la même satire X, de l'épître VI et du chant IV de l'Art poé-

---

[1] Renvoi du n. 131, p. xcix.
[2] Nous en parlons aussi dans la Notice bibliograph., § I, n. 37, obs. 3.
[3] Même § I, Obs. prélim., n. V.

tique (nous les indiquons dans les notes de ces ouvrages)... Et ce sont principalement ces corrections et le précepte de Boileau déjà rapporté, qui nous ont déterminés à donner toutes les critiques des auteurs même les plus discrédités de son temps.

163. Une docilité si rare dans un écrivain, annonce-t-elle un *loup-garou*, un pédant, un caractère envieux et farouche (n° 130, p. xcix)?... et remarquez que la plupart de ces critiques étaient accompagnées d'injures, ou faites avec une hauteur bien déplacée envers un poète si supérieur à ceux qui le censuraient. On en jugera par le fragment que nous allons citer, et que nous avons choisi parmi les objections conçues dans les termes les plus modérés (nous en citons d'autres, Not. bibl., § 2, n°s 7 à 10, 12 et 16).

Boileau, en parlant d'un livre qui avait été publié contre lui par Pradon, avait dit, dans les premières éditions de l'épître vi, vers 58 (tome II, p. 75) :

A l'entour d'un castor, j'en ai lu la préface.

Voici les remarques polies de Pradon (*Nouv. Rem.*, p. 25) :

D*** dans tes vers que de redites fades,
De termes de Pont-Neuf et de turlupinades?
Jadis tu renvoyais les vers chez l'épicier,
Tu changes aujourd'hui, c'est chez le chapelier,
Et parlant comme on parle au coin de notre place,
A l'entour d'un castor tu lis une préface.
Songe à parler français et prends un juste tour ;
Il fallait dire *autour* et non pas *à l'entour*.
Un critique qui tombe en ces fautes grossières
Devrait à ses amis demander des lumières
Et non pas par des vers et bas et languissans,
Insulter notre langue et choquer le bon sens.

Boileau profita du conseil, et méprisa les injures. Il changea ainsi le vers :

Autour d'un Caudebec j'en ai lu la préface.[1]

164. On s'imaginerait volontiers d'après cette docilité de Boi-

---

[1] Le Brun fait l'éloge de ce changement. « Vers facile et malin, dit-il... le mot de Caudebec semble avilir encore la préface qui l'entoure. »

leau, qu'il ne mettait pas assez de soin dans ses compositions. Aucun auteur, au contraire, n'a plus travaillé ses ouvrages : il employait pour l'ordinaire, beaucoup plus de temps à les corriger qu'à les composer, ainsi qu'on en peut juger par les ratures dont sont chargés les manuscrits de quelques-uns de ses opuscules; et cependant il se peint comme le plus paresseux des hommes (t. IV, p. 222). On le pressait de céder aux vœux du public en donnant l'Art poétique : « Le public, répondit-il, ne s'informera pas du temps que j'y aurai employé » (*Bross.*, I, 199). C'est à sa propre expérience qu'il a dû ces beaux vers qui seuls valent un poème (t. II, p. 186) :

> Hâtez-vous lentement et sans perdre courage,
> Vingt fois sur le métier remettez votre ouvrage :
> Polissez-le sans cesse et le repolissez ;
> Ajoutez quelquefois et souvent effacez.

165. Ceci nous conduit naturellement à parler de la méthode de composition de Boileau... Selon Brossette (I, 23), il faisait ordinairement le second vers avant le premier, ce qui, ajoute Brossette, est un des plus grands secrets de la poésie, pour donner au vers beaucoup de sens et de force. Tel est aussi le sentiment d'Auger (éloge, p. 24) et de M. Amar (note sur v. 92, épît. III, édit. 1821). Ginguené est d'un avis bien différent. C'est là, dit-il (*Mercure*, mai 1808, p. 421), une baliverne qui ne peut que faire pitié à un homme qui se connaît un peu en poésie.

166. D'autres ont prétendu que Boileau composait ses ouvrages en prose, et qu'il mettait ensuite cette prose en vers. Ils se sont fondés, 1° sur le sens apparent du vers 61 de la satire VII:

> Souvent j'habille en vers une maligne prose.

2° Sur un canevas de la satire IX découvert dans la bibliothèque du roi et publié par St-Marc (V, 254-281).

Comme le vers de la satire VII peut signifier que Boileau, à l'exemple de beaucoup de poètes, mettait souvent en vers un bon mot, une remarque ingénieuse, etc., recueillis dans une conversation[1], une lecture, etc., on n'y avait attaché aucune importance

---

[1] C'est ce qu'il pratiquait entre autres, pour les épigrammes (t. IV, p. 410).

jusqu'à la publication du canevas, de sorte que si le canevas ne mérite aucune croyance, l'on ne pourra rien induire du même vers. Or, c'est précisément ce qu'on a bientôt reconnu. 1° Ce canevas n'était contenu, de l'aveu de Saint-Marc, que dans une copie qu'on n'a pas même retrouvée dans cette bibliothèque (v. *M. Daunou*, I, p. 149). 2° Le style en est tout-à-fait barbare et fort différent de celui de Boileau. 3° Enfin, il y a des anachronismes révoltans; on y fait entre autres citer à Boileau les opéra de Quinault, et Quinault n'en composa que plusieurs années après la satire IX. Aussi un critique judicieux, M. Amar, qui avait d'abord regardé (*Monit.*, 28 *mars* 1808) ce canevas comme authentique, et d'après ce motif repoussé les doutes émis par Le Brun (p. 64) sur la méthode de composition attribuée à Boileau, a-t-il fini par admettre tacitement que ce canevas est apocryphe (*édit. de Boil.*, même vers). C'est d'ailleurs ce que Clément (*Lett.* VI, p. 155) et MM. Raynouard (p. 150) et Daunou (même p. 149) démontrent jusqu'à l'évidence ; aussi nous garderons-nous d'en souiller (expression de M. Raynouard) notre édition.

167. Observons, en finissant, que Boileau donna encore un exemple de docilité et, tout à-la-fois, de modestie, en publiant à la suite de sa traduction de Longin (tome III, p. 289) les notes de Dacier, quoique cet érudit fut souvent d'un avis opposé au sien.

ARTICLE XVII. — *Boileau aimé de tout le monde.* — *Sa candeur et sa simplicité.* [1]

168. Louis Racine (p. 313) a rapporté l'exclamation naïve que nous citons, à la fin du n° 132.

« Ce n'est point, écrivait à Boileau, en 1699, le secrétaire d'état Pontchartrain, ce n'est point ce génie sublime, cet auteur des satires que je prise et que j'aime le plus en vous : c'est cette candeur et cette simplicité heureuse, que vous avez su joindre à tout l'esprit imaginable, et qui vous fait aimer de vos ennemis mêmes. » (*Lett. famil.*, III, 101.)

---

[1] Renvoi du n. 132, p. c (voy. aussi n° 129 *a*, p. xcvij, et n° 157, p. cxvj).

ARTICLE XVIII. — *Ouvrages de Boileau, composés avant sa liaison avec Racine.* [1]

169. C'est vers la fin de 1663 que Racine et Boileau se lièrent (n°s 171 et 172). Les satires 1re et vie avaient été composées en 1660, et la vii°, en 1663. Il est vraisemblable que la deuxième dont on fixe la date à 1664, et qui est bien supérieure à celles-là, était déjà commencée. Enfin, Boileau avait entièrement refondu la première (*voy.* notre Table chronolog., p. 35 et not. 1 de la sat. 1, p. 63).

ARTICLE XIX. — *Premières relations de Boileau et de Racine. Utilité de ces relations pour* Racine.. [2]

170. On a prétendu que Boileau n'avait pas rendu le service dont nous parlons (n° 133), service qui seul suffirait pour l'immortaliser (*D'Alembert*, I, 48). On est allé jusqu'à dire que c'était plutôt à Chapelain qu'à lui, que Racine avait dû ses progrès dans l'art d'écrire. V. *La Harpe, Lyc., chap.* x, T. VI, *p.* 300; *M. Amar*, note sur sat. ix, v. 213.

Il est très vrai que Chapelain encouragea Racine et qu'il indiqua quelques changemens à faire à son premier ouvrage, l'ode intitulée : *La nymphe de la Seine ;* mais nous ne croyons pas que leurs relations se soient étendues plus loin.

171. Racine écrit le 13 septembre 1660 (*lett.* 4, *premier recueil*) qu'on veut le présenter à Chapelain. D'après une autre lettre datée du 26 janvier 1661 (*lett.* 5), il était depuis plusieurs jours à Chevreuse où il passa quelque temps (*Louis Racine,* p. 35). Il paraît qu'il revint à Paris vers la fin du printemps (la 7° lettre est du 3 juin 1661). Il y essuya une maladie grave (*lett.* 1re *du deuxième recueil*). Il partit ensuite au mois d'octobre pour Uzès (il écrit de cette ville le 11 novembre, et le voyage avait duré une quinzaine de jours... *Même lettre*), et il y resta jusque vers la fin de 1662 (*lettres* 29 *et* 30, *premier recueil*), peut-être

---

[1] Renvoi du n. 133, p. cj.
[2] Renvoi du n. 133, p. cj, à la fin.

même jusqu'en 1663. De retour à Paris, il tarda peu à se lier avec Molière (*lettre* 31°) et avec Boileau.

S'il eut quelques relations avec Chapelain, elles ne durent pas être assez fréquentes pour qu'il pût beaucoup en profiter, puisque, d'après ce que nous venons d'exposer, leurs entrevues n'auraient pu avoir lieu que dans les derniers mois de 1660, ou à la fin de l'été de 1661; mais ce qui exclut toute idée de rapports intimes entre eux, c'est que dans aucune des lettres écrites après celle du 13 septembre 1660, et il ne nous en reste pas moins de trente, il ne dit un mot de Chapelain, quoiqu'il parle sans cesse de littérature.

Objectera-t-on que de retour d'Usès, il put le consulter souvent? Il serait ridicule de penser qu'une fois en relation avec Molière et Boileau, il n'ait pas préféré les avis de ces grands maîtres aux leçons de Chapelain, dont l'un d'eux avait déjà avec tant de succès, on l'a dit (n°^{s} 72 et 73), critiqué les ouvrages dans ses satires manuscrites. Or, il est certain que Racine était déjà lié avec Molière au mois de novembre 1663, puisque dans deux lettres (31 et 32°) où il en parle du ton d'un ami, il fait mention du renouvellement de l'alliance des Suisses[1] qui eut lieu le 18 de ce mois (*Gazette de France*, 1663, n°^{s} 137 à 140, surtout p. 144).

172. A l'égard de Boileau, leur connaissance date à-peu-près du même temps. Racine annonce dans une de ces deux lettres, que son ode *à la Renommée* avait déjà eu du succès. Et c'est précisément lorsqu'on eut communiqué cette ode à Boileau qu'ils se lièrent; or, il n'est pas à présumer qu'on ne l'ait fait voir à Boileau que long-temps après qu'elle fut publique; ce n'eût plus été un ouvrage nouveau pour lui, et la manière dont Louis Racine (p. 42) raconte cette anecdote montre au contraire que l'ode n'était pas encore répandue.

C'est donc vers la fin de 1663 que commença la liaison de Racine et de Boileau. A cette époque les *Frères ennemis*[2] n'étaient

---

[1] Il ne l'indique pas positivement, mais ce qu'il dit ne peut avoir rapport qu'à cette cérémonie.

[2] Brossette (I, 488) en fait aussi la remarque. — D'après la vingt-septième

pas achevés. N'est-il pas encore très naturel de penser que Racine après avoir goûté les observations faites par Boileau sur une ode, aura cherché à le consulter pour des ouvrages d'une toute autre importance? Ce qui le prouve d'ailleurs, c'est l'intérêt que Boileau prenait aux premières tragédies de Racine, comme on le voit par l'éloge indirect qu'il fit d'Alexandre dans la troisième satire composée la même année (1665) qu'on jouait cette pièce, et où il fait dire à un campagnard (p. 108):

> Je ne sais pas pourquoi l'on vante l'Alexandre ;
> Ce n'est qu'un glorieux qui ne dit rien de tendre.

Cet éloge [1] est d'autant plus remarquable qu'il est suivi d'une critique de l'Astrate de Quinault, tragédie qui obtenait le plus grand succès (*Journal des Savans*, 23 mars 1665).

173. Ce que nous venons de dire est en partie confirmé par Louis Racine, dont le témoignage, en cette occasion, nous suffirait, puisqu'il avait été à portée d'apprendre mieux que personne, des amis de son père les diverses circonstances de la vie de ce grand poète. « Boileau, dit-il (p. 122), se vanta *toute sa vie* d'avoir appris à mon père à rimer difficilement, à quoi il ajoutait que des vers aisés n'étaient pas des vers aisément faits... Andromaque (p. 58), qui parut en 1667, fit connaître que le jeune poète, à qui Boileau avait appris à rimer difficilement, avait en peu de temps fait de grands progrès... Mon père (p. 35) s'écarte encore de la nature dans plusieurs vers de la Thébaïde, Boileau sut l'y ramener... Ces deux amis (p. 81) avaient un égal empressement

---

lettre déjà citée, le quatrième acte seulement était fini... La pièce fut représentée, pour la première fois, le 20 juin 1664 (*Théât. franç.*, IX, 304). Enfin, G. Garnier (Rac., VII, 172) fixe aussi cette liaison à la même époque, et ajoute (ce qui est fort possible) que l'abbé Le Vasseur (parent et ami de Racine), qui habitait alors à Crône (*ib.*, p. 166, 168 et 171), y ayant vu Boileau, en procura la connaissance à Racine.

[1] La Harpe observe et établit (*Rac.*, I, 287, 381) que cet éloge est à contresens... C'est précisément une preuve qu'il régnait déjà, entre Racine et Boileau, une amitié fort étroite; aussi La Harpe avait-il remarqué dans un autre ouvrage (*Lyc.*, IV, 368), que l'amitié aveuglait sans doute Boileau quand il fit cet éloge.

à se communiquer leurs ouvrages avant de les donner au public; une égale sévérité de critique l'un pour l'autre et une égale docilité. Boileau engagea mon père à supprimer une scène entière de Britannicus... et (p. 67) à ne pas publier sa deuxième lettre contre Port-Royal; etc. »

Ce n'est pas Louis Racine seul qui atteste cet empressement que mettaient son père et Boileau à se consulter sur leurs ouvrages; on en trouve plus d'une preuve dans leur correspondance [1]. On peut surtout avoir recours à la lettre du 7 octobre 1692 (t. IV, p. 253), et à la plupart des suivantes où l'on voit sans cesse des demandes et des remercîmens réciproques de conseils et de critiques.

174. Il nous semble qu'on ne saurait douter maintenant de ce que nous avons dit plus haut, savoir que c'est en grande partie à Boileau que l'on doit Racine. Nous ne nous dissimulons point que les détails précédens sont longs et fastidieux; mais nous avons cru ne devoir rien omettre pour constater un fait qui honore autant l'écrivain dont nous publions les ouvrages.

175. Observons aussi que ce fut lui qui forma J.-B. Rousseau (*La Harpe, Lyc., ch.* 9, *t. VI, p.* 94); du moins celui-ci déclarait-il qu'après les anciens, Boileau était l'auteur à qui il avait le plus obligation, et se faisait-il honneur de l'appeler son MAITRE (Lett. du 10 mai 1714; et Épître aux muses, vers la fin).

---

[1] En voici une autre qui résulte indirectement de ces vers de Pradon (Épit. à Alcandre) :

> Si Boileau de Racine embrasse l'intérêt,
> A défendre Boileau Racine est toujours prêt.
> Ces rimeurs de concert l'un l'autre se chatouillent
> Et de leur fade encens tour à tour se barbouillent.

NOTICES BIBLIOGRAPHIQUES.

§ I. ÉDITIONS DE BOILEAU
DONT ON S'EST SERVI POUR CELLE-CI.

OBSERVATIONS PRÉLIMINAIRES.

I. *Choix...* L'expression *dont on s'est servi* s'applique surtout aux éditions originales de Boileau, à leurs réimpressions faites de son temps[1], et aux éditions postérieures auxquelles ont présidé des gens de lettres. A l'égard des autres éditions du xviiie et du xixe siècle, qui figurent dans la notice, nous nous sommes ordinairement bornés à en vérifier le texte dans les passages où nous soupçonnions qu'il pouvait s'être glissé des fautes, afin de les signaler aux amateurs, ce que nous avons eu trop souvent l'occasion de faire, même pour des fautes choquantes, comme on le verra dans les notes des OEuvres.[2]

Indépendamment de cette raison qui suffisait pour nous déterminer à n'écarter aucune des éditions, même les plus médiocres, qui nous tombaient en quelque sorte sous la main, nous avons considéré que dans presque toutes celles-ci on avait pris pour *types*, des éditions recommandées par les noms de leurs éditeurs, ou imprimeurs, ou libraires, et que l'indication des fautes des copies serait un avertissement à ces éditeurs, imprimeurs, ou libraires, d'apporter encore plus de soin à leurs publications, puisque ces mêmes fautes peuvent à la rigueur leur être imputées.

II. *Citations...* Nous citons les éditions annotées, par les noms de leurs éditeurs, tels que Brossette, Dumonteil, Souchay,

---

[1] Pour ces réimpressions, *voy.* n° V, p. cxxix.
[2] Dans les notes précédées des signes *V. E.*, ou *F. N. R.*, et qui sont au nombre de plus de *sept cents*. — Voy. aussi notre Avertissement, n° xi.

S'.-Marc, MM. Daunou, de S'.-Surin, etc.; ou même par ces noms en abrégé (Bross., Dumont., Souch., etc.)

Les autres éditions sont citées par leurs dates, et si elles en ont de semblables, on les distingue selon les occurrences, par les indications suivantes :

1. Le format;

2. Les lettres initiales du nom des villes[1] où elles ont été publiées, ou des éditeurs, ou des libraires;

3. Le signe *sép.*, pour les éditions séparées des diverses espèces d'ouvrages;

4. Le signe CT. pour les contrefaçons.

5. Si les éditions de plusieurs années consécutives portent des leçons semblables, nous nous bornons à indiquer la première et la dernière. Par exemple, l'abréviation 1674 à 1694, comprend encore les éditions de 1675, 1677, 1680, 1682, 1683, 1685, etc.[2]

III. *Notes...* A celles de Boileau lui-même, nous joignons son nom, ou bien l'abréviation *Boil.*, en y ajoutant l'indication des éditions où elles se trouvent, soin négligé par presque tous les éditeurs[3] (le plus exact de tous n'énonce la plupart du temps qu'une édition, de sorte qu'on est porté à penser que la note a été supprimée dans les autres).

IV. *Exemplaires...* Le signe * mis après les numéros suivans, indique les éditions dont nous possédons un exemplaire, et ** plusieurs exemplaires[4] (nous en offrons la communication aux gens de lettres).

Les abréviations *éd. origin.*, ou *orig.*, ou *or.* placées avant les dates, indiquent les éditions originales.

[1] Autres que Paris.. Nous ne joignons son initiale (P) à la date d'une édition, que lorsque cette édition pourrait être confondue avec d'autres.

[2] Si les signes que nous venons d'expliquer ne suffisent pas pour faire reconnaître une édition citée dans une note, on aura recours à la notice suivante où elles sont rangées par ordre de dates.

[3] Outre que cette indication est souvent utile (*voy.* entre autres, tome III, p. 338, note *b*), son omission induit le lecteur à croire, et fort mal-à-propos, que telle ou telle note était dans toutes les éditions originales.

[4] Les autres éditions sont dans les bibliothèques publiques de Paris, ou dans celles qu'on cite à la fin des numéros.

Les numéros accompagnés de lettrines italiques (par exemple
10 *a*), désignent les éditions que nous avons examinées après
avoir achevé la rédaction de la notice; ceux qui le sont de lettrines romaines (par exemple 174 a), désignent des reproductions d'éditions antérieures, faites à l'aide d'un changement de
frontispice.

V. On sera peut-être surpris du grand nombre d'éditions
étrangères comprises dans la notice. La raison qui nous a déterminés à examiner toutes celles du temps de Boileau, que nous
avons pu découvrir, c'est que, selon toute apparence, lui-même
les examinait aussi, puisqu'il a adopté quelquefois les changemens faits par leurs éditeurs[1]. *Voy.* entre autres, tome I, p. 96,
note 4; p. 178, note 2; p. 192, notes, lig. 2; 209, note 5; t. II,
p. 64, note 3; 256, notes, lig. 3; 383, note 1; 419, note 2; etc.

---

[1] A moins d'admettre qu'il indiquait lui-même ces corrections aux imprimeurs étrangers, ce qui serait possible vu les relations des auteurs français avec
eux (*voy.* M. Walckenaër, p. 324 et 344), mais serait un nouveau motif d'indiquer toutes les mêmes éditions.

ÉDITIONS.

1. Stances sur l'Ecole des femmes, et Sonnet (sur la mort d'une parente), pages 176 et 198 du recueil intitulé: « *Les Délices de la poésie galante des plus célèbres auteurs du temps* », in-12 de 283 pages, Paris, Ribou, 1663.

Ce sont là, à ce que nous croyons, les premières productions de Boileau (n°s VI et VIII de ses Poésies diverses, tome II, p. 434 et 436), qui aient été publiées. Il avait alors 26 ans (le privilège des *Délices* est du 14, et l'achevé d'imprimer, du 25 septembre 1663).

2. Satire à M. Molière (la 11e), p. 125 à 128 de la seconde partie du même recueil, in-12 de 265 pag., Paris, Ribou, 1664.

Le frontispice de cette partie porte dans un exemplaire la date de 1666, mais c'est à l'aide d'une intercalation, car le frontispice gravé a celle de 1664, comme le frontispice imprimé d'un autre exemplaire. D'ailleurs, dans tous les deux, l'achevé d'imprimer est du 12 juillet 1664.

L'exemplaire dont les deux frontispices portent cette date, offre une singularité. Les deux feuillets qui contenaient la satire ont été coupés pour y substituer deux autres feuillets où sont de pauvres stances ou sonnets, ce qui a obligé de placer une réclame (la 4e) à une page où elle ne devait pas se trouver. Peut-être Boileau, à l'insu de qui l'impression avait été faite, craignit-il des réclamations de Ménage, de Quinault et de Scudéri, nommés dans la première composition de la satire II, et demanda-t-il ce changement.

3. ** Sonnet (sur la mort d'une parente... cité au n° 1), p. 142 du tome II des *Sentimens d'amour tirés des poètes*, par Corbinelli, in-12, Paris, Billaine, 1665.

Le privilège est du 17 mars, et l'achevé d'imprimer, du 28 avril.. Des exemplaires portent la date de 1671, mais il n'y a eu que le titre de changé.

4. Satires II et IV, pages 24 et 56 du Nouveau Recueil de plusieurs et diverses pièces galantes de ce temps, in-12 de 196 pages, avec le signe de la sphère, 1665.

5. Satires II et IV et Discours au roi, pages 24 et 56 de la première partie, et 82 de la *Suite* d'un recueil ayant le même intitulé, le même signe et la même date.

1. Quoique les pages de plusieurs pièces se rapportent dans le n° 4 et dans

la première partie du n° 5, ce sont cependant deux éditions différentes, et pour le nombre des pages (l'une en a 196 et l'autre 210), et pour l'ordre des pièces (ainsi le n° 4 commence par le Chapelain décoiffé [1], et la première partie du n° 5, par la Relation du voyage du roi à Nantes)... Il paraît seulement qu'après avoir publié le n° 4, le libraire au bout de quelque temps aura employé une partie de sa composition au n° 5.

2. Le signe de la sphère et diverses particularités nous faisant présumer que ces deux recueils ont été publiés à Cologne, nous les citerons ainsi : 1665, Col.

6. Stances sur l'Ecole des femmes, et sonnet sur la mort d'Iris (c'est le sonnet sur la mort d'une parente, déjà cité, n° 1), pages 95 et 220 des *Délices de la poésie galante des plus célèbres auteurs de ce temps*, première partie, in-12 de 254 pages, Paris, Ribou, 1666.

1. Réimpression du n° 1.

2. Toutes les pièces indiquées dans les n°s 1 à 6 sont anonymes : elles ont été publiées, selon toute apparence, sans la participation de Boileau, qui même croyait long-temps après, n'avoir donné à personne le sonnet... [2] (voy. tome IV, p. 439, lettre du 24 novembre 1707). Mais comme il paraît au contraire par là même, qu'il *donnait* volontiers des copies de ses premiers opuscules, on peut regarder les mêmes numéros comme reproduisant au moins les premières manières ou compositions des cinq pièces qu'ils contiennent. C'est ce qui nous a déterminés à en donner les variantes (excepté celles qui tiennent évidemment à des fautes typographiques), d'autant plus que plusieurs de ces variantes sont indiquées par Brossette, comme ayant formé la première composition de Boileau.

3. Les commentateurs de Boileau ne paraissent pas avoir connu les éditions précédentes, excepté celle des Stances sur l'Ecole des femmes, indiquée au n° 6, qui a été citée par M. de S.-Surin, et depuis, par M. Daunou (1825).

---

[1] C'est, nous le croyons, la première édition de cette pièce... *Voy.* tome II, p. 489 et 490, les remarques sur les pièces attribuées, n° III et IV, et p. 450, les fragmens qu'on en rapporte.

[2] Cette circonstance, indépendamment de ce qu'on a déjà remarqué, n° 2, p. cxxx, suffit pour prouver que comme M. de S.-Surin (I, i et ij) l'a déjà observé, de Boze se trompe lorsqu'il dit (Éloge de Despréaux) que les satires furent publiées séparément de l'*aveu* de l'auteur; mais M. de S.-Surin se trompe aussi quand il croit peu vraisemblable qu'on ait publié, séparément, des satires de Boileau avant la première édition originale (n° 7); du moins cela est inexact, on le voit, pour la IIe et la IVe.

6 *a*. Recueil contenant plusieurs discours libres et moraux, en vers, et un Jugement, en prose, sur les sciences où un honnête homme peut s'occuper, in-16 de 30 pages, outre le frontispice (sans lieu), 1666.

1. Voici la *monstrueuse* édition qui, selon ce que dit Boileau (préf. du n° 7), le détermina à publier lui-même ses ouvrages... Il a du moins raison de se plaindre que ses enfans y soient *défigurés*, car on y trouve beaucoup de fautes grossières, telles que *qui voudrait le*, pour *qu'y voudrais-je* (sat. I, v. 42, ci-après p. 67) ; *veux estimer*, pour *pense exprimer* (sat. II, v. 19, p. 85); *discours*, pour *soucis* (sat. IV, v. 27, p. 115) ; *camp*, pour *champ* ; *sortie*, pour *ternie* ; *s'assister*, pour *subsister* (sat. v, v. 48, 61 et 115, p. 130, 131 et 135) ; *à l'ennui*, pour *à l'envi* ; *d'un ris*, pour *d'un air* (sat. VII, v. 83 et 87, p. 157); enfin, les derniers vers de la satire v y sont tout-à-fait dénaturés, car on y fait dire (voy. p. 137, note 4) de Dangeau, une grande partie de ce que l'auteur dit du roi (par exemple, on y lit *tout* ton *bonheur*, au lieu de *tout* son *bonheur*, etc.)

2. Malgré ces fautes et d'autres du même genre, qu'il est d'ailleurs facile de découvrir, cette édition est fort utile à consulter à cause des premières manières ou compositions dont nous avons parlé (n° 6).. D'abord, elle sert de preuve aux éditions précédentes pour les premières compositions semblables, car toutes ces éditions ont été faites sur des copies différentes ; en second lieu, elle en fournit de nouvelles, surtout pour les pièces qu'on y trouve pour la première fois ; enfin, elle confirme les assertions de Boileau dans la préface (ci-après, p. 2) de sa première édition originale (n° 7) que nous citons ci-dessus, n. 1, et qui jusqu'ici n'avaient d'autre fondement que son propre témoignage.

3. Elle contient sous le nom de discours, 1° le Discours au roi, 2° les Satires I, VII, IV, V et II ; elle est terminée par le *Jugement sur les sciences* (de St.-Évremont), dont Boileau, dans la même préface, redoute le voisinage pour ses vers.

4. Suivant Brossette (in-4°, II, 357), l'édition *monstrueuse* avait été publiée à Rouen, en 1665, tandis que celle-ci est datée de 1666. Mais le témoignage de Brossette, assez suspect en général, n'est ici d'aucune importance parce qu'il parle de l'édition sans l'avoir vue. En effet, lorsque Boileau annonce dans la préface déjà citée, qu'il donne deux pièces de plus (les satires III et VI) que l'édition monstrueuse, Brossette dit (p. 358) que ce sont les satires III et V, sur un Repas et sur la Noblesse : or, l'édition monstrueuse contient précisément (p. 18 à 22) la satire sur la noblesse. Enfin, Boileau parle aussi (même préface et même page 2) de cette édition comme donnée peu de temps (*depuis peu*) avant la sienne, et le privilège de la sienne étant du 6 mars 1666,

il est fort possible que l'édition monstrueuse ait paru au commencement de la même année.

Toutefois, il est également possible qu'elle ait été publiée, d'abord à Rouen en 1665, et réimprimée en 1666, ou plutôt l'édition de 1666 n'est peut-être autre que celle de 1665 dont on a changé le frontispice, car le frontispice de 1666 est détaché et sans pagination (à raison de cette circonstance nous la citons par le signe 1666, R.).

5. Cette édition *célèbre* a échappé jusqu'ici aux recherches de tous les éditeurs de Boileau, et nous ne l'avons découverte [1] que lorsque notre première livraison, qui heureusement ne contient pas les mêmes ouvrages, était à-peu-près terminée.

7. ** Satires du sieur D***, petit in-12 de 71 pages (outre 6 pages pour l'avis au lecteur, et une pour l'extrait du privilége), Paris, Billaine [2] (*édit. orig.*), 1666.

1. C'est la première édition originale de Boileau. Elle fut faite sur un privilège [3] délivré le 6 mars, pour sept ans, à Claude Barbin, et auquel Billaine, Thierry et Léonard furent ensuite associés [4], comme on le voit dans l'extrait qu'en donne l'édition de 1668 (n° 19), extrait plus ample que celui de l'édition de 1666.

2. Il n'y a point d'achevé d'imprimer; mais comme le privilège ne fut enregistré que le 6 août, on sait au moins que les satires ne parurent qu'après cette époque.

3. Les caractères sont romains, et il y a une estampe allégorique en regard du frontispice.

4. On y trouve les sept premières satires avec le discours au roi, placé (p. 49 à 57) entre la v° et la vi°, sans changement aux titres courans (*Satires*). [5]

---

[1] Le 27 septembre 1830, parmi les livres alors non catalogués de la Bibliothèque royale.... Une année après (29 octobre 1831), nous en avons découvert un autre exemplaire dans la bibliothèque de Grenoble (au milieu du Recueil factice, n. 17363).

[2] Des exemplaires de cette édition portent le nom de Barbin, d'autres, celui de Léonard.

[3] Pinchesne, dans les opuscules indiqués, § 2, n° 16, prétend (p. 28) qu'il fut *surpris* au chancelier.

[4] Cette association de quatre libraires pour un ouvrage d'un si petit volume suffit pour prouver qu'ils comptaient sur un succès extraordinaire, sans doute d'après celui qu'avait eu l'édition monstrueuse (n° 6 *a*). — *Voy.* aussi n°s 12 *a*, 13, 14 et 22.

[5] Ainsi, M. Dubois se trompe (édit. 1826, n° 249) lorsqu'il dit que *toutes* les éditions de Boileau ont eu tête ce discours.

8. * Satires du sieur D***, petit in-12 de 56 pages, Cologne, Henri Demen, 1666.

Réimpression du n° 7.

9. * Satires du sieur Despréaux Boileau, avec la Satire de ses satires, petit in-12 de 84 pages, Paris, Billaine, 1666.

Contrefaçon très soignée du même n°... Elle est surtout précieuse en ce qu'elle fixe la date de la Satire des satires... *Voy.* § 2, n° 6.

10. Satires du sieur D***, très petit in-8° de 8 et 37 pages, Fribourg, 1667.

Suivant M. Renouard (Catalogue de la bibliothèque d'un amateur, 1819, III, 26), c'est un Elzévir.

10 *a*. Satires du sieur D***, petit in-12 de 4 et 42 pages, sur l'imprimé, à Paris (Amsterdam), 1667 (Bibliothèque de Lyon)

Les n°s 9, 10 et 10 *a* sont des réimpressions du n° 7.

11. ** Satires du sieur D***, seconde édition, petit in-12 de 71 pages (outre l'avis au lecteur et l'extrait du privilège), Paris, Thierry, ou Léonard (*orig.*), 1667.

1. Mêmes pièces, caractères, etc. qu'au n° 7, avec ces deux différences toutefois, d'une part, que le discours au roi est placé comme il l'a été depuis dans toutes les éditions, au commencement du n° 11, quoique les titres courans (satires) soient toujours les mêmes (on ne les a changés que dans l'édition de 1674, n° 33)... Et de l'autre, que Boileau a fait une addition considérable à l'avis au lecteur (*voy.* 1re Préface, p. 3, note 3).

2. Cette édition est beaucoup plus rare que le n° 7. Elle est surtout reconnaissable, du moins dans les exemplaires qui portent le nom de Thierry, à une méchante vignette placée au frontispice et représentant l'enseigne de ce libraire, ou *la ville de Paris*.

12. Recueil de quelques pièces nouvelles et galantes, tant en prose qu'en vers, 2 vol. petit in-12, Cologne, Pierre Dumarteau, 1667 (citation abrégée : Cologne ou Col., 1667).

1. On trouve dans le deuxième volume de ce recueil (p. 51 et suiv.), en premier lieu, comme dans celui de 1665 (n° 5), mais avec quelques leçons différentes, le discours au roi et les satires II et IV; en deuxième lieu, les satires I, V et VII.

2. Il a été cité par M. de S.-Surin et successivement par M. Daunou, mais comme il ne fut publié qu'un an après la première édition originale de Boileau (n° 7), on conçoit que ces éditeurs ont dû se borner à y puiser un fort petit

nombre de variantes, parce qu'ils ont également dû penser que les leçons des premiers ouvrages qu'on y rapporte auront été rectifiées sur la même édition.

12 a * Satires du sieur D***, quatriesme édition, petit in-12 de 71 pages, outre l'avis, etc., Paris, Billaine, Thierry, Léonard et Barbin (*éd. or.*), 1668.

1. Réimpression du n° 11, dont toutes les remarques s'appliquent à celui-ci..., elle n'a été connue d'aucun commentateur.

2. Les indications *quatrième édition*, qu'on trouve ici, et *septième édition*, qu'on verra au n° 14, sont fort remarquables.. Selon toute apparence, les éditions primitives s'épuisant plus tôt que les libraires ne l'espéraient, ils furent obligés d'en faire des réimpressions, qu'ils qualifièrent de troisième, de quatrième édition, etc., (il nous reste encore à en découvrir trois, la IIIe, la Ve et la VIe).

13. ** Satires du sieur D***, petit in-12 de 15 pages, Paris, Billaine, Thierry, Léonard et Barbin[1] (avec privil...*or.*), 1668.

Tel est le titre d'un cahier qui ne contient que la satire VIII (ce titre seul est au second feuillet), et qui ne paraît n'avoir été connu d'aucun éditeur.

14. Satires du sieur D***, septiesme édition, petit in-8° de 14 pages, Paris, mêmes libraires (*or.*), 1668.

1. Autre cahier de même genre que le précédent.

2. L'un des n°s 13 et 14 est évidemment la première édition de la satire VIII, que les libraires placèrent après un frontispice général, selon toute apparence, parce que le privilège (*voy.* n_o 7 et 19) était accordé pour *les* satires.... D'après une leçon particulière au n° 13 (*voy.* p. 170, note 1, sat. VIII, v. 111), leçon qui fut changée dans le n° 14, on peut présumer que c'est le même n° 13 qui est la première édition.

3. Quant à l'indication de *septième édition*, *voy.* n° 12 a, obs. 2.

14 a. Satires du sieur D***, petit in-12 de 14 pages, sur l'imprimé à Paris (Amsterdam), 1668 (Bibl. de Lyon).

Cette édition ne contient que la même satire VIII; c'est une copie du n° 13 ou du n° 14.

15. La dernière satire (la VIIIe) du sieur D***, très petit

---

[1] Cette réunion des noms de quatre libraires au bas du titre d'un si mince opuscule, réunion qu'on reverra aux n°s 14, 16, 19, et 22, est une nouvelle preuve (*voy.* n° 7 et 12 a) du succès des satires.

in-8° de 12 pages, Paris (Fribourg), compagnie des libraires, 1668 (Bibliothèque de M. A. A. Renouard père)...

Réimpression du n° 13 ou du n° 14.

15 *a*. Satires du sieur D***, dernière édition, in-12 de 8 et 46 pages, Amsterdam, chez Jean Elzévir (Bibl. de Lyon).

1. Cette *dernière* édition comprend le discours au roi et les huit premières satires. Elle dut paraître dans l'été de 1668, après la publication de la satire VIII, et avant celle de la satire IX.

2. M. Bérard ne l'a point indiquée dans son catalogue des Elzévirs, et le savant bibliothécaire de Lyon doute qu'en effet elle sorte de leurs presses.

3. On y a réimprimé le n° 11....

16. * Satires du sieur D***, in-4° de 2, 16 et 6 pages, Paris, Billaine, Thierry, Léonard et Barbin (*orig.*), 1668.

1. Tel est également le titre d'un cahier qui ne contient que trois pièces, savoir la satire IX (ce titre seul est au troisième feuillet), l'avis sur cette satire et le discours sur la satire (ces deux dernières pièces ne sont pas paginées), et qui dut paraître vers la fin d'août de cette année (*voy.* n° 18).

2. C'est encore la première édition de la satire IX et du discours; elle ne paraît avoir été connue que de fort peu de commentateurs.

3. Les caractères des vers sont italiques (à l'exception des passages intercalés), et ceux de l'avis et du discours, romains (sous la même exception).

16 *a*. * Satires du sieur D**.... (*édit. orig.*), 1668.

1. Nous suppléons ce titre qu'on a enlevé à un autre petit cahier, dont, d'après la pagination, il devait former le premier feuillet. C'est un in-16 de 18 et 13 pages, et une réimpression du n° précédent, mais avec des caractères romains.

2. Il en diffère toutefois dans quelques points, à l'égard desquels il s'accorde avec le n° 19, ce qui autorise à penser qu'il fut publié avant ce n°, qui est, ou le verra, une édition complète.

16 *b*. Satires du sieur D***, petit in-12 de 29 pages, sur l'imprimé à Paris (Amsterdam), 1668 (Biblioth. de Lyon).

Réimpression du n° 16, ou de la satire IX, de l'avis et du discours.[1]

---

[1] Nous aurions indiqué ici, sous le n° 16 *c*, si nous avions pu l'examiner, une édition in-16, faite séparément à Paris, en 1668, des mêmes opuscules, dont nous avons rapporté (tome III, p. 84, note 5, et p. 90, note 3), deux variantes d'après M. de S.-Surin.

17. Satire IX du sieur D***, très petit in-8° de 23 pages, à Fribourg, 1668 (Biblioth. de M. A. A. Renouard père).

Autre copie du n₀ 16.. Selon l'ouvrage cité n° 10, c'est aussi un Elzévir.

17 a. Satire du sieur D***, in-12 de 14 et 10 pages, imprimé cette année (Biblioth. de Lyon).

1. Autre réimpression du n° 16. Elle sort des mêmes presses que le n₀ 15 a, avec lequel on l'a reliée; ce qui nous explique l'indication singulière du titre, *imprimé cette année*. Selon toute apparence, l'impression du n° 15 a venait seulement d'être achevée (été de 1668) lorsque le n° 16 parut; l'éditeur se hâta de le réimprimer aussi et de joindre sa réimpression au n° 15 a, pour les mettre en vente ensemble... d'où il résulte aussi que, comme nous le remarquons ailleurs (p. 185, note 2), la satire IX fut publiée après la satire VIII, quoique peut-être composée auparavant.

18. Satire IX de Lubin (Boileau) réimprimée, pages 22 à 40 du Satirique Berné, petit in-8°, 1668 (on en parle § 2, n° 9).

Réimpression de la première édition de la satire IX. Elle est précédée d'une lettre d'envoi de cette satire, qu'on suppose écrite à Coras, auteur de l'opuscule, par son libraire, et qui est datée du 25 août, d'où l'on peut induire que la satire IX parut précisément à cette époque.

19. ** Satires du sieur D***, in-8° de 78 pages (outre l'avis au lecteur et le discours sur la satire), Paris, Billaine, Thierry, Léonard et Barbin (*éd. or.*), 1668.

Nous parlons des diverses pièces de cette édition, de ses estampes et de ses caractères, etc., au n° 22.

20. * Recueil contenant plusieurs discours libres et moraux (faux titre).

Recueil des Contes du sieur de La Fontaine, les (*sic*) satires de Boileau et autres pièces curieuses, petit in-12 de 283 pages, Amsterdam, Veroheven, 1668.

1. Aux pages 183 et suivantes de ce recueil fort rare, se trouvent sous le titre de Discours libres et moraux, n°s 1 à 8, le discours au roi et les satires I, VII, IV, V, II, III et VI. Les discours IX (p. 226) à XII sont des opuscules étrangers à Boileau (le premier est un fragment de la Satire des satires dont nous parlons, § 2, n° 5 et 6)... Viennent ensuite 1₀ (p. 240), les satires VIII et IX; 2° (p. 265), d'autres opuscules également étrangers à Boileau. Le recueil est terminé (p. 275) par le discours sur la satire.

2. On y a suivi pour plusieurs pièces de Boileau, le texte des éditions de Cologne et de Rouen, de 1665, 1666 et 1667 (n°s 5, 6 a et 12), plutôt que celui des éditions originales de 1666 et 1667.

3. Il contient (p. 237 et 268) la première édition (à ce que nous croyons) de deux diatribes ou satires contre le mariage et contre les maltôtes[1] du clergé, que les éditeurs étrangers de Boileau lui ont attribuées (*voy.* entre autres, n°s 26, 27, 41, 42, 45, 46, 47, 52, 53, 54, 60, 61, 69, 77, 78, 87, 89, 92, 93, 95 a, 97, 110, 114 a, 120, 121, 133, 135, 136, 137, 139, 144, 146, 151, 162, 168), malgré ses désaveux et la platitude de ces pièces.. Celle des maltôtes est probablement la satire que Cotin, après l'avoir composée, attribuait à Boileau, car c'est la première que Boileau ait particulièrement désignée (en 1672) comme lui étant faussement attribuée (*voy.* Catalogue de ses OEuvres, p. 32; l'Essai, ch. IV, n° 159, p. cxviij; tome II, p. 8, note 1, et p. 457, n° xi.

21. * Satires du sieur D***, petit in-12 de 78 pages, Amsterdam, 1669.

Réimpression du n° 19.

22. ** Satires du sieur D***, in-12 de 76 p. outre l'avis et le discours, Paris, Billaine, Thierry, Léonard et Barbin (*or.*), 1669.

1. Les n°s 19 et 22 contiennent les neuf premières satires avec le discours au roi, et le discours sur la satire (celui-ci est ajouté à la fin et sans pagination).

2. Même estampe et mêmes caractères qu'au n° 7, excepté pour les passages d'auteurs cités ou intercalés par Boileau, qui sont en italique.

3. On a réuni l'épître 1re et même l'épître iie, à des exemplaires du n° 22. *Voy.* à ce sujet, tome II, page 8, note 3.

23. * Dissertation sur la Joconde, pages 191 à 218 des Contes et Nouvelles en vers de La Fontaine, petit in-12, Leyde, Sambix (Elzévir, suivant M. Bérard), 1669.

C'est, à ce que nous croyons, la première édition des Contes où l'on ait inséré la dissertation sur Joconde.. Le savant auteur (M. Walckenaër) de l'histoire de La Fontaine (1820, p. 380 et 387) en indique, il est vrai, une autre publiée par le même libraire, en 1668. Mais il ne connaissait alors que le titre de cette édition, titre où l'on annonce faussement qu'elle contient la

---

[1] Celle-ci est intitulée, tantôt satire contre les maltôtes, tantôt satire *contre les gens de etc.*, tantôt tout simplement *satire*.

dissertation. D'ailleurs, vu l'identité des pièces, de la pagination, et même des fautes typographiques [1], l'exemplaire où on lit ce titre inexact n'est évidemment qu'un exemplaire du recueil de Veroheven (n° 20), auquel, suivant un usage de librairie, assez commun alors (*voy.* n°s 33, 44, 63, 66 et 89), Sambix et Veroheven se seront accordés à donner des titres différens (*v.* aussi, tome III, pag. 3, note 2).

24. Dissertation sur la Joconde, pages 191 à 214 des Contes etc., grand in-12, Paris, 1669.

24 *a*. Epistre au roi (la Ire) du sieur D***, in-4° de 11 pages, Paris, Billaine, Thierry, Léonard et Barbin *(orig.)*, 1670 (v. ci-après le *Supplément*).

25. * Recueil de poésies chrétiennes diverses, dédié, etc., par M. de La Fontaine, 3 vol. in-12, Paris, Le Petit, 1671.

1. Des exemplaires portent les dates de 1679 et 1682 (*v.* même histoire, p. 397); mais il est certain que le recueil parut d'abord en entier en 1671. D'abord, l'achevé d'imprimer est du 20 décembre 1670, nos trois volumes portent la date de 1671, et les pièces qu'ils contiennent jusqu'au feuillet *final* sont tirées d'ouvrages antérieurs... Ensuite, des littérateurs à portée d'être bien instruits, tels que d'Olivet (II, 332) et Goujet (dans Moréri, supplément de 1735, mot Loménie), qui paraît avoir examiné les papiers de la famille Brienne, confirment positivement la même date.

2. Le troisième volume, qui forme le second des poésies diverses, contient 1° (p. 1 à 19), avec cette indication, M. D***, le discours au roi et les satires v et viii en entier; 2° (p. 19) des fragmens des satires ii, iv, vii et ix; 3° (p. 28 et 29) l'Ode contre les Anglais.

3. On y trouve quelques leçons particulières qui auront été recueillies probablement pendant les diverses lectures que Boileau faisait de ses ouvrages... et ces leçons, négligées jusqu'à présent, méritent d'être citées parmi les variantes parce que l'auteur du recueil a rapporté les pièces des auteurs vivans, *de concert avec eux* (expressions du privilège).

4. Cet auteur, suivant d'Olivet, Goujet, Chauffepié, S.-Marc, et presque tous les éditeurs de Boileau, est Louis-Henri de Loménie, comte de Brienne (nous en parlons, tome IV, page 356, note 2). M. Walckenaër (même his-

---

[1] Il nous suffira de citer celle-ci : à la page 80, vers 25 des deux exemplaires, la virgule qui le termine est retournée et placée au-dessus de la ligne, après le dernier mot (encore'). Cette faute ne se retrouverait pas dans l'autre exemplaire, s'il appartenait à une édition différente; un compositeur, même novice, l'aurait corrigée.

toire, page 396) croit au contraire que deux personnes, au moins, ont mis la main au recueil, ce qui a autorisé La Fontaine à dire, dans son épître dédicatoire, CEUX QUI, *par leur travail, l'ont mis* (le Recueil) *en état...*

Indépendamment de cette expression de l'épître, un passage de l'Avertissement du Recueil qui aura échappé à d'Olivet et à Goujet (peut-être même l'avertissement n'est-il pas dans tous les exemplaires), nous porterait à adopter en entier l'opinion de Dumonteil qui attribue cet ouvrage aux solitaires de Port-Royal.. On y désavoue d'abord des poésies attribuées à Arnauld d'Andilly, dans un autre recueil, soin qui dénote la main des solitaires dont il était le chef... Ensuite, après quelques observations sur des changemens qu'on y a faits à plusieurs vers de Malherbe, dont on renvoie le vrai texte à la fin du volume, on s'exprime ainsi :

« Celui qui a *honoré* [1] ce recueil d'une préface, s'est proposé seulement
« de parler de la poésie, en général, sans porter son jugement sur pas (*sic*)
« un auteur en particulier. *Nous ne saurions* qu'approuver une si judicieuse
« conduite. »

Il paraît donc que Brienne n'a concouru au recueil que par la composition de la préface, tout comme La Fontaine par celle de l'épître dédicatoire (même histoire, page 118), et l'un et l'autre par la révision de ceux de leurs opuscules qu'on y a insérés.

26. * Satires du sieur DE B****, petit in-12 de 84 pages, Cologne, Raphaël Vanbel, 1672.

27. * Satires du sieur DE B****, petit in-12 de 80 pages, Cologne, Raphaël Vanbel, 1672.

1. Quoique ces deux éditions fourmillent de fautes typographiques, elles sont fort précieuses en ce qu'elles sont des réimpressions d'une édition originale que l'on ne connaît jusqu'à présent que parce que Boileau en parle dans son avis de l'épître 1re, et qui devait contenir outre les ouvrages du n° 22, l'épître première (première édition) et plusieurs changemens (*voy.* ce qu'on en dit à la note dernière du même avis, tome II, p. 8). Les commentateurs n'ayant pas non plus eu connaissance des réimpressions de 1672, ont naturellement reporté ces changemens à l'édition de 1674 (n° 33).

2. Ce sont les seules éditions où Boileau soit appelé DE B. (de Boileau).

---

[1] Cette expression a pu être employée à l'égard de Brienne, à cause de sa naissance et de la charge importante de secrétaire d'état qu'il avait exercée; mais assurément on ne s'en serait pas servi envers Nicole, ni envers Lancelot à qui l'on a aussi attribué la préface (même histoire, p. 396).

Peut-être crut-on à l'étranger, qu'à la mort (1669) de son frère aîné du second lit (Gilles II... Explication généalogique, n₀ 282), Despréaux avait dû prendre ce nom.

3. Ce sont aussi les premières où l'on ait inséré dans ses œuvres et comme étant de lui, les satires contre les maltôtes et le mariage (n° 20); aussi, le libraire a-t-il eu soin de supprimer l'avis déjà cité, où Boileau désavoue ces platitudes.

4. Le n° 27 contient, en outre, sous le titre de satires, un conte de La Fontaine et la satire du poète, dont nous parlons, § 2, n₀. 7 et 11.

27 *a*. Épistre au roi (la Ire) du sieur D***, petit in-12 de 20 pages (Bibliothèque de Lyon).

Réimpression de la première édition de cette épître (*voy.* tome II, p. 19 et 20, note 9)... Elle fut faite probablement à Amsterdam en 1672.

28. * Épistre au roi (la I) deuxième édition, in-12 de 12 pages, outre un avis (*éd. or.*).

Le frontispice manque, mais les vignettes montrent qu'elle est des mêmes libraires que le n° 22. — Elle dut paraître après le commencement de 1672 puisqu'on n'a pas suivi son texte, mais bien celui de la première édition, dans les n°s 26 et 27 *a*; et avant le 17 août puisque c'est l'époque de l'impression de l'épître ive, alors la iie (voy. les deux numéros suivans).

29. Épistre au roi (la IVe) du sieur D***, in-4° de 10 pages, Paris, Léonard (*éd. or.*), 1672.

1. Au bas de l'avis au lecteur est le permis d'imprimer, signé *De la Reynie* (lieutenant général de police), et daté du 17 août.

2. C'est, ainsi que le prouvent des changemens faits dans le n° suivant, la première édition de cette épître célèbre. Elle paraît avoir été inconnue à tous les commentateurs.

30. * IIe Épistre au roi (la IVe) du sieur D***, in-12 de 12 p., Paris, Thierry, 1672 (*éd. or.*).

Quoique le permis d'imprimer (il est à la fin) porte aussi la date du 17 août, cette édition est postérieure; on l'a dit (n° 29), à l'in-4°.

31. Fragmens sur le Lutrin de la Sainte-Chapelle, pages 13 à 20 de la Réponse au pain bénit du sieur abbé de Marigny, petit in-12 de 20 pages, 1673 (il n'y a pas d'autre indication).

1. Ces fragmens sont imprimés sans ordre.. Ainsi, après les quatre premiers vers du chant premier on donne les vers 13 à 16, ensuite les vers 19 à 24, puis les vers 45 et 48 du chant iie, les vers 189 et 190 du chant i^er, etc.

2. Ils ont été recueillis probablement lorsque Boileau récitait son poème chez Lamoignon, car il paraît par deux vers de la Réponse (page 7), que Marigny était admis dans la maison de ce magistrat; mais ils ont été et mal recueillis et très mal imprimés. Toutefois il y a quelques passages qu'on peut citer comme des premières compositions (Citation abrégée: *Fragmens*, 1673).

32. Dissertation sur la Joconde, pages 191 à 214 des Contes de La Fontaine, petit in-12, Leyde, 1673.

33. ** OEuvres diverses du sieur D*** avec le Traité du Sublime ou du Merveilleux dans le discours, traduit du grec de Longin, in-4° de 180 et 102 pages (outre l'avis au lecteur, la préface du Sublime et les tables), Paris, Thierry (*orig.*), 1674.

1. Le privilège [1] est du 28 mars 1674; l'enregistrement, du 12 juin suivant; la cession à Thierry avec charge d'y associer Billaine, Barbin et la veuve La Coste, du 7 juillet; l'*achevé* d'imprimer, du 10 du même mois.

2. Ceci nous explique pourquoi des exemplaires portent le seul nom de chacun de ces libraires. [2]

3. Le caractère des vers est italique; celui de la prose et des passages intercalés dans les vers est romain... Une estampe allégorique est en regard du frontispice; une deuxième estampe placée avant le Lutrin, représente l'entrevue de la Nuit et de la Mollesse.

4. Outre les ouvrages indiqués n° 22, on y trouve encore les quatre premières épîtres, l'art poétique, les quatre premiers chants du Lutrin, précédés d'un avis intercalé (voyez-en la première note, tome II, p. 279), la traduction de Longin suivie de remarques de Boileau, deux tables alphabétiques de matières, l'une pour les poésies, l'autre pour la traduction, enfin un nouvel avis au lecteur ou une nouvelle préface (c'est la IIe... Nous la donnons, p. 6).

---

[1] « Desirant, y dit Louis XIV, donner au public par la lecture de ses ouvrages (de Boileau) la même satisfaction que nous en avons reçue. »

[2] Deux de nos exemplaires indiquent Thierry, un autre la veuve La Coste, celui de la bibliothèque de la Sorbonne, Barbin, et celui de la bibliothèque de l'Arsenal, Billaine (M. de S.-S., I, iv, ne cite que la veuve La Coste).

Un de nos exemplaires a été, selon toute apparence, donné par Boileau lorsque l'édition parut, car on y trouve à la marge de la préface du Sublime, placée mal-à-propos par le relieur, en tête du volume, ces mots de la propre main du poète : *Cette préface devait estre mise immediatement devant le traitté du Sublime.*

On voit par ce fragment, le plus ancien qui existe à notre connaissance, de l'écriture de Boileau, 1° que notre auteur s'inquiétait assez peu de l'orthographe; 2° qu'on employait alors *devant* pour *avant*, comme nous le remarquons p. 116, sat. XV, note du vers 33.

NOTICES BIBLIOGRAPHIQUES.   cxliij

34. ** OEuvres diverses du sieur D*** avec le traité etc., petit in-12 de 242, 36, et 144 pages (outre le premier avis, la préface du Sublime et les tables), Paris, Thierry (*orig.*), 1674.

35. ** OEuvres diverses du sieur D*** avec le traité etc., etc., grand in-12 de 234 et 140 pages (outre huit pages doubles, l'avis et les tables), Paris, Thierry (*orig.*), 1674.

36. * OEuvres diverses du sieur D*** avec le traité etc., petit in-12 (pagination comme à n° 34), Paris, Thierry (*or.*), 1675.

37. ** OEuvres diverses du sieur D*** avec le traité etc., grand in-12 (pagination comme à n° 35), Paris, Thierry [1] (*or.*), 1675.

1. Nous avons rangé ces quatre éditions n⁰ˢ 34, 35, 36, et 37, dont les trois premières ont été inconnues à tous les commentateurs (plusieurs d'entre eux contestent même l'existence de la dernière), suivant l'ordre des dates des frontispices, qui n'est pas celui de leur publication réelle comme nous l'avons reconnu soit en les comparant entre elles et avec les n⁰ˢ 33 et 39, soit à des documens que fournissent les notes manuscrites de Brienne ou d'autres opuscules des années 1674 et 1675 (voy. § 2, n⁰ˢ 12 à 15)... Leur ordre chronologique véritable est celui-ci, n⁰ˢ 34, 36, 35 et 37.

2. Les n⁰ˢ 34 et 36 sont des copies du n° 33 : mais des copies distinctes, malgré l'identité de la pagination et du caractère. Outre que les vignettes et la justification sont *différentes*, la fable de l'huître, telle qu'elle était à la première édition séparée de l'épître 1ʳᵉ (voy. tome II, p. 19, note 9), a été rétablie dans le n° 36 à la fin de cette épître (peut-être pour satisfaire le goût de quelques lecteurs).. Le n° 34 dût être achevé d'imprimer à la fin du mois de juillet, et le n° 36 au mois d'août ou au mois de septembre 1674 (voyez-en des preuves, même § 2, n⁰ˢ 12, 14 et 15).

3. L'impression du n° 35 est postérieure, mais doit avoir eu lieu à la fin de 1674, tandis que celle du numéro 37 aura été faite en partie à cette dernière époque (voy. n° 39, observ. 2ᵉ) et en partie au commencement de 1675. Elles sont à la vérité semblables quant aux numéros et à la distribution des pages, mais il y a au n° 37 une addition (l'avis au lecteur, dont nous allons parler... observ. 4) et des corrections faites évidemment après la publication du n° 35 (nous en avons remarqué plusieurs de ce genre dans la satire IX, dans le Lutrin et dans la préface du traité du Sublime).

[1] Des exemplaires (nous en possédons de chaque espèce) portent les noms de Billaine et de Barbin.

C'est que Boileau, comme nous l'avons découvert en examinant ses éditions originales [1] faisait souvent ses corrections lorsque ses ouvrages étaient sous presse, et que l'imprimeur Thierry pour favoriser *le paresseux* (tome II, p. 141) aura conservé quelque temps les formes du n° 35.

4. Les mêmes n°ˢ 35 et 37 contiennent, outre ce qui est indiqué au n° 33, une addition à la préface du sublime, où il est question de la rhétorique de Cassandre... (on l'a supprimée depuis (voy. n° 43). On y trouve aussi l'épître v (n° 39) qui y a été intercalée au moyen d'une duplication de pages (133 à 140); et un nouvel avis au lecteur, ou nouvelle préface (c'est la IIIe de Boileau), ajoutée à l'aide d'un carton, au n° 35 ; mais on y a supprimé l'avis du Lutrin.

5. Pour les caractères des n°ˢ 34 à 37, mêmes observations qu'au n° 33. A l'égard des estampes, les n°ˢ 35 et 37 en ont cinq (et non pas seulement quatre, comme le dit M. de S. S., I, v) dont quatre allégoriques au-devant des frontispices (ces dernières sont différentes de celles des n°ˢ 7 et 22), des satires, de l'Art poétique et du Sublime... La cinquième placée au-devant du Lutrin, représente l'apparition du hibou...

38. * Œuvres diverses du sieur D**** avec le traité etc., grand in-12 de 144 et 98 pages (outre le premier avis, la préface du Sublime et les tables), Paris, Du Roc, 1674.

1. La différence des libraires nous a déterminés à placer cette édition après les n°ˢ 34, 35, 36 et 37, quoiqu'elle soit antérieure au second et au dernier; car nous présumons d'après beaucoup de documens, dont l'analyse serait trop longue, qu'elle fut publiée à la fin de l'été de 1674.

2. C'est, comme les n°ˢ 34 et 36, une copie, mais une copie plus exacte du n° 33 (on y a corrigé plusieurs des fautes de ce numéro, reproduites dans les numéros 34 et 36, et rétabli l'épître première telle qu'elle est dans ce même n° 33).

3. Ces dernières considérations nous portent à penser que Du Roc fit son édition en vertu d'un agrément que les libraires porteurs du privilège accordèrent pour avoir de quoi satisfaire les amateurs de toutes les classes, cette édition devant, vu l'infériorité de l'exécution typographique, être d'un prix inférieur à celui des n°ˢ 35 et 37.

---

[1] Presque toutes ont des cartons, et en comparant plusieurs exemplaires de la même édition l'on découvre des différences d'orthographe, des remaniemens, etc. *Voy.* entre autres, ci-après p. 55, note 6; 78, note 1; 79, note 2; 87, note 1; 92, note 2; 133, note 3; 165, note 1; 196, note 3; 213, note 4... Tome II, p. 279, note 6; 373, note 4... Tome III, p. 156, note 5; 281, note 4; 286, note 2; 287, note 2...

38 *a*.* OEuvres diverses du sieur D*** avec le traité etc., petit in-8° de 80, 69 et 99 pages (outre les avis et les tables), Paris, Barbin, 1675.

1. Réimpression faite en Hollande et à laquelle s'appliquent la plupart des observations du n° 38.

2. Les 80 premières pages sont d'un caractère plus petit que les suivantes ; on employa sansdoute des caractères différens pour pouvoir publier plus tôt l'ouvrage.

3. On y trouve, comme dans le n° 38, la faute grossière de versification qui, on le dit ailleurs (t. III, p. 311), donna lieu aux critiques de Desmarets et de Brienne.

4. L'impression en était probablement achevée lorsque l'épître v (n° 39) parut, c'est-à-dire à la fin de 1674 [1]; on l'y plaça après les tables et sous une pagination particulière ; et on la fit suivre des deux satires contre le mariage et les maltôtes (n° 20, obs. 3).

39. Epistre à M. de Guilleragues par le sieur D***, in-4° de 10 pages, Paris, Billaine (*éd. or.*), 1674.

1. C'est la première édition de l'épître v; elle ne paraît pas avoir été connue des commentateurs.

2. L'achevé d'imprimer est daté du 17 décembre, ce qui confirme ce que nous avons dit aux n°⁸ 34 à 37, observ. 1 et 4, au sujet de l'époque de ces éditions. L'impression des n°⁸ 35 et 37, ou au moins de l'un d'eux, n'étant pas achevée [2], on aura pu y joindre l'épître v par des duplications de pages, tandis que cela n'aura pas été possible pour les petits in-12 de 1674 et 1675, n°⁸ 34 et 36, qui étaient déjà en vente.

40. OEuvres diverses du sieur D*** avec le traité etc., petit in-12 de 188 et 121 pages (outre la dernière table), suivant la copie imprimée à Paris (Amsterdam), 1675.

Jolie réimpression du n° 33, augmentée de l'épître v (elle n'y interrompt point la pagination).

41.** OEuvres diverses du sieur D*** avec le traité etc., in-12 de 160 et 214 pages (outre les tables), Amsterdam, Wolfgang (Elzévir), 1677.

---

[1] Voilà donc sept éditions complètes (n°⁸ 33 à 38 *a*) données dans l'espace de six mois (juillet 1674 à janvier 1675) !... On peut juger par là du succès prodigieux qu'obtenaient les ouvrages de Boileau.

[2] Si l'impression du n° 35 était achevée, il est probable qu'on ne l'avait pas encore mis en vente.

1. Cette édition est décrite par M. Bérard dans son Essai sur les éditions des Elzévirs, 1822, in-8°, p. 212. Nous sommes persuadés comme lui que c'est un véritable Elzévir; mais nous pensons aussi que c'est une réimpression, non de l'in-4° de 1674 (n° 33) comme le croit M. Bérard, mais du grand in-12 de 1675 (n° 37)[1] à l'exception de quelques légères différences dans le texte et de ce qu'on va observer.

2. Chose assez singulière; l'épître v, publiée plus de deux ans auparavant (voy. le n° 39) manque ici (une copie mss. faite dans le temps a été jointe à l'un de nos exemplaires).

3. Les satires contre les maltôtes ecclésiastiques et contre le mariage (citées n° 20) ont été placées après la satire VIII et numérotées IX et X, de façon que la satire IX y porte le n° XI.

41 *a*. Satire III de M. Boileau, p. 1 à 20 du Latinæ et Gallicæ linguæ experimentum, par R. T. D. M., in-8, Toulouse, 1677.

Réimpression d'une contrefaçon des premières éditions.

41 *b*. * Œuvres diverses du sieur D***, avec le traité etc, 2 vol. petit in-12 de 199 et 137 pages outre les tables (Amsterdam, 1678).

1. Réimpression du n° 34, faite de 1677 à 1682, mais plus probablement en 1678.

2. On y a joint l'épître v, et sous les n°⁸ x à xiv, les satires contre les maltôtes et le mariage dont on vient de parler, les deux satires contre Boileau, que nous citons, Not. bibl., § 2, n° 7; enfin une diatribe virulente contre plusieurs personnes de la cour, telles que mesdames d'Olonne et de Guerchy.

3. On a imprimé à la fin du deuxième volume et sans pagination, l'une des deux lettres (la première) de Boileau à Vivonne, mais fort différente, surtout pour le style, de celle que Boileau lui-même donna en 1683, sans doute après l'avoir retouchée suivant son usage (*voy*. tome IV, p. 369). Le texte de l'édition de 1678 est évidemment celui de la première composition de la lettre, car il est reproduit à quelques légères différences près, dans un manuscrit du temps (B. R., Résidu de Saint-Germ., paqu. 13, vol. 6). Nous aurions indiqué toutes les différences (plus de soixante) des textes de 1678 et de 1683, si nous avions connu l'édition de 1678 et le manuscrit à l'époque où nous avons publié la lettre (IV, p. 9 à 16). Nous nous bornerons à donner dans un supplément, les passages où les différences sont le plus remarquables.

---

[1] Aussi y trouve-t-on l'addition sur la rhétorique de Cassandre qui n'est point dans l'in-4° de 1674 (n° 37, obs. 4).

42. * OEuvres diverses du sieur D***, avec le traité, etc., petit in-12 de 324 pages, Amsterdam (Elzévir), 1680.

Réimpression du n° 37 en y comprenant l'épître v et les deux satires (sous les n°s ix et x) contre les maltôtes et le mariage.

43. ** OEuvres diverses du sieur D*** avec le traité etc., petit in-12 de 156 et 118 pag. (outre les tables), Paris, Thierry, 1682.

Contrefaçon d'une édition inconnue jusqu'ici, et qui fut achevée d'imprimer le 12 janvier 1682. Nous y avons trouvé quelques variantes de noms ou de qualités... C'est la première où l'on ait supprimé l'addition relative à la traduction de Cassandre (voy. n° 37, obs. 4, et tome III, p. 286, note 2).

44. ** OEuvres diverses du sieur D*** avec le traité etc., nouvelle édition revue et augmentée (c'est la première où se trouve cette remarque), in-12 de 284 et 190 pages, outre la préface et les tables, Paris, Barbin [1] (*orig.*), 1683.

1. Outre les ouvrages indiqués aux n°s 33 et 38, le n° 44 contient les épîtres vi à ix, le première lettre à Vivonne, les v et vi^e chants du Lutrin et les remarques (p. 137 à 190) de D*** (Dacier) sur Longin (le libraire à la suite de son extrait du privilège (c'est toujours celui de 1674), parle de ces additions); enfin une nouvelle préface (la IVe).

2. Les caractères romains ont été employés dans ce numéro, excepté pour la préface du traité du Sublime et les passages intercalés.

3. L'achevé d'imprimer est du 31 décembre 1682.

4. Mêmes estampes qu'au n° 37, excepté que l'allégorie qui y précédait les satires a été mise au-devant du discours au roi.

5. Des exemplaires sont divisés en deux volumes dont le second commence avec le Lutrin.

45. * OEuvres diverses du sieur D***, avec le traité etc.; nouvelle édition revue et augmentée de diverses pièces nouvelles, in-12 de 392 pages, Amsterdam, 1683.

Réimpression du n° 44... Les pièces nouvelles ne sont autre chose que les diatribes contre le mariage et les maltôtes (n° 20), ajoutées à la fin, sans pagination.

45 *a*. Discours au Roi et satires I, II et III, dans le Triomphe

---

[1] Deux de nos exemplaires portent ce nom, un troisième celui de Thierry, un quatrième celui de la veuve Billaine.

de Pradon, première édition, in-12, Lyon, 1684 (nous en parlons au § 2, n° 21).

46. * OEuvres diverses du sieur D*** avec le traité etc., in-12 de 178 et 81 pages (outre la préface du Sublime), Amsterdam, 1685.

47. OEuvres diverses du sieur D*** avec le traité etc., in-12 en deux parties, Cologne, 1685 (Bibl. du Havre).

Les n°s 46 et 47 sont aussi des réimpressions du n° 44, et des mêmes diatribes.

48.** OEuvres diverses du sieur D*** avec le traité etc., nouvelle édition revue et augmentée, in-12 de 298 et 190 pages, outre la préface et les tables, Paris, Thierry [1] (*orig.*), 1685.

1. Des commentateurs ont nié l'existence de cette édition : d'autres l'ont citée quelquefois, mais la plupart d'entre eux sans l'avoir *vue*.

2. Elle a été faite sur un nouveau privilège (celui de l'édition de 1674, n° 33, n'était que pour dix ans) concédé le 31 décembre 1683, pour quinze ans, enregistré le 14 janvier 1684, et comprenant les ouvrages *composés* par Boileau « savoir ses satires, l'art poétique, le Lutrin, plusieurs dialogues, « discours et épîtres en vers, et la traduction de Longin. »

3. Outre les ouvrages du n° 44, elle contient le remerciment à l'Académie et cinq épigrammes (les n°s v, viii, xi, xii et xiii, tome II, p. 453, 455, 457 et 458).

4. Elle diffère encore du n° 44 sous d'autres rapports : le discours au roi est en italique (tout est en romain dans le n° 44); il y a une estampe de plus (6 au lieu de 5) ou une nouvelle allégorie [2] placée au-devant des satires, et l'on a transporté aux épîtres, celle qui dans le n° 44, précédait le discours au roi; les vignettes et culs de lampe ont été changés ; enfin il y a beaucoup de corrections. Nous citerons entre autres, celles que nous indiquons tome I, p. 12, note 2; 13, note 2; 117, note 2; 119, note 1; 123, note 7; etc... tome II, p. 69, note 2 ; 383, note 1, etc... tome III, p. 113, note 3 et 4; 281, notes 3 et 4 ; 290, note 2 ; 337, note *c* ; 349, note *b*; 356, note *c*; 367, note *b*; 368, note *c*; 394, note *c*; etc.

On voit combien Saint-Marc (M. de S. S., I, 36, note *a*, paraît être

---

[1] Un de nos exemplaires porte le nom de Barbin.

[2] C'est le frontispice des n°s 7 et 22 supprimé dans les n°s 35 et 37, et reproduit ici sous un plus grand format.

de la même opinion) se trompe lorsqu'il affirme (I, lxvij) que s'il y a une édition de 1685, ce ne peut être que celle de 1683, augmentée du discours à l'Académie et « rajeunie d'un nouveau frontispice ; tour de *passe-passe* assez usité parmi les libraires ».

49. * Recueil de quelques pièces nouvelles et galantes etc., 2 vol. petit in-12, Cologne, Pierre Du Marteau, 1684 (tome I) et 1685 (tome II).

On trouve dans le tome II comme dans le même tome de l'édition de 1667 (n° 12) dont il est une réimpression, ou peut-être une reproduction, le discours au roi et les satires i, ii, iv, v et vii.

50. * Dissertation sur la Joconde, pag. 211 à 236 des Contes de La Fontaine, petit in-8°, Amsterdam, 1685.

51. La même, p. 179 à 202 des Contes etc., petit in-12, Amsterdam, 1686.

52. * OEuvres diverses du sieur D***, petit in-12 de 251 et 161 pages, outre les tables, Cologne, 1686.

Mauvaise réimpression du n° 45 (y compris les satires contre le mariage etc).

53. * OEuvres diverses du sieur D***, in-12 de 380 pages, outre les tables, Amsterdam, 1686.

Belle réimpression du n° 44, à laquelle on a joint les diatribes du n° 20.

54. OEuvres diverses du sieur D*** avec le traité etc., petit in-12, de 190 et 183 pages, Amsterdam, 1688.

Réimpression ou plutôt contrefaçon du n° 44. A la fin, il y a une addition de 22 pages avec le faux titre *Nouvelles pièces du sieur D****, qui comprend le remercîment à l'Académie, les cinq épigrammes de l'édition de 1685 (n° 48) et les deux diatribes du n° 20.

55. * OEuvres diverses du sieur D*** avec le traité etc., grand in-12 de 406 pag., ib., 1689.

Jolie réimpression du n° 48, augmentée des mêmes diatribes.

56. * OEuvres diverses du sieur D*** avec le traité etc., petit in-12, ib.; 1689.

Réimpression du n° 54.

57. Satire III... Réimprimée dans le Satirique expirant, in-12, Cologne, 1689 (il est indiqué, § 2, n° 29).

58. * Dissertation sur la Joconde, page 179 à 202 de la première partie des Contes, etc. de La Fontaine, petit in-12, Amsterdam, 1691.

59. OEuvres diverses du sieur D*** nouvelle édition revue et augmentée, petit in-8° de 214 pages outre la préface et les tables, Paris, Thierry, 1692.

Contrefaçon contenant seulement les poésies, et où sont insérés par fois des passages supprimés dans les éditions précédentes.

60. * OEuvres diverses du sieur D*** avec le traité etc., 2 vol. in-12, Paris, Thierry, 1692.

Autre contrefaçon... Même remarques qu'au n° 59, et au n° 77, art. 2 et 3.

61. * OEuvres diverses du sieur D*** avec le traité etc., nouvelle édition revue et augmentée etc., in-12 de 390 pages, Amsterdam, Wolfgang, 1692.

Réimpression du n° 48 à laquelle on a joint les deux satires citées n° 20.

61 a. * OEuvres diverses du sieur D*** avec le traité etc., nouvelle édition etc., 2 vol. in-12 de 327 et 147 pages, Amsterdam, Moreton, 1692.

Autre réimpression du n° 48, augmentée, et des deux mêmes satires, et de trois autres contre les confesseurs, les moines et les abbés, sous les n°s x à xiv (Boileau n'en avait encore publié que neuf).

62. * Ode du sieur D*** sur la prise de Namur, in-4 de 16 pages, Paris, Thierry (*orig.*), 1693.

1. Point de privilège ni *d'achevé* d'imprimer... L'ouvrage parut l'un des premiers jours d'août (*voy.* t. IV, p. 276).

2. Caractères romains pour l'avis au lecteur, et italiques pour les vers.

62 a. Ode in expugnationem Namurcæ, ex gallicâ ode Nicolai B*** D*** in latinam conversâ (par Rollin.. avec le texte français en regard), in-16 de 27 pag., Paris, Thierry, 1693 (Bibl. de M. Raynouard, de l'institut).

1. Cet opuscule fut évidemment soumis à Boileau avant d'être publié. On y a donné en effet (sans la traduire) la préface de l'ode avec une correction du passage relatif à la famille de Perrault, dont nous disons ailleurs (tome II, p. 406, note 4) que celui-ci s'était plaint dans sa Lettre non datée, que nous indiquons, § 2, n° 34; correction qui ne peut avoir été faite que par notre

poète et qu'il publia lui-même en 1683, n° 66). Cet opuscule sert ainsi à fixer la date de la même Lettre, à quelque temps avant la fin de 1693.

2. Il sert également à confirmer le texte du vers 67, que nous avons rétabli (tome II, p. 415) d'après d'autres éditions primitives.

63. ** Dialogue, ou satire X du sieur D***; in-4° de 4 et 30 pages, Paris, Thierry (*orig.*), 1694.

1. Des exemplaires portent le nom de Barbin.
2. Caractères italiques, excepté l'avis au lecteur et les intercalations.

64. * Dialogue ou satire X du sieur D***, petit in-8° de 6 et 23 pages, Paris, Thierry (*orig.*), 1694.

1. Caractères romains excepté l'avis et les intercalations.
2. L'achevé d'imprimer des n°s 63 et 64, est du 4 mars 1694.

65. * Dialogue ou satire X du sieur D***; in-12 de 36 pages, Paris, Thierry (*orig.*), 1694.

Caractères romains excepté les intercalations.

65 a. Traité du Sublime etc., traduit etc., par M. Boileau Despréaux, pages 258 à 344 du *Dionysii Longini commentarius* etc., par *Jacobus Tollius*, in-4°, Utrecht, 1694.

1. Tollius a suivi le texte des éditions de 1683 et de 1685 (n°s 44 et 48). Il a placé au bas des pages les remarques mises par Boileau et par Dacier à la fin de l'ouvrage, et leur a joint les siennes propres. Brossette, dans son édition de Boileau (n°s 113 et 114) a suivi la même méthode. Peut-être s'est-il servi de l'ouvrage de Tollius, car ainsi que nous le remarquons (tome III, p. 411, 413, 418, etc.), il a souvent préféré le texte des éditions de Boileau antérieures à 1694, à celui de l'édition de 1694 et des années suivantes.

2. A l'égard des notes de divers savans sur Longin, reproduites par Tollius, *voy.* tome III, p. 239, note 2.

66. ** OEuvres diverses du sieur D*** avec le traité etc., et les réflexions critiques sur ce rhéteur (les neuf premières) où l'on répond à des objections faites contre quelques anciens, nouvelle édition revue et augmentée, 2 vol. in-12, Paris, Thierry.[1] (*édit. orig.*), 1694.

---

[1] Des exemplaires portent le nom de Barbin. Le frontispice du premier volume n'a point d'indication de tome, tandis qu'on lit sur l'autre, *tome second*.

1. Les ouvrages de Boileau n'y sont pas placés dans le même ordre que dans les éditions précédentes des œuvres. Le premier volume contient la préface de 1683, un avis additionnel (c'est la V° préface... voyez-en les notes), les neuf premières satires, les neuf premières épîtres, les six chants du Lutrin, et à la fin, la x° satire avec un faux titre semblable au titre indiqué aux n°° 63 à 65, l'ode sur la prise de Namur et treize épigrammes ou autres petites pièces [1]. Dans le deuxième volume, on trouve d'abord l'Art poétique, le discours sur la satire, la lettre à Vivonne et le remercîment à l'Académie (pages 1 à 82); ensuite, sous une deuxième pagination (1 à 200) le Sublime et les réflexions critiques... Enfin, sous une troisième pagination (1 à 84, outre la table) les remarques de Boileau et de Dacier sur le Sublime, des traductions en vers latins de l'ode sur Namur, et quelques autres pièces de poésie latine par Rollin, Fraguier, Lenglet et La Landelle..

2. Il n'y a point d'achevé d'imprimer, l'édition étant faite sur le privilège indiqué au n° 48 (obs. 2°); mais elle est, 1° postérieure au 4 mars, puisqu'il y a une correction faite à un vers (513) de la satire x, n°° 63 à 65; 2° antérieure au mois de juillet, puisqu'elle est citée dans une lettre du 10 de ce mois, écrite de Bruxelles, par Arnauld (nous en donnons un fragment, t. III, p. 153, note 3); et vu l'empressement de notre auteur à envoyer ses ouvrages au *grand* Arnauld, tout annonce qu'elle n'avait paru que depuis peu de temps [2] (probablement au mois de juin).

3. Même observation que pour le n° 48, quant aux caractères, excepté que le discours au roi est rétabli ici en romains.

4. Outre les six gravures du n° 48 dont deux ont été déplacées, savoir celle des épîtres qu'on a mise en tête du même discours, et celle du premier chant du Lutrin qui l'a été au troisième chant, on trouve de plus dans l'édition de 1694 [3] avant les deux premiers chants du Lutrin, le tirage au sort des personnages chargés de relever le Lutrin, et l'apparition de la Nuit. La gravure du *tirage au sort*, quoique aussi médiocre que toutes les autres, est toutefois précieuse en ce que réduite sur une gravure in-4° [4] publiée en 1674

---

[1] Voyez au tome II, Poésies diverses, n°° 9, 13 et 16, et Epigrammes, n°° 5, 8, 9, 11, 12, 13, 17, 24, 25 et 27.

[2] Une autre circonstance le prouve encore. Le chanoine Maucroix, aussi ami de Boileau, ne reçut que vers le 20 août, l'exemplaire à lui envoyé par le poëte, comme cela résulte d'une lettre écrite de Reims par ce chanoine, le 6 septembre (elle est dans les papiers de Brossette).

[3] Ainsi M. de S.-S. se trompe lorsqu'il dit (I, vj) qu'elle offre les mêmes gravures que les deux éditions précédentes.

[4] D'autant plus que cette gravure in-4° a été adoptée par Boileau pour l'édition de 1701, in-4° (tout comme la gravure réduite de 1694 l'a été pour l'in-12

lors de la première édition du Lutrin, on peut croire qu'elle est fidèle, quant au *costume*, tandis qu'il est fort mal observé dans toutes les éditions de Boileau publiées jusqu'à ce jour.[1]

67 * ΔΙΟΝΥΣΙΟΥ ΛΟΓΓΙΝΟΥ ΠΕΡΙ etc... Traité du Sublime etc., traduit du grec de Longin par M. D***, in-12, Paris, Thiboust et Esclassan (*orig.*), 1694.

1. Le texte grec est ici en regard de la traduction, mais il n'y a ni notes ni avis.... L'édition est postérieure au numéro précédent, car elle contient des corrections faites dans ce même numéro.

2. Nous croyons qu'elle a été communiquée à Boileau, et qu'en conséquence, on peut la regarder comme originale, pour la traduction.

68. Dialogue ou satire X du sieur D***, dans le tome premier, partie troisième, p. 296 et suiv. du Recueil des pièces curieuses et nouvelles, petit in-12, La Haie, 1694 (voy. n°s 74 et 75).

Réimpression du n° 63 (v. même n° 75).

69. ** OEuvres diverses du sieur D*** etc., etc., 2 vol. petit in-12 de 366 et 276 pages (outre les préfaces et tables) Paris, Thierry, 1695.

Contrefaçon du n° 66... On y attribue aussi à Boileau, sous les n°s xi à xv, les cinq satires indiquées au n° 61 *a*.

70. * OEuvres diverses du sieur D*** etc., in-12 de 342 pages, Amsterdam, sans date.

Autre contrefaçon du n° 66, faite vers 1695, et où l'on a aussi inséré des ouvrages étrangers à Boileau.

71.* Dissertation sur la Joconde, à la fin des Contes de La Fontaine (Ire partie), petit in-12, Amsterdam, 1695.

Réimpression du n° 58.

72. * VIIIe réflexion critique, pages 5 à 41 de la Réponse à ces réflexions, par Perrault (voy. § 2, n° 38).

de la même année, 1701), et qu'elle était de l'un des meilleurs graveurs du siècle (Chauveau).

[1] Nous n'excepterions qu'une ou deux des estampes de l'édition de M. de Saint-Surin.

73. * OEuvres diverses du sieur D***, etc., 2 vol. in-12, de 236 et 272 pag. (outre les préfaces et tables), Amsterdam, 1695.

Belle réimpression du n° 66.. On y a ajouté d'après la 2⁵ édition du Ménagiana¹, la parodie du Cid, relative à Chapelain (Brossette l'a intitulée dans la suite, *Chapelain décoiffé*).

74. Ode de M. Des Préaux (*sic*) sur la prise de Namur, dans le tome IV, part. III, p. 331 et suiv. du Recueil des pièces curieuses et nouvelles, petit in-12, La Haie, Moetjens, 1695.

Réimpression du n° 62 (nous parlons de ce Recueil, § 2, n° 42).

75. Satire de M. Despréaux à Antoine son jardinier d'Auteuil, dans le même recueil, tome V, part. II, p. 197 et suiv., 1696.

1. C'est la première publication de l'épître XI. Elle dut avoir lieu à la fin de 1696, et elle fut presque aussitôt reproduite par Schelte (n° 76). Celui-ci dit, il est vrai, l'avoir imprimée sur une feuille volante, mais si l'on excepte l'intitulé, dont l'erreur dut facilement lui être dévoilée, son texte est tellement conforme, même pour les fautes, à celui de Moetjens, qu'ils ont évidemment travaillé d'après la même copie.

2. Quoi qu'il en soit, il est certain que ce n'est point sur une édition originale, vu les fautes grossières qu'ils ont commises (ils mettent par exemple au vers 12, PORTANT pour POUSSANT *la bêche...* au vers 24, PROJET pour PORTRAIT *de ses pensées;* etc); et l'on montrera d'ailleurs (n° 79 et 84) contre l'opinion de plusieurs éditeurs, que la première édition originale de l'épître XI ne parut qu'en 1698.

3. Il est évident que Moetjens se sera servi d'une copie recueillie pendant les lectures que Boileau faisait de cette épître. C'est ce qui donne précisément quelque valeur à son édition, car si l'on excepte les fautes dont nous avons parlé et les erreurs typographiques, on peut considérer les leçons où elle diffère de l'édition originale comme des premières compositions, d'autant plus que celles que Brossette indique se trouvent toutes dans Schelte et dans Moetjens. D'après cela nous avons dû recueillir celles qu'a négligées Brossette, et il en sera de même pour celles de l'édition de Rotterdam (n° 77).

4. Au reste, le recueil de Moetjens n'offre point, comme le croit M. de S.-S. (I, xxxvj), de semblables leçons pour la satire X et les épîtres X et XII, puisqu'elles n'y ont été publiées que sur les éditions originales (elles sont pages 481 à 504 du même tome V, qui dépendent de la cinquième partie, publiée en 1698).

¹ Voy. tome II, p. 489 et 490, les remarques nᵒˢ III et IV sur les pièces attribuées à Boileau.

76. * OEuvres diverses du sieur D***, etc., 2 vol. in-12 de 236
et 286 pages (outre etc.), Amsterdam, Schelte, 1697.

Belle réimpression du n° 73 (et par conséquent du Chapelain décoiffé). On
y a ajouté :

1° Une requête en faveur d'Aristote (aussi d'après le Ménagiana), opuscule
de Bernier, peu estimé de Boileau, dit Brossette (I, 237), ce qui n'a pas
empêché de l'insérer dans un grand nombre d'éditions, le plus souvent, sans
annoncer qu'il n'en était pas l'auteur. *Voy.* n°s 97, 129, 132, 133, 135, 136,
139, 143 a, 146, 150, 151, 157, 160, 163, 168, 186, 209, 216, 219, 220,
244, et notre tome III, p. 101, note 4, et p. 102, note 1.

2° L'arrêt burlesque relatif à Aristote.... (encore d'après le Ménagiana).
Peut-être cette publication aura-t-elle déterminé Boileau à donner lui-même
l'arrêt dans son édition de 1701 (n°s 89 et 90).

3° L'épître XI ou épître à son jardinier... Ajoutons aux remarques faites
au sujet de la première publication de cette épître, au n° 75, 1° que Schelte
ne se procura la copie manuscrite (ou peut-être la deuxième partie du Recueil de Moetjens) sur laquelle il publia la même épître, que lorsque son
édition des œuvres était presque achevée, c'est-à-dire vers la fin de 1696, ou
au commencement de 1697, car il n'en parle point dans l'avis au lecteur
(voy. n. 77, obs. 4°) et il se borne à la citer à la table sans même indiquer les
pages (160 à 162 du tome II) où elle se trouve... 2° qu'aussitôt que l'édition
originale des épîtres X, XI et XII, parut, c'est-à-dire, en 1698 (n° 79), il les
intercala par des duplications de pages, à la suite de l'épître IX, dans les
exemplaires non vendus (elles le sont dans le nôtre et manquent à celui de la
Bibliothèque du roi) et cela sans supprimer les pages (160 à 162) où était la
première publication de l'épître XI.

77. OEuvres diverses du sieur D*** etc., 2 vol. petit in-12 de
340 et 264 pages (outre les préfaces et tables), nouvelle édition
revue et augmentée, Rotterdam, 1697.

1. Réimpression du n° 66, mais postérieure à la précédente, et où d'ailleurs on a suivi souvent pour la prose, le texte des n°s 44 et 48.

2. On y a ajouté les mêmes satires qu'aux n°s 61 a et 69, et de plus celle
de Regnard contre les maris (nous l'indiquons, § 2, n° 40), de sorte que les
satires publiées sous le nom de Boileau, qui n'en avait alors donné que dix,
y sont au nombre de seize.

3. Même défaut de scrupule quant aux épîtres ; l'épître de Pradon à Alcandre, y est attribuée à Boileau, quoique ce soit une satire contre Boileau lui-
même (§ 2, n° 21).

4. On y trouve aussi l'épître XI, mais publiée avec moins de précipitation

qu'au n° 76 ; car elle est annoncée par une intercalation faite dans l'avis au lecteur, de Boileau, et les fautes typographiques ont été corrigées.

5. Le Chapelain décoiffé, ni l'arrêt burlesque ne s'y trouvent.

78. * OEuvres diverses du sieur D*** etc., 2 vol., petit in-12, Rotterdam, 1698.

Réimpression du numéro précédent.

79. ** Epîtres nouvelles du sieur D*** (les X , XI et XII), avec une préface; in-4° de 15 feuillets et sans pagination, Paris, Thierry (*édit. orig.*), 1698.

1. Le dernier privilège accordé à Boileau, en 1683, ne l'ayant été que pour les ouvrages qu'il avait alors *composés* comme on l'a dit, n° 48, il en fallut un nouveau pour les épîtres x à xii et leur préface. D'après l'extrait qui se trouve à la suite de la même préface, ce privilège fut délivré le 23 octobre 1697 et enregistré le 7 novembre suivant. Cela seul suffirait pour montrer que les épîtres x à xii n'avaient point paru en 1695, comme le disent Brossette et d'autres éditeurs, à son exemple; mais nous établissons ailleurs (n°ˢ 83 et 84; Table chronolog., p. 39; tome IV, p. 296, note 4), d'une manière encore plus positive, que la publication réelle n'en eut lieu qu'en 1698. [1]

2. Boileau se plaint dans l'avertissement, de ce qu'un *impertinent* vient de publier une édition fausse et incomplète (n° 82) de l'épître xii.

80. N. B. Ces trois mêmes épîtres furent, dit-on, aussi imprimées séparément in-12, la même année 1698.

1. Nous ne connaissons point cette édition, mais bien un cahier in-12 portant sur le premier feuillet (non paginé), en faux titre, ÉPITRES NOUVELLES et une pagination qui commence au 2ᵉ par le nombre 275. Or, l'avant-dernière page (la dernière est en blanc) du 1ᵉʳ volume de nos éditions de 1694 est numérotée 271... Il est donc clair que cette prétendue édition séparée n'est autre chose que le cahier annexé à l'édition de 1694-1698, dont nous parlerons au n° 84 ; cahier que le libraire en aura détaché pour le distribuer séparément d'après le désir manifesté par Boileau (Avertissement cité au n° 79).

2. Quoi qu'il en soit, l'impression de ce petit cahier est postérieure à l'impression de l'in-4°... Elle fut faite, selon toute apparence, d'après le conseil

---

[1] Cependant il est possible qu'on ait publié séparément l'épître xi, en 1697 (voy. n°ˢ 75, 76 et 77); mais alors cette publication aurait été faite sur une copie et sans la participation de l'auteur.

que Racine en donna à Boileau dans sa lettre du 20 janvier 1698 (tome IV, p. 306).

81. Epîtres de M. Despréaux à mes vers (*sic*), et sur l'amour de Dieu, dans le tome V, partie v, p. 490 et suiv. du Recueil de Moetjens (cité n°s 74 et 75), La Haie, 1698.

Réimpression du n° 79 (voy. même n° 75, obs. 4).

82. * Poème sur l'amour de Dieu à un abbé, in-12 de 12 pages, sans titre, lieu ni date.

C'est l'édition frauduleuse et prématurée de l'épître xii, dont Boileau se plaint dans son Avertissement (n° 79, obs. 2). Nous en parlons dans les notes de la préface de l'épître x (tome II, p. 123), et nous en rapportons des fragmens dans celles de l'épître xii. Aucun commentateur ne l'a citée.

83. Epître XII de M. Despréaux sur l'amour de Dieu, pages 179 à 189 du tome II, partie 3 de l'Apologie des Provinciales, in-12, Delft, 1698.

Réimpression de cette épître (voy. n° 79). On l'avait reçue, dit-on, dans l'avis, pendant l'impression de la xiie lettre apologétique, et comme celle-ci y est datée (p. 178) du 26 novembre 1697, c'est une nouvelle preuve que les épîtres x à xii ne purent paraître avant la fin de cette année-là.

84. ** OEuvres diverses du sieur D*** etc. (la suite comme au n° 66), 2 vol. in-12, Paris, Thierry (*orig.*), 1694 (-1698).

1. Nous possédons quatre tomes premiers de cette édition singulière, et nous n'en avons pas encore découvert un cinquième exemplaire dans les bibliothèques, soit de Paris, soit de plusieurs villes de département que nous avons examinées : il est par conséquent inutile d'ajouter qu'aucun commentateur n'a connu cette édition.

2. Quoique Racine et Boileau la qualifient d'édition nouvelle (car c'est évidemment de celle-là qu'ils parlent, le premier, dans sa lettre à son fils, du 7 juillet 1698 (La Harpe, Rac., VII, 452), et le second, dans sa lettre à Perrault, de 1700 (tome IV, p. 97), elle ne diffère de celle de 1694 que dans trois points, il est vrai assez importans; et c'est pour cela que nous la désignons par ce signe 1694-1698.

3. Voici le premier point de différence. Le cahier contenant les épîtres nouvelles (x à xii) avec leur préface dont nous avons parlé, n° 80, a été ajouté au premier volume en continuant la pagination de ce volume comme on l'a vu au même n° 80, de sorte que ce cahier, quoique imprimé en 1698 paraît l'avoir été en 1694.

Le privilège du 23 octobre 1697 dont il n'y a qu'un extrait dans les éditions séparées (n°ˢ 79 et suiv.) y a été également joint en entier, du moins dans l'un des exemplaires. Ce privilège est demandé, y est-il dit, par « *Nicolas Boileau sieur Despréaux...* » et dans la cession qui le suit, on dit aussi « le sieur Boileau sieur Despréaux », tandis que dans les anciens privilèges et anciennes cessions on parle seulement du *sieur D**** ; ce qui fait présumer que Boileau voulait dès-lors mettre son nom à ses ouvrages (voy. n° 90)... Mais il changea aussitôt de dessein, puisque dans les extraits et cessions du même privilège, publiés dans les autres exemplaires de divers formats il n'est plus question que du *sieur D****.

Le préambule énonce aussi que depuis le dernier privilège, Boileau ayant « travaillé à quelques pièces nouvelles qui ont attiré l'applaudissement et l'estime de personnes de mérite et de considération, il desirait les faire imprimer.. » Il est donc de plus en plus certain (v. n° 79), que les épîtres nouvelles (x à xii) n'ont point été publiées par lui avant la fin de 1697.. Mais ce qui achève de lever tous les doutes sur l'époque précise de leur publication, c'est la déclaration mise à la suite de la cession du privilège, et qui est ainsi conçue : *achevé d'imprimer pour la première fois, en vertu du présent privilége, le huitième janvier 1698.*

4. La troisième différence consiste dans la réimpression des pages 229 à 248, ce qui comprend les vers 275 à 738 et dernier de la satire x... Boileau s'étant réconcilié avec Perrault depuis l'édition de 1694 (n° 66), fit disparaître de la nouvelle édition le passage dirigé contre celui-ci dans quatorze vers (459 à 472) de la même satire, et il leur en substitua deux autres (voy. p. 250, sat. x, note du v. 460). Ce changement ne l'obligeait qu'à la réimpression des pages 235 à 248. Mais son espèce d'affection pour les vers *peu nobles* (309 à 328) qui terminaient le portrait de la femme avare et que Racine selon toute apparence lui avait fait supprimer (ci-apr., p. 239, note 5) se réveilla tout-à-coup, et il profita de l'occasion pour les rétablir [1] à la page 230, ce qui força à faire rétrograder la réimpression jusqu'à la page 229.

5. Boileau n'ayant fait que ces deux changemens (du moins nous n'en avons pas aperçu d'autres) dans cette édition de 1694-1698, nous devons en conclure qu'il approuvait alors toutes les leçons de l'édition immédiatement antérieure (1694, n° 66), ou au moins les leçons qui ne lui présentaient pas des fautes choquantes, car il eût sans doute saisi cette occasion pour faire disparaître les autres à l'aide des cartons, dont il a si souvent fait usage.

---

[1] Il n'attendit donc point pour cela la mort de Racine (1699) comme le disent d'Alembert (III, 166) et M. Amar; et le changement n'est pas non plus de 1701, comme le notent MM. de S.-S. et D.

NOTICES BIBLIOGRAPHIQUES. clix

84 *a*. *Dissertation sur la Joconde, p. 190 à 216 des Contes de La Fontaine, petit in-8, Amsterdam, 1699.

Réimpression du n° 50.

85. La même, p. 179 à 202, etc., pet. in-12, Amsterdam, 1700.

Réimpresssion du n 71.

86. * OEuvres diverses du sieur D*** avec le traité, etc., 2 vol. in-12, Amsterdam, Isaac et Pierre Savouret, 1700.

Nous reviendrons au n° 98 sur cette édition.

87. * OEuvres diverses du sieur D*** avec le traité, etc., 2 vol. in-12, sur l'imprimé de Paris, 1701.

Contrefaçon du numéro 66, à laquelle on a joint les six satires indiquées au n° 77, obs. 2.

88. ** OEuvres diverses du sieur D*** avec le traité etc., nouvelle édition augmentée de diverses pièces, avec les passages des poètes latins imités par l'auteur, 2 vol. in-12, Amsterdam, Schelte, 1701.

1. Cette édition qui est une copie du n° 66 augmentée des satires contre le mariage et les maltôtes, donna lieu au différend de Boileau avec les journalistes de Trévoux (voy. l'Essai, ch. III, n° 105).

2. Aux citations latines, l'éditeur qui paraît un littérateur instruit, a joint quelques notes explicatives (v. ci-apr. n° 109, obs. 1).

3. Le libraire (Schelte) l'a dédiée à Van Den Bempden, secrétaire de la ville d'Amsterdam, et il termine son épître par faire « au commencement, dit-il, de ce *nouveau siècle* (le xviii°) des vœux au ciel » pour le secrétaire et sa famille. Ces vœux ont été reproduits, même après plus de soixante ans, dans presque toutes les copies de cette édition (voy. n°s 109 et 147 *b*), quoiqu'elles n'indiquent point l'année (1701) où ils avaient pu être faits. C'est ce qu'on voit entre autres dans les éditions de 1762 et de 1766) n°s 150 et 151), dont les épîtres dédicatoires font encore mention du *commencement de ce nouveau siècle*.

89. ** OEuvres diverses du S^{r 1} Boileau Despréaux, etc., un vol. in-4° en deux parties, l'une de 446 pages (outre la préface)

---

[1] Cette abréviation assez singulière est aussi dans l'édition suivante, in-12 (elle a été répétée dans celles de 1702, 1707, 1708, 1713, 1741, 1745, 1758 et

et l'autre de 200 (outre la table du Traité du Sublime), Paris, Thierry [1] (*édit. or.*), 1701.

1. Ici Boileau est revenu aux caractères italiques pour les vers (excepté pour les intercalations).

2. On y trouve les deux estampes de l'édition de 1674, in-4° (n° 33), et de plus une troisième pour le tirage au sort (nous en avons parlé n° 66, obs. 4).

3. Il n'y a point *d'achevé d'imprimer*, mais on sait par la correspondance (tome IV, p. 339) que l'édition parut au mois de mars.

90. ** OEuvres diverses du Sr Boileau Despréaux, etc., 2 vol. in-12, le premier de 384 pages, outre la préface; le deuxième, de 142 et de 263 pag.; Paris, Thierry [2] (*orig.*), 1701.

1. Les caractères romains y ont été substitués aux italiques. [3]

2. Mêmes estampes qu'au n° 66 et de plus les trois suivantes (à la tête des chants IV, V, et VI du Lutrin): Destruction du Lutrin.. Consultation de la Sybille par Sidrac... Plaintes de la Piété et des Vertus théologales à la Justice. [4]

3. Cette édition, sans contredit la plus précieuse de toutes celles de Boileau, n'a pas été connue de la plupart des commentateurs, du moins ils n'indiquent pas les leçons dont on va parler (obs. 5).

4. Les n°^{s} 89 et 90 contiennent, outre les ouvrages indiqués aux n°^{s} 66 et 84, la satire XI; vingt nouvelles épigrammes ou autres petites pièces; l'arrêt relatif à Aristote (n° 76); les lettres à D'Ericeyra et à Perrault; la lettre d'Arnauld à Perrault; les remarques de Boivin sur Longin, et une nouvelle préface (la VIe et dernière).

5. Ces mêmes n°^{s} 89 et 90 forment ce que Boileau nomme (même préface, p. 24) sa dernière édition, son *édition favorite* (c'est en effet la dernière faite de son vivant, et la première où il ait mis 5 son nom)... Toutefois le

1760, A.; 1713, B.; 1720, R.)... Toutes les éditions antérieures à 1701, même les contrefaçons, portent *Sieur* (nous en parlons, note 5).

[1] Des exemplaires portent le nom de la veuve Barbin.

[2] Tous nos exemplaires, au nombre de neuf, portent le nom de ce libraire.

[3] M. de S.-S. (I, viij) se trompe lorsqu'il dit que dans les éditions de 1701, il n'y a que la prose qui soit en caractères romains.. Cela n'est exact que pour l'édition in-4° (no 89).

[4] M. de S.-S., ib., vj et vij, ne parle pas des estampes. Toutefois l'une d'elles au moins est utile à connaître. V. l'Essai, chap. I, no 21.

[5] Soit dans le titre, soit dans les œuvres, car son nom ne se rencontrait point jusque-là dans ses vers, comme le croit M. D. (Journ. des Savans, 1828, p. 229), et nous observons ailleurs (tome II, p. 23, n. 1) que c'est là une des leçons omises jusqu'à ce jour. — Boileau l'avait tu, dit-il (même préface) par pure

n° 90 n'a été achevé d'imprimer que quatre mois (en juillet) après le n° 89 (tome IV, p. 343 à 345)... Aussi des fautes commises même dans la préface de celui-ci, telles que dans l'orthographe du nom d'Arnauld, en ont disparu, quoique les feuillets qui les contiennent ne soient pas des cartons, et, ce qui est plus important, on y trouve plusieurs leçons nouvelles (*voy.* entre autres tome I, p. 25, note 7; 276, note 1; tome II, p. 126, note 1; tome III, p. 290, note 4, 366, note *b*).

91. * Epistola Gallica CL. V. N. Boileau Despréaux, ad D. Arnaldum etc., in latinam conversa etc... Epistre (la IIIe) de M. Boileau Despréaux etc. (par P. Lefebvre), in-4° de sept pages doubles, sans lieu ni date.

91 *a.* Epistola etc... Epistre (la IIIe) etc. (par Vandebergue), in-4° également de 7 pages doubles, sans lieu ni date.

Ces deux traductions paraissent avoir été publiées peu après l'édition de 1701 (n° 90), qui, en général, leur a servi de type pour le texte français.

92 ** OEuvres diverses du Sr Boileau Despréaux etc., avec les passages des poètes latins imités par l'auteur, 2 vol. petit in-8, Amsterdam, Schelte, 1702.

Très belle réimpression du n° 89 à laquelle ont été ajoutés ces passages, le Chapelain décoiffé et les diatribes contre le mariage et les maltôtes (n° 20).

93. * Satires du sieur Boileau, in-12 de 84 pages, Cologne, Raphael Vanbel (sans date, mais évidemment de 1702).

Quinze satires... Les neuf premières sont imprimées d'après le n° 26; la xe qui n'est autre que la xie (la véritable xe manque), d'après l'in-12 de 1701 (n° 90); les xie à xve sont prises dans les satires attribuées (n°s 69 et 77).

93 *a.* * OEuvres diverses du sieur D*** avec le traité etc., 2 vol. petit in-12, Amsterdam, Desbordes, 1703.

Réimpression du n° 77, et par conséquent, des seize satires qui y sont indiquées (obs. 2), et auxquelles on a négligé de joindre la satire xi, quoique publiée depuis deux ans (n° 90, obs. 4).

---

modestie... Peut-être est-ce par la même raison qu'il a, comme on l'a dit (n. 89, note 1), abrégé le mot *sieur* dans celle-ci.

Ajoutons que quelque liberté que se permissent envers lui les éditeurs étrangers et les contrefacteurs, puisqu'ils persistaient, malgré ses désaveux, à lui attribuer plusieurs ouvrages, ils n'avaient pourtant imprimé son nom que huit fois (n. 9, 20, 41 *a*, 65 *a*, 74, 75, 81 et 83).

93 *b*. Dissertation sur la Joconde etc., p. 188 à 213 des Contes de la Fontaine, 2 vol. gr. in-12, Amsterdam, 1704.

Réimpression du n° 85.

94. Epistola CL. V. N. Boileau Despréaux de Amore divino conversa è Gallico in latinum authore B. Grenan etc... Epistre de monsieur Boileau Despréaux (la XII°), in-12 de 13 pages doubles, Paris, Thiboust, 1706.

Le texte français a été puisé quelquefois dans l'édition de 1698, le plus souvent dans celle de 1701 (n°s 84 et 89). Nous parlerons du traducteur au n° 95 *b*.

94 *a*. Dissertation sur la Joconde etc., à la fin du tome I des Contes de La Fontaine, 2 vol. pet. in-12, Amsterdam, 1707.

Réimpression du n° 93 *b*.

94 *b*. Epistola perillustris viri Nicolaï Boileau Despréaux, (la VI°) ad D. de Lamoignon, è gallicis metris in latina conversa (par Mich. Godeau), petit in-12 de 24 pages, Paris, Quillau, 1707.

Le texte français a été aussi puisé dans l'édition de 1701.

95. * OEuvres diverses du Sr Boileau Despréaux etc., avec les passages etc., 2 vol. in-12, Amsterdam, Schelte, 1707.

1. Même remarque qu'au n° 92, excepté qu'on a supprimé ici les diatribes contre les maltôtes et le mariage, et ajouté la réponse de Boileau à Arnauld; réponse dont Schelte « a eu le bonheur, dit-il (*préf., p. xv*) qu'un ami lui ait fait présent... » Ce qu'il y a de certain, c'est qu'elle est conforme au texte original, tandis que celle qu'ont donné Brossette et les autres éditeurs en diffère fort souvent, comme nous le remarquons, tome IV, p. 57 à 63.

2. On voit que Saint-Marc (I, 483) et M. de S. S. (IV, 250) se trompent lorsqu'ils disent que cette réponse fut publiée pour la première fois dans l'édition de 1713.

95 *a*. * OEuvres diverses du Sr Boileau Despréaux, avec le traité etc., 2 vol. petit in-12, Amsterdam, Schelte, 1708.

Réimpression fort médiocre du n° 92, augmentée de plusieurs pièces étrangères à Boileau. Ainsi, quoiqu'il n'eût jusqu'alors composé que onze satires, on lui en attribue dix-sept, en réunissant sous les n°s XII à XVII, diverses pièces publiées partiellement dans d'autres éditions, c'est-à-dire, les satires contre le mariage, les maltôtes, les moines, les confesseurs, les abbés et les maris (voy. n°ˢ 20, 61 *a*, 69, 77 et 93 *a*), et cela, tout en convenant que Boileau les avait désavouées... C'est ainsi qu'on lui attribue encore l'épître publiée contre lui par Pradon (même n° 77).

2. Le n° 95 *a* et ses sept copies (n°ˢ 111 *a*, 125, 130 *a*, 137, 140 *a*, 148 *a* et 149 *a*) sont les seules éditions du xviii et du xix° siècles où nous ayons trouvé le véritable texte du vers 7 de l'épitre x et du vers 67 de l'ode sur Namur [1], et également les seules (à l'exception des éditions de 1708, 1732 et 1736, n°ˢ 97, 129 et 132, et de la traduction de 1709, n° 97 *b*) où soit celui du vers 126 de la satire xi.... c'est qu'on y a suivi le texte du n° 90, dernière édition revue par Boileau.

95 *b*. Epistolæ duæ CL V. Nicolaï Boileau Despréaux è gallico idiomate in latinum conversæ authore B. Grenan... Epistres de M. Boileau Despréaux à son jardinier et à ses vers, in-12 de 32 pages, avec deux paginations doubles, Paris, 1708 (Bibl. de M. Raynouard).

1. Ces traductions sont précédées d'un envoi à Boileau, en vers latins.... Nous en fixons la date à l'année 1708, d'après diverses considérations qu'il serait trop long d'exposer... Le texte français est celui de 1701, in-4° (n° 89).

2. Grenan était alors professeur de seconde au collège d'Harcourt (il le fut ensuite de rhétorique, et mourut en 1723, à 42 ans... *Moréri*).

96 * Plutei è gallico in latinum conversi liber quintus authore D. Bizot... Le Lutrin de M. Boileau Despréaux, liv. V, in-12 de 23 pages, Paris, Billiot, 1708.

On a suivi ici pour le texte français, l'édition de 1701 (n° 89).. Nous parlerons de la traduction et du traducteur au n° 155.

97 * OEuvres diverses du Sr Boileau Despréaux, etc., avec les passages latins imités etc., in-12 de 394 pages, Amsterdam, Schelte, 1708.

Poésies, avec le Chapelain décoiffé, les satires contre les maltôtes et le mariage, la requête et l'arrêt relatifs à Aristote... On y a ensuite ajouté par des intercalations de pages, la satire xii et diverses épigrammes... la satire xi y a été imprimée d'après l'in-12 de 1701 (n° 90).

---

[1] Ainsi, dans notre tome II, p. 126, note 1, ligne 3, au lieu de « *excepté Schelte*, 1741, » et p. 415, note 2, ligne 3, au lieu de « *toutes les suivantes sans exception* », il faut lire « *sous les exceptions indiquées, tome I, Not. bibl.* « §. 1, n. 95 *a*. ».

97 *a*. Dissertation sur la Joconde etc., p. 211 à 236 du t. I des Contes de La Fontaine, Amsterdam, 1709.

Réimpression du n° 50.

97 *b*. Satira XI per illustris viri Nicolaï Boileau Despréaux è Gallicis numeris in latinos translata (avec le texte en regard), pet. in-12 de 36 pages, Paris, Quillau, 1709.

Le texte français a été puisé dans le n° 90.

97 *c*. Satyræ ex gallicis clarissimi viri Nic. Boileau Despréaux, authore Antonio Hennegrave è collegio Mazarineo (Satires III et IX, le repas et le poète à son esprit), in-16 de 47 pages, Paris 1710 (Bibl. de M. Raynouard).

Texte français de 1701, in-12 (n° 90)... Il n'y a point de notes.

98 * OEuvres diverses du Sieur D*** avec etc., 2 vol. in-12 de 420 et 400 pag., Amsterdam, Isaac et Pierre Savouret, 1710.

Il est probable d'après l'identité des caractères et des libraires, que le n° 98 est une réimpression du n° 86, et que celui-ci, dont nous ne connaissons que le second volume (il a 370 pag.), en était une du n° 77, car le n° 98 contient absolument les mêmes pièces que le n° 77, et entre autres seize satires quoique Boileau, on l'a dit, n'en eût alors publié que dix. Ce qu'il y a de plus étrange, c'est que les Savouret, en persistant ainsi pendant dix ans à attribuer à Boileau, six satires dont il n'était pas l'auteur, aient omis, en 1710, d'y joindre sa satire XI publiée neuf ans auparavant (n°s 89 et 90).

98 *a*. Satire douzième de M. Boileau Despréaux sur les équivoques, in-12 de 20 pages, 1711 (Bibl. de Grenoble).

1. Voilà la seule édition de la satire XII où nous ayons vu l'indication du sujet au pluriel (les équivoques), ce qui nous fait présumer que c'est la première qu'on ait publiée de cet opuscule, les éditeurs postérieurs aux deux éditions de Paris, n°s 99 et 100, ayant dû se modeler sur leur intitulé.

2. Celle-ci fut publiée en 1711, d'après son avertissement, et selon toute apparence, à Amsterdam.

98 *b*. Satire XII, in-8, 1711 (V. ci-après le Supplément).

99. * Satire XII, sur l'équivoque, par M. Boileau Despréaux, in-4° de 20 pages, 1711, sans lieu.

100. ** Satire XII, sur l'équivoque, par M. Boileau Despréaux, grand in-12 de 22 pages, 1711, sans lieu.

1. En tête des n°s 99 et 100 se trouve le discours de l'auteur pour servir d'apologie à cette satire, et à la fin, il y a deux épigrammes contre les journalistes de Trévoux (n^{os} xxxv et xxxvi de notre édition, tome II, p. 471).

2. L'un des n°s 99 et 100 est probablement l'édition de la satire xii que Desmaiseaux (p. 285) annonce avoir été faite secrètement après la mort de Boileau. Il nous a du moins paru certain d'après leurs caractères et leur exécution typographique, que l'un et l'autre sont sortis des presses de Billiot, que notre auteur (tome IV, p. 495) avait chargé de publier cette satire, et que, par conséquent, on peut les regarder comme en étant les éditions originales.

101. ** La dixième sœur des satires de M. Boileau Despréaux, petit in-12 de 12 pages, sans date ni lieu.

C'est la satire xii, imprimée sur une copie peu correcte. L'éditeur l'a nommée mal-à-propos dixième... Toutefois il était si persuadé d'avoir été exact sur ce point qu'au mot *onze* (sœurs) du vers 20, il a substitué le mot *neuf*, quoique le vers fût par-là réduit à *onze* syllabes.

102. OEuvres posthumes de M. Boileau Despréaux etc., enlevées du cabinet de l'auteur après sa mort, petit in-8° de 37 pages, Amsterdam, 1711.

Des sept pièces qui composent ces prétendues œuvres enlevées, etc., les deuxième et septième (l'épitaphe d'Arnauld et la satire xii) sont seules de Boileau. Les autres sont des ouvrages de Sanlecque, etc.

103. Satire XII sur l'équivoque et autres ouvrages posthumes de M. Boileau Despréaux, petit in-12 de 46 pages, 1712, sans lieu, mais avec le type de la sphère.

1. Cette édition paraît évidemment d'après les caractères, les notes, etc., avoir été faite à Paris, à l'exception du frontispice qu'on aura fait exécuter à l'étranger, sans doute, pour se mettre à l'abri de quelques poursuites.

2. Elle contient, outre l'avis du libraire, le discours apologétique de la satire xii, cette satire, l'épitaphe d'Arnauld, trois épigrammes contre les journalistes de Trévoux (n^{os} xxxv à xxxvii de notre édition), la lettre de Boileau sur son entrevue avec le P. La Chaise (t. IV, p. 299 et suiv.), enfin deux petites pièces de Racine et de La Fontaine sur Arnauld et sur Escobar.

104. * OEuvres posthumes de M. Boileau Despréaux etc., enlevées, etc., petit in-8 de 40 pages, Amsterdam, 1712.

Réimpression du n° 102, mais avec quelques corrections.

105. * Satire XII de M. Boileau Despréaux sur l'équivoque,

suivie de quelques autres pièces curieuses, in-12 de 36 pages, 1713, sans lieu (Amsterdam).

Réimpression du n° 103 augmentée d'une pièce de vers intitulée l'*Apothéose* de Boileau.

106. * OEuvres diverses du Sr Boileau Despréaux etc., avec les passages des auteurs latins imités par l'auteur, 2 vol. in-12 de 316 et 344 pages, Bruxelles, 1713.

Belle réimpression du texte du n° 89 et des notes du n° 88.

107. ** OEuvres de Nicolas Boileau Despréaux, nouvelle édition revue et augmentée, deux parties formant un vol. in-4 de 774 pages [1], outre une préface, un discours et un avertissement (nous en parlons, n. 108, obs. 6), Paris, Billiot, 1713 (*édit. orig.*).

108. ** OEuvres de Nicolas Boileau Despréaux, nouvelle édition revue et de beaucoup augmentée, 2 vol. in-12 de xlviij, 558, et 568 pages, Paris, Billiot, 1713 (*édit. orig.*).

1. Le privilège des n°s 107 et 108 est du 26 avril 1711 [2] et l'enregistrement du 10 juillet suivant.

2. Boileau venait de commencer une nouvelle édition vers la fin de 1710 (v. t. IV, p. 465, note 2), mais ses ennemis ayant obtenu une défense d'y insérer la satire XII, « il aima mieux, dit Desmaiseaux p. 282 à 285 (il y donne le récit de cette intrigue, dont nous parlons aussi, § 2, n° 53), *supprimer entièrement* cette édition que de la mutiler. » [3]

Quelques personnes disent aujourd'hui que l'édition de 1713 est cette même édition que Valincourt et Renaudot reprirent après la mort de Boileau (13 mars 1711). On serait autorisé à regarder ce récit comme apocryphe, si l'on réfléchit que l'avis du censeur destiné à *autoriser l'impression*, n'est que du 7 nov. 1712, et quoique ce censeur soit Renaudot lui-même, il est douteux qu'il eût voulu

---

1 Des exemplaires sont divisés en deux volumes (ou parties).

2 Louis XIV y dit : « comme cet auteur nous a fait, à notre satisfaction, la *lecture* de la plus grande partie de ses ouvrages, nous accorderons volontiers le privilège nécessaire pour les donner au public ». — M. de S.-S. (I, viij) voit dans ceci un nouveau témoignage de l'estime de Louis pour Boileau (on en a rapporté un autre, n. 33); mais on peut y voir aussi une intention d'empêcher qu'on ne publiât les ouvrages non *lus*, tels que la satire XII.

3 On pourrait aussi l'induire de ce passage de son testament (tome IV, Pi.-just., no 209 g) : « l'ouvrage sur l'équivoque, qu'il *voulait* comprendre dans « une nouvelle édition... »

s'exposer sans utilité aux risques inséparables d'une imputation de faux... Admettons en toutefois l'exactitude, cette édition ne mériterait quelque confiance que jusqu'au point où Boileau l'avait interrompue; encore cela est-il susceptible de beaucoup de restrictions, si l'on se rappelle l'usage où il était de faire souvent ses corrections au moment du tirage (n° 37, obs. 3), et l'on convient d'ailleurs (M. de S.-S., I, vij) que l'édition de 1713 est moins correcte que celle de 1701 [1].

Mais dans la même hypothèse, quel est l'endroit de l'édition où Boileau s'arrêta? Suivant Desmaiseaux (ibid), ce fut à la cinquième feuille, ce qui conduirait pour l'in-4°, au 78° vers de la satire VI, et pour l'in-12, au 92° vers de la satire VIII... Nous serions tentés d'assurer que Boileau ne revit les épreuves que de la première pièce (Discours au roi), parce qu'on trouve dans la suivante une faute (nous l'indiquons, p. 73, note 2) trop grossière pour qu'elle lui fût échappée, ou qu'il ne l'eût pas au moins corrigée dans un carton [2].

3. Nous avons déjà parlé (Avertissement de ce volume, n° II) des notes de cette édition... c'est peut-être ce qu'elle offre de plus précieux; car si l'on en excepte un fort petit nombre dont la rédaction décèle la main de ses éditeurs, il paraît certain que ces notes sont de Boileau lui-même. La chose est d'abord hors de doute pour les notes de la partie de cette édition dont les manuscrits existent encore (nous les indiquons, § 2, n° 139) et il n'y a aucune raison de croire que les éditeurs aient été moins scrupuleux pour les autres parties.

4. Cette édition comprend tous les ouvrages indiqués aux n°s 89 et 90 à l'exception des épigrammes sur Agésilas et sur Attila (n°s VI et VII de notre édition). On y a ajouté 1° sous le titre d'épigrammes nouvelles, plusieurs pièces de poésies mêlées; 2° le prologue d'opéra précédé d'un avertissement; 3° et 4° les discours sur les inscriptions et sur le dialogue des héros de Roman; 5° ce dialogue; 6° les trois dernières réflexions critiques sur Longin; 7° la lettre à Racine, dont on a parlé au n° 103; 8° les lettres à Arnauld, à Leverrier et à Maucroix, de 1694, 1703 et 1695 (il y a en tout, huit lettres); 9° trois fragmens de Longin fournis par Boivin.

---

[1] Aussi en cas de doute, n'hésitons-nous point à préférer les leçons de 1701 à celles de 1713. On peut consulter entre autres, tome I, p. 20, note 4; p. 23, note 1; p. 25, note 7; p. 26, note 3; p. 123, note 7; tome II, p. 94, note 2; p. 121, note 2; p. 223, note 8; tome III, p. 50, note 2; p. 109, note 8; p. 366, note *b*; etc.

[2] Nous en citons de non moins grossières, tome I, p. 273, note 2; tome II, p. 60, note 4; 173, note 2; 216, note 1; 327, note 2; 372, note 4; tome III, p. 101, note 4; p. 222, note 2; 274, note 1.

5. A l'égard des épigrammes nouvelles, on peut noter deux ou trois circonstances assez singulières qui paraissent avoir échappé à tous les commentateurs. Des exemplaires du format in-4°, sans doute ceux d'un premier tirage, en comprennent vingt, dont la première est dirigée contre les jésuites de Trévoux (ce nom est remplacé par des **, mais la rime le fait aisément deviner) et la sixième qui les concerne aussi, mais sans désignation positive, est relative à l'épître XII (ce sont nos nos XXXV et XXXVI, tome II, p. 471 à 473).

Dans d'autres exemplaires du même format et dans ceux de l'édition in-12, il n'y en a plus que dix-huit; les deux mêmes épigrammes y ont été supprimées, ce qui a obligé de réimprimer sept pages de l'in-4° (330 à 335) en y glissant des espaces plus forts et des vignettes plus hautes... On peut juger par là combien on redoutait les adversaires de Boileau.

6. A la suite de la préface, on trouve le discours prononcé par Valincourt à la réception de d'Estrées, contenant l'éloge de Boileau, et un avertissement des éditeurs sur la dixième réflexion critique.

109. * OEuvres de Nicolas Boileau Despréaux, 2 vol. petit in-8°, Amsterdam, Schelte, 1713 (épître du 31 juillet).

1. Belle réimpression du n° 108, augmentée 1° de la satire XII; 2° des quatre épigrammes supprimées (n° 108, obs. 4 et 5); 3° de l'épitaphe d'Arnauld; 4° d'une réponse de Maucroix; 5° de trois pièces de Huet et Le Clerc sur le Sublime (Brossette, on le verra, n° 113, a ensuite publié ces divers morceaux); 6° des passages latins et des notes du n° 88, auxquelles l'éditeur de 1713 (c'est peut-être le même) en a ajouté plusieurs assez curieuses (aucun commentateur n'a cité ni les unes ni les autres).

2. On a souvent réimprimé séparément et pour l'ordinaire sous le titre de *Satires et œuvres diverses*, le texte et les notes du tome I de cette édition, en y joignant la requête et l'arrêt relatifs à Aristote, les héros de roman (n°s 76 et 89); les satires contre le mariage et les maltôtes (n° 20), et les poésies de Sanlecque... c'est ce qu'on a fait entre autres dans les éditions n°s 129, 133, 134, 139, 143 a, 144, 144 a, 146, 147 b, 149, 150, 151, 159, 162, 163, 168, 186 et 190, qui, grâce à leur type, offrent dans plusieurs passages, un texte plus pur que presque toutes les éditions postérieures à celle de 1713.

110. * Dialogue ou satire X du sieur D***, petit in-12 de 108 pages, Paris, Thierry, 1714.

Réimpression du n° 63 augmentée des satires citées n° 61 a.

111. * OEuvres de Nicolas Boileau Despréaux, 2 vol. petit in-8°, Amsterdam, Mortier, 1715.

Réimpression du n° 109.

111 *a*. * OEuvres diverses du S^r. Boileau Despréaux avec le traité etc., 2 vol. petit in-12, Amsterdam, Schelte, 1715.

1. Réimpression littérale du n° 95 *a*. Ainsi, l'on ne trouve point dans le n° 111 *a*, non plus que dans les n°^{s} 125, 130 *a*, 137, 140 *a*, et 149 *b*, qui sont aussi des copies du n° 95 *a*, les pièces nouvelles, entre autres la satire xii, publiée dès 1711 (n° 99 et suiv.), quoiqu'il y ait, comme dans le n° 95 *a*, dix-sept satires, et treize épîtres (au lieu de douze)... Mais par une sorte de compensation, l'on y trouve (voy. n° 95 *a*), pour quelques vers, un texte plus pur que dans toutes les autres éditions publiées après 1713.

111 *b*. * OEuvres de Nicolas Boileau Despréaux, 2 pet. in-8°, Liége, 1715.

Réimpression du n° 108, à l'exception des remarques finales du Traité du Sublime.

111 *c*. Epître II, traduite en latin, et satire VI, traduite en grec, avec le texte en regard, p. 237 à 255 du tome IV du Ménagiana, Paris, 1715.

Le traducteur est probablement La Monnoie; il a pris pour texte l'édition de 1694.

112. Satire de M. Boileau Despréaux sur l'équivoque, suivie etc., (le reste comme au n° 105), petit in-8° de 47 pages, Cologne, Marteau, 1716.

Réimpression du n° 105, augmentée de la traduction d'une épigramme de Santeul sur la translation du cœur d'Arnauld (nous la donnons, t. II, p. 488).

112 *a*. OEuvres de Nicolas Boileau Despréaux, 2 pet. in-8, Liége, 1716 (Bibliothèque de M. Foye).

Réimpression du n° 111 *b*.

112 *b*. * OEuvres posthumes de M. Boileau Despréaux etc., in-12 de 48 pages, Rotterdam, 1716.

Des dix-neuf pièces qui composent ce recueil, cinq seulement sont de Boileau, la satire xii, l'épitaphe d'Arnauld et les épigrammes xxxv, xxxvi et xxxvii de notre édition (tome II, p. 444 et 471 et suiv.). Les autres sont des traductions de psaumes, des portraits, une apothéose de Boileau, une satire du P. Sanlecque, etc.

113. * OEuvres de M. Boileau Despréaux avec des éclaircissemens donnés par lui-même, 2 vol. in-4° (l'un pour les vers, l'autre pour la prose), Genève, 1716 (édition de Brossette).

1. Quoiqu'il y ait bien des fautes dans cette édition [1], elle peut être placée immédiatement après les éditions originales, parce que Brossette a reçu de Boileau une partie de ses documens, et qu'il en est une foule qu'on ne doit qu'à lui seul. Cependant Saint-Marc (n° 142) et la plupart des éditeurs suivans ont supprimé le nom de Brossette à la fin de beaucoup de notes qui n'étaient que des copies ou des extraits des siennes... Nous nous ferons un devoir de le rétablir lorsque nous rapporterons, même en abrégé, ses remarques; à l'exception toutefois de celles où il a reproduit les notes de l'édition de 1713 (n°s 107 et 108), sans les citer, et en en changeant la rédaction, comme nous l'observons, tome III, p. 481, n° 19. D'ailleurs, en remplissant ce devoir nous éviterons l'inconvénient dans lequel sont tombés les copistes de Brossette, celui de s'approprier ses erreurs, et il en a commis un assez grand nombre (nous relevons les plus remarquables, tome III, p. 466 à 498).

2. C'est la première édition de Boileau où l'on trouve des observations ou des remarques sur le texte, que l'on puisse qualifier de *Commentaire*. Ainsi J.-J. Rousseau s'est trompé (OEuvr., 1824, XI, 298) lorsqu'il a dit que Boileau est le seul [2] auteur qui ait eu un commentateur de son vivant.

3. Brossette a joint aux ouvrages indiqués, n°s 107 et 108, la satire XII (n°s 99 et suiv.), plusieurs lettres ou épigrammes, la dissertation sur la Joconde et, sous le titre (il est dans sa table, I, xxviij) de *Poésies auxquelles Boileau a eu part*, le Chapelain décoiffé, ainsi que la Métamorphose de la perruque de Chapelain, en comète. Il paraît tellement satisfait de ces deux mauvaises farces qu'il s'attribue l'honneur (ceci résulte des signes de sa table) de les avoir publiées le premier, ce qui n'est exact que pour la seconde (la première est aux n°s 5, 76, 77, 92, 106 et 109). Au reste, il pouvait et devait d'autant mieux se dispenser de donner la Métamorphose, que Boileau n'y a pas eu la plus légère part, tandis qu'il a fait à-peu-près la soixante deuxième partie de l'autre pièce (4 vers sur 250).

4. Ce qui paraît vraiment incroyable, lorsque l'on pense à son admiration sans bornes pour Boileau, Brossette a terminé son édition par un sonnet pitoyable mais très méchant, composé contre Boileau, à l'occasion de la satire XII, par un avocat de Vienne, nommé de Nantes.

---

[1] Entre autres exemples, nous citerons ceux que nous donnons tome I, p. 24, note 2; 114, note 2; 121, note 4; 137, note 3; 154, note 1; 240, note 1; 257, note 5..... Tome II, p. 30, note 1; 40, note 4; 57, note 1; 150, note 3; 429, note 3..... Tome III, p. 6, note 2; 11, note 2; 16, note 1; 20, note 1; 29, note 2; 149, note *e*; 155, note 4; 310, note 1; 365, note *b*; 413, note 1; etc., etc.

[2] Un autre écrivain français, le fameux Ronsard, avait déjà eu cet honneur, puisque le commentaire de ses *Amours*, par Belleau et Muret, fut publié en 1578, sept ans avant la mort de ce *prince des poètes* (il est ainsi qualifié dans plusieurs éditions de ses œuvres).

5. Les gravures sont très médiocres si l'on excepte les portraits de Boileau et du régent à qui l'édition est dédiée par les libraires.

114. * OEuvres de M. Boileau Despréaux etc., 4 vol. in-12 (deux pour les vers, et deux pour la prose), Genève, 1716.

Réimpression du n° 113.

114 a. * OEuvres de Nicolas Boileau Despréaux, 2 vol. petit in-8°, Amsterdam, Mortier, 1717.

Réimpression du n° 111. On y a intercalé sous les n°ˢ xiii et xiv, et avec une pagination particulière, les satires contre les maltôtes et le mariage.

115. * OEuvres de M. Boileau Despréaux avec des éclaircissemens, etc., 4 vol. in-12, Amsterdam, Mortier, 1717.

Réimpression du n° 114.

116. * OEuvres de M. Boileau Despréaux avec des éclaircissemens etc., 4 vol. in-12, Amsterdam, Westein, 1717.

Autre réimpression du n° 114. Le tome I finit avec l'épître vi.

117. * OEuvres de Nicolas Boileau Despréaux avec des éclaircissemens, etc., nouvelle édition etc., augmentée de diverses remarques (par Dumonteil), fig. de B. Picart, 2 vol. in-4°, Amsterdam, Mortier, 1718.

Réimpression de l'édition de Brossette, n° 113.. Les remarques de Dumonteil sont indiquées par des signes particuliers... Il a mis à la fin du tome I, trois pièces de l'avocat de Nantes, savoir le sonnet cité n° 113, un autre sonnet à la *louange* de Boileau, et une excuse d'avoir composé ces deux sonnets.

118. OEuvres de Nicolas Boileau Despréaux etc., 2 vol. in-fol., fig. de Picart, Amsterdam, Mortier, 1718.

1. Même édition que le n° 117, excepté le format.

2. « Les exemplaires, dit M. Quérard (*France littéraire*, 1827, I, 375), qu'on en a tirés sur grand papier sont tellement rares, qu'on n'en connaît que quatre, dont le prix est de 2200 à 2400 fr. » (On nous a assuré que ce prix est même plus élevé... Un de ces exemplaires fait partie de la précieuse bibliothèque de M. Renouard père).

119. * OEuvres de M. Boileau Despréaux, 4 vol. in-12, Amsterdam, Westein, 1720.

Réimpression du n° 116.

120. * OEuvres diverses du sieur Boileau Despréaux, nouvelle édition augmentée de diverses satires et autres pièces nouvelles, in-12 de 384 pages, Rotterdam, 1720.

Réimpression faite entre 1701 et 1711 (car la satire xii n'y est pas), de la contrefaçon de 1695 (n° 70) augmentée de la satire xi (on l'a imprimée sur l'in-12 de 1701, n° 90). A la suite sont (n°s xii à xvi) les satires contre les gens d'église (c'est-à dire contre les maltôtes), le mariage, les moines, les abbés et les maris, et l'on a l'audace d'y faire dire à Boileau, dans sa préface, qu'il a ajouté à cette édition *sa satire contre les gens d'église*... On lui attribue aussi une treizième épître (l'épître à Alcandre, dont nous avons parlé n° 77).

121. * OEuvres de M. Boileau Despréaux avec des éclaircissemens etc., 2 vol. petit in-8° distribués en 4 parties (la première finit avec l'épître v), Amsterdam, Brunel, 1721.

Réimpression du n° 116. A la fin du tome I, on donne sous une pagination séparée, les satires contre le mariage, les maltôtes, les moines, les directeurs et les abbés (*voy.* n° 120).

122. * OEuvres de M. Boileau Despréaux, avec des éclaircissemens etc., 4 vol. in-12 (le premier finit avec l'épître v), Amsterdam, Westein, 1721.

Réimpression de l'édition de Brossette (n° 114).

123. * OEuvres de Nicolas Boileau Despréaux avec des éclaircissemens etc., nouvelle édition revue, corrigée et augmentée (par Dumonteil), fig. de B. Picart, 4 vol. in-12, La Haye, 1722.

Très belle réimpression du n° 117, mais avec quelques corrections (nous en reparlons, n° 127).

124. * OEuvres de M. Boileau Despréaux, avec etc., nouvelle édition revue et corrigée, 4 vol. in-12, Genève, 1724.

Réimpression du n° 114 avec quelques corrections. On y a joint (tome IV) une défense pour Boileau contre Le Clerc, et les vers ont été numérotés.

125. * OEuvres diverses du S^r. Boileau Despréaux, avec le traité etc., 2 vol. petit in-12, Amsterdam, Schelte, 1726.

Réimpression du n° 111 *a*, dont les remarques, ainsi que celles du n° 95 *a*, s'appliquent à celui-ci.

126. * OEuvres de Nicolas Boileau Despréaux avec des éclaircissemens etc., 4 vol. in-12, Paris, Billiot, 1726.

1. Voilà, à ce que nous croyons, la première édition donnée à Paris, depuis l'édition posthume de 1713 (n°⁸ 107 et 108).

2. Le privilège en fut accordé le 11 mars 1723 (enregistrement du 12 avril) au libraire de l'édition posthume de 1713, c'est-à-dire au même Billiot, à qui, y dit-on, Boileau a légué « toutes ses œuvres avec les nouvelles pièces qu'il « avait composées pour en faire son profit. »... Mais on omet d'y parler de la satire XII, désignée en termes exprès dans le testament de Boileau (tome IV, p. 495).

3. Quoi qu'il en soit, le légataire ne montra pas qu'il appréciât assez un titre si honorable pour lui, venant d'un homme tel que Boileau. Nous ne parlerons point de la suppression qu'il fit et de la satire XII (seize ans après sa composition) et de l'épitaphe d'Arnauld (trente-deux ans après la mort de celui-ci) parce qu'elle lui fut sans doute commandée [1]; mais que dire, de son insouciance dans le choix des textes, car il suit tantôt celui de Brossette, tantôt celui de l'édition posthume; ou de la négligence grossière de l'exécution typographique, car son papier est médiocre, ses caractères mauvais et ses gravures détestables; ou enfin de son omission d'une pièce, la dissertation sur la Joconde, dont la publication ne devait pas blesser le gouvernement?

4. A l'égard des notes, Billiot abandonna celles de l'édition de 1713 pour adopter toutes celles de Brossette (les premières, on l'a dit, n° 113, observ. 1, y sont refondues et dénaturées), auxquelles il joignit plusieurs de celles de Dumonteil.

126 a.* Satire XII avec le discours apologétique, in-12 de 56 pages, sans titre.

Réimpression faite évidemment par Billiot, en 1726, de la partie de l'édition de Dumonteil (n° 117) qui contient cette satire... Elle est jointe à des exemplaires du n₀ 126.

127.* OEuvres de Nicolas Boileau Despréaux etc., nouvelle édition etc., augmentée d'un grand nombre de remarques (par Dumonteil), 4 vol. in-12, fig. de B. Picart, Amsterdam, 1729.

1. Réimpression de l'édition de 1722, n° 123.

2. C'est la première édition où soit indiqué (dans la préface) le nom de Dumonteil, et la dernière à laquelle il ait, dit-on, ajouté des remarques. Ce qu'il y a de certain, c'est qu'on y trouve des pièces qui n'étaient point dans ses édi-

---

[1] Quelle politique mesquine et en même temps inconséquente! Ces deux pièces avaient déjà été publiées au moins dans vingt éditions étrangères qui circulaient librement en France, entre autres dans les n. 98 a à 105, et 109 à 124.

tions précédentes, telles que la réponse de Perrault à la huitième réflexion critique (n° 72)... Elle est toutefois, moins recherchée des amateurs que celle de 1722, sans doute parce que l'impression en est moins belle, et que des figures, entre autres les culs de lampe et les vignettes, en ont été supprimées.

128. OEuvres de Nicolas Boileau Despréaux etc., 2 vol. in-fol., fig. de B. Picart, Amsterdam, Gosse, 1729.

Réimpression du n° 118.

129. * Les OEuvres de MM. Boileau et Sanlecque, in-12 de 360 et 72 pages, Genève, Fabry, 1732.

Réimpression du tome I du n° 109, avec les additions qu'on y a indiquées (obs. 2) et quelques notes particulières.

129 *a*. Denys Longin, du Sublime dans le discours, traduit par M. Boileau, dans le Dionisio Longino etc., volgarizzato dal sig. ab. Anton. Francesco Gori, in-4, Veronæ, 1733.

Gori publie ici, en quatre colonnes, le texte grec avec des versions latine, italienne et française... La dernière est celle de Boileau à laquelle on a joint ses notes, celles de Dacier, de Tollius, de Brossette, etc... Gori paraît en avoir puisé le texte dans une des éditions de Dumonteil.

130. * OEuvres de Nicolas Boileau Despréaux etc., 4 vol. in-12, Amsterdam, Changuion, 1735.

Réimpression du n° 127.

130 *a*. * OEuvres diverses du Sr. Boileau Despréaux, avec le traité etc., 2 vol. petit in-12, Amsterdam, Schelte, 1735.

Réimpression du n° 125... (les remarques des n°s 95 *a* et 111 *a* s'appliquent à ce n° 130 *a*).

131. * OEuvres de M. Boileau Despréaux avec des éclaircissemens historiques, nouvelle édition revue et corrigée (par l'abbé Pérau, ou par l'abbé Souchay), 2 vol. in-12 de 500 et 440 pages (en y comprenant les préfaces, tables, etc.), Paris, Alix, 1735 (privilège du 16 juillet 1734).

1. Nous citerons cette édition sous le nom de Souchay (1735). Celle de Brossette y a été suivie pour le texte et pour l'ordre des pièces, et l'on y trouve de plus un abrégé de la vie de Boileau (par l'abbé Goujet) et un extrait de son éloge par Valincourt.

2. Elle fut saisie en 1736, suivant Goujet (cité par M. Daunou, 1809, I,

cxxij), entre autres parce qu'au sujet du vers 328 de la satire xii où il est question des *cinq dogmes fameux*, Souchay dit qu'il s'agit des cinq propositions *attribuées* à Jansénius... Ce qu'il y a de certain, et ce que nous ne croyons pas qu'on ait remarqué, c'est que l'éditeur ayant imprimé 1° le mot *jansénisme* au vers 146 de la satire xi (il était remplacé par des ** dans les éditions de Paris); 2° l'épitaphe d'Arnauld, il rétablit les ** et supprima l'épitaphe, sans doute d'après quelque avis *officieux*, dans son édition suivante (n° 134), où il supprima également la note du même vers 146, trop favorable aux jansénistes (nous la donnons, tome I, p. 278).

2. L'édition de Souchay, malgré cette mésaventure, et quoique le texte en soit assez souvent incorrect [1], eut un très grand succès; et elle a servi de type, en tout ou en partie, à un grand nombre d'autres, telles que les n°s 140, 145, 147, 148, 152, 156, 158, 167, 171, 172, 173, 174, 178, 179, 180, 183, 189, 192, 195, 197, 198, 203, 208, 209, 211, 212, 212 a, 218, 220, 222 a, 233, 234, 235, 237, 239, 241 b... Ce succès tient sans doute à la concision de ses notes, du moins en les comparant aux notes de Brossette, dont, en général, elles sont des extraits.

4. On trouve fort peu de remarques littéraires dans cette édition, et Souchay en a écarté à dessein, nous l'avons dit dans notre Avertissement (n° VII), toutes les variantes; mais il a mis à chaque pièce un *sommaire* qui en indique l'objet et l'époque de la composition.

132. * OEuvres en vers de M. Boileau Despréaux, in-12 de 432 pages, Amsterdam, Brunel, 1736.

Mauvaise réimpression du tome I du n° 88, augmentée des satires xi et xii, des diatribes contre les maltôtes, etc. (en tout dix-huit satires), de la préface de 1701, des Chapelains, de la requête et de l'arrêt relatifs à Aristote (mêmes remarques pour la pureté de son texte, qu'au n° 109, obs. 2).

133. Satires et OEuvres diverses de M. Boileau Despréaux etc., in-12 de 480 pages, Amsterdam, 1737.

Réimpression du tome I du même n° 109 avec les additions qu'on y a indiquées, entre autres des satires (sous les n°s xiii et xiv) citées n° 20.

134. * Les OEuvres de M. Boileau Despréaux avec des éclaircissemens historiques (par Souchay), 2 vol. grand in-4°, avec

---

[1] Nous en donnons des preuves, tome I, p. 121, note 4; 137, note 3; 140, note 4; 144, note 2; 154, note 1; 214, note 7; etc... Tome II, p. 30, note 1; 40, note 4; 57, note 1; 120, note 3; 122, note 3; 214, note 7; etc... Tome III, p. 6, note 2; 7, note 1; 13, note 2; 16, note 2; 19, note 2; 25, note 1; etc., etc.

portrait, vignettes et culs de lampe, Paris, veuve Alix, 1740, (privilège du 13 mai, accordé pour 20 ans).

1. Souchay a supprimé ici l'Abrégé de la vie de Boileau par Goujet, mais il a ajouté son éloge par de Boze et le Bolœana (nous les citons, § 2, n° 56 et 67) augmenté de quelques anecdotes tirées de l'abbé D'Olivet.

2. Il a aussi supprimé l'épitaphe [1] d'Arnauld (elle est dans plusieurs exemplaires sur un feuillet double marqué * 445); mais il a ajouté l'épigramme contre Chapelle (nous la rapportons, tome II, p. 485).

3. Les notes sont plus étendues que celles de l'édition de 1735, n° 131.

134 *a*. Les OEuvres de M. Boileau Despréaux, avec des éclaircissemens etc., 2 vol. petit in-fol., Paris, veuve Alix, 1740.

Même édition que la précédente, à l'exception du format.

135. Satires et OEuvres diverses de M. Boileau Despréaux etc., in-12, Amsterdam, Schelte, 1740.

Réimpression du tome I du n° 109 (les remarques faites au n° 133, s'appliquent au n° 135).

136. * OEuvres de MM. Boileau et Sanlecque, nouvelle édition augmentée etc., in-12, Amsterdam, Westein et Smith, 1741.

Réimpression du même tome I, mais ici la satire XII est placée sous le n° XIV, et les satires contre le mariage et les maltôtes (n° 20), sous les n°s XII et XIII.

137. * OEuvres diverses du Sr. Boileau Despréaux, avec le Traité etc., 2 vol. pet. in-12, Amsterdam, Schelte, 1741.

Réimpression du n° 130 *a* (les remarques des n°s 95 *a* et 111 *a*, s'appliquent au n° 137).

138. * OEuvres de Nicolas Boileau Despréaux, avec des éclaircissemens etc., 4 vol. in-12, Amsterdam, Changuion, 1743.

Réimpression du n° 127.

139. Satires et OEuvres diverses de M. Boileau Despréaux etc., in-12 de 491 pages, Amsterdam, 1743.

Réimpression du n° 133.

---

[1] Ajoutons à ce que nous observons à ce sujet, n. 126 et 131, qu'Arnauld était mort depuis quarante-six ans, et qu'on avait toujours laissé imprimer l'éloge pompeux que Boileau en fait dans l'épître X (tome II, p. 134 et 135).

140. * OEuvres de M. Boileau Despréaux (il n'y a rien de plus au titre), 2 vol. in-12, Paris, David et Durand, 1745.

Réimpression page pour page, de l'édition de 1735 de Souchay (n° 131), même avec la note et l'épitaphe dont nous parlons à ce numéro, et cela quoique les libraires aient agi en vertu du privilège de l'édition de 1740, n° 134, où elles avaient été supprimées [1].

140 a. * OEuvres diverses du Sr Boileau Despréaux avec le traité etc., 2 vol. petit-in-12, Amsterdam, Schelte, 1745.

Réimpression du n° 137... *Voir* les remarques des n°s 95 a et 111 a.

141. * OEuvres de Nicolas Boileau Despréaux avec des éclaircissemens etc. (par Dumonteil), et la vie de l'auteur, par Desmaiseaux, 4 vol. grand in-8, fig. d'après B. Picart, Dresde, 1746.

Réimpression du n° 127 (nous parlons de la vie de Boileau, § 2, n° 54).

142. * OEuvres de M. Boileau Despréaux avec des éclaircissemens etc., rédigés par M. Brossette, augmentés etc., par M. (Lefebvre) de Saint-Marc, 5 vol. petit in-8, portr., fig., vign., culs de lampe, Paris, David et Durand, 1747.

1. Saint-Marc a placé, soit au bas des pages, soit au commencement ou à la fin de chaque pièce de Boileau, indépendamment de ses propres remarques, les notes de Brossette (il en fait souvent usage sans en citer l'auteur) et une partie de celles de Dumonteil et de Souchay (n°s 113, 127, 131 et 134). Il a en outre consacré la dernière partie de son tome V (p. 283 et suiv.) à un examen critique des satires et des épîtres. Nous citerons ces dernières remarques par l'indication de la page de ce volume, et les premières, par les simples signes, *Saint-Marc* ou *St.-M...*

La première partie du même volume, contient 1° le Boloeana divisé en numéros... 2° sous le titre d'Additions au Boloeana, de longs fragmens relatifs à Boileau, tirés d'une quinzaine d'auteurs, tels que D'Olivet, Fontenelle, Bayle, etc... 3° une esquisse en prose de la satire IX.

2. Le travail de Saint Marc a été traité avec beaucoup de rigueur par Le Brun (*OEuvres*, 1811, IV, 380) et surtout par Clément. « Un certain Saint-Marc, dit celui-ci (Le Brun l'appelle *un monsieur* de Saint-Marc), sans aucune connaissance de la poésie... a eu l'audace de joindre ses notes impertinentes à

---

[1] Cette tolérance, qui, du reste, prouve aussi le peu d'activité de l'administration, ne peut guère s'expliquer que par la mort du cardinal de Fleury (1743).

celles de Brossette, pour critiquer à chaque page Despréaux... Tout ce que l'ignorance, la mauvaise foi et la présomption réunies peuvent avoir de plus impudent et de plus téméraire se rencontre dans cette plate et odieuse compilation » *Lett. V*, p. 33.

M. Raynouard (*Journ. des sav.*, 1824, p. 143) en porte un jugement plus mesuré, mais au fond presque aussi défavorable.. « Ce commentaire, observe-t-il, semble n'avoir été entrepris que dans le dessein d'attaquer la renommée de Boileau... Les jugemens du commentateur prouvent, en plusieurs circonstances, que lui-même manquait de goût et surtout du sentiment des beautés poétiques [1].

Mais malgré ses défauts, l'édition de Saint-Marc a eu, on en convient (voy. M. Daunou, I, cxij, édit. de 1825), un grand succès et est encore très recherchée.

3. Nous parlerons de son orthographe au n° 164.

143. * OEuvres de M. Boileau Despréaux, avec des éclaircissemens etc., 4 vol. in-12, Amsterdam, Changuion, 1749.

Réimpression de Brossette (n° 113). Dans un catalogue moderne on la cite comme contenant aussi les notes de Dumonteil ; c'est une erreur.

143 *a*. Satires et OEuvres diverses de M. Boileau Despréaux etc., avec les poésies de Saulecque, in-12, Amsterdam, 1749.

Réimpression du n° 139.

144. OEuvres de M. Boileau Despréaux, nouvelle édition etc., 2 vol. grand in-12, Londres, 1750.

Réimpression du n° 136, y compris aussi les poésies de Sanlecque, mais avec ces deux différences : 1° On a inséré dans le n° 144 la préface de 1701, et la fin de celle de 1694, où l'on ose, comme au n° 120, faire dire à Boileau qu'il ajoute à cette édition *sa satire contre les gens d'église*.. 2° On y a rétabli dans son rang la satire XII, et mis sous les n°s XIII et XIV, celles contre les gens d'église et le mariage (n° 20).

144 *a*. * OEuvres de M. Boileau Despréaux, 2 vol. pet. in-12, Paris, David et Durand, 1750.

Réimpression du n° 144, et comme le type primitif de celui-ci est le n° 109, le texte du n° 144 *a* diffère parfois, et avec avantage, de celui du n. 145, quoique publié la même année et par les mêmes libraires.

---

[1] On verra dans les notes des poésies plus d'une preuve de la justesse de l'opinion de M. Raynouard.

145. * OEuvres de M. Boileau Despréaux, 3 vol. petit in-12, Paris, les mêmes, 1750.

Jolie édition avec vignettes et culs de lampes.. Notes puisées dans l'édition de Souchay (1735, n° 131), dont on a aussi suivi le texte (v. note du n° 144) excepté dans un très petit nombre de passages... On y a omis les préfaces générales de Boileau, quoique Souchay les eût données (à la fin de son tome II), et quoiqu'on ait réimprimé plusieurs des préfaces particulières de diverses pièces, telles que la satire XII et l'épître x.

146. * Satires et OEuvres diverses de M. Boileau Despréaux, etc., avec les poésies de Sanlecque, in-12, Amsterdam, 1751.

Réimpression du n° 143 a.

147. * OEuvres de M. Boileau Despréaux, petit in-12, Paris, David et Durand, 1752.

Rien que les poésies (y compris les Chapelains)... On a toutefois mis en tête, 1° de quelques-unes des pièces (satire XII, épître x, Art poétique, Lutrin et Prologue), leurs préfaces particulières; 2° de chacune d'elles, un sommaire, puisé dans Souchay (n° 131) dont on a aussi suivi le texte.

147 a. * Satires et OEuvres diverses de M. Boileau Despréaux etc., avec les poésies de Sanlecque, petit in-12 de 460 pages, fig., Amsterdam, 1756.

Poésies, avec quelques avertissemens, les Chapelains et le discours sur la satire... Sommaires, texte et notes de Souchay.

147 b. Les mêmes, grand in-12 de XXVI et 445 pages, Paris, Rollin, 1757 (Biblioth. de Gœtingue).

1. Réimpression du n° 146, texte et notes. Nous n'y avons remarqué que deux changemens et seulement dans l'épître dédicatoire : d'une part, on y a substitué à Van Den Bempden, un jurisconsulte vrai ou supposé, nommé Potentia... Ensuite on a supprimé à la fin, les vœux faits à l'occasion du commencement du XVIII° siècle, si ridiculement conservés dans les copies des n°s 88 et 109 (v. même n. 88).

2. Quoique elle ait été évidemment faite à Amsterdam, nous la citerons, pour éviter toute confusion, en indiquant le libraire de Paris sous le nom duquel elle a été donnée.

147 c. OEuvres de M. Boileau Despréaux, petit in-12, Paris, David et Durand, 1757.

Réimpression du n° 147.

148. * Les mêmes, 3 vol., petit in-12, Paris, les mêmes, 1757.

Réimpression du n° 145, mais avec quelques changemens.

148 *a*. * OEuvres diverses du Sr Boileau Despréaux, 2 vol. petit in-12, Amsterdam, Schelte, 1758.

Réimpression du n° 137 (les remarques des n°⁵ 95 *a* et 111 *a* s'appliquent au n° 148 *a*).

148 *b*. * OEuvres de M. Boileau Despréaux, petit in-8, Glasgow, Foulis, 1759.

Nous ne connaissons que le second volume de cette jolie édition, extrêmement rare en France. Il contient le Lutrin, les odes et les petites pièces de poésie, les Chapelains et les petits opuscules de prose. On y a suivi le texte et copié, mais en fort petit nombre, les notes de Souchay.

149. Satires et OEuvres diverses de M. Boileau Despréaux, etc., avec les poésies de Sanlecque, in-12, Amsterdam, 1759.

Réimpression du n° 133, ou du n° 146.

149 *a*. * OEuvres diverses du Sr Boileau Despréaux, avec le traité etc., 2 vol. petit in-12, Amsterdam, Schelte, 1760.

Réimpression du n° 148 *a*... *Voir* les remarques des n°⁵ 95 *a* et 111 *a*.

150. * Satires et OEuvres diverses de M. Boileau Despréaux, etc., avec les poésies de Sanlecque, in-12, Amsterdam, 1762.

151. * Les mêmes, ibid., 1766.

Mêmes observations pour ces deux numéros que pour le n° 149.

152. * OEuvres de M. Boileau Despréaux, 2 vol. grand in-12, Paris, Savoie, Durand, Saillant et Desaint, 1766.

Texte et notes de Souchay (n° 131), mais avec quelques changemens dans le texte.

153. OEuvres choisies de M. Boileau Despréaux, in-12, Paris, 1766.

Il n'y a que les poésies.

153 *a*. OEuvres de M. Boileau Despréaux, in-12 de 339 pag., Paris, David et Durand, 1766.

Poésies avec les Chapelains et la requête et l'arrêt relatifs à Aristote.

154. OEuvres de Nicolas Boileau Despréaux avec des éclair-

cissemens, etc., et la vie de l'auteur par Desmaiseaux, 4 vol., grand in-8, fig. réduites sur B. Picart, Dresde, 1767.

Réimpression du n° 141.

155. Le Lutrin, poème héroï-comique de Boileau Despréaux, traduit en vers latins, in-8 de 126 pages, portr. et fig., Paris, Le Breton, 1767.

1. Le traducteur des livres I et v est l'abbé Bizot, dont le travail publié d'abord séparément, au moins pour le livre v^e (n° 96), avait ensuite été compris dans un recueil de traductions latines des ouvrages de Boileau, la plus grande partie de Michel Godeau; recueil publié en 1737 (in-12, Paris, Alix)... Le traducteur anonyme des quatre autres livres est un professeur au collège de Louis-le-Grand, nommé Neveu.

2. Dans un discours préliminaire assez intéressant, Neveu jette un coup-d'œil critique sur le Lutrin et sur les poèmes du même genre, tels que la Secchia rapita, etc. Il dit que Bizot avait soumis à Boileau la traduction du premier livre, et en avait reçu cet éloge flatteur «qu'elle valait mieux que le texte français [1]». On pourrait en effet le dire relativement à plusieurs passages du texte français publié dans l'édition actuelle, car, excepté l'édition de Bastien (n° 202), nous n'en connaissons pas de plus détestable. Nous y avons compté une trentaine de fautes dont les deux tiers au moins de fort grossières, telles que des non-sens (*au combat*, pour *sans combat*, et *bouches* pour *brèches*... ch. III, v. 104, ch. v, v. 60); des omissions de vers (ch. v, v. 18) etc.

156. * OEuvres de M. Boileau Despréaux, petit in-12, Paris, Savoie, Durand, Saillant et Desaint, 1767.

Réimpression du n° 147 c.

157. Les OEuvres de M. Boileau Despréaux, 2 vol. in-12, Utrecht, 1768.

Réimpression d'une grande partie du n° 151, avec quelques notes de l'édition originale de 1701 (n° 89)... la plupart des notes ont été placées à la fin des volumes.

158. * OEuvres de M. Boileau Despréaux, 3 vol. petit in-12, Paris, Savoie, Durand, Saillant et Desaint, 1768.

1. Notes prises dans Souchay (n° 131).

---

[1] Ceci est probablement fondé sur une assertion de même genre, du censeur du recueil d'Alix déjà indiqué; tandis qu'un critique moderne (*voy*. Goigoux) trouve fort médiocre le travail de Godeau.

2. Cette édition est louée dans la plupart des catalogues. Elle est, il est vrai, exécutée sur un papier et avec des caractères passables ; mais outre que ce sont des avantages communs aux éditions données par les mêmes libraires (n°s 144, 145, 147, 148, 152, 153 et 156), on y trouve les fautes de texte commises dans l'édition qu'on y a prise pour type (celle de Souchay), avec d'autres, dont celle-ci était exempte, telles que *tremblant* au lieu de *sanglant* (Art poétiq., II, 63, tome II, p. 197).

159. * Satires et OEuvres diverses de M. Boileau Despréaux, avec les poésies de Sanlecque, in-12, Londres, 1769.

Réimpression du n° 148 ou du n° 151.

160. * Les OEuvres de M. Boileau Despréaux, 2 vol. in-12, nouvelle édition, Utrecht, 1769.

Réimpression du n° 157.

161. * OEuvres de M. Boileau Despréaux, 3 vol. petit in-12, Paris, David et Durand, 1769.

Réimpression, sous un autre format, du n° 131, ou du n° 140.

161 *a*. * OEuvres de M. Boileau Despréaux, pet. in-12 de 368 pages, Paris, les mêmes, 1769.

Poésies (sans notes) avec quelques préfaces, les Chapelains, et la requête et l'arrêt relatifs à Aristote... Sommaires de Souchay.

161 *b*. * OEuvres de M. Boileau Despréaux, pet. in-12 de 360 pages, Paris, Barbou, 1770.

Réimpression du n° 147 avec toutes ses fautes, et par conséquent peu digne d'un libraire à qui l'on doit plusieurs bonnes éditions d'auteurs classiques.

162. * OEuvres de M. Boileau Despréaux, 2 vol. petit in-12, Paris, veuve Savoie, 1770.

Réimpression de la première édition de 1750 (n° 144), et par conséquent, des satires XIII et XIV, etc.

162 *a*. L'Art poétique de Boileau, dans les quatre poétiques de Batteux, 1771 (elles sont indiquées, § 2, n° 85).

163. * Satires et OEuvres diverses de M. Boileau Despréaux avec les passages imités etc. et les poésies de Sanlecque, in-12 de 381 pag., Londres, 1772.

Réimpression du n° 159 ou du n° 146.

164. OEuvres de Boileau Despréaux avec des éclaircissemens etc., par M. Brossette; augmentés etc. par M. de Saint-Marc, nouvelle édition augmentée de remarques, pièces, etc., fig. d'après Picart, 5 vol. in-8, Amsterdam, 1772.

1. Des exemplaires portent le titre de Paris, libraires associés. Il en est aussi où à cause de quelques incorrections, l'on a réimprimé les feuilles A à G. On reconnaît ces exemplaires à la pagination du discours sur la satire, qui porte les n°s 15 à 22 au lieu de 5* à 12*.

2. Réimpression des quatre premiers volumes de Saint-Marc (n° 142), mais avec des additions qui comprennent entre autres, des notes de Dumonteil sur la satire XII, et plusieurs remarques historiques (nous en parlons § 2, n° 53) et littéraires du nouvel éditeur, remarques dont ses successeurs ont peu fait usage.

3. Cet éditeur a sagement abandonné à l'exemple de Brossette, de Dumonteil et de Souchay la vieille orthographe de Boileau, à laquelle Saint-Marc était revenu (ainsi il écrit *deust* et *oster* pour *dût* et *ôter*, dans les vers 67 et 76 de la satire VII) et qu'il avait ensuite regretté d'avoir reproduite (il l'avoue dans sa préface).

164 *a*. OEuvres de Boileau Despréaux avec des éclaircissemens etc., 5 vol. in-12, Amsterdam, 1772.

Même édition, à part le format, que le n° 163.

165. OEuvres de Boileau Despréaux avec des éclaircissemens etc. 5 vol. in-8, Amsterdam, 1775.

166. OEuvres de Boileau Despréaux avec des éclaircissemens, etc., etc., 5 vol. in-12, Amsterdam, 1775.

Les n°s 165 et 166 sont des réimpressions du n° 164.

167. * OEuvres de M. Boileau Despréaux, petit in-12 de 360 pag., Paris, aux dépens de la compagnie, 1775.

Réimpression du n° 147.

168. Satires et OEuvres diverses de M. Boileau Despréaux, avec etc., in-12 de 371 pages, Amsterdam, 1776.

Réimpression du n° 146.

169. Satires et OEuvres diverses de M. Boileau Despréaux etc., in-12 de 384 pages, Londres, 1776.

Réimpression du n° 163.

170. * Epitres I, IV, VI, IX et XI ; satires III, V, VIII et IX ; Lutrin, chant I à V, et Art poétique... dans les IIe, IIIe et V^e parties des principes abrégés de littérature (par Batteux) du cours d'études à l'usage de l'école militaire, 3 in-12, Paris, 1777.

On y a suivi le texte d'une des réimpressions les plus incorrectes de l'édition de Souchay, déjà si peu correcte, on l'a dit (n° 131). Nous aurions été curieux de savoir comment Batteux, quoiqu'il eût beaucoup travaillé sur Boileau, expliquait à ses élèves les passages altérés dans son texte, et que nous indiquons dans nos remarques ; par exemple, ces deux-ci de l'Art poétique: *Mène Achille* tremblant, et *Besançon fume* sous *son roc* (ch. II et IV tome II, p. 197 et 269).

171. OEuvres de M. Boileau Despréaux, 2 vol. petit in-16, Amsterdam (Paris), 1777 (collection dite de Casin).

172. OEuvres de M. Boileau Despréaux, 2 vol. (quelquefois reliés en un) pet. in-16, Paris, 1778.

173. OEuvres de M. Boileau Despréaux, 2 in-24, Londres, 1780.

174. OEuvres de M. Boileau Despréaux, 2 in-24, Genève, 1780.

Nous parlons des n°s 171 à 174, dans la remarque du n° 180.

174 *a*. Le Lutrin, etc., traduit en vers latins, in-8 de 126 pag., Paris, Nyon aîné, 1780.

Reproduction (le titre seul est changé) du n° 155.

174 *b*. OEuvres de M. Boileau Despréaux, avec la vie de l'auteur, in-18, Paris, libraires associés, 1780.

Texte et sommaires de Souchay... Poésies avec la Requête et l'Arrêt relatifs à Aristote, et les Chapelains.

175. OEuvres choisies de Boileau Despréaux, in-18 de 227 pages, Paris, Didot aîné, 1781 (1er vol. de la collection dite d'Artois... citat. abrég., 1781, Art.).

1. Ce volume contient l'Art poétique, les satires IV, V, VIII et X, les épîtres IV, V, VII et IX, et le Lutrin... On a choisi, dit-on, dans un avis, celles des satires et épîtres qui sont reconnues pour les plus belles ; mais alors pourquoi a-t-on préféré les satires IV et X aux satires II et IX, et exclu les épîtres I, III, VI, X et XI ?

2. Les notes sont, dit-on aussi, extraites de Brossette ; mais l'éditeur leur a joint quelques remarques, surtout en matière de généalogie.

176. * Poésies de Boileau Despréaux, 2 vol. petit in-18 de 180 et 192 pages, Paris, Didot aîné, 1781.

1. Ici, il n'y a, en effet, et strictement, que les poésies, dégagées enfin des éternels Chapelains.

2. La distribution des pièces en est assez singulière : tome I, Art poétique et satires; tome II, Discours au roi, épîtres, Lutrin, odes, épigrammes et poésies diverses.

3. Le texte de Brossette y a d'abord été suivi, selon toute apparence, car nous avons trouvé dans le premier volume deux ou trois des fautes grossières commises par cet éditeur; mais il a bientôt été abandonné.

4. L'orthographe et la ponctuation du même éditeur suivies aussi d'abord, ont ensuite été également abandonnées. Mais c'est surtout dans l'édition de 1788 (n° 184) que M. Didot y a fait des changemens susceptibles de critique ; ceux par exemple, qui tendent à faire croire que Boileau avait employé des rimes insuffisantes, ou au moins peu riches (nous en indiquons tome II, p. 393 et 417); ou composé des vers sans repos à l'hémistiche (nous en citons tome I, p. 45, note 6; 63, note 3 ; 79, note 3; 112, note 3; etc.).

5. Il est inutile de parler du mérite de l'exécution typographique, soit du présent numéro, soit du précédent, soit de toutes les autres éditions de MM. Didot, mérite reconnu, et sur lequel il faudrait principalement insister pour les nos 176, 184, 185, 215 et surtout pour le n° 224.

176 a. L'Art poétique de Boileau, dans les quatre poétiques de Batteux, 1781 (citées § 2, n° 85).

177. OEuvres de M. Boileau Despréaux, in-18, Avranches, 1782.

178. * OEuvres de M. Boileau Despréaux, petit in-12 de 360 pages, Paris, aux dépens de la compagnie, 1782.

179. OEuvres de M. Boileau Despréaux, petit in-12 de 300 pages, Paris, aux dépens etc., 1782.

180. OEuvres de M. Boileau Despréaux, 2 vol. in-24, Londres, 1782.

1. Il paraît que les éditeurs des n°s 171, 172, 173, 174, 177, 178, 179 et 180 ont voulu réduire les OEuvres de Boileau aux parties les plus intéressantes afin d'en faire des espèces de *vade mecum*... En conséquence, ils n'en ont publié [1]

---

[1] Il en est toutefois, tels que ceux des n. 178 et 179, qui ont donné les sommaires des pièces (d'après Souchay) et quelques-unes de leurs préfaces.

que les poésies dont ils ont même supprimé les notes; mais alors pourquoi y joindre les pitoyables parodies relatives à Chapelain?

2. Ils ont en général suivi le texte de Souchay (n° 131).

181. OEuvres de M. Boileau Despréaux, 2 vol. in-12, Genève, 1782.

Cette édition est complète, mais on n'y a donné que les notes de Boileau lui-même.

182. * OEuvres de M. Boileau Despréaux, 2 parties, ou 2 vol. in-24, Evreux, 1784.

182 *a*. OEuvres de Boileau Despréaux, pet. in-18, Metz, 1786.

183. OEuvres de M. Boileau Despréaux, petit in-12 de 360 pages, Paris, aux dépens de la compagnie, 1787.

Mêmes remarques pour les n°s 182, 182 *a* et 183, que pour les n°s 147 et 180.

183 *a*. OEuvres de M. Boileau Despréaux (titre encadré), nouvelle édition augmentée de la vie de l'auteur, petit in-12 de xij et 297 pages, Paris, associés, 1787.

Poésies avec les sommaires de Souchay, et la Requête et l'Arrêt sur Aristote... Point de notes... Texte de Souchay, à quelques corrections près.

184. * OEuvres de Boileau Despréaux, 3 vol. in-18 de xxxij et 231, 315 et 280 pages, Paris, Didot aîné (pour l'éducation du dauphin), 1788.

1. Cette édition diffère du n° 176, en ce que les œuvres en prose (publiées par Saint-Marc et autres) y ont été comprises comme les poésies, et qu'une table de toutes les OEuvres selon l'âge auquel Boileau les a composées y a été ajoutée... Elle y ressemble par l'exclusion des pièces étrangères à Boileau et notamment (c'est la seconde fois) des Chapelains.

2. Le texte en est plus pur que celui du même n° 176.

3. Elle paraît avoir servi de type aux éditions suivantes de M. Didot, car on observe dans toutes (n°s 185, 193, 215 et 224) les mêmes fautes (mais *v.* ce n. 185), heureusement en fort petit nombre [1]... A l'égard de leur exécution typographique, *voy.* même n° 176, obs. 5.

---

[1] Nous avons parlé (n. 176) des fautes de ponctuation et d'ortographe et nous allons citer les changemens faits aux notes. Nous pouvons encore indiquer la faute (c'est la plus grave) que nous signalons, tome II, p. 269, note 3.

4. Les notes sont celles de l'édition posthume[1] de 1713 (n° 107). On y en trouve toutefois quelques-unes qui sont étrangères à Boileau; et que, par là même, il aurait été utile de distinguer par un signe. En effet, cette omission paraît avoir induit des éditeurs copistes de l'édition stéréotype (n° 193), modélée elle-même sur l'édition de 1788, à attribuer les mêmes notes à Boileau, par exemple, celle que nous citons, tome III, p. 83, et qui contient une assez étrange erreur de date.

185. * OEuvres de Boileau Despréaux, 2 vol. grand in-4°, Paris, Didot aîné (même objet), 1789.

1. Superbe édition tirée seulement à 250 exemplaires.

2. On peut lui appliquer les remarques faites sur le n° 184 dont elle est une copie. Ces deux éditions diffèrent toutefois dans quelques points. Ainsi l'on ne trouve pas dans le n° 185 la faute grossière que nous avons relevée tome II, p. 269, note 3; mais on y remarque une omission (*voy.* tome III, p. 424, note 3) qui n'existe pas dans le n° 184, ni dans les autres éditions Didot.

3. On a joint sous le titre d'OEuvres diverses, au tome I, dans lequel Brossette (n° 113) n'avait compris que les poésies, trois des pièces de prose, l'Arrêt burlesque, le remercîment à l'Académie et le Discours sur le style des inscriptions. On verra (n° 223) que M. Didot a suivi une autre distribution pour son édition in-folio.

186. Satires et OEuvres diverses de M. Boileau Despréaux, avec les passages des poètes latins, etc., 2 parties, chacune de 192 pages, formant 1 vol. in-12, Londres, 1789.

Réimpression du n° 163, excepté pour la division en deux parties.

187. * OEuvres de M. Boileau Despréaux, in-18, Paris, veuve Savoie, veuve Durand etc., 1789.

Les observations des n°s 147 et 180 s'appliquent à celui-ci.

187 *a*. Art poétique, Lutrin, etc., dans la 2ᵉ édition du cours de Batteux (n°s 170 et 191), 1790.

188. OEuvres de M. Boileau Despréaux, in-18, Paris, associés, 1792.

Il n'y a que les poésies.

---

[1] On y a fait quelques changemens ou retranchemens de mots, tels que ceux que nous citons, tome I, p. 52, note 4; p. 64, note 5; p. 96, note 5; p. 162, note 4.

188 *a*. * OEuvres complètes de Boileau Despréaux, in-12 de 416 pages, Saint-Brieuc, 1793.

Il manque à ces OEuvres *complètes*, la correspondance et plusieurs des pièces de prose, telles que les réflexions critiques, le remerciment à l'Académie, les remarques sur la traduction de Longin, etc., etc. On y a joint l'abrégé de la vie de Boileau par Goujet, son éloge par Valincourt, les Chapelains et l'apologie des femmes par Perrault.. Pour les poésies, on a suivi le texte et les notes d'une des réimpressions du n° 109.

189. * OEuvres de M. Boileau Despréaux, 3 vol. pet. in-12, Paris, associés, 1793.

Réimpression du n° 158, mais avec quelques corrections.

190. * OEuvres de Boileau Despréaux, nouvelle édition revue et la plus exacte qui ait paru jusqu'à ce jour, précédée d'un discours préliminaire du citoyen Ch. Palissot, in-8° de 20 et 338 pages, Paris, Déterville, 1793.

1. Cette édition *exacte* ne contient que les poésies et les héros de roman (encore l'ode contre les Anglais et le prologue d'opéra en ont-ils été retranchés).

2. Elle paraît avoir été faite sur une des réimpressions (probablement sur le n° 163) du tome Ier de l'édition d'Amsterdam, de 1713 (n° 109), puisque trois notes en ont été copiées littéralement, quoique du reste, la plupart de ces notes aient été supprimées, et quelques-unes d'entre elles retouchées avec le style [1] de 1793... Le choix de ce type lui a procuré le même avantage qu'aux éditions citées au même n° 109, obs. 2.

3. La distribution des pièces en est encore plus singulière qu'au n° 176, car elles sont placées dans l'ordre suivant : l'Art poétique, les satires, le Lutrin, les parodies relatives à Chapelain (voilà, il faut l'avouer, une bien étrange *exactitude*), les héros de roman, les épîtres, l'ode sur Namur, enfin sous le titre courant de *poésies diverses*, le discours au roi, les stances, sonnets, épigrammes, etc. parmi lesquelles ont été glissés les deux sonnets et les excuses (autre *exactitude* non moins étrange) de de Nantes, cités n°s 113 et 117.

190 *a*. * OEuvres de M. Boileau Despréaux, petit in-12 de 200 pag., Paris, imprim. des Sourds-Muets, nivose an II (1794)

---

[1] Telle est cette note relative à Langely (Sat. 1, v. 112) fou du grand Condé: « Bouffon d'un sot qui avait un grand nom »... note qui paraîtra surtout bien étrange si l'on songe aux opinions du publiciste distingué des presses duquel on assure qu'est sortie l'édition Palissot.

Poésies, sans notes, avec les Chapelains... Texte et sommaires d'une des réimpressions de Souchay.

191. Epîtres, satires etc... 2e édition du cours de l'Ecole militaire, in-12, Paris, 1787 à 1797.

Réimpression du n° 170... Les satires se trouvent dans le volume publié en 1789.

192. OEuvres de Boileau Despréaux, in-4, portr. et fig. d'après les dessins de Monsiau, Paris, La Villette (imprimerie de Crapelet), an vi (1798... Bibl. de M. Crapelet).

1. Poésies (y compris les Chapelains) avec une partie des ouvrages en prose (héros de roman, arrêt burlesque, discours sur la satire, traité du sublime)... notes de l'édition de 1713 (elles sont à la fin).

2. On y a suivi pour les poésies, le texte d'une des réimpressions de Souchay, n° 131 [1], et pour la prose, un texte beaucoup meilleur.

192 a. OEuvres de Boileau Despréaux, avec des notes historiques et littéraires, 2 petit in-12 de 219 et 170 pages, Paris et Liége, an vii-1799.

Poésies... Texte de Souchay... Notes (il y en a fort peu) et sommaires extraits du même.

193. ** OEuvres de Boileau Despréaux, édition stéréotype, 2 vol. in-18, Paris, Didot, an vii (1800).

Cette édition a servi, en tout ou en partie, de type à beaucoup d'autres du même format, même réduites aux poésies, telles que celles des n°s 203 c, 206, 207, 211, 216, 217, 220, 221, 223, 224 a, 231, 232, 235, 238, 241... Elle a été faite sur l'édition n° 184.

194. * Poésies de Boileau Despréaux avec des notes historiques et grammaticales, et un Essai sur sa vie et sur ses écrits, par M. de Lévizac, 2 vol. in-12, Londres, 1800.

Texte du n° 193... Sommaires de Souchay... Notes extraites, mais seulement en partie, du même ou de Brossette et de Saint-Marc; car il en est beau-

---

[1] La plupart des fautes, même grossières, de Souchay, que nous citons dans la note du n. 131, sont en effet dans l'édition n. 192 ; et toutefois M. de S.-S. la loue, quant à la *pureté* du texte (il aurait dû réserver ses éloges pour l'exécution typographique et surtout pour les estampes, qui sont, à notre avis, les plus belles de toutes les éditions de Boileau).

coup qui appartiennent en propre à Lévizac... Elles n'ont pas été citées non plus que l'Essai, par les commentateurs modernes; probablement parce qu'ils n'ont pas connu cette édition, très rare en France (notre exemplaire a été acheté à Vienne).

195. * OEuvres de Boileau Despréaux, petit in-12 de 300 pag., Paris, Nyon, an VIII-1800 (voy. n° 198).

196. Poésies de Boileau Despréaux, petit in-12 de 309 pag., Paris, Déterville (imprimerie de Didot jeune), an IX-1800.

Jolie réimpression du n° 176, dont les remarques s'appliquent ainsi au n° 196, excepté que dans celui-ci les Chapelains ont été conservés.

197. * OEuvres de M. Boileau Despréaux, petit in-12 de 357 pages, Riom et Clermont, 1801.

198. * OEuvres de M. Boileau Despréaux, nouvelle édition suivie du poëme sur le Geste, par Sanlecque, petit in-12 de 348 pages, Paris, associés, an IX-1803.

1. Même remarque pour les n°s 195, 197 et 198 que pour le n° 180, en y ajoutant l'observation qui se trouve dans la note de ce numéro.

2. Il y a à la fin du n° 198 (p. 344 à 348) une réponse aux critiques de Boileau par S***.

198 *a.* * Art poétique, épîtres VII et IX, et satire IX, fragmens de l'épître IV et du Lutrin, et quelques poésies diverses dans le tome III de la Bibliothèque portative des écrivains français, par Moysant et Lévizac, très grand in-8°, Londres, 1803.

Il n'y a point de notes... Le texte du n° 194 y a été suivi, aussi y trouve-t-on la faute grossière indiquée tome II, p. 269, note 3.

198 *b.* * OEuvres choisies de Boileau, in-36 de 252 pages, Paris, Fournier, an XI-1803 (Bibl. portative du voyageur).

1. Poésies, sans notes... Texte du n° 193 (il y a la même faute)... la première pièce est l'Art poétique.... (*voy.* n° 237 *b.*)

2. C'est la première édition où l'on ait supprimé au titre, le nom de Despréaux, ajouté fort inutilement à celui de Boileau, car jamais personne ne pourra penser en lisant ce nom seul en tête d'un ouvrage, qu'il puisse être question de l'un des frères (Gilles ou Jacques) de l'auteur de l'Art poétique.

199. Art poétique de Boileau et morceaux choisis de poésie traduits en vers latins par l'abbé Paul, in-8°, Lyon, an XII-1804.

Le texte français est en regard; il a été pris sur une des réimpressions de Souchay (*voy.* pour une faute, notre tome II, p. 197).

200. * L'Art poétique de Boileau Despréaux suivi de sa IXe satire et de son épître VI, ouvrages déclarés classiques, avec des argumens, des notes etc., in-8, Paris, 1804.

Les notes historiques ont été puisées dans Brossette (n° 43), et les notes littéraires dans Saint-Marc (n° 142).

201. L'Art poétique etc., suivi etc., in-16, Lyon, 1805.

Réimpression du numéro précédent.

201 *a*. OEuvres de Boileau Despréaux à l'usage des lycées et des écoles secondaires, in-18, Paris, Nicole et Renouard, an XIII -1805.

Réimpression du n° 193, augmentée des sommaires de Souchay.

202 * OEuvres de Boileau Despréaux, 2 vol. in-8°, fig. d'après Picart, Paris, Bastien, 1805.

1. Il y a un précis de la vie de Boileau (*v.* n° 204, obs. 2), et son éloge par D'Alembert.

2. C'est la plus détestable de toutes les éditions dont nous ayons connaissance [1]. Sans parler de ses innombrables fautes typographiques, elle regorge en quelque sorte de non-sens, tels que *prison* pour *poison* (sat. v, v. 146) etc. Des vers ont été omis (v. 18, sat. vii, etc.) ou substitués à d'autres (v. 11 et 12, Art poét., ch. i, répétés et mis à la place des vers 15 et 16 du ch. ii) etc., et néanmoins Bastien a l'audace d'assurer, dans son avis, que pour la *pureté* et l'*ordre* du texte, on la distinguera de toutes celles qui ont paru depuis la mort de Boileau.

203. OEuvres de M. Boileau Despréaux, in-18 de 324 pages, Lyon, Le Roi, 1805.

Poésies (avec les Chapelains et quelques préfaces) sans notes... Texte de Souchay (n° 131).

203 *a*. OEuvres de M. Boileau Despréaux, in-18 de 288 pag., Lyon, Tournachon, 1805.

Mêmes observations que pour le numéro précédent.

[1] M. de S.-S. l'a néanmoins placée parmi les éditions *principales* publiées après la mort de Boileau, sans rien ajouter dont on puisse induire qu'elle soit si fautive.

203 *b*. * L'Art poétique de Boileau en regard de l'*Arte poetica di* Boileau Despréaux *recata in versi italiani da Antonio Buttura*, in-8°, *Parigi*, P. Didot, 1806.

Texte de l'édition Didot de 1800 (n° 193). La traduction de M. Buttura a été fort louée; il est fâcheux que le traducteur n'ait pas suivi l'édition précédente du même imprimeur (n° 185), il eût évité la faute que nous avons signalée, tome II, p. 269, note 3; mais lisant *Besançon fume encor sous son roc foudroyé*, il a traduit naturellement (p. 127):

> . . . . è ancor fumante
> Besanzon *sotto* il fulminato masso.

203 *c*. * Satires et OEuvres diverses de Boileau Despréaux, in-18 de 360 pag., Paris, associés, 1806.

Réimpression du 1er volume du même n° 193.

203 *d*. OEuvres choisies de Boileau Despréaux, in-18 de 300 pag., Paris, Barbou, 1806.

Poésies, sans notes, avec les Chapelains et les sommaires de Souchay... Texte du même numéro.

203 *e*. Art poétique, p. 231 à 268 des Chef-d'œuvres de la poésie française, in-12, Paris, 1806.

Texte et notes du même numéro; aussi y trouve-t-on, ainsi que dans les deux précédens, la faute indiquée n° 203 *b*.

204. OEuvres poétiques de Boileau Despréaux avec des notes de Ponce-Denis Ecouchart-Le Brun, in-8°, Paris, Buisson, 1808.

1. « Il y a, dit M. Amar (Moniteur, 28 mars 1808), des erreurs dans ces notes de Le Brun, mais on y trouve aussi des remarques distinguées par la pureté du goût le plus sûr, et par cette justesse d'observation qui n'appartient qu'à un artiste exercé. »

2. L'éditeur y a joint, sans doute à cause de sa brièveté (4 pages) car il y a des erreurs, le précis de la vie de Boileau donné par Bastien (n° 202).

3. Mais cet éditeur est plus excusable pour les mêmes erreurs, dont la rectification eût exigé des recherches, qu'il ne l'est pour le texte joint aux remarques d'un poète tel que Le Brun. Il a pris en effet très souvent pour type la détestable édition du même Bastien (n° 202). Il eût été trop long de signaler toutes les fautes auxquelles il a été ainsi entraîné; nous nous sommes bornés à en indiquer quelques-unes (tome I, p. 99, note 3; 101, note 4; 107, note 3; 138, note 1; 139, note 2; 215, note 4; etc.).

NOTICES BIBLIOGRAPHIQUES. cxcīij

205. * OEuvres complètes de Boileau Despréaux etc., 3 vol. in-8 de cxxxvj et 368, 492 et 380 pages, Paris, stéréot. d'Herhan, 1809.

1. C'est la première des éditions de M. Daunou (*voy*. notre Avertissement, n°s X, XIII et XIV).

2. Les notes dont l'éditeur a fait suivre chaque pièce (pour l'intelligence du texte) sont en petit nombre, et la plupart fort courtes et néanmoins, dit M. Raynouard (*Journ. des Sav.*, 1824, p. 144), cette édition « contient tout ce qu'il est convenable de savoir en lisant et même en étudiant Boileau. » Ainsi M. Raynouard est du même sentiment que La Harpe et d'autres sur l'inutilité de la plupart des documens biographiques dont plusieurs éditions ont été surchargées (voyez l'Avertissement, n° II).

3. M. de Saint-Surin a beaucoup critiqué cette édition, quant au texte, où en effet, on trouve souvent des fautes, sans doute parce que M. Daunou, absorbé par ses fonctions importantes, n'aura pu faire une collation des éditions originales... Il est toutefois assez singulier que le critique l'ait prise ordinairement pour type, en ait, en un mot, imité jusqu'aux fautes dans la partie de la sienne (n° 227) qui comprend les œuvres en prose, comme nous le remarquons tome III, p. 322, note *a*.

4. Cette édition a eu plusieurs tirages, en 1810, 1812, 1813, 1826, 1829 (n° 253 *a*), et, dit M. Daunou (1825, I, cxiv), avec des corrections.

205 *a*. OEuvres complètes, etc., 3 vol. in-12, 1809, etc.
Même édition absolument, d'un autre format.

206. OEuvres de Boileau Despréaux à l'usage des lycées etc., 2 vol. petit in-16 de 185 et 178 pag., Paris, Chassaignon, 1810.

Poésies avec les Chapelains; texte et notes du n° 193; sommaires de Souchay.

207. OEuvres complètes de Boileau Despréaux, 3 vol. petit in-18, port. et fig. d'après Monnet et Lordan, Paris, Raymond et Ménars, 1810.

1. Jolie réimpression du n° 193, et par conséquent, œuvres appelées improprement *complètes* puisqu'il y manque une grande partie de la correspondance et plusieurs pièces qui avaient déjà été publiées, en 1809, dans le n° 205.

2. Il y a de plus qu'au n° 193, l'éloge de Boileau par Valincourt, l'abrégé de sa vie, puisé dans une des copies de Souchay (n° 131), et, en note, après les intitulés de chaque pièce, les sommaires du même... L'éloge et l'abrégé forment avec le discours sur la satire, les préliminaires du tome premier.

207 a. OEuvres choisies de Boileau Despréaux, in-18 de 36 et 327 pages, portr., fig., etc., Paris, les mêmes, 1810.

Réimpression ou plutôt reproduction du tome I et d'une partie du tome II du numéro précédent. Le volume finit avec les stances sur l'École des femmes.

208. OEuvres de Boileau Despréaux, 2 vol. in-24 de 196 et 180 pages, Paris, Caille et Ravier, 1810.

Même observation que pour le n° 180, en y ajoutant ce qu'on a dit dans la note de ce numéro... Le texte de Souchay a été suivi, en général, et quelquefois aussi celui de l'édition stéréotype (n°s 131 et 193).

209. OEuvres de Boileau Despréaux à l'usage des lycées, in-16 de 337 pages, Lyon, Perisse, 1810.

Poésies avec sommaires, mais sans notes... On y a joint les Chapelains et la requête en faveur d'Aristote (voy. n° 76)... Texte de Souchay (n° 131).

210. OEuvres choisies de Gresset et de Boileau, 2 pet. in-8°, Tulle, 1812.

Le tome II contient les OEuvres choisies de Boileau, publiées dans l'ordre et d'après le même texte que le n° 222 a, dont les observations s'appliquent par conséquent au présent n°.

211. Poètes français du premier ordre, tome III, Boileau; in-18 de 382 pages, Paris, imprimerie de Belin, 1813.

Poésies avec notes... Texte de l'édition stéréotype (n° 193), augmenté des Chapelains et des sommaires de Souchay.

211 a. OEuvres de M. Boileau Despréaux, nouvelle édition suivie du poème sur le Geste etc., in-18, Troyes, 1813.

Reproduction (le titre seul est changé) du n° 198.

212. OEuvres de Boileau Despréaux, nouvelle édition, petit in-12 de 360 pag., Paris, Verdière, 1814.

Poésies sans notes, mais avec des sommaires et les Chapelains... le n° 183 paraît y avoir été pris pour type.

212 a. OEuvres de Boileau etc., Paris, veuve Nyon, 1814.

Reproduction (le titre seul est changé) du n° 212.

213. OEuvres poétiques de Boileau Despréaux, 2 vol. in-fol. de lxij, 280 et 240 pages, Parme, veuve Bodoni, 1814 (Biblioth. du prince d'Essling).

1. Edition magnifique et fort rare en France [1]. Elle contient outre les poésies, l'éloge de Boileau par D'Alembert, la préface de 1701 et les lettres citées dans cette préface, c'est-à-dire la lettre d'Arnauld à Boileau, la réponse de celui-ci et ses lettres à Perrault et à D'Ericeyra.

2. On y a suivi en général le texte de l'édition stéréotype (n° 193), et notamment pour la faute grossière indiquée, n° 203 b.

213 a. OEuvres de Boileau Despréaux à l'usage des lycées, 2 pet. in-12 de 176 et 182 pag., fig., Paris, rue Serpente, 1814.

Poésies avec les sommaires de Souchay, les Chapelains et les lettres à Bussy et à Luxembourg... Texte et notes du n° 193.

214. OEuvres poétiques de Boileau Despréaux, avec des notes de Le Brun, Paris, Renouard, 1814.

Réimpression du n° 204.

214 a*. OEuvres de M. Boileau à l'usage des collèges, in-18 de 296 pages, Lyon, Matheron, 1814.

Poésies sans notes.. Texte et sommaires de Souchay.

215. OEuvres de Boileau Despréaux, 3 vol. in-8° de lxxij et 289, 444 et 344 pages, Paris, Didot aîné, 1815.

On trouve dans le premier volume l'éloge de Boileau par Auger, et une notice sur Boileau... Le reste de l'édition est à peu-près conforme au n° 184, excepté 1° que la table chronologique des œuvres a été rectifiée d'après celle de l'édition de M. Daunou, n° 205 ; 2° que l'ordre de la même édition a été suivi pour les poésies mêlées... Pour l'exécution typographique, on peut voir ce que nous avons dit n° 176.

216. OEuvres de Boileau Despréaux, nouvelle édition augmentée de notes et de la vie de l'auteur, in-18 de 348 pages, Lyon, Savy, 1815.

On y trouve, outre les poésies et les Chapelains, la requête et l'arrêt relatifs à Aristote... Les notes sont celles de l'édition stéréotype (n° 193).

217. * OEuvres complètes de Boileau Despréaux, 3 vol. in-18, portr., fig., Paris, l'Ecrivain, 1815.

Réimpression du n° 207.

---

[1] Après trois ans de recherches, nous n'en avons pu découvrir que l'exemplaire du prince d'Essling... Elle avait été commandée par le roi Murat, et il en avait paru un spécimen en 1811.

218. OEuvres de Boileau Despréaux à l'usage des collèges, in-18 de 302 pag., Avignon, Joly, 1816.

Poésies sans notes.. Quelques avertissemens... Sommaires de Souchay... Texte du n° 193.

219. OEuvres de Boileau Despréaux à l'usage etc., in-18 de 392 pages, Lyon, Perisse, 1816.

Réimpression du n° 209.

219 *a*. OEuvres de M. Boileau Despréaux, nouvelle édition revue et corrigée, in-18 de 264 pages, Lyon, Blache (impr. à Lons-le-Saunier), 1816.

Poésies (avec les Chapelains) sans notes... Texte et sommaires de Souchay.

220. OEuvres de Boileau Despréaux, nouvelle édition augmentée etc., in-18, de 380 pag., Thiers, 1817.

Réimpression du n° 216, ou de l'édition qui en aura été le type.

221. OEuvres de Boileau Despréaux à l'usage des lycées et des écoles secondaires, in-18, Paris (stéréotype d'Herhan), Nicoe, 1817.

Poésies... Texte et notes du tome I de l'édition stéréotype (n° 193), augmenté des Chapelains.

221 *a*. * Les deux Arts poétiques d'Horace et de Boileau, collationnés sur les meilleures éditions, seconde édition, in-24 de 88 pag., Brest, Michel, 1818.

1. Edition recommandable par l'exécution typographique... Texte (sans notes) du n° 193. Si l'on y eût consulté les *anciennes* éditions, qui, sans doute, doivent être comptées parmi les *meilleures*, on n'eût point commis la faute indiquée tome II, p. 269, note 3 (*fume sous son roc*).

2. Des exemplaires ont été tirés sur peau de vélin, sur papier fin, papier vélin, papier rose, etc.

222. OEuvres de Boileau Despréaux, augmentées de sa vie et de notes explicatives, in-18 de 300 pages, Paris, veuve Nyon, 1818.

Ce sont encore les poésies (on y a joint le discours sur la satire et les lettres à D'Ericeyra et à Racine sur l'entrevue avec le P. La Chaise)... les notes sont puisées avec quelques changemens ou additions, dans celles de 1713 (n° 107); elles ont été placées à la suite des pièces.

222 *a*. OEuvres choisies de Boileau Despréaux, à l'usage des colléges, pet. in-8 de 396 pages, Paris, associés, 1818.

1. On trouve ici et dans l'ordre suivant, 1° l'Art poétique; 2° le Lutrin; 3° les satires i à xi; 4° les épîtres i et ii, et iv à ix ; 5° huit pièces de poésies mêlées.

2. On pourrait être surpris de la suppression des épîtres à Arnauld et sur l'amour de Dieu (iii et xii), surtout en considérant que l'éditeur a suivi le texte du janséniste Souchay (n° 131).

3. Il y a aussi quelques suppressions de vers; mais elles sont indiquées par des lignes ponctuées.

223. OEuvres de Boileau Despréaux à l'usage des lycées et des écoles secondaires, in-18 de 372 pages avec portrait, Paris, Le Dentu, 1818.

Rien que les poésies réimprimées (texte et notes) sur l'édition stéréotype (n° 193); avec cette différence que les sommaires de Souchay et les Chapelains y ont été ajoutés, et qu'une faute (dans la première note du Discours sur la satire) a été corrigée.

223 *a*. * Les deux Arts poétiques d'Horace et de Boileau Despréaux, in-fol. de 58 pages, Brest, Michel, 1819.

Réimpression du n° 221 *a*, dont toutes les remarques s'appliquent au n° 223 *a*, excepté que huit petites pièces de poésie de Boileau ont été ajoutées à ce dernier numéro.

224. OEuvres de Boileau, 2 vol. in-fol. de xvj, 348 et 356 pages, avec vignettes, Paris, Didot aîné, 1819.

1. Cette édition n'a été tirée qu'à 125 exemplaires (numérotés et signés). On peut la considérer comme un des chefs-d'œuvre de la typographie moderne. Elle nous a paru supérieure même à celle de Bodoni (n° 211 *a*) soit pour l'élégance des caractères et pour l'égalité et le bon goût de la composition, soit pour la perfection du tirage, etc.

2. Le tome II commence avec les poésies diverses. On n'y a pas compris toutes les œuvres en prose et entre autres l'épitaphe de Racine. A l'égard de la correspondance, elle se réduit aux 8 lettres de l'édition de 1713 (n° 108, obs. 4).

3. On y a pris pour type, nous l'avons déjà remarqué, le n° 184, et par conséquent, on y a commis les mêmes fautes.

224 *a*. OEuvres de Boileau Despréaux, à l'usage des lycées, etc., in-18, Paris (stéréot. d'Héran), Dabo, 1819.

Nouveau tirage du n° 221 (nous en avons vu un autre daté de 1826).

224 b. OEuvres complètes de Boileau Despréaux etc., 3 vol. in-8°, ou in-12, Paris, Dabo, 1820, 1821, etc.

Reproduction des n°ˢ 205 et 205 *a*.

225. OEuvres complètes de Boileau, 4 vol. in-18, Paris, Ménard et Desenne, 1820 (faisant partie de la collection intitulée Bibliothèque française).

1. Cette édition est précédée d'une notice sur Boileau par M. Ourry, et de notices abrégées (extraites en partie de l'édition Daunou, n° 205), des personnages cités dans les poésies de Boileau.

2. Le n° 193 y a été suivi pour les ouvrages qu'il contient, et la même édition Daunou, n° 205, pour les autres (y compris les Chapelains); mais quelques changemens ont été faits dans les notes.

225 *a*. OEuvres complètes, etc., 4 vol. in-12, Paris, les mêmes, 1820.

Même édition, d'un autre format.

225 *b*. OEuvres de M. Boileau Despréaux, suivies du poème sur le geste etc., in-18 de 338 pages, Troyes, 1820.

Réimpression du n° 198.

226. Art poétique, etc., traduit par Paul, 2ᵉ édition, Lyon, 1820 (la première est le n° 199).

227.* OEuvres de Boileau Despréaux, avec un commentaire par M. de Saint-Surin, 4 vol. in-8° de ccij et 386, 634, 648 et 688 pages, avec portr., fac simile et fig. d'après Hersent, Vernet, Roehn etc. (nous avons parlé des fig. au n° 66), Paris, 1821.

1. Ces quatre volumes ont paru, dit M. de S.-S. (I, xliij), aux époques suivantes : le IVᵉ, au mois de juillet 1821; le IIIᵉ, au mois de mai 1822, le Iᵉʳ, au mois de décembre suivant, et le IIᵉ, au mois d'août 1823 (nous en parlons aussi dans notre Avertissement, n° X).

2. C'est sans contredit pour le texte des poésies de Boileau et ses variantes, la plus complète et la plus exacte de toutes les éditions. Quelques fautes, quelques erreurs [1] inséparables d'une semblable entreprise, et les omissions dont nous avons parlé (même n° X) n'empêchent point que M. de Saint-

---

[1] Par exemple, celles que nous indiquons tome I, p. 171, note 3; p. 182, note 3; p. 186, note 2; p. 307, note 1... Tome II, p. 18, note 2; 23, note 2; 104, note 1; 139, note 6.

Surin n'ait droit à beaucoup d'éloges et de reconnaissance pour les recherches et les travaux immenses auxquels il aura été obligé de se livrer.

3. A l'égard des *œuvres en prose*, il a malheureusement, nous l'avons remarqué, n° 205, pris pour type une édition qu'il accusait lui-même d'inexactitude.

228. * OEuvres de Boileau à l'usage des lycées et des écoles secondaires, in-18 de 284 pag., Lons-le-Saulnier, 1821.

Poésies avec les sommaires de Souchay et les Chapelains... On y a suivi en général le texte de l'édition stéréotype (n° 193).

229. OEuvres de Boileau Despréaux avec les commentaires revus, corrigés et augmentés, par M. Viollet-le-Duc, 4 vol. in-18, Paris, Desoer, 1821.

La plupart des notes ont été puisées dans l'édition de Saint-Marc (n° 142); M. Daunou, 1825, I, cxv, fait l'éloge de celles que l'éditeur y a jointes.

230. OEuvres de Boileau avec un nouveau commentaire, par M. Amar, 4 vol. in-8, portr., fig., Paris, Lefèvre (imprim. de Didot aîné), 1821.

1. Cette édition, dit M. Daunou, et nous sommes du même sentiment, se distingue par des observations littéraires qui ne se trouvent point ailleurs: les ouvrages de Boileau y sont appréciés d'après les meilleures théories, et comparés à ceux des poètes anciens et modernes sur les mêmes sujets... Ajoutons que M. Amar avait déjà publié dans *le Moniteur*, plusieurs de ces remarques, ce qui nous a autorisés à en faire usage dans les nôtres (nous les citons en joignant au nom de l'auteur, l'indication du journal)... A l'égard des autres nous suivons la méthode indiquée dans notre Avertissement, n° X.

2. Son tome I parut le 27 juillet 1821 (Journ. de la librairie, n° 2950), après le tome IV, mais avant les tomes I à III de M. de S.-S. (n° 227).

3. Il n'a pas reproduit les notes de Boileau sur le Sublime dans son tome III, telles qu'elles sont dans les éditions originales; il les a rédigées différemment et même refondues.

230 *a*. OEuvres de Boileau Despréaux à l'usage des colléges, in-18 de 324 pages, Avignon, Guichard, 1821.

Poésies sans notes... Quelques avertissemens... Sommaires de Souchay... Texte du n° 193.

231. OEuvres de Boileau, petit in-16 de 319 pages, portr., Paris, Saintin, imprim. de Firm. Didot, 1822.

Rien que les poésies (avec quelques notes); encore la Satire XII, l'ode sur Namur et le prologue d'opéra ont-ils été supprimés (sans avis); mais au moins les Chapelains ont aussi disparu... L'édition stéréotype y a été suivie (n° 193).

231 *a*. * Le Lutrin, poème héroï-comique de Boileau Despréaux, lu à S. M. Louis XIV (*sic*) par l'auteur; publié par M. C. C***, in-18 de 59 pages, fig., Paris, Ponthieu, 1822.

Textes et notes de la même édition. — D'après la tournure singulière du titre précédent, ne serait-on pas tenté de croire que le Lutrin a été publié pour la première fois par M. C. C* ?

231 *b*. Le Lutrin, poème héroï-comique de Boileau, publié par A. E. M., augmenté de la vie de l'auteur, in-18 de 76 pag., Paris, Masson, 1822.

Même texte et mêmes notes... La vie de Boileau (p. 5 à 25) est extraite en grande partie de son éloge par d'Alembert.

232. OEuvres de Boileau Despréaux à l'usage des colléges royaux, communaux, etc., in-18 de 356 pages, Paris, Delalain, 1822.

Autre copie de l'édition stéréotype avec les Chapelains et les sommaires de Souchay.

233. * OEuvres de Boileau à l'usage de la jeunesse, A. M. D. G*** [1], 2 vol. in-12 de xij, 346 et 272 pages (l'un pour les vers, l'autre pour la prose), Lyon (Rusand) et Paris (librairie ecclésiastique), 1822.

1. Cette édition a été faite sur une des réimpressions de celle de Souchay, de 1735 (n° 131), probablement sur celle de 1757 (n° 148). Les notes ont été, il est vrai, assez souvent réduites et remplacées par de nouvelles, mais la plupart du temps, elles ont été littéralement copiées ainsi que les sommaires des diverses pièces. On pourrait être surpris que ce soit un écrivain janséniste qu'entre tant d'autres, le nouvel éditeur ait choisi pour modèle, et qu'il ait également reproduit (à la vérité avec quelques suppressions) un abrégé de la vie de Boileau, composé par un homme (l'abbé Goujet) suspecté de professer la même opinion.

2. Le texte de Boileau a été moins respecté que les notes de l'écrivain

[1] Ces lettres signifient, *ad majorem Dei gloriam*, et l'éditeur qui les emploie est, dit M. Quérard (*France littéraire*, I, 376), le R. P. Loriquet.

janséniste ¹. Nous y avons compté au moins vingt vers de *refaits*, et plus de sept cent quatre-vingts de *supprimés* (nous les indiquons dans les notes des poésies). Aucun avis préliminaire n'indique les raisons de cette opération. On serait tenté de croire que ce sont celles qui ont dirigé une année après, l'éditeur classique (n° 236) dans la sienne, si les résultats n'en étaient pas si différens, puisque celui-ci a supprimé plus de deux mille vers.

234. OEuvres de Boileau à l'usage de la jeunesse, A. M. D. G. ***, gros in-18, les mêmes, Paris et Lyon, 1822.

Réimpression du tome 1 du numéro précédent. Nous citons ainsi les n°⁰ˢ 233 et 234: *Boil. jeun.*, ou *jeunesse*.

234 *a.* Ars poetica N. Bolœi, in versus latinos conversa, auctore J. J. Laval... L'Art poétique etc., in-12 de viij et 86 pages, Paris, Delalain, 1822.

Texte du n° 193 (à l'exception des notes)... On y a corrigé la faute indiquée au n° 203 *b.*

235. OEuvres de Boileau Despréaux à l'usage des colléges, in-18 de 353 pages, Paris et Strasbourg, Levrault, 1823.

1. Cette édition contient les poésies avec leurs préfaces particulières, telles que celles des satires x et xii, des épîtres i, iv, etc., les sommaires de Souchay et les Chapelains.

2. L'édition stéréotype (n° 193) y a été suivie, excepté pour la première note du discours sur la satire, où une erreur a été substituée à une autre erreur. La mise au jour de ce discours y est en effet annoncée sous la date de 1667 au lieu de 1666 qu'indiquent l'édition stéréotype et presque toutes ses copies, tandis que, comme nous l'observons ailleurs (tome III, p. 83, note 1), la véritable date est 1668.

235 a. OEuvres choisies de Boileau Despréaux, etc., à l'usage des colléges et maisons d'éducation, in-18 de 256 pages, les mêmes, 1823.

Même édition que la précédente, à l'exception du Lutrin, des épigrammes et des poésies diverses qui en ont été retranchés.

236. * Boileau, édition classique, ou poésies de Boileau avec des notes à l'usage des colléges et des écoles ecclésiastiques, par

---

¹ Et que les misérables parodies relatives à Chapelain, car elles y ont été insérées toutes les deux.

M***, ancien professeur de rhétorique au collége de ***, in-12, Paris, Brunot-Labbe, 1823.

1. Cette édition, dit-on, dans une notice préliminaire « est destinée aux élèves de nos écoles. On en a retranché les odes et quelques autres pièces indignes de leur auteur, ainsi qu'un petit nombre de passages que la prudence ne permet pas de mettre sous les yeux de la jeunesse... » (On aurait dû aussi avertir qu'on y a corrigé quelquefois le texte... Nous en donnons des exemples dans les notes des poésies).

2. Le travail du nouvel éditeur a été vivement censuré dans plusieurs journaux littéraires, et surtout dans le Mercure (20 déc. 1823, t. III, 504). Suivant M. Léon Thiessé, auteur de l'article, il est impossible que le corps enseignant ait adopté cet ouvrage, ait pensé qu'il y avait de compte fait *dix-huit cent dix vers* [1] de trop dans ce Boileau si pieux, d'une conduite si exemplaire, et qui se flattait de n'avoir jamais offensé les mœurs.

237. OEuvres de Boileau Despréaux à l'usage des colléges royaux, etc., in-18 de 328 pages, Angers, 1823.

Même remarque que pour le n° 220, excepté que la requête et l'arrêt relatifs à Aristote n'y ont point été compris.

237 a. * OEuvres de Boileau Despréaux avec les commentaires revus, corrigés et augmentés par M. Viollet-le-Duc, grand in-8° à deux colonnes, de iij et 443 pages, Paris, 1823.

Reproduction (excepté le format et peut-être quelques corrections) du n° 229.

237 b. * OEuvres de Boileau, in-36 de 244 pages, portr., Paris, Desoër, sans date.

1. Poésies sans notes... Reproduites à l'aide de la composition du numéro précédent.

2. Quoique on ait mis au faux titre une indication semblable à celle du n° 198 *b*, c'est-à-dire, *Bibliothèque portative du Voyageur* (le libraire avait acquis cette collection), ce sont deux éditions très différentes et par l'étendue, et par l'ordre des pièces, et même par le texte, car la faute relevée pour le n°. 198 *b* n'existe pas dans le n° 237 *b*.

238. OEuvres de Boileau Despréaux, 2 vol. in-32 de 232 et

---

[1] M. Thiessé ne dit pas tout : nous en avons compté *deux mille et trente*..... Ainsi, l'on a retranché à Boileau plus du quart de ses vers, car nous n'en avons de lui qu'environ sept mille cinq cents.

218 pages, Paris, Debure (imprimerie de Firmin Didot), 1823 (bibliothèque portative de l'amateur).

Jolie édition... Elle contient les poésies et les héros de roman. On s'y est modelé, quant aux poésies (texte et notes), sur le tome I du n° 193, distraction faite des préfaces, des avis, discours et autres pièces de prose.

238 *a*. L'Art poétique, les satires II, VIII et IX, les épîtres I, IV, VII, IX, V et XI, et plusieurs épigrammes, dans le Trésor poétique, dédié à madame la duchesse de Berry et aux enfans de France, 3 vol. in-8°, Paris, Trouvé, 1823.

On y a suivi pour le texte et les notes, le n° 193; aussi y a-t-on commis la faute indiquée au n° 203 b.

239. * OEuvres de Boileau, nouvelle édition, accompagnée de notes faites par les littérateurs les plus distingués, etc., et des passages imités des auteurs grecs et latins, par M. Planche et par M. Noël, in-12, Paris, Roret, 1824.

Réimpression du tome I du n° 193 : mais 1° l'on en a retranché la préface et quelques pièces de poésies mêlées; 2° les Chapelains, les sommaires de Souchay et un abrégé de la vie de Boileau y ont été joints; 3° des changemens, et souvent des additions importantes ont été faites aux notes.

239 *a*. Pluteus, poema héroï-comicum N. Bolœi, in versus latinos conversus, auctore J. J. Laval (avec le texte en regard), in-12 de 98 pag., Paris, Delalain, 1824.

Texte et notes du n° 193... Les notes n'ont pas été traduites.

240. OEuvres de Boileau à l'usage de la jeunesse, A. M. D. G***, in-18, Lyon et Paris, 1824.

Réimpression du n° 234 (nous l'avons, par inadvertance, citée dans quelques notes comme contenant les œuvres en prose, qui ne sont que dans le numéro 233; ces notes sont au tome III, p. 55 et 60; et t. IV, p. 14, 73, 88 et 89).

240 *a*. OEuvres de Boileau Despréaux à l'usage des colléges, in-18 de 288 pages, Paris, Delarue, 1824.

Mêmes observations que pour le n° 203.

241. OEuvres complètes de Boileau, nouvelle édition contenant les passages imités des auteurs latins, et une notice littéraire et biographique, 4 vol. in-18, Paris, Froment, 1824.

NOTICES BIBLIOGRAPHIQUES.

1. Les mêmes éditions qu'au n° 225 ont été prises ici pour type, excepté, 1° pour l'indication des passages imités ; 2° pour beaucoup de notes auxquelles des additions ou des corrections ont été faites, et auxquelles le signe B n'aurait pas dû être joint, puisque ces notes n'étaient plus proprement l'ouvrage de Boileau comme presque toutes celles du n° 193 (*voy.* ce que nous avons déjà observé à ce sujet, n° 184).

2. La seconde partie du tome II et le tome III contiennent les œuvres en prose, et le tome IV, la correspondance.

241 a. OEuvres poétiques de Boileau, édition classique contenant les passages imités, in-18 de 460 pag., Paris, Froment, 1824.

Reproduction du tome I et de la première partie du tome II du numéro précédent.

241 b. OEuvres de Boileau Despréaux, nouvelle édition, petit in-12 de 360 pages, Rouen (Gaudin) et Paris (Naudin), 1824.

Reproduction du n° 212.

242. OEuvres de Boileau avec un nouveau commentaire, par M. Amar, 4 vol., gr. in-8°, fig., Paris, Lefèvre, 1824 (collection des classiques français).

C'est la deuxième édition de M. Amar (n° 230). Les éloges qu'on a faits de la première (n° 230) s'appliquent à plus forte raison à celle-ci, puisque d'après ce que l'éditeur y expose dans l'avertissement, tout y a été revu et corrigé. L'exécution typographique en est encore supérieure.

242 a. OEuvres de Boileau Despréaux à l'usage des colléges, petit in-12 de 282 pages, Paris, Chassaignon, 1824.

Poésies sans notes... Texte et sommaires de Souchay.

243. OEuvres complètes de Boileau, 5 vol. in-32, Paris, Lefèvre et Brière, 1825 (imprim. de Jules Didot).

Édition parfaitement exécutée... Elle fait partie de la collection des classiques français, dirigée par Auger... Elle a paru au mois de mai (Journ. de la librairie du 14, n° 2742)... L'éditeur n'y a point inséré les remarques de Boileau sur Longin.... Elle diffère parfois avec avantage (v. notre tome II, p. 53, note 5), du n° 246, qui est cependant postérieur. On attribue à M. L. Parelle le choix des remarques qui sont au bas des pages.

243 a. OEuvres de Boileau, nouvelle édition, etc., par M. Planche et par M. Noël, in-12, Paris, Roret, 1825.

Reproduction du n° 239.

244. * OEuvres complètes de Boileau Despréaux, etc., avec un commentaire, etc., par M. Daunou, 4 vol. in-8° de cxxviij et 300, 438, 436 et 504 pages, Paris, 1825.

1. C'est la deuxième édition de M. Daunou... Les notes beaucoup plus nombreuses et plus étendues[1] que celles de la première (n° 205), ont été transportées au bas des pages.

2. C'est à notre avis la meilleure de toutes les éditions de Boileau pour les remarques littéraires.

245. Les deux Arts poétiques d'Horace et de Boileau Despréaux collationnés sur les meilleures éditions, in-32 de 92 pages, Caen et Paris, 1825.

Si l'éditeur eût en effet consulté les meilleures éditions, au lieu de suivre, comme il l'a fait, le n° 193, il n'eût point commis dans le chant IV la faute que nous avons rappelée n_0 203 *b*.

246. OEuvres poétiques de Boileau accompagnées de nouvelles notes par M. Auger, in-8° de 480 pages, Paris, Brière, 1825 (impr. de Jules Didot).

Cette édition a paru au mois de juin (Journ. de la librairie du 25, n° 3515)... Au commencement est un morceau sur le génie de Boileau et ses ouvrages, puisé en partie dans son éloge (nous le citons, § 2, n° 110)... *Voy.* l'observation du n° 243, pag. cciv.

246 *a*. OEuvres de Boileau Despréaux augmentées de sa vie etc., in-18 de 322 pag., Paris, Maire-Nyon, 1825.

Réimpression du n° 222.

246 *b*. L'Art poétique de Boileau, en regard de l'*Arte poetica di* Boileau Despréaux *tradotta da Antonio Buttura*, in-24, Paris, Brière (imprimerie de Didot aîné), 1822.

1. Réimpression, du moins pour le texte français (il y a des changemens dans la traduction), du n° 203 *b*. Ainsi on y lit également : *Besançon fume* sous *son roc*.

2. Cette édition est dédiée à M. Gérard ; en tête se trouve le portrait de Corinne, d'après le tableau de ce peintre célèbre.

247. * Le Boileau des colléges par M. Fontanier, in-18 de 296 pages, Paris, 1825.

---

[1] Celles des poésies occupent un espace au moins trois fois plus considérable.

M. F. donne les quatre chants de l'Art poétique et des fragmens du Lutrin et de plusieurs satires ou épîtres, précédés de notices raisonnées et accompagnés de notes explicatives, littéraires, etc.

248. OEuvres complètes de Boileau Despréaux, revues avec soin sur toutes les éditions, avec des notes extraites des meilleurs commentateurs, par A. Martin, in-18 de vj et 784 pages, Paris, Bouquin, 1826.

On y a suivi pour les poésies mêlées, à-peu-près l'ordre établi par M. Daunou... Les remarques sur Longin n'y ont pas été comprises.

248 *a*. OEuvres choisies de Boileau, in-18 de 308 pag., Toul, 1826.

Réimpression du tome I du n° 193.

249. Boileau, édition classique, avec des notes historiques et critiques, les passages imités ou traduits, etc., par M. Dubois, in-18 de 328 pages, Paris, Delalain, 1826.

1. Poésies, à l'exception 1° du Lutrin, poème, dit-on, dans la préface, qui n'est point ordinairement appris dans les classes ; 2° d'une grande partie des poésies diverses; 3° de quelques passages des satires et des épîtres « dont la suppression était nécessaire »... On y a aussi omis, sans en expliquer les raisons, la satire x, et donné les n°s x et xi aux satires xi et xii.. Mais on y a joint le discours sur la satire et l'épitaphe de Racine.

2. Au commencement de chaque pièce sont les sommaires de Souchay, avec quelques changemens... et à la fin, des notes intéressantes, extraites ordinairement des commentateurs, mais dont plusieurs appartiennent au nouvel éditeur.

249 *a*. OEuvres de Boileau à l'usage des pensionnats de jeunes demoiselles, etc., par M. Dubois, in-18 de 256 pages, Paris, Delalain, 1826.

1. Abrégé de l'édition précédente... Le Discours sur la satire, l'épitaphe de Racine, les poésies diverses et toutes les notes où il est question des auteurs latins et grecs, en ont été retranchés.

2. La suppression de la satire x est motivée sur ce que « le sexe y est peu ménagé ».

249 *b*. OEuvres de M. Boileau Despréaux à l'usage des collèges, in-18 de 252 pages, Montbelliard, Deckert, 1826.

Poésies sans notes... Texte de Souchay.

250. OEuvres de Boileau, 2 vol. in-48 de 174 et 140 pages, portr., Paris, Dufour (imprim. de Jules Didot), 1826 (collection des classiques en miniature).

Poésies sans notes, mais précédées des sommaires de Souchay (n° 131), et quelquefois de leurs préfaces particulières... Texte de l'édition stéréotype (n° 193)... Belle exécution typographique.

250 *a*. Art poétique de Boileau suivi de la IIIe et VIe satire, et du poème sur les mauvais gestes, etc., in-12 de 64 pages, Montpellier, 1826.

Texte du même n° 193... Notes extraites en général de Brossette.

251. OEuvres posthumes de Boileau (faux titre)... Satires de Perse et de Juvénal, expliquées, traduites et commentées par Boileau, publiées d'après le manuscrit autographe, par L. Parrelle, Paris, Lefèvre, 1827 (titre), 2 vol. grand in-18 de xj, 280 et 234 pages.

1. Dans un article plein de recherches et de sagacité, M. Daunou a soutenu que ces deux traductions n'étaient autre chose que des fragmens d'une version publiée par le P. Tarteron en 1689, fragmens quelquefois retouchés et accompagnés de notes (*Journ. des Savans*, avril 1828, p. 227 à 235).

2. Ce ne sont en effet que des fragmens. On en jugera par ce résultat du rapprochement de la traduction et du texte de la vi^e satire de Perse, car les lacunes sont en même proportion dans toutes.

Vers 1 à 13 (en partie), traduction... vers 13 (en partie) à 17, *lacune*. — V. 18 et 19 (en partie), traduction... V. 19 (en partie) à 31, *lacune*. — V. 32 à 40, traduction... V. 41 à 55, *lacune*. — V. 55 et 56, traduction.. V. 57 et 58, *lacune*. — V. 58 à 60, traduction... V. 61 à 63 (en partie), *lacune*. — V. 63 (en partie) à 80, traduction.

251 *a*. OEuvres choisies de Boileau, nouvelle édition contenant les passages imités des auteurs latins avec une notice biographique et littéraire, 2 vol. petit in-12, Bruxelles, 1827.

Réimpression du n° 241 *a*.

252. * OEuvres complètes de Boileau Despréaux, précédées d'une notice sur sa vie par M. Daunou, 3 vol. in-8° de c et 320, 440 et 402 pages, Paris, Baudouin, 1828 (collection des meilleurs ouvrages de la langue française).

1. Dans un avertissement, l'éditeur, M. Léon Thiessé, annonce qu'il a

suivi le texte combiné de la grande édition Didot, et de la deuxième de M. Daunou (n⁰ˢ 224 et 244), en choisissant toutefois les leçons les plus conformes à l'édition de 1701 (n° 89), et qu'il y a joint les notes de 1701 et 1713 distinguées par le signe B, avec quelques autres puisées dans divers commentateurs, et notamment dans M. Daunou (il a, dit-on, été aidé dans ce travail par feu J. B. Bertrand, auteur de divers opuscules de grammaire).

2. La notice sur la vie de Boileau, par M. Daunou, réimprimée ici, n'en comprend pas les trois derniers numéros (12 à 14) relatifs à ses éditions, traductions et lettres, aux critiques et hommages qui le concernent, etc.

252 a. Boileau Despréaux, pages 815 et suivantes du tome I de la bibliothèque des classiques français, 2 vol. grand in-8°. à 2 col., très petits caractères, Paris, Dufour, 1828.

Reproduction, excepté quant au format, du n° 250.

253. Œuvres poétiques de Boileau, avec un commentaire par M. Amar, grand in-12 de 305 pages, Paris, Hachette, 1828.

1. Au commencement est une notice sur Boileau... Les notes paraissent extraites des grandes éditions du même commentateur (n⁰ˢ 230 et 242).

2. La satire XII et plusieurs vers de la satire IV ont été omis, sans en avertir.

253 a. Œuvres complètes de Boileau Despréaux, etc., 3 in-8, Paris, Boulland, 1829.

Nouveau tirage du n° 205.

254. Œuvres complètes de Boileau Despréaux avec le commentaire historique de Brossette, revu, 3 vol. in-8°, Paris, rue du Coq, 1829 (bibliothèque choisie)...

1. Dans une préface spirituelle et piquante, l'éditeur fait l'éloge de Brossette et se récrie avec raison (voy. n° 113) sur la licence qu'on s'est donnée de le copier sans le citer. Il critique ensuite presque tous les commentateurs modernes.

2. Le premier travail, ou plutôt l'essai (édition de 1809, n° 205) de M. Daunou, paraît surtout l'objet des attaques de l'éditeur ; mais peut-être n'a-t-il voulu que montrer l'art avec lequel il emploie l'ironie, et ses critiques ne sont-elles que des éloges détournés, puisqu'il a pris M. Daunou pour modèle dans une grande partie de son travail. D'abord, abandonnant la distribution des poésies mêlées adoptée par Brossette, Saint-Marc, M. de Saint-Surin etc., et celle de la correspondance faite par ce dernier, il a suivi l'ordre de M. Daunou... Ensuite il a copié et mêlé parmi les siennes et sans citation, un grand nombre de notes du même éditeur. On peut citer entre autres les notes ou plusieurs des notes du tome I, p. 56, 57, 70 ; du tome II,

p. 87, 88, 379, 380; du tome III, p. 264, 265, 276, 303, 306, 308, 311, 321, 323, 325, 328, 330, 331, 334, 339, 347, 348, 359, 364, 373, 394...
Enfin, il a quelquefois préféré le texte de M. Daunou dans des passages où il est moins exact que celui de Brossette (voy. notre tome III, p. 220, note 1; 281, note 1... tome IV, p. 17, note 4; 136, note 2).

254 a. OEuvres de Boileau Despréaux, 2 vol. in-18, Paris, Lecointe, 1829 (nouvelle bibliothèque des classiques français).

Reproduction du t. I et des 120 premières pages du tome II du n₀ 193, (les titres et plusieurs numéros de pages ont été seuls changés).

255. OEuvres de Boileau, 2 vol. in-18 de x, 262 et 220 pages (bibliothèque des amis des lettres), Paris, 1829.

1. Poésies (y compris les Chapelains) avec les petits opuscules en prose; par conséquent, les Réflexions critiques, la traduction du Sublime et la correspondance manquent.

2. On y a suivi, en général (texte et notes), l'édition stéréotype, n° 193.

3. L'édition est précédée d'une notice sur la vie de Boileau, extraite de Souchay et de M. Daunou.

255 a. OEuvres poétiques de Boileau avec un commentaire, par M. Amar, in-12, Paris, 1829.

Reproduction du n° 253.

255 *b*. OEuvres de Boileau, à l'usage de la jeunesse, in-18 de 350 pag., Lyon et Paris, Perisse, 1830.

Réimpression du n° 240.

256. OEuvres de Boileau Despréaux à l'usage des colléges royaux etc., in-18 de 324 pages, Tours, 1830.

Réimpression de l'édition stéréotype, n° 193.

257. OEuvres de Boileau Despréaux, à l'usage des colléges et des écoles secondaires, in-18 de 268 pag., Avignon, v^e Joly, 1831.

Réimpression du n° 230 a...

258. OEuvres de Boileau Despréaux, 3 vol. in-8° de VIII et 376, 365 et 389 pag., avec portr., Paris, Treuttel et Wurtz, 1832 (nouvelle bibliothèque classique).

1. OEuvres complètes, précédées 1° d'une notice de six pages sur Boileau, tirée en grande partie de son éloge par De Boze; 2° de la préface de l'édition de 1701 (les préfaces des autres éditions sont omises).

2. On y a suivi le texte de 1713 (n° 108) mais sans s'y astreindre toujours, car on l'a assez souvent abandonné pour des leçons même moins correctes, d'éditions plus récentes, telles que les leçons que nous indiquons dans plusieurs notes du présent volume, par exemple, note 2, p. 102, note 4, p. 174, et surtout note 2, p. 114, quoique la leçon fautive que nous y citons eût été déjà rejetée par MM. de Saint-Surin et Amar (n°ˢ 227 et 242).

3. La plupart des notes sont celles de l'édition de 1713, et indiquées par la lettre D (plusieurs néanmoins ne sont pas de Despréaux, par exemple, les trois dernières de l'avis de l'épître 1). — Les autres notes sont anonymes, ou bien portent la lettre G. Dans quelques-unes d'entre elles on a extrait Brossette et Saint-Marc (sans les citer), comme dans celles où l'on dit mal-à-propos (nous le démontrons, tome III, p. 479, n° 15) que la belle-sœur de Boileau était l'original des portraits qui sont dans la satire x, vers 15 à 18, et 350 à 360.

~~~~~~~~~~

Quelque étendue que soit la notice précédente[1], il nous aurait été facile de l'augmenter encore, si nous ne nous étions fait une loi de n'y comprendre que les éditions que nous avions vues par nous-mêmes[2]. A l'égard des autres, on pourra consulter soit les catalogues des diverses éditions de Boileau, soit les bibliographies, les Frances littéraires, etc.. Il faut d'ailleurs observer que toutes les éditions désignées dans ces ouvrages comme dignes de l'attention des gens de lettres, se trouvent comprises dans notre notice.

Dans cette dernière classe, on doit surtout ranger celles qui contiennent des notes explicatives. Une chose assez digne de remarque à cet égard, c'est que pendant le siècle qui s'est écoulé depuis la dernière édition donnée par Boileau lui-même, c'est-à-dire, de 1701 à 1801, on ne peut guère compter que trois éditions de ce genre, celles de Brossette (1716), de Souchay (1735),

---

[1] Si l'on réunit à ses 258 numéros simples les numéros accompagnés de lettrines italiques (les numéros avec lettrines romaines, on l'a dit, p. cxxix, ne désignent que des reproductions d'éditions antérieures), on verra qu'elle comprend *trois cent cinquante-deux éditions* complètes ou partielles.

[2] Les erreurs nombreuses dans lesquelles sont tombés beaucoup d'éditeurs, pour avoir accordé trop de confiance à des catalogues ou à des bibliographies, nous ont surtout déterminés à suivre cette méthode.

et de Saint-Marc (1747), en y joignant tout au plus comme éditions secondaires, celles de Dumonteil (1718 à 1729) et d'Amsterdam (1772, n° 164) dont les éditeurs ont ajouté quelques remarques au travail de leurs prédécesseurs.

Dans la suite, au contraire, et pendant un intervalle de temps quatre fois moins considérable, c'est-à-dire pendant le quart de siècle environ qui s'est écoulé depuis (1802 à 1828), quoique l'école dont Boileau est considéré comme le chef, ait été de plus en plus vivement attaquée, les éditions dignes d'attention par leurs remarques, ont été beaucoup plus nombreuses, comme si les vives censures de ses doctrines les eussent fait mieux apprécier. Nous pouvons, en effet, compter une quinzaine d'éditions de ce genre, celles de Le Brun (1808), de M. Daunou (1809 et 1825), de M. Amar (1821, 1824 et 1828), de M. de Saint-Surin (1821), de M. Viollet le Duc (1821), de MM. Planche et Noël (1824), d'Auger (1825), de M. Fontanier (1825), de M. Martin (1826), de M. Dubois (1826), de M. Thiessé (1828).

Un littérateur à qui nous avons soumis la remarque précédente, prétend qu'on peut appliquer au *crédit* de Boileau, ce qu'il a dit (*Épître VII*, v. 49 à 51, tome II, p. 90) d'un génie attaqué [1] par l'envie :

Plus on veut l'affaiblir, plus il croit et s'élance...

On en aurait eu du moins le droit au temps même de Boileau vu le nombre prodigieux des éditions de ses divers ouvrages faites de son vivant en France ou à l'étranger, et indiquées dans la notice (*cent vingt-cinq* [2] dont plus de *soixante complètes*)... Nous doutons, en effet, qu'aucun auteur, excepté Voltaire, ait

---

[1] M. Viennet (p. 162 et 182) traite assez rudement et même trop rudement l'école opposée... *Voir* d'ailleurs M. Daunou, 1825, II, 163; III, vij ; IV, vij.

[2] On pourrait ajouter à ce nombre ; 1° la troisième, la cinquième et la sixième éditions originales, qui, on l'a remarqué, n. 12 *a*, sont encore inconnues ; 2° deux autres éditions originales également inconnues, faites vers 1672 et 1682, et dont nous parlons, n° 43, p. cxlvij, et tome II, p. 8; 3° deux éditions faites à Lyon, à la fin de 1701, et indiquées dans une lettre de Brossette à Boileau (Lett. famil., I, 178); 4° une édition séparée de la satire IX, dont nous parlons d'après M. de Saint-Surin, n° 16 *b;* ce qui porterait à *cent trente trois* le nombre des éditions publiées du vivant de Boileau.

eu la satisfaction (nous la souhaitons aux critiques modernes de Boileau) de voir autant d'impressions de ses œuvres; et il put, sans aucune espèce de forfanterie, en publiant sa dernière édition, remercier le public de l'avoir *acheté tant de fois*, et dire que ses œuvres étaient entre les mains *de tout le monde* (préface de 1701, ci-après, p. 18 et 24... *Voyez* aussi n°s 12 *a* et 38 *a*, p. cxxxv, note 1, et cxlv, note 1).

A l'égard des éditions faites depuis la mort de Boileau, ou dans un intervalle de 122 ans (de 1711 à 1832), il semblerait si l'on s'attache plus à leur nombre qu'à leur importance, que le *crédit* de ses ouvrages eût diminué, puisque pour être dans la même proportion, il faudrait qu'on en eût publié alors 308 éditions, tandis que notre notice n'en contient que 225.

Il est vrai qu'au xviiie siècle, elles ne se sont pas multipliées aussi fréquemment que du vivant de l'auteur; mais il en est autrement au xixe. Si l'on divise, en effet, en quatre parties à-peu-près égales l'intervalle précédent, on aura ce résultat assez curieux :

    1. De 1711 à 1741. Editions 50
    2. De 1742 à 1772. — — 41
    3. De 1773 à 1802. — — 41
    4. De 1803 à 1832. — — 93

On voit que pendant cette dernière période de 30 ans, il a été publié, proportion gardée, un plus grand nombre d'éditions de Boileau, que du vivant même de l'auteur, puisque les 125 éditions qui ont paru de 1666 à 1711, ou dans un intervalle de 46 années, ne donnent pour 30 ans que le chiffre 81.

§ II. OUVRAGES DIVERS

CONSULTÉS POUR CETTE ÉDITION. [1]

1. * La Pucelle ou la France délivrée, par M. Chapelain, 2ᵉ édition, revue et retouchée, in-12, Paris, 1656, avec une préface (citation abrégée : *Chapelain, Préf.*).

2. * Les œuvres de M. Sarrasin, 2 vol. in-12, Paris, 1658.

3. Lettres familières de M. de Balzac à M. Chapelain, 3 vol. in-12, La Haye, 1661.

4. * Les Poésies de M. Malherbe avec les observations de M. Ménage, in-8°, Paris, 1666 (citat. abrégée : *Ménage, Malherbe*).

5. Despréaux, ou la Satyre des satyres, grand in-12 de 12 pages, anonyme, sans date ni lieu.

6. * Despréaux, ou la Satire des satires de Boisleau, pet. in-12, pag. 73 à 84 de l'édition n° 9 du § 1ᵉʳ, qui, on l'a vu (*ibid.*), parut en 1666 (citat. abrégée des nᵒˢ 5 et 6 : *Sat. des sat.*).

1. Le n° 6 est une réimpression du [2] n° 5, dont il sert ainsi à fixer la date, jusque-là incertaine. C'est, à notre connaissance, la première critique des ouvrages de Boileau (des satires I à VII, et du discours au roi).

2. Quoiqu'elle porte le même titre que la comédie de Boursault, que nous indiquons au n° 10, elle lui est si inférieure sous le rapport du style, qu'on ne saurait l'attribuer à cet auteur. Si l'on en juge également d'après le style, ou d'après les imputations qu'on y fait à Boileau, il paraît évident que c'est la satire que Cotin, au rapport de Brossette (I, 31, 100 et 440, et II, 243), avait composée contre Boileau. Il est vrai que Cotin critique aussi quelquefois cette satire dans l'ouvrage indiqué au n° 8 ; mais outre qu'il l'approuve et la cite

---

[1] Nous les citons par le nom des auteurs. Si dans ce paragraphe on en désigne plusieurs du même auteur, le mode particulier de leurs citations sera indiqué à la suite des titres... A l'égard des ouvrages non désignés dans ce paragraphe, nous les citons par leurs titres, éditions, volumes et pages.

[2] Une grande partie en fut aussi insérée en 1668 dans le Recueil de Verobeven, même § 1, n. 20.

fort souvent, peut-être ne la critiquait-il que pour empêcher qu'on ne la lui attribuât.

3. Nous ne croyons pas qu'aucun éditeur de Boileau ait connu cette pièce.

7. Recueil de plusieurs pièces contre Despréaux, manuscrit petit in-12 de 21 feuillets, placé parmi les Pièces des imprimés de la B. R. (citat. abrégée : *Rec. mss.*).

1. Ce recueil, qui date du commencement du xviiie siècle, contient deux satires et quelques épigrammes contre Boileau avec plusieurs pièces qui lui sont étrangères, telle qu'une épître contre les jésuites.

2. La première pièce (feuillet 1 bis) est intitulée *Le Poète : satire de Cotin contre Despréaux* ; mais c'est une erreur grossière que le copiste aurait d'autant moins dû commettre que cette satire contient précisément un trait dirigé contre Cotin. Du reste, on verra, n$_o$ 11, qu'elle est de Le C***.

3. Le titre de la cinquième pièce (feuillet 4) est : *Satire à M. de Bussy-Rabutin contre Despréaux*. Elle est composée de 80 vers, et terminée hors ligne, par le nom de Quinault, d'où quelques commentateurs ont été induits à la lui attribuer. C'est encore une erreur. Cette satire contient au contraire un trait dirigé contre Quinault. Le copiste a, il est vrai, effacé ce nom pour y substituer par un interligne celui de Boursault, mais dans les éditions n°s 20 et 41 *b* du § 1, où la même satire a été publiée, on lit Quinault, et ce nom n'est pas répété à la fin, comme dans le manuscrit.

4. Cette même satire n'est autre chose qu'un fragment un peu considérable de la Satire des satires (n°s 5 et 6), terminé par une douzaine de vers différens, parmi lesquels sont les deux suivans, où l'on dit de Boileau :

> Qu'il critique toujours s'il ne saurait se taire ;
> On ne peut empêcher un âne qui veut braire.

8. La Critique désintéressée des satires du temps, in-8 de 64 pages, anonyme, sans lieu ni date (par Cotin).

1. Brossette et d'autres éditeurs ont beaucoup parlé de cet opuscule curieux, mais sans en citer aucun passage. Il parut évidemment au plus tard en 1667 (voy. n° 6, obs. 2... Nicéron, XXIV, 226, dit même, en 1666).

2. Cotin y prend envers Boileau un ton de hauteur tout-à-fait singulier, à-peu-près celui d'un pédant envers un écolier de basses classes (Boileau avait cependant alors trente ans)... Il ne lui épargne pas non plus les injures. Par exemple, il le nomme (p. 46) le sieur *Desvipereaux*; et il lui dit (p. 47) fort élégamment en retournant deux *beaux* vers de la Satire des satires (p. 11) : « le destin des satiriques est

> De vivre le coude percé
> Et de mourir le cou cassé.

Ce qui veut dire, observe Cotin (p. 47), « que s'ils ne sont *assommés sur l'heure*, il leur est comme fatal de vivre pauvres et misérables. »

9. Le Satirique Berné en prose et en vers, par L. D. I. et D. D. (l'auteur du Jonas et du David, c'est-à-dire Coras), petit in-18 de 60 pages, sur l'imprimé à Paris, 1668.

1. Cet opuscule, également inconnu à presque tous les éditeurs, et presque aussi curieux que les précédens, fut publié après le 25 août, on l'a dit au § 1, n° 18.

2. Coras y prend à-peu-près le même ton que Cotin. « En m'apprenant, répond-il (p. 8) à son libraire (même n° 13), son nom (Despréaux ou Boileau), vous m'avez dit tout justement ce qu'il faut que je sache pour me le faire mépriser. »

10. La Satire des satires, comédie par M. Boursault, in-12 de 60 pages, outre l'épître et l'avis au lecteur, Paris, Quinet, 1669 (citat. abrégée : *Boursault, Sat.*).

1. Le privilège est du 17 avril, et l'achevé d'imprimer du 17 mai.

2. Dans l'avis, Boursault se récrie sur la défense que Boileau a sollicitée et obtenue (du parlement) de représenter la Satire des satires (voy. l'Essai, chap. II, n° 49). Ses motifs sont que s'il critique dans cette comédie les ouvrages de Boileau, il ne fait qu'user de représailles, et il affirme qu'il n'y dit rien contre la personne de l'auteur... mais alors comment ne s'était-il pas opposé à la défense comme il en avait le droit, puisqu'elle avait été prononcée sans l'avoir entendu? Et telle fut cependant sa conduite ainsi que nous l'apprend Pinchesne (ci-après n° 16). Après avoir représenté malignement (p. 19) à Boileau, qu'il eût encore dû demander que Boursault fût condamné aux dépens, Pinchesne ajoute :

> Mais demander dépens n'eût été chose honnête,
> Pour trois mots de défense, obtenus sur requête;
> Puisqu'en prose ni vers, ni par aucuns écrits,
> On ne défendit point à ton arrêt surpris.

Au reste, Boursault était en effet sorti de sa modération ordinaire dans deux passages de la scène VI, pages 33 et 56. Il suffit de citer le premier, où il dit à-peu-près que Boileau déshonore sa famille en se livrant à la satire :

> Sorti d'assez bon lieu, c'est vouloir sans raison
> Prostituer sa race aussi bien que son nom......
> Nos neveux après nous, ne distingueront pas
> Qui de cette famille avait *le cœur si bas*;
> Et l'erreur populaire, ou la haine publique,
> Confondra *l'honnête homme* avec le satirique.

11. OEuvres diverses de feu M. Le C***, in-12 de 53 pages, Rouen, 1673.

Elles se composent de la satire du poète citée n° 7, obs. 2, et § 1, n° 27, et de deux opuscules en prose intitulés *le Parnasse pillé* et *la République des lettres*.

12. La défense du poème héroïque avec quelques remarques sur les œuvres satiriques du sieur D***, Dialogues en vers et en prose, in-4° de 136 pages outre la préface (par Desmarets de Saint-Sorlin), Paris, 1674.

1. Le privilège est du 25 juillet, l'enregistrement, du 11 août, et l'achevé d'imprimer, du 18 du même mois.

2. On peut juger du *mérite* de cet ouvrage par la simple considération que plus de soixante pages de critiques en prose et en vers (à partir de la 74ᵉ de l'in-8°, n° 14) durent en être composées et imprimées dans l'espace d'un mois [1], car elles sont relatives à des pièces de Boileau qui avaient paru pour la première fois dans son édition de 1674, in-4°, terminée le 10 juillet (§ 1, n° 33).. Toutefois comme ces critiques étaient plus développées que les précédentes, les ennemis de Boileau en triomphèrent en quelque sorte, car bientôt les Brienne, les Pradon, les Bonnecorse en reproduisirent un grand nombre, et long-temps après furent imités à cet égard, par les Saint-Marc, les Chapat, les Daçarq... Nous suivons dans les extraits que nous en donnons, l'édition in-8° (n° 14), dont nous avons eu connaissance plusieurs années avant l'édition in-4°, et qui d'ailleurs, est conforme à celle-ci.

3. Il paraît au reste que c'est à l'ouvrage de Desmarets que Boileau fait allusion dans l'avis des éditions de 1674 et 1675, grand in-12 (même § 1, nᵒˢ 35 et 37), dont le premier feuillet forme un carton dans la première [2], lorsqu'il dit qu'il n'aurait pas beaucoup de peine à répondre aux critiques faites contre lui.

Cette remarque, en effet, ne peut concerner d'autres critiques de Desmarets antérieures à l'édition de Boileau de 1674, puisque celui-ci y avait répondu par les vers 313 à 333 du troisième chant de l'Art poétique (tome II, p. 238 à 240) compris dans la même édition.

4. Puisque l'occasion s'en présente, nous dirons un mot de ces critiques

---

[1] Suivant Brossette, il est vrai (I, 437), Desmarets fut aidé par l'abbé Testu et par le duc de Nevers; mais aucun de ces personnages n'avait, à beaucoup près, le talent qu'eût exigé cette espèce d'improvisation d'un travail si considérable.

[2] Celle-ci était donc au moins commencée et l'autre ne l'était pas encore lorsque Boileau eut connaissance de la critique de Desmarets.

anciennes, et d'autant plus volontiers qu'aucun commentateur n'en ayant parlé, on serait porté à croire que Boileau dans ses discussions avec Desmarets, fût l'agresseur, tandis que dans les mêmes vers, il ne fit que répondre à Desmarets et sans le nommer.

Ces critiques eurent pour objet l'épître IV publiée, on l'a dit (§ 1, n₀ 29), au mois d'août 1672. Desmarets les a glissées, 1° dans une ode au duc de Richelieu (elle fait partie d'un recueil de la B. R.) où il dit (p. 13):

> Une muse, *jeune écolière*,
> Se sent faible et s'efforce en vain
> De tenter l'entreprise fière
> Du fameux passage du Rhin...

et qu'il termine en parlant de ses ouvrages, par une espèce d'invocation semblable à celle qu'il avait déjà faite, en 1670, dans un autre opuscule, et que nous citons, tome II, p. 240, note 4, d'après Brossette :

> S'il n'attend pas que j'en appelle
> A la juste postérité.

2° Dans la dédicace du poème de Clovis au roi, où l'on trouve ces vers :

> Et quand du dieu du Rhin on feint la fière image
> S'opposant en fureur à ton fameux passage,
> On ternit par le faux la pure vérité...
> A ta haute valeur c'est être injurieux,
> Que de mêler la fable à tes faits glorieux.

Ainsi, il est clair que Desmarets fut l'agresseur, et il faut ajouter à la justification de Boileau, que dans les vers déjà cités (313 à 333, Art poét., ch. III) il se borna à critiquer le poème de Clovis sans le désigner non plus que son auteur, et garda le silence sur les injures de celui-ci relatives à l'épître IV.

13. Notes manuscrites de Brienne sur un exemplaire de l'édition in-4° de 1674 (§ 1, n° 33).

1. Cet exemplaire appartenait jadis à M. Barthélemy, théologal de la cathédrale de Grenoble, qui nous invita, il y a environ trente ans, à faire usage de ces notes dans notre édition, dont nous lui avions soumis le plan.[1]

---

[1] Il nous communiqua en même temps plusieurs dissertations tirées de son Histoire manuscrite du diocèse de Grenoble (on la croit perdue). Nous en insérâmes deux sur la situation ancienne et les différens noms de cette ville, dans l'Annuaire statistique de l'Isère, an XI-1803, p. 127 à 139; et nous en avons lu une troisième, sur des objets du même genre, à la Société royale des antiquaires, le 9 mai 1828... Il est mort le 16 novembre 1811.

2. L'auteur de ces notes est Henri Louis de Loménie, comte de Brienne, ancien secrétaire d'état (il en est question, tome IV, p. 356 et 357).

14.* La Défense du poème héroïque, etc. (par Desmarets), in-8° de 8 et 142 pages, Paris, 1675.

On y trouve de plus qu'à l'in-4° (n° 12) un feuillet placé à la suite de la préface, où Desmarets observe qu'il y a eu deux impressions de Boileau, l'une in-4° et l'autre in-12, que les pages qu'il en cite sont celles de l'in-4°, et que pour la commodité des possesseurs de l'in-12, il va en indiquer les pages et les lignes auxquelles se rapportent ses critiques.

Or, ces pages et lignes ne correspondent point à celles des éditions grand in-12 de 1674 et de 1675, même format (§ 1, n°s 34, 37 et 38), tandis qu'elles correspondent parfaitement à celles des éditions, petit in-12 de 1674 et 1675 (n°s 34 et 36) que nous avons dit (ibid., n° 37, obs. 1), être inconnues à tous les commentateurs... Il est donc clair que les petits in-12 de 1674 et de 1675, comme nous l'avons remarqué (ibid.), sont d'une part, antérieurs à ces deux grands in-12, puisque Desmarets ne parle de ceux-ci ni dans son in-4° ni dans son in-8°; de l'autre, postérieurs de quelque temps à l'in-4° de Boileau de 1674 (ibid., n° 33), puisque Desmarets ne parle pas non plus des in-12 dans son propre in-4° publié cinq semaines après celui de Boileau.

15.* La Défense des beaux esprits de ce temps, contre un satirique, dédiée à MM. de l'Académie française, petit in-12 de 70 pages (outre l'épître), Paris, 1675 (par *Sainte-Garde*).

1. L'épître dédicatoire est signée *de Lerac* (Carel de Sainte-Garde).... Les beaux esprits défendus sont Saint-Amand, Scudéry, Brébeuf, Ronsard et Sainte-Garde lui-même.

2. L'impression fut achevée le 31 janvier 1675, sur un privilège du 25 octobre 1674... Ainsi Sainte-Garde ne prit guère plus de temps que Desmarets pour critiquer Boileau.

3. Sainte-Garde y annonce qu'il suivra l'ordre des pages de l'*in-quarto*, dont l'Art poétique fait partie... On peut induire de là que les éditions petit in-12 de Boileau, de 1674 et de 1675 (même § 1, n°s 34 et 36) avaient paru avant le 25 octobre 1674, car Sainte-Garde n'aurait pas eu besoin de désigner le format, s'il n'y avait eu alors qu'une édition.

4. L'opuscule de Sainte-Garde a été cité par Souchay dans son édition de 1740 (§ 1, n° 134) et d'après lui par Saint-Marc (ib., n° 142); mais il paraît qu'il n'en a connu que des fragmens.

16.* Eloges du satirique français, dédiés au public, in-4° de 55 pages (par *Pinchesne*).

1. Tel est le titre de cet opuscule inconnu à tous les éditeurs de Boileau... On lit à la première page de l'un des trois exemplaires que nous avons vus, ces mots écrits de la main de Pinchesne, *par le sieur de Pinchesne contre le sieur Boileau...* (il se nommait Étienne Martin, sieur de Pinchesne).

2. C'est un recueil d'une vingtaine de pièces critiques. En les examinant avec soin, nous avons reconnu qu'elles ont été composées à la fin de 1674 et au commencement de 1675, et publiées dans le même intervalle de temps, mais à trois reprises différentes.

3. Les treize premières (Épître au public, Panégyrique du Satyrique français, Apologie de D., Épître de complimens à M. D., etc. etc.) forment 44 pages et sont postérieures au 10 juillet 1674, jour où parurent l'Art poétique et les quatre premiers chants du Lutrin (§ 1, n° 33), car Pinchesne y dit (p. 19) :

> Aussi voilà qu'enfin, en rime bien choisie,
> Tu nous viens de donner un art de poésie ;
> Et grand clerc en cet art, montrer d'un même train,
> Que tu savais surtout bien chanter au lutrin. [1]

La treizième pièce est un envoi qui fut fait probablement pendant l'automne de 1674.

4. Les quatre pièces suivantes (p. 45 à 48, feuille G) ont été imprimées vers la fin de l'automne. Pinchesne y annonce (p. 45) que depuis le jour où les Éloges précédens furent lus à l'Académie, il n'en a rien ouï dire par le monde, sinon que le satirique n'y répondrait point ; ce que Pinchesne ne considère pas comme une grande *bravoure*, aussi lance-t-il contre Boileau trois épigrammes où il le défie de répondre.

5. Sur ces entrefaites parut l'épître V (17 décembre 1674... § 1, n° 39) où Boileau dit,-vers 17,

> Que tout jusqu'à Pinchesne et m'insulte et m'accable.

Pinchesne y répliqua 1° par une épître à Boileau (p. 49) qui est une espèce d'excuse de ce qu'il l'a attaqué ; 2° par un dizain (p. 55) intitulé « Au même pour réponse à ces deux mots *et m'insulte et m'accable*, dizain terminé par les vers que nous citons, tome II, p. 56, note 3.

6. Ces détails nous ont paru nécessaires en ce qu'ils constatent un fait important, savoir que Pinchesne fut l'agresseur, tandis qu'on serait porté à penser le contraire si l'on s'en rapportait à Brossette et à plusieurs autres éditeurs qui ne citent de Pinchesne que ses Poésies historiques (in-4°, 1670, et non pas 1672 ou 1674, comme le disent des éditeurs) où l'on ne trouve,

---

[1] Le distique rapporté dans l'Essai, n. 115, se trouve dans la même pièce.

non plus que dans ceux de ses autres ouvrages qui sont antérieurs à l'épître v¹ aucun trait direct ni indirect contre Boileau.

7. Il paraît par ce que Pinchesne dit (p. 33), que ce qui le fit sortir de son caractère naturel (les ouvrages ci-dessus ne contiennent presque des louanges) ce sont les vers de l'Art poétique (ch. II, tome II, p. 199 à 202) où Boileau dit qu'on n'a pas encore fait un bon sonnet; qu'à peine en peut-on *supporter* deux ou trois entre mille etc... Malheureusement Pinchesne avait fabriqué *force* sonnets (ses seuls *Amours* en contiennent quatre-vingt cinq); et si l'on ne connaissait pas le *genus irritabile vatum*, on pourrait en juger par les vers où Pinchesne essaie de consoler les auteurs censurés par Boileau, en disant (p. 9) entre autres :

> Outre qu'à leur secours viennent par fois des braves,
> Qui *la canne à la main* pourraient bien réprimer
> Sa trop grande fureur de mordre et de rimer...

Et par ceux-ci, où après avoir convenu des dangers auxquels Boileau s'expose, il observe malignement que sans son zèle à fronder, il n'y aurait que de mauvais écrits, et ajoute,

> Ne vaut-il pas bien mieux qu'*au bâton* il s'expose,
> Que souffrir de nos jours cette honteuse chose?

17. * Observations de M. Ménage sur la langue française, 2ᵉ édition, in-12, Paris, 1675 (c'est ce qui forme le tome premier); deuxième partie, in-12 (c'est le tome second), Paris, 1676 (citat. abrégée : *Ménage, Langue*).

18. Notes manuscrites abrégées sur la traduction du Traité du Sublime, écrites en marge d'un exemplaire (Bibliothèque de Versailles) de l'édition in-4° de 1674 (§ 1, n° 33), par Dacier (*citat. abrég. : Dacier, marg.*).

19. Notes sur la traduction du Traité du Sublime de M. Despréaux, par M. Dacier, manuscrit (B. R. Cit. abr.: *Dacier, mss.*).

On voit dans les notes sur la même traduction, combien ces manuscrits précieux, inconnus à tous les commentateurs, nous ont fourni de remarques intéressantes.

---

¹ Additions de quelques pièces nouvelles, in-4° sans date, mais de 1670... Poésies mêlées, in-4°, 1672... Essais, etc., de l'heureuse alliance, etc., in-4°, donnés à l'Académie, le 23 avril 1674... Amours et Poésies chrétiennes, in-4°, achevé d'imprimer le 30 septembre 1674.

20. * Phèdre et Hippolyte, tragédie par M. Pradon, petit in-12 de 72 pages, outre le frontispice, l'épître et la préface (12 pages), Paris, Ribou, 1677 (citat. abrégée : *Pradon, Préf.*).

1. Le privilège est du 4 mars et l'achevé d'imprimer, du 13 du même mois.
2. Cet opuscule cité par beaucoup de commentateurs (la plupart sans l'avoir vu) est assez précieux. D'abord, il sert à éclaircir un passage de l'épître vi (vers 55 et 56, tome II, p. 75, note 4)... Ensuite, il fixe l'époque à laquelle éclatèrent les longs démêlés de Boileau et de Pradon, et, ce qui est d'une tout autre importance, prouve que Pradon fut l'agresseur, au moins *public*, car Boileau jusque-là ne l'avait désigné en aucune manière dans ses écrits [1], tandis qu'il l'est lui-même dans la préface de Phèdre et Hippolyte, soit par ses ouvrages, soit par l'initiale de son nom.

21. Le Triomphe de Pradon, petit in-8° de 88 pages, outre la préface et l'épître; avec une estampe qui représente Mercure chassant un satyre à coups de fouet, Lyon, 1684 (Bibl. de M. de Solleine... citat. abrégée : *Pradon, Tri.*, ou *T.*).

1. Tel est le frontispice de la première édition (inconnue aux commentateurs) de cet opuscule.
2. Pradon y a réimprimé les quatre ouvrages de Boileau qu'il y examine et critique, savoir le Discours au roi (p. 1 et suiv.), et les trois premières satires (p. 21 et suiv.), ouvrages qu'on a au contraire supprimés (avec l'estampe) dans la deuxième édition, dont voici le titre :

* Le Triomphe de Pradon sur les satires du sieur D*** (Despréaux), in-12 de 58 pages, La Haye, 1686.

3. Au commencement des deux éditions se trouve une épître en vers à Alcandre (nous en parlons, § 1, n° 77, obs. 3).
4. Suivant Dumonteil (1729, I, 362) et Saint-Marc (I, 337), Brossette se trompe lorsqu'il dit que c'est du Triomphe qu'il est question dans le vers 56 de l'épître vi (Pradon a mis au jour un livre etc... tome II, p. 75). Ils se fondent sur ce que l'épître vi parut en 1683, et le Triomphe seulement en 1686; mais c'est là, et une erreur, le Triomphe ayant paru en 1684, et une raison peu décisive, le frontispice de l'édition de 1686 étant une réimpression adaptée à l'aide d'un carton à une édition antérieure. Il aurait mieux valu observer que le Triomphe contient précisément (p. 40) des remarques sur deux

---

[1] Cela était même à-peu-près impossible parce que Boileau n'avait publié aucun ouvrage depuis l'année (1674... La Vallière, Bibl. du théât Fr., III, 88) où la première tragédie de Pradon, Pyrame et Thisbé, fut représentée et imprimée, jusqu'à la représentation de sa Phèdre (*voy.* § 1, n. 33 à 44.)

passages (vers 146 et 155) de la même épître vi, que Brossette croyait (voy. même p. 75 du tome II) être postérieure à cet opuscule.

22. ** Nouvelles remarques sur tous les ouvrages du sieur D*** (Despréaux), in-12 de 108 pages (par Pradon), La Haie, 1685 (citat. abrégée : *Pradon, Rem.*, ou R.).

Critiques de plusieurs passages de chacun des ouvrages publiés jusqu'alors par Boileau.

23. * Lutrigot, Poème héroïque (en cinq chants), in-18 de 56 pages (par Bonnecorse), Marseille, 1686 (citat. abrégée : *Bonnecorse, Lutr.*).

Il y en a deux réimpressions in-12 sous le même titre, l'une de 40 pages, qui paraît avoir été faite à La Haye, et l'autre de 36, qui l'a été à Amsterdam.

24. Discours généalogique... Origine et généalogie de la maison de Bragelongne, in-8°, Paris, 1689.

25 * Le Poète sincère ou les Vérités du siècle : poème héroï-comique, divisé en treize discours et en dix chants, première édition (ces mots sont au titre), in-12 de 200 pages (par Bonnecorse), Anvers, 1698 (citat. abrégée : *Bonnecorse, Poète*).

Les dix chants du poème sont une nouvelle édition du Lutrigot, augmentée de cinq chants et de huit cents vers, dit l'auteur, p. 195... Il y a quelques changemens ou additions dans les remarques finales.

26 * La Manière de bien penser dans les ouvrages d'esprit (par le P. Bouhours), 2e édition, in-12, Paris, 1688.

27. Parallèles des anciens et des modernes en ce qui concerne les arts et les sciences, avec le poème du siècle de Louis-le-Grand, et une épître en vers sur le Génie, par M. Perrault (Charles), de l'Académie française, in-12 de 252 (pour la prose) et 34 pages (pour les vers), outre la préface, Paris, Coignard, 1688.

Le privilège est du 23 septembre et l'achevé d'imprimer du 30 octobre... Ce volume fut réimprimé en 1692, et il forme le tome 1er de la 2e édition (n° 28), la seule que nous citerons par une abréviation particulière.

28. Parallèles, etc... Dialogues, 2e édition, t. I, 1692, en ce qui regarde les arts et les sciences... t. II, 1693 (la première édition est de 1690), idem, l'éloquence (400 pages, outre la préface)...

t. III, 1692 (ce nombre est au frontispice et l'achevé d'imprimer est du 20 septembre)... idem, la poésie (332 pages outre la préface). — Citat. abrégée : *Perrault, Parall.*).

Le tome IV, publié en 1697, ne contient rien de relatif à Boileau. *Voy.* au reste, pour toutes ces dates, Morér, mot Perrault.

29. Le Satirique français expirant, ou les fautes du satirique français, in-12 de 50 pages (par Pradon), Cologne, P. Marteau, 1689 (citat. abrégée : *Pradon, Satir.*).

1. C'est une critique grammaticale, vers par vers, de la satire III. Elle ne paraît pas avoir été connue des commentateurs.

2. Pradon (préf., p. 1) y déclare avoir trouvé plus de *six mille fautes considérables* dans les ouvrages de Boileau; d'où l'on pourrait conclure que Boileau n'a pas fait un seul bon vers puisque alors il n'en avait publié qu'environ 5,000. Mais Pradon n'est pas si rigoureux.. Il n'y a pas en tout, dit-il (ib., p. 4), *cent* beaux endroits... D'après le calcul précédent, on peut donc compter un beau vers sur cinquante : c'est quelque chose.

30 * Anti-Baillet, ou critique, etc., par Ménage, 2 vol. in-12, La Haie, 1690 (citat. abrégée : *Ménage, Anti-B.*).

31. Entretien (en prose) de Scarron et Molière (aux Champs-Elysées), petit in-12, Cologne, 1690.

On y trouve ce passage singulier : « L'on m'a rapporté, dit Scarron (p. 30), que Boileau avait reçu des coups de bâton pour en avoir trop pincé »... A quoi Molière se borne à répondre : « Ce ne sont que des ruades de Pégase ».

32. Avis (en vers) à monsieur Despréaux, petit in-12 de 24 pages, sans date, mais contenu dans un recueil de 1690.

33. * Ode au roi par M. Perrault, de l'Académie française, in-4° de 16 pages, dont 3 pour un avis, Paris, Coignard, 1693 (citat. abrégée ; *Perrault, Ode*).

1. Le privilège est du 2 juillet et l'enregistrement du 6; mais il paraît que l'impression n'eut lieu qu'en août, puisque dans l'avis, Perrault dit de l'ode sur Namur, qu'on *vient* de la publier (voy. § 1, n° 62)... Il y fait aussi pressentir qu'il pourra répondre à l'avis mis par Boileau avant la même ode.

2. Saint-Marc (II, 485 et suiv.) a réimprimé et l'ode et l'avis de Perrault.

34. * Lettre à monsieur D*** touchant la préface de son ode sur la prise de Namur, avec une autre lettre où l'on com-

pare l'ode de M. D*** avec celle que M. Chapelain fit autrefois pour le cardinal de Richelieu, in-4° de 38 pages, sans lieu ni date (citat. abrégée: *Perrault, Lett.*).

1. C'est évidemment la réponse annoncée (n° 33, obs. 1)... Elle parut, on l'a dit (§ 1, n° 62 a), à la fin de 1693.

2. Saint-Marc a publié la première lettre, dans son tome II (p. 298 à 348) en la distribuant en articles distingués par des numéros[1] ; il s'est borné à citer des fragmens de la seconde (il semble l'attribuer à un autre auteur que Perrault, quoiqu'il soit bien évident qu'elle est de Perrault lui-même).

35. * L'Apologie des Femmes (pièce de vers) par monsieur P** (Perrault), in-4° de 16 pages, outre une préface non paginée (22 pag.), Paris, Coignard, 1694 (cit. abr... *Perrault, Apol.*).

1. L'achevé d'imprimer de cet opuscule est du 26 mars. Il fut donc publié avant l'édition complète de Boileau, de 1694, qui ne put guère être mise au jour qu'au mois de juin (§ 1, n° 66), et après la satire x qui avait paru dès le 4 du même mois de mars (ibid., n° 64)... D'où il résulte d'abord que, comme on l'a dit ailleurs (tome III, p. 192, note 1), Perrault avait en quelque sorte provoqué les traits piquans lancés contre lui par Boileau dans un passage de l'édition de 1694 (ibid., p. 191 et 192); et ensuite, qu'il n'avait mis que vingt-deux jours à composer et publier ses vingt-deux pages de critiques de la satire x, car sa préface ne contient pas autre chose...

A l'égard de l'apologie, Perrault annonce qu'elle était composée avant la même satire.

2. Cet opuscule fut inséré, en 1694, dans le tome I, partie IV (p. 399) du Recueil de Moetjens (ci-après, n° 44), et en 1695 et en 1720, dans des contrefaçons de Boileau (même § 1, n°s 70 et 120); il l'a aussi été dans l'édition de Saint-Marc (I, 433 à 454).

36. L'Apologie des Femmes, etc., in-12, Cologne, 1694.
Réimpression du n° 35.

37. * Lettre de madame de N**** à madame la marquise de **** sur la satire de M. D*** contre les Femmes (par Bellocq), in-4° de 22 pages, Paris, 1694.

Cette critique (de la satire x) qui paraît avoir été inconnue des commenta-

---

[1] Des commentateurs modernes rapportent des fragmens de la Lettre, comme s'ils les avaient puisés dans l'édition originale, et sans citer S.-Marc, qui pourtant les leur a fournis, puisqu'ils indiquent les numéros dont nous parlons.

teurs de Boileau, fut aussi insérée la même année dans le recueil de Moetjens (t. I, part. v, p. 530 et suiv.).

38. * Réponse aux réflexions critiques de M. D** sur Longin (il n'y a rien de plus), petit in-12 de 45 pages (par Perrault).

Cette réponse qui ne concerne que la vIII^e réflexion critique fut publiée en 1694 ou 1695. Elle a été réimprimée par Dumonteil (édit. de Boileau, 1729, III, 240 et suiv.) et par Saint-Marc (III, 315 et suiv.).

39. * Menagiana, ou les bons mots, pensées etc., de M. Ménage, recueillis par ses amis, seconde édition augmentée, in-12, Paris, 1694.

Parmi les pièces ajoutées dans cette édition, l'on trouve le Chapelain décoiffé (v. § 1, n°s 5, 73, 76, 113, etc.).

40. ** Satire contre les maris, par le sieur R** T. D. F. (Regnard), in-4 de 2 et 16 pages, Paris, 1694.

Elle a été réimprimée dans le Recueil de Moetjens (tome II, partie VI, publiée en 1694) ; dans les Discours satiriques de Gacon (n° 46); dans l'édition de Boileau de 1697 (§ 1, n° 77) et dans les œuvres de Regnard (citat. abrégée : *Regnard, Sat.*).

41. * Réponse (par Pradon) à la satire X du sieur D***, in-8° de 3 et 10 pages, Paris, 1694 (citat. abrégée: *Pradon, Rép.*).

Il y en a aussi de la même date, une édition in 4°... Enfin on l'a réimprimée dans des contrefaçons de Boileau déjà citées (§ 1, n°s 70 et 120), et dans la partie v du Recueil de Moetjens.

42. Recueil de pièces curieuses et nouvelles, 5 vol. petit in-12, divisés chacun en deux tomes et en six parties, La Haie, Moetjens, 1694 à 1701.

Nous avons déjà cité plusieurs des pièces de ce Recueil (n°s 35, 37, 40 et 41, et § 1, n°s 68, 74 etc.)... Les plus curieuses des autres sont celles du tome IV qui, en grande partie, sont relatives à la *reprise* de Namur par Guillaume III, en 1695. Presque toutes contiennent des éloges de ce roi et des plaisanteries contre Boileau ou contre Louis XIV et ses généraux. On y reproche entre autres à Louis de ne plus paraître à l'armée, et au poète de lui vendre au poids de l'or sa pompeuse fumée... Plusieurs de ces opuscules sont des parodies sanglantes de l'ode sur Namur, où tout ce qu'on dit dans cette ode en l'honneur de Louis est retourné en celui de Guillaume, et tous les passages injurieux à celui-ci, rétorqués contre Louis XIV (nous en indiquons quelques-uns, tome II, p. 410 à 423)... Enfin un littérateur inconnu a joint à l'une des parodies, plusieurs critiques littéraires de la même ode... Nous le citons sous le nom de *Moetjens*.

43. Le Pour et le contre du mariage avec la critique du sieur Boileau, satire par le Sr. P. H. (Pierre Henry), in-4° de 17 et 5 pages, Lille, 1695 (Biblioth. de Rouen).

La critique de Boileau se trouve (p. 11) dans une satire sur les différentes folies des hommes où l'on parodie plusieurs de ses vers. Elle n'a été citée par aucun commentateur, quoiqu'elle soit aussi dans le Recueil de Moetjens (tom. II, part. vi).

44. * Epître à monsieur D*** sur son Dialogue ou satire X (par Gacon), in-8° de 5 pages, outre une préface (1694).

Elle a été réimprimée 1° dans le Recueil de Moetjens (tome I, part. vi)... 2° mais sans la préface et sous le titre de satire x, dans le Poète sans fard (ci-apr. n° 47).

45. Apologie pour monsieur Despréaux, ou nouvelle satire contre les femmes (par Gacon), in-4°, 1695.

Gacon a publié en même temps et sous le même format, deux apologies et d'autres pièces de vers sous différentes paginations (16 pages en tout).. Nous les citons d'après le Poète sans fard (n° 47) où elles ont été réimprimées, et où l'auteur chante la palinodie.

46. Le Poète sans fard ou Discours satiriques par le Sr G. (Gacon), in-12 de 8 et 184 pages, Cologne, 1696.

47. * Le Poète sans fard contenant satires, épîtres et épigrammes sur toutes sortes de sujets, in-12 de 12 et 212 pages (par Gacon), à Libreville, chez Paul, disant vrai, à l'enseigne du miroir qui ne flatte point, 1698.

Réimpression du n° 46, mais avec beaucoup d'additions et de suppressions; ainsi on n'y trouve plus la satire contre les maris (n° 40).

48. Lettres nouvelles du sieur Boursault, accompagnées de fables, etc., 2 vol. in-12, Paris, 1697.

49. Les mêmes, nouvelle édition, etc., 1699.

50. * Les mêmes, 3° édition, etc., 1709.

51. Les mêmes, 4° édition, etc., 1715 (citat. abrégée : *Boursault, Lett.*).

52. Apologie des Provinciales, tome II, in-12, Delft, 1698 (voy. ce que nous en disons, § 1, n° 83).

53. Boileau aux prises avec les jésuites, avec des éclaircissemens sur les œuvres de ce poète, petit in-12 de 68 pages, Cologne, 1706.

C'est un récit de ce démêlé accompagné de diverses pièces dont la plupart ont été désavouées par Boileau (tome IV, p. 133 et 431). Ce récit, toutefois, n'est pas à dédaigner pourvu qu'on sache y démêler le faux du vrai, comme l'a fait l'éditeur d'Amsterdam, de 1772 (cité § 1, n° 164), qui l'a réimprimé (tome III, p. 248), avec des notes critiques. Il sert avec celui de Desmaiseaux (même § 1, n° 108, obs. 2), à expliquer l'intrigue qui troubla Boileau dans sa vieillesse, et eut au moins pour résultat de faire défendre pendant longtemps en France l'impression de la satire XII.

53 *a*. * OEuvres mêlées de M. de Saint-Évremond, tome VII, in 12, Cologne, Marteau, 1708.

On y trouve (p. 1 à 23) une réimpression de la première publication des *Héros de romans*, dont nous parlons, tome III, p. 36.

54. La Vie de M. Boileau Despréaux, par M. Desmaiseaux, in-12, Amsterdam, 1712.

1. Histoire littéraire assez exacte de Boileau... Quant à sa vie, il y a quelques fautes parce que Desmaiseaux ne consulta point, dit-on (Journ. des savans, 1713, in-4°, p. 98), la famille de notre poète.

2. Elle a été réimprimée dans les éditions de Dresde (§ 1, n° 141 et 154).

55. Discours prononcé par M. de Valincourt, le 25 juin 1711, à la réception de M. l'abbé d'Estrées.

Il contient un éloge de Boileau et il a été imprimé dans l'édition de 1713, et par extrait dans celles de Souchay, de Brossette, de Saint-Marc et de M. de Saint-Surin (même § 1, n°s 107, 113, 131, 142 et 227).

56. Éloge de M. Despréaux par M. De Boze.

1. Il se trouve dans les mémoires de l'Académie des inscriptions, tome III (1723) et dans les éditions de Souchay de 1740 (n° 134), et de Saint-Marc.

2. Il faut que pressé par le temps (l'éloge a été lu un mois après la mort de Boileau, ou le 14 avril 1711, d'après les registres de l'Académie), De Boze n'ait pu consulter assez la famille du poète; il aurait évité quelques erreurs, telles que celle que nous indiquons, tome III, p. 453, note 5.

57. * OEuvres mêlées de M. de R. B. (Rosel de Beaumont),

contenant diverses pièces en prose et en vers, petit in-8°, Amsterdam, 1722.

Au commencement (p. 1 à 19) se trouve une critique de Boileau composée long-temps auparavant, et sur une édition de notre poète, antérieure à 1701.

58. Listes de gens de lettres présentées à Colbert (en 1662) par Chapelain et Costar, imprimées dans la continuation des mémoires de Sallengre (1726, tome II). — Citat. abrégée: *Chapelain, Liste... Costar.*

59. Lettres Hollandaises anti-poétiques de mademoiselle Hoodghart, in-12, Amsterdam, 1726 (Bibl. de M. Villenave).

Cette critique de Boileau ne paraît pas avoir été connue de ses commentateurs.

60. * Lettres sur les Anglais et sur les Français, etc. (par Muralt), contenant une critique vers par vers, de la satire VI de Boileau, avec une défense de cette satire (par Brumoi), etc., in-12 de 430 pages, Cologne, 1727.

Cette critique et cette défense ont été réimprimées par Saint-Marc (V, 327 et suiv.) avec des observations.

61. Description du Parnasse français, etc., par M. Titon du Tillet, in-12, Paris, 1727.

62. Lettres de M. Antoine Arnauld, docteur de Sorbonne, in-12, tome VII, Nancy, 1727.

Elles ont été réimprimées, mais avec peu d'exactitude, dans les œuvres d'Arnauld, tomes III et IV, in-4°.

63. * OEuvres de M. de Molière, nouvelle édition, 8 vol. in-12, Paris, 1730 (voy. n°s 133 et 134).

64. Les mêmes, 6 vol. in-4°, Paris, 1734 (voy. ibid.).

65. * Lettres choisies de feu M. Gui-Patin, dernière édition, 3 vol. in-12, La Haye, 1734.

Elles ont été écrites de 1643 à 1672.

66. Histoire du théâtre français depuis son origine jusqu'à présent, Paris, 1734 et années suivantes, 15 vol. in-12 (citat. abrégée: *Théâtre franc.*).

67.* Bolæana, ou Entretiens de Boileau avec M. de Monchesnai, in-12, Amsterdam, 1742.

1. Cette date est dans un frontispice réimprimé (plusieurs exemplaires n'en ont aucune) : l'ouvrage parut probablement en 1740, époque à laquelle il fut inséré dans l'édition in-4° de Souchay ; il a été réimprimé dans celle de Saint-Marc (tome V), où on l'a divisé en articles numérotés.

2. Cet ouvrage mérite fort peu de confiance. Il fut composé par Monchesnai lorsque celui-ci était septuagénaire, et plus de vingt-cinq ans après les entretiens qu'il y rapporte.

68. * Histoire de l'académie française par MM. Pellisson et d'Olivet, troisième édition, 2 vol. in-12, Paris, 1743.

69. * Mémoires de Louis Racine sur la vie de son père, petit in-12, Lausanne, 1747.

70.* Recueil de lettres de Jean Racine, petit in-12.

Il n'y a pas d'autre indication ; mais ce recueil a été publié également par Louis Racine et la même année (voy. n° 114).

71. * Lettres de Rousseau (J.-B.) sur différens sujets, 5 volumes petit in-12, Genève, 1749, 1750.

Nous citons surtout le volume 2, ou tome I, 2ᵉ partie, contenant la correspondance de Rousseau et de Brossette, de 1719 à 1721.

72. Cours de Belles-lettres, par Batteux, 4 vol. in-12, Paris, 1753 (citat. abrégée : *Batteux*).

73 * Mémoires de Michel de Marolles, 3 vol. in-12, Amsterdam, 1755.

Cette édition est un abrégé de la première. Les mémoires furent écrits en 1655, 1656 et 1657, à l'exception de quelques passages qui paraissent y avoir été intercalés dans la suite.

73 *a*. Récréations littéraires, ou anecdotes etc., recueillies par C.-R. (Cizeron-Rival), in-12, 1765 (Bibl. de M. Beuchot).

Recueil puisé surtout dans les manuscrits de Brossette. L'éditeur en a reproduit une partie dans le Bolæana cité n° 75.

74.* Observations sur la poétique française par M. C. (Coste d'Arnaubat), in-12, Amsterdam, 1769.

75.* Lettres familières de MM. Boileau Despréaux et Brossette, publiées par M. Cizeron-Rival, 3 vol. petit in-12, Lyon, 1770 (citat. abrégée : *Lett. famil.*).

1. Nous parlons, tome IV, Avertissement, p. vij, des fautes de ce recueil.

2. A la fin du tome III, il y a un mémoire sur la vie de Brossette, et un nouveau Boleana.

76. * Observations sur Boileau, sur Racine, etc., par M. d'Açarq, des académies d'Arras et de la Rochelle, in-8°, La Haye, Bruxelles et Paris, 1770.

C'est une longue critique de l'Art poétique.

77. * Observations sur la traduction des Géorgiques de M. D. (Delille) et sur les poëmes des Saisons, de la Déclamation et de la Peinture, par M. Clément (de Dijon), in-12, Paris, 1771 (citat. abrégée : *Clément, Obs.*).

78. * Nouvelles observations critiques sur différens sujets de littérature, par le même, in-12, Paris, 1772 (citat. abrégée : *Clément, Nouv. obs.*).

79. * Lettres à M. de Voltaire, par le même, in-8°, Paris (citat. abrégée : *Clément, Lett.* I, II, etc.).

Il y en a neuf, toutes avec des paginations particulières; la 1re, la 2$_e$, la 3e et la 4e furent publiées en 1773; la 5e, en 1774; la 6$_e$, la 7e et la 8e, en 1775; la 9e, en 1776.

80. De la tragédie, pour servir de suite aux lettres à Voltaire, par le même, 2 parties in-8°, Paris, 1784 (citat. abrégée : *Clément, Tragéd.*).

81. * Satires par M. C*** (Clément), in-8°, Amsterdam (Paris), 1786 (citation abrégée : *Clément, Sat.*).

Il est presque superflu d'observer que les éloges prodigués à Boileau par ce critique, d'ailleurs plein de goût, ne doivent être accueillis qu'avec réserve lorsqu'il les donne en examinant les ouvrages de Voltaire, de Delille, de Saint-Lambert, de La Harpe, etc., son but principal étant plus de rabaisser ces écrivains que d'exalter le législateur de notre Parnasse.

82. * OEuvres de Regnard, nouvelle édition, revue etc., 3 vol. in-12, Amsterdam, 1771.

82 *a*. Les quatre poétiques par Batteux, 2 vol. in-8° en quatre parties, Paris, 1771 (citat. abrégée : *Batteux, Poët.*).

La dernière partie contient l'Art poétique de Boileau avec des remarques.

83. * Lettres sur les observations critiques de M. Clément (par Lenoir-Dulac), in-8°, Paris, 1771 (citat. abrégée : *Lenoir-Dulac, Lett.*).

84. * Observations sur la littérature à monsieur *** (par le même), in-8°, Paris, 1774 (citat. abrégée : *Lenoir-Dulac, Obs.*).

85. Les quatre Poétiques, par Batteux, 2 vol. in-12, en quatre parties, Paris, 1781.

Nouvelle édition du n° 82 *a.*

86. La clincaille du Parnasse, par M. de Chapat, tome II, in-8°, Amsterdam, 1782 (Biblioth. de M. Ravenel).

Dans cette pitoyable critique, composée vers 1757, Chapat refait les vers de Boileau qui ne lui *plaisent* pas, et il n'y en a pas moins de cent.

87. * Collection complète des œuvres de J. J. Rousseau, 35 vol. in-12, Genève, 1782 et 1790.

On sait que cet immortel écrivain s'était d'abord adonné à la poésie. Il avait à ce qu'il paraît, beaucoup étudié Boileau, et il l'imite assez souvent. Nous donnons dans les notes des poésies quelques-unes de ses imitations.

88. * Grammaire et littérature de l'Encyclopédie, par ordre de matières, 3 vol. in-4°, 1782 à 1786 (citat. abrégée : *Encycl.*).

A ce signe, nous joignons les noms des auteurs, tels que Marmontel, Beauzée, Jaucourt, etc., qui ont rédigé les articles cités.

89. De l'influence de Boileau sur la littérature, discours couronné à l'académie de Nîmes, par M. Daunou, in-8°, Paris, 1782 (citat. abrégée : *M. Daunou, Influence*).

90. De l'influence de Boileau, etc., discours qui a concouru avec le précédent, par M. M. D. C. (Moutonnet de Clairfons), in-8°, Paris, 1786 (citat. abrégée : *Clairfons*).

91. Observations de M. de Belloy sur la langue et la poésie française, dans ses œuvres, tome VI, in-8°, Paris, 1787.

92. * Eloge de Despréaux, par D'Alembert.

Le texte fait partie du tome Ier de l'Histoire des membres de l'Académie française, publié en 1779 (beaucoup d'exemplaires ont la date de 1787), et les notes, du tome III, publié avec les II, IV, V et VI, en 1787, Paris, in-12.

93. * Dictionnaire critique de la langue française, par l'abbé Féraud, 3 vol. in-4°, Marseille, 1787, 1788.

94. * Examen des jugemens opposés de MM. Ximenès, Daunou et Cubières, sur l'influence de Boileau, par M. Le Prévôt d'Exmes, in-8°, Genève et Paris, 1787.

95. * Lettre à madame la marquise de Mén... sur les éloges prodigués à Boileau dans le cours de belles-lettres de Batteux, in-8°, Genève et Paris, 1788.

L'auteur dit avoir composé cet opuscule en 1748 (voy. l'Essai, n° 118 a).

96. * OEuvres de Voltaire, 100 vol. in-12, Lyon, 1789 à 1792 (réimpression de l'édition de Kehl).

En les citant, on en désignera les diverses pièces.

97 * Les mêmes, édit. de M. Beuchot, 70 vol. in-8°, 1829 et s.

Lorsque nous en faisons usage, nous ajoutons à la citation le nom de l'éditeur.

98. * Traité de l'art d'écrire par Condillac, dans ses œuvres, in-12, tome II, Paris, 1789.

99. Histoire de la Sainte-Chapelle royale du palais, par M. Sauveur Jérôme Morand, chanoine de ladite église, in-4° de 307 et 228 pages (outre les tables) avec planches, Paris, 1790.

La deuxième partie contient les pièces justificatives.

100. * Nouveaux synonymes français, par l'abbé Roubaud, 4 vol. in-8°, Paris, an IV-1796.

101. Mélanges de littérature, par Mancini-Nivernois, 4 vol. in-8°, Paris, 1796.

Ces volumes, quoique numérotés I à IV, forment les tomes III à VI des œuvres.

102. OEuvres d'Horace, traduites en vers, par M. Daru, 4 vol. in-8°, Paris, an VI (1798).

103. Lycée ou cours de littérature etc., par J. F. de La Harpe, 16 vol. in-8°, Paris, 1799 à 1806 (citat. abrégée : *La Harpe, Lyc.*).

Depuis notre premier travail, nous avons aussi consulté l'édition suivante.

104. * Lycée, etc., avec des recherches historiques, littéraires etc. (par M. Peignot), 18 vol. in-12, Dijon, 1820, 1821.

Lorsque nous citons cette édition, nous la distinguons de la précédente par l'indication du format ou de l'année.

105. * Dictionnaire de l'élocution française par Demandre et l'abbé Fontenai, 2 vol. in-8°, Paris, 1802.

106. * Boileau jugé par ses amis, ou le pour et le contre sur Boileau, par C. Palmézeaux, in-12, Paris, an x-1802.

107. * Traité complet de versification françoise, par C. V. Boiste (à la suite de son dictionnaire de la langue, etc.), in-4°, Paris, an xi-1803.

108. * Essai sur Boileau Despréaux, par Portiez (de l'Oise), in-8°, Paris, an xii-1804.

109. Essais de poésie et d'éloquence par J. P. G. Viennet, in-8°, Paris, an xiii-1804.

Il y a (p. 161-184) un éloge de Boileau.

110. * Eloge de N. Boileau Despréaux, par L. S. Auger, in-8°, Paris, 1805.

111. * Eloge de Boileau Despréaux, par Marie J. J. Victorin Fabre, in-8°, Paris, 1805 (citat. abrégée : *M. Fabre*, ou bien *Victor. Fabre*).

112. Observations du même sur le style de Boileau, insérées dans la Revue, an xiii, tome IV (citat. abrégée : *M. Fabre*, ou *Victor. Fabre, Observ.*).

113. * OEuvres complètes de Jean Racine, avec le commentaire de M. de La Harpe, 7 vol. in-8°, Paris, 1807 (citat. abrégée : *La Harpe, Rac.*).

Les notes, dites *des éditeurs*, que l'on y trouve, sont de Germain Garnier (citat. abr.: *G. Garnier*).

114. * Lettres de Racine, etc.

Après les avoir d'abord citées d'après Louis Racine qui les a publiées le premier (n° 70), et ensuite d'après l'édition de La Harpe (n° 113) dont le texte est plus exact, et où elles sont numérotées et divisées en plusieurs séries ou recueils, nous avons enfin, comme nous l'observons dans l'avertissement du tome IV, suivi uniquement les autographes pour celles qui forment la correspondance de Boileau et de Racine, sauf à profiter des notes souvent curieuses de Germain-Garnier... Les autres lettres seront ainsi citées : *Lett. de Rac.*, 1, 2, etc. *rec.*

115. Les mêmes etc., dans les manuscrits de la Bibliothèque royale... *Voy.* le n° précédent.

116. Boileau Despréaux corrigé dans son Art poétique etc., par J. Nasse-Lamothe, nouvelle édition revue, etc., in-12, Bordeaux, 1808 (citat. abrégée : *M. Nasse*).

L'auteur donne d'abord (p. 17 à 70) l'Art poétique tel qu'il l'a corrigé, et ensuite (p. 71 à 155) les motifs de ses corrections.

117. * Nouvelles observations sur Boileau, par M. Mermet, in-12, Paris, 1809.

118. Cours de grammaire et de belles-lettres.... Sommaires des leçons sur l'art d'écrire, par M. Andrieux, dans le journal de l'école polytechnique, 10e cahier, in-4°, 1810, tome IV, p. 69 à 279 (citat. abrégée : *Andrieux, Journ.*).

119. De l'éloquence de la chaire, par le cardinal Maury, 2 vol. in-8°, Paris, 1810.

120. * The Lutrin, or, Reading-Desk etc., from the french of Boileau, by Robert-Thompson, in-8°, 1811.

Nous citons cette traduction anglaise à cause des notes dont elle est accompagnée.

121. OEuvres de Ponce-Denis Ecouchard Le Brun, publiées par P. L. Ginguené, 4 vol. in-8°, Paris, 1811 (citat. abrégée : *Le Brun, OEuvres*).

121 *a.* * Histoire littéraire d'Italie, par P. L. Ginguené, 9 vol. in-8°, Paris, 1811 à 1824.

122. Molière commenté d'après les observations de nos meilleurs auteurs critiques, etc., par M. Simonin, 2 vol. in-12, Paris, 1813.

123 * Cours de belles-lettres, *manuscrit*, par Dubois-Fontanelle, ancien professeur à l'école centrale de l'Isère.

Cet ouvrage a depuis été publié (il y a quelques différences, mais peu importantes entre l'imprimé et le manuscrit), Paris, Dufour, 1813, 4 vol in-8°.

124. Cours de littérature générale par M. Lemercier, 4 vol. in-8°, Paris, 1817.

125. Annales littéraires ou choix d'articles insérés dans le journal des Débats, par M. Dussault, 4 vol. in-8°, Paris, 1818.

126. * Lettres de madame de Sévigné à sa fille et à ses amis, nouvelle édition, par P. H. A. Grouvelle, 12 vol. in-18, Paris, 1818, avec un treizième volume (contenant des lettres inédites de 1824.

Nous avons aussi consulté le volume des lettres inédites publié en 1820, par M. de Monmerqué... Avant ces deux éditions, nous avions suivi celle de 1754, 8 vol. in-12.

127. * Œuvres complètes de Thomas, 3 vol. in-8°, Paris, 1819.

128. * Histoire de la vie et des ouvrages de J. de La Fontaine, par C. A. Walckenaer, in-8°, Paris, 1820.

129. * Leçons manuscrites recueillies en 1820 et de 1826 à 1828, au cours de littérature fait par M. Andrieux, au collége France (citat. abrégée : *M. Andrieux, Cours*).

130. Galerie française, par une société de gens de lettres, grand in-4° avec portraits, tome III, Paris, 1823.

Il y a dans ce volume une notice sur Boileau, par M. l'abbé de La Bouderie.

131. Répertoire de littérature ancienne et moderne, 30 vol. in-8°, Paris, 1824 à 1826 (Citat. abrégée : *Répert.*).

132. * Journal des Savans de mars 1824, p. 141 et suiv., article de M. Raynouard sur l'édition de M. de Saint-Surin (citat. abrégée : *M. Raynouard*).

133. * Œuvres complètes de Molière, avec une notice par M. L. B. Picard, 6 vol. in-8°, Paris, 1827.

134. * Histoire de la vie et des ouvrages de Molière, par Jules Taschereau, 2ᵉ édition, in-8°, Paris, 1828.

135. Mémoires complets et authentiques du duc de Saint-Simon, 21 vol. in-8°, Paris, 1829, 1830.

136. Manuscrits divers de la Bibliothèque royale, entr'autres, du cabinet des généalogies, du cabinet d'Hozier, etc.

137. Registres des délibérations du chapitre de la Sainte-Chapelle, aux archives du royaume.

138. Actes divers de l'état civil (*voy.* tome III, p. 436).

139. Lettres originales de Boileau à Brossette, de Lyon, et autres, avec diverses pièces manuscrites de Boileau, 2 vol. in-fol.

1. La description de ce manuscrit précieux dont le possesseur, M. Renouard père a bien voulu nous permettre de faire usage (voy. notre t. IV, p. vij), se trouve dans son Catalogue de la bibliothèque d'un amateur, 1819, III, 28 à 30.

2. Le *fac-simile* placé en regard du titre de l'Essai, p. j, en a été tiré; il reproduit deux petites pièces de Boileau, écrites de sa main sur le même feuillet, et numérotées (sans doute pour l'édition dont il s'occupait en 1710... V. § 1, n° 108). La première est l'énigme imprimée dans notre tome II, p. 445, n° XXIV, d'après une lettre rapportée tome IV, p. 389, et où le dernier vers est différent... — La deuxième est l'épigraphe pour le portrait de Racine, imprimée dans le même tome II, p. 442, n° XIX. Celle-ci est précédée de la première composition d'une autre pièce pour le même portrait, que Boileau supprima, mais qu'on a publiée sur une copie recueillie par Louis Racine, probablement pendant une lecture, et que nous donnons aussi (ib., p. 443, n° XX).

140. Notes manuscrites de Le Brun sur un exemplaire de l'édition de Boileau, de 1683.

M. de Cayrol, possesseur de cet exemplaire, a eu pour quelques notes sur les satires, la même obligeance que M. Renouard.

FIN DES NOTICES BIBLIOGRAPHIQUES.

SUPPLÉMENT.

Pour le tome I.

1. *Page xij, lig.* 11 *à* 18 *et note* 1. Voici des preuves encore plus positives de cette *arrière-pensée* de Voltaire, lorsqu'il augmentait son âge.

« Je vous l'avais bien dit que vous n'aviez que soixante-neuf ans. Vous êtes bien injuste et bien lésineux de m'en accorder à peine soixante-quinze lorsque je suis possesseur de la soixante-seizième. Il faut dire que j'en ai soixante-dix-huit, et n'y pas manquer; car, après tout, on se fait une conscience d'affliger trop un pauvre homme qui approche de quatre-vingts » (lett. à d'Argental, du 5 janvier 1770, t. LXVI, p. 115).

« Vous savez que j'approche plus de quatre-vingts que de soixante-dix, et vous n'ignorez pas combien la réputation d'octogénaire me flatte et m'est nécessaire.. Vous êtes très coupable envers moi, d'avoir étriqué mon âge au lieu de lui donner de l'ampleur. Vous m'avez réduit malignement à soixante-quinze ans et trois mois, cela est infâme; donnez-moi s'il vous plaît soixante-dix-sept ans, pour réparer votre faute (lett. à madame du Deffand, du 21 février 1770, ib., p. 167).

« Vous êtes tout étonné, mon cher ange, que je me vante de soixante-dix-sept ans, au lieu de soixante-seize : est-ce que vous ne voyez pas que, parmi les fanatiques même, il y a des gens qui ne persécuteront pas un octogénaire, et qui pileraient, s'ils pouvaient, un septuagénaire dans un bénitier (lett. à d'Argental, 16 mai id., p. 272).

2. *P. xij, lig.* 18 *à* 21 *et note* 3... Autres démentis donnés à Voltaire sur ses maladies et ses infirmités.

« Je suis donc très malade, vous dis-je, malgré les calomnies de Pigalle, qui répand partout que je me porte bien » (au même, 22 juillet 1770, ib., p. 352).

« Si M. le prince de Salm vous a dit que je me portais bien, je lui pardonne cette horrible calomnie en considération du plaisir infini que j'ai eu quand il m'a fait l'honneur de venir dans ma chaumière » (lett. à madame de Talmont, 23 fév. 1771, t. LXVII, p. 63).

« Quelqu'un qui vous a vu m'assure que vous jouissez d'une très bonne santé (lettre de Frédéric II à Voltaire, 16 septembre 1771, ib., p. 244). »

« J'aime mieux vivre tout malade que je suis, quoiqu'en dise M. Tessier, qui me suppose de la santé, parce qu'il est jeune et qu'il se porte bien » (lett. de Voltaire à Bordes, 3 septembre 1773, ib., LXVIII, p. 313).

« M. Delisle se moque de moi de dire qu'il m'a trouvé de la santé » (lett. à madame du Deffand, 1er nov. 1773, ib., 358). »

3. *P. xv, lig.* 17 *et* 18. Voltaire se dit encore *né à Paris* dans une lettre à d'Argental, du 18 mai 1774 (ib., 495, 496).

4. *P. cxxxix, ligne* 34 : Observations sur le n° 24 *a*.

Nous avons découvert cette édition *princeps* de l'épître 1re lorsque la feuille où nous en avons glissé le titre, était sous presse... Cette édition faisait partie d'un recueil non catalogué de la bibliothèque de l'Arsenal. Elle est, à l'exception de l'avis et des vers rapportés, tome II, p. 7 et 8, et 19 et 20, note 9, entièrement conforme à celle de 1672 (Not. bib., § 1, n° 28), et par conséquent il suffit de substituer la date de 1670 à la date de 1672 pour toutes les leçons anciennes que nous donnons, même tome II (p. 10, note 1; 12, note 1 et 2; 13, note 2; 14, note 1, 2 et 3; 15, note 1; 18, note 2; et 19, note 5), ainsi que pour l'année de sa publication marquée à 1672 dans notre table chronologique (tome I, p. 36, note 3).

Malgré cette conformité, cette édition est précieuse en ce qu'elle confirme à-peu-près l'époque de la composition de l'épître fixée par Brossette (I, 181) à l'année 1669, et l'époque de la présentation de Boileau à Louis XIV que nous avons montré (tome III, n° 40, p. 491 à 493) devoir être postérieure au mois de janvier 1670. Elle vient encore appuyer notre sentiment sur la fausseté de l'anecdote relative à l'éloge indirect d'un vers du Lutrin, attribué à Henriette d'Angleterre, parce que l'anecdote ne pouvait être vraie qu'autant que la présentation de Boileau serait antérieure à la publication de l'épître.

En effet, puisque selon le même Brossette (I, 191 et 192), Boileau, lors de cette présentation, récita au roi les vers 151 à 190 substitués dans la seconde édition de l'épître aux vers 151 à 182 de la première, ces 40 nouveaux vers ne purent être faits qu'après l'édition *princeps*, c'est-à-dire au plus tôt, après le commencement de l'année 1670, et même long-temps après, puisque Boileau, dans l'avis déjà cité, déclare qu'il *balança long-temps* à changer la fin primitive de l'épître.

Nous avons fixé à 1672, la réimpression de la même édition *princeps* faite à Amsterdam (Not. bib., § 1, n° 27 a) parce que nous pensions que l'édition *princeps* avait paru au commencement de 1672; il est possible au contraire, on le voit, que la réimpression soit de 1670 ou de 1671.

5. P. *clxiv, ligne* 30, ajoutez après le n° 98 *a*.

98 *b*. Satire de M. Boileau Despréaux sur les équivoques, in-8° de 14 pages, 1711, sans lieu (Biblioth. de M. Ravenel).

Cette édition qu'on nous a communiquée au moment où l'on imprimait la feuille qui contient l'article du n° 98 *a* est, à l'exception du format, du caractère et du nombre de pages, absolument semblable à ce numéro. Toutes les observations ou citations relatives à ce même numéro (p.

clxiv; 289, note 1; 291, note 1; 294, notes 2 et 3, 300, note 3; 308, note 1; 311, note 1) lui sont applicables.

Pour le tome II.

6. P. 70, *vers* 11, *note* 2... Ajoutez ici que *les saules non plantés*, est heureusement imité du *suá sponte veniunt* de Virgile, Géorg., II, v. 11 (v. Fontanes, not. sur *J. B. Rousseau*, édit. de Boucharlat, 1829, p. 261).

7. P. 438. Il faut y placer sous le n° ix bis, les vers pour le portrait de Pierre d'Hozier, rapportés tome IV, p. 502, note 1.

Pour le tome III.

8. P. 439 *et suivantes :* Explication du tableau généalogique, n°⁸ 280, 360, 361, 436 et 475. Nous avons suppléé dans le tableau même, imprimé postérieurement, quelques dates découvertes dans l'intervalle, pour ces numéros.

9. P. 455, n° 312 *et note* 1. Dans l'armorial manuscrit de l'ordre de Saint-Lazare (B. R.), Nicolas Charles de Nyélé est placé au nombre des chevaliers reçus par le grand-vicaire Louvois, le 21 février 1687, mais reçus *de grâce*. Ces chevaliers éprouvèrent dans la suite quelques difficultés (Brillon, Dict. des arrêts, IV, 882 et suiv.). Peut-être que Nicolas Charles, pour en éviter de semblables, aima mieux abandonner son titre. Ce n'est pas faute de vanité, car dans la suite, il prit celui de *Comte du sacré palais de Saint-Jean-de-Latran, chevalier de l'Éperon d'Or* (acte de mariage du 16 octobre 1719... *S. Barthellemy*), titre qu'on obtenait, dit Moréri (mot *éperon*), pour une pistole.

10. P. 462, n° 473 *et note* 2. H. Cl. Nicolas de Sailly n'avait été que lieutenant-colonel de Navarre (acte de mariage du 3 février 1739... *S. Nicolas du Chardonnet*).

11. P. 473, *lig.* 19 *à* 21. Henri de Besset ne se maria, en

effet, qu'en 1668 (le 4 novembre), avec Charlotte Dongois (Généalog. B. R., fonds d'Hozier, Boîte Do., n° 353).

Pour le tome IV.

12. P. 9 à 16, *lettre* IV (*à Vivonne*). Voici les différences les plus remarquables entre le texte imprimé et la première composition, dont nous avons parlé, p. cxlvj, n° 41 *b*, obs. 3.

P. 13, *lig.* 8 à 10. Au lieu de « et le roi depuis quelque temps nous les envoie (les Espagnols) ici (aux Champs-Elysées) fort humbles et fort honnêtes , » *il y avait* : « et vous les envoyez ici fort doux et fort honnêtes [1] ».

P. 16, *lig.* 6 à 19. Cette dernière partie de la lettre était presque entièrement différente dans la première composition que voici (nous mettons en italique les mots conservés dans le texte imprimé) : « *Voilà*, monseigneur, *les deux lettres telles que je les ai reçues. Je* ne sais laquelle des deux vous semblera la meilleure. Pour moi, si vous me demandez mon avis, je trouve que l'une pour vouloir trop dire ne dit rien du tout, et l'autre, en faisant semblant de ne rien dire, dit tout ce qu'il faut dire; c'est à vous à en juger. Au reste ne vous *allez pas figurer que* ces lettres ne sont pas véritables et qu'elles sont imitées *du style de* Balzac et de Voiture. Nous autres poètes satiriques ne sommes pas trop sujets à mentir, et d'ailleurs ne *savez*-vous pas que le style de ces deux auteurs est *inimitable. Quand* elles seraient fausses *pourtant*, monseigneur, *aurais-je si grand tort*, et puis-je mieux prouver combien le soin de votre gloire me réveille, qu'en réveillant pour vous les deux plus grands épistoliers de notre nation. Aussi que ne suis-

---

[1] Boileau, on le voit, a, dans l'imprimé, substitué le roi à Vivonne; c'est sans doute parce qu'il réfléchit que Louis « était fort chatouilleux sur les gens qu'on associait à ses louanges », ainsi qu'il l'écrivit depuis à Racine (t. IV, p. 269).

je point obligé de faire *pour divertir* un héros à qui tout le monde doit de l'encens et de la vénération, et à qui je dois toutes choses. [1] Il me semble que c'est un peu du style de Balzac, et de peur de tomber davantage, je pense qu'il est bon de vous dire au plus tôt que je suis avec le *respect* que je dois... »

13. *P.* 28. Ici doit se placer, et sous le n° VIII bis, la lettre suivante, jusqu'à présent inédite, dont l'autographe a été découvert parmi les manuscrits de la B. R. (carton du chanoine Boileau), par M. Champollion-Figeac.

VIII bis. A M. Boileau, doyen de Sens. [2]

A Paris, 27 juin (1689). [3]

Je ne saurais assez vous témoigner, mon cher frère, le ressentiment [4] que j'ai des bontés que vous avez pour moi en prenant soin comme vous faites de ma rente de Villeneuve-le-Roi [5]. Le détenteur de mes terres s'appelle André Ratier, conseiller au siège particulier et ancien ressort de Villeneuve-le-Roi, et si j'eusse été à Paris lorsque vous êtes parti, je vous aurais remis entre les mains les papiers né-

---

[1] Ces expressions confirment ce que nous avons dit (tome III, p. 491, n° 40), d'après Brossette, que Vivonne présenta Boileau à la cour. Le poète les aura supprimées dans le texte imprimé, sans doute d'après une réflexion du même genre que celle dont nous avons parlé plus haut.

[2] Nous suppléons cette adresse (l'enveloppe de la lettre n'a pas été trouvée) d'après le texte de la lettre; Boileau d'ailleurs, n'avait pas alors d'autre frère vivant.

[3] L'autographe ne porte pas l'année, mais les bruits et les préparatifs de guerre dont il y est question, ne peuvent se rapporter qu'à l'année 1689, d'après les mouvemens indiqués dans l'Histoire militaire de Louis XIV, par Quincy.

[4] Ce mot se disait autrefois *pour reconnaissance ;* il ne se dit plus que pour souvenir des injures. *Féraud,* II, 457.

[5] Villeneuve-le-Roi est près de Sens où l'abbé Boileau était alors chanoine (doyen du chapitre).

cessaires pour le contraindre. Je vous les enverrai au premier jour supposé qu'on nous veuille faire quelque chicane. A vous dire le vrai, elle ne saurait être que fort impertinente [1] puisque je suis adjudicataire en bonne forme de ce bien qui m'a été adjugé par arrêt, ensuite d'un décret forcé des biens de M. Boivinet [2] sur un arrêt d'ordre où chacun a été colloqué en son rang. Ainsi ce que l'on vous a dit qu'il y a un créancier qui se prétend antérieur à moi ne saurait être qu'une niaiserie et un bruit semé par les débiteurs de ma rente pour n'estre point obligés à payer. Je vous prie donc, mon cher frère, de les faire sommer très fortement de me satisfaire ; sinon vous aurez mes papiers au premier jour et s'ils veulent entreprendre un procès ridicule je vous respons qu'il leur en coustera bonne [3]. Je vous donne le bonjour et suis tout à vous.

DESPRÉAUX.

On ne parle ici que de guerre et de ravages. Les ennemis s'assemblent près de Namur et de Mont-Royal [4]. On

---

[1] Terme employé autrefois au barreau pour *non pertinente*, qui n'a aucun rapport à l'affaire.

[2] Passage assez précieux. 1° Il explique pourquoi, dès 1683, Puymorin léguait à sa sœur, Charlotte Boileau III, veuve Boivinet, une pension viagère et insaisissable de trois cents livres (tome IV, p. 471, n° 34 *d*), pension à laquelle Despréaux en joignit dans la suite (1711, ib., p. 493, n° 209 *d*) une autre plus considérable (500 livres)... C'est que le mari de celle-ci était mort (1672, ib., p. 477, n° 76) insolvable puisque ses biens étaient vendus par décret forcé... 2° Il prouve l'affection de Boileau pour ses parens, puisqu'il avait prêté de l'argent à son beau-frère malgré le mauvais état de la fortune de celui-ci, et à une époque où la sienne propre devait être fort peu considérable. — Ajoutons que la veuve Boivinet jouit peu des bienfaits du poète, étant morte (nous l'avons découvert depuis l'impression des t. III et IV) onze mois après lui (15 février 1712... *Hôtel-Dieu de Pontoise*).

[3] Il y avait d'abord : qu'il leur en coûtera *assez pour ne pas se jouer à moi*... Boileau, pressé sans doute au moment où il écrivait, y a substitué la locution proverbiale *qu'il leur en coûtera bonne*.

[4] Forteresse que Louis XIV avait fait construire sur la Moselle, vis-à-vis de

croit qu'ils ont plus de quatre-vingt mille hommes, mais le roi en a plus de cent mille à leur opposer.

14. *Page 76, ajouter á la note 2.*

Nous avons vu chez M. Raynouard, de l'académie française, une lettre authographe et inédite de Boileau au père Bouhours, qui devrait être placée entre les n°ˢ XIII et XIV, car il y est question de la prochaine publication de son épître XII qui eut lieu au commencement de 1698 (Note bibl., § 1, n° 79); et il s'y récrie sur ce qu'on lui a attribué l'édition frauduleuse et prématurée de la même épître (ib., n° 82).

15. *P. 78, note 5.* Nous y exprimons le doute qu'il y eût une chambre des requêtes à Metz; mais il résulte des recherches qu'a bien voulu faire M. L., conseiller à la cour royale de cette ville, qu'en 1695, Louis XIV y avait créé quatre conseillers commissaires aux requêtes; que Henri de Bessé-La Chapelle II, un de ces nouveaux magistrats, fut reçu en 1696; et qu'il abandonna cette charge en 1707, époque où il fut nommé conseiller aux honneurs; de sorte que M. Daunou a eu raison de le qualifier de conseiller *aux requêtes*, à Metz.

Trarbach, et au midi de Trèves, et qu'il fut obligé de démolir après la paix (1697) de Riswick (*Moréri*).

FIN DU SUPPLÉMENT.

PRÉFACES DE BOILEAU,

POUR

LES ÉDITIONS COMPLÈTES DE SES OUVRAGES.[1]

I. PRÉFACE :

ÉDITIONS DE 1666 A 1669.[2]

LE LIBRAIRE AU LECTEUR.

Ces satires dont on fait part au public n'auraient jamais couru le hasard de l'impression si l'on eût laissé faire leur auteur. Quelques applaudissemens[3] qu'un assez grand nombre de personnes amoureuses de ces sortes d'ouvrages ait donnés aux siens, sa modestie lui persuadait que de les faire imprimer, ce serait augmenter le nombre des méchans livres, qu'il blâme en tant de rencontres, et se rendre par là digne lui-même en quelque façon d'avoir place dans ses satires. C'est ce qui lui

---

[1] Les préfaces, les avis, avertissemens, etc., relatifs à certains ouvrages, sont placés avant ces mêmes ouvrages. — Nous entendons par éditions *complètes* les éditions qui comprennent tout ce que Boileau avait publié aux diverses époques où il les donna.

[2] Elles sont décrites dans la Notice bibliogr., § 1, n°s 7, 11, 12 a, 19, 22.

[3] Nous parlons de cette orthographe dans l'avertissement de ce volume, n° XII.

a fait souffrir fort long-temps, avec une patience qui tient quelque chose de l'héroïque dans un auteur, les mauvaises copies qui ont couru de ses ouvrages, sans être tenté pour cela de les faire mettre sous la presse. Mais enfin toute sa constance l'a abandonné à la vue de cette monstrueuse édition qui en a paru depuis peu[1]. Sa tendresse de père s'est réveillée à l'aspect de ses enfans ainsi défigurés et mis en pièces, surtout lorsqu'il les a vus accompagnés de cette prose fade et insipide, que tout le sel de ses vers ne pourrait pas relever : je veux dire de ce *Jugement sur les Sciences*[2], qu'on a cousu si peu judicieusement à la fin de son livre. Il a eu peur que ses satires n'achevassent de se gâter en une si méchante compagnie; et il a cru enfin, que puisqu'un ouvrage, tôt ou tard, doit passer par les mains de l'imprimeur, il valait mieux subir le joug de bonne grâce, et faire de lui-même ce qu'on avait déjà fait malgré lui. Joint que ce galant homme qui a pris le soin de la première édition, y a mêlé les noms de quelques personnes que l'auteur honore, et devant qui il est bien aise de se justifier. Toutes ces considérations, dis-je, l'ont obligé à me confier les véritables originaux de ses pièces[3], augmentées encore de deux autres[4], pour lesquelles il appréhendait le même sort. Mais en même temps il m'a laissé la charge de faire ses excuses aux auteurs qui pourront être choqués de la liberté qu'il s'est

---

[1] A Rouen, en 1665. *Brossette* (mais *voy.* même § 1ᵉʳ, n° 6 a).
[2] Opuscule anonyme de Saint-Évremont. *Brossette.*
[3] *V. O...* 1672, C.. *De toutes ses pièces : mais en même temps*, etc.
[4] Les satires III et VI, et non pas III et V, comme le dit mal-à-propos Brossette (*voy.* même n° 6 a).

donnée de parler de leurs ouvrages en quelques endroits de ses écrits. Il les prie donc de considérer que le Parnasse fut de tout temps un pays de liberté; que le plus habile y est tous les jours exposé à la censure du plus ignorant; que le sentiment d'un seul homme ne fait point de loi; et qu'au pis aller, s'ils se persuadent qu'il ait fait du tort à leurs ouvrages, ils s'en peuvent venger sur les siens, dont il leur abandonne jusqu'aux points et aux virgules [1]. Que si cela ne les satisfait pas encore, il leur conseille d'avoir recours à cette bienheureuse tranquillité des grands hommes, comme eux, qui ne manquent jamais de se consoler d'une semblable disgrâce par quelque exemple fameux, pris des plus célèbres auteurs de l'antiquité, dont ils se font l'application tout [2] seuls. En un mot, il les supplie de faire réflexion que si leurs ouvrages sont mauvais, ils méritent d'être censurés; et que s'ils sont bons, tout ce qu'on dira contre eux ne les fera pas trouver mauvais [3]. Au reste, comme la malignité de ses ennemis s'efforce depuis peu de donner un sens coupable à ses pensées même les plus innocentes, il prie les honnêtes gens de ne se pas laisser surprendre aux subtilités raffinées de ces petits esprits qui ne savent se venger que par des voies lâches, et qui lui veulent souvent faire un crime affreux d'une élégance poétique. [4]

---

[1] Il tint parole. *Voy.* épît. x, note du v. 56, tome II, p. 131.

[2] *V. O.* (en partie). *Tout* est à 1668, in-8°, P., et 1669, A... *Tous*, à 1666, P.; 1666, C. et CT.; 1667, P. et F.; 1668, pet. in-12, et 1669, P.; 1672, C. (*voy.* sat. III, note du vers 117.)

[3] Ce qui suit, dans la préface, fut ajouté dans l'édition de 1668, dit Brossette... C'est une erreur; l'addition est déjà dans celle de 1667.

[4] *V. O.* (au moins en partie). Ici on lit, dans l'édition de 1667 et dans

J'ai chargé encore d'avertir ceux qui voudront faire des satires contre les satires, de ne se point cacher. Je leur réponds que l'auteur ne les citera point devant d'autre tribunal que celui des muses : parce que, si ce sont des injures grossières, les beurrières lui en feront raison[1]; et si c'est une raillerie délicate, il n'est pas assez ignorant dans les lois pour ne pas savoir qu'il doit porter la peine du talion. Qu'ils écrivent donc librement : comme ils contribueront sans doute à rendre l'auteur plus illustre, ils feront le profit du libraire; et cela me regarde. Quelque intérêt pourtant que j'y trouve, je leur conseille d'attendre quelque[2] temps, et de laisser mûrir leur mauvaise humeur. On ne fait rien qui vaille dans la colère. Vous avez beau vomir des injures sales et odieuses; cela marque la bassesse de votre âme, sans rabaisser la gloire de celui que vous attaquez; et le lecteur qui est de sens froid[3] n'épouse point les sottes passions d'un rimeur emporté. Il y aurait aussi plusieurs choses à dire touchant le reproche qu'on fait à l'auteur d'avoir pris ses pensées

---

celle de 1668, pet. in-12, le passage suivant, qui a été supprimé dans celles de 1668, in-8°, et de 1669 (la mort de Scudéri, survenue en 1667, suffit pour expliquer la suppression) : « Il est bien aise aussi de faire savoir dans « cette édition, que le nom de Scutari, l'heureux Scutari, ne veut dire que « Scutari, bien que quelques-uns l'aient voulu attribuer à un des plus fa- « meux poëtes de notre siècle, dont l'auteur estime le mérite et honore la « vertu (M. de S.-S. a, le premier, donné ce passage, en ajoutant, par er- reur, qu'il n'existe que dans l'édition de 1667). »

[1] Dans le Roman bourgeois publié en 1666, comme cette préface, Furetière dit (p. 600) de plusieurs pièces de vers dont un poète déplorait la perte, « que quelque beurrière les aurait ramassées comme étant à son usage. »

[2] *V. O.* 1667 et 1668, pet. in-12... *d'attendre* encore *quelque*...

[3] Texte de 1667 à 1672, C... Brossette et les autres éditeurs ont mis de *sang-froid*, expression usitée aujourd'hui.

dans Juvénal et dans Horace[1] : mais, tout bien considéré, il trouve l'objection si honorable pour lui, qu'il croirait se faire tort[2] d'y répondre.

---

[1] Ce reproche venait de lui être fait, 1° en 1666, par l'auteur de la Satire des satires, qui dit (p. 4 et 5) :

> Je n'ai pas comme lui copié Juvénal...
> J'appelle Horace Horace et Boileau traducteur...
> Si le bon Juvénal était mort sans écrire,
> Le malin Despréaux n'eût point fait de satire.

2° en 1666 ou 1667, par Cotin. Notre censeur, observe-t-il (Crit. désintér., p. 19), a tout pris d'Horace, hormis l'art de faire des satires.

Le même reproche fut renouvelé, 1. en 1668, par Coras (p. 8); 2. en 1674, par Desmarets, qui prétend (p. 76) que Boileau aurait dû intituler son Art poétique, « Traduction de l'Art poétique d'Horace, de Vida et de quelques autres »; 3. en 1675, par Sainte-Garde (p. 10); 4. en 1684, par Pradon (Épît. à Alcandre); 5. en 1685, par le même (Nouv. Rem., p. 85); 6. en 1686, par Bonnecorse (ch. II, p. 18); 7. en 1695, par Regnard (Tombeau de B. D., OEuvr., III, 350 et suiv.), etc.

Voyez au sujet des imitations faites par Boileau, l'Essai, chap. III, art. 1, n° 104.

[2] V. O. 1667 et 1668, pet. in-12... *Croirait* lui *faire tort*...

II. PRÉFACE :

ÉDITIONS DE 1674, IN-4°, ET 1674 ET 1675, PETIT IN-12.[1]

AU LECTEUR.

J'AVAIS médité une assez longue préface, où, suivant la coutume reçue parmi les écrivains de ce temps, j'espérais rendre un compte fort exact de mes ouvrages, et justifier les libertés que j'y ai prises, mais depuis j'ai fait réflexion que ces sortes d'avant-propos ne servaient ordinairement qu'à mettre en jour la vanité de l'auteur, et, au lieu d'excuser ses fautes, fournissaient souvent de nouvelles armes contre lui. D'ailleurs, je ne crois point mes ouvrages assez bons pour mériter des éloges, ni assez criminels pour avoir besoin d'apologie. Je ne me louerai donc ici, ni ne me justifierai de rien. Le lecteur saura seulement que je lui donne une édition de mes satires plus correcte que les précédentes, deux épîtres nouvelles[2], l'Art poétique en vers, et quatre chants du Lutrin. J'y ai ajouté aussi la traduction du Traité que le rhéteur Longin a composé du sublime ou du merveilleux dans le discours. J'ai fait originairement[3] cette traduction pour m'instruire, plutôt que dans le

---

[1] *V. E.* Les commentateurs n'ayant pas connu ces deux éditions (Notice bibl., § 1er, nos 35 à 37), donnent la préface ci-dessus, comme faite seulement pour l'in-4°.

[2] Épîtres IIe et IIIe... La 1re et la IVe (qualifiée d'abord de IIe) avaient paru séparément, en 1672 (même § 1er, nos 28 à 30).

[3] Mot employé sans raison : Il fallait dire, j'avais d'abord fait cette traduction dans le seul dessein de m'instruire. *Desmarets*, p. 71.

dessein de la donner au public, mais j'ai cru qu'on ne serait pas fâché de la voir ici à la suite de la Poétique, avec laquelle ce traité a quelque rapport, et où j'ai même inséré plusieurs préceptes qui en sont tirés. J'avais dessein d'y joindre aussi quelques dialogues en prose[1] que j'ai composés; mais des considérations particulières m'en ont empêché[2]. J'espère en donner quelque jour un volume à part. Voilà tout ce que j'ai à dire au lecteur. Encore ne sais-je si je ne lui en ai point déjà trop dit, et si, en ce peu de paroles, je ne suis point tombé dans le défaut que je voulais éviter.

[1] Sur les héros de roman et les auteurs qui écrivent en latin. *Brossette* (nous les donnons, tome III, p. 38 et suiv., 92 et suiv.).

[2] Il expose ces *considérations*, du moins quant au Dialogue sur les Héros de roman, dans le discours mis à la tête de ce dialogue (même tome III, p. 36) et publié en 1713.

III. PRÉFACE :

ÉDITIONS DE 1674 ET 1675, GRAND IN-12.[1]

AU LECTEUR.

Je m'imagine que le public me fait la justice de croire que je n'aurais pas beaucoup de peine à répondre aux livres qu'on a publiés contre moi; mais j'ai naturellement une espèce d'aversion pour ces longues apologies qui se font en faveur de bagatelles, aussi bagatelles que sont mes ouvrages. Et d'ailleurs ayant attaqué, comme j'ai fait, de gaieté de cœur, plusieurs écrivains célèbres, je serais bien injuste, si je trouvais mauvais qu'on m'attaquât à mon tour. Ajoutez que si les objections qu'on me fait sont bonnes, il est raisonnable qu'elles passent pour telles; et si elles sont mauvaises, il se trouvera assez de lecteurs sensés pour redresser les petits esprits qui s'en pourraient laisser surprendre. Je ne répondrai donc rien à tout ce qu'on a dit ni à tout ce qu'on a écrit contre moi; et si je n'ai donné[2] aux auteurs de bonnes règles de poésie, j'espère leur donner par là une leçon assez belle de modération. Bien loin de leur

---

[1] *V. E.* (en partie). Saint-Marc (I, xlix) dit 1674, et Brossette, 1675. Des éditeurs adoptent la date du premier, d'autres celle du deuxième, et tous ont en même temps raison et tort, la préface ci-dessus étant dans ces deux éditions (elle a été adaptée à la première à l'aide d'un carton... Même § 1er, nos 35 à 37, et § 2, n° 12).

[2] V. E. Texte de 1674 et 1675. On lit *si je n'ai* pas *donné*, dans plusieurs éditions modernes, telles que 1809, Daun.; 1815, Did.; 1821 et 1823, Viol.; 1821 et 1824, Am.; 1825, Aug.; 1826, Mart...

rendre injures pour injures, ils trouveront bon que je les remercie ici du soin qu'ils prennent de publier que ma Poétique est une traduction de la Poétique d'Horace : car puisque dans mon ouvrage qui est d'onze cents vers, il n'y en a pas plus de cinquante ou soixante tout au plus imités d'Horace[1], ils ne peuvent pas faire un plus bel éloge du reste qu'en le supposant traduit de ce grand poète; et je m'étonne après cela qu'ils osent combattre les règles que j'y débite. Pour Vida[2], dont ils m'accusent d'avoir pris aussi quelque chose, mes amis savent bien que je ne l'ai jamais lu, et j'en puis faire tel serment qu'on voudra, sans craindre de blesser ma conscience.

---

[1] *Voy.* à ce sujet l'Essai, chap. III, art. 1, n° 106, et quant au *soin* dont parle Boileau, ci-dev. p. 5, note 1.

[2] Auteur d'un art poétique, en vers latins, publié en 1527. *Voy.* mêmes page et note.

IV. PRÉFACE:

ÉDITIONS DE 1683, 1685[1] ET 1694.

Voici une édition de mes ouvrages beaucoup plus exacte que les précédentes, qui ont toutes été assez peu correctes[2]. J'y ai joint cinq épîtres nouvelles[3], que j'avais composées long-temps avant que d'être engagé[4] dans le glorieux emploi[5] qui m'a tiré du métier de la poésie[6]. Elles sont du même style que mes autres écrits, et j'ose

---

[1] *V. E.* Aucun éditeur ne parle de l'édition de 1685, à laquelle néanmoins Boileau a fait beaucoup de changemens et d'additions (*voy.* les notes suivantes, et même § 1er, n° 48), que le lecteur, d'après leur silence, est induit à reporter à l'édition de 1694.

[2] *V. O...* Changement fait en 1685... Il y avait en 1683 : « beaucoup « plus exacte *et plus correcte* que les précédentes, qui ont toutes été assez *fautives*, j'y ai... »

[3] Les ve à ixe... L'épître v avait paru séparément en 1674 (même § 1er, n° 39). Boileau ne l'appelle sans doute *nouvelle*, que parce que, quoiqu'en dise M. de Saint-Surin, il ne l'avait point comprise dans l'édition de 1675 (on a vu, *ib.*, n° 37, obs. 4, qu'elle fut adaptée à l'aide d'une duplication de pages, au grand in-12 de 1674 et 1675).

[4] Ou long-temps avant 1677 (note 5); mais cela n'est rigoureusement exact que pour les épîtres v^e et ixe, ou peut être aussi pour la composition primitive de la viiie.. *Voy.* Tabl. chronol., p. 37, aux notes.

[5] D'historiographe... en 1677 (*voy.* l'Essai, ch. IV, n° 139).

[6] Nous parlons de cette expression remarquable, tome IV, p. 21, dans une note d'une lettre où Boileau l'a reproduite. Nous y citons à cette occasion, une exclamation non moins remarquable, qu'on attribue à Voltaire (*Tu peux entrer, je ne fais que de la* vile *prose*), et dont on trouve en quelque sorte la pensée première dans ce passage de la lettre à Helvétius, du 25 février 1739 : *Pardon de vous écrire en* vile *prose*. — Ajoutons que Le Brun, indigné de l'expression de Boileau, l'avait effacée avec soin dans son exemplaire de l'édition de 1683.

me flatter qu'elles ne leur feront point de tort ; mais c'est au lecteur à en juger, et je n'emploierai point ici ma préface, non plus que dans mes autres éditions, à le gagner par des flatteries, ou à le prévenir par des raisons dont il doit s'aviser de lui-même. Je me contenterai de l'avertir d'une chose dont il est bon qu'on soit instruit[1] : c'est qu'en attaquant dans mes satires les défauts de quantité d'écrivains de notre siècle, je n'ai pas prétendu pour cela ôter à ces écrivains le mérite et les bonnes qualités qu'ils peuvent avoir d'ailleurs. Je n'ai pas prétendu, dis-je, que Chapelain, par exemple, quoique assez méchant poète, n'ait[2] pas fait autrefois, je ne sais comment, une assez belle ode[3] : et qu'il n'y eût point d'esprit ni d'agrément dans les[4] ouvrages[5] de M. Q**[6],

---

[1] Ce qui suit depuis *c'est qu'en attaquant* etc., jusqu'à page 13, ligne 1, mots *écrire contre eux*, a été reproduit dans la vi^e préface (1701), mais avec quelques changemens que nous indiquerons dans les notes suivantes. — L'éditeur de 1815 (Did.) pour éviter une répétition a supprimé ici tout ce passage.

[2] V. O. 1701 à 1713. *Quoique* poète fort dur, *n'ait...* — Desmaiseaux, p. 127, se trompe en reportant cette correction à 1694.

[3] V. 1683 et 1685 (*id.*, 1686 à 1692, A.). *Poète*, « ne fut pas bon grammairien, *et qu'il n'y eut...* Ces époques sont précieuses : il est clair que l'éloge que Boileau fit de l'ode de Chapelain en 1694, lui fut en quelque sorte arraché par celui que Perrault en avait fait, en 1693, dans la Lettre citée Notice bibl., § 2, n° 34.

[4] V. O. 1701 à 1713... « *Et qu'il n'y* ait beaucoup d'esprit *dans les...* — Ce changement si remarquable n'est point indiqué dans plusieurs éditions modernes, telles que 1809 et 1825, Dau.; 1821 et 1823, Viol.; 1825, Aug.; 1826, Mart.; 1828, Thi...

[5] Imit. de Boil... « je ne prétends point qu'il n'y ait absolument aucun esprit dans leurs ouvrages. » *Gacon*, p. vij.

[6] *V. O.* Texte des édit. de 1683 à 1697, R... Le nom de Quinault a été mis pour la première fois dans l'édition de 1697, A. — *Voy.*, quant aux jugemens sur Quinault, tome III, p. 169 à 171.

quoique si éloignés[1] de la perfection de Virgile. J'ajouterai même, sur ce dernier, que dans le temps où j'écrivis contre lui, nous étions tous deux fort jeunes, et qu'il n'avait pas fait alors beaucoup d'ouvrages qui lui ont dans la suite acquis une juste réputation[2]. Je veux bien aussi avouer qu'il y a du génie[3] dans les écrits de Saint-Amant, de Brébeuf, de Scudéri, et de[4] plusieurs autres que j'ai critiqués, et qui sont en effet d'ailleurs, aussi bien que moi, très dignes de critique[5]. En un mot, avec la même sincérité que j'ai raillé de ce[6] qu'ils ont de blâmable, je suis prêt à convenir de ce qu'ils peuvent avoir d'excellent. Voilà, ce me semble, leur rendre justice, et faire bien voir que ce n'est point un esprit d'envie et de médisance qui m'a

---

[1] V. O. 1683 et 1685 (*id.*, 1688 à 1692, A.). *Quoique* fort *éloignés...*

[2] *V. E. J'ajouterai*, jusqu'à *réputation...* Cette phrase, suivant Brossette (in-4°, II, 365), fut ajoutée dans l'édition de 1694. M. de Saint-Surin dit la même chose d'une manière indirecte. Le fait est que la phrase fut ajoutée dans l'édition de 1685.

Brossette observe qu'à l'époque indiquée par Boileau, Quinault n'avait fait que des tragédies (fort déplorables, dit M. Daunou)... Cela n'est pas tout-à-fait exact : Quinault avait donné, en 1664, la Mère coquette, comédie encore estimée aujourd'hui.

[3] *Génie* est pris ici dans un sens moins étendu que celui qu'on lui donne à présent : Boileau a voulu dire, *instinct du talent... Le Brun, note mss.* — On parle du sens actuel du mot *génie*, tome II, p. 210, note 3.

[4] V. O. 1701 à 1713. *De Scudéri*, de Cotin même, *et de plusieurs...* — Autre changement, fort remarquable, non indiqué dans les éditions citées à note 4, p. 11.

[5] V. O. On n'y indique point non plus la suppression de la phrase, *et qui* etc. jusques à *critique*, faite dans les éditions de 1701 à 1713.

[6] V. E. Texte de 1683 à 1713, et non point *raillé ce*, comme on lit dans plusieurs éditions, telles que 1716 et 1724, Bross.; 1717, 1720 et 1721, Vest.; 1721, Bru.; 1735 et 1740, Souch.; 1745, P. — Quant à cette locution (*railler de..*), voy. sat. IX, note du vers 171.

fait écrire contre eux. Pour revenir [1] à mon édition (outre mon remerciement à l'académie et quelques épigrammes que j'y ai jointes[2]), j'ai aussi ajouté au poème du Lutrin deux chants nouveaux qui en font la conclusion. Ils ne sont pas à mon avis, plus mauvais que les quatre autres chants, et je me persuade qu'ils consoleront aisément les lecteurs de quelques vers que j'ai retranchés à l'épisode [3] de l'horlogère [4], qui m'avait toujours paru un peu trop long [5]. Il serait inutile maintenant de nier que ce poème a été composé à l'occasion d'un différend [6]....

[1] L'éditeur de 1815 (*voy.* note 1, p. 11) reprend ici la préface de 1683 à 1694, sans aucune note, de sorte qu'on pourrait croire que le passage ajouté en 1685 (*voy.* la note suiv.) avait été publié en 1683, quoique le remerciement qui en fait partie n'ait pu être composé avant 1684.

[2] *V. E. Outre* etc. jusqu'à *jointes*... Ceci fut ajouté dans l'édition de 1694, disent Brossette, M. de S.-S., etc... Erreur : c'est dans l'édition de 1685.

Il est assez singulier que Boileau ait mis *jointes* au lieu de *joints*, puisqu'il reconnaissait lui-même (tome IV, p. 385) qu'en pareil cas le masculin était plus régulier que le féminin.

[3] Le lecteur n'avait pas besoin d'être consolé d'un retranchement que le bon goût exigeait. Le cinquième chant du Lutrin est excellent; le sixième est froid et d'un autre ton. *Le Brun, note mss.*

[4] C'est celui de la perruquière. *Voy.* tome II, p. 312, note 2; p. 318, note 1.

[5] « Et il y avait quelque chose tendant à *saleté* », ajoute Boileau dans une note inédite qui est parmi les papiers de Brossette. Il fait sans doute allusion aux vers rapportés, même note 2, p. 312.

[6] Boileau fit, en 1701, de la fin de cette préface un nouvel avis pour le Lutrin, que nous donnons, tome II, p. 282 à 284, en y joignant l'indication des variantes et des fautes de plusieurs éditeurs.

V. PRÉFACE ou AVIS [1]

MIS DANS L'ÉDITION DE 1694, APRÈS LA IVe PRÉFACE.

AU LECTEUR.

J'AI laissé ici la même préface qui était dans les deux éditions précédentes [2], à cause de la justice que j'y rends à beaucoup d'auteurs que j'ai attaqués. Je croyais avoir assez fait connaître, par cette démarche où personne ne m'obligeait, que ce n'est point un esprit de malignité qui m'a fait écrire contre ces auteurs, et que j'ai été plutôt sincère à leur égard que médisant. Monsieur P. [3] néanmoins n'en a pas jugé de la sorte. Ce galant homme, au bout de près de vingt-cinq ans [4] qu'il y a que mes satires ont été imprimées la première fois, est venu tout-à-coup, et dans le temps qu'il se disait de mes amis, réveiller des querelles entièrement oubliées, et me faire sur mes ouvrages un procès que mes ennemis ne me faisaient plus. Il a compté pour rien les bonnes raisons que j'ai mises en rimes [5] pour montrer qu'il n'y a point de médisance à se moquer des méchans écrits, et, sans

---

[1] Il est imprimé sur deux feuillets séparés (ils forment un carton) et avec des caractères différens, en un mot entièrement distinct de la 4e préface: il commence par les mots *au lecteur*.

[2] C'est-à-dire de 1683 et de 1685, les préfaces antérieures n'ayant rien de semblable. *Voy.* p. 28, note 1.

[3] *V. O.* Texte de 1694 (*id.*, 1697, A.)... Brossette et plusieurs autres ont mis *M. Perrault*. La même remarque s'applique aux trois passages suivans (p. 16) où Perrault est désigné.

[4] Il fallait dire de près de trente ans. *Bross.*

[5] Dans la satire IX (Boileau y renvoie lui-même... *Voy.* p. 29).

prendre la peine de réfuter ces raisons, a jugé à propos de me traiter dans un livre[1], en termes assez peu obscurs, de médisant, d'envieux, de calomniateur, d'homme qui n'a songé qu'à établir sa réputation sur la ruine de celle des autres. Et cela fondé principalement sur ce que j'ai dit dans mes satires que Chapelain avait fait des vers durs, et qu'on était à l'aise aux sermons de l'abbé Cotin.

Ce sont en effet les deux grands crimes qu'il me reproche jusqu'à me vouloir faire comprendre[2] que je ne dois jamais espérer de rémission du mal que j'ai causé, en donnant par là occasion à la postérité de croire que sous le règne de Louis-le-Grand, il y a eu en France un poète ennuyeux et un prédicateur assez peu suivi. Le plaisant de l'affaire est que, dans le livre qu'il fait pour justifier notre siècle de cette étrange calomnie, il avoue lui-même que Chapelain est un poète très peu divertissant, et si dur dans ses expressions, qu'il n'est pas possible de le lire. Il ne convient pas ainsi du désert qui était aux prédications de l'abbé Cotin. Au contraire, il assure qu'il a été fort pressé à un des sermons de cet abbé; mais en même temps il nous apprend cette jolie particularité de la vie d'un si grand prédicateur, que sans ce sermon, où heureusement quelques-uns de ses juges se trouvèrent, la justice, sur la requête de ses parens, lui allait donner un curateur comme à un imbé-

---

[1] Parallèle des anciens, tome III. *Bross.* — *Voy.* Notice bibl., § 2, n° 28.
[2] *V. E.* Texte de 1694 (*id.*, 1695, 1697 et 1701, A.; 1695 et 1701, CT.; 1697 et 1698, R... huit éditions), et non pas *jusqu'à* vouloir me *faire*, comme ont mis Brossette et tous les autres éditeurs... Nous devons d'autant plus rétablir le véritable texte, qu'on y trouve la *forme grammaticale* reproduite dans presque toutes les éditions pour le vers 89 de la satire VII.

cile¹. C'est ainsi que monsieur P.² sait défendre ses amis, et mettre en usage les leçons de cette belle rhétorique moderne inconnue aux anciens, où vraisemblablement il a appris à dire ce qu'il ne faut point dire. Mais je parle assez de la justesse d'esprit de monsieur P.³ dans mes réflexions critiques sur Longin⁴, et il est bon d'y renvoyer les lecteurs.

Tout ce que j'ai ici à leur dire, c'est que je leur donne dans cette nouvelle édition, outre mes anciens ouvrages exactement revus, ma satire contre les femmes, l'ode sur Namur, quelques épigrammes, et mes réflexions critiques sur Longin. Ces réflexions, que j'ai composées à l'occasion des dialogues de M. P.⁵, se sont multipliées sous ma main beaucoup plus que je ne croyais, et sont cause que j'ai divisé mon livre en deux volumes. J'ai mis à la fin du second volume les traductions latines qu'ont faites⁶ de mon ode les deux plus célèbres professeurs en éloquence de l'université; je veux dire M. Lenglet et M. Rollin. Ces traductions ont été généralement admirées, et ils m'ont fait en cela tous deux d'autant plus d'honneur, qu'ils savent bien que c'est la seule lecture de mon ouvrage qui les a excités à entreprendre ce travail. J'ai aussi joint à ces traductions

---

¹ Parallèle, etc., III, 256 à 258 ; Lett. de Perrault, p. 5.—Cette anecdote, rapportée sans preuves par Perrault, a tout l'air d'un réchauffé de l'aventure de Sophocle.

² Perrault (*voy.* note 3, p. 14).

³ Perrault (même note).

⁴ Voy. surtout la vi⁶, tome III, p. 200, et la conclusion, p. 231 et suiv.

⁵ Perrault (même note).

⁶ *V. E.* Texte des éditions citées à note 2, p. 15 : ainsi les éditeurs qui ont mis *faites* n'ont point rectifié le texte comme le dit M. de S.-S.

quatre épigrammes latines que le révérend père Fraguier[1], jésuite, a faites contre le Zoïle moderne. Il y en a deux qui sont imitées d'une des miennes. On ne peut rien voir de plus poli ni de plus élégant que ces quatre épigrammes, et il semble que Catulle y soit ressuscité pour venger Catulle : j'espère donc que le public me saura quelque gré du présent que je lui en fais.

Au reste, dans le temps que cette nouvelle édition de mes ouvrages allait voir le jour, le révérend père de La Landelle[2], autre célèbre jésuite, m'a apporté une traduction latine qu'il a aussi faite de mon ode, et cette traduction m'a paru si belle, que je n'ai pu résister à la tentation d'en enrichir encore mon livre, où on la trouvera avec les deux autres à la fin du second tome[3].

---

[1] Depuis, l'abbé Fraguier, de l'académie française et de celle des inscriptions. *Brossette.*

[2] Depuis l'abbé de Saint-Remi. *Bross.*

[3] Le soin qu'ont eu deux amis de Boileau, Renaudot (édit. 1713) et Brossette, de supprimer ces pièces de poésie latine, montre assez que notre poëte ne les avait publiées, en 1694 et 1701, que par une espèce de reconnaissance pour ses panégyristes; d'autant plus que Brossette (on le verra dans le Catalogue, p. 33, note 5) a joint sans difficulté à son édition, des ouvrages étrangers à Boileau. Nous imiterons leur exemple.

VI. PRÉFACE :

ÉDITION DE 1701.

Comme c'est ici vraisemblablement la dernière édition de mes ouvrages que je reverrai, et qu'il n'y a pas d'apparence qu'âgé comme je suis de plus de soixante-trois ans[1], et accablé de beaucoup d'infirmités, ma course puisse être encore fort longue, le public trouvera bon que je prenne congé de lui dans les formes, et que je le remercie de la bonté qu'il a eu d'acheter tant de fois des ouvrages[2] si peu dignes de son admiration. Je ne saurais attribuer un si heureux succès qu'au soin que j'ai pris de me conformer toujours à ses sentimens, et d'attraper, autant qu'il m'a été possible, son goût en toutes choses. C'est effectivement à quoi il me semble que les écrivains ne sauraient trop s'étudier[3]. Un ouvrage a beau être approuvé d'un petit nombre de connaisseurs : s'il n'est plein d'un certain agrément et d'un certain sel propre à piquer le goût général des hommes[4], il ne pas-

---

[1] Il fallait dire plus de soixante-quatre. *Bross.* — Nous parlons de ces fausses indications d'âge dans l'Essai, ch. IV, art. 3, n° 146.

[2] *Voy.* à ce sujet, Not. bibl., § 1, à la fin.

[3] Trublet (*Essais de littérat.*, 1754, II, 111 à 148) a critiqué toute cette partie de la préface (jusqu'à p. 23), mais avec peu de bonne foi, dispersant ses remarques sans observer l'ordre du texte, et passant même sous silence des réflexions de Boileau (*voy.* les notes suivantes).

[4] Au sujet de la comédie des *Philosophes*, de Palissot, Voltaire (lett. du 16 juillet 1760, à Helvétius) dit que si l'on fût resté tranquille « elle serait tombée dans le néant de l'oubli qui engloutit tout ce qui n'est que bien écrit, et qui manque *de ce sel* sans lequel rien ne dure ».

sera jamais pour un bon ouvrage, et il faudra à la fin que les connaisseurs eux-mêmes avouent qu'ils se sont trompés en lui donnant leur approbation [1]. Que si on me demande ce que c'est que cet agrément et ce sel, je répondrai que c'est un je-ne-sais-quoi, qu'on peut beaucoup mieux sentir que dire. A mon avis néanmoins, il consiste principalement à ne jamais présenter au lecteur que des pensées vraies et des expressions justes [2]. L'esprit de l'homme est naturellement plein d'un nombre infini d'idées confuses du vrai, que souvent il n'entrevoit qu'à demi ; et rien ne lui est plus agréable que lorsqu'on lui offre quelqu'une de ces idées bien éclaircie et mise dans un beau jour . Qu'est-ce qu'une pensée neuve, brillante, extraordinaire? Ce n'est point, comme se le persuadent les ignorans, une pensée que personne n'a

---

[1] Cette maxime (*un ouvrage* etc. jusqu'à *approbation*) ayant été critiquée dans une note manuscrite communiquée à Boileau, il y persista et s'appuya d'exemples (Bolœana de Brossette, aux Lett. famil., III, 207). Elle l'a été depuis, par Trublet, p. 111, n° 2. Elle a au contraire été adoptée et en quelque sorte proclamée par Thomas Moore, auteur des mémoires sur la vie de Shéridan, et qui paraît même avoir copié Boileau (il ne le cite pas). « C'est-là, dit-il (Traduct., 1826, I, 170), le vrai triomphe du génie dans tous les arts... Les ouvrages qui ont plu à un plus grand nombre d'individus de toutes classes pendant le plus long espace de temps peuvent toujours être déclarés, sans hésiter, les meilleurs ; et bien que la médiocrité puisse quelquefois s'attirer l'admiration d'un petit nombre de personnes choisies, la palme de l'excellence ne peut être décernée que par le public en masse. » — Enfin, tel paraît être aussi le sentiment de Voltaire (lett. à Frédéric, 29 avril 1749).

[2] *Que si* etc. jusqu'à *justes*... Crit. par Trublet, p. 113, n. 2... Il soutient (p. 114) que « le beau, c'est le vrai bien exprimé, c'est-à-dire avec élégance, « délicatesse, vivacité, etc., et non pas seulement avec justesse »... Mais Boileau dit à-peu-près la même chose au bout d'une dizaine de lignes, dans une phrase que Trublet n'a point citée.

[3] *L'esprit* etc. jusqu'à *jour*... Crit., *id.*, p. 133, n° 8.

jamais eue, ni dû avoir : c'est au contraire une pensée qui a dû venir à tout le monde, et que quelqu'un s'avise le premier d'exprimer[1]. Un bon mot n'est bon mot qu'en ce qu'il dit une chose que chacun pensait, et qu'il la dit d'une manière vive, fine et nouvelle[2]. Considérons, par exemple, cette réplique si fameuse de Louis douzième[3] à ceux de ses ministres qui lui conseillaient[4] de faire punir plusieurs personnes qui, sous le règne précédent, et lorsqu'il n'était encore que duc d'Orléans, avaient pris à tâche de le desservir[5]. « Un roi de France, « leur répondit-il, ne venge point les injures d'un duc « d'Orléans. » D'où vient que ce mot frappe d'abord? N'est-il pas aisé de voir que c'est parce qu'il présente aux yeux une vérité que tout le monde sent, et qu'il dit, mieux que tous les plus beaux discours de morale, « qu'un grand prince, lorsqu'il est une fois sur le trône, « ne doit plus agir par des mouvemens particuliers, ni « avoir d'autre vue que la gloire et le bien général de « son état? » Veut-on voir au contraire combien une

---

[1] *Qu'est-ce* etc. jusqu'à *d'exprimer*... Crit., *id.*, p. 134, n° 9.

[2] *Un bon mot* etc. jusqu'à *nouvelle*... Phrase non citée par Trublet (*voy.* note 3, p. 18). Cette omission est d'autant plus étrange qu'à la page 134, n° 9, il a cité et discuté la phrase précédente, et à la page 133, n° 7, la phrase suivante (ainsi il a, nous l'avons dit, interverti l'ordre qu'il devait suivre dans la discussion).

[3] On dit à présent Louis douze. *Féraud*, mot *Douze*.

[4] *V. E.* Texte de 1701, in-4° et in-12 (*id.*, de 1702 à 1713, A., et 1713, B.). Il nous paraît préférable à celui de l'édition fautive de 1713, P. (il y a *conseillèrent*), suivi par Brossette et plusieurs autres éditeurs, tels que Dumonteil, Bodoni, M. de S.-S., etc.

[5] Cette citation ne s'accorde pas tout-à-fait avec le récit de Garnier (Hist. de France, XXI, 21) : « Quelques courtisans, dit-il, l'excitaient à se venger de la Trémouille, qui, après l'avoir fait prisonnier à Saint-Aubin, semblait avoir pris un plaisir barbare à insulter à son malheur : *Un roi*, *etc.*"

pensée fausse est froide et puérile[1]? Je ne saurais rapporter un exemple qui le fasse mieux sentir que deux vers du poète Théophile, dans sa tragédie intitulée *Pyrame et Thisbé*, lorsque cette malheureuse amante ayant ramassé le poignard encore tout sanglant dont Pyrame s'était tué, elle querelle ainsi ce poignard [2]:

> Ah! voici le poignard qui du sang de son maître
> S'est souillé lâchement. Il en rougit, le traître!

Toutes les glaces du nord ensemble ne sont pas, à mon sens, plus froides que cette pensée. Quelle extravagance, bon Dieu! de vouloir que la rougeur du sang dont est teint le poignard d'un homme qui vient de s'en tuer lui-même soit un effet de la honte qu'a ce poignard de l'avoir tué! Voici encore une pensée qui n'est pas moins fausse, ni par conséquent moins froide. Elle est de Benserade, dans ses métamorphoses en rondeaux, où, parlant du déluge envoyé par les dieux pour châtier l'insolence de l'homme, il s'exprime ainsi:

> Dieu lava bien la tête à son image.

Peut-on, à propos d'une si grande chose que le déluge, dire rien de plus petit ni de plus ridicule que ce quolibet, dont la pensée est d'autant plus fausse en toutes manières, que le dieu dont il s'agit à[3] cet endroit,

---

[1] *Considérons* etc. jusqu'à *puérile*... Crit. par Trubl., p. 123, n° 7.

[2] Dumolard, ou plutôt sous ce nom, Voltaire (Dissertat. sur les tragédies anciennes et modernes qui ont paru sur le sujet d'Électre) fait l'éloge de cette partie de la préface.

[3] V. E. Texte de 1701 à 1713, et non pas *en*, comme on lit dans toutes les éditions postérieures, à l'exception de 1715, 1726, 1735, 1741 et 1760, Sch.; 1821, S.-S.; 1829, B. ch.; 1832, Treut. (dans quelques éditions modernes, telles que 1822, Jeun., et 1830, Ly., on a mis *ici*).

c'est Jupiter, qui n'a jamais passé chez les païens pour avoir fait l'homme à son image; l'homme dans la fable étant, comme tout le monde sait, l'ouvrage de Prométhée?

Puis donc[1] qu'une pensée n'est belle qu'en ce qu'elle est vraie, et que l'effet infaillible du vrai, quand il est bien énoncé, c'est de frapper les hommes, il s'ensuit que ce qui ne frappe point les hommes n'est ni beau ni vrai, ou qu'il est mal énoncé, et que par conséquent, un ouvrage qui n'est point goûté du public est un très méchant ouvrage. Le gros des hommes peut bien, durant quelque temps, prendre le faux pour le vrai, et admirer de méchantes choses; mais il n'est pas possible qu'à la longue une bonne chose ne lui plaise; et je défie tous les auteurs les plus mécontens du public de me citer un bon livre que le public ait jamais rebuté, à moins qu'ils ne mettent en ce rang leurs écrits, de la bonté desquels eux seuls sont persuadés. J'avoue néanmoins, et on ne le saurait nier, que quelquefois, lorsque d'excellens ouvrages viennent à paraître, la cabale et l'envie trouvent moyen de les rabaisser, et d'en rendre en apparence le succès douteux : mais cela ne dure guère; et il en arrive de ces ouvrages comme d'un morceau de bois qu'on enfonce dans l'eau avec la main : il demeure au fond tant qu'on l'y retient; mais bientôt la main venant à se lasser, il se relève et gagne le dessus. Je pourrais dire un nombre infini de pareilles choses sur ce sujet, et ce serait la

---

[1] V. E. Même texte. On a omis *donc* dans toutes les éditions, si l'on en excepte les huit déjà citées (p. 21, note 3), et les suivantes : 1736, Bru.; 1743, 1749, 1751, 1759, 1766 et 1776, A.; 1768 et 1769, U.; 1750 (édit. en 2 vol.) et 1770, P.; 1793, S.-Br.; 1826, Mart...

matière d'un gros livre; mais en voilà assez, ce me semble, pour marquer au public ma reconnaissance et la haute¹ idée que j'ai de son goût et de ses jugemens.

Parlons maintenant de mon édition nouvelle. C'est la plus correcte qui ait encore paru; et non-seulement je l'ai revue avec beaucoup de soin, mais j'y ai retouché de nouveau plusieurs endroits de mes ouvrages² : car je ne suis point de ces auteurs fuyans³ la peine, qui ne se croient plus obligés de rien raccommoder à leurs écrits, dès qu'ils les ont une fois donnés au public. Ils allèguent, pour excuser leur paresse, qu'ils auraient peur, en les trop remaniant, de les affaiblir, et de leur ôter cet air libre et facile qui fait, disent-ils, un des plus grands charmes du discours; mais leur excuse, à mon avis, est très mauvaise. Ce sont les ouvrages faits à la hâte, et, comme on dit, au courant de la plume, qui sont ordinairement secs, durs et forcés. Un ouvrage ne doit point paraître trop travaillé, mais il ne saurait être trop travaillé; et c'est souvent le travail même qui, en le polissant, lui

---

¹ V. O. Texte de 1701, in-4° et in-12, suivi dans les éditions de 1702 à 1713, A.; 1713, Br.; 1715 à 1760, Sch., et dans plusieurs de celles qui sont citées, p. 22, note 1... Il nous paraît préférable à celui de 1713, P., suivi dans toutes les autres et où on lit *la bonne idée que j'ai...*

² Cette observation de Boileau justifie la préférence que nous avons souvent accordée au texte de l'édition in-12 de 1701, sur celui de toutes les autres (Not. bibl., § 1, n° 90, obs. 5, et 108, obs. 2).

³ V. E. Texte de 1701 à 1713 (*id.*, de 1702 à 1713, A.; de Bross., Souch., Dumont., S.-M., etc.)... Il faudrait sans doute *fuyant* comme l'observent MM. de Saint-Surin et Daunou, puisque, dit ce dernier, un participe actif ayant un régime ne doit jamais se décliner. Mais, quoique cette règle fût, disent-ils aussi, établie depuis plus de quarante ans, en 1701, nous ne nous croyons pas autorisés à changer le texte, d'autant plus que Boileau a méconnu la même règle dans beaucoup d'autres passages.

donne cette facilité tant vantée qui charme le lecteur. Il y a bien de la différence entre des vers faciles, et des vers facilement faits. Les écrits de Virgile, quoique extraordinairement travaillés, sont bien plus naturels que ceux de Lucain, qui écrivait, dit-on, avec une rapidité prodigieuse. C'est ordinairement la peine que s'est donnée un auteur à limer et à perfectionner ses écrits qui fait que le lecteur n'a point de peine en les lisant. Voiture, qui paraît si aisé[1], travaillait extrêmement ses ouvrages. On ne voit que des gens qui font aisément des choses médiocres; mais des gens qui en fassent même difficilement de fort bonnes, on en trouve très peu.

Je n'ai donc point de regret d'avoir encore employé quelques-unes de mes veilles à rectifier mes écrits dans cette nouvelle édition, qui est, pour ainsi dire, mon édition favorite : aussi y[2] ai-je mis mon nom, que je m'étais abstenu de mettre à toutes les autres. J'en avais ainsi usé par pure modestie[3]; mais aujourd'hui que mes ouvrages sont entre les mains de tout le monde[4], il m'a paru que cette modestie pourrait avoir quelque chose d'affecté. D'ailleurs j'ai été bien aise, en le mettant à la tête de mon livre, de faire voir par là quels sont précisément les ouvrages que j'avoue, et d'arrêter, s'il est possible, le cours d'un nombre infini de méchantes piè-

---

[1] Ce jugement ne nous paraît point, comme à M. Daunou, peu conciliable avec ce que Boileau dit de Voiture, dans la satire xii (v. 41 et suiv.) : On peut avoir un style aisé quoiqu'on y mêle des jeux de mots.

[2] *F. N. R.* Texte de 1701 à 1713. Cet *y* a été supprimé mal-à-propos dans plusieurs éditions, telles que 1716 (in-4° et in-12) et 1724, Bross.; 1717 et 1721, Vest.; 1721, Bru.; 1735, Souch.; 1745, P.

[3] Nous en parlons dans la Notice bibl., § 1, n°ˢ 89 et 90.

[4] Assertion un peu singulière... Mais *voy*. même § 1, à la fin.

ces qu'on répand partout sous mon nom[1], et principalement dans les provinces et dans les pays étrangers[2]. J'ai même, pour mieux prévenir cet inconvénient, fait mettre au commencement de ce volume une liste exacte et détaillée de tous mes écrits, et on la trouvera immédiatement après cette préface[3]. Voilà de quoi il est bon que le lecteur soit instruit.

Il ne reste plus présentement qu'à lui dire quels sont les ouvrages dont j'ai augmenté ce volume. Le plus considérable est une onzième satire que j'ai tout récemment composée[4], et qu'on trouvera à la suite des dix précédentes. Elle est adressée à M. de Valincour, mon illustre associé[5] à l'histoire. J'y traite du vrai et du faux honneur, et je l'ai composée avec le même soin que tous mes autres écrits. Je ne saurais pourtant dire si elle est bonne ou mauvaise[6] : car je ne l'ai encore communiquée qu'à deux ou trois de mes amis[7], à qui même je n'ai fait que la réciter fort vite, dans la peur qu'il ne lui arrivât ce qui est arrivé à quelques autres de mes pièces,

---

[1] *Voy. ci-apr.*, le catalogue (n° vii), aux notes, p. 32.

[2] Tout ce qui suit jusques à la fin du passage relatif à Arnauld, p. 28, est supprimé dans le Boileau de la jeunesse.

[3] *V. O.* Saint-Marc et les éditeurs suivans observent avec raison que cette liste est la table de l'édition de 1701, mais ils ont omis d'en donner le titre; on le trouvera à la note 2, p. 29.

[4] *Voy.* la note 1 de la satire xi.

[5] Il est question de cet *illustre associé* dans la note 2 de la même satire.

[6] *Voy.* la note 1 déjà citée.

[7] *V. O. et E.* Texte de 1701, in-12, dernière édition revue par Boileau. Il nous parait préférable à celui de l'édition posthume de 1713, suivi par tous les éditeurs, à l'exception de Schelte (1726, 1736, 1741 et 1760), et ainsi conçu : deux ou trois de mes *plus intimes* amis... Des amis *très intimes* n'auraient pu inspirer à Boileau la crainte qu'il va exprimer.

que j'ai vu [1] devenir publiques avant même que je les eusse mises sur le papier; plusieurs personnes, à qui je les avais dites plus d'une fois, les ayant retenues par cœur, et en ayant donné des copies[2]. C'est donc au public à m'apprendre ce que je dois penser de cet ouvrage, ainsi que de plusieurs autres petites pièces de poésie qu'on trouvera dans cette nouvelle édition, et qu'on y a mêlées parmi les épigrammes qui y étaient déjà. Ce sont toutes bagatelles, que j'ai la plupart composées dans ma première jeunesse[3], mais que j'ai un peu rajustées, pour les rendre plus supportables au lecteur. J'y ai fait aussi ajouter deux nouvelles lettres; l'une que j'écris à M. Perrault[4], et où je badine avec lui sur notre démêlé poétique, presque aussitôt éteint qu'allumé[5]; l'autre est un remerciement à M. le comte d'Ericeyra[6], au sujet de la traduction de mon Art poétique faite par lui en vers portugais, qu'il a eu la bonté de m'envoyer de Lisbonne, avec une lettre et des vers

---

[1] V. E. Texte de 1701 à 1713, et non pas *vues* comme dans plusieurs éditions modernes, telles que 1788, 1789, 1800, 1815, et 1819, Did.; 1808 et 1814, Le Br.; 1821 et 1823, Viol.; 1821 et 1824, Am.; 1824, Fro.; 1825, Aug.; 1826, Mart. et Toul; 1828, Thi.; 1832, Treut.

[2] On en voit un exemple dans la Notice bibl., § 1, n° 75.

[3] V. E. Cette leçon des deux éditions de 1701 (*id.*, 1702 à 1708, A.) nous paraît préférable à celle de 1713 (*dans ma plus tendre jeunesse*), adoptée par Brossette et tous les autres éditeurs, excepté Schelte. La plus ancienne pièce de l'édition de 1701 (l'ode sur les Anglais) fut faite à vingt ans; les deux plus anciennes de l'édition de 1713 le furent à dix-sept ans (*voy.* ci-apr., Table chronolog., année 1653). On n'est pas alors dans la *plus tendre* jeunesse... D'ailleurs, Boileau lui-même, au sujet de deux de ces pièces, emploie la première expression dans une lettre (9 avril 1702, tome IV, p. 356).

[4] En 1700... (même tome IV, p. 86).

[5] Ils s'étaient réconciliés en 1694 (même tome IV, p. 377, note 3).

[6] En 1697... (même tome IV, p. 73).

français de sa composition, où il me donne des louanges très délicates, et auxquelles il ne manque que d'être appliquées à un meilleur sujet. J'aurais bien voulu pouvoir m'acquitter de la parole que je lui donne à la fin de ce remerciement, de faire imprimer cette excellente traduction à la suite de mes poésies; mais malheureusement un de mes amis[1], à qui je l'avais prêtée, m'en a égaré le premier chant; et j'ai eu la mauvaise honte de n'oser récrire à Lisbonne pour en avoir une autre copie[2]! Ce sont là à-peu-près tous les ouvrages de ma façon, bons ou méchans, dont on trouvera ici mon livre augmenté. Mais une chose qui sera sûrement agréable au public, c'est le présent que je lui fais dans ce même livre, de la lettre que le célèbre monsieur Arnauld[3] a écrite à Monsieur P.** à propos de ma dixième satire, et où, comme je l'ai dit dans l'épître à mes vers, il fait en quelque sorte mon apologie. J'ai mis cette lettre la dernière de tout le volume, afin qu'on la trouvât plus aisément[5]. »
Je ne doute point que beaucoup de gens ne m'accusent de témérité, d'avoir osé associer à mes écrits l'ouvrage[6]

---

[1] Regnier-Desmarais, secrétaire de l'Académie française. *Bross.*

[2] Il donne une autre raison dans une lettre (10 juillet 1701, tome IV, p. 343).

[3] V. Texte de 1701, in-12, et de 1713... Il y a *Arnaud* à 1701, in-4°.

[4] *V. O.* Texte de 1701 à 1713. Brossette et les éditeurs suivans ont mis *Perrault*, comme l'avait déjà fait celui d'Amsterdam, de 1702, époque où cependant Perrault existait encore.

[5] Cette phrase a été supprimée dans l'édition de 1713, où la lettre d'Arnauld a été placée au milieu de l'in-4° (nous la donnons, tome IV, p. 29 et suiv.).

[6] V. E. Ce texte, qui est celui des éditions de 1701, et que le sens demande, a été rétabli par Saint-Marc... On lisait *les ouvrages*, dans l'édition de 1713 et les suivantes.

d'un si excellent homme ; et j'avoue que leur accusation est bien fondée : mais le moyen de résister à la tentation de montrer à toute la terre, comme je le montre en effet par l'impression de cette lettre, que ce grand personnage me faisait l'honneur de m'estimer [1], et avait la bonté *Meas esse aliquid putare nugas* [2] ?

Au reste, comme, malgré une apologie si authentique, et malgré les bonnes raisons [3] que j'ai vingt fois alléguées en vers et en prose [4], il y a encore des gens qui traitent de médisances les railleries que j'ai faites de quantité d'auteurs modernes, et qui publient qu'en attaquant les défauts de ces auteurs, je n'ai pas rendu justice à leurs bonnes qualités, je veux bien, pour les convaincre du contraire, répéter encore ici les mêmes paroles que j'ai dites sur cela dans la préface de mes deux éditions précédentes [5]. Les voici :

« Il est bon que le lecteur soit averti d'une chose,
« c'est qu'en attaquant.... etc. » [6]

---

[1] Un flatteur de Louis XIV, comme nous le remarquons ailleurs, eût-il osé faire de tels éloges d'un homme proscrit par ce roi ?

[2] Catulle, pièce adressée à Cornelius Nepos, vers 4.

[3] Le Boileau de la jeunesse revient ici au texte (*voy.* p. 25, note 2), en ces termes : comme malgré les bonnes, etc.

[4] Dans le Discours sur la satire (tome III, p. 83 à 91) et dans la satire IX.

[5] Des éditions de 1683 et 1694, disent Brossette et les autres éditeurs, faute d'avoir connu l'édition de 1685 (c'est même à cette occasion que Saint-Marc a commis l'erreur relevée dans la Notice bibl., n° 48, obs. 4 et 5). Mais s'ils avaient seulement fait attention au début de l'avis de 1694 (p. 14 et note *ib.*), où Boileau dit qu'il laisse la même préface que dans les *deux* éditions précédentes, ils auraient senti que c'était par pure inadvertance qu'en 1701, il parlait encore de *deux* éditions au lieu de *trois*.

[6] Ici est le passage de la IV° préface (p. 11, lig. 7, à p. 13, lig. 1) dont nous avons parlé à la note 1, p. 11, mais avec les variantes indiquées aux notes 2 à 6 de la même page, et 1 à 5 de la p. 12.

Après cela, si on m'accuse encore de médisance, je ne sais point de lecteur qui n'en doive aussi être accusé, puisqu'il n'y en a point qui ne dise librement son avis des écrits qu'on fait imprimer, et qui ne se croie en plein droit de le faire, du consentement même de ceux qui les mettent au jour. En effet, qu'est-ce que mettre un ouvrage au jour ? N'est-ce pas en quelque sorte dire au public : Jugez-moi? Pourquoi donc trouver mauvais qu'on nous juge? Mais j'ai mis tout ce raisonnement en rimes dans ma neuvième satire[1], et il suffit d'y renvoyer mes censeurs[2].

---

[1] Vers 169 à 190 (*Mais de blâmer des vers, ou durs*, etc.).

[2] Dans le feuillet suivant de l'édition de 1701, est la table dont nous avons parlé note 3, p. 25). Elle a pour titre dans l'in-4°, LISTE DES OUVRAGES *contenus dans ce volume*, et dans l'in-12, *Liste* DES OUVRAGES *contenus dans les deux volumes de mes œuvres*.

Après la liste des ouvrages de Boileau, on lit ce second titre en italiques; *Ouvrages faits à l'occasion de ceux de l'auteur*, et à la suite, l'indication des remarques de Dacier et de Boivin (celles-ci sont omises à la table de l'in-4°), des pièces de poésie latine de Rollin et autres, et de la lettre d'Arnauld.

VII. CATALOGUE

DES OEUVRES DE BOILEAU,

D'APRÈS L'ÉDITION DE 1713.

N. B. Il y est placé à la suite de la Préface, avec ce titre :

OEuvres de M. Despréaux, selon l'ordre où elles sont ici imprimées, selon l'âge auquel il les a composées et selon l'année où il les a publiées.[1]

PIÈCES ET ORDRE DE L'IMPRESSION.	AGE AUQUEL L'AUTEUR LES A FAITES.	ANNÉES[2] OU ELLES ONT ÉTÉ COMPOS.
Discours au roi.	27.	1664
Satire I.	21.	1658
II.	26.	1663
III.	Id.	Id.
IV.	Id.	Id.
V.	Id.	Id.
VI.	24.	1661
VII.	25.	1662
VIII.	30.	1667
IX.	29.	1666

[1] *F. N. R.* Inadvertance des éditeurs de 1713; ce n'est point l'année de publication, mais celle de composition qu'ils vont indiquer.

[2] Ces indications d'âges et d'années sont évidemment l'ouvrage des mêmes éditeurs. L'*écrit* que nous allons rapporter (p. 31) d'après eux, et dont l'autographe existe parmi les manuscrits de Brossette, n'a point ces indications. Il y a, il est vrai, en tête du feuillet détaché sur lequel il se trouve, ces mots, *Pour la préface de l'édition de 1713*, mais ils ne sont pas de la main de Boileau, qui, selon toute apparence, avait joint cet *écrit* à la liste d'ouvrages donnée dans l'édition de 1701. Quoique sa mémoire fût alors fort affaiblie, il n'aurait pu commettre les fautes grossières de dates qu'on apercevra facilement dans ce catalogue si on le compare à notre Table chronologique (p. 34 et suiv.).

CATALOGUE DES OEUVRES DE BOILEAU.

PIÈCES ET ORDRE DE L'IMPRESSION.	AGE AUQUEL L'AUTEUR LES A FAITES.	ANNÉES OU ELLES ONT ÉTÉ COMPOS.
Satire X.	55.	1692
XI.	63.	1700
Épître I.	30.	1667
II.	29.	1666
III.	33.	1670
IV.	35.	1672
V.	39.	1676
VI.	Id.	Id.
VII.	40.	1677
VIII.	Id.	Id.
IX.	36.	1673
X.	56.	1693
XI.	57.	1694
XII.	58.	1695
L'Art poétique.	34.	1672
Le Lutrin.	36.	1673 [1]
Ode sur Namur.	55.	1692
Vers sur Macarise.	19.	1656
Sonnet sur une parente.	15.	1652
Stances sur l'École des femmes.	25.	1662
Arrêt burlesque.	38.	1675
Discours sur la satire.	29.	1666
Lettre à M. le duc de Vivonne.	39.	1676
Remerciement à l'Académie.	47.	1684
Les Héros de roman.	27.	1664
Réflexions sur Longin.	57.	1694
Dissertation contre M. Le Clerc [2].	73.	1710
Traduction de Longin.	37.	1674
Lettre à M. le comte d'Ériceyra.	68.	1704
Épigrammes faites en divers temps.		

Voilà au vrai, *dit M. Despréaux dans un écrit que l'on a trouvé après sa mort,* tous les ouvrages que j'ai

---

[1] L'édition in-12 indique l'année 1674.
[2] C'est-à-dire la x° réflexion critique (tome III, p. 241 et suiv.).

faits : car pour [1] tous les autres ouvrages qu'on m'attribue et qu'on s'opiniâtre de mettre dans les éditions étrangères [2], il n'y a que des ridicules qui m'en [3] puissent soupçonner l'auteur [4]. Dans ce rang on doit mettre [5] une satire très fade contre les frais des enterremens [6]; une autre, encore plus plate, contre le mariage, qui commence par : [7] *On veut me marier, et je n'en ferai rien*, celle contre les jésuites [8], et quantité d'autres aussi imper-

[1] *P. C. O.* Autographe : *Ouvrages* qui sont sortis de ma plume et que j'ai aussi avoués dans le public; *car pour...* — Cette dernière expression est précieuse. Il en résulte que Boileau se reconnaît aussi l'auteur d'ouvrages qu'il n'a pas compris dans sa liste, parce *qu'il ne les avait pas avoués dans le public*, par exemple, la Dissertation sur la Jocoude (*voy.* tom. III, p. 4, note, lig. 17), tandis qu'on aurait pu en douter en s'attachant strictement à ce qu'il dit dans *l'écrit* imprimé ci-dessus.

[2] Nous en parlons dans la Notice bibliographique, § 1, n°⁸ 20, 61 *a*, 69, 77, 95 *a*, 111 *a*, etc.

[3] On disait alors *un ridicule*, pour *un homme ridicule*. On en trouve une foule d'exemples, entre autres dans Molière, *Préf. des Précieuses ridicules; Ecole des femmes*, acte I, sc. 1 ; *Critique de l'école des femmes*, sc. 6 ; *D. Juan*, acte I, sc. 2, etc.

P. C. O. Autographe : *Il n'y a que des* sots et des sots du premier ordre *qui m'en...*

[4] Ces ouvrages étaient toutefois estimés à l'étranger, selon Desmaiseaux, p. 47, 48.

[5] *P. C. O. Mettre* surtout *une satire...*

[6] Ou contre les Maltotes, etc. Nous en donnons un fragment, tome II, p. 8.

[7] Autographe : On a ajouté les mots *ce vers*, dans l'édition de 1713 et dans toutes les autres...

Suivant Brossette (II, 372) et Saint-Marc (I, 263), *on attribue* ces deux satires au P. Sanlecque : suivant plusieurs éditeurs modernes, *elles sont de lui...* C'est une erreur. Outre qu'on ne les trouve point dans ses œuvres (*voy.* entre autres, édit. de 1696, in-8°... c'est la première), et qu'elles sont d'un style très différent du sien, elles avaient été publiées dès 1668 (même § 1, n° 20), époque où Sanlecque avait à peine 17 ou 18 ans (tome IV, Pi.-just., n° 199, p. 491... Tome II, p. 129, note 2).

[8] Sans doute celle dont nous rapportons plusieurs vers, tome IV, p. 134.

tinentes[1]. J'avoue pourtant que, dans la parodie des vers du Cid, faite sur la perruque de Chapelain, qu'on m'attribue encore, il y a quelques traits[2] qui nous échappèrent, à M. Racine et à moi, dans un repas que nous[3] fîmes chez Furetière, auteur du Dictionnaire; mais dont[4] nous n'écrivîmes jamais rien ni l'un ni l'autre : de sorte que c'est Furetière qui est proprement le vrai et l'unique auteur[5] de cette parodie, comme il ne s'en cachait pas lui-même.[6]

[1] *P. C. O.* Autographe : *d'autres* encore plus *impertinentes* (*voy.* la notice citée, note 2, p. 32).

[2] *P. C. O.* Idem : *m'attribue* aussi, *il y a quelques traits...* (*voy.* note 6).

[3] *P. C. O.* Idem : *dans* une débauche *que nous...*

[4] *P. C. O.* Idem : *dictionnaire* de la langue française; *mais dont...*

[5] *P. C. O.* Idem : *proprement* unique et vrai *auteur...*

[6] Nous montrons au tome II, Append., nos III et IV, p. 489 et 490, que cette mauvaise farce ne peut être de Boileau, et qu'à l'exception de quatre vers (*ib.*, p. 450, n° XXXIII), il l'avait formellement désavouée dès 1701. Cela n'a pas empêché de l'insérer, avec une autre qui en est la suite (la Métamorphose de la perruque de Chapelain), dans un grand nombre d'éditions modernes. On a été entraîné par l'exemple de Brossette... Mais Brossette avait lui-même cédé à l'exemple des éditeurs d'Amsterdam, de 1695, 1697, 1702, 1708 et 1713 (Notice bibl., § 1, nos 73, 76, 92, 97 et 109). D'après cette méthode, il faudrait donc grossir les œuvres de Boileau de toutes les misérables pièces que les libraires de Hollande lui ont attribuées (*ib.*, nos 61 *a*, 69, 76, 77, etc.)!.. Elles peuvent se passer d'un semblable cortège (*voy.* aussi Essai, ch. IV, art. 16, n° 166, ce que nous disons de la prétendue esquisse en prose de la satire IX).

VIII. TABLE CHRONOLOGIQUE
DES OEUVRES DE BOILEAU.

Nous indiquons dans cette table, 1° l'âge qu'avait Boileau lorsqu'il composa chacun de ses ouvrages; 2° les années où il les composa; 3° ces ouvrages eux-mêmes. Nous nous sommes servis pour la rédiger, de celle que Saint-Marc a publiée (*I*, *lxxiv*); nous y avons néanmoins fait beaucoup de changemens, et surtout d'additions. L'astérisque * indique les pièces que Saint-Marc n'a point comprises dans son tableau; la lettre *a*, celles qui ont été composées avant l'année qui la suit, et la lettre *v*, celles qui l'ont été à-peu-près vers cette même année..... Nous doutons qu'aucune des tables qu'on a données jusques à présent soit aussi complète ni peut-être même aussi exacte que celle-ci. [1]

Ainsi les tables des éditions de M. Didot, de 1789 et 1800 (Not. Bibl., § 1, nos 185 et 193) ont été faites tout à-la-fois sur le catalogue de l'édition de 1713 (p. 30) et sur celui de l'édition de Saint-Marc; et comme Saint-Marc et les éditeurs de 1713 ne s'accordent point sur les époques de la plupart des ouvrages, il résulte de ce mélange une grande confusion. [2]

Il faut aussi remarquer que Saint-Marc a omis plusieurs ouvrages importans tels que l'épître III, et la satire XII.

Les épigrammes et les poésies diverses sont désignées dans notre table par les titres ou les premiers mots, et par les numéros que nous leur donnons au tome II. Il sera facile de les reconnaître dans les principales éditions, telles que celles de Brossette, Saint-Marc, MM. Daunou et Saint-Surin, à l'aide des indications que nous donnons aussi dans les premières notes de ces pièces (*même* tome II)

---

[1] Nous indiquons soit dans les notes suivantes, soit dans les premières notes des divers ouvrages de Boileau, les raisons qui nous ont fait adopter la plupart des dates de composition énoncées dans la table.

[2] On s'en sera peut-être aperçu, car dans son édition de 1815, M. Didot a refait sa table sur celle de M. Daunou, de 1809 (M. de Saint-Surin, tome I, pag. 42 et 43, a aussi, excepté dans cinq ou six points, adopté cette dernière table, comme une des plus exactes et des plus complètes qui fussent connues, et son exemple a été suivi par M. Amar).

TABLE CHRONOLOGIQUE.

AGE.	ANNÉES.	PIÈCES.
17	1653	Poésies diverses, n° XXIV (énigme : *Du repos des*, etc.).
Id.	Id.	Id., n. 1 (chanson : *Philosophes*, etc.).
18	1654	Id. II (*id., Soupirez*, etc.).
19	1655	Id. VI (sonnet : *Parmi les doux*, etc... V. t. III, p. 460).
20	1656	Ode II (contre les Anglais).
	v. Id.	* Epigrammes latines I et II.
	a. 1660	* Poésies diverses, n° XXV (sur Rossinante).
	Id.	* Id. XXVI (Voyage à Saint-Prix.)[1]
	Id.	* Epigramme I (à Climène).
	Id.	* Id. latine III (satira).
21	1660	* Vers pour le portrait de d'Hozier.[2]
24	1660 / 1661	* Satires I et VI.[3]
27	1662	Poés. div. VIII (stances à Molière).
	1663	Satire VII (voy. Brossette, I, 69).
28	1664	Satires II et IV.—Poés. div. XXVII (sur la Macarise).
28	1664 / 1665	Les héros de roman.
29	1665	Discours au roi.—Dissertation sur la Joconde.
	1665	Satires III et V.
30	1666	Première préface ; commencement.
Id.	Id.	* Epigr. VI (sur Agésilas).
31	1667	Satires IX et VIII (*voy.* l'avis de la satire IX, note 2).

1 Le n° XXV faisait partie de la Relation de voyage dont le n° XXVI est un fragment. Ce que dit Boileau du style de cette relation (tome II, p. 446, note 5), si différent de celui qu'il adopta bientôt dans ses satires, nous autorise à penser que ces deux pièces sont antérieures à 1660, d'autant plus que Brossette (I, 462) annonce que notre poète était fort jeune lorsqu'il les composa.

2 Nous donnons au tome IV, p. 502, le véritable texte de cette pièce, que, faute de documens suffisans, nous avions d'abord placée (tome II, p. 486, n° VI) parmi les pièces *attribuées* à Boileau.

3 Saint-Marc et plusieurs éditeurs après lui, placent les satires I et VI uniquement sous l'année 1660. Ils n'ont pas pris garde 1° que Brossette se borne à dire que la satire 1re dont la VIe faisait d'abord partie, *fut commencée* vers 1660 ; 2° que dans un des passages (voy. note du vers 65, satire I) supprimés à l'impression, Boileau parle de Mazarin comme n'existant plus depuis quelque temps, et Mazarin ne mourut que le 9 mars 1661 (on peut juger par là que la satire I ne parut point en 1660 comme le dit un auteur moderne).

AGE.	ANNÉES.	PIÈCES.
31	1667	* Epigramme vii (sur Agésilas et Attila).[1]
	Id.	Fin de la première préface.
32	1668	Discours sur la satire.
a.	1669	* Epigr. iv et x (sur Gilles Boileau[2] et sur Linières).
33	1669	Epîtres i et ii.[3]
33 à 38	1669 à 1674	Art poétique. Traduction de Longin.[4]
a.	1670	* Epigr. xi et xii (sur Cotin et sur Saint-Pavin).
	Id.	* Poés. div. xxviii (Fable).
	Id.	* Id. v (imit. de Chapelain ; *Droits et roides*, etc).
34	1670	Avertissement sur l'épître i.
	Id.	Poés. div. ix (Epitaphe de la mère de Boileau).
v.	Id.	* Epigr. v (sur Saint-Sorlin).
	Id.	* Poés. div. xiv (portrait de Tavernier).
	Id.	* Id. iii (chanson : *Voici les lieux*, etc).
	Id.	* Épigr. iii (*De six amans*, etc.).
35	1671	* Arrêt burlesque.[5]
35 à 38	1671 à 1674	Lutrin, quatre premiers chants.[6]

[1] Les épigrammes vi et vii sont de 1666 et 1667, années où Agésilas et Attila furent représentés, et non pas de 1686 et 1687, ainsi que l'indiquent Saint-Marc (épigr. 14 et 15), et l'éditeur stéréotype, de 1800.

[2] D'après la tournure de l'épigramme il était encore vivant. Il faut bien admettre que quelque temps avant sa mort (22 octobre 1669: Pi.-Just. 36, tom. IV, p. 472) il s'était réconcilié avec notre poète.

[3] L'auteur cité note 3, à la fin, p. 35, se trompe lorsqu'il dit qu'elles furent publiées en 1669; ce ne fut qu'en 1672 (Notice bibl., § 1, nos 27 et 28).

[4] C'est d'après diverses conjectures que nous présumons que Boileau commença la traduction du Sublime à-peu-près vers le même temps que l'Art poétique. Quoi qu'il en soit, on ne peut en restreindre la composition à la seule année 1674, comme le fait Saint-Marc (I, lxxv); ce n'est pas là un ouvrage de quelques mois (l'édition parut le 10 juill... Notice bibl., § 1, n° 33), d'autant plus que Boileau avait alors à revoir et l'Art poétique et les quatre premiers chants du Lutrin.

[5] Saint-Marc (tome III, p. 112.. Voy. aussi notre tome III, p. 98) établit que cet arrêt est de 1671, et non point de 1674, date que lui donnait Brossette, et ce qu'il y a de singulier, c'est que Saint-Marc l'a omis dans son tableau.

[6] Saint-Marc fixe à l'année 1672 l'époque où Boileau commença le Lutrin. Ce-

DES OEUVRES DE BOILEAU.

AGE.	ANNÉES.	PIÈCES.
36	1672	Poés. div. IV (chanson : *Que Báville me semble*, etc. [1]).
Id.	Id.	Épître IV.
37	1673	* Épître III. [2]
	a. 1674	* Dialogue contre les Français qui écrivent en latin.
38	1674	Avis, ou IIe préface.
	Id.	Épître V.
	Id.	Epigr. IX (sur Perrault : *Oui, j'ai dit* etc.).
	Id.	Id. VIII (*Racine, plains*, etc.).
39	1674 } 1675 }	Nouvel avis, ou IIIe préface (*voy.* Notice bibl., § 1er, n° 37, obs. 4).
	1675	Epître IX (*voy.* Brossette, I, 250).
	a. 1677	* Epigr. XIV (sur Chapelain : *Maudit soit l'auteur*, etc.).
41	1677	Epîtres VII, VI et VIII. [3]
42	1678	* Poés. div. XV (Portrait du duc du Maine).
	v. 1680	* Prologue d'un opéra.
	a. 1683	Lutrin, chants V et VI, et IVe préface. [4]
48	1684	Remerciement à l'Académie française. [5]
50	1686	Epigr. XVII (*Venez Pradon et Bonnecorse*, etc.). [6]
51	1687	Poés. div. XVIII (vers pour le buste du roi).
	Id.	Epigr. XXI et XXII (sur l'Académie : *Clio vint*, etc... *J'ai traité de* etc... *Voy.* ci-après, note 2 ; p. 38).
	Id.	* Id. XVIII (sur la fontaine de Bourbon). [7]

pendant d'après ses propres notes ou plutôt d'après celles de Brossette (I, 191 et II, 270) qu'il a déplacées et copiées (I, 262 et III, 167) sans le citer, ce devrait être au moins à l'année 1669. — Nous montrons au tome III, p. 491, art. des Erreurs, n. 40, que Brossette lui-même s'est trompé sur ce point.

[1] Voy. tome IV, p. 362, note 1.

[2] Cette épître est omise dans le tableau de Saint-Marc et des éditions d'Amsterdam, de 1772 et 1775.

[3] Saint-Marc place l'épître VIII à l'année 1675 : Nous montrons, tome II, p. 97, que cela est fort douteux ; néanmoins, vu ce qui est dit ci-devant page 10, note 4, il serait possible que la composition primitive fut de ce temps.

[4] Voy. même art. des Erreurs, n° 39, tome III, p. 490.

[5] Boileau ne fut reçu à l'académie que le 3 juillet 1684 ; ainsi ce remerciement ne peut être de 1683 comme l'indique Saint-Marc.

[6] Bonnecorse publia son Lutrigot en 1686 (Notice bibl., § 2, n° 23) : cette épigramme n'est donc point de 1685, date que lui donne Saint-Marc.

[7] C'est à Bourbon que Boileau fit cette petite pièce ; or son voyage eut lieu en 1687 (tome IV, lett. VII, p. 23 et suiv. ; lett. XLII, p. 156 et suiv.) et non pas en 1685, ainsi que l'annonce Saint-Marc.

AGE.	ANNÉES.	PIÈCES.
51	1687	* Poés. div. xxi, xvii et xvi (Portraits de La Bruyère, de Hamon et de mademoiselle de Lamoignon).
	a. 1690	* Epigr. xix (sur Santeul).
54	1690	Poés. div. x (Portrait du père de Boileau).
	a. 1692	* Discours sur le style des inscriptions.
	v. Id.	* Poés. div. vii (sonnet : *Nourri*, etc.).
56 et 57	1692 et 1693	Satire x [1]... Epigr. sur Perrault, n^{os} xxiii (*Ne blâmez pas* etc.), xxiv (*Pour quelque vain*, etc.), xxv (*D'où vient que Cicéron* etc.), xxvi (*Le bruit court*, etc.) et xxviii (*Malgré son fatras* etc.). — *Voy.* ci-dessous, note 2.
57	1693	Ode sur Namur.
	Id.	Epigr. xxvii (sur Perrault : *Ton oncle dis-tu*, etc. [2]).
	Id.	Neuf premières réflexions critiques.
58	1694	Avis ou v^e préface.—* Description de médailles vi.
	Id.	Poés. div. xxii (Epitaphe d'Arnauld).
	Id.	Epigr. xxix (sur Perrault... [3] *Tout le trouble*, etc.).

[1] Saint-Marc place la satire x sous l'année 1693; mais nous voyons par les lettres de Racine et de Boileau (tome IV, p. 247 et suiv.) que celui-ci y travaillait déjà en 1692.

[2] *Dates des épigrammes* xxi à xxviii... Saint-Marc a omis celles des n^{os} xxvi et xxviii.. Il place l'épigramme xxvii (c'est son n° 12) sous l'année 1687, mais il est certain qu'elle est tout au plus tôt de la fin de 1693. C'en est en effet une réponse à ce que Perrault avait dit dans la lettre qu'il publia après l'ode sur Namur (Notice bibl., § 2, n° 34), que son frère avait guéri Boileau.

A l'égard des n^{os} xxi, xxiv et xxv que Saint-Marc (ce sont ses n°s 13, 10 et 11) place aussi sous l'année 1687; des n^{os} xxii et xxiii (ce sont ses n°s 43 et 44) qu'il recule à 1693, et des n^{os} xxvi et xxviii (ce sont ses n°s 33 des épigrammes, et 8 des poésies diverses) qu'il omet dans sa table; il est également certain que les épigrammes xxiii, xxiv, xxv, xxvi et xxviii ne sont pas antérieures à 1692. Ce fut alors, en effet, que parut le tome III des Parallèles (*même* § 2, n° 28), auquel, dit Perrault (*même lettre*, p. 23), notre poète répondit par une grêle d'épigrammes. Il est probable qu'elles sont, ou de la fin de 1692, ou du courant de 1693.

Enfin, quant à l'épigramme xxii, elle doit être à-peu-près de l'année 1687, puisqu'elle fut faite pour justifier l'épigramme xxi dirigée contre l'académie, et que cette épigramme xxi dut suivre de près la séance (27 janvier 1687) où Perrault lut son poème du Siècle de Louis-le-Grand.

[3] Saint-Marc (III, 369) soutient que cette pièce (n. 45 de son édition) est au plus tard de 1696 et non pas de 1699, et cependant il l'a mise à cette dernière date dans son tableau (I, lxxvi).. Mais ces dates sont toutes les deux fautives : l'épigramme dut être composée vers la fin de 1694 (*voy.* tome IV, p. 377, note 3).

AGE.	ANNÉES.	PIÈCES.
59	1695	Epître x.—* Descriptions de médailles, vii, v et iii.
	1695 à 1697	Epîtres xi et xii. [1]
60	1696	* Descript. de médailles, ix et x.
61	1697	* Id., i, iv, viii et ii.
	Id.	Préface des trois dernières épitres. [2]
62	1698	* Descript. de médailles, xi.
63	1698 1699	Satire xi. [3]
	1699	Epigr. xxxiii (portrait de Boileau : *Ne cherchez point*, etc.).
	Id.	Epitaphe de Racine.—* Poés. div. xix et xx (son portrait).
65	1701	Préface vi^e.
66	1702	Poés. div. xxx (sur Homère [4] : *Quand la dernière fois*, etc.).
67	1703	Id. xxxi (sur les Tuileries).
Id.	Id.	Epigr. xxxv et xxxvii (sur les journalistes de Trévoux [5] : *Mes révérends pères* etc... *Non, les livres*, etc.).
68	1704	Id. xxxvi (sur les mêmes [6] : *Non pour montrer*, etc.).

[1] L'époque de composition de l'épître x résulte de la lettre de Boileau à Maucroix (29 avril 1695, tome IV, p. 68).

Desmaiseaux (p. 201 et 202) fixe celle de l'épître xi, à 1696, et celle de l'épître xii, à 1697; ce qui est plus vraisemblable que de les reporter toutes les trois à 1695 comme l'ont fait Brossette et Saint-Marc d'après lui, puisqu'elles n'ont pas moins de cinq cents vers.—Quant à leur publication, voy. Note bibl., § 1er, n. 75, 76 et 79.

[2] Elle fut composée au plus tard à la fin de 1697 (et non pas entre 1695 et 1701 comme l'indique Saint-Marc, I, lxxvj), puisque le privilège pour la publication des trois épîtres qu'elle précède, est du 23 octobre de cette année (même § 1er, n. 79).

[3] Les années 1698 et 1699 sont indiquées par Brossette (I, 147), tandis que Desmaiseaux (p. 220) indique seulement la seconde. Peut-être cette dernière indication est-elle la plus exacte. *Voy. notre Essai*, n. 10, *chap. de la noblesse*.

[4] Cette pièce est du 12 déc. 1702, d'après une note de Brossette (I, 466) et non pas de 1703, date du tableau de Saint-Marc (c'est le n. 48 de son édition). *Voy.* d'ailleurs notre tome IV, p. 368.

[5] Nous observons ailleurs (t. II, p. 471 et 474, t. IV, p. 391) que ces deux épigrammes furent faites à l'occasion d'un article publié par ces journalistes en septembre 1703; le tableau de Saint-Marc place donc mal-à-propos la première (son n° 47) à l'année 1702.

[6] Elle fut composée dans l'hiver de 1704 (même tome IV, p. 393, note 1) et non pas en 1703, date du tableau de Saint-Marc (c'est son n° 48).

AGE.	ANNÉES.	PIÈCES.
68	1704	Poés. div. xi et xii (pour une gravure du portrait de Boileau : *Au joug*, etc... *Oui*, *Le Verrier*, etc.).
	Id.	Epigr. xxxviii (l'amateur [1] d'horloges).
v. Id.		* Poés. div. xxiii (sur Bourdaloue).
v. Id.		* Epigr. xxxiv (mauvaise gravure [2] du portrait de Boileau).
69	1705	* Satire xii.
Id.	*Id.*	* Poés. div. xxxii (sur le comte de Grammont).
v. Id.		* Epigr. xxxii (épitaphe : *Ci-gît justement*, etc.).
72	1708	Avertissement ou discours apologétique de la satire xii. [3]
74	1710	Discours sur le dialogue des héros de roman.
	Id.	Trois dernières réflexions critiques.

N. B. Quant à la *Correspondance*, le lecteur trouvera au tome IV, p. 509 à 514, une table chronologique de toutes les lettres dont elle se compose.

Pièces dont la date est restée inconnue.

La date des épigrammes xx, xxxi et xxxix, sur un médecin, sur un magistrat et sur Mauroy est tout-à-fait incertaine.

L'épigramme xxx (sur Boyer et La Chapelle) et l'inscription pour le buste de Boileau (*Poés. div.* xiii) sont vraisemblablement de la fin du xviie siècle; et peut-être est-ce aussi l'époque de composition de l'épigramme xv, sur un débiteur (elle fut publiée dans l'édition de 1701).[4]

---

[1] Celle-ci est de 1704 (même tome IV, p. 404, 405 et 409). Saint-Marc sous le n° 37) la place mal-à-propos à l'année 1707.

[2] Même tome IV, p. 406, lettre du 12 janvier 1705.

[3] Voyez la note 3 de ce discours, où l'on montre que Brossette se trompe lorsqu'il en fixe la composition à 1710.

[4] A l'égard des pièces *attribuées* à Boileau, le n° vi des *poésies* (tome II, p. 487) doit être antérieur à 1660; le n° i (p. 485), à 1664; le n° v (p. 486), à 1669; et le n° ii, (p. 485) doit être de 1691 (on a vu p. 35, note 2, que le n° iv est réellement de Boileau).... Le n° i des pièces de *prose* (tome III, p. 431) est probablement des premières années du xviiie siècle; le n° ii (ib., p. 433) est de 1709, et le n° iii (ib., p. 434), de 1670.

OEUVRES DE BOILEAU.

DISCOURS AU ROI. [1]

Jeune et vaillant héros, dont la haute sagesse
N'est point le fruit tardif d'une lente vieillesse, [2]
Et qui seul, sans ministre [3], à l'exemple des dieux,
Soutiens tout par toi-même, et vois tout par tes [4] yeux,
Grand roi, si jusqu'ici, par un trait de [5] prudence,   5
J'ai demeuré pour toi dans un humble silence [6],
Ce n'est pas que mon cœur, vainement suspendu,

---

[1] Époques de composition et de publication, *voy.* p. 35, au 1665, et Notice bibl., § 1, n°s 5, 6 *a* et 7.

[2] Quelle merveille y a-t-il qu'un jeune héros ne soit pas vieux?.. qui dit héros, dit vaillant, parce qu'il n'y a point de héros poltron.. S'il est jeune, il est clair que sa sagesse ne peut être le fruit de la vieillesse... *Pradon, Tri.*, 11 ; *Rem.*, 31. — D'ailleurs cinq épithètes dans deux vers ! *Bonnecorse,* 53. — Ces vers, il faut l'avouer, dit Le Brun, expriment une vérité un peu trop incontestable... MM. Lemercier (I, 53) et Daunou au contraire, trouvent ces critiques ineptes.

[3] Il a voulu dire sans premier ministre (Mazarin était mort en 1661... voy. p. 35, note 3). *Bross.*

[4] Horace, liv. II, épit. 1, vers 1.

    Quum tot sustineas et tanta negotia solus, etc.

[5] Il fallait *par respect*, et non *par un trait de prudence... Desmarets,* 24 ; *Brienne* ; *Pradon, Tri.,* 12.

[6] On lit dans l'édition de 1666, R., *dans un* lâche *silence...* Ainsi Boileau s'y fait en quelque sorte honneur d'avoir été lâche... Voilà sans doute « un des « *enfans défigurés* dont l'aspect réveilla sa tendresse de père » (*voy.* Préface 1, page 2).

Balance pour t'offrir un encens qui t'est dû; [1]
Mais je sais peu louer; et ma muse tremblante
Fuit d'un si grand fardeau la charge trop pesante,[2]
Et, dans ce haut éclat où tu te viens offrir,
Touchant à tes lauriers, craindrait de les flétrir.[3]

[1] *P. C. O.* 1665 et 1667, Col.; 1666, R.; 1668, Ver..

> Ce n'est pas que mon cœur de ta gloire charmé,
> Ne soit à tant d'exploits d'un saint zèle enflammé.

Vainement.. Adverbe moulé sur ceux du sonnet de Trissotin, et qui ne sert qu'à gonfler un vers. *Pradon*, *Tri.*, 12.

On ne dit point, suivant Le Brun, un *cœur suspendu*, comme on dit un *esprit* suspendu... et pourquoi, observe Auger (Mercure de mars 1808, p. 601), et pourquoi ne le dirait-on pas? le cœur ne peut-il pas être *en suspens* aussi bien que l'esprit?

[2] *La charge d'un fardeau...* Desmarets (p. 24), Pradon (Rem., 31), Brienne, et Féraud ont critiqué cette expression.. Le Brun y trouve une espèce de pléonasme... Saint-Marc répond qu'on dit très bien le poids d'un fardeau, ce fardeau est d'un poids trop grand, et que ces expressions n'ont rien d'irrégulier.. Boileau, dit Roubaud (III, 155) savait sa langue... Il conserva l'expression... La charge désigne formellement l'imposition ou l'action de charger, et c'est une des acceptions usitées du mot. Lorsqu'on est chargé d'un fardeau, c'est sans doute une charge lourde, pesante, fatigante, que l'on porte, au lieu d'une charge légère, telle qu'un paquet ou une touffe de plumes. Le mot fardeau distingue et caractérise la nature de la charge, vague et indéfinie par elle-même. Je passe sous silence diverses acceptions du mot, propres à confirmer cette justification. » — Lévizac adopte cette *justification*. M. Daunou, au contraire, est du sentiment de Le Brun, et il en est de même de M. Amar, du moins dans son édition de 1828, car il avait d'abord (1821 et 1824) traité de *ridicule* la critique des Desmarets, Pradon, etc.

[3] V. 1666 à 1672 (*id.*, 1665 et 1667, Col.; 1666, R.; 1668, Ver..)

> Et ma plume mal propre à peindre des guerriers,
> Craindrait en les touchant de flétrir tes lauriers.

Id., 1674 à 1682.

> Et de si hauts exploits mal propre à discourir,
> Touchant à tes lauriers craindrait de les flétrir.

Desmarets, p. 25, censura aigrement ces derniers vers, surtout le mot *mal-*

Ainsi, sans m'aveugler [1] d'une vaine manie,
Je mesure mon vol à mon faible génie : [2]
Plus sage en mon respect que ces hardis mortels   15
Qui d'un indigne encens profanent tes autels; [3]
Qui, dans ce champ d'honneur où le gain les amène,
Osent chanter ton nom, sans force et sans haleine; [4]
Et qui vont tous les jours, d'une importune voix, [5]

---

propre (Molière s'en sert dans ses *Amans magnifiques*, acte I, sc. 2, joués en 1670) et ajouta que l'auteur ne savait pas corriger. Boileau profita de cette critique : il mit en 1683, *et dans ce haut éclat*, etc., en quoi il fut encore blâmé par Pradon (Tri., 12).

[1] *P. C. O.* Boileau avait d'abord mis (1665, Col.; 1666, R.; 1668, Ver.) comme ci-dessus, *sans m'aveugler*. Il mit ensuite dans les éditions originales de 1666 à 1669 (*id.*, 1672, Col.), *sans me flatter...* Il revint enfin, en 1674, à la première leçon.

Saint-Marc blâme l'emploi du génitif dans ces deux passages, *sans m'aveugler d'une manie*, et (vers 19) *d'une importune voix* : il faudrait dans le premier *par*, et dans le second *avec*, dit-il (V, 301).—Le Brun, au contraire (*not. mss.*) loue comme poétique la substitution du génitif à la préposition *par*, dans beaucoup de vers de Boileau, tels que les vers 56 et 112, ch. vi du Lutrin (voy. d'ailleurs, sat. v, vers 41, à la note, la remarque de Clément sur cet emploi du génitif).

[2] *P. C. O....* 1665 et 1667, Col.; 1666, R.; 1668, Ver..

Je sais régler ma muse à son humble génie.

Imitation de Boileau... Gacon, satire II (*Poète sans fard*, p. 13 *bis*) :

Mais vous vous aveuglez d'une vaine manie
Si vous croyez atteindre à leur rare génie.

[3] Imitat. de Boil... Gacon, Discours au roi, vers 3 et 4 (*ibid.*, p. 1) :

Assez d'autres sans moi t'érigeant des autels,
T'ont mis depuis long-temps au rang des immortels.

[4] *P. C. O....* 1665 et 1667, Col.; 1666, R.; 1668, Ver..

Dont la muse marchant d'un pas lent et timide,
Ne t'offre en ses écrits qu'une louange aride.

[5] Voy. la note du vers 13.

44 DISCOURS AU ROI.

T'ennuyer du récit de tes propres exploits. [1]   20

L'un, en style pompeux habillant une églogue,
De ses rares vertus te fait un long prologue, [2]
Et mêle, en se vantant soi-même à tout propos, [3]
Les louanges d'un fat à celles d'un héros. [4]

L'autre, en vain se lassant à polir une rime,   25
Et reprenant vingt fois le rabot et la lime, [5]
Grand et nouvel effort d'un esprit sans pareil!
Dans la fin d'un sonnet te compare au soleil. [6]

---

[1] Vers 19 et 20. Cela est très délicatement dit. *Brienne.*

[2] Charpentier avait fait dans ce temps-là une églogue pour le roi, en vers magnifiques, intitulée *Eglogue royale.. Boil.*, 1713.—C'est en 1663 : il y mêlait son éloge à celui du roi. *Bross...*

V. E.. Saint-Marc au lieu de *dans ce temps*, lit *en ce temps*, et a été imité par presque tous les éditeurs modernes.

Habiller une églogue : cela est nouveau assurément ; mais je ne sais si cela a la grâce de la nouveauté. *Brienne.*

P. C. O... Les vers 21 à 32 ne sont point à 1665 et 1667, Col.; 1666, R.

[3] Se vantant soi-même.. méchante césure. *Desmarets*, 23 ; *Brienne*, 2 ; *Pradon*, *Tri.* 13, et *Rem.* 31.

Soi.. Il faudrait *lui..* Voltaire, *Comm. sur Polyeucte*, III, sc. 3.—Les poètes, observe Clément (Lett. VI, p. 277), mettent l'un et l'autre. En général *soi*, loin d'être une faute, est plus poétique.. et il cite le passage ci-dessus, et les vers 142 de la sat. IX, et 384, ch. III, Art poétique, et plusieurs de Racine (*voy.* Roubaud, IV, 180, qui développe la règle proposée à ce sujet par Bouhours et adoptée par Beauzée).

[4] *Fat!* quel mot pour être présenté au roi, à qui il ne faut offrir que des termes nobles. *Desmarets*, 26.

Il y en a qui ont trouvé ce vers peu respectueux, mais pour moi, je ne le blâme pas tout-à-fait. *Brienne*, 2.

Vers charmant et qui fait tout à-la-fois madrigal et épigramme. *Le Brun.*

[5] Cela est bien, quoi qu'on en dise, et très fort du caractère de la satire. *Brienne.* — Le rabot ne s'emploie pas sur la même matière que la lime, dit *Pradon, Tri.*, 13 (Le Brun reproduit à-peu-près cette remarque).

[6] Ce sonnet est de Chapelain. *Bross.*—Il a été imprimé sur une feuille volante. *Boil., Note inédite.*

Dans... Cette préposition de lieu, au commencement du vers, me semble un

Sur le haut Hélicon leur veine méprisée
Fut toujours des neuf sœurs la fable et la risée. 30
Calliope jamais ne daigna leur parler,
Et Pégase pour eux refuse de voler.¹
Cependant à les voir, enflés de tant² d'audace,
Te promettre en leur nom les faveurs du Parnasse,
On dirait qu'ils ont seuls l'oreille d'Apollon, 35
Qu'ils³ disposent de tout dans le sacré vallon :
C'est à leurs doctes mains, si⁴ l'on veut les en croire,
Que Phébus a commis tout le soin de ta gloire;
Et ton nom, du midi jusqu'à l'ourse vanté,⁵
Ne devra qu'à leurs vers son immortalité. 40
Mais plutôt, sans ce nom,⁶ dont la vive lumière

peu lourde. *Le Brun.* — M. Daunou observe qu'on disait alors *dans la fin*, pour *à la fin*.

¹ L'auteur répétera plusieurs fois dans ce volume (édition de 1674), ce vers qui lui a plu. *Brienne* (voy. Art poét., 1, 6, t. II, p. 169).
² *P. C. O.*. 1665 et 1667, Col.; 1666, R; 1668, Ver.. *avecque* tant..
³ *P. C. O.*. Mêmes édit.. *et disposent..*
⁴ *P. C. O.* Mêmes édit... *Leurs vains écrits, si...*
Main peut-il s'employer pour *plume?* Saint-Marc, *V*, 301.
⁵ *Du midi jusqu'à*, méchante césure. Pradon, *Tr.*, 14.
Imit. de Boil... Regnard, épît. à Quinault.

   Qui vont porter ton nom du midi jusqu'à l'Ourse.

⁶ *V. E.* Ponctuation de 1666 à 1713, suivie jusques à l'édition Didot, de 1788, où la virgule a été supprimée; ce qui a été imité dans toutes les suivantes... Cette virgule nous paraît nécessaire, soit pour marquer la suspension de l'hémistiche (Art poét., t. II, p. 181), soit pour prévenir la consonnance que les mots *nom dont* font à la lecture, surtout en plaçant une autre virgule après le mot *plutôt*, comme on l'avait déjà pratiqué dans l'édition Didot, de 1781, imitée également dans les suivantes. Cette première virgule qui n'existait point dans les éditions anciennes, est sans doute utile, mais on aurait dû aussi, comme dans la même édition de 1781, maintenir celle que l'auteur lui-même avait toujours mise après l'hémistiche.

Donne un lustre éclatant à leur veine grossière, [1]
Ils verraient leurs écrits, honte de l'univers,
Pourrir dans la poussière à la merci des vers.
A l'ombre de ton nom ils trouvent leur asile, [2]   45
Comme on voit dans les champs un arbrisseau débile,
Qui, sans l'heureux appui qui le tient attaché,
Languirait tristement sur la terre couché.[3]

[1] M. Desmarets (p. 27) condamne cela (*id...* Pradon, *Tr.*, 10), mais je ne vois pas pourquoi. *Brienne*, 2.

L'expression est poétique : un nom peut avoir de *l'éclat* et par conséquent *jeter de la lumière. Le Brun.*

[2] *L'ombre de ton nom* forme un contraste avec ce que l'auteur a dit d'abord, et la répétition des mots *ton nom* (vers 39) devient de plus une négligence. *Le Brun*. — La 1re partie de la remarque est inexacte : l'ombre est prise ici dans le sens figuré et caractérise seulement la protection, l'abri, que trouvent ces rimailleurs à l'ombre d'un si grand nom. *M. Amar.*

[3] Vers 45 à 48. Très pauvre comparaison. *Desmarets*, 27; *Brienne*, 3; *Pradon*, *Tri.*, 14. — D'ailleurs dans le dernier vers (Saint-Marc, V, 301, le trouve très dur), Boileau rejette le verbe à la fin, faute qu'il a tant reprochée à Chapelain. *Brienne*, *ib.*

Vers 41 à 48. Ils ont été critiqués avec détails par Desmarets, Pradon (*ib.*) et Condillac (p. 128, 129). Voici ce qu'observe ce dernier, dont l'opinion est fortifiée, du moins en partie, du suffrage imposant de Le Brun et de M. Daunou.

« Il y a dans ces vers bien des choses qui nuisent à la liaison des idées. D'abord ce nom *dont la vive lumière* est en contradiction avec *l'ombre de ton nom*... En second lieu, on peut bien comprendre que des écrits seront pour un temps garantis de l'oubli, par le lustre qu'ils reçoivent d'un grand nom : mais qu'est-ce que le *lustre éclatant* que donne à une *veine grossière* la vive lumière d'un nom, à l'ombre duquel des écrits trouvent un asile? et comment le lustre que reçoit cette veine fera-t-il que des écrits, qui sont la *honte de l'univers* ne pourriront pas dans la poussière? En troisième lieu, qu'on dise que des écrivains trouvent un asile à l'ombre d'un nom, comme un faible arbrisseau trouve un appui, tout serait dans l'ordre. Mais peut-on dire qu'ils trouvent leur asile, comme un faible arbrisseau languirait. Enfin *dans les champs* est une circonstance inutile ; et *comme on voit* affaiblit la comparaison : car ils ne trouvent pas leur asile *comme on voit un arbrisseau trouver*, mais comme un arbrisseau trouve, etc. »

Ce n'est pas que ma plume, injuste et téméraire,
Veuille blâmer en eux le dessein de te plaire;   50

« Cette critique, dit Clément, commence par une chicane dont on n'a jamais usé envers les poètes, qu'on ne doit pas juger géométriquement. Un poète peut dire, sans contradiction, qu'un nom a de l'éclat et une vive lumière, et ensuite qu'on trouve un asile *à l'ombre de ce nom*, surtout quand cela est séparé par trois ou quatre vers ; car à l'*ombre*, ou *sous l'appui*, ou *à l'abri*, signifie la même chose en poésie; la comparaison suivante détermine ce sens. Ne dit-on pas d'ailleurs très ordinairement, qu'un trône est environné de splendeur et d'éclat? Or, ce qui est éclatant de tous côtés n'a pas d'ombre, et cependant ne dit-on pas aussi à l'ombre de ce trône! L'expression de Boileau, quoique plus figurée, est tout aussi juste.

« La suite de la critique est fort obscure... L'observateur semble ignorer qu'un nom éclatant puisse donner du lustre à une veine grossière : La veine est prise là pour la *muse*, ou pour les *écrits*, ou pour le poète; il n'y a rien de si ordinaire en poésie.. Il n'a pas entendu cette ellipse, *leurs écrits, honte de l'univers*; cela ne signifie pas, comme il le dit, *qui sont la honte de l'univers*, mais *qui seraient la honte de l'univers*, si le nom de Louis-le-Grand ne les soutenait pas. »

« La critique de la comparaison est encore plus embrouillée que le reste. *Comme on voit* n'affaiblit rien; c'est un tour ordinaire aux poètes pour mettre l'objet sous les yeux. *Dans les champs* n'est point une circonstance inutile : Un poète doit être peintre, et marquer les lieux comme le peintre. Or, celui-ci, s'il veut peindre un arbre, ne le peindra pas en l'air, mais *dans un champ*, ou dans un jardin. Ajoutons que c'est *dans les champs*, ou dans la campagne plutôt qu'en un jardin, qu'on verra, par exemple, un lière attaché à un ormeau, ou des branches de vigne qui ramperaient à terre, si elles n'étaient soutenues par un heureux appui. Boileau ne dit point *comme* un faible arbrisseau *languirait*, mais comme un faible arbrisseau *qui languirait;* la comparaison est très exacte. *Sans l'appui de ton nom ces rimeurs verraient leurs écrits qui pourriraient dans la poussière, comme on voit un arbrisseau débile qui languirait tristement couché sur la terre, sans l'heureux appui qui le tient attaché...* il n'y a point d'obscurité métaphysique qui puisse donner un mauvais jour à de si beaux vers. » (Lett. IV, p. 110).

Ces vers ont été imités par Regnard (épît. à Quinault, vers 35 à 38).

> A l'ombre de ce nom, cher Quinault, ne crains pas
> D'être soumis aux lois d'un injuste trépas :
> A l'injure des ans ta gloire est arrachée,
> Puisqu'elle est pour jamais à Louis attachée.

Et, parmi tant d'auteurs, je veux bien l'avouer,
Apollon en connaît qui te peuvent louer;[1]
Oui, je sais qu'entre ceux qui t'adressent leurs veilles,[2]
Parmi les Pelletiers[3] on compte des Corneilles.[4]
Mais je ne puis souffrir qu'un esprit de travers,   55
Qui, pour rimer des mots, pense faire des vers,
Se donne en te louant[5] une gêne inutile;
Pour chanter un Auguste, il faut être un Virgile :
Et j'approuve les soins du monarque guerrier[6]
Qui ne pouvait souffrir qu'un artisan grossier   60
Entreprît de tracer, d'une main criminelle,[7]

[1] *P. C. O.* 1665 et 1667, Col.; 1666, R.; 1668, Ver..

> Ce n'est pas que ma plume à soi-même infidèle,
> En blâmant leurs écrits veuille blâmer leur zèle;
> Et parmi tant d'esprits, je veux bien l'avouer,
> Il est des Apollons qui te savent louer.

Peut-on personnifier une plume? *Pradon*, Tri., 15.

[2] Il faut dire *consacrer* des veilles, *employer* des veilles, et je ne crois pas qu'un autre que Boileau ait jamais dit *adresser des veilles*... Pradon, *ib.* (Lévizac, p. 3, reproduit cette critique). — Non, sans doute, répond M. Amar, *aucun autre* avant Boileau n'avait encore aussi heureusement développé le génie de la langue; et Pradon n'en savait pas assez en poésie pour comprendre que les *veilles* ne sont autre chose ici que les fruits de ces mêmes veilles.

[3] Quant à Pelletier, ou Du Pelletier, *voyez* l'Essai, chap. II, nos 24 et 52, et ci-apr., sat. II, v. 76, note 2, p. 91.

[4] Ceci semble d'abord une injure pour Corneille; mais le sens est déterminé par les vers précédens, dit Saint-Marc (V, 302); et, ajoute M. Dubois, il y a autant d'esprit que de précision à opposer ainsi les deux extrêmes dans le court espace d'un seul vers.

[5] *P. C. O.*... 1666, R... *se donne* à te louer, *une*...

[6] V. O. Alexandre (*Boil.*, 1694 à 1701) le Grand. *Id.*, 1713.

[7] On n'est pas criminel pour entreprendre, observe Saint-Marc (V, 302)... Mais le poète a pu dire que, dans un artisan grossier, il y avait une espèce de crime à entreprendre ce qui était réservé au plus grand des peintres.

Artisan ne s'emploierait point aujourd'hui pour *artiste*, mais il était alors admis dans ce sens. *Le Brun.*

DISCOURS AU ROI.

Un portrait réservé pour le pinceau d'Apelle. [1]
Moi donc, qui connais peu Phébus et ses douceurs,
Qui suis nouveau sevré sur le mont des neuf sœurs,
Attendant que pour toi l'âge ait mûri ma muse, 65
Sur de moindres sujets je l'exerce et l'amuse;
Et, tandis que ton bras, des peuples redouté,
Va, la foudre à la main, rétablir l'équité, [2]

---

[1] Vers 59 à 62. Ils sont imités d'Horace (liv. I, ép. 1, v. 239).

> Edicto vetuit ne quis se, præter Apellem,
> Pingeret, aut alius Lysippo duceret æra
> Fortis Alexandri vultum simulantia.

On a mal-à-propos dit que Boileau y compare Louis XIV à Alexandre (*voy*. sat. VIII, v. 106)... Ils ne sont pas dans les éditions de Cologne, 1665, et de Rouen, 1666, mais celle de Cologne, de 1667, les donne ainsi :

> Et j'approuve les soins de ce prince guerrier,
> Qui, craignant le pinceau d'un artisan grossier,
> Voulut qu'Apelle seul exprimât son visage,
> Ou Lysippe en airain fît fondre son image.

[2] *Ton bras... va, la foudre à la main...* Le bras est employé ici pour la personne, c'est-à-dire la partie pour le tout. Il faut, disait Boileau, être poète pour sentir les beautés de ce vers, et justifier cette faute qui n'en est pas une... Racine a dit aussi : Et mes derniers regards ont vu fuir les Romains. Brossette.

Le Brun pense au contraire que c'est une figure incohérente. — Boursault l'avait également critiquée dans sa Satire des satires (citée, Notice bibl., § 2, n° 10), scène 6.

Après avoir observé que cette figure (la partie pour le tout) est souvent heureuse, M. Raynouard (p. 145) ajoute : Mais c'est surtout lorsque la PARTIE, employée pour le *tout*, se lie à une action, se rattache à une idée à laquelle elle peut suffire comme partie. Ainsi l'on dit, j'ai compté *cent* VOILES pour *cent* VAISSEAUX : mais dira-t-on aussi exactement, *vingt voiles ennemies* ATTAQUÈRENT à L'ABORDAGE *vingt des nôtres*? Ne faudrait-il pas nécessairement employer le mot de VAISSEAUX ? Il me semble qu'il en est de même pour ces vers de Boileau. Le BRAS peut se prendre sans doute pour la PERSONNE ; mais l'action D'ALLER qui donne l'idée d'un mouvement réfléchi, spontané (*va, la foudre à la main*), présente une image incohérente avec BRAS.

Et retient les méchans par la peur des supplices,
Moi, la plume à la main, je gourmande les vices, [1] 70
Et, gardant pour moi-même une juste rigueur,
Je confie au papier les secrets de mon cœur. [2]
Ainsi, dès qu'une fois ma verve se réveille,
Comme on voit au printemps la diligente abeille [3]
Qui du butin des fleurs va composer son miel, [4] 75
Des sottises du temps je compose mon fiel : [5]

[1] *Amuser* (vers 66) ne va pas avec *gourmander... Le Brun*, note mss.

Vers 67 à 70. Cotin (Sat. des sat., p. 6, et Critique, p. 27), Boursault (sc. 6), Henry (p. 15) et Bonnecorse (Poète sinc., 196) se récrièrent vivement de ce que Boileau osait se comparer au roi.

[2] Horace, liv. II, sat. 1, vers 30.

    Ille velut fidis arcana sodalibus olim
    Credebat libris.

Selon Souchay (édit. de 1740), ce n'est pas à Horace, mais à Montaigne, que Boileau doit son vers (le 72ᵉ), ainsi qu'il en convenait lui-même. Mais Souchay ne cite aucun garant de son assertion, et n'indique point le passage que Boileau aurait pu imiter.

[3] *P. C. O.* 1665 et 1667, Col.; 1666, R... *Une soigneuse* abeille.

L'épithète *diligente* mise avant le substantif *abeille* peint mieux l'activité que si elle était après. Il ne faut point taxer cette remarque de minutie ; sans cette attention scrupuleuse à l'harmonie, on ne fera jamais des vers que tout le monde sache par cœur, comme ceux de Boileau. *Clément, Obs.*, 402.

[4] V. 1666 à 1669 (*id.*, 1665 et 1667, Col.; 1666, R. et CT).

    Qui des fleurs qu'elle pille en compose son miel.

Du butin des fleurs, expression mauvaise à force d'être poétique : le soldat seul butine.. *Chapat*, 70.

Expression très poétique : le mot butiné (*voy.* note 5, à la fin, p. 51) n'en est qu'une *singerie.. Clément, Obs.*, 401.

[5] Trois vers (74 à 76) aussi élégans qu'ingénieux. *Le Brun.*

Même comparaison dans J.-B. Rousseau (épît. aux muses, vers 341 à 344).

    Tout vrai poète est semblable à l'abeille ;
    C'est pour nous seuls que l'aurore l'éveille,
    Et qu'elle amasse, au milieu des chaleurs,
    Ce miel si doux tiré du suc des fleurs.

DISCOURS AU ROI.   51

Je vais de toutes parts où me guide ma veine,
Sans tenir en marchant une route certaine;
Et, sans gêner ma plume en ce libre métier,
Je la laisse au hasard courir sur le papier.   80
    Le mal est qu'en rimant, ma muse un peu légère
Nomme tout par son nom, et ne saurait rien taire. [1]
C'est là ce qui fait peur aux esprits de ce temps,
Qui, tout blancs au-dehors, sont tout noirs au-dedans :
Ils tremblent qu'un censeur, que sa verve [2] encourage, 85
Ne vienne en ses écrits démasquer leur visage,
Et, fouillant dans leurs mœurs en toute liberté,
N'aille du fond du puits tirer la vérité. [3]
Tous ces gens éperdus au seul nom de satire,
Font d'abord le procès à quiconque ose rire :   90
Ce sont eux que l'on voit, d'un discours insensé, [4]

Idem, dans Dorat (Poëme de la Déclamation... Cité par Clément, *ib.*).

> C'est ainsi que l'abeille, *aux approches du jour*,
> Moissonne les jardins et les prés d'*alentour*.
> Et *disputant* la rose au jeune amant de Flore,
> *Lorsqu'elle a butiné* les dons *qu'il fait éclore*,
> Revient, dans son asile *obscur* et parfumé;
> Déposer *le trésor du miel* qu'elle a formé.

M. Dorat n'aurait point dû songer à être le rival de Boileau dans cet endroit et quelques autres, mais bien plutôt à prendre de lui la méthode de donner à ses préceptes un tour vif, pressé et laconique, qui les fixât dans la mémoire. *Clément, ib.*

[1] Allusion au vers 51, satire I.. *Bross.*
    F. N. R. Nomme *partout* son nom : faute grossière de 1674, in-4°, de 1674 et 1675, pet. in-12 et de 1678, A.
[2] *P. C. O.* 1665, C., et 1666, R.. *Que sa* veine *encourage*.
[3] Démocrite disait que la vérité était dans le fond d'un puits, et que personne ne l'en avait encore pu tirer. *Boil.*, 1713.
[4] *P. C. O.* 1665, C., et 1666, R.. *D'un* esprit *insensé.*
    Les vers 91 à 102 ont été supprimés dans le Boileau classique et dans celui

Publier dans Paris que tout est renversé,
Au moindre bruit qui court qu'un auteur les menace
De jouer des bigots la trompeuse grimace. [1]
Pour eux un tel ouvrage est un monstre odieux ; 95
C'est offenser les lois [2], c'est s'attaquer aux cieux.
Mais bien que d'un faux zèle ils masquent leur faiblesse,
Chacun voit qu'en effet la vérité les blesse :
En vain d'un lâche orgueil leur esprit revêtu
Se couvre du manteau d'une austère vertu ; [3] 100
Leur cœur qui se connaît, et qui fuit la lumière,
S'il se moque de Dieu, craint Tartufe et Molière. [4]

de la jeunesse. M. Thiessé (*Mercure*, 1823, XIII, 505) se récrie sur ce qu'on a ainsi mis à l'index ces vers qui, dit-il, sont dans la bouche de tout le monde, tout comme les vers 89 à 98 de la satire v, et 112 à 118 de la satire xi.

[1] J.-J. Rousseau (Épit. à Parisot) dit :

Faudra-t-il d'un dévot affectant la grimace, etc.

[2] *P. C. O.* 1665, C., et 1666, R... *C'est* renverser *les lois..*

[3] *P. C. O.* 1665 et 1667, C.; 1666, R.; 1668, Ver.. *En vain* de cent défauts *leur esprit..*

On ne saurait dire qu'un esprit est *revêtu* d'orgueil. *Saint-Marc* (V, 303) et *M. Daunou.* — Il nous semble que cette expression est amenée par celle du vers 97, « que d'un faux zèle ils *masquent* leur faiblesse. » — Le Brun reprend aussi Boileau, parce qu'il donne, dit-il, un *double* habit à l'esprit, en le faisant *revêtir* d'orgueil et *couvrir du manteau* de la vertu ; mais Le Brun n'a pas pris garde que, lorsqu'on est vêtu d'un habit, on peut encore se couvrir d'un manteau. Il n'y a donc point ici de *double* habit... Aussi Clément (Lett. vi, p. 121) trouve-t-il dans ces vers « une figure vive et vraie. »

[4] Molière environ vers ce temps-là (1664) fit jouer son *Tartufe. Boil.*, 1713. — Mais les faux dévots en firent suspendre la représentation pendant plusieurs années. *Bross.* (voy. l'Essai, ch. IV, n° 149).

V. E. Beaucoup d'éditions modernes ne reproduisent pas exactement la note de Boileau. Ainsi, on lit *Molière vers ce temps-là* (en supprimant *environ*) dans celles de Didot, de 1788, 1789, 1800, etc., dans leurs nombreuses copies, et dans les éditions de 1824, Fro.; 1828, Thi.; 1832, Treut.... Ou bien, *Molière en ce temps-là*, dans celles de 1825, Aug., etc.

Mais pourquoi sur ce point sans raison m'écarter?
Grand roi, c'est mon défaut, je ne saurais flatter :
Je ne sais point au ciel placer un ridicule,[1]   105
D'un nain faire un Atlas, ou d'un lâche un [2] Hercule,
Et, sans cesse en esclave, à la suite des grands,
A des dieux sans vertu prodiguer mon encens.[3]
On ne me verra point d'une veine forcée,
Même pour te louer, déguiser ma pensée;   110
Et, quelque grand que soit ton pouvoir souverain,
Si mon cœur en ces vers ne parlait par ma main,[4]
Il n'est espoir de biens, ni raison, ni maxime,[5]
Qui pût en ta faveur m'arracher une rime.

[1] Un *ridicule*... Il est question de ce mot, p. 32, note 3.
[2] *P. C. O.* 1665 et 1667, Col.; 1666, R.; 1668, Ver... *Et d'un lâche...*
Vers 105, 106. Ils ne plaisent ni à Pradon (*Tri.*, 19) ni à Chapat. Voici
ceux que Chapat leur substitue :

> Je ne sais point changer un cuistre en Démosthène,
> Un Thersite en Céphale, un goujat en Turenne.

[3] On lit dans J.-J. Rousseau (Épit. à Bordes).

> Tout poète est menteur, et le métier l'excuse;
> Il sait en mots pompeux faire d'un riche un fat,
> D'un nouveau Mécénas un pilier de l'état....
> Ainsi toujours ma plume implacable ennemie
> Et de la flatterie et de la calomnie,
> Ne sait point en ses vers trahir la vérité,
> Et toujours accordant un tribut mérité,
> Toujours prête à donner des louanges acquises,
> Jamais d'un vil Crésus n'encensa les sottises.

[4] D'ordinaire le cœur parle par la bouche, ici c'est par la main : cela a
du moins la grâce de la nouveauté. *Pradon, ib.*—Heureuse hardiesse. *Le Br.*;
M. de S.-S. — M. Daunou, au contraire, ne paraît pas approuver cette hardiesse, et M. Amar demande si l'image n'est pas un peu forcée.

[5] *Espoir de biens*, et *raison* tenant lieu de tout, à quoi sert ici *maxime ?..*
Pradon, ib. — Selon M. Daunou ce mot semble n'avoir été mis que pour la
rime... D'après ce qu'ajoute Pradon, nous serions portés à penser que Boi-

Mais lorsque je te vois, d'une si noble ardeur,   115
T'appliquer sans relâche aux soins de ta grandeur,
Faire honte à ces rois que le travail étonne,
Et qui sont accablés du faix de leur couronne :[1]
Quand je vois ta sagesse en ses justes projets,[2]
D'une heureuse abondance enrichir[3] tes sujets,   120
Fouler aux pieds l'orgueil et du Tage et du Tibre,[4]
Nous faire de la mer une campagne libre,[5]
Et tes braves guerriers, secondant ton grand cœur,
Rendre à l'aigle éperdu sa première vigueur;[6]

leau, faisant une allusion aux recueils de *maximes*, alors très en vogue, considère une maxime comme un *axiôme* d'un plus grand poids qu'*une simple raison*, et alors le mot n'est plus inutile.

[1] *P. C. O.* 1666, R.; 1668, Ver... *Accablés du* poids *de..*
La Beaumelle ayant critiqué ce vers de Voltaire,

Le poids de sa couronne accablait sa faiblesse,

c'est, dit Clément (*Lett.* IX, p. 221), un des plus beaux vers de la Henriade (ch. 1, v. 34)... Cette excellente métaphore est dans Boileau : *et qui sont accablés*, etc.

[2] Imité par Clément, satire IV, vers 186.

Dans les nobles projets où sa vertu l'engage...

[3] On lit dans l'édition de 1666, R., *d'une* riche *abondance enrichir...* autre enfant *défiguré...* voy. p. 41, note 6.

[4] Fouler aux pieds l'orgueil de deux fleuves! La prose n'eût pas osé le dire. *Le Brun.* — Allusion noblement et rapidement exprimée. *M. Planche.* — *V.* note du vers 124.

[5] Victoire navale (1665) sur Alger et Tunis. *Bross.*

[6] Le roi se fit faire satisfaction dans ce temps-là (vers 1664... *Bross.*) des deux insultes faites à ses ambassadeurs à Rome et à Londres, et ses troupes envoyées au secours de l'empereur défirent les Turcs sur les bords du Raab. *Boil.*, 1713. — Ces insultes furent faites en 1662 et 1661 par les Corses de la garde papale et par l'ambassadeur d'Espagne. *Bross.*

L'aigle éperdu... L'aigle oiseau est des deux genres, dit Le Brun (*note mss.*), mais l'aigle de l'empire, ainsi que l'aigle romaine est du genre féminin...

La France sous tes lois maîtriser la fortune ; 125
Et nos vaisseaux domptant l'un et l'autre Neptune, [1]
Nous aller chercher l'or, malgré l'onde et le vent, [2]
Aux lieux où le soleil le forme en se levant. [3]
Alors, sans consulter si Phébus l'en avoue, [4]
Ma muse toute en feu me prévient et te loue. [5] 130
  Mais bientôt la raison arrivant au secours
Vient d'un si beau projet interrompre le cours, [6]
Et me fait concevoir, quelque ardeur qui m'emporte,
Que je n'ai ni le ton, ni la voix assez forte. [7]

C'est aussi à-peu-près l'observation de Féraud ; mais il y avait sans doute autrefois de l'incertitude sur ce point, puisque non-seulement Boileau, ainsi que Féraud le remarque après Wailly, mais J.-B. Rousseau, ont fait aigle masculin, lorsqu'il est employé au figuré, et qu'enfin Féraud avait d'abord lui-même décidé (Dictionnaire grammatical) qu'aigle, au figuré, était des deux genres.

[1] *L'un et l'autre Neptune*, expression neuve alors. *Le Brun.*
[2] Peut-on naviguer malgré l'onde et le vent ?.. *Desmarets*, p. 31.
[3] *Se forme* pour *le forme*, faute grossière de 1674, in-4°, de 1674 et 1675, pet. in-12 et de 1678, A.
Création de la compagnie des Indes-Orientales. *Bross.*
[4] *P. C. O.* 1665 et 1667, C., et 1666, R.. *M'en* avoue.
[5] *P. C. O.* 1666, R.; 1668, Ver..

    Ma muse avec chaleur et t'admire et te loue.

Belle transposition ! Il fallait dire ; alors ma muse sans consulter si Phœbus l'en avoue, etc. *Pradon*, Rem., 32 ; *Desmarets*, 30.

V. E. Ma muse toute *en feu*..; et non pas *tout* comme dans les éditions modernes. *Voy.* sur ce point, note du vers 117, satire III, p. 104.

[6] Vers 85 à 132. Ils sont sur un carton dans l'édition de 1683. Le feuillet auquel il a été substitué et qui se trouve dans un exemplaire, n'offre que cette différence, POUR *aller*, au lieu de NOUS *aller*, du vers 127.

[7] *P. C. O.* 1665 et 1667, Col.; 1666, R.; 1668, Ver... Ni *la voix*, ni *l'haleine* assez..

Ton et voix sont la même chose pour la force. *Desmarets*, 30 ; *Pradon*, Tri., et *Rem.*, 32.

Aussitôt je m'effraie, et mon esprit troublé 135
Laisse là le fardeau dont il est accablé;
Et, sans passer plus loin, finissant¹ mon ouvrage,
Comme un pilote en mer qu'épouvante l'orage,
Dès que le bord paraît, sans songer où je suis,
Je me sauve à la nage, et j'aborde où je puis.² 140

¹ *P. C. O.* Mêmes édit.. *Et* soudain, sans raison, *finissant*...

² M. D. finit toutes ses satires, et particulièrement celle du passage du Rhin, comme un homme qui ne sait plus où il en est, et qui prend la première chose qu'il trouve, où il s'accroche pour se tirer promptement d'affaire. *Pradon, Rem.*, 33.

Le Brun observe au contraire, que la comparaison ci-dessus termine heureusement la pièce; que Boileau loue d'autant mieux Louis XIV, qu'il manifeste la crainte de n'être pas digne de le louer. Enfin, M. Daunou observe aussi qu'on a donné de justes éloges aux derniers vers, et en général au style de tout le Discours, quoiqu'il fût possible d'y reprendre quelques expressions incorrectes, ou faibles, ou trop hardies, et que les tours n'y soient peut-être pas assez variés (par exemple le mot *veine* y est répété un peu souvent... *voy.* vers 29, 42, 77 et 109).

SATIRES.

OBSERVATIONS

SUR LES SATIRES CONSIDÉRÉES EN GÉNÉRAL.

I. Les vers de Boileau, dit Jaucourt (*Encycl.*, mot *Satire*), sont forts, harmonieux, pleins de choses, tout y est fait avec un soin extrême. Il n'a point la naïveté de Regnier, mais il s'est tenu en garde contre ses défauts. Il est serré, précis, décent, soigné partout, ne souffrant rien d'inutile ni d'obscur. Son plan de satire était d'attaquer les vices en général et les mauvais auteurs en particulier; il ne nomme guère un scélérat; mais il ne fait point de difficulté de nommer un mauvais auteur pour servir d'exemple et maintenir le droit du bon sens et du bon goût.

Ses expressions sont justes, claires, souvent riches et hardies : il n'y a ni vide ni superflu. On dit quelquefois malignement le laborieux Despréaux; mais il travaillait plus pour cacher son travail que d'autres pour montrer le leur... La plupart de ses vers sont si beaux qu'ils sont devenus proverbes. Il semble créer les pensées d'autrui et paraît original lorsqu'il n'est qu'imitateur.

II. Ces observations ont été extraites de Batteux, tome III, p. 148 et suiv. Il paraît, ajoute celui-ci (p. 162), qu'Horace et Boileau ont entre eux plus de ressemblance qu'ils n'en ont ni l'un ni l'autre avec Juvénal. Ils vivaient dans un siècle poli où le goût était pur et l'idée du beau sans mélange. Juvénal, au contraire, vivait dans un temps de décadence, lorsqu'on jugeait de la beauté d'un ouvrage par ses richesses, plutôt que par l'économie des ornemens. Horace et Boileau plaisantent légèrement; ils n'ôtent le masque qu'à demi et en riant; Juvénal l'arrache avec colère; ses portraits ont des couleurs tranchantes, des traits hardis, etc.

III. Nivernais (I, 243 et s.) n'est pas du même sentiment. Suivant lui on ne peut, il est vrai, reprocher à Boileau aucun des défauts que sa critique reproche aux autres auteurs; mais à cela près ses satires ne paraissent avoir rien de commun avec celles d'Horace... Dans chacune des satires de ce dernier, il y a quelque précepte nouveau, paré de toutes les grâces d'une poésie familière et d'une peinture vive. Le corps de ses satires forme une galerie de tableaux. Celles du poète français ne sont à proprement parler, qu'un recueil d'observations littéraires; il n'en veut qu'aux mauvais poètes; il les attaque avec audace, il les poursuit avec acharnement. Ce qui n'est qu'un jeu pour Horace et une espèce d'épisode qui le délasse de la philosophie, est l'affaire essentielle de Boileau qui, au contraire, ne philosophe qu'en passant; et alors quelle prodigieuse différence entre eux! Boileau prêche la raison, Horace la fait parler, la fait voir. Le Français montre de la justesse et de la solidité; l'autre les cache et ne laisse voir que de l'agrément. Ce qu'il y a de singulier, c'est qu'à chaque moment, on retrouve Horace chez Boileau, et Horace traduit aussi bien qu'il peut l'être. Il n'y perd souvent rien si l'on en excepte une certaine noblesse de tour qui est inimitable à l'art, qui échappe à la lime, et que la nature seule peut donner... On s'approprie les pensées d'un homme, mais pour cela on ne pense pas comme lui, et on ne s'approprie pas ce qui le faisait penser, je veux dire son génie. Boileau a fait des vers admirables, des critiques excellentes; il a donné des conseils raisonnables; il a employé très heureusement les pensées d'Horace (je confonds ici pour abréger, les satires de Boileau avec ses épîtres morales). On y trouve partout un poète maître de son art, un écrivain judicieux, un homme d'un goût sûr et d'une morale saine. Mais à côté de tant d'admirables qualités, on entrevoit souvent un peu de stérilité, de sécheresse, et une certaine raison pesante et triste qui cherche à convaincre plutôt qu'à persuader. Horace, dans les ouvrages du même genre, est en même temps sublime et familier, noble et simple, lumineux, clair et concis. Sa philosophie est douce, enjouée, animée; sa raison est aimable et son goût fin. Le Français est un philosophe qui versifie, le Latin est un poète qui philosophe... De tous les anciens qui ont servi de modèle à Boileau, Horace n'est pas celui qu'il a le plus heureusement imité; il trouve mieux son compte avec Juvénal et Perse dont les écrits portent l'empreinte d'un caractère sec et dur plus analogue à l'inflexibilité de Boileau, que la plaisanterie philosophique d'Horace... L'esprit de Boileau répand l'aigreur... Critique farouche et opiniâtre il est presque toujours de mauvaise humeur. J.-B. Rousseau et lui sont deux lynx affamés prompts à apercevoir et à saisir leur proie... Horace est plein de sentiment; il le porte partout : c'est le caractère distinctif de ses ouvrages, et c'est un mérite qui manque souvent à Rousseau et plus encore à Boileau. Celui-ci réunissait le goût, la raison, et une connaissance infinie de sa langue et de son art. Tout cela en a fait un versificateur excellent, un écrivain admirable; un peu plus de sentiment en aurait fait un poète achevé. C'est du sentiment que résulte le génie, ou plutôt le génie n'est autre chose qu'un sentiment fort et vif; un instinct supérieur à l'esprit et aux réflexions. L'usage a étendu la signification du mot de sentiment trop loin pour que cela n'ait pas besoin d'explication. On entend communément par là la sensibilité du cœur. Or, tout homme sensible n'est pas un homme de génie, mais tout homme de génie est sensible, et n'est homme de génie que parce qu'il est sensible. Voilà ce qui manquait à Boileau. Il ne parle qu'à l'esprit et à la raison parce qu'il n'a que de la raison et de l'esprit; il leur parle à merveille, et quand il trouve une occasion rare de saisir une matière où cela suffise, il est tout-à-fait admirable... Il n'en faut pas d'autre preuve que son Art poétique, ouvrage dont le genre unique est précisément à son unisson. »

Nivernais, on le voit, sait rendre justice et en homme de goût, à plusieurs des qualités de Boileau, mais il en a méconnu quelques-unes, surtout celles qui tiennent au caractère. *V. l'Essai.*

IV. La Harpe se rapproche davantage de l'avis de Batteux. Perrault, observe-t-il (*Lyc.* XIII, 101), aurait pu avancer que l'art poétique de Boileau était plus complet et plus fini que celui d'Horace, qui à la vérité n'est qu'une esquisse; et en convenant que dans ses satires et ses épîtres, il était resté un peu au-dessous d'Horace, il aurait pu avancer sans crainte d'être contredit, que la France devait s'honorer d'avoir en Boileau, un digne rival d'Horace, et le seul à qui l'Europe moderne pût donner ce glorieux titre.

Une réflexion, dit-il ailleurs (*Merc.*, déc. 1786, p. 12), que tout le monde a pu faire, c'est que toutes les satires de Boileau ont un motif varié, un plan marqué et un cadre agréable... Il faut encore observer qu'elles n'attaquent les auteurs en quelque sorte que par occasion; qu'elles ne semblent point faites précisément pour eux, mais qu'eux seuls y semblent faits pour elles: résultat favorable, qui décèle dans le poète l'art d'un esprit supérieur... Ce qui frappe le plus dans les satires de Boileau, c'est cette justice qui ne l'a abandonné qu'une fois au sujet de Quinault, encore ne jugeait-il dans ce poète que l'auteur de quelques mauvaises tragédies.

V. Boileau, dit M. Tissot (*Mercure* du 23 oct. 1824, p. 109), mérite la plus haute estime par sa sévérité. Sa haine vigoureuse pour les méchans ouvrages, le ridicule ineffaçable que sa raison imprimait à la sottise vantée par les grands... sont des titres d'honneur pour sa mémoire. Il a bien mérité du xviie siècle; il a manqué peut-être au xviiie, pour lequel il aurait agrandi le ton de sa critique, et choisi ses pensées dans un ordre plus élevé; il manque surtout aujourd'hui... Boileau se trompait quelquefois, mais la postérité respectera la plupart de ses arrêts; ils ont été rendus en dernier ressort par une raison souveraine... Ses vers, comme il le dit lui-même avec candeur (*Épit.* ix, *v.* 60, tome II, p. 111), disent toujours quelque chose; l'expression s'y trouve toujours d'accord avec la pensée; ils sont clairs, précis et pleins surtout; on n'y sent point de vide et de remplissage. Sa rigueur inexorable pour lui-même déclarait une guerre perpétuelle aux chevilles, aux négligences, aux répétitions, aux faux brillans et aux sons qui blessent l'harmonie... Sous tous ces rapports Boileau doit servir à jamais de modèle et de censeur aux écrivains, dans quelque genre qu'ils s'exercent. Je ne saurais trop le répéter: l'inspiration ne suffit pas, il faut encore le secours de l'art, et pour le connaître, le meilleur moyen est l'étude des maîtres qui l'ont pratiqué avec gloire.

VI. *Voyez* aussi la première note de chacune des satires, et les observations en tête de la xe.

Peint par Hersent. Gravé par Leroux.

SATIRES.

J.J. Blaise Libraire, Quai des Augustins.

SATIRE I.

Damon[2], ce grand auteur[3], dont la muse fertile
Amusa si long-temps et la cour et la ville;
Mais qui, n'étant vêtu que de simple bureau,[4]
Passe l'été sans linge et l'hiver sans manteau;[5]
Et de qui le corps sec et la mine affamée   5
N'en sont pas mieux refaits[6] pour tant de renommée;
Las de perdre en rimant et sa peine et son bien,
D'emprunter en tous lieux, et de ne gagner rien

[1] Composée en 1660, elle était alors dans un état bien différent de celui
où l'auteur la mit lorsqu'il la publia (1666), car de vingt vers qu'elle contenait, il n'en a conservé qu'environ 60; tout le reste a été supprimé ou
rongé. *Brossette.* — C'est ce qu'on voit dans l'édition de Cologne, de 1667,
que Brossette paraît avoir connue, et surtout dans l'édition *monstrueuse* de
1666, et dans celle de Veroheven (1668). Nous en citerons les leçons.

Il y a peu de choses à louer et à reprendre dans cette satire. *Pradon,*
Rem., 33.

Cette satire est jetée dans le moule de celles de Juvénal; on y reconnaît
cette ardeur de médire, ce fiel que le satirique romain, élevé dans les cris
d'école, se plaisait à distiller dans ses vers. *Le Brun.*

[2] J'ai eu en vue Cassandre, celui qui a traduit la *rhétorique* d'Aristote. *Boil.*, 1713. — Cette note a été probablement retouchée par les éditeurs de 1713, car on la lit ainsi, de la main de Boileau, dans les manuscrits de Brossette. «Il (le nom de Damon) est un peu générique. Cependant eu quelque vue à Cassandre, celui qui a traduit la rhétorique d'Aristote.» (*Voy.* quant à Cassandre, tome IV, p. 67).

[3] E. Virgule rétablie... mêmes observations qu'à...

[4] C. O. 1666, R.; 1667. G. Cet auteur si fameux...
Ancien synonyme de *bure*. *Gattel, Dictionn*...

[5] Deux vers (3 et 4) très bien faits. *Dussault*... — Cotin (*Sat.*
..., 4) les applique à Boileau lui-même.

[6] Peut-on dire refaire sa... *Pradon, Rem.,*...

SATIRE I.[1]

Damon[2], ce grand auteur[3], dont la muse fertile
Amusa si long-temps et la cour et la ville;
Mais qui, n'étant vêtu que de simple bureau,[4]
Passe l'été sans linge et l'hiver sans manteau;[5]
Et de qui le corps sec et la mine affamée   5
N'en sont pas mieux refaits[6] pour tant de renommée;
Las de perdre en rimant et sa peine et son bien,
D'emprunter en tous lieux, et de ne gagner rien,

---

[1] Composée en 1660, elle était alors dans un état bien différent de celui où l'auteur la mit lorsqu'il la publia (1666), car de 212 vers qu'elle contenait, il n'en a conservé qu'environ 60; tout le reste a été supprimé ou changé. *Brossette.* — C'est ce qu'on voit dans l'édition de Cologne, de 1667, que Brossette paraît avoir connue, et surtout dans l'édition *monstrueuse* de 1666, et dans celle de Veroheven (1668). Nous en citerons les leçons.

Il y a peu de choses à louer et à reprendre dans cette satire. *Pradon*, Rem., 33.

Cette satire est jetée dans le moule de celles de Juvénal; on y reconnaît cette ardeur de médire, ce fiel que le satirique romain, élevé dans les cris de l'école, se plaisait à distiller dans ses vers. *Le Brun.*

[2] J'ai eu en vue Cassandre, celui qui a traduit la *rhétorique* d'Aristote. *Boil.*, 1713. — Cette note a été probablement retouchée par les éditeurs de 1713, car on la lit ainsi, de la main de Boileau, dans les manuscrits de Brossette. « Il (le nom de Damon) est un peu chimérique. Toutefois, « j'ai eu *quelque vue* à Cassandre, celui qui a traduit la rhétorique d'Aris-
« tote. » (*Voy.* quant à Cassandre, tome IV, p. 64).

[3] *V. E.* Virgule rétablie... mêmes observations qu'à page 45, note 6.
P. C. O. 1666, R.; 1667, C. Cet auteur si fameux *dont...*

[4] Ancien synonyme de Bure. *Gattel, Dictionnaire.*

[5] Deux vers (3 et 4) très bien faits. *Dussault*, III, 428. — Cotin (*Sat. des sat.*, 4) les applique à Boileau lui-même.

[6] Peut-on dire refaire sa mine? *Pradon*, Tri., 31.

Sans habits, sans argent, ne sachant plus que faire,
Vient de s'enfuir, chargé de sa seule misère ;¹
Et, bien loin des sergens, des clercs et du palais,²
Va chercher un repos qu'il ne trouva jamais ;
Sans attendre qu'ici la justice ennemie³
L'enferme en un cachot⁴ le reste de sa vie,
Ou que d'un bonnet vert le salutaire affront
Flétrisse les lauriers qui lui couvrent le front.⁵

¹ *P. C. O.* 1666, R. ; 1667, C. ; 1668, Ver... sort de Paris, *chargé...*
V. 1666 à 1682, s'en est enfui, *chargé...*

Desmarets, p. 30, observa que cette expression était du menu peuple, et qu'il fallait *s'en est fui...* Boileau reconnut la faute, mais n'adopta pas la correction, qui ne valait guère mieux. La tournure plus noble qu'il prit est passée dans le langage, et Féraud remarque qu'on ne dit plus *s'en est fui...* Cependant Pradon (*Tri.*, 32, et *Rem.*, 33) triomphe de la correction, comme si elle eût été due en entier à Desmarets.

Chargé de sa seule misère est heureux et plaisant. *Le Brun.*

² *Bien loin des sergens* est fort bien ; mais *des clercs et du palais* est un hors-d'œuvre. *Pradon, Tri,* 32.

³ *Justice ennemie... salutaire affront* : Ces épithètes figurées sont fort belles ; mais celles-ci ne sont pas suffisamment préparées. *Pradon, ib.*—
Salutaire affront : l'épithète de *salutaire* dit à elle seule toute la chose. *Le Brun.*

⁴ *P. C. O.* 1666, R... *Le mette en un cachot...*

⁵ Galimatias, faute d'avoir expliqué l'effet du bonnet vert. *Pradon, ib.*
— Peut-être cette critique a-t-elle déterminé Boileau à faire la note suivante :

Du temps que cette satire fut faite, un débiteur insolvable pouvait sortir de prison en faisant cession, c'est-à-dire, souffrant qu'on lui mît, en pleine rue, un bonnet vert sur la tête. *Boil.,* 1713.

V. E. On lit dans beaucoup d'éditions (1788, 1789, 1800, 1815 et 1819, Did. et leurs copies ; Lév., Le Br., Daun., Bod., S.-S., Am., etc.) *c'est-à-dire en souffrant...* Cet *en* n'est pas dans le texte...

Au reste, il faut l'avouer, Boileau n'explique pas assez clairement que le débiteur faisait cession de tous ses biens à ses créanciers.

Imitat. de Boil., Gacon, sat. iv, p. 23.

> En le piquant au vif un salutaire affront
> Peut-être eût rappelé la pudeur sur son front.

Mais le jour qu'il partit, plus défait et plus blême
Que n'est un pénitent sur la fin d'un carême,[1]
La colère dans l'âme et le feu dans les yeux,
Il distilla sa rage en ces tristes adieux :[2]   20
  Puisqu'en ce lieu, jadis aux muses si commode,
Le mérite et l'esprit ne sont plus à la mode,
Qu'un poète, dit-il, s'y voit maudit de Dieu,
Et qu'ici la vertu n'a plus ni feu ni lieu,[3]

---

[1] *P. C. O.* 1666, R.; 1667 et 1685, C.; 1668, Ver...

> Mais tandis qu'à loisir tout son pauvre ménage
> S'assemble en un bateau qui l'attend au rivage...

[2] *P. C. O.* Vers 20 à 31. Mêmes éditions (les trois dernières sont conformes à la première, excepté pour quelques mots que nous placerons ici et dans les notes des vers 49, 65, 89, 124 et 150, entre parenthèses et en caractères italiques).

> Il vient troubler Paris de ses tristes adieux.
> Puisqu'en ces lieux, dit-il, l'innocence importune
> Ne peut être d'accord avecque ma fortune,
> Que d'être fourbe et lâche en ce siècle maudit,
> C'est l'unique secret pour s'y mettre en crédit,
> Et que la muse enfin confuse et méprisée
> Meurt de faim et n'est plus qu'un objet de risée :
> Je vais du moins chercher sous un ciel plus heureux
> A mes justes desseins un sort moins rigoureux ;
> Tandis que je le puis, qu'au plus (*et qu'au*) fort de mon âge,
> Le ciel m'en laisse encor la force et le courage,
> Que mes jours ne sont pas si prêts à s'écouler,
> Et qu'il reste, etc.

[3] Juvénal, satire III, v. 21.

> . . . . . Quando artibus, inquit, honestis,
> Nullus in urbe locus, nulla emolumenta laborum...

[4] Vers 23 et 24. Quolibets des carrefours et du Pont-Neuf. Pradon, *Tri.*, 33. — Cotin (*Sat. des sat.*, 6, et *Crit.*, 44) les travestit ainsi,

> A la cour la vertu n'a plus ni feu ni lieu,
> Et le plus rare esprit s'y voit maudit de Dieu,

et les joignant malicieusement au couplet supprimé depuis (je sais bien que

Allons du moins chercher quelque antre ou quelque roche [1]
D'où jamais ni l'huissier ni le sergent n'approche,
Et, sans lasser le ciel par des vœux impuissans,
Mettons-nous à l'abri des injures du temps ;
Tandis que, libre encor [2], malgré les destinées,
Mon corps n'est point courbé sous le faix des années, 30
Qu'on ne voit point mes pas sous l'âge chanceler,
Et qu'il reste à la parque encor de quoi filer : [3]
C'est là dans mon malheur le seul conseil à suivre.
Que George vive ici, puisque George y sait vivre, [4]

souvent un cœur lâche, etc., p. 70, note 2), il reproche à Boileau de faire une affreuse peinture de la cour.

[1] *V. O.* 1666, P. (*id.*, 1666, C. et C T.; 1667, F.). *Allons* chercher du moins... — *Antre* et *roche* mis pour *asile*, sont la même chose. Desmarets, 31 ; Pradon, *Tri.*, 34.

[2] *V. E.* Autre virgule rétablie, et mêmes observations qu'à note 6, p. 45, excepté que la suppression de cette virgule a été faite dès 1781 (*Did.*).

[3] Vers 30 à 32. Imit. de Juvénal, sat. III, v. 26 à 28.

> Dum nova canities, dum prima et recta senectus,
> Dum superest Lachezi quod torqueat, et pedibus me
> Porto meis, nullo dextram subeunte bacillo.

Trois périphrases pour dire *tandis que je ne suis pas vieux.* La première est bonne parce qu'elle fait une image ; la seconde en est une faible répétition. *Condillac*, p. 139. — Boileau, il faut l'avouer, est ici au-dessous de son modèle.

Vers 21 à 32. *Puisqu'en ce lieu*, etc. Le Brun observe que tout ce morceau est fait de verve. Il blâme toutefois Boileau d'y avoir marié le sacré et le profane en se servant du mot *parque* après avoir employé (vers 23) le mot de *Dieu*... Le Brun n'aurait pu faire ce reproche (M. Daunou le trouve beaucoup trop sévère) à la première composition (p. 65, note 2, vers 11) où il est question du *Ciel* et non pas de *Dieu*.

[4] Juvénal, sat. III, v. 29 et 30.

> . . . . . . Vivant Arturius illic
> Et Catulus : maneant, etc.

Il paraît certain, dit M. de Saint-Surin, que *George* est ici pour *Gorge*,

Qu'un million comptant, par ses fourbes acquis, 35
De clerc, jadis laquais, a fait comte et marquis :
Que Jaquin vive ici, dont l'adresse funeste
A plus causé de maux que la guerre et la peste;
Qui de ses revenus écrits par alphabet,
Peut fournir aisément un calepin complet;[1] 40
Qu'il règne dans ces lieux, il a droit de s'y plaire.
Mais moi, vivre à Paris! Eh! qu'y voudrais-je faire?
Je ne sais ni tromper, ni feindre, ni mentir,

---

fameux traitant, sur lequel il donne une notice assez détaillée, et d'autres éditeurs répètent cette assertion. M. de S.-S. avait pourtant observé, et avec raison, que Duclos, le premier (OEuvr., 1821, III, 298) auteur de cette assertion, se fonde sur une erreur, savoir, qu'il y avait *Gorge* dans la première édition originale de Boileau (1666, P.). On lit dans celles de Rouen (1666) et de Cologne (1667):

> Qu'Oronte vive ici, puisqu'Oronte y sait vivre;
> Puisqu'ici sa fortune, égale à ses souhaits,
> Sert d'un indigne prix à ses lâches forfaits.
> Que Jacquier vive ici...

Et cette leçon a aussi fait dire que le nom de *Jacquin*, qui est dans le vers 37 des éditions originales, désigne un fournisseur nommé *Jacquier*.

Mais une note manuscrite de Boileau (dans les papiers de Brossette) nous montre le peu de fondement de ces conjectures : « George, y dit-il, est là
« un mot inventé, qui n'a point de rapport à M. Gorge, qui n'avait pas dix
« ans quand je fis cette satire, et qui depuis a été un de mes meilleurs amis...
« Jacquin est un nom mis au hasard. On l'a voulu imputer depuis à M. Jac-
« quier, homme célèbre dans les finances, qui a rendu de grands services à
« l'état; mais je n'ai jamais pensé à lui. »

[1] Dictionnaire en 2 vol. in-folio. — Il y a à 1666, R.; 1667, Col.,

> A comme on sait partout un calepin complet.

Vers 35, 37 et 39. Les relatifs *qu'un*, *dont* et *qui*, étant séparés par des verbes de leurs termes de rapport (*George*, *Jacquin*), il faudrait, dit Saint-Marc (V, 304), mettre : Lui qu'un, lui dont, lui qui... Mais, observe M. Daunou, ce dernier tour indiquerait une sorte d'opposition entre ce qui suit et ce qui précède, tandis qu'il ne s'agit encore que des dilapidations de Jacquin, dont

Et, quand je le pourrais, je n'y puis consentir. [1]
Je ne sais point en lâche essuyer les outrages 45
D'un faquin orgueilleux qui vous tient à ses gages, [2]
De mes sonnets flatteurs lasser tout l'univers,
Et vendre au plus offrant mon encens et mes vers : [3]
Pour un si bas emploi ma muse est trop altière. [4]
Je suis rustique et fier, et j'ai l'âme grossière : 50
Je ne puis rien nommer, si ce n'est par son nom;
J'appelle un chat un chat, et Rolet un fripon. [5]

l'adresse a causé tant *de maux*, et qui a tellement grossi ses revenus qu'on en ferait un dictionnaire.

[1] Juvénal, sat. III, v. 41 et 44.

. . . . . . Quid Romæ faciam? mentiri nescio...
Nec volo, nec possum...

[2] J.-J. Rousseau (Epîtres à Parisot, vers 27, et à Bordes, vers 98).

L'honnête homme à ce prix n'y saurait consentir...
Du riche impertinent je dédaigne l'appui,
S'il le faut mendier en rampant devant lui.

[3] C'est beau. Il dit tout ce qu'il veut dire. *Le Brun.*

[4] Vers 45 à 49. *P. C. O.* 1666, R.; 1667 et 1685, C.; 1668, Ver...

Je ne sais point placer au-dessus de la lune
Celui dont l'impudence a causé la (*sa*) fortune,
Louer un mauvais livre avec déguisement,
Le demander à lire avec empressement;
Perdre près d'un faquin une journée entière.
Je suis rustique, etc.

[5] C'est un hôtelier du pays Blaisois. *Boil.*, 1667 et 1668. — Procureur très décrié, qui a été dans la suite (1681... *Bross.*) condamné à faire amende honorable, et banni à perpétuité. *Boil.*, 1713. — La première note, destinée à dépayser les lecteurs, fut supprimée sur les plaintes d'un hôtelier du même nom. *Bross.*

Vers d'une franchise admirable. *Le Brun.* — Vers devenu proverbe; vers de satire très heureux, etc. *V.* l'Essai, chap. III, n° 109. — Coin (Sat., p. 5) le parodie ainsi :

J'appelle Horace Horace, et Boileau traducteur.

De servir un amant, je n'en ai pas l'adresse ;¹
J'ignore ce grand art qui gagne une maîtresse,
Et je suis, à Paris, triste, pauvre et reclus, 55
Ainsi qu'un corps sans âme, ou devenu perclus.²

Mais pourquoi, dira-t-on, cette vertu sauvage³
Qui court à l'hôpital, et n'est plus en usage?
La richesse permet une juste fierté ;
Mais il faut être souple avec la pauvreté⁴. 60
C'est par là qu'un auteur que presse l'indigence⁵
Peut des astres malins corriger l'influence,⁶

---

¹ Ce tour, emprunté de Marot, dit Le Brun, est d'une aimable naïveté ; mais peut-être un faux scrupule empêcherait-il qu'on ne s'en servît aujourd'hui. M. Amar, qui l'avait d'abord (édit. 1821) jugé pénible et forcé, y trouve (édit. 1824) une espèce de gaucherie, qui peint assez bien la maladresse d'un homme peu accoutumé à de semblables commissions.
P. C. O. 1666, R.; 1667, Col.; 1668, Ver...

    Je ne sais ni tromper ni vendre une maîtresse.

² Juvénal, sat. III, vers 47 et 48.

    . . . . tanquam
Mancus et extinctæ corpus inutile dextræ.

³ Belle expression qui décèle l'âme noble de Boileau. *Le Brun.*
⁴ Boileau semble dire qu'il faut être souple *avec les* pauvres, tandis qu'il voulait dire, au contraire, qu'il faut être souple quand on est pauvre. *Pradon, Tri.*, 36. — Le Brun convient que le vers présente un double sens, mais ajoute que l'esprit saisit aisément le véritable (il est en effet indiqué par le vers précédent).
⁵ *P. C. O.* Vers 57 à 61. 1666, R.; 1667, C.; 1668, Ver...

    Mais pourquoi, dira-t-on, faire le bon apôtre?
    Vous n'avez, dans ces lieux, qu'à vivre comme un autre,
    Qu'à courtiser quelqu'un dont le cœur généreux
    Peut goûter votre esprit, l'aimer, vous rendre heureux ;
    Car enfin c'est par là qu'un auteur d'importance...

⁶ Cela est bien rebattu. *Pradon, ib.*, 37. — Cela est aussi heureux que poétique. *Le Brun.*

Et que le sort burlesque, en ce siècle de fer,
D'un pédant, quand il veut, sait faire un duc et pair. ¹
Ainsi de la vertu la fortune se joue : ²   65
Tel aujourd'hui triomphe au plus haut de sa roue,

---

¹ L'abbé de La Rivière, dans ce temps-là (1655), fut fait évêque de Langres. Il avait été régent dans un collège. *Boil.*, 1713. — L'évêché de Langres était duché-pairie... On a mis mal-à-propos, EN *ce temps*, à 1821, S.-S. Juvénal, sat. III, vers 39, 40, et VII, vers 197.

> Quales ex humili magna ad fastigia rerum
> Extollit, quoties voluit fortuna jocari...
> Si fortuna volet, fies de rhetore consul.

Cotin (*Sat.*, 8, et *Crit.*, 16), Desmarets (p. 31) et Pradon (*Tri.*, 37, et *Rem.*, 34) se récrient contre l'audace de Boileau : oser appeler siècle de fer, le siècle de Louis XIV!.. Cotin surtout l'attaque avec violence, à cause du tableau contenu dans les vers supprimés depuis (voy. la note suivante) : Notre siècle, dit-il, est donc « l'égout de tous les siècles, puisque le chemin qui menait à la Grève autrefois est maintenant le chemin qui conduit à la plus haute fortune. »...On pourrait croire que ces reproches influèrent sur la suppression.

² Ce vers est bien jeté. *Lebrun.*

V... 1666 à 1669... Il était précédé des vingt-quatre suivans, que Boileau retrancha, en 1674, comme peu dignes de l'ouvrage. *Bross.* — Déjà plusieurs passages en avaient été refaits, si du moins l'on s'en rapporte aux éditions déjà citées (1666, R.; 1667, Col.; 1668, Ver.). Nous les donnerons à la suite, en les désignant par le nombre des vers retranchés.

> Je sais bien que souvent un cœur lâche et servile
> A trouvé chez les grands un esclavage utile,
> Et qu'un riche pourrait, dans la suite du temps,
> D'un flatteur affamé payer les soins ardens :
> Mais avant que pour vous il parle ou qu'il agisse,   5
> Il faut de ses forfaits devenir le complice;
> Et sachant de sa vie et l'horreur et le cours,
> Le tenir en état de vous craindre toujours;
> De trembler qu'à toute heure, un remords légitime,
> Ne vous force à le perdre en découvrant son crime :   10
> Car n'en attendez rien, si son esprit discret
> Ne vous a confié qu'un honnête secret.
> Pour de si hauts projets je me sens trop timide;
> L'inceste me fait peur, et je hais l'homicide;

SATIRE I. 71

Qu'on verrait, de couleurs bizarrement orné,
Conduire le carrosse où l'on le voit traîné, [1]
Si dans les droits du roi sa funeste science
Par deux ou trois avis n'eût ravagé la France. 70
Je sais qu'un juste effroi l'éloignant de ces lieux,
L'a fait pour quelques mois disparaître à nos yeux :

> L'adultère et le vol alarment mes esprits ; 15
> Je ne veux point d'un bien qu'on achète à ce prix.
>   Non, non, c'est vainement qu'au mépris du Parnasse,
> J'irais de porte en porte étaler ma disgrace.
> Il n'est plus d'honnête homme ; et Diogène en vain,
> Irait, pour en chercher, la lanterne à la main. 20
> Le chemin aujourd'hui par où chacun s'élève,
> Fut le chemin jadis qui menait à la Grève :
> Et Mouléron ne doit qu'à ses crimes divers
> Ses superbes lambris, ses jardins toujours verts.

P. C. O. Leçons des éditions de 1666, R.; 1667, C.; 1668, Ver...

(v. 1 à 4)   Il est vrai qu'on a vu dans ce temps déplorable
             Un riche quelquefois devenir plus traitable,
             Et forçant son humeur, daigner après un temps
             Aider de son crédit un de ses confidens.
(v. 13)   Pour de si grands emplois...
(v. 17 et 18) A tort donc je croirais à ma disgrâce extrême
             Trouver aucun secours en d'autres qu'en moi-même.
(v. 21 à 23) C'est par mille forfaits qu'en ce temps l'on s'élève,
             Le chemin d'être riche est celui de la Grève,
             Et Monnerot ne doit...

P. C. O. 1666, R., et 1668, Ver... Après le vers 24 on lit ceux-ci :

> Par là Bidal en vogue à Batonneau s'allie,
> Et quoique tout Paris à sa honte publie,
> Malgré sa banqueroute on sait qu'un de ses fils
> N'a quitté le comptoir que pour être marquis.
> Ainsi de la vertu, etc.

[1] Imitat. de Boil... Regnard (épître à M. du Vaux, vers 23 à 26).

> Un ** embrassant l'une et l'autre portière
> D'un char dont autrefois il ornait le derrière,
> Traîné par des coursiers qui d'un pas menaçant...

Mais en vain pour un temps une taxe l'exile;
On le verra bientôt pompeux en cette ville, [1]
Marcher encor chargé des dépouilles d'autrui,
Et jouir du ciel même irrité contre lui; [2]
Tandis que Colletet, crotté jusqu'à l'échine,
S'en va chercher son pain de cuisine en cuisine, [3]

---

[1] On dit un *style* pompeux, et non un homme pompeux. *St.-Marc*, V, 303.

[2] L'image est de verve. *Le Brun.* — Selon Rosel (p. 2), l'imitation faite ici du passage suivant de Juvénal (sat 1, v. 49), n'est pas heureuse.

> Exsul ab octava Marius bibit, et fruitur dis
> Iratis...

Imitat. de Boil... Gacon, sat. ix, p. 43 :

> Et que malgré les cieux justement irrités,
> Il jouisse du fruit de ses iniquités.

Voltaire, Mérope, acte III, scène ii, v. 14 :

> Il y jouit en paix du ciel qui le condamne.

P. C. O. Vers 66 à 76. 1666, R.; 1667, C.; 1668, Ver...

> Tel aujourd'hui qu'on voit au-dessus de la roue,
> Parle de ses aïeux, fait le noble et le fier,
> Qu'on verrait trop heureux d'être simple drapier,
> Si tandis qu'il le fut, moins lâche et moins parjure,
> Il n'eût jamais prêté de drap à grosse usure;
> S'il eût autant aimé son honneur que son bien,
> Si son cœur en secret ne lui reprochait rien.
> Mais que vous sert, hélas! qu'un vain remords l'agite,
> Si l'on voit ce faquin, sans renom, sans mérite,
> Marcher gras et refait des dépouilles d'autrui
> Et se rire du ciel irrité contre lui ?

[3] *Colletet*, fameux poète fort gueux, dont on a plusieurs ouvrages. *Boil..* 1713.

Ces deux vers sont du style le plus bas. *Dumolard*, ou plutôt *Voltaire*, édit. de M. Beuchot, t. XXXIV, p. 266.

V... Brossette se trompe lorsqu'il dit qu'il y avait *Colletet* dans la première édition (il est seulement dans celle de Cologne, 1667... dans celle de 1666, R., il n'y a qu'un C.). Dans les éditions originales de 1666 à 1685 (et non

Savant en ce métier, si cher aux beaux esprits,
Dont Montmaur ¹ autrefois fit leçon dans Paris.   80
  Il est vrai que du roi la bonté secourable
Jette enfin sur la muse un regard favorable,
Et, réparant ² du sort l'aveuglement fatal,
Va tirer désormais Phébus de l'hôpital. ³
On doit tout espérer d'un monarque si juste ;   85
Mais, sans un Mécénas à quoi sert un Auguste ? ⁴
Et fait comme je suis, au siècle d'aujourd'hui,
Qui voudra s'abaisser à me servir d'appui ?
Et puis, comment percer cette foule effroyable ⁵

pas seulement de 1683, comme le dit M. de S.-S.), il y a *Pelletier...* Voy., quant à ce trait injuste, l'*Essai*, chap. II, nᵒˢ 24 et 52). Le Brun a essayé, mais en vain, de justifier Boileau : selon lui le trait frappe moins sur Colletet que sur Montmaur. — Cotin (Sat., 7, et Crit., 52) le renvoya à Boileau, en ces termes : *Despréaux sans argent, crotté*, etc.

¹ Célèbre parasite dont Ménage a écrit la vie. *Boil.*, 1713.
² *Et reprenant...* Faute grossière de 1713, in-12.
³ Le roi, en ce temps-là (dès 1663... *Bross.*), donna plusieurs pensions aux gens de lettres. *Boil.*, 1713 (*voy*. Not. bibl., § 2, n° 66).
V. E. On a mis mal-à-propos, *aux* hommes *de lettres*, dans quelques éditions, telles que 1821, S.-S. ; 1825, Daun. ; 1826, Mart. ; 1829, B. Ch...
⁴ Vers imputés à crime. *V.* l'Essai, chap. IV, n° 147.
⁵ *Siècle d'aujourd'hui*, expression du temps... *Appui* et *puis*, au vers suivant (87) ; négligence légère. *Le Brun.*
P. C. O. Cette négligence n'existait pas dans la première composition, du moins si l'on s'en rapporte aux éditions de 1666, R., 1667, C., et 1668, Ver., où, au lieu des vers 89 à 96, on trouve les suivans :

    La richesse à la cour est sans peine écoutée,
    Mais la vertu peureuse est triste et rebutée ;
    C'est l'arrêt du destin, rien ne le peut fléchir ;
    En vain si l'on n'est riche on se (*s'y*) pense enrichir.
    On a beau se flatter d'un mérite inutile,
    Le plus heureux l'emporte et non le plus habile ;
    Et parmi cet amas de tant de grands esprits,
    Un Thémiste (*Boisvert*), un Valère (*Cassaigne*) auront les premiers prix.

De rimeurs affamés dont le nombre l'accable; 90
Qui, dès que sa main s'ouvre, y courent les premiers,
Et ravissent un bien qu'on devait aux derniers;
Comme on voit les frelons, troupe lâche et stérile,
Aller piller le miel que l'abeille distille ?[1]
Cessons donc d'aspirer à ce prix tant vanté[2] 95
Que donne[3] la faveur à l'importunité.
Saint-Amant[4] n'eut du ciel que sa veine en partage:
L'habit qu'il eut sur lui fut son seul héritage;[5]

> On verra préférer d'une erreur sans pareille,
> Le plus sot au plus docte, et Boyer à Corneille.
> N'allons plus donc chercher un séjour odieux,
> Où perdre encor ce peu que m'ont laissé les cieux.

[1] V. 1666 à 1669 (*id.*, 1672, C.)... Il y a après le vers 94, les huit suivans, que Boileau supprima en 1674 (*voy.* l'Essai, n°s 50 et 72).

> Enfin je ne saurais, pour faire un juste gain,
> Aller bas et rampant fléchir sous C***.
> Cependant, pour flatter ce rimeur tutélaire,
> Le frère en un besoin va renier son frère,
> Et Phébus en personne, y faisant la leçon,
> Gagnerait moins ici qu'au métier de maçon;
> Ou, pour être couché sur la liste nouvelle,
> S'en irait chez Billaine admirer la Pucelle.

P. C. O. et *V. O.* (du moins en partie). Ces mêmes vers ne sont point dans les éditions de 1666, R., 1667, C., et 1668, Ver.; et on lit, 1° *Pucelain*, au lieu de C.***, dans celles de 1667 à 1669, P. (*id.*, 1672, C.)... 2° Le *fils...* va renier son *père*, dans celles de 1667 et 1668, pet. in-12, P... 3° *Conrart*, au lieu de *Billaine*, dans celle de 1669, P. (*id.*, 1669, A.).

[2] *Tant*, au lieu de *si*, n'est plus en usage dans le style noble. *St.-Marc*, V, 305. — *Ce prix tant vanté*, expression vague. *Pradon.*, *Tri.*, 39.

[3] *Qui donne*, faute grossière de 1674, in-4°.

[4] On a plusieurs ouvrages de lui où il y a beaucoup de génie (le sens ancien de ce mot est expliqué p. 12, note 3 et tome II, p. 210, note 3); il ne savait pas le latin et était fort pauvre. *Boil.*, 1713. — *Voy.* un commentaire sur ce vers au tome I des *Chevræana*, p. 34. *Note de* 1701, A.

[5] C'est heureux de précision. *Le Brun.*

Un lit et deux placets¹ composaient tout son bien;
Ou, pour en mieux parler, Saint-Amant n'avait rien. 100
Mais quoi! las de traîner une vie importune,
Il engagea ce rien pour chercher la fortune, ²
Et, tout chargé de vers qu'il devait mettre au jour,
Conduit d'un vain espoir, il parut à la cour. ³
Qu'arriva-t-il enfin de sa muse abusée ? 105
Il en revint couvert de honte et de risée : ⁴
Et la fièvre, au retour, terminant son destin,
Fit par avance en lui ce qu'aurait fait la faim. ⁵
Un poète à la cour fut jadis à la mode;
Mais des fous aujourd'hui c'est le plus incommode : 110
Et l'esprit le plus beau, l'auteur le plus poli, ⁶
N'y parviendra jamais au sort de l'Angéli. ⁷

¹ Ce mot désigne sans doute ici, comme dans le Lutrin (tome II, p. 314, note 4), un siège sans dos ni bras.

² Juvénal, sat. III, v. 208, 209 (non cités dans les éditions modernes).

    Nil habuit Codrus : quis enim negat? et tamen illud
    Perdidit infelix totum nihil...

Ce tableau (v. 97 à 108) ne serait pas mal sans les petits détails de *rien* et de *bien*, etc. Pradon, *Tri.*, 39. — Ce *rien* opposé à *fortune* est plaisant. Le Brun.

³ Le poème qu'il y porta était intitulé *le Poème de la lune*, et il y louait le roi surtout de savoir bien nager. *Boil.*, 1713.

Conduit D'UN *vain espoir* est d'un tour bien rapide et qu'on aurait dû garder. Le Brun. — M. Amar observe que ce sont de ces ellipses qu'il faut permettre à la poésie.

⁴ Peut-on dire couvert de risée ? *St.-Marc*, V, 305.

⁵ *Destin* et *faim*, mauvaises rimes. *Pradon, ib.*

Selon d'Olivet (Hist. acad., 1743, I, 324), tout ce qu'on raconte ici de Saint-Amant pourrait bien n'avoir d'autre fondement que l'imagination de Boileau... Mais l'assertion formelle de Brossette, et le silence de Pradon et des autres critiques nous paraissent confirmer le récit de Boileau.

⁶ St.-Marc (V, 305) préférerait : et le plus bel esprit...

⁷ Célèbre fou que monsieur le Prince avait amené avec lui des Pays-Bas.

Faut-il donc désormais jouer un nouveau rôle?
Dois-je, las d'Apollon, recourir à Barthole?
Et, feuilletant Louet allongé par Brodeau, [1]   115
D'une robe à longs plis balayer le barreau? [2]
Mais à ce seul penser je sens que je m'égare.
Moi! que j'aille crier dans ce pays barbare, [3]
Où l'on voit tous les jours l'innocence aux abois
Errer dans les détours d'un dédale de lois,   120
Et, dans l'amas confus des [4] chicanes énormes,
Ce qui fut blanc au fond rendu noir par les formes; [5]
Où Patru gagne moins qu'Uot et Le Mazier, [6]

et qu'il donna au roi. *Boil.*, 1713. — Il gagnait beaucoup d'argent, ajoute Boileau dans une note manuscrite, et tous les gens de qualité lui en donnaient parce qu'ils craignaient ses bons mots. — *M. le Prince* était le nom sous lequel on désignait alors le grand Condé. B. S. — Selon Cotin (Crit., 29), ces deux vers sont de la dernière insolence. Qu'eût-il dit s'il eût vu la note rapportée dans la Notice bibl., § 1, n. 190, obs. 2?

P. C. O. 1666 R... *jamais au* point *de l'Angeli.*

[1] Brodeau a commenté Louet. *Boil.*, 1713. — Il a fait beaucoup d'additions au recueil d'arrêts de Louet.

[2] Vers supérieurement tourné, et où Boileau imprimait déjà le cachet de son talent; qu'on mette *balayer le barreau d'une robe à longs plis*, le vers pâlit, la peinture est manquée. Tout le charme est dans l'inversion qui présente d'abord l'image. *Le Brun.*

. . . . . . Quæque ardua tota,
Et gradiens ima verrit vestigia cauda.

Ces vers des Géorgiques (III, 58) sont ainsi traduits par Delille :

D'une queue à longs crins balayer la poussière.

[3] Mouvement plein de franchise et de sel. *Le Brun.*

[4] *V. E. Des*, et non pas *de*, leçon fautive de presque toutes les éditions citées à la note du vers 48, satire vi, et de quelques autres (plus de *trente*).

[5] On lit dans Ovide (Mét. xi, 316) *Candida de nigris, et de candentibus atra...* et dans Juvénal (sat. iii, v. 30) *qui nigra in candida vertunt.*

[6] *V. O.* 1666 à 1668, *qu'Huot...* 1669 à 1713 (quarante-six éditions, dont

Et dont les Cicérons se font chez Pé-Fournier! 1
Avant qu'un tel dessein m'entre dans la pensée, 125
On pourra voir la Seine à la Saint-Jean glacée;
Arnauld à Charenton devenir huguenot,

douze originales), *qu'Uot*.—Brossette, suivi par tous les éditeurs, excepté les copistes de 1713 A. (Not. bibl., § 1, n° 109), c'est-à-dire, les éditeurs de 1732, C.; 1737, 1740 et 1743, A.; 1750, P (2 in-12); 1751 et 1762, A.; 1769, Lon.; 1770, P.; 1772 et 1789, Lon.; 1793, Paliss., etc; Brossette, disons-nous a rétabli *Huot*. Il a par là fait accuser Boileau d'avoir composé un vers de treize syllabes, car, en général, on aspire le H des noms (voy. *Lenoir-Dulac, Observ.*, 129), comme l'a fait Boileau pour Huot dans les Héros de roman (tome III, p. 39... *Voy.* aussi Auger, 1825, note sur le vers actuel).. et il est probable qu'une semblable accusation de quelque contemporain, avait déterminé Boileau à supprimer cet H, comme il le pouvait, le nom de Huot n'étant pas assez illustre pour qu'il fût obligé d'en respecter l'orthographe.

Huot et le Mazier: avocats très médiocres. *Bross.* — Quant à Patru, *voyez* l'Essai, chap. IV, n° 127; tome II, p. 64, note 2 à 4, et p. 459, note 4.

¹ Célèbre procureur: il s'appelait Pierre Fournier; mais les gens de palais, pour abréger, l'appelaient Pé-Fournier. *Boil.*, 1713.—C'était parce qu'il joignait à sa signature la première lettre (P.) de son prénom. *Bross.*

Clément, sat. vi, vers 348, a dit:

Le Louvre a ses élus qui se font chez Climène.

C'est surtout au sujet des vers 113 à 124 que Cotin (*Sat.*, p. 10, et *Crit.*, p. 16) accuse Boileau d'attaquer la magistrature (V. *l'Essai*, chap. II, n° 80).

P. C. O. (En partie). 1666, R.; 1667, Col.; 1668, Ver... Au lieu des vers 113 à 124, on y trouve les suivans, en observant toutefois, 1° que dans l'édition de Cologne, encore plus incorrecte que celle de 1666, on lit au premier vers, *moi* pour *mais*; au quatrième vers, *mettre* pour *remettre*; au cinquième, *hardiesse* pour *adresse* (ainsi l'un de ces vers y a treize syllabes, l'autre seulement onze); au seizième, *Le Mazier* pour *Champion*.. 2° que le mot *remettre* devait d'autant plus être préféré, qu'il rappelle la première profession de Boileau.

Mais donc que faire, hélas! dans ma triste aventure?
Dois-je, las des neuf sœurs et forçant ma nature,
Emprunter une robe et, disciple nouveau,
Plus sage à l'avenir me remettre au barreau?
Car c'est dans ce métier où règne tant d'*adresse,*

Saint-Sorlin janséniste, et Saint-Pavin bigot. [1]
Quittons donc pour jamais une ville importune,
Où l'honneur a toujours guerre avec la fortune; [2] 130
Où le vice orgueilleux s'érige en souverain,
Et va la mitre en tête et la crosse à la main; [3]

> Que l'on m'a vu jadis occuper ma jeunesse
> Avant ce jour fatal que l'amour d'Apollon
> M'entraîna, malgré moi, sur le sacré vallon.
> Mais à ce seul penser tout mon esprit s'égare.
> Moi, retourner encore en ce pays barbare
> Où l'on voit tous les jours l'innocence aux abois
> Réclamer vainement le faible appui des lois?
> L'argent faire sans peine, en ce temps déplorable,
> Un coupable, innocent, un innocent, coupable?
> Le parti le plus juste au plus riche céder?
> La chicane être en règne et Champion plaider?
> Plutôt (*avant*) qu'un tel dessein...

[1] V. O. 1666 à 1669... *Bigot.*—1674 à 1683... *Dévot.*— 1685 à 1713... *Bigot.*— Ces deux derniers changemens ont été faits après le tirage. Nos exemplaires (sept) des éditions de 1674 (in-4) et 1685 ont tous des cartons.

P. C. 1666, R.; 1667, Col.; 1668, Ver. et Brossette...

> Le pape devenir un zélé huguenot,
> Sainte-Beuve jésuite, et Saint-Pavin dévot.

A l'égard de Saint-Sorlin et Saint-Pavin, *voy*. tome II, p. 453 et 458.

[2] V. O. 1666 à 1701. *L'honneur* est en guerre avecque la...

Avecque en trois syllabes à la fin d'un vers! L'auteur n'entend guère le nombre. *Pradon, Tri.*, 42. — Ainsi voilà une correction faite sur l'avis de Pradon (*V*. aussi p. 95, note 4, p. 100, note 6, et p. 132, note 6).

Ces deux vers (129, 130) sont admirables. *Le Brun.* — Cotin (*Crit.*, 34) trouve le premier ampoulé.

[3] Autres vers (131 et 132) ampoulés. *Cotin, ib.* — Ailleurs (p. 16, et Sat., p. 8) il lui en fait un crime. — On les a supprimés dans le Boileau classique. V. 1666 à 1669 (*id.*, 1672 C.) : après le vers 132, on lisait ceux-ci :

> Où l'argent seul tient lieu d'esprit et de noblesse,
> Où la vertu se pèse au poids de la richesse;
> Où l'on emporte à peine, à suivre les neuf sœurs,
> Un laurier chimérique et de maigres honneurs.

Où la science triste, affreuse, délaissée,[1]
Est partout des bons lieux comme infâme chassée ;
Où le seul art en vogue est l'art de bien voler ;   135
Où tout me choque ; enfin, où... Je n'ose parler.[2]
Et quel homme si froid ne serait plein de bile,
A l'aspect odieux des mœurs de cette ville ?
Qui pourrait les souffrir ? et qui, pour les blâmer,
Malgré muse et Phébus n'apprendrait à rimer ?   140
Non, non, sur ce sujet,[3] pour écrire avec grâce,
Il ne faut point monter au sommet du Parnasse ;
Et, sans aller rêver dans le double vallon,
La colère suffit, et vaut un Apollon.[4]
Tout beau, dira quelqu'un, vous entrez en furie.[5]   145

Il est d'un déclamateur et non d'un poète, de répéter si souvent un même mot (*où*). Cotin, *Crit.*, 50 (ici Boileau s'est rectifié sur l'avis de Cotin).

[1] V. O. 1666 à 1701, affreuse *et* délaissée. — Regnier (sat. III) avait dit :

Si la science pauvre, affreuse et méprisée
Sert au peuple de fable, aux plus grands de risée.

[2] V. 1666 à 1683, *où, je...* Racine conseilla à Boileau de marquer une suspension par les points ci-dessus. *Bross.* — Cette suspension qui, comme l'observe Le Brun, donne un nouveau prix au vers, fut faite en 1685 (dans le carton indiqué p. 78, note 1), et non en 1694, comme le dit M. de S.-S.

[3] *V. E.* 1666 à 1701. Virgule rétablie (*voy.* p. 45, note 6)... Elle empêche d'apercevoir la dureté d'inversion qu'on (S.-M., V, 307) trouve ici.

[4] Juvénal (sat. I, v. 79) avait dit : *Si natura negat facit indignatio versum* ; et d'après lui Regnier (sat. II, v. 98), mais bien moins heureusement, « Puis souvent la colère engendre de bons vers. » Note de l'éditeur d'Amsterdam, 1701 et 1713, adoptée par Brossette.

Beau vers soufflé à l'auteur par l'inspiration satirique, et d'un tour original. Boileau oubliait qu'il traduisait Horace. *Le Brun* (ce n'est point Horace, mais Juvénal... *Voy.* tome IV, lettre CX, p. 387).

[5] V.. 1666 à 1682 : mais quoi ! *dira quelqu'un, vous...*
Im. de Boil... Gacon, sat. VII, p. 35.

Tout beau, dira quelqu'un, votre muse en furie...

A quoi bon ces grands mots? doucement, je vous prie :
Ou bien montez en chaire, et là, comme un docteur,
Allez de vos sermons endormir l'auditeur :
C'est là que bien ou mal on a droit de tout dire.
    Ainsi parle un esprit qu'irrite la satire,[1]   150

---

[1] *P. C. O.* (En partie). 1666 R.; 1667, C.; 1668, Ver... Au lieu des vers 129 à 150, on y lit les quarante suivans, dont Boileau n'avait conservé que quatre (*voy.* note 3, p. 78) et encore avec quelques changemens, et qu'il a fini par tous supprimer.

> Quittons donc cette ville où le crime est le maître,
> Où l'honneur décrié n'oserait plus paraître ;
> Où l'on voit cent tyrans s'élever jusqu'aux cieux
> Et jouir de nos biens, à leur aise, à nos yeux ;
> Où ce riche insolent, cette âme mercenaire,
> Qui fut jadis valet des valets de mon père,
> Ne va plus qu'en carrosse ou qu'en chaise au palais,
> Et se fait suivre au cours, d'un peuple de valets ;
> Où des plus beaux esprits, l'ignorance est maîtresse,
> Où la vertu se pèse au poids de la richesse,
> Où l'on n'emporte enfin, à suivre les neuf sœurs,
> Qu'un laurier chimérique et de maigres honneurs ;
> Où le plus riche auteur qui se trouve au Parnasse
> Peut être en (*à*) moins d'un mois, réduit à la besace ;
> Où l'or seul en ce temps a mille et mille appas,
> Où l'on se perd, enfin, où je ne me plais pas.
> Et quelle âme de fer ici pourrait se plaire ?
> Et pour dernière (*dernier*) horreur, pour comble de misère,
> Qui pourrait aujourd'hui, sans un juste mépris,
> Voir l'Italie en France, et Rome dans Paris ?
> Je sais bien mon devoir, et ce qu'on doit à Rome,
> Pour avoir dans ses murs (*mœurs*) élevé ce grand homme,
> Dont le génie heureux, par un secret ressort,
> Fait mouvoir tout l'état encore après sa mort ;
> Mais enfin je ne puis, sans horreur et sans peine,
> Voir le Tibre à grands flots se mêler dans la Seine,
> Et traîner dans Paris ses Momes, ses farceurs,
> Sa langue, ses poisons, ses crimes et ses mœurs ;
> Et chacun avec joie en ce temps plein de vice,
> Des crimes d'Italie enrichir sa malice :
> Car un vice admirable en (*admiré dans*) ce siècle tortu,
> N'est pas vice, ains (*ou*) plutôt est la même vertu.

SATIRE I. 81

Qui contre ses défauts croit être en sûreté,
En raillant d'un censeur la triste austérité; ²
Qui fait l'homme intrépide ³, et, tremblant de faiblesse,
Attend pour croire en Dieu que la fièvre le presse;
Et, toujours dans l'orage au ciel levant les mains,   155
Dès que l'air est calmé, rit des faibles humains. ⁴
Car de penser alors ⁵ qu'un Dieu tourne le monde,
Et règle les ressorts de la machine ronde, ⁶

>   Il en faut de nouveaux et que leur âme impure
>   Dans ses sales horreurs outrage la nature,
>   Et par un crime horrible, exécrable, odieux
>   Mérite encor le feu qu'on vit tomber des cieux,
>   Quand ce Dieu foudroyant, que craint la terre et l'onde,
>   Vint venger la nature aux yeux de tout le monde.
>   Mais chacun, etc. (plus bas, note 2).

¹ *Contre ses défauts* n'est pas clair. Prad., T., 42; Saint-Marc, V, 308.
² P. C. O. 1666, R.; 1667, C.; 1668, Ver...

>   Mais chacun en dépit de la divinité,
>   Croit jouir de son crime avec impunité.

³ Solécisme : il fallait dire, *qui fait de l'intrépide*... Cotin, *Critique*, 37.
⁴ V... Vers 155 et 156.. 1666 à 1682.

>   Et riant, hors de là, du sentiment commun,
>   Prêche que trois sont trois, et ne font jamais un.

Ces vers, ainsi que ceux qu'on rapporte dans la note 1, p. 82, furent changés, selon Brossette, sur l'avis d'Arnauld, qui les trouvait un peu *libertins* (acception ancienne de ce mot... voy. p. 115, note 6)... Ils avaient été vivement critiqués (v. l'Essai, chap. II, n° 80, et chap. IV, n° 154).

⁵ V.. 1666 à 1682 : *Car enfin, de penser qu'un*...

⁶ *Alors, ressorts*, deux hémistiches qui riment... *tourne le monde* et *machine ronde*, expressions peu nobles... Saint-Marc, V, 310. — Ces deux vers ne sont pas des meilleurs. *Le Brun*.

Vers 157 et 158. P. C. O. 1666, R.; 1667, Col.; 1668, Ver..

>   Car de penser qu'un jour la céleste puissance
>   Doit punir le coupable aux yeux de l'innocence

TOME I.   11

Ou qu'il est une vie au-delà du trépas,
C'est là, tout haut du moins, ce qu'il n'avouera pas. 160
    Pour moi, qu'en santé même un autre monde étonne,[1]
Qui crois l'âme immortelle, et que c'est Dieu qui tonne,[2]
Il vaut mieux pour jamais me bannir de ce lieu.
Je me retire donc. Adieu, Paris, adieu.

---

[1] V. (vers 160 et 161)... 1666 à 1682.

> C'est là ce qu'il faut croire, et ce qu'il ne croit pas.
> Pour moi qui suis plus simple, et que l'enfer étonne.

Autres vers changés, dit Brossette (voy. p. 81, note 4), sur l'avis d'Arnauld...
    P. C. O. 1666 R.; 1667, Col.; 1668, Ver...

> C'est ce qu'à la bavette un enfant ne croit pas.

En santé même, expression bien bourgeoise. *Pradon, Rem.*, 35. — Elle n'a pas, il faut l'avouer, l'énergie de la première leçon (*pour moi qui suis plus simple*, etc).

[2] Je ne sais pourquoi Boileau est si étonné de l'autre monde, puisque toute l'antiquité y a cru.. Il croit que c'est *Dieu* qui tonne; mais il tonne comme il grêle, comme il envoie la pluie et le beau temps, comme il opère tout, comme il fait tout. *Voltaire, Dict. phil.*, mot *Tonnerre*. — Le nom du critique rapproché de celui de Boileau rend cette remarque assez piquante, et il n'est pas moins singulier d'en voir une partie copiée dans le Boileau classique.

Étonne, dit encore Voltaire (*ibid.*) n'était pas le mot propre, c'était *alarme*. Mais, observe M. Planche, peut-être le sens de ce verbe avait-il au temps de Boileau, conservé un peu de la force de son radical.

Qui crois l'âme, etc. Le poète a eu tort de mettre ces deux vérités dans le même cadre; la seconde dégrade et rend futile la première. *Le Brun.*

SATIRE II.

A M. DE MOLIÈRE. [2]

Rare et fameux esprit, dont la fertile veine
Ignore en écrivant [3] le travail et la peine;
Pour qui tient Apollon [4] tous ses trésors ouverts,

---

[1] La quatrième, dans l'ordre chronologique. Elle fut composée en 1664, selon Brossette, et en 1662, selon le catalogue de l'édition de 1713. Nous croyons que ce fut au plus tôt en 1663, parce qu'il est difficile qu'un ouvrage de ce genre ait pu, pour ainsi dire, être terminé d'un seul jet. Or, c'est ce qu'il faut admettre en adoptant la fixation de Brossette, puisqu'il parut au milieu d'un recueil dont l'impression fut achevée le 12 juillet 1664 (Not. bibliogr., § 1, n° 2).

Si le fond de cette pièce n'est pas assez digne de celui à qui elle est adressée (mais *v.* l'Essai, chap. II, n° 59), les détails contiennent des leçons dont l'utilité doit faire oublier le peu d'intérêt du sujet. On y trouve surtout deux vers (93 et 94) bien remarquables. *D'Alembert*, I, 67. — Cette satire est semée de beaux vers, et les détails en sont soignés. *Le Brun*. — Je ne me pique pas d'être plus difficile que Molière, et je trouve cette satire très agréable. *La Harpe, Lyc.*, VI, 207.

Madame de Salm (*épître sur la rime... Monit.*, 1812, 572), dit aussi :

> Le régent du Parnasse en rimes recherchées,
> Nous a tracé les lois à la rime attachées,
> Je le sais, et rempli de leur sévérité,
> Par l'exemple a souvent prouvé leur vérité...

[2] *V. O.* (en part.) 1666 à 1675, pet. in-12, à M. Molière. — 1674 et 1675, gr. in-12, à M. de Molière. — 1682 (*id.*, 1685, C., 1686, A., etc.), à Monsieur de Molière. — 1683 à 1713, à M. de Molière.

[3] Une *veine* qui *écrit !* expression impropre. *Pradon, Tri.*; 51, *Le Brun*. — Non, la veine n'écrit pas, mais le poète doit se trouver *en veine* quand il écrit ; et plus elle est *fertile*, moins il éprouve *de travail et de peine*, en écrivant. *M. Amar*, 1824.

[4] Voilà une de ces transpositions blâmées par Boileau lui-même, au vers 45. *Rosel*, p. 5.

Et qui sais à quel coin se marquent les bons vers :
Dans les combats d'esprit savant maître d'escrime, [1] 5
Enseigne-moi, Molière, où tu trouves la rime. [2]
On dirait, quand tu veux, qu'elle te vient chercher :
Jamais au bout du vers on ne te voit broncher;
Et, sans qu'un long détour t'arrête, ou t'embarrasse,
A peine as-tu parlé, qu'elle-même s'y place. [3] 10
Mais moi, qu'un vain caprice, une bizarre humeur,
Pour mes péchés, je crois, fit devenir rimeur, [4]
Dans ce rude métier, où mon esprit se tue,
En vain, pour la trouver, je travaille et je sue.

---

[1] Cette figure est juste, car on s'escrime dans un combat. Il en est autrement dans ces vers de J.-B. Rousseau (*épître à Marot*) :

>Et qui jadis en maint genre d'escrime
>Vint chez vous seul étudier la rime.

On n'étudie point la rime en s'escrimant. *Voltaire, Dictionn. philosoph.*, mot *figure*.

[2] On cite mal-à-propos comme première composition l'expression *se trouve* qui est dans l'édition de Cologne, de 1667 : il y a *tu trouves*, à 1664, P., 1665, Col. (2ᵉ édit.), 1666, R., et 1668, Ver...

Madame de Salm, épître citée, note 1, p. 83.

>Ainsi donc, t'animant dans une folle escrime,
>Te voilà, cher Damis, défenseur de la rime

[3] Les sept, huit, et dixième vers disent la même chose; mais ils la disent avec de nouveaux accessoires, et ils sont bons, au mot *broncher* près, qu'on pourrait critiquer. Mais le neuvième n'est qu'une froide répétition ; et *t'arrête* n'est pas le terme propre, car un long détour n'arrête pas, il retarde seulement. *Condillac*, 123. — Comme la rime est le pas le plus difficile pour les mauvais poètes, c'est là qu'ils *bronchent* presque tous. De sorte que ce mot est très expressif ici, surtout à la fin du vers... Le neuvième vers n'est point une répétition, mais un accessoire particulier... *t'arrête* est le terme propre ; tout ce qui *embarrasse* l'esprit l'arrête. *Clément, Lett.* IX, p. 102.

[4] *P. C. O.* 1664, P.; 1665 et 1667, Col.; 1666, R.; 1668, Ver...

>Pour mes péchés sans doute a fait être rimeur.

Souvent j'ai beau rêver du matin jusqu'au soir :   15
Quand je veux dire « blanc », la quinteuse dit « noir ». 1
Si je veux d'un galant dépeindre la figure,
Ma plume pour rimer trouve l'abbé de Pure ; 2
Si je pense exprimer un auteur sans défaut,
La raison dit Virgile, et la rime Quinault. 3   20
Enfin, quoi que je fasse, ou que je veuille faire,
La bizarre toujours vient m'offrir le contraire.
De rage quelquefois, ne pouvant la trouver,
Triste, las et confus, je cesse d'y rêver ;
Et, maudissant vingt fois 4 le démon qui m'inspire,   25

---

1 Sur ce vers, *voy.* l'Essai, chap. III, n° 109.
Millevoye, *Dialogue de la rime*, etc., OEuvres, 1822, tome I, p. 285.

> C'est votre faute, hélas ! du matin jusqu'au soir,
> Lorsque je disais blanc, vous me répondiez noir.

2 P. C.. 1664, P.; 1665 et 1667, Col.; 1666, R.; et Brossette.

> Si je pense parler d'un galant de notre âge,
> Ma plume, pour rimer, rencontrera Ménage.

Au lieu de Ménage, il y a *le Page* à 1667, Col.; et des points, à 1666, R. — *Voy.* quant aux vers 17 et 18 et à De Pure, l'Essai, chap. II, n°s 24 et 51.
V. O... 1666 à 1682... l'abbé de P***.

3 V. O.. (en partie) 1666 à 1668, Kynaut.. 1669 à 1675, petit in-12, Quinault.. 1674 (grand in-12) à 1694, Kainaut.. 1697 (A) à 1713, Quinault (id., 1664, P., 1665, Col., 1666, R.).
Trait injuste en tout sens: *Quinault* ne rime point assez bien avec *défaut* pour que ce nom soit amené par la rime, et la raison n'a jamais dit que Virgile soit sans défaut. *Voltaire, Mémoire sur la satire, et Lett. sur le temple du Goût.*

Plaisanterie excellente. *Le Brun.* — Vers d'un tour satirique ingénieux (*v.* l'Essai, chapitre III, n° 109).
Imitat. de Boil., Clément, sat. III, vers 185.

> Et, par vos bons avis, pensez-vous que Delille
> Puisse autre chose enfin que rimer à Virgile ?

4 Texte de toutes les éditions, même de celle de Pradon (Tr., 46); mais par

Je fais mille sermens de ne jamais écrire.
Mais, quand j'ai bien maudit et Muses et Phébus,
Je la vois qui paraît quand je n'y pense plus :
Aussitôt, malgré moi, tout mon feu se rallume;
Je reprends sur-le-champ le papier et la plume;[1]   30
Et de mes vains sermens perdant le souvenir,
J'attends de vers en vers qu'elle daigne venir.
Encor si pour rimer, dans sa verve indiscrète,
Ma muse au moins souffrait une froide épithète,[2]
Je ferais comme un autre[3], et, sans chercher si loin,   35
J'aurais toujours des mots pour les coudre au besoin.
Si je louais Philis, EN MIRACLES FÉCONDE,
Je trouverais bientôt, A NULLE AUTRE SECONDE;
Si je voulais vanter un objet NOMPAREIL,
Je mettrais à l'instant, PLUS [4] BEAU QUE LE SOLEIL;   40
Enfin, parlant toujours d'ASTRES [5] et de MERVEILLES,

une mauvaise foi insigne, il lit (p. 54) maudis*sant cent* fois, et s'écrie : le joli sifflement!

[1] Horace, liv. II, épît. 1, v. 111 (omis par les éditeurs de Boileau).

> Ipse ego, qui nullos me affirmo scribere versus,
> Invenior Parthis mendacior, et, prius, orto
> Sole vigil calamum, et chartas, et scrinia posco.

[2] Millevoye, Dialogue, etc., p. 287 (cité, note 1, p. 85).

> Il faut absolument, pour la rendre (*la phrase*) complète,
> Placer à tout hasard votre folle épithète.

[3] Il s'agit de Ménage. *Bross.* — On lit en effet ces vers (nous en citons d'autres, tome II, p. 117, note 3) dans son épître à Chapelain :

> J'abandonnai Belinde en miracles féconde,
> Et pour qui je brûlais d'une ardeur sans seconde.

[4] *P. C. O...* 1664, P.; 1665 et 1667, Col.; 1666, R.; 1668, Ver... *Je mettrais sans tarder, plus...*

[5] *V. O.* (en partie). 1666, 1667 et 1668, pet. in-12 (*id.*, 1665, C., et 1666, R.)... *Toujours, et d'astre et de...*

SATIRE II.

De CHEFS-D'OEUVRE DES CIEUX, de BEAUTÉS SANS PAREILLES; [1]
Avec tous ces beaux mots [2], souvent mis au hasard,
Je pourrais aisément, sans génie et sans art, [3]
Et transposant cent fois et le nom et le verbe, 45
Dans mes vers recousus mettre en pièces Malherbe. [4]
Mais mon esprit, tremblant sur le choix de ses mots,

---

[1] *V. O.* 1666 à 1669, et 1685 à 1698, *chef-d'œuvre* (il y a un carton... *Voy.* la note du vers 88). On lit *chef-d'œuvres* dans les éditions de 1674 à 1683, et de 1701 à 1713, ainsi que dans celles de Brossette, Dumonteil, Souchay et Saint-Marc, et leurs copies. La plupart des éditeurs du XIXe siècle mettent *chefs-d'œuvre*.

Ces expressions n'étaient pas ridicules alors; grâce à Boileau elles ne passeraient point aujourd'hui. *Voltaire*, *Comment. sur les Horace*, acte I, sc. 9; *et sur le Cid*, acte I, sc. 1.

Vers 35 à 42... Passage imité, 1° par Pope (*Essai sur la crit.*, v. 352, etc.); 2° par madame de Salm (épître citée, note 1, p. 83), qui dit:

> Leurs froids imitateurs, bien qu'ils soient renommés,
> Semblent ne nous offrir que de longs bouts rimés :
> Le *cœur* et le *vainqueur*, les *larmes*, les *alarmes*,
> Les *forêts*, les *guérêts*, pour nous n'ont plus de charmes.

3° Par M. de Frénilly (*Poésies*, Paris, 1807, p. 141), dans ces vers :

> Veux-je louer en vers, les charmes de Phylis?
> J'ouvre mon Richelet, et j'y trouve *accomplis?*
> Ai-je besoin de peindre une *amertume affreuse?*
> Je prends dans mes cartons sa *durée odieuse.*
> Faut-il quelque épithète à mes vers incomplets?
> Je trouve *heureux*, *sensible*, *inhumaine*, *parfaits;*
> Les héros sont *vaillans*, les tyrans *effroyables*,
> Et les cœurs *enflammés* pour des yeux *adorables*.

[2] *P. C. O...* 1666, R... *Avecque* tous ces mots, *souvent...*

[3] Parny, Dialogue du poète (*OEuvres choisies*, 1826, tome I, p. 94):

> Mais pour parler d'amour il faut parler sans art;
> Qu'importe que la rime alors tombe au hasard?

[4] Boileau avait d'abord fait ce vers : ses amis (Molière, La Fontaine, etc.) jugèrent impossible d'en faire un qui rimât avec Malherbe... La Fontaine dit ensuite qu'il donnerait le plus beau de ses contes pour avoir trouvé ce pre-

N'en dira jamais un, s'il ne tombe à propos,
Et ne saurait souffrir qu'une phrase insipide
Vienne à la fin d'un vers remplir la place vide ; 50
Ainsi, recommençant un ouvrage vingt fois, [1]
Si j'écris quatre mots, j'en effacerai trois.

Maudit soit le premier dont la verve insensée
Dans les bornes d'un vers renferma sa pensée, [2]
Et, donnant à ses mots une étroite prison, 55
Voulut avec la rime enchaîner la raison ! [3]
Sans ce métier fatal au repos de ma vie,

---

mier vers. *Bross.* (quant à l'usage de faire le deuxième vers avant le premier, *voy.* l'Essai, chap. IV, n° 165).

Personne n'a mieux connu que Boileau l'art de suivre une métaphore. *Dans mes vers recousus*, qui est une expression pittoresque (elle est pourtant blâmée par Rosel, p. 5), précède bien naturellement, *mettre en pièces Malherbe... Le Brun.*

Imit. de Boil... Bellocq, satire des petits-maîtres (1694, p. 9).

> Mais j'ai de la mémoire et je saurai de reste
> A Cadmus dépécé coudre un lambeau d'Alceste, etc.

[1] P. C. O. 1666, R... *vienne à la fin* du *vers*... *un ouvrage* cent *fois*...
[2] Millevoye, Dialogue, p. 288 (cité, p. 85, note 1).

> Souvent je vous ai vue, avec art balancée,
> Dans les bornes du vers resserrer ma pensée.

Quel est le défaut qui fait qu'un vers est prosaïque ? Le mot latin *soluta oratio* nous l'indique, et ces vers de Boileau (v. 53 à 56) nous le font sentir encore mieux... C'est cette précision, cet encadrement de la pensée dans les limites étroites du vers, qu'elle remplit exactement sans qu'on y aperçoive ni du vide, ni de la gêne, et de manière que l'expression y soit comme jetée au moule : c'est là ce qui distingue essentiellement les vers bien faits des vers lâches, des vers contraints, et enfin des vers prosaïques. *Marmontel, Encycl., mot prosaïque* (copié par *Fontenai*, même mot).

[3] Boileau prêche d'exemple : la raison ne s'était point encore trouvée aussi bien enchaînée avec la rime. *Le Brun.*

Vers 53 à 56. Ils sont d'une beauté achevée. *Lévizac.*

Mes jours, pleins de loisir, couleraient sans envie. [1]
Je n'aurais qu'à chanter, rire, boire d'autant,
Et, comme un gras chanoine, à mon aise et content,　60
Passer tranquillement, sans souci, sans affaire,
La nuit à bien dormir, et le jour à rien faire. [2]

[1] P. C. 1664, P.; 1665, Col.; 1666, R., et Bross. (le changement fut fait parce que les mots en italiques sont dans Malherbe. *Bross.*).

> Sans ce métier, hélas! si contraire à ma joie,
> Mes jours auraient été *filés d'or et de soie.*

Il faut que Regnard ait connu quelqu'une de ces éditions, car il a imité (*Distrait*, acte III, sc. 9) cette *imitation.*

> Sans ce fâcheux dédit qui vient troubler ma joie,
> Je passerais des jours filés d'or et de soie.

Il a aussi (*Epître à Bentivoglio*, v. 9 et suiv.) imité le texte (v. 57 à 62).

> Un démon ennemi du repos de ma vie
> De rimer en naissant m'inspira la folie...
> Depuis ce temps fatal ma vie infortunée
> Aux fureurs d'Apollon fut toujours condamnée;
> Le fantasque qu'il est m'agite à tout propos,
> Et se fait un plaisir de troubler mon repos.
> Quand retiré chez moi, que d'un sommeil tranquille,
> Je devrais, à mon aise, ainsi que Genonville,
> Entre deux draps bien blancs jusqu'à midi ronflant,
> Attendre le retour d'un dîner succulent...

[2] Boileau aurait bien pu mettre *le jour à* NE *rien faire*, comme La Fontaine l'a mis *depuis* dans son épitaphe... L'académie, consultée par Boileau, décida tout d'une voix que son expression valait mieux, parce que *rien faire*, sans négation, devenait une espèce d'occupation. *Bross.* — MM. Daunou et Raynouard (p. 153) révoquent en doute ce récit, parce que, lorsque Boileau composa (en 1664... M. R. dit, par erreur, en 1668) la satire II, il n'était pas de l'académie, et qu'il n'avait pas coutume de consulter cette compagnie... Ils n'ont pas pris garde au mot *depuis*, de Brossette, d'où il résulte que l'avis de l'académie put être demandé après 1695, année de la mort du fabuliste.

Quoi qu'il en soit, cette expression, employée d'abord par Du Bellay et Rabelais (v. *Le Duchat, ib.*, liv. IV, ch. XV), réprouvée ensuite par Pradon

Mon cœur, exempt de soins, libre de passion,
Sait donner une borne à son ambition ; [1]
Et, fuyant des grandeurs la présence importune,   65
Je ne vais point au Louvre adorer la fortune :
Et je serais heureux si, pour me consumer, [2]
Un destin envieux ne m'avait fait rimer.

Mais depuis le moment que cette frénésie
De ses noires vapeurs troubla ma fantaisie, [3]   70
Et qu'un démon jaloux de mon contentement
M'inspira le dessein d'écrire poliment, [4]

(Tr., 55, et R., 37), et par des grammairiens et littérateurs modernes (Féraud, MM. Laveaux, Planche, etc.), se retrouve dans Voltaire (vi[e] Discours, vers 155).

    Et formé pour agir, se plaisait à rien faire.

Passer, etc. On croirait ces deux vers (61, 62) échappés à plume de La Fontaine. Ils ont la naïveté de son tour d'esprit, et même la négligence de sa rime, car *affaire* et *faire* semblent un peu trop appartenir à la même racine. On tolère *amis* et *ennemis*, quoique composés, surtout quand ils amènent d'heureuses oppositions. Mais, en général, il ne faut pas rendre la poésie si facile ; le nombre des rimeurs est déjà assez grand.... Boileau a mis *et le jour à rien faire ;* en supprimant la négation, il ajoute au naturel du vers. *Le Brun.*

Vers 57 à 62. Mademoiselle Hooghart (p. 58), les prenant au sérieux, se récrie sur ce qu'ils présentent comme seule alternative de bonheur, ou le talent d'un bon poète, ou la vie d'un chanoine glouton et fainéant.

Imit. de B... M. de Frénilly, p. 69 (Poésies citées, p. 87, note 1).

    Si je suis sain, dispos, sans souci, sans affaire,
    Et libre de vaquer au soin de ne rien faire.

[1] *Une borne*, au singulier, est une liberté que l'on peut permettre aux poètes. *Saint-Marc*, V, 312.

[2] *Et fuyant... et je serais...* ET, ainsi répété sans nécessité, semble allonger ce vers (67) d'un pied de plus. *Le Brun.*

[3] Autre mauvaise foi de Pradon. *Fureurs* d'une *frénésie*, est, dit-il (Tr., 55), un pléonasme ; et il avait mis lui-même le vrai texte (*vapeurs*) quelques pages auparavant (p. 48).

[4] C'est-à-dire avec correction, en limant mes ouvrages. *M. Dubois.*

Tous les jours malgré moi, cloué sur un ouvrage,
Retouchant¹ un endroit, effaçant une page,
Enfin passant ma vie en ce triste métier,   75
J'envie, en écrivant, le sort de Pelletier. ²

Bienheureux Scudéri, dont la fertile plume ³
Peut tous les mois sans peine enfanter un volume !
Tes écrits⁴, il est vrai, sans art⁵ et languissans,
Semblent être formés en dépit du bon sens;   80
Mais ils trouvent pourtant, quoi qu'on en puisse dire,
Un marchand⁶ pour les vendre, et des sots pour les lire;
Et quand la rime enfin se trouve au bout des vers,
Qu'importe que le reste y soit mis de travers !⁷
Malheureux mille fois celui dont la manie   85

---

¹ *F. N. R.* Retournant... Faute de 1668, in-8, P., et de 1669, A.

² Poëte du dernier ordre qui faisait tous les jours un sonnet. *Boil.*, 1713 (voy. *Essai*, chap. II, nᵒˢ 24 et 52).

L'épigramme en devient plus sanglante par le ton de bonhomie que l'auteur a su prendre. *Le Brun.*

³ *P. C. O...* 1666 à 1682. Bienheureux *Scutari*... Mais les éditions de 1664, P., et 1665, Col., portent *Scudéri.*

C'est le fameux Scudéri, auteur de beaucoup de romans, et frère de la fameuse mademoiselle de Scudéri. *Boil.*, 1713.

Le mot *fertile* est là très bien placé, parce que la plume de Scudéri s'exerçait, se répandait sur toutes sortes de sujets. *Voltaire, Dict. phil.*, mot *fécond.*

O bienheureux écrivains, avait dit Balzac (liv. XXIII, lett. xii, cité par *Bross.*), M. de Saumaise... et M. de Scudéri !... J'admire votre facilité... et votre abondance !

⁴ *P. C. O...* 1666, R.. *ses* écrits, il est vrai...

⁵ *V...* 1666 à 1682 (*id.*, 1665, C., 1666, R.)... *sans force et...*
Regnard (*Sat. des maris*) dit que les traits de Boileau (*Sat.* x)

Sont tombés de ses mains, sans force et languissans.

⁶ *P. C. O...* 1665, C., et 1666, R... des marchands.

⁷ Dans les Nouvelles de la république des lettres (1685, p. 228) on dit

Veut aux règles de l'art asservir son génie ! [1]
Un sot, en écrivant, fait tout avec plaisir.
Il n'a point en ses vers l'embarras de choisir ; [2]
Et, toujours amoureux de ce qu'il vient d'écrire,
Ravi d'étonnement [3], en soi-même il s'admire. 90
Mais un esprit sublime en vain veut s'élever [4]

que le poème d'Alaric, de Scudéri, fit tomber la Pucelle de Chapelain,
parce qu'il inspira du goût pour les vers aisés et coulans.

Vers 77 à 84. Ce morceau étincelant de verve est dans la mémoire de tous
les lecteurs. *Le Brun.*

Imitat. de Boil... Regnard, Epitre à Bentivoglio, vers 95 et suiv.

> Trop heureux Q***, qui peux en un seul jour,
> Changer trois fois d'habit, de cheval et d'amour...
> Tes plaisirs, il est vrai, sont sans goût, sans attraits ;
> Mais tu fais cependant, quoiqu'on en veuille rire,
> L'amour sans rien souffrir, et même sans le dire.

Vers 83 et 84. Parny, *Dialogue du poète et de sa muse* (cité, p. 87).

> Oui, le reproche est juste, et je sens qu'à mes vers,
> La rime vient toujours se coudre de travers.

[1] Madame de Salm (épître citée, note 1, p. 83) dit :

> Mais nous ne savons pas ce qu'à leur beau génie
> A dû coûter par-fois cette vaine manie.

[2] Vers 41 à 88. Il sont sur un carton dans l'édition de 1685. Peut-être
Boileau avait-il fait à l'impression un changement auquel il aura ensuite renoncé ; car en les comparant avec ceux de l'édition de 1683, on n'y trouve
que quelques différences d'orthographe (*voy.* p. 87, note 1).

[3] *P. C. O...* 1665, C., 1666, R... avec *étonnement*.

Voilà encore une expression créée par Boileau (*V.* Thomas et *V.* Fabre,
cités ci-devant à l'avertissement, n° IV), du moins Pradon (Tr., 57) affirme
qu'on n'a jamais dit *ravi d'étonnement ;* qu'il faut *plein* d'étonnement.

[4] Vers 87 à 92... Horace, liv. II, ép. II, v. 106 à 110.

> Ridentur mala qui componunt carmina : verum
> Gaudent scribentes et se venerantur ; et ultro
> Si taceas, laudant quidquid scripsere, beati.
> At qui legitimum cupiet fecisse poema,
> Cum tabulis animum censoris sumet honesti, etc.

A ce degré parfait qu'il tâche de trouver;
Et, toujours mécontent de ce qu'il vient de faire, [1]
Il plaît à tout le monde, et ne saurait se plaire;
Et tel, dont en tous lieux chacun vante l'esprit,   95
Voudrait pour son repos n'avoir jamais écrit.

  Toi donc, qui vois les maux où ma muse s'abîme, [2]
De grace, enseigne-moi l'art de trouver la rime :
Ou, puisque enfin tes soins y seraient superflus,
Molière, enseigne-moi l'art de ne rimer plus. [3]   100

[1] L'*et* de ce vers paraît inutile : sans lui la phrase serait plus correcte, plus vive. D'ailleurs, l'*et* du troisième vers le rend choquant. *Saint-Marc*, V, 312. — Ce vers est précisément un de ceux que d'Alembert admire le plus. *V.* note 1, p. 83. — Il semble que Boileau ait songé à lui quand il a fait ce vers charmant : car on sait qu'il corrigeait encore avec soin l'écrit applaudi cent fois par le public. *Le Brun*.

[2] On ne *s'abime pas dans les maux*, mais *dans la peine*, *dans l'étude…* *Rosel*, p. 4. — L'observation suivante de M. Amar justifie la figure employée par Boileau; *s'abîme*, dit-il, signifie ici se précipiter aveuglément comme dans un gouffre, dans un *abîme* sans fond.

[3] L'ART *de ne rimer plus* ne signifie rien : peut-être aurait-il mieux valu dire, obtiens de moi que je ne rime plus. *Rosel, ib.*

SATIRE III.[1]

A.[2] Quel sujet inconnu vous trouble et vous altère,
D'où vous vient aujourd'hui cet air sombre et sévère,[3]
Et ce visage enfin plus pâle qu'un rentier[4]
A l'aspect d'un arrêt qui retranche un quartier?[5]
Qu'est devenu ce teint dont la couleur fleurie   5
Semblait d'ortolans seuls et de bisques nourrie,[6]

---

[1] Composée en 1665... Récit d'un festin donné par un hôte d'un goût extravagant, qui se pique néanmoins de rafiner sur la bonne chère. Horace, (*lib.* II, *sat.* VIII) et Regnier (sat. x) ont traité un sujet semblable. *Bross.* — Mais du reste l'ouvrage d'Horace et la satire de Boileau n'ont rien de commun. *Editeur* de 1701, A.

Cette satire a été critiquée d'un bout à l'autre par Pradon (*Satir. expirant*), qui y trouve à peine quinze bons vers. La Harpe pense un peu différemment (*voy.* la note du vers 96, p. 102).

[2] Cette lettre (elle signifie l'auditeur... *Bross.*), qu'on a omise dans quelques éditions modernes, est dans toutes les éditions originales.

[3] Juvénal, satire IX, vers 1, 2, 8 et 9.

> Scire velim quare toties mihi, Nœvole, tristis
> Occurras fronte obducta. . . . .
> . . . . Unde repente
> Tot rugæ...

[4] Pour *plus pâle* QUE CELUI *d'un rentier* : l'usage est contre une semblable ellipse. *Rosel*, p. 6. — Oui, sans doute; mais dans le langage de la prose.

[5] Le roi, en ce temps-là (1664... *Bross.*), avait supprimé un quartier des rentes. *Boil.*, 1713. — Vers d'une hardiesse inconcevable : il attaque jusqu'à Louis XIV même. *Le Brun.*

[6] Vers 1 à 6... Parodiés par Regnard, *Tombeau de Despréaux*, vers 1 à 6.

> Quelle sombre tristesse attaque tes esprits?
> Le chagrin sur ton front est gravé par replis!
> Qu'as-tu fait de ce teint où la jeunesse brille?

Où la joie en son lustre attirait les regards,
Et le vin en rubis brillait de toutes parts ?¹
Qui vous a pu plonger dans cette humeur chagrine ?
A-t-on par quelque édit réformé la cuisine ?² 10
Ou quelque longue pluie, inondant vos vallons,
A-t-elle fait couler vos vins et vos melons ?³
Répondez donc enfin⁴, ou bien je me retire.

> Je te vois plus rêveur qu'un enfant de famille,
> Qui courant vainement, cherche depuis un mois
> Quelque honnête usurier qui prête au denier trois.

¹ Vers 5 à 8. Je suis étonné qu'on n'ait fait aucune remarque sur ces expressions si poétiques ; une couleur *nourrie* d'ortolans... du vin qui *brille en rubis* sur un teint...

² On publia alors divers édits de réformation. *Bross.*

³ V. 1666, 1667 et 1668, pet. in-12. *Vos vins* ou *Vos*...

Depuis quand est-ce qu'on plante les vignes et qu'on sème les melons dans les vallons ? *Pradon*, T., 74. — La pluie fait couler les melons et les raisins, mais non pas les vins. *Rosel*, p. 5. — Elle ne fait couler ni les melons, ni les vins, mais les vignes. *Saint-Marc*, V, 313.

Le Brun admet, au contraire, l'expression *fait couler les vins*. Il observe en même temps que si l'on ne dit pas trop bien que la pluie *fait couler les melons*, comme le verbe *fait* s'applique à ces deux substantifs, l'un aide à faire passer l'autre... Enfin, M. Auger (*Mercure*, mars 1808, *p.* 601) soutient que cette dernière locution, consacrée par l'académie, est très bonne.

Ajoutons que c'est peut-être parce qu'elle était jadis douteuse que Boileau aura substitué *et* à *ou*, afin que l'un des substantifs aidât à faire passer l'autre.

Imitat. de Boil... Regnard, *Satire des maris*, vers 111 et 112.

> Où de fougueux torrens inondans ses vallons,
> Ont noyé sans pitié, l'honneur de ses sillons.

⁴ V... 1666 à 1698. *Répondez donc du moins, ou...*

Voici encore une correction faite sur l'avis de Pradon. — Trois D (*dez, donc, du*) dans un vers, disait-il (*Satirique expirant*, p. 5), font une cacophonie... *Du moins* fait supposer d'ailleurs une chose à laquelle on se réduit subsidiairement, une diminution ; et il n'y en a point ici, car A se borne à demander une réponse...

P.¹ Ah! de grace, un moment, souffrez que je respire.
Je sors de chez un fat,² qui, pour m'empoisonner,   15
Je pense, exprès chez lui m'a forcé de dîner. ³
Je l'avais bien prévu. Depuis près d'une année
J'éludais tous les jours sa poursuite obstinée.
Mais hier⁴ il m'aborde, et, me serrant la main,
Ah! monsieur, m'a-t-il dit, je vous attends demain.   20
N'y manquez pas au moins. J'ai quatorze bouteilles
D'un vin vieux.... Boucingo⁵ n'en a point de pareilles :

---

¹ Cette lettre signifie le poète. *Bross.*

² *V. E.* Ponctuation de 1683 à 1713. Dans l'édition Didot, de 1781, imitée dans presque toutes les suivantes, on a supprimé la première virgule. Nous l'avons rétablie soit parce qu'elle marque la suspension de l'hémistiche dont nous avons parlé, p. 45, note 6, soit parce que l'omission de cette virgule conduit à une consonnance (*fat-qui*) encore plus désagréable que celle dont il est question dans la même note.

³ Méchante césure... Vers détestable... Cet *exprès* est bien bas. *Pradon*, *T.*, 75, et *R.*, 37 ; *Desmarets*, 34.

⁴ V... 1666 à 1669... *Quand hier*. — C'est dans les éditions de Cologne, de 1672, qu'on lit pour la première fois, *mais hier*.

⁵ Illustre marchand de vin. *Boil.*, 1713. — Quant au sens ancien du mot *illustre*, voy. tome II, p. 69, note 4.

V. E. et F. N. R. On a changé ce mot (sans en avertir) dans un grand nombre d'éditions, et on lui a substitué, 1° *renommé*, dans quelques-unes, telles que 1805, Bast. ; 1808 et 1814, Le Brun... ; 2° *fameux*, dans beaucoup d'autres, telles que celles de Brossette, Dumonteil, Souchay (1735) et Didot, et toutes leurs copies; 1800, Lév.; 1814, Bod.; 1823, Deb. et Levr.; 1824, Pl.; 1825, Ny.; 1826, Dub., Montp. et Mart.; 1828, Thi.; 1832, Treutt.. (plus de *quarante*).

« Ce n'est pas une faute d'interrompre au milieu d'un vers le sens qui a commencé le vers précédent, quand on le fait par un emportement figuré, par une interruption que la passion inspire, comme dans ce vers *d'un vin vieux... Boucingo*, etc. Mais il faut alors que le sens soit bien suspendu à l'endroit où celui qui parle s'interrompt; il faut que cette suspension semble arrêter des mots liés à la phrase, et qui allaient achever le vers ; car si ce sens était suffisamment déterminé et complet, le changement subit de discours ne sauverait point l'enjambement : comme si Boileau avait dit *de vin vieux*, au lieu *d'un*

Et je gagerais bien que¹ chez le commandeur,
Villandry² priserait sa sève et sa verdeur.
Molière avec Tartufe³ y doit jouer son rôle;   25
Et Lambert⁴, qui plus est, m'a donné sa parole.
C'est tout dire en un mot, et vous le connaissez. -
Quoi! Lambert? - Oui, Lambert. A demain. - C'est assez.

Ce matin donc, séduit par sa vaine promesse,
J'y cours, midi sonnant, au sortir de la messe.   30
A peine étais-je entré, que, ravi de me voir,
Mon homme, en m'embrassant, m'est venu recevoir;
Et, montrant à mes yeux une allégresse entière,
Nous n'avons, m'a-t-il dit, ni Lambert ni Molière;
Mais, puisque je vous vois, je me tiens trop content. 35
Vous êtes un brave homme; entrez : on vous attend.

A ces mots, mais trop tard, reconnaissant ma faute,
Je le suis en tremblant dans une chambre haute,

---

vin vieux, parce qu'ici c'est le mot *un* qui suspend l'expression et laisse quelque chose à attendre. » *Fontenai*, I, 487.

¹ *V. E.* Texte de 1666 à 1713. Dans les éditions citées, p. 96, note 2, on a mis une virgule, ce qui empêche encore la suspension de l'hémistiche.

² Homme de qualité qui allait fréquemment dîner (mot omis dans quelques éditions) chez le commandeur de Souvré. *Boil.*, 1713. — Il comblait de flatteries ceux qui lui donnaient à manger. *Id., note manuscrite.*—Une satire du temps dit que « Le Broussin, d'Olonne... et le duc de Vitry... au vin s'abandonnent... avec Villandry » (*mss. Fr., B.-R., supp., n° 686, f. 24*).

³ Le Tartufe en ce temps-là (v. p. 52, note 4) avait été défendu, et tout le monde voulait avoir Molière pour le lui entendre réciter. *Boil.*, 1701, 1713. — On a mis *la comédie du Tartufe*, dans quelques éditions modernes, telles que 1820, Mén.; 1821 et 1823, Viol.; 1824, Pl.; 1825, Aug...

⁴ Lambert, le fameux musicien, était un fort bon homme qui promettait à tout le monde de venir, mais qui ne venait jamais. *Boil.*, 1701 (les mots *de venir* y manquent) *et* 1713.

La réputation du bon Lambert rend le *qui plus est* charmant. Boileau a toujours le trait sans avoir jamais l'air de le chercher. *Le Brun.*

Où, malgré les volets, le soleil irrité [1]
Formait un poêle ardent au milieu de l'été.   40
Le couvert était mis dans ce lieu de plaisance,
Où j'ai trouvé d'abord, pour toute connaissance,
Deux nobles campagnards grands lecteurs de romans,
Qui m'ont dit tout Cyrus dans leurs longs complimens. [2]
J'enrageais. Cependant on apporte un potage.   45
Un coq y paraissait en pompeux équipage,
Qui, changeant sur ce plat et d'état et de nom,
Par tous les conviés s'est appelé chapon. [3]
Deux assiettes suivaient, dont l'une était ornée
D'une langue en ragoût, de persil couronnée;   50
L'autre, d'un godiveau tout brûlé par-dehors,
Dont un beurre gluant inondait tous les bords. [4]
On s'assied : mais d'abord notre troupe serrée
Tenait à peine autour [5] d'une table carrée,
Où chacun, malgré soi, l'un sur l'autre porté,   55
Faisait un tour à gauche, et mangeait de côté. [6]

---

[1] *Irrité* est inutile, et d'ailleurs le soleil irrité ou *en colère* est ridicule. Pradon, Sat., 10. — Vers savamment fait. Le *soleil irrité*, expression de verve. Le Brun.

Imit. de Boil... M. de Frénilly, p. 187 (Poésies citées, p. 87, note 1).

    Lorsque du haut des cieux le soleil irrité
    Répand sur les moissons tous les feux de l'été.

[2] Roman de (et non pas *en*, comme à 1824, *Am.*) dix tomes de mademoiselle de Scudéri. Boil., 1713. — Excellente plaisanterie bien couronnée par *leurs longs* complimens. Le Brun.

[3] Plaisanterie bien maigre et bien plate. Pradon, T., 77. — L'*état* d'un chapon! ce mot ingénieux donne du piquant au vers. Le Brun.

[4] Bon vers. Pradon, Sat., p. 13.

[5] Méchante césure. Desmarets, 34; Pradon, T., 78 et R., 37.

[6] Vers 55 et 56. *Malgré soi* est inutile... il fallait l'un *par* l'autre, et non pas l'un *sur* l'autre... Un *tour* est inexact, car un tour est *un cercle*; il fallait

Jugez en cet état, si je pouvais me plaire,
Moi qui ne compte rien ni le vin ni la chère, [1]
Si l'on n'est plus au large assis en un festin,
Qu'aux sermons de Cassagne, ou de l'abbé Cotin. [2] 60
Notre hôte cependant, s'adressant à la troupe,
Que vous semble, a-t-il dit, du [3] goût de cette soupe?
Sentez-vous le citron dont on a mis le jus
Avec des jaunes d'œufs mêlés dans du verjus? [4]
Ma foi, vive Mignot [5] et tout ce qu'il apprête! 65
Les cheveux cependant me dressaient à la tête: [6]
Car Mignot, c'est tout dire, et dans le monde entier

---

tournait... Pradon, Sat., p. 15. — Peinture aussi vraie que plaisante : le pinceau de Teniers n'eût pas mieux réussi. *Le Brun.*

[1] Boileau aurait pu mettre : *Moi qui compte pour rien et le vin et la chère;* mais il a cru l'autre manière plus conforme à l'usage... L'un et l'autre se disent... *Bross.* — Il est douteux que la tournure choisie par Boileau fût alors en usage; et aujourd'hui *ne compter rien* serait un barbarisme. *Féraud*, mot *compter* (Lévizac est du même sentiment). — On dirait en prose, *moi qui ne compte pour rien*, mais la tournure de la poésie est plus vive et plus légère. *Le Brun.*

[2] *V. E. ou O.* (en partie). 1666 à 1669, Chaissaigne... 1672 (Col.), Cassaigne... 1674 et 1675, gr. in-12, Chaissaigne... 1675, pet. in-12, à 1682, Chassaigne... 1683 à 1701, Cassaigne... 1713, Cassagne (*voy.* l'Essai, ch. II, nos 55 et 58).

V. O. 1666, 1667, Kautin... 1668 à 1713, Cotin...

Ces vers signifient qu'il y avait beaucoup de monde à ces sermons. *Boursault, Sat. des sat.*, sc. 6. — Mais personne ne l'entendit ainsi; cette raillerie, dit d'Olivet (*Hist. acad.*, II, 169), devint proverbe en naissant. Cotin lui-même se borna à se récrier (*Crit.*, 12) de ce que Boileau le jugeait comme prédicateur, lui qui n'avait commencé à écrire qu'après que Cotin avait cessé de prêcher.

[3] *F. N. R.* Texte de 1666 à 1713, et non pas, *dit-il, le goût,* comme à 1808 et 1814, Le Br.; 1824, Fro...

[4] Conflit d'acrimonie, trop bouffon. *Pradon*, T., 79.

[5] Fameux pâtissier-traiteur. *Bross.*

[6] *A la tête* est plus poétique et plus euphonique que *sur* la tête. *Le Brun.*

Jamais empoisonneur ne sut mieux son métier.
J'approuvais tout pourtant de la mine et du geste,
Pensant qu'au moins le vin dût réparer le reste.   70
Pour m'en éclaircir donc, j'en demande; et d'abord [1]
Un laquais effronté m'apporte un rouge-bord [2]
D'un Auvernat fumeux, qui, mêlé de Lignage, [3]
Se vendait chez Crenet [4] pour vin de l'Hermitage, [5]
Et qui, rouge et vermeil, mais fade et doucereux, [6]   75
N'avait rien qu'un goût plat, et qu'un déboire affreux. [7]
A peine ai-je senti cette liqueur traîtresse,
Que de ces vins mêlés j'ai reconnu l'adresse. [8]
Toutefois avec l'eau que j'y mets à foison,
J'espérais adoucir la force du poison.   80
Mais, qui l'aurait pensé? pour comble de disgrace,
Par le chaud qu'il faisait nous n'avions point de glace.

[1] *J'en demande — et d'abord* : suspension ménagée avec art (*voy.* tome II, p. 307, note 5). *Clément, Nouv. obs.*, 345.

[2] Ce mot signifie verre plein de vin jusqu'au bord. *Lévizac*, p. 30.

[3] Deux fameux vins du terroir d'Orléans. *Boil.*, 1713. — Brossette (presque tous les éditeurs le copient) donne sur ces vins des détails que contredit formellement l'éditeur de Genève, de 1732.

[4] Fameux marchand de vin, logé à la Pomme de Pin. *Boil.*, 1713. — Près du pont Notre-Dame. *Bross.*

[5] Texte de 1666 à 1713. — Les éditeurs modernes suppriment l'H.

[6] V. 1666 à 1685. *Et qui rouge* en couleur, *mais...*
Voici une nouvelle correction faite sur l'avis de Pradon, qui (*Sat.*, 20) demandait (en 1689) en quoi le vin peut être rouge, si ce n'est en couleur... Pradon ajoute (Saint-Marc, V, 314, l'approuve) que *fade* et *doucereux* forment ici un pléonasme; et selon Rosel (p. 6), le mélange ne rend point le vin fade et doucereux. Voilà des questions du ressort de M. G. D. L.

[7] Affreux... Mot ici très déplacé. *Pradon* et *Saint-Marc, ib.* — Autre question du ressort de M. G. D. L.

[8] Impropriété et galimatias. *Prad.*, T., 80. — L'*adresse* des vins, pour leur *mélange adroit*. Des sots reprendraient l'expression : raison de plus pour qu'elle reste. *Le Br.* — Ellipse heureuse et sagement hardie. *M. Amar.*

Point de glace, bon Dieu! dans le fort de l'été!¹
Au mois de juin! Pour moi, j'étais si transporté, ²
Que, donnant de fureur tout le festin au diable,   85
Je me suis vu vingt fois prêt à quitter la table;
Et, dût-on m'appeler³ et fantasque et bourru,
J'allais sortir enfin quand le rôt⁴ a paru.

  Sur un lièvre flanqué de six poulets étiques,
S'élevaient trois lapins, animaux domestiques,   90
Qui, dès leur tendre enfance élevés dans Paris, ⁵
Sentaient encor le chou dont ils furent nourris. ⁶
Autour de cet amas de viandes entassées
Régnait un long cordon d'alouettes pressées, ⁷

---

¹ L'usage de la glace était alors peu commun. *Bross.* — Dans des vers sur les réjouissances faites pour les victoires de 1667, on lit (*Mss. Fr.*, B. R., *Supp.*, n° 686, *f.* 39) :

> J'ordonnerais qu'après la prise d'une place,
> Au lieu de tant de feux en été superflus,
>   On en boirait six coups de plus,
>   Et qu'on les boirait à la glace.

² *Transporté* seul ne vaut rien, car on peut être transporté d'autre chose que de colère. *Prad., Sat.*, 28. — On eût dit en prose, transporté de fureur, mais le poète, pour être plus rapide, dévore habilement les mots. *Le Brun.*

³ *Et, dût-on,* est pour le conditionnel *et quand on aurait dû,* tour heureux qui donne de la force et de la vivacité à l'expression. *Lévizac.*

⁴ *F. N. R.* Texte de 1666 à 1713, et non pas *j'allais enfin sortir*, comme on lit à 1805, Bast.; 1808 et 1814, Le Br.; 1824, Fro...
Rôt et *Rôti* se disent également, mais *rôt* est plus noble : décision du comte du Broussin, consulté par Boileau. *Bross.*

⁵ *S'élevaient* et *élevés* sont un peu près, mais ils n'expriment pas la même idée. *Le Brun.* — Alors où est la faute (*voy.* d'ailleurs note du v. 96, à la fin), demande avec raison M. Amar (1824).

⁶ Vers 89 à 92. Voilà un des meilleurs endroits... Il n'y a rien de superflu; les rimes sont naturelles; le sens juste. *Pradon*, T., 81.

⁷ On ne mange pas des alouettes au mois de juin. *Cotin, Crit.*, 8; *Boursault, Sat. des sat.*, sc. 3. — On répond que l'hôte est un homme d'un goût

Et sur les bords du plat six pigeons étalés 95
Présentaient pour renfort leurs squelettes brûlés.¹
A côté de ce plat paraissaient deux salades,
L'une de pourpier jaune, et l'autre d'herbes fades,
Dont l'huile de fort loin saisissait l'odorat,
Et nageait dans des flots² de vinaigre rosat.³ 100
Tous mes sots, à l'instant changeant de contenance,
Ont loué du festin la superbe ordonnance;
Tandis que mon faquin qui se voyait priser,⁴
Avec un ris moqueur les priait d'excuser.

bizarre, qui a pu rechercher un mets rare, sans doute, mais qu'il n'était pas impossible de se procurer. *Bross.* — C'est précisément ce que nie Boursault, parce que, dit-il, l'alouette couve en mai, juin et juillet, et que ce *fat* n'en aura pas envoyé dénicher les petits... Mais Boursault ne s'aperçoit pas qu'il réfute lui-même son objection, car le fat aura bien pu faire prendre les *pères* et les *mères* de ces petits. Ainsi, c'est fort mal-à-propos que Brossette convient à la fin de sa note, de la justesse de l'objection, d'autant plus qu'il avait sous les yeux une note manuscrite, où Boileau observe qu'il y a autant d'alouettes en été qu'en hiver, mais qu'on n'en sert guère, parce qu'elles sont sèches et fort maigres.

¹ Horace, liv. II, sat. vIII, v. 90 et 91.

. . . . . . Tum pectore adusto
Vidimus et merulos poni, et sine clune palumbes.

Vers 93 à 96. Ces quatre vers, sans être de la force des précédens, ne sont pas mal. *Pradon, Tri.*, 81.

Vers 89 à 96. Voilà, j'en conviens, un mauvais rôt, mais ce sont de bien bons vers. La pièce entière est de ce style (il la trouve supérieure en poésie à celle d'Horace), et l'auteur l'a égayée par la conversation des campagnards, qui forme une espèce de scène fort plaisante. *La Harpe, Lyc.* VI, 199.

² *V. E.* Texte de 1666 à 1713, et non pas *dans les flots*, faute grossière commise dans plusieurs éditions, telles que 1666, C. T., 1672, Col. (une des deux éditions); 1677, T.; 1685, A.; 1695, C. T.; 1732, G.; 1741, A.; 1766 et 1782, P.; 1793, S.-Br.; 1814, Serp.; 1825, Daun.; 1832, Treut.

³ *Odorat, rosat*, mauvaises rimes. *Cotin, Crit.*, 36, 37.

⁴ *Priser* dans cette acception a vieilli. *Lévizac.*

Surtout certain hâbleur, à la gueule affamée, [1] 105
Qui vint à ce festin conduit par la fumée, [2]
Et qui s'est dit profès dans l'ordre des coteaux, [3]
A fait, en bien mangeant, l'éloge des morceaux. [4]
Je riais de le voir, avec sa mine étique,
Son rabat jadis blanc, et sa perruque antique, 110
En lapins de garenne ériger nos clapiers, [5]
Et nos pigeons cauchois [6] en superbes ramiers;

[1] *Gueule* ne se dit des personnes que populairement et par mépris, ou que dans des expressions proverbiales. On dit *gueule fraîche*, d'un homme de bon appétit, et *gueule enfarinée*, de celui qui agit inconsidérément et avec trop de confiance, etc. Cette expression est ici très heureusement appliquée à un *hâbleur* dont on dit, *il n'a que la gueule*... *Lévizac*.

[2] Bon vers. *Pradon*, *Tr.*, 81, et *Sat.*, 31.
Au XVIIIe siècle le fameux président de B. faisait comme le *hâbleur*. Lorsque de son château il apercevait une fumée épaisse s'élever de celui du marquis de M., il se hâtait de traverser la rivière et l'espace assez considérable (demi-lieue) qui l'en séparait, pour prendre part au festin annoncé par cet heureux signe. — Quant à l'original du *hâbleur*, *voy.* tome III, p. 477, n° 13.

[3] Ce nom fut donné à trois grands seigneurs (Brossette en cite plus de trois), tenant table, qui étaient partagés sur l'estime qu'on devait faire des vins des coteaux des environs de Reims. Ils avaient chacun leurs partisans. *Boil.*, 1694 à 1713. — *Voyez*, au reste, Ménage, Dict. étymol.
Epithète donnée à plusieurs hommes de nom, dont le mérite était de se connaître en bon vin. *Note de 1793, Pal.*
V. E. Au lieu de *coteaux des environs*, on lit *coteaux, qui sont aux environs*, dans les éditions de Brossette, de Dumonteil et de Souchay, dans leurs copies et dans quelques éditions modernes, telles que 1821, Viol.; 1822, Jeun.; 1825, Aug.; 1826, Mart. et Montp.; 1830, Ly. (plus de *trente*).

[4] Fausse rime, disait Ménage; parce qu'on écrivait alors *cotaux* et qu'on rimait surtout pour les yeux. *Féraud.* — Il y a probablement ici quelque erreur, car Boileau a toujours écrit *costeaux*, et Pradon (*Sat.*, 31) loue le second vers, ce qu'il n'eût point fait si la rime en eût été fausse. — Ce second vers, dit *Le Brun*, est resté proverbe.

[5] Nom des lapins domestiques. *Bross.*

[6] *V. O.* 1666 (*id.* C. et C. T.; 1667, F.), *Cochets...* 1667 et 1668, petit in-12, *Cauchais*.

Et, pour flatter notre hôte, observant son visage,
Composer sur ses yeux son geste et son langage ; [1]
Quand notre hôte charmé, m'avisant sur ce point : 115
Qu'avez-vous donc, dit-il, que vous ne mangez point ? [2]
Je vous trouve aujourd'hui l'âme toute [3] inquiète,
Et les morceaux entiers restent sur votre assiette.
Aimez-vous la muscade ? on en a mis partout. [4]
— Ah ! monsieur, ces poulets sont d'un merveilleux goût. 120
Ces pigeons sont dodus, mangez, sur ma parole.
J'aime à voir aux lapins cette chair blanche et molle.
Ma foi, tout est passable, il le faut confesser,
Et Mignot aujourd'hui s'est voulu surpasser.
Quand on parle de sauce, il faut qu'on y raffine ; 125
Pour moi, j'aime surtout que le poivre y domine :
J'en suis fourni, Dieu sait ! et j'ai tout Pelletier [5]

---

[1] Imitation éloignée de Tacite (Ann. XIII, 15), *at quibus altior intellectus resistunt defixi et Neronem intuentes*. Racine, dans Britannicus (1670, acte v, sc. 5), semble avoir voulu imiter tout-à-la-fois Tacite et Boileau :

> Mais ceux qui de la cour ont un plus long usage,
> Sur les yeux de César composent leur visage.

[2] Phrase elliptique pour *qu'avez-vous qui soit cause que vous ne mangiez point ?*... *Lévizac.*— Ce tour ne serait peut-être point admis aujourd'hui ; mais sa naïveté devrait le consacrer. *Le Brun.*

[3] *V. E.* Texte de 1666 à 1713 (cinquante-huit éditions, dont dix-sept originales), suivi par Brossette, Dumonteil, Souchay, Saint-Marc et MM. Didot, en 1781, et Daunou, en 1809... Presque tous les éditeurs modernes (1788 à 1819, Did. ; 1800, Lév. ; 1808, Le Br. ; 1821, Am. et S.-S. ; 1825, Aug. ; 1826, Dub. ; 1828, Thi. ; 1829, B. Ch. ; 1832, Tr.) suppriment l'*e*. En supposant (ce que n'admettent pas plusieurs grammairiens, par exemple feu Bertrand), que *tout* soit ici préférable (*voy.* t. II, p. 345, note 2), il eût au moins fallu avertir que Boileau ne l'avait jamais employé dans ce vers.

[4] Voy. sur ce vers, l'Essai, chap. III, n° 109.

[5] Vers 127, 128. Très bons vers. *Pradon, Sat.*, 34. — Trait d'une malice charmante. *Le Brun.* — *V.* aussi tome II, p. 12, note 1.

Roulé dans mon office en cornets de papier.
A tous ces beaux discours j'étais comme une pierre,
Ou comme la statue est au Festin de Pierre ; [1]   130
Et, sans dire un seul mot, j'avalais au hasard,
Quelque aile de poulet dont j'arrachais le lard.

   Cependant mon hâbleur, avec une voix haute,
Porte à mes campagnards la santé de notre hôte,
Qui tous deux pleins de joie, en jetant un grand cri, 135
Avec un rouge-bord acceptent son défi. [2]
Un si galant exploit réveillant tout le monde,
On a porté partout des verres à la ronde,
Où les doigts des laquais, dans la crasse tracés,
Témoignaient par écrit qu'on les avait rincés : [3]   140

---

[1] La pièce espagnole, dit Brossette, où Molière a puisé le sujet de la sienne est intitulée *El Combidado di piedra*, ce qui a été mal rendu par ces paroles *Le Festin de Pierre*, car elles signifient *Le Convié de pierre*, ou *La statue conviée à un repas*... Il observe ensuite que si la première traduction a prévalu dans l'usage, c'est probablement parce que la statue qui se rend au repas, est celle d'un commandeur nommé *Pierre* (Don Pedro)..... Auger rejette cette espèce d'excuse, et il soutient qu'on aurait au moins dû écrire *pierre* sans majuscule. Il ne fait pas attention que, selon la remarque judicieuse de M. Daunou, Molière n'a point traduit et n'était pas obligé de traduire le titre de la pièce espagnole; il en a imposé un particulier à la sienne, et c'est à ce titre que Boileau a dû s'attacher. En écrivant *pierre* sans majuscule, il eût commis la faute grossière d'employer pour rime le même mot dans deux vers. Peu importe que, comme le dit Brossette, Boileau ait fait allusion à une comédie du théâtre italien, et non à celle de Molière, car la remarque de M. Daunou peut s'appliquer à l'une aussi bien qu'à l'autre.

[2] V. O. 1666 à 1669, *avecque un*. — Les premières éditions où on lise *avec*, sont celles de Cologne, de 1672.

Cri, défi, mauvaises rimes. *Cotin*, *Crit.*, 36, 37.

[3] Vers 139, 140. Très bons vers. Pradon, *Sat.*, 37 (il les avait d'abord critiqués, mais légèrement, dans son Triomphe, p. 82).—Petits détails relevés par le choix de l'expression. *Clément*, *Nouv. obs.*, 477.—On ne peut mieux exprimer sa pensée ; *témoignaient par écrit* est d'un bonheur extrême. *Le Brun*.

Quand un des conviés, d'un ton mélancolique,
Lamentant tristement une chanson bachique, ¹
Tous mes sots à-la-fois ravis de l'écouter,
Détonnant de concert, se mettent à chanter.
La musique sans doute était rare et charmante!   145
L'un traîne en longs fredons une voix glapissante;
Et l'autre, l'appuyant de son aigre fausset,
Semble un violon faux qui jure sous l'archet. ²
  Sur ce point, un jambon d'assez maigre apparence,
Arrive sous le nom de jambon de Mayence.   150
Un valet le portait, marchant à pas comptés,
Comme un recteur suivi des quatre facultés. ³
Deux marmitons crasseux, revêtus de serviettes,
Lui servaient de massiers ⁴, et portaient deux assiettes,
L'une de champignons avec des ris de veau,   155
Et l'autre de pois verts qui se noyaient dans l'eau.
Un spectacle si beau surprenant l'assemblée,
Chez tous les conviés la joie est redoublée;
Et la troupe à l'instant, cessant de fredonner,

---

¹ Lamentant tristement... Est-ce qu'on lamente gaîment? *Pradon, Sat.*, p. 38. — Harmonie imitative. D'ailleurs, lamenter une chanson est une expression très plaisante. *Le Brun* (voy. aussi Lutrin, ch. iv, vers 163, tome II, p. 363, note 3). — Elle est d'autant plus plaisante, qu'il s'agit d'une chanson *bachique*, qui toujours respire la joie. Quant au nom du *convié*, voy. art. des erreurs de Brossette, n. 8, tome III, p. 473.

² Trois bons vers (146 à 148). *Pradon, Sat.*, 39. — *Fausset, archet*, mauvaises rimes. *Cotin, Critique*, p. 36, 37; *Pradon, Tri.*, p. 83.

³ Horace, liv. II, sat. viii, vers 13 à 15.

> . . . . . . Ut attica virgo
> Cum sacris Cereris, procedit fuscus Hydaspes,
> Cæcuba vina ferens......

Deux bons vers (151 et 152). *Pradon, Sat.*, p. 39.

⁴ Le recteur quand il va en procession, est toujours accompagné de deux

D'un ton gravement fou s'est mise à raisonner. 160
Le vin au plus muet fournissant des paroles,¹
Chacun a débité ses maximes frivoles,
Réglé les intérêts de chaque potentat
Corrigé la police, et réformé l'état ;
Puis, de là s'embarquant dans la nouvelle guerre, 165
A vaincu la Hollande, ou battu l'Angleterre.²
 Enfin, laissant en paix tous ces peuples divers,
De propos en propos on a parlé de vers.
Là, tous mes sots, enflés d'une nouvelle audace,
Ont jugé des auteurs en maîtres du Parnasse :³ 170
Mais notre hôte surtout, pour la justesse et l'art,
Élevait jusqu'au ciel Théophile et Ronsard ;⁴
Quand un des campagnards relevant sa moustache,⁵
Et son feutre à grands poils ombragé d'un panache,⁶
Impose à tous silence, et d'un ton de docteur : 175

---

massiers. *Boil.*, 1713.—On nomme ainsi deux bedeaux (à présent des appariteurs) qui portent des masses ou bâtons à tête, garnis d'argent. *Bross.*

[1] Horace, liv. I, épit. v, vers 19.

  Fœcundi calices, quem non fecere disertum?

[2] L'Angleterre et la Hollande étaient alors (1665) en guerre, et le roi avait envoyé du secours aux Hollandais. *Boil.*, 1713.

[3] *F. N. R.* Texte de 1666 à 1713, et non pas *jugé* les *auteurs*, comme on lit à 1805, Bast. ; 1808 et 1814, Le Br. ; 1824, Fro...

Perse, sat. 1, vers 30 et 31.

  . . . Ecce inter pocula quærunt
  Romulidæ saturi quid dia poemata narrent.

[4] *Voy.* préface VI, p. 21 ; et tome II, p. 183, notes 1 et 2.

[5] C'est vigoureusement peint : les gens qui n'ont que de l'esprit, disent et ne peignent pas : j'observe cependant que c'est la troisième fois que le même tour est employé dans cette pièce. *Le Brun* (il parle sans doute des premiers mots des vers 115 et 141).

[6] *V. O.* 1666 à 1713. *Pennache.*—Brossette a le premier mis *Panache*, et

Morbleu! dit-il, La Serre est un charmant auteur ! [1]
Ses vers sont d'un beau style, et sa prose est coulante.
La Pucelle est encore [2] une œuvre bien galante,
Et je ne sais pourquoi je bâille en la lisant. [3]
Le Pays, sans mentir, est un bouffon plaisant : [4]   180
Mais je ne trouve rien de beau dans ce Voiture. [5]
Ma foi, le jugement sert bien dans la lecture.
A mon gré, le Corneille est joli quelquefois. [6]
En vérité, pour moi j'aime le beau françois.
Je ne sais pas pourquoi l'on vante l'Alexandre ;   185
Ce n'est qu'un glorieux qui ne dit rien de tendre. [7]
Les héros chez Quinault parlent bien autrement, [8]
Et jusqu'à *Je vous hais*, tout s'y dit tendrement. [9]

---

a été suivi par tous les éditeurs, à l'exception de Souchay, 1740. — *Feutre* est ici pour chapeau (*M. Raynouard*, 147). — Nom du *Campagnard*, voy. art. des erreurs de Brossette, n° 9, tom. III, p. 473.

[1] Ecrivain célèbre par son galimatias. *Boil.*, 1713.

[2] *V. O.* 1666, *est* encor *une*...

[3] Quelque ignare qu'on suppose le campagnard admirateur de la Pucelle, est-il croyable qu'il ait ajouté ceci? *M. Théry*, *Rép.*, VII, 290. — Il nous semble que oui : il pouvait admirer la Pucelle sur parole, et alors être surpris de ses *bâillemens*, et l'on sait que ce vers exprime à-peu-près (voy. Brossette) un mot de madame de Longueville.

[4] Ecrivain estimé chez les provinciaux à cause d'un livre qu'il a fait, intitulé *Amitiés, Amours, Amourettes*... Boil., 1713.

[5] Il en est question à l'Essai, chap. II , n° 86, et à sat. xII, vers 42.

[6] Les comédiens, dit Boileau (note inédite), dans leurs affiches, l'appelaient le *grand* Corneille. — *Quelquefois, François*... *V.* sur ces rimes, l'Essai, n° 118*b*.

[7] *Voy.* même Essai, chap. IV, n° 172.

[8] *V. O.* (en partie). 1666, *Kynault*.. 1667 et 1668, *Kinault*.. 1669, 1674, in-4, et 1675, pet. in-12, *Quinault*.. 1674, grand in-12, à 1694, *Kainault*.. 1697 (A), 1701 et 1713, *Quinault*.

[9] Vers 187, 188. Très bons vers, quant à la pensée. *Prad.*, *Sat.*, p. 45. — Vers 188. Cette naïveté du campagnard est un des meilleurs traits de satire que l'on connaisse. *Le Brun*.

On dit qu'on l'a drapé dans certaine satire ;
Qu'un jeune homme... Ah! je sais ce que vous voulez dire,
A répondu notre hôte : « Un auteur sans défaut, 191
« La raison dit Virgile, et la rime Quinault. »[1]
— Justement. A mon gré, la pièce est assez plate.
Et puis, blâmer Quinault!..... Avez-vous vu l'Astrate?
C'est là ce qu'on appelle un ouvrage achevé. 195
Surtout « l'anneau royal » me semble bien trouvé.
Son sujet est conduit d'une belle manière ;[2]
Et chaque acte, en sa pièce, est une pièce entière.[3]

Dumolard, ou plutôt Voltaire, est d'un sentiment bien différent. « Loin, dit-il, que ce soit un défaut dans la peinture d'une passion, de dire tendrement *je vous hais*, c'est au contraire une très grande beauté. Rien ne caractérise si bien l'amour que les mouvemens violens d'un cœur qui croit être parvenu à concevoir de la haine pour un objet qu'il aime avec fureur. *Voltaire, édit. de M. Beuchot*, XXXIX, 266.

Mais Voltaire n'a pas pris garde que les *héros* critiqués dans la satire n'éprouvaient pas les mouvemens violens, ni ne se faisaient l'illusion dont il parle. Ce vers, dit avec raison Clément (*Nouv. obs.*, 489), est une critique très sensée du style doucereux et fade que Quinault avait introduit dans la tragédie, en faisant des Céladons de tous ses héros, et ne sachant point donner à chaque passion le langage qui lui est propre... » Et en effet, au rapport de Brossette, Boileau y fait allusion à deux vers où Stratonice, dans la tragédie de ce nom, dit tendrement à Antiochus :

Adieu : croyez toujours que ma haine est extrême,
Prince ; et si *je vous hais*, haïssez-moi de même.

[1] Sat. II, vers 19 et 20, p. 85. — Quant aux variantes du mot Quinault, dans les vers 192, 194 et 200, elles sont à-peu-près les mêmes que nous avons indiquées à la note 9, p. 108.

[2] *Son* se rapporte à *l'anneau royal* et non pas à l'Astrate : mais comme c'est ici une conversation par propos interrompus, on ne peut condamner la phrase. *Saint-Marc*, *V*, 315.

[3] Boileau s'est moqué avec raison de l'anneau royal, qui est en effet une invention puérile; mais il y a de très belles scènes dans l'Astrate et il y règne partout de l'intérêt. *Voltaire, Avertissem. sur Sophonisbe*. — L'intrigue en est triviale et puérile, et les sentimens sont dignes de l'intrigue... Il y a, il est

Je ne puis plus souffrir ce que les autres font.

Il est vrai que Quinault est un esprit profond,[1]   200
A repris certain fat, qu'à sa mine discrète
Et son maintien jaloux j'ai reconnu poète,[2]
Mais il en est pourtant qui le pourraient valoir.
Ma foi, ce n'est pas vous qui nous le ferez voir,
A dit mon campagnard avec[3] une voix claire,   205
Et déjà tout bouillant de vin et de colère.
Peut-être, a dit l'auteur pâlissant de courroux :
Mais vous, pour en parler, vous y connaissez-vous?
Mieux que vous mille fois, dit le noble en furie.
Vous? mon Dieu! mêlez-vous de boire, je vous prie,   210
A l'auteur sur-le-champ aigrement reparti.[4]
Je suis donc un sot? moi[5]? vous en avez menti,

---

vrai, une scène de situation assez intéressante au quatrième acte, mais c'est la seule qui soit un peu du ton de la tragédie : tout le reste est une pastorale très froide. *Clément, Lett.* VI, *p.* 94. — Les auteurs du Journal des Savans (23 mars 1665) ne sont pas du même avis. Les applaudissemens, disent-ils, que l'Astrate a reçus à toutes les représentations sont légitimes, puisqu'à la lecture on y découvre les mêmes grâces. L'auteur a dit tout ce qu'il y avait de plus fort. Cette pièce a de la tendresse partout, et de cette tendresse délicate si propre à Quinault. Les vers en sont magnifiquement bien tournés, etc. » (*Voy.*, au reste, tome III, p. 70, 71 et 80).

[1] Cela est fort plaisant. *La Harpe, Lyc.*, XIII, 125. — Un faiseur d'opéras, un esprit profond ! *Le Brun.* — Le premier opéra de Quinault ne fut représenté que plusieurs années après (en 1672... *D'Olivet, Hist. de l'acad.*, II, 249); ainsi ce n'est point parce que Quinault faisait des opéras, que Boileau plaisantait sur la *profondeur* de son esprit.

[2] *Maintien jaloux*, expression neuve et piquante. *Le Brun.* — Ce coup de pinceau nous paraît admirable, surtout en le rapprochant de la *mine discrète*, qu'on donne au rimeur.

[3] *V. O.* 1666 à 1669, *avecque*. — Les premières éditions où nous ayons vu *avec*, sont encore celles de Cologne, de 1672.

[4] Vers dur à prononcer; mais il ne fallait pas qu'il fût doux. *Le Brun.*

[5] *V. O. et E.* Ponctuation de 1668, in-8°, à 1713, suivie jusqu'au milieu

Reprend le campagnard ; et, sans plus de langage,
Lui jette pour défi son assiette au visage.
L'autre esquive le coup, et l'assiette volant   215
S'en va frapper le mur, et revient en roulant. ¹
A cet affront, l'auteur, se levant de la table,
Lance à mon campagnard un regard effroyable. ²
Et, chacun vainement se ruant entre deux,
Nos braves s'accrochant se prennent aux cheveux.   220
Aussitôt sous leurs pieds les tables renversées
Font voir un long débris de bouteilles cassées :
En vain à lever tout les valets sont fort prompts, ³
Et les ruisseaux de vin coulent aux environs. ⁴

    Enfin, pour arrêter cette lutte barbare,   225
De nouveau l'on s'efforce, on crie, on les sépare ;
Et, leur première ardeur passant en un moment,

du xvIII^e siècle. Dans l'édition de Paris, de 1750, en trois volumes, on a mis comme cela était dans celles de 1666, 1667 et 1668, petit in-12, une virgule au lieu du premier point d'interrogation, qui est cependant nécessaire pour peindre l'action du campagnard telle que l'auteur voulait la représenter ; et cette ponctuation (de l'édition de 1750) a été adoptée dans presque toutes les éditions suivantes.

¹ Vers 215, 216. Il est difficile de pousser plus loin l'art de peindre par les sons. *Le Brun.* — Il ne faut qu'ouvrir Boileau, dit Clément, pour voir avec quelle attention il donne à ses vers le nombre et l'harmonie qui convient à telle ou telle image. S'imagine-t-on qu'il a fait ces deux vers sans y avoir réfléchi ?.. N'a-t-il pas voulu peindre par les *rr* du second le bruit même de l'assiette qui roule ?... et par la légèreté du dernier hémistiche du premier ne montre-t-il pas la force et l'adresse dont l'assiette est lancée ? N'a-t-il pas cherché les mots les plus capables de donner de la rapidité aux vers suivans (il cite les vers 43, sat. vii ; 48, ép. iii ; 44, ép. v ; 150, ép. vi, et 99, ép. viii). *Clément, Obs.*, 317 *et suiv.*

² Très bon vers. *Pradon, Sat.*, 47.

³ Il faut *très* prompts ; ici il n'y a point de *force. Pradon, Sat.*, 48 et T. 87. — Vers léger et qui exprime bien la rapidité de l'action. *Le Brun.*

⁴ Méchant vers et qui ne fait pas de construction légitime. *Prad., ib.*

On a parlé de paix et d'accommodement.
Mais, tandis qu'à l'envi tout le monde y conspire,[1]
J'ai gagné doucement la porte sans rien dire,[2]   230
Avec un bon serment, que,[3] si pour l'avenir[4]
En pareille cohue on me peut retenir,
Je consens de[5] bon cœur, pour punir ma folie,
Que tous les vins pour moi deviennent vins de Brie,[6]
Qu'à Paris le gibier manque tous les hivers,   235
Et qu'à peine au mois d'août l'on mange des pois verts.

---

[1] *F. N. R...* 1667 et 1668, petit in-12... Le monde conspire, sans *y*... c'est sans doute une faute typographique.

[2] Imit. de Boil... Gacon, Sat. xiv, p. 68.

> Pour moi pendant le trouble éloigné dans un coin,
> De peur d'être connu j'observais tout de loin :
> Enfin, apercevant le monde qui s'écoule,
> Le nez dans mon manteau je sors avec la foule...

[3] *V. E.* Ponctuation de 1666 à 1713. Mêmes observations qu'à note 2, p. 96, pour la virgule transportée ici, mal-à-propos, dans les éditions modernes. D'ailleurs la consonnance reprise dans cette note (*fat-qui*), est peut-être moins fâcheuse que celle-ci (*serment-que.*)

[4] *Pour l'avenir* n'est point là français : il fallait *à l'avenir*... Rosel, p. 6.

[5] V. 1674 à 1682... *d'un bon* (faute d'impression. Bross.)...

[6] *Folie, Brie*, mauvaises rimes. Cotin, Crit., 36, 37. — Le Brun excuse Boileau sur ce que la Brie est une province et un monosyllabe.

Les vins de Brie, dit Boileau (note inédite), sont les plus méchans de France.

SATIRE IV.[1]

A MONSIEUR L'ABBÉ LE VAYER.[2]

D'où vient, cher Le Vayer, que l'homme le moins sage
Croit toujours seul avoir la sagesse en partage,
Et qu'il n'est point de fou,[3] qui, par belles raisons,[4]
Ne loge son voisin aux petites maisons?
  Un[5] pédant enivré de sa vaine science,   5
Tout hérissé de grec, tout bouffi d'arrogance,
Et qui, de mille auteurs retenus mot pour mot,[6]
Dans sa tête entassés, n'a souvent fait qu'un sot,[7]

---

[1] Composée en 1664. — *Tabl. chronol.*, p. 35. — Elle nous paraît une des plus faibles productions de Boileau. *M. Daunou.* — Elle porte, dit *Le Brun*, sur une base plus profonde que les premières, et le jugement y domine encore plus que l'esprit.

[2] Traducteur et commentateur de Florus. *Brossette.*

[3] *V. E.* Mêmes observations qu'à p. 96, note 2, pour la suppression de cette virgule (en 1781 et depuis), la consonnance (*fou-qui*) et l'hémistiche.

[4] *P. C. O.* 1665 et 1667, Col.; 1666, R., *par sottes raisons.*

[5] *F. N. R.* Cet alinéa qui est dans toutes les éditions (1666 à 1713) a été supprimé par Brossette, Souchay (1735) et tous leurs copistes, tels que les éditeurs de 1721, A (Br.), 1745, P., 1766, P., le Boileau de la jeun., etc.

[6] *P. C. O.* 1665 et 1667, Col.; 1666, R.; 1668, Ver... *Mot à mot.*

[7] Un pédant qui n'a souvent *fait* qu'un sot de mille auteurs entassés dans sa tête, croit qu'un livre *fait* tout, etc. On doit avouer, dit M. Daunou, qu'il y a de l'embarras dans cette phrase. Le Brun suppose qu'elle est destinée à représenter, par sa construction pénible, les efforts laborieux d'une tête savante et non pensante. Excuse imaginaire, et qui serait encore mauvaise, si elle pouvait être réelle. — M. Amar adopte au contraire l'avis de Le Brun. Cette construction donne, ajoute-t-il, une idée fort juste de l'inévitable chaos qui résulte dans la tête *d'un sot*, d'un grand nombre de lectures faites sans goût et sans discernement.

Croit qu'un livre fait tout, et que, sans Aristote,
La raison ne voit goutte, et le bon sens radote. 10
 D'autre part un galant, de qui tout le métier
Est de courir le jour de quartier en quartier,
Et d'aller, à l'abri d'une perruque blonde,
De ses froides douceurs [1] fatiguer le beau monde, [2]
Condamne la science, et, blâmant tout écrit, [3] 15
Croit qu'en lui l'ignorance est un titre d'esprit ;

[1] *P. C. O.* 1665, C... *de ses* fades discours, *fatiguer*...

[2] V. E. Texte, non-seulement des éditions de 1666 à 1713 (P.), comme le dit M. de Saint-Surin, mais encore des suivantes : 1713 et 1715, A.; 1715, Li.; 1720, Ro.; 1726, 1741, 1758 et 1760, Sch.; 1732, G.; 1736, Bru.; 1737, 1740, 1741, 1743 (deux édit.), 1751, 1759, 1762, 1766 et 1776, A.; 1740, Souch.; 1750 et 1770, P. (2 in-12); 1757, Rol.; 1768 et 1769, U.; 1769, 1772 et 1789, Lon.; 1793, Pal. (*trente* éditions).

Brossette, suivi par les autres éditeurs, y avait substitué les mots *tout le monde*, et d'autant plus mal-à-propos, que c'est, dit Clément (Lett. IX, p. 104), une tournure vague, tandis que l'autre convient précisément à un galant, à un homme de cour.

Quoi qu'il en soit, MM. de Saint-Surin et Amar (1824) se trompent, on le voit, l'un en assurant que le seul éditeur de 1740 n'avait pas copié Brossette, et l'autre en attribuant à M. de S.-S. le rétablissement de ce texte.— Au reste, la note de M. de S.-S. aurait dû au moins servir de guide à ceux qui ont présidé aux éditions suivantes; et toutefois on a conservé l'ancienne leçon fautive dans la plupart de ces éditions; par exemple dans celles-ci : 1823, de Bu., Levr. et Viol.; 1824, Fro.; 1825, Ny. et Dau.; 1826, Mart., Dub. et Toul; 1828, Thi.; 1829, A. L.; 1830, Tours et Ly.; 1831, Avi.; 1832, Treut.. (*quinze*).

[3] Vers 11 à 15. Une partie de ces accessoires ne convient pas plus à un galant qu'à un homme désœuvré, et tous ensemble n'ont que fort peu ou point de rapport à l'attribut de la proposition. Aussi ces vers sont-ils bien froids. *Condillac*, p. 127. — Mais, dit Clément (*ib.*), il ne faut pas, comme le fait le critique, séparer les vers 16 à 18 des vers 11 à 15. Ceux-ci caractérisent le galant par sa manière d'être, et ceux-là comme condamnant les sciences et se moquant des savans. Un galant, ennemi des occupations de l'esprit, est nécessairement un homme désœuvré, et cet accessoire doit entrer dans son portrait pour qu'il soit fidèlement peint.

Que c'est des gens de cour le plus beau privilège, [1]
Et renvoie un savant dans le fond d'un collège.

 Un bigot orgueilleux, qui, dans sa vanité,
Croit duper jusqu'à Dieu par son zèle affecté,   20
Couvrant tous ses défauts d'une sainte apparence, [2]
Damne tous les humains, de sa pleine puissance. [3]

 Un libertin d'ailleurs, qui, sans âme et sans foi,
Se fait de son plaisir une suprême loi,
Tient que ces vieux [4] propos de démons et de flammes 25
Sont bons pour étonner des enfans et des femmes, [5]
Que c'est s'embarrasser de soucis superflus,
Et qu'enfin tout dévot a le cerveau perclus. [6]

 En un mot, qui voudrait épuiser ces matières,
Peignant de tant d'esprits les diverses manières,   30

---

[1] Trait bien adroitement lancé contre les gens de cour. *Le Brun.*

[2] *Croit duper jusqu'à Dieu*, expression charmante : on ne peut en effet pousser plus loin le zèle et l'hypocrisie. *Le Brun.* — C'est le sublime de la tartuferie. *M. Amar.*

 Imitat. de Boil... Regnard, épître à Du Vaux, vers 43 et 44.

> Je rencontre Alibor, dont la haute impudence
> Croit duper jusqu'à Dieu par sa sainte apparence.

Id., Gacon, sat. XV, p. 71.

> Trompe son directeur et croit tromper Dieu même.

[3] Molière fait dire à don Juan (acte V, sc. 2) : « Je déchaînerai contre mes ennemis des zélés indiscrets qui les *damneront* hautement de leur autorité privée. » Brossette prétend que Molière a imité Boileau, puisque, dit-il, le Festin de Pierre fut composé (1664) peu de temps après la satire IV. Nous doutons que l'auteur de ce portrait sublime de l'hypocrisie eût besoin de modèle. D'ailleurs la satire IV ne fut publiée pour la première fois qu'en 1665 (Not. bibl., § 1, n. 4 et 5).

[4] *P. C. O.* 1665, Col.; 1666, R.; 1668, Ver... croit *que* les *vieux*...

[5] *P. C. O.* Mêmes édit... *les* enfans et *les*...

[6] Vers 23 à 28. *Libertin*, on le voit, avait au XVIIe siècle, le même sens qu'*incrédule* à la fin du XVIIIe (*voy.* p. 81, note 4; sat. VIII, note du v. 262).

Il¹ compterait plutôt combien, dans un printemps,
Guenaud et l'antimoine² ont fait mourir de gens,
Et combien la Neveu³ devant⁴ son mariage,
A de fois au public vendu son p***.⁵

¹ *Il* est ici inutile, selon Saint-Marc (V, 316) et MM. Amar (1821) et Planche; et de plus incorrect, selon MM. de Saint-Surin et Daunou... Voltaire (*Comment. de Cinna*, acte II, sc. 1,) regarde *ce tour* comme aboli par l'usage, et Clément (*Lett.* VI, p. 265) semble tacitement en convenir. On le trouve néanmoins dans plusieurs auteurs, et du siècle de Boileau, et du siècle suivant, tels que Sainte-Marthe, Corneille, Racine, Massillon, et Voltaire lui-même. M. Raynouard (p. 148), sans l'approuver dans tous les passages où ils l'ont employé (il les cite), ainsi que dans le vers ci-dessus, et dans une phrase de la dixième réflexion critique (tome III, p. 253), observe qu'il est correct et a même de la grâce dans les phrases dont le sujet est indéterminé ou n'est pas précédé de l'article défini.

² V. O. (en part.). 1666 à 1682, et 1701, in-12, Desnaud. — 1672, C., Gesnaud. — Guenaud, médecin mort en 1667, était un chaud partisan de l'antimoine (*Bross.*), remède défendu et ensuite permis par arrêt (*Journ. des Sav.*, juin 1666, et *Nouv. rép. des lett.*, fév. 1685), et qui a été connu depuis sous le nom d'émétique.

³ Infâme débordée connue de tout le monde. *Boil.*, 1713. — «C'était, dit-il ailleurs (note inédite), une courtisane fameuse du temps de Louis XIII, que Monsieur, duc d'Orléans, frère du roi, promenait quelquefois l'année toute nue dans Paris.» — Les éditeurs du Furetiérana, publié douze à quinze ans avant la rédaction de cette note, disent seulement (p. 224) que le duc d'*** fit promener la Neveu, toute nue, sur un âne, par les rues de Paris.

⁴ *Devant*... On mettrait à présent *avant*, car ce mot s'emploie pour le temps, et *devant* pour le lieu seulement. *Bross.*—Mais alors *devant* était usité dans ce sens, et l'on en trouve des exemples dans Racine (et dans Bossuet). *Féraud.*—Racine et Boileau s'en sont en effet servis, même long-temps après la publication de la satire IV (*voy.* tome III, p. 319, note *b*, et 333, notes *b* et *d*; tome IV, p. 198, note 1; et 320, note 1).

⁵ V. O. 1666 à 1682, pucelage.
Plaisanterie assez gaie, mais que l'auteur n'aurait pas dû se permettre. *Le Brun.* — Nous sommes de cet avis, mais nous devons observer pour la justification de Boileau qu'on était alors moins difficile. Ce serait, dit Saint-Evremond (*OEuvres*, 1714, VI, 178), outrer les choses que de remarquer qu'il pouvait bien ne donner aucun rang à la Neveu dans ses ouvrages. Ce qu'il en dit est si bref, qu'il mérite d'être excusé, si c'est une faute... Ajoutons

Mais, sans errer en vain dans ces vagues propos, 35
Et pour rimer ici ma pensée en deux mots, [1]
N'en déplaise à ces fous nommés sages de Grèce,
En ce monde il n'est point de parfaite sagesse :
Tous les hommes sont fous, et, malgré tous leurs soins,
Ne diffèrent entre eux que du plus ou [2] du moins. 40
Comme on voit qu'en un bois que cent routes séparent,

que, comme on vient de le voir, l'auteur avait cherché à atténuer cette faute, en substituant des *** au mot primitif. Mais on a ensuite rétabli ce mot, et sans en avertir, dans une foule d'éditions (nous en avons compté plus de *cinquante*) et même dans des éditions destinées à la jeunesse ; et ce qu'il y a de non moins singulier, c'est que ce soit deux prêtres jansénistes (Pérau et Souchay) qui (édit. de 1735 et de 1740) en aient donné l'exemple...

Juvénal, sat. x, v. 220 et 221.

    Promptius expediam quot amaverit Hippia mœchos,
    Quot Themison ægros autumno occiderit uno.

Vers 29 à 34. Imit. de Boil... Regnard, épître à... (tome III, p. 317).

    Plutôt que d'épuiser une telle matière,
    Je compterais vingt fois combien au cimetière
    Pilon, l'homme aux pardons, a fait porter de corps;
    Combien au jeu Robert a perdu de trésors,
    Et combien la Milieu, la beauté de notre âge,
    A de fois en un an récrépi son visage.

Id., Chénier, épitre sur l'Erreur (Voltaire de M. Beuchot, XLI, 355).

    Et... mais on compterait les braves de la France,
    Les oliviers croissant aux bords de la Durance,
    Les pachas étranglés par l'ordre des sultans,
    Le nombre des écus volés par les traitans,
    Et des Phrynés de cour les douces fantaisies,
    Avant de compléter les noms des hérésies.

[1] *P. C. O.* 1665, Col. (deux édit.)...

    Mais pour rimer ici ma pensée en deux mots,
    Sans s'arrêter en vain dans ces vagues propos.

[2] *V. O.* (en partie). 1666 à 1683, et par conséquent, éditions antérieures à 1685 (non à 1694, comme le dit M. S.-S.), *du plus et du...*

Les voyageurs sans guide assez souvent s'égarent, [1]
L'un à droit [2], l'autre à gauche, et, courant vainement,
La même erreur les fait [3] errer diversement :
Chacun suit dans le monde une route incertaine, 45
Selon que son erreur le joue et le promène;
Et tel y fait l'habile et nous traite de fous,
Qui sous le nom de sage est le plus fou de tous.
Mais, quoi que sur ce point la satire publie,
Chacun veut en sagesse ériger sa folie, 50
Et, se laissant régler à son esprit tortu,

---

[1] P. C.. Editions de 1665, Col.; 1666, R.; et Brossette (dans celle de Cologne, de 1665, il y a *coupé* au lieu de *rempli*).

> Comme lorsqu'en un bois tout rempli de traverses,
> Souvent chacun s'égare en ses routes diverses.

[2] *A droit* pour *à main droite*, ou *du côté droit*, ellipse trop forte. *Lévizac et MM. de Saint-Surin et Amar* (1824). — Cette licence n'est pas sans grâce dans cet endroit; je crois qu'on en pourrait user avec ménagement, ne fût-ce que pour la variété. *Clément, Nouv. obs.*, 349. — Ajoutons (M. Daunou en fait aussi la remarque) 1° qu'elle était usitée au xvii° siècle (*voy.* entr'autres Molière, *Impromptu*, sc. 4, et *Festin de Pierre*, *acte* I, sc. 1, et les exemples cités par Féraud); 2° qu'on la trouve encore dans le Dictionnaire de Trévoux, jusques au milieu du xviii° siècle (édit. de 1743, II, 1399; édit. de 1752, III, 347).

F. N. R. On a mis *à droite* dans les éditions suivantes : 1745, 1766, 1768, 1769 (1 vol.), 1778 et 1789, P.; 1784, Evr.; 1793, Pal.; 1805, Bast.; 1822, Delal.; 1825, Ny... (ainsi voilà *onze* éditions où l'on donne à Boileau un vers de *treize* syllabes).

[3] Méchante césure. *Desmarets*, 33; *Pradon, Rem.*, 37 (mais voy. tome II, p. 181, note 1, une remarque de Clément).

Vers 41 à 44. Comparaison très heureuse : le poète, en homme habile, a su tirer parti de sa pensée, et l'embellir par la manière de la rendre. *Le Brun.*

Horace, liv. II, sat. III, vers 48 et suiv.

> . . . . . . Velut sylvis, ubi passim
> Palantes error certo de tramite pellit,
> Ille sinistrorsum, hic dextrorsum abit; unus utrique
> Error, sed variis illudit partibus...

De ses propres défauts se fait une vertu.
Ainsi, cela soit dit pour qui veut se connaître, ¹
Le plus sage est celui qui ne pense point l'être; ²
Qui, toujours pour un autre enclin vers la douceur, ³ 55
Se regarde soi-même en sévère censeur, ⁴
Rend à tous ses défauts une exacte justice, ⁵
Et fait sans se flatter le procès à son vice. ⁶
Mais chacun pour soi-même est toujours indulgent.

 Un avare, idolâtre et fou de son argent, ⁷   60
Rencontrant la disette au sein de l'abondance, ⁸
Appelle sa folie une rare prudence,
Et met toute sa gloire et son souverain bien
A grossir un trésor qui ne lui sert de rien.

---

¹ *V. O. ou E.* 1666 à 1683, *connêtre...* 1685 à 1713, *connaître*. — Jamais Boileau n'a écrit *connoître*, comme l'ont fait des éditeurs modernes (*voy.* d'ailleurs sur ces rimes, ci-dev. l'Essai, n° 118 *b*.)

² *P. C. O.* 1665, Col.; 1666, R.; 1668, Ver... *qui ne* le croit pas *être*.

³ *P. C. O.* Mêmes édit... *enclin à la douceur...*

⁴ Imitat. de Boil.. Gacon, épître xxi, p. 152.

 Moi-même très souvent, en sévère censeur,
 J'examine avec soin, les replis de mon cœur.

⁵ Cette expression est fort bonne, quoiqu'en dise Condillac (p. 122)..., Les hommes croient rendre justice à leurs défauts en les prenant pour de bonnes qualités (*voy.* les vers 52 et 59), tandis que le sage leur rend une *exacte justice* en les jugeant comme des défauts réels. *Clément, Nouv. obs.*, 102.

⁶ Vers 54 à 58. Il est faux qu'il n'y ait pas ici gradation d'idées (*voy.* Condillac, *ib.*), car c'est un grand effort de courage que de faire le procès à son vice. *Clément, ib.*

⁷ *P. C.* 1665, C.; 1666, R... *un avare* qui n'a pour dieu que *son argent*.

⁸ V. 1666 à 1682.

 Au milieu de ses biens rencontrant l'indigence.

Imitat. de Boil... Voltaire, Henriade, ch. x, vers 229.

 Périssant de misère au sein de l'opulence.

Plus il le voit accru, moins il en sait l'usage.[1] 65
Sans mentir, l'avarice est une étrange rage,

[1] Vers 60, 64 et 65... Horace, liv. II, sat. III, vers 109 et 110.

> Qui nummos aurumque recondit, nescius uti
> Compositis, metuensque velut contingere sacrum.

V. 1666 à 1682.. Au lieu du vers 65, on y lisait les treize suivans, qui étaient imités d'Horace (liv. I, sat. 1, vers 68 à 73) et que Desmarets (p. 36) critiqua vivement (Pradon, R., 38, répéta la critique, même après la correction). Boileau, dit Brossette, supprima les douze premiers parce qu'il ne trouvait pas sa traduction assez serrée (c'était un des reproches de Desmarets, et MM. Daunou et Amar la qualifient de froide et prolixe).

> Dites-moi, pauvre esprit, âme basse et vénale,
> Ne vous souvient-il plus du tourment de Tantale,
> Qui, dans le triste état où le ciel l'a réduit,
> Meurt de soif au milieu d'un fleuve qui le fuit?
> Vous riez : savez-vous que c'est votre peinture, 5
> Et que c'est vous par là que la fable figure?
> Chargé d'or et d'argent, loin de vous en servir,
> Vous brûlez d'une soif qu'on ne peut assouvir.
> Vous nagez dans les biens; mais votre âme altérée
> Se fait de sa richesse une chose sacrée; 10
> Et tous ces vains trésors que vous allez cacher,
> Sont pour vous un dépôt où vous n'osez toucher.
> Quoi donc! de votre argent ignorez-vous l'usage?

V. O. ou E. Le texte ci-dessus des 10ᵉ et 12ᵉ vers est celui des mêmes éditions (26, dont neuf originales); les éditeurs des XVIIIᵉ et XIXᵉ siècle mettent mal-à-propos *dépôt que vous..* et presque tous ceux du XIXᵉ, *de la richesse..*

En rapportant ces vers, Daru (*Traduction d'Horace*, 1805, III, 200) a omis d'annoncer que Boileau les avait supprimés. — Ils sont, avec les variantes suivantes, dans les éditions de 1665, Col., et 1666, R.

v. 1. Dites-moi, pauvre fou et qu'aucun fou n'égale...
v. 7. Chargé de votre argent, loin de vous en servir...
v. 11. Et tous les vains trésors......
v. 13. Quoi donc! de tous ces biens ignorez vous l'usage?
> Jouissez des douceurs que demande votre âge,
> Et ne vous plaignez point les innocens plaisirs
> Dont l'argent tous les jours peut combler vos desirs.
> Mais laissons là ce fou qu'aveugle son caprice;
> Sa folie, aussi bien...

Dira cet autre fou non moins privé de sens,
Qui jette, furieux, son bien à tous venans,[1]
Et dont l'âme inquiète, à soi-même importune,
Se fait un embarras de sa bonne fortune.   70
Qui des deux en effet est le plus aveuglé?

L'un et l'autre, à mon sens, ont le cerveau troublé,
Répondra, chez Fredoc[2], ce marquis sage et prude,[3]
Et qui sans cesse au jeu, dont il fait son étude,
Attendant son destin d'un quatorze ou d'un sept,   75
Voit sa vie ou sa mort sortir de son cornet.[5]

Le vers 17 de ce couplet, on le voit, servait de transition au vers 86, car les vers 66 à 84 ne sont pas dans les mêmes éditions de 1665 et 1666.

Vers 65. Imitat. de Boil... Clément, sat. II, vers 73.

Et d'un bien superflu vous ignorez l'usage.

[1] V. 1666 à 1682... fou, qui, prodigue du sien,
   A trois fois en dix ans dévoré tout son bien.

Autre correction faite sur l'avis de Desmarets. *Du sien*, dit-il (p. 38), est inutile, car on n'est prodigue que de son bien.. et l'on ne peut le dévorer une seconde, une troisième fois.

[2] Fredoc tenait une académie de jeu. *Brossette.*

[3] P. C. Ce *Greffier*, suivant Brossette; mais *voy.* tome III, p. 480.

F. N. R. 1666 à 1713, *prude*, et non pas *rude*, faute grossière commise dans plusieurs éditions, telles que 1745, 1750 (édit. en 3 vol.), 1752, 1757, 1766, 1768, 1769 (1 vol.), 1775, 1778, 1782, 1787 (deux édit.), 1793, 1798 et 1803, P.; 1756, A.; 1770, Barb.; 1777, Cas.; 1780, G. et Lond.; 1784, Evr.; 1822, Jeun.; 1829, A. L. (plus de *vingt*).

[4] F. N. R. Texte de 1666 à 1713, et non pas *d'un quatorze* ET *d'un sept*. Cette autre faute non moins grossière, commise d'abord par Brossette (1716, in-4° et in-12) a été reproduite dans les éditions suivantes : 1717, Mort.; 1717, 1720 et 1721, Vest.; 1721, Bru.; 1724, Bross.; 1735, Souch.; 1745, 1750, 1752, 1757, 1766, 1767, 1768, 1769 (deux édit.), 1775, 1778, 1782, 1787 (deux édit.), 1789, 1793, 1798 et 1810, P.; 1756, A.; 1770, Barb.; 1777, Cas.; 1780, Lond. et G.; 1784, Evr.; 1805, Ly.; 1812, Tu.; 1818, Coll... (plus de *trente*.)

[5] Vers divin par l'énergie et la rapidité : tout le reste du portrait est

Que si d'un sort fâcheux la maligne inconstance
Vient par un coup fatal faire tourner la chance,
Vous le verrez bientôt, les cheveux hérissés,
Et les yeux vers le ciel de fureur élancés, [1]   80
Ainsi qu'un possédé que le prêtre exorcise,
Fêter dans ses sermens tous les saints de l'église.
Qu'on le lie; ou je crains, à son air furieux,
Que ce nouveau Titan n'escalade les cieux. [2]

Mais laissons-le plutôt en proie à son caprice;   85
Sa folie, aussi bien, lui tient lieu de supplice.
Il est d'autres erreurs dont l'aimable poison
D'un charme bien plus doux enivre la raison :
L'esprit dans ce nectar heureusement s'oublie. [3]

Chapelain [4] veut rimer, et c'est là sa folie.   90

---

d'une verve étincelante. *Le Brun* (il fait à ce sujet l'exclamation rapportée dans l'*Essai*, chap. III, n° 120).

Imit. de Boil... Regnard, Epître à Du Vaux, vers 93 et 94.

    Sans les coups imprévus d'un outrageant cornet,
    Ou les revers affreux d'un maudit lansquenet.

[1] On ne dit ni *lancer* ni *élancer* des yeux : mais la vivacité de l'image doit faire excuser l'expression. *Saint-Marc*, V, 317.

[2] Vers (83 et 84) enflés. *Cotin*, *Crit.*, 35. — Que pourrait-on ajouter à la vigueur énergique de ce dernier trait (voy. *note du vers 76*)? Il n'y a pas jusqu'à cette césure (*qu'on le lie, ou je crains*, qui n'ajoute encore à l'effet du tableau. M. *Amar*.

[3] P. C. O. 1665, Col.; 1666, R.; 1668, Ver..

    C'est par elles souvent qu'on se plaît dans la vie.

[4] *V. O.* (en partie). 1666, *Ariste*.. 1667 à 1672, C., *Pucelain*.. 1674 à 1682, *Ariste* (1665, Col., un prêtre... 1666, R., Lisimon... 1668, A., Climanthe).

Cet auteur avant que sa Pucelle fût imprimée, passait pour le premier poète du siècle. L'impression gâta tout. *Boil.*, 1713.

V. E. Au lieu de *sa Pucelle*, on lit *son poème de la Pucelle* dans plusieurs

Mais bien que ses durs vers ¹, d'épithètes enflés,
Soient des moindres grimauds chez Ménage sifflés, ²
Lui-même il s'applaudit³; et, d'un esprit tranquille,
Prend le pas au Parnasse au-dessus de Virgile.
Que ferait-il, hélas! si quelque audacieux   95
Allait pour son malheur lui dessiller ⁴ les yeux,
Lui faisant voir ces vers ⁵ et sans force et sans grâces,
Montés sur deux grands mots, comme sur deux échasses; ⁶
Ces termes sans raison l'un de l'autre écartés,
Et ces froids ⁷ ornemens à la ligne plantés ?   100
Qu'il maudirait le jour où son âme insensée

éditions, telles que 1772 et 1775, A.; 1809 et 1825, Daun.; 1822, Del. et Jeun.; 1825, Aug.; 1826, Mart. et Tours; 1829, B. Ch.; 1830, Ly. (dans quelques-unes même, au lieu de *le premier poète*, on lit *le premier auteur*, ce qui n'offre pas le même sens).

¹ Boileau, dans cet hémistiche très dur, affecte d'imiter la rudesse des vers de Chapelain. *Bross.*

² On tenait toutes les semaines chez Ménage une assemblée où allaient beaucoup de petits esprits. *Boil.*, 1713.

³ *P. C. O.* 1665, C.; 1666, R.; 1668. Ver... lui-même s'applaudit.

⁴ Expression fort élégante au figuré. *Féraud.*

⁵ Voyez la note du vers 100.

⁶ Boileau et Racine avaient hérités seuls du secret de faire de tels vers. *Le Brun.*

On trouve dans la Pucelle plusieurs vers composés de deux grands mots dont chacun remplit la moitié du vers. Voici comme Boileau en disposait un pour montrer que le mot principal était monté en quelque sorte sur deux échasses. *Bross.*

⁷ *V. O* ou *E.* Vers 97, 99 et 100. *Ces* vers.,. *Ces* termes... *Ces* froids... Tel est le texte des éditions originales (cinq) de 1685 à 1701, suivi dans celles de 1695, C. T.; 1702, 1703, 1707, 1708, 1713, 1715, 1726, 1741, 1758 et 1760, A.; 1713, Brux.; 1736, Brun... Il nous paraît préférable à celui de l'édition posthume et incorrecte de 1713 (*ses vers... ses termes... ses froids...*), adopté dans toutes les autres... Si d'ailleurs, ces trois changemens étaient l'effet d'une inadvertance, comment Boileau n'aurait-il pas reconnu l'erreur pendant un si long espace de temps ?

Perdit l'heureuse erreur qui charmait sa pensée!
Jadis certain bigot, d'ailleurs homme sensé, ¹
D'un mal assez bizarre eut le cerveau blessé,
S'imaginant sans cesse, en sa douce manie, 105
Des esprits bienheureux entendre l'harmonie.
Enfin un médecin fort expert en son art,
Le guérit par adresse, ou plutôt par hasard;
Mais voulant de ses soins exiger le salaire,
Moi! vous payer! lui dit le bigot en colère, 110
Vous dont l'art infernal, par des secrets maudits,
En me tirant d'erreur m'ôte du paradis! ²

J'approuve son courroux; car, puisqu'il faut le dire,
Souvent de tous nos maux la raison est le pire.
C'est elle qui, farouche ³, au milieu des plaisirs, 115
D'un remords importun vient brider nos désirs.
La fâcheuse a pour nous des rigueurs sans pareilles;
C'est un pédant qu'on a sans cesse à ses oreilles, ⁴

---

¹ Vers 101 à 104. *Insensé*, qui n'est séparé de *sensé* que par un seul vers, forme une espèce de négligence. *Le Brun.* — Les sons de ces quatre rimes choquent d'ailleurs un peu l'oreille. *M. Planche.*

² Vers 105 à 112... Idée puisée en partie dans Horace (li. II, ép. II, vers 129 et suiv.). *Bross.*

³ *V. E.* Dans l'édition Didot, de 1788, suivie généralement depuis, on a placé avec raison après *qui*, une virgule qui n'était point dans les éditions anciennes, mais on n'aurait pas dû, ce nous semble, supprimer celle qui, dans les mêmes éditions, se trouve après *farouche*.

P. C. O. 1665, Col.; 1666, R.; 1668, Ver... *qui* sans cesse *au*...

⁴ P. C. O.. Mêmes éditions... *qu'on* a toujours *à*...

Pédant qu'on a; mauvaise césure... *Sans cesse à ses*; sifflement insupportable. *Cotin, Crit.*, 37; *Desmarets*, 39; *Pradon, R.*, 40.

Il faut remarquer le choix des syllabes au second hémistiche, qui font une image du sifflement importun de la raison, et nous avons peu de vers dans notre langue qui expriment comme celui-ci la chose par le son... L'auteur a mis tous ces *SS* exprès... car il lui était aisé de mettre *toujours*, au lieu de *sans*

Qui toujours nous gourmande, et, loin de nous toucher,
Souvent, comme Joli[1], perd son temps à prêcher. 120
En vain certains rêveurs nous l'habillent en reine,
Veulent sur tous nos sens la rendre souveraine,
Et, s'en formant en terre une divinité,
Pensent aller par elle à la félicité :[2]
C'est elle, disent-ils, qui nous montre à bien vivre.[3] 125
Ces discours, il est vrai, sont fort beaux dans un livre;
Je les estime fort[4]; mais je trouve en effet
Que le plus fou souvent est le plus satisfait.

cesse, s'il n'avait pas cherché exprès à marquer ce siflement. *J. B. Rousseau,* p. 183 et 211. — La première composition, rapportée au commencement de la note, vient à l'appui de cette conjecture, puisque Boileau avait en effet d'abord mis *toujours.*

Vers 117 et 118. Malherbe (*Consolation à Dupérier*) avait dit :

> La mort a des rigueurs à nulle autre pareilles...
> La cruelle qu'elle est se bouche les oreilles.

[1] Illustre prédicateur, alors curé de Saint-Nicolas-des-Champs, à Paris, et depuis évêque d'Agen. *Boil.*, 1713.

Ne dirait-on pas que dans ce vers il parle de Jodelet?... et il s'agit d'un orateur chrétien, d'un évêque! *Cotin, Crit.,* 13.

[2] *P. C. O.* 1665, C.; 1666, R... *s'en* forment... *pensant* aller..

[3] Vers 113 à 125. Cotin (*Crit.*, p. 10 à 13) et Desmarets (p. 39) ont blâmé aigrement cette critique de la raison.

[4] *P. C. O.* 1665, C.; 1666 R.; 1668, Ver...

> Il est vrai, ce discours est fort bon pour un livre;
> Je le trouve fort beau...

SATIRE V.[1]

A MONSIEUR LE MARQUIS DE DANGEAU [2].

La noblesse, Dangeau [3], n'est pas une chimère,
Quand, sous l'étroite loi d'une vertu sévère,
Un homme issu d'un sang fécond en demi-dieux,
Suit, comme toi, la trace où marchaient ses aïeux. [4]
Mais je ne puis souffrir qu'un fat, dont la mollesse 5
N'a rien pour s'appuyer qu'une vaine noblesse,
Se pare insolemment du mérite d'autrui,

---

[1] Composée en 1665; voy. *Table chronologique*, p. 35. — Elle est entièrement écrite avec la plus grande vigueur. *Clément, Nouv. obs.*, 458. — Elle est fort belle, mais pourrait être plus approfondie. *La Harpe, Lyc.*, VI, 199. — Elle est pleine de chaleur et de verve. *Dussault*, I, 378. — Clément (*Sat.*, p. xxij) et, d'après lui, M. Amar regrettent toutefois que Boileau y ait imité plutôt Juvénal (sat. VIII) qu'Horace dont la satire sur la noblesse est un chef-d'œuvre de philosophie douce et riante.

On pourrait trouver plaisant que Boileau y présentât pour modèle aux nobles anciens et illustres, la conduite de Dangeau, qui malgré les secours des généalogistes, ne pouvait guère faire remonter sa noblesse au-delà d'un siècle et citer des aïeux un peu connus (*Moréri*, mot *Courcillon*; *Saint-Simon*, I, 394), s'il ne nous apprenait (note inédite) que sa pièce destinée d'abord à La Rochefoucauld, ne fut ensuite adressée à Dangeau que parce que le nom du premier avait trop de syllabes (c'est aussi à-peu-près ce que raconte Louis Racine, p. 46). — M. Ourry (édit. 1820, P.) se trompe donc lorsqu'il dit que Dangeau brigua la dédicace de la satire V, parce qu'il voyait Boileau bien accueilli par Louis XIV; d'autant plus que Boileau ne fut présenté au roi (*Bross.*, I, 192) que quelques années après.

[2] V. O. 1666 à 1682, monsieur le marquis d'Angeau. — Au lieu de ce titre, on lit à 1666, R., *Discours sur la noblesse dépourvue de vertu*.

[3] V. O. 1666 à 1682, d'Angeau.

[4] Peut-on dire la trace dans laquelle on marche? Il semble qu'il faudrait la route. *Saint-Marc*, V, 319.

Et me vante un honneur qui ne vient pas de lui. [1]
Je veux que la valeur de ses aïeux antiques
Ait fourni de matière [2] aux plus vieilles chroniques, 10
Et que l'un des Capets, pour honorer leur nom,
Ait de trois fleurs de lis doté [3] leur écusson :
Que sert ce vain amas d'une inutile gloire,
Si, de tant de héros célèbres dans l'histoire,
Il ne peut rien offrir aux yeux de l'univers 15
Que de vieux parchemins qu'ont épargnés les vers; [4]
Si, tout sorti qu'il est d'une source divine, [5]
Son cœur dément en lui sa superbe origine,
Et, n'ayant rien de grand qu'une sotte fierté,
S'endort dans une lâche et molle oisiveté? [6] 20

[1] Sénèque (*Herc. fur.*, act. II, sc. III, v. 4 et 5) fait dire à Lycus, *qui genus jactat suum, aliena laudat.*

[2] Il faudrait fourni *matière* ou *de la* matière. *Féraud; Le Brun* (M. Daunou semble aussi penser que ce vers est incorrect).

[3] V. E. Et non pas *doré*, comme dans quelques éditions. *Bross.* — Cette faute était en effet dans celles-ci : 1671, Rec., 1672, C. (la 1re), 1695, C.T., 1697 et 1698, R.; et malgré la remarque de Brossette, elle s'est glissée depuis dans un grand nombre d'autres, telles que 1726, 1736, 1737, 1740, 1743 (1 vol.), 1751, 1759, 1762, et 1766, A.; 1732 et 1780, G.; 1741, Vest.; 1745, 1750 (2 édit.), 1752, 1757, 1766, 1767, 1768, 1769, 1770, 1775, 1778, 1782, 1787 (deux édit.), 1789, 1793 et 1803, P.; 1756, A.; 1757, Rol.; 1769, 1772, 1780 et 1789, Lond.; 1770, Barb.; 1777, Cas.; 1777 et 1789, Batt.; 1784, Evr.; 1793, Pal. et S.-Br.; 1800, Dét.; 1812, Tu.; 1818, Coll.; 1821, Lons.; 1822 et 1824, Jeun.; 1831, Avi... (plus de *cinquante*).

[4] Destouches (*Glorieux*, acte V, sc. V) fait dire à Lisimon : j'ai

Des billets au porteur dont je fais plus de cas
Que de vieux parchemins, nourriture des rats.

[5] *Source* pour *extraction*.. Il me semble que *race* eût mieux valu.. *Rosel*, p. 7.

[6] Boileau s'est depuis imité lui-même (*Lutr.*, ch. I, v. 20, t. II, p. 288) :

S'engraissaient d'une longue et sainte oisiveté.

Peut-on dire un *cœur qui s'endort?*... *Rosel, ib.*

Cependant, à le voir avec tant d'arrogance
Vanter le faux éclat de sa haute naissance,
On dirait que le ciel est soumis à sa loi,
Et que Dieu l'a pétri d'autre limon que moi. [1]
Enivré de lui-même, il croit, dans sa folie, 25
Qu'il faut que devant lui d'abord tout s'humilie. [2]
Aujourd'hui toutefois, sans trop le ménager,
Sur ce ton un peu haut je vais l'interroger : [3]

Dites-moi, grand héros [4], esprit rare et sublime,
Entre tant d'animaux, qui sont ceux qu'on estime ? 30
On fait cas d'un coursier qui, fier et plein de cœur,
Fait paraître en courant sa bouillante vigueur;
Qui jamais ne se lasse, et qui dans la carrière
S'est couvert mille fois d'une noble [5] poussière.
Mais la postérité d'Alfane [6] et de Bayard, [7] 35

---

[1] Dulorens (cité par Joly, Remarques sur Bayle, p. 650) avait dit :

> *Il dirait* volontiers que la divine main
> N'a pas tout d'un *limon pétri* le genre humain.

[2] Un homme de fortune poli, dit-on dans le Glorieux (acte III, sc. IV),

> Est mille fois plus grand, qu'un grand toujours gourmé,
> D'un limon précieux se présumant formé,
> Traitant avec dédain, et même avec rudesse,
> Tout ce qui lui paraît d'une moins noble espèce.

[3] V. Les vers 25 à 28 furent ajoutés dans la dernière édition (Not. bibl., § 1, n° 107 et 108) pour que l'on ne crût pas que l'apostrophe, *dites-nous, grand héros*, etc., s'adressait à Dangeau. *Bross.*

[4] V. O. 1666 à 1701, *dites* nous, *grand..*

[5] Épithète éloquente employée depuis, par Racine (Phèdre, act. I, sc. III, v. 25). *Le Brun.*

> Quand pourrai-je, au travers d'une noble poussière...

[6] Cheval du roi Gradasse dans l'Arioste. *Boil.*, 1713.

[7] Cheval des quatre fils Aimon. *Boil.*, 1713.

Quand ce n'est qu'une rosse, est vendue au¹ hasard,
Sans respect des aïeux dont elle est descendue,
Et va porter la malle, ou tirer la charrue.²
Pourquoi donc voulez-vous que, par un sot abus,
Chacun respecte en vous un honneur qui n'est plus? 40
On ne m'éblouit point d'une apparence vaine :³
La vertu, d'un cœur noble est la marque certaine.⁴
Si vous êtes sorti de ces héros fameux,
Montrez-nous cette ardeur qu'on vit briller en eux,
Ce zèle pour l'honneur, cette horreur pour le vice. 45
Respectez-vous les lois? fuyez-vous l'injustice?
Savez-vous pour la gloire oublier le repos,⁵

---

¹ Dit-on, même ironiquement, la *postérité* d'un cheval?... *au hasard* n'est que pour la rime. *Desmarets*, 40; *Pradon, R.*, 40.

² *Descendue, charrue,* mauvaises rimes. *Cotin, Crit.*, 36, 37.

Vers 29 à 38. Imit. de Juvénal, sat. vIII, vers 56 à 67.

> Dic mihi, Teucrorum proles, animalia muta
> Quis generosa putet, nisi fortia? Nempe volucrem
> Sic laudamus equum, facili cui plurima palma, etc.

Voltaire a imité Boileau, mais faiblement (selon Clément, *Nouv. obs.*, 483), dans le Pauvre Diable (vers 83 à 85, et 91 à 94).

> Nous faisons cas d'un cheval vigoureux,
> Qui déployant quatre jarrets nerveux,
> Frappe la terre, et bondit sous son maître...
> Mais pour le singe, animal inutile,
> Malin, gourmand, saltimbanque indocile,
> Qui gâte tout, et vit à nos dépens,
> On l'abandonne aux laquais fainéans.

³ Il y a dans nos poëtes, plus de mille exemples du *de* employé au lieu de *par... Clément, Lett.* vi, p. 306 (*voy.* ci-dev., p. 43, note 1).

⁴ Juvénal, sat. vIII, vers 20 :

. . . Nobilitas sola est atque unica virtus.

⁵ V. (Changement fait en 1701, non en 1713 comme le dit Saint-Marc).

Savez-vous sur un mur repousser des assauts?

Et dormir en plein champ le harnois sur le dos?
Je vous connais pour noble à ces illustres marques.
Alors soyez issu des plus fameux monarques, 50
Venez de mille aïeux, et, si ce n'est assez,
Feuilletez à loisir tous les siècles passés; [1]
Voyez de quel guerrier il vous plaît de descendre;
Choisissez de César, d'Achille, ou d'Alexandre :
En vain un faux censeur voudrait vous démentir, [2] 55
Et si vous n'en sortez, vous en devez sortir. [3]
Mais, fussiez-vous issu d'Hercule en droite ligne,
Si vous ne faites voir qu'une bassesse indigne,
Ce long amas d'aïeux que vous diffamez tous, [4]
Sont autant de témoins qui parlent contre vous; 60

---

[1] Juvénal, *ib.*, vers 24 à 26, 131 à 134; Horace, liv. I, sat. III, v. 112.

>..... Sanctus haberi
>Justitiæque tenax factis dictisque mereris?
>Agnosco procerem...
>Tunc licet a Pico numeres genus, altaque si te
>Nomina delectant, omnem Titanida pugnam
>Inter majores ipsumque Promethea ponas :
>De quocumque voles proavum tibi sumito libro.....
>Tempora si fastosque velis evolvere mundi.

Feuilletez.. les siècles : expression de génie. *Le Brun.* — Noble et heureuse hardiesse. *Victor. Fabre* (passage cité, tome II, p. 29, note 2).

[2] V. O. 1666 à 1694, *en vain* un lâche esprit *voudrait*...

V. O. 1671 (cette leçon n'est que dans ce recueil) :

>Toute l'histoire en vain pourrait vous démentir.

[3] Cet *et* paraît inutile. *St.-Marc*, V, 319.—Ce vers est aussi précis que la pensée est forte. *Le Brun.*

[4] *V. O.* (même rec. de 1671). *Ce long* ordre *d'aïeux.* — *Amas....* il parle des aïeux comme d'un monceau de blé. *Cotin, Crit.,* 37.—Racine et Voltaire ont justifié Boileau, en disant (*Phèd.*, act. 1, sc. 1 ; *Henr.*, ch. VII, v. 76) :

>Un long amas d'honneurs rend Thésée excusable...
>Il regarde en pitié ce long amas d'erreurs...

Et tout ce grand éclat de leur gloire ternie [1]
Ne sert plus que de jour à votre ignominie. [2]
En vain, tout fier d'un sang que vous déshonorez,
Vous dormez à l'abri de ces noms révérés ;
En vain vous vous couvrez des vertus de vos pères : [3]   65
Ce ne sont à mes yeux que de vaines chimères ; [4]
Je ne vois rien en vous qu'un lâche, un imposteur,
Un traître, un scélérat, un perfide, un menteur,
Un fou dont les accès vont jusqu'à la furie, [5]
Et d'un tronc fort illustre une branche pourrie. [6]   70

[1] Gloire *sortie*.. Faute grossière de l'édition de 1666, R.

[2] Marius (*Salluste, Jugurtha*, n. 85) a dit : *majorum gloria posteris lumen est, neque bona, neque mala eorum in occulto patitur...* et, depuis, Juvénal (satire VIII, v. 138) :

> Incipit ipsorum contra testare parentum
> Nobilitas, claramque facem præferre pudendis.

Molière (*Festin de Pierre*, acte IV, sc. 4) a imité ces passages dans le même temps (1665) que Boileau... «... Ce que vos aïeux ont fait d'illustre ne vous donne aucun avantage. Au contraire, l'éclat n'en rejaillit sur vous qu'à votre déshonneur, et leur gloire est un flambeau qui éclaire aux yeux *d'un chacun* la honte de vos actions. »

Vers 61 et 62. Galimatias inintelligible. *Cotin, Crit.*, 34. — Le contraste d'*éclat* et de *ternie* est du plus grand bonheur. *Le Brun* et *M. Amar*.

[3] *Vains, vous, vrez, ver, vos...* Vers bien dur. *Saint-Marc*, V, 320.

[4] VAINES *chimères...* épithète inutile. *Rosel*, p. 7.

[5] Vers 67 à 69. La gradation n'y est pas observée. *Saint-Marc, ib.* — *Menteur* après *perfide*, est un peu faible ; l'accumulation, en général, n'est pas assez graduée dans ces vers... L'expression *jusqu'à la furie*, semble un peu outrée ; d'ailleurs *furie* est trop près de *fureur* qu'on trouve en rime deux vers plus bas. *Le Brun*. — Lâche et imposteur suffisaient : le reste n'est que de la déclamation. *M. Amar*.

[6] Saint-Marc (*ib.*) critique le mot *illustre...* cependant il convient que *tronc* et *branche* sont des termes de généalogie... Il dit aussi que les vers 59 à 70 pèchent quant au raisonnement, parce qu'un homme qui montre une *bassesse indigne*, peut n'avoir qu'un des défauts qu'on y indique, tels que la lâcheté ou l'imposture.

Je m'emporte peut-être, et ma muse en fureur
Verse dans ses discours trop de fiel et d'aigreur : [1]
Il faut avec les grands un peu de retenue.
Eh bien! je m'adoucis. Votre race est connue,
Depuis quand? répondez. Depuis mille ans [2] entiers, 75
Et vous pouvez fournir deux fois seize quartiers : [3]
C'est beaucoup. Mais enfin les preuves en sont claires,
Tous les livres sont pleins des titres de vos pères;
Leurs noms sont échappés du naufrage des temps.
Mais qui m'assurera qu'en ce long cercle [4] d'ans, 80
A leurs fameux époux vos aïeules fidèles,
Aux douceurs des galans furent toujours rebelles?
Et comment savez-vous si quelque audacieux
N'a point interrompu le cours de vos aïeux; [5]
Et si leur sang tout pur, ainsi que leur noblesse [6], 85
Est passé jusqu'à vous de Lucrèce en Lucrèce? [7]

---

[1] *P. C. O.* 1666, R.; 1668, Ver.. *dans ce discours...*—Ces deux vers (71, 72) sont ampoulés. *Cotin*, *Crit.*, 34 (reproche de même genre : v. p. 78, notes 2 et 3).

[2] Perse (satire III, vers 28).

  Stemmate quod Tusco ramum millesime ducis.

[3] P. C. Du moins trente quartiers. *Bross.* et 1666, R... 2ᵉ. C. Plus de trente quartiers. *Bross.*—Ces deux leçons étaient peu exactes, parce que l'on compte les degrés, par 4, 8, 16, 32... *Id.*

[4] *P. C. O.* 1666, R... *qu'en* un *long cercle*..

[5] La pensée est noblement et plaisamment rendue. L'image est vive, et c'est mieux qu'une ellipse : un prosateur, à coup sûr, n'aurait point eu cette bonne fortune. *Le Brun.*

[6] V. O. 1666 à 1701. *Avecque* leur Noblesse.—Boileau s'est souvenu ici de la critique de Pradon, citée p. 78, note 2.

[7] D'Olivet (*id*, Lévizac) croit que *a passé* vaudrait mieux. *Féraud* (c'est aussi la leçon de 1666, R., et 1668, Ver.).

Quelques écrivains se sont irrités des vers 78 à 86, jusqu'à y trouver une attaque contre l'ordre social. — Il suffit, dit Saint-Marc (V, 322) qu'on

Que maudit soit le jour où cette vanité [1]
Vint ici de nos mœurs souiller la pureté!
Dans les temps [2] bienheureux du monde en son enfance,
Chacun mettait sa gloire en sa seule innocence; [3]   90
Chacun vivait content, et sous d'égales lois,
Le mérite y faisait la noblesse et les rois;
Et, sans chercher l'appui d'une naissance illustre,
Un héros de soi-même empruntait tout son lustre. [4]
Mais enfin par le temps le mérite avili   95

croie avec le public, que l'on descend de ses aïeux, pour avoir le *droit* de jouir des prérogatives attachées à leur nom. — Pourquoi, s'écrie un moderne à cette occasion, pourquoi donc fondez-vous si souvent ce *droit* sur la *pureté*, sur la *noblesse* du sang qui coule dans vos veines? Que m'importe votre croyance si elle est opposée à la mienne? si le sang d'un Armagnac m'inspire du respect, je n'en dois certes point à celui de son laquais. — Mais des bouffonneries ne sont pas des raisons; voici des autorités plus graves. — On a repris, dit Clément, cette réflexion de Boileau, très sensée dans le fond, comme étant basse et triviale; tandis que c'est un des traits de cette pièce qui tient le plus au véritable ton de la satire. Il est en effet d'une grande vérité, et présenté d'une manière plaisante, ce qui est le principal mérite de ce genre... Malherbe avait eu la même pensée. Il disait que « c'était une folie que de « vanter sa noblesse; que plus elle était ancienne, plus elle était dou- « teuse; qu'il ne fallait qu'une Julie pour pervertir le sang des Césars. » (*Nouv. obs.*, 463). — Clément aurait pu citer encore Pope, qui chez un peuple où l'on tient beaucoup à la distinction des rangs, n'a pas craint d'imiter ainsi Boileau (Traduction de Fontanes).

> Depuis mille ans entiers, ton sang, si je te croi,
> De Lucrèce en Lucrèce a passé jusqu'à toi.

[1] *Cette*, qui sert de transition, ne se rapporte à rien. *St.-Marc*, V, 323, 324.
[2] P. C. O. 1666, R., *dans le temps...*
[3] Vers 43 à 90. Ils sont sur un carton dans l'édition de 1685... même remarque qu'à p. 92, note 2.
[4] Imitat. de Boil... Destouches (*Glorieux*, acte 1, sc. 9) :

> . . . Songez qu'une naissance illustre
> Des sentimens du cœur reçoit son plus beau lustre.

Vit l'honneur en roture, et le vice ennobli ; 1
Et l'orgueil, d'un faux titre appuyant sa faiblesse,
Maîtrisa ² les humains sous le nom de noblesse.
De là vinrent en foule et marquis et barons :
Chacun pour ses vertus n'offrit plus que des noms. 100
Aussitôt maint esprit fécond en rêveries,
Inventa le blason avec les armoiries ; ³
De ses termes obscurs fit un langage à part ;
Composa tous ces mots de Cimier et d'Écart,
De Pal, de Contrepal, de Lambel et de Fasce, 105
Et tout ce que Segoing ⁴ dans son Mercure entasse.
Une vaine folie enivrant la raison,
L'honneur triste et honteux ne fut plus de saison.
Alors, pour soutenir son rang et sa naissance,
Il fallut étaler le luxe et la dépense ; 110
Il fallut habiter un superbe palais,
Faire par les couleurs distinguer ses valets ; ⁵
Et ⁶, traînant en tous lieux de pompeux équipages,

---

¹ Tel homme qui se croirait avili par son nom, pense s'ennoblir par un autre : Boileau dans ces deux vers marque très bien cette opposition. *Roubaud*, I, 9, mots *abaisser, avilir.*

² P. C. O. 1666, R., maîtriser..

³ *V. O.* 1666, R., *armoiries.* — 1666 à 1671, P., *Armories.* — 1672, C. à 1701, *Armoiries.* — On a remis mal-à-propos, *Armories*, dans les éditions de 1713, et cette orthographe vicieuse a été conservée dans quelques autres, telles que 1716 (in-4° et in-12) et 1724, Bross.; 1717, Mort. (1 vol.); 1717, 1720 et 1721, Vest.; 1721, Bru.

⁴ Auteur qui a fait le *Mercure armorial*. Boil., 1713.
V. 1666 à 1669, *Vulson.* — 1674 à 1701, *Segond.* — On lit *Melson*, à 1666, R. (*id.*, 1668, Ver..).

⁵ Il était difficile d'exprimer aussi bien la différence des livrées. *Le Brun.*

⁶ Les deux phrases que cet ET lie, ne peuvent être jointes. *Saint-Marc*, V, 324. — La *distinction* qu'on fait faire des valets par les couleurs, nous paraît au contraire amener le moyen de reconnaître *aux pages*, le duc et le marquis.

Le duc et le marquis se reconnut aux pages. [1]
Bientôt, pour subsister, la noblesse sans bien 115
Trouva l'art d'emprunter, et de ne rendre rien;
Et, bravant des sergens la timide cohorte,
Laissa le créancier se morfondre à sa porte. [2]
Mais, pour comble, à la fin [3], le marquis en prison
Sous le faix des procès vit tomber [4] sa maison. 120
Alors le noble altier, pressé de l'indigence, [5]

[1] Tous les gentilshommes considérables, en ce temps-là, avaient des pages. *Boil.*, 1713.

La Fontaine (Fable *de la Grenouille*) dit, peu d'années après (1668):

> Tout marquis veut avoir des pages.

Après deux nominatifs, le verbe comme on voit, se trouve au singulier. Se *reconnut aux pages*, est pour *on reconnut aux pages* : écrivez *se reconnurent* et vous offrirez un autre sens qui gâtera tout. C'est dans le génie des langues que ces choses là s'apprennent. *Le Brun.*

Vers 87 à 114. Imitat. de Boil... Chénier, épître citée, p. 116, note 5.

> Sous les brigands du nord, altérés de tributs,
> L'avide parchemin scella tous les abus.
> Trouvant dans son berceau ses titres de noblesse,
> L'enfant porta les noms de Grandeur et d'Altesse.
> C'est peu : de la vertu l'honneur fut séparé;
> De cordons fastueux le vice fut paré;
> On forgea du blason la gothique imposture;
> On flétrit le travail; tous les arts en roture
> Servirent à genoux la noble oisiveté...

[2] *Voy.* à ce sujet l'Essai, ch. II, n° 76.

[3] *P. C. O.* 1666, R., 1667, C., 1668, Ver., *pour comble souvent le...*
Pour comble de quoi? *Le Brun.* — L'esprit supplée aisément ce qui est ici sous-entendu. *M. de S.-S.*

[4] *Fit tomber..* Faute de 1666, R.

[5] V. 1666 à 1694 (et P.C. *emprunta* pour *rechercha;* 1666, R. et Bross.)

> Alors, pour subvenir à sa triste indigence,
> Le noble, du faquin rechercha l'alliance;
> Et trafiquant d'un nom jadis si précieux, etc.

Voy. sur ces vers, l'art. des Erreurs, etc., n. 12, tome III, p. 476.

Humblement du faquin rechercha l'alliance;
Avec lui trafiquant d'un nom si précieux,
Par un lâche contrat vendit tous ses aïeux;
Et, corrigeant ainsi la fortune ennemie, 125
Rétablit son honneur à force d'infamie.

Car, si l'éclat de l'or ne relève le sang,
En vain l'on[1] fait briller la splendeur de son rang;
L'amour de vos aïeux passe en vous pour manie,
Et chacun pour parent vous fuit et vous renie.[2] 130
Mais quand un homme est riche, il vaut toujours son prix,
Et, l'eût-on vu porter la mandille[3] à Paris;
N'eût-il de son vrai nom ni titre ni mémoire,
D'Hozier lui trouvera[4] cent aïeux dans l'histoire.

---

[1] V. O. Il y a dans les éditions originales de 1666 à 1698, *en vain on...* Féraud (III, 773) n'avait sans doute vu qu'une de ces éditions puisqu'il observe qu'*en vain on* est très dur, et forme une cacophonie.. Une chose très remarquable et ignorée de tous les commentateurs, c'est que la correction (*en vain l'on*) à l'aide de laquelle cette cacophonie disparaît, ne fut faite par Boileau (1701) qu'après l'avoir été long-temps auparavant dans plusieurs éditions étrangères, celles de 1686, 1689 (gr. in-12) et 1692, A (*Voy.* Notice bibl., § 1, obs. prélimin., n° V).

[2] Imit. de Boil... Destouches (*Glorieux*, acte III, sc. 6, et v, sc. 7):

> ...... L'éclat de la richesse
> Augmente encor celui de la haute noblesse...
> Si le faste et l'éclat ne soutiennent le rang,
> Il (le bourgeois) traite avec dédain le plus illustre sang,
> Mesurant ses égards aux dons de la fortune,
> Le mérite indigent le choque, l'importune.

[3] Petite casaque qu'en ce temps-là portaient les laquais. Boil., 1713.

[4] Auteur très savant dans les généalogies. Boil., 1713. — Sa famille remplit encore ses emplois (généalogiste et juge d'armes). *Edit. de 1781, Art.*— On lit *Gombaud*, dans les éditions de 1666. R., et 1668, Ver.

V. O. 1666, 1667 et 1668, pet. in-12 (*id.* 1666, C. et C. T.).. *lui peut trouver..*

SATIRE V.

Toi donc, qui, de mérite et d'honneurs revêtu[1], 135
Des écueils de la cour as sauvé ta vertu,
Dangeau, qui, dans le rang où notre roi[2] t'appelle,
Le vois, toujours orné d'une gloire nouvelle,
Et plus brillant par soi que par l'éclat des lis,
Dédaigner tous ces rois dans la pourpre amollis; 140
Fuir d'un honteux loisir la douceur importune;
A ses sages conseils asservir la fortune;
Et, de tout son bonheur[3] ne devant rien qu'à soi,
Montrer à l'univers ce que c'est qu'être roi : [4]

D'Hozier lui trouvera... Trait de satire qui paraît surtout piquant lorsque l'on se rappelle ce qui a été dit dans la première note, p. 126.

Les vers 71 à 134 (60 sur 148), c'est-à-dire ceux où Boileau attaque le plus vivement la noblesse, ont été supprimés dans l'édition classique. On eût pu d'autant mieux se dispenser d'un tel sacrifice (M. Thiessé le blâme, on l'a dit, p. 51, note 4), que l'éditeur avait d'avance fourni à la jeunesse un remède contre le venin de Boileau, par l'avis suivant placé après le titre : « Cette sa- » tire est dirigée contre les nobles qui vivent dans l'oisiveté et dans le vice, « et non contre ceux qui se montrent dignes de leur naissance. »

[1] Peut-on dire revêtu de mérite? *St.-Marc*, V, 325. — Il y a de *mérite* et *d'honneurs...* un mot fait passer l'autre... Molière disait dans le même temps (1666... Misanthrope, acte I, sc. 1) :

Et que par eux son sort de splendeur revêtu.

[2] *V. E.* (en partie). 1666 à 1683, *ton prince*. — Mettant ces mots au vers 148 (*voy.* en la note), il a fallu les ôter du vers 137.

[3] *F. N. R.* Texte de 1666 à 1713, et non pas *Honneur...* Cette faute choquante commise par Brossette (1716, in-4° et in-12), a été reproduite dans une foule d'éditions, telles que 1717, Mort.; 1717, 1720 et 1721, Vest.; 1721, B.; 1724, Bross.; 1735, Souch.; 1745, 1750, 1752, 1757, 1766, 1767, 1768, 1769, 1775, 1778, 1780, 1782, 1787, 1789, 1793, 1798 et 1803, P.; 1749 et 1756, A.; 1768 et 1769, U.; 1770, Barb.; 1777, Cas.; 1777 et 1789, Batt.; 1780, Lond. et G.; 1781, Did. (les deux édit.); 1793, S.-B.; 1801, Ri.; 1805, 1814, 1815 et 1830, Ly.; 1810, Caill.; 1812, Tu.; 1814 et 1825, Ny.; 1816 et 1831, Avi.; 1818, Coll.; 1821, Lons.; 1822 et 1824, Jeun.; 1826, Dub.. (plus de *cinquante*).

[4] La fin de cette satire est dénaturée, on l'a dit (Notice bibl., § 1, n. 6 *a*),

Si tu veux te couvrir d'un éclat légitime,
Va par mille beaux faits [1] mériter son estime ;
Sers un si noble maître ; et fais voir qu'aujourd'hui
Ton prince a des sujets qui sont dignes de lui. [2]

dans l'édition *monstrueuse* de 1666, R. (*id.*, dans celle de 1668, Ver.). Ainsi dans les vers 138, 139, 140, 141 et 143, au lieu de *le vois, par soi, dédaigner, fuir, son bonheur*, et *qu'à soi*, on lit *te vois, par toi, dédaignes, fuis, ton bonheur, qu'à toi*... Enfin aux vers 142 et 144 on a substitué ceux-ci :

> Sans craindre les dangers de Mars et de Neptune...
> Montre à tout l'univers ce que c'est qu'être au roi.

[1] *F. N. R.* Texte de 1666 à 1713, et non pas *bienfaits*, faute étrange qu'on trouve à 1805, Bast., et 1808 et 1814, Le Br.

[2] *V. E.* (en partie). 1666 à 1683. *La France a des sujets.* — Un pays a des habitans et non pas des sujets. *Desmarets*, 40. — Il faut restituer à Desmarets l'honneur d'avoir indiqué cette correction à Boileau, honneur que M. de Saint-Surin attribue mal-à-propos à Pradon, car la critique de celui-ci (*Nouv. remarq.*, 41), ou plutôt sa copie de la critique de Desmarets ne fut publiée que la même année où Boileau changea ce vers. L'erreur de M. de S.-S. dérive d'une autre qu'il a commise avec quelques éditeurs en rapportant le changement des vers 137 et 148 à l'édition de 1701, tandis qu'il fut opéré dans celle de 1685. Aussi le trouve-t-on également dans les éditions de 1689 et 1692 (A.), 1694 (P.), 1695 (P. et CT.), 1697 (A. et R.) et 1698 (P. et R.).

Vers 147 et 148. *Aujourd'hui* n'est mis que pour rimer à *lui*... Desmarets et *Pradon*, ib. — Voilà une bien mauvaise querelle : les Français du temps de la fronde, n'étaient pas certainement des sujets dignes de Louis XIV.

Imit. de Boileau... Gacon, épît. xv, vers la fin.

> A son fameux héros la France pourra dire
> Que si par sa valeur elle règne aujourd'hui,
> Elle a des écrivains qui sont dignes de lui.

SATIRE VI.[1]

Qui frappe l'air, bon Dieu! de ces lugubres cris?
Est-ce donc pour veiller qu'on se couche à Paris?
Et quel fâcheux démon [2], durant les nuits entières,
Rassemble ici les chats de toutes les gouttières?
J'ai beau sauter du lit, plein de trouble et d'effroi,   5.
Je pense qu'avec eux tout l'enfer est chez moi :
L'un miaule en grondant comme un tigre en furie,[3]
L'autre roule sa voix comme un enfant qui crie.

---

[1] Composée avec la satire 1re dont elle faisait d'abord partie. *Bross.* (voy. aussi tome IV, p. 446). — Sa critique par Muralt et sa défense par Brumoi ont été publiées avec des observations par Saint-Marc (nous en parlons, Notice bibliogr., § 2, n° 60). Muralt n'entendait pas assez les finesses de notre langue pour se mêler de critiquer, surtout avec ironie et amertume, un poète tel que Boileau : sa censure est presque d'un bout à l'autre une satire du bon goût. Le P. Brumoi fait preuve de sagacité dans sa réponse, mais il y donne trop à l'autorité et à l'exemple. St.-Marc enfin est un rhéteur sensé, mais trop souvent minutieux. Nous rapporterons seulement les observations les plus importantes de cette discussion.

Selon Desmarets (p. 48) et Pradon (R., 41) la satire vi est une lourde amplification et une méchante copie d'Horace. Boileau y a étendu et poussé si loin les incommodités de Paris, qu'elles sont ennuyeuses au lecteur, etc.

Il faut, observe avec raison Laharpe (*Lyc.*, VI, 191), considérer les 1res satires de Boileau sous différens rapports. S'il s'agit de l'intérêt du sujet, la difficulté de la rime, les embarras de Paris, un mauvais repas, etc., peuvent n'être pas des objets fort attachans pour la postérité... (ceci est une réponse à une critique faite par Voltaire, *Poème de la loi natur.*)... Mais il s'agit ici de versification et de style, et sous ce point de vue, notre langue n'avait encore rien produit d'aussi parfait.

[2] *F. N. R.* Texte de 1666 à 1713, et non pas *quel affreux démon*, faute grossière de 1805, Bast., 1808 et 1814, Le Br.

[3] Est-ce qu'un tigre miaule? *Pradon*, R., 41. — Harmonie imitative que

Ce n'est pas tout encor : les souris et les rats
Semblent, pour m'éveiller, s'entendre avec les chats, 10
Plus importuns pour moi, durant la nuit obscure,
Que jamais, en plein jour, ne fut l'abbé De Pure.¹

Tout conspire à-la-fois à troubler mon repos,
Et je me plains ici du moindre de mes maux :
Car à peine les coqs, commençant leur ramage, 15
Auront de cris aigus frappé le voisinage,²
Qu'un affreux serrurier, laborieux Vulcain,
Qu'éveillera bientôt l'ardente soif du gain,³
Avec un fer maudit, qu'à grand bruit il apprête,
De cent coups de marteau me va fendre la tête. 20

le son de la rime (vers 7) augmente encore. *Le Brun.* — Saint-Lambert (Le Printemps, v. 570) a dit au sujet du tigre :

> Il caresse *en grondant* son amante *en furie.*

L'harmonie imitative est ici indiquée à demi : Boileau l'a bien mieux rendue par le vers ci-dessus. *Clément, Obs.,* 324.

¹ Ennuyeux célèbre. *Boil.,* 1713 (*voy.* l'Essai, n° 51).

V. O. 1666 à 1683. De P***.. Son nom, dit M. de Saint-Surin, est indiqué par un P initial dans les éditions antérieures à celle de 1694... C'est une erreur; il fut mis dans l'édition de 1685, et on le trouve aussi dans celles de 1689 (gr. in-12) et de 1692, A.

² Tous ces vers sont travaillés avec un art prodigieux. *Le Brun.*—Martial, liv. IX, épigr. 69.

> Nondum cristati rupere silentia galli.

³ V. 1666 à 1701 (la correction faite ci-dessus, est heureuse. *M. Amar*).

> Qu'un affreux serrurier, que le ciel en courroux
> A fait pour mes péchés trop voisin de chez nous.

Vers 16 à 18. L'emploi des futurs *auront frappé* et *éveillera*, avec le présent dans tout le reste de la phrase, n'est pas ordinaire, mais il est très poétique. Le passage du futur au présent fait tableau. L'imagination voit tout-à-coup comme présens les embarras de Paris. *Lévizac.*

⁴ *V. E. et F. N. R.* Texte de 1666 à 1713, et non pas *me va rompre la*

J'entends déjà partout les charrettes courir, [1]
Les maçons travailler, les boutiques s'ouvrir :
Tandis que dans les airs mille cloches émues,
D'un funèbre concert font retentir les nues;
Et, se mêlant au bruit de la grêle et des vents, [2] 25
Pour honorer les morts font mourir les vivans.
    Encor je bénirais la bonté souveraine,
Si le ciel à ces maux avait borné ma peine; [3]

---

tête, comme on a mis dans l'édition de Souchay, de 1735, et dans beaucoup d'autres, telles que 1745, 1750, 1752, 1757, 1766, 1767, 1768, 1769, 1775, 1778, 1782, 1787 (deux édit.), 1789, 1793, 1798 et 1803, P.; 1756, A.; 1777, Cas.; 1780, Lond. et G.; 1784, Evr.; 1816 et 1831, Avi.; 1821, Lons.; 1822 et 1824, Jeun.; 1826, Dub. (2 édit.) et Montp.; 1830, Ly... (plus de *trente*).

Le Brun, il est vrai, aimerait mieux *rompre* que *fendre*, parce que ce mot se trouve plus bas (il est cependant à onze vers de distance); mais il ne l'a point inséré dans le texte, et Souchay ainsi que ses copistes auraient dû au moins avertir du changement qu'ils se sont permis de faire.

Imit. de Martial, liv. XII, épigr. 57, et liv. IX, épigr. 69.

> Illinc paludis malleator hispanæ
> Tritum nitenti fuste verberat saxum.
> . . . Quot æra verberent manus urbis...
> Tam grave percussis incudibus æra resultant,
> Caussidicum medio cum faber aptat equo.

[1] Juvénal, sat. III, v. 236 (il n'a fourni à Boileau que l'idée. *M. Amar*).

> . . . . . . Rhedarum transitus arcto
> Vicorum in flexu, et stantis convicia mandræ
> Eripient somnum.

[2] Vers parasites mais placés avec beaucoup d'adresse. *St.-Marc*, V, 341.

[3] La *bonté souveraine* et *le ciel*, sont ici la même chose. *Muralt* et *Saint-Marc*, ib.—Remarque minutieuse et déplacée, l'une de ces expressions étant plus développée, l'autre plus sommaire. *M. Daunou.* — Au reste, c'est une imitation de Molière (*Éc. des femmes*, act. V, sc. 2).

> J'étais, à dire vrai, dans une grande peine,
> Et je bénis du ciel la bonté souveraine.

Mais si seul en mon lit je peste ¹ avec raison,
C'est encor pis vingt fois en quittant la maison : 30
En quelque endroit que j'aille, il faut fendre la presse
D'un peuple d'importuns qui fourmillent sans cesse.
L'un me heurte d'un ais dont je suis tout froissé; ²
Je vois d'un autre coup mon chapeau renversé.
Là, d'un enterrement la funèbre ordonnance, 35
D'un pas lugubre et lent vers l'église s'avance;³
Et plus loin des laquais l'un l'autre s'agaçans,
Font aboyer les chiens et jurer les passans. ⁴
Des paveurs en ce lieu me bouchent le passage.
Là, je trouve une croix de funeste présage,³ 40

---

¹ Expression peu noble. *Muralt.* — Alceste, homme de cour (*Misanthrope*, act. v, sc. 1), l'a pourtant employée. *Brumoi.*—Elle est bonne, la pièce étant dans le style de la satire enjouée. *St.-Marc*, V, 343.—Elle est ici juste et caractéristique. *M. Amar.*

² Juvénal, sat. III, v. 243 (Boileau lui est ici inférieur. *M. Amar*).

......Nobis properantibus obstat
Unda prior : magno populus premit agmine lumbos
Qui sequitur : ferit hic cubito, ferit assere duro
Alter; at hic tignum capiti incutit, ille metretam.

³ Ce vers n'est point, comme le dit Brossette, imité de celui-ci *tristia robustis lucrantur funera plaustris* (Horace, liv. II, ép. II, v. 74). *M. Amar.*—Son premier hémistiche (*d'un pas*, etc.) peint bien (*id., M. Amar*) : Boileau est le premier qui ait fait un art distinct de la prosodie. *Le Brun.*

⁴ Texte de 1666 à 1713, et non pas *s'agaçants* et *passants*... Il faudrait *s'agaçant*, sans *s*, à cause du régime direct *se*, mais cette règle établie dans la grammaire de Port-Royal, en 1660, ne fut adoptée par l'Académie qu'en 1679 (M. Raynouard, 149), et ne devint pas tout de suite d'un usage général (*voy*. aussi sur ce point, p. 23, note 3).

Imit. de Boil., v. 37, 38, 45 et 46. Regnard, épître à Du Vaux (v. 25, 26).

Traîné par des coursiers qui, d'un pas menaçant,
Font trembler les pavés, et gronder le passant.

⁵ On faisait pendre alors du toit de toutes les maisons que l'on couvrait,

Et des couvreurs grimpés au toit d'une maison,
En font pleuvoir l'ardoise et la tuile à foison.
Là, sur une charrette une poutre branlante [1]
Vient menaçant de loin [2] la foule qu'elle augmente;
Six chevaux attelés à ce fardeau pesant
Ont peine à l'émouvoir sur le pavé glissant. [3]

une croix de lattes pour avertir les passans de s'éloigner. On n'y pend plus maintenant qu'une simple latte. *Boil.*, 1713 (on pend à présent l'une ou l'autre, mais plus souvent la croix que la latte).

[1] Détail difficile à rendre et bien rendu. *Le Brun.*
[2] *V. O.* (ou peut-être faute d'impression), 1701, in-12 (*Id.*, 1708 et 1741 (éd. en 2 vol.), 1715, 1720, 1736, 1758 et 1760, A., *vient menacer de loin*...
[3] Vers 43 à 46. Imitation de Juvénal (sat. III, v. 254 à 256).

> . . . . Modo longa coruscat
> Sarraco veniente, abies, atque altera pinum
> Plaustra vehunt; nutant altè, populoque minantur.

Voici les rapprochemens ingénieux et pleins de goût que Vict. Fabre (note 10) présente à cette occasion. « *Une poutre branlante :* c'est le *nutant* de Juvénal, placé plus adroitement dans le français, au commencement du tableau. Ces mots qui terminent le vers sont une image; leur harmonie peint à l'oreille.. *Vient :* voici encore le *veniente* mis en usage par Boileau; mais en le transportant de la charrette à la poutre, il a rendu l'impression bien plus vive.. *Vient, menaçant de loin la foule :* au *veniente* est joint ici le *populo minantur*. On sent combien cet heureux rapprochement donne de mouvement, de vie à la peinture que fait le poète. »

« *La foule qu'elle augmente.* « Ces mots qui sont une idée, ne se trouvent point dans l'original. Si je les rends au vers : «Vient *menaçant* de loin la foule qu'elle *augmente*,» je trouve dans ce vers si bien rempli, une double image qui n'a point d'équivalent chez le poète latin. *Six chevaux attelés à ce fardeau pesant;* nouveau trait ajouté au tableau.. Le mot *pesant* mérite d'être remarqué; ce n'est pas sans dessein qu'il a été gardé pour la fin du vers.. *Ont peine à l'émouvoir sur le pavé glissant.* Émouvoir : cette expression peint : je vois six robustes chevaux haletans; et la charrette *pesante* qui s'avance lentement, et avec des branlemens inégaux, semble seulement s'émouvoir. Les mots latins *plaustra vehunt* ne font rien voir de tout cela. Juvénal *décrit l'objet;* Boileau *le met sous nos yeux : nous sommes auditeurs chez l'un, spectateurs chez l'autre.* «

D'un carrosse en tournant [1] il accroche une roue,
Et du choc le renverse en un grand tas de boue : [2]
Quand un autre à l'instant s'efforçant de passer,
Dans le même embarras se vient embarrasser. [3]   50
Vingt carosses bientôt arrivant à la file,
Y sont en moins de rien suivis de plus de mille ;
Et, pour surcroît de maux, un sort malencontreux
Conduit en cet endroit un grand troupeau de bœufs.
Chacun prétend passer ; l'un mugit, l'autre jure ; [4] 55

Émouvoir, dit Le Brun, ne servant qu'à peindre les affections de l'âme, est presque ici une faute. Lévizac et M. Daunou paraissent du même sentiment. M. de Saint-Surin dit qu'*émouvoir* avait autrefois une acception plus étendue. Nous serions tentés de penser d'après une observation ingénieuse de M. Amar, que Boileau a essayé d'enrichir notre langue, en donnant à ce mot l'acception physique qu'offre sa racine (*movere è loco*).

[1] V. O. 1666 à 1701, *en* passant, *il*... (c'est la leçon suivie dans le Ménagiana, IV, 249).

[2] *V. E.* Texte de 1666 à 1713, et non pas *et* d'un *choc*, comme on lit à 1720, Rott.; 1751, A.; 1768, 1775, 1778, 1782, 1787 (deux édit.), 1789, 1793, 1798 et 1803, P.; 1770, Barb.; 1769, 1772, 1780 et 1789, Lond.; 1777, Cas.; 1780, G.; 1784, Evr.; 1816 et 1821, Avi.; 1826, Dub. (plus de *vingt* éditions).

F. N. R. La faute suivante est beaucoup plus curieuse... *Le renverse* dans *un*.. telle est la leçon de 1735, Souch.; 1745, 1750, 1752, 1757, 1766, 1767, 1768, 1769, 1775, 1778, 1782 et 1789, P.; 1770, Barb.; 1777, Cas.; 1780, Lond. et G.; 1784, Evr.. Ainsi, voilà *dix-huit* éditions où l'on prête à Boileau un vers de *treize* syllabes.

[3] Faute visible : on pouvait mettre *dans le même chemin.. Mermet,* 205.— Il serait encore plus exact de dire dans la même *rue*... M. Mermet ne s'aperçoit pas que Boileau, pour mieux peindre, a accumulé dans le vers les mots *embarras* et *embarrasser*. M. F., *Merc.* 7 oct. 1809.

[4] Il semble que des bœufs l'un mugit, l'autre jure : si l'auteur entend parler des passans, la même équivoque a lieu.. *Muralt,* 250. —Cette équivoque répand sur le vers de la grâce et de la vivacité.. Les passans non moins grossiers que les bœufs sont mis ici pêle-mêle avec ces animaux sous ce terme *chacun. Brumoi,* 404. — Vers excellens ; Boileau était en verve quand il a tracé tout ce tableau, aussi plaisant qu'énergique. *Le Brun* (v. pour la coupe du

SATIRE VI.

Des mulets en sonnant augmentent le murmure. ¹
Aussitôt cent chevaux dans la foule appelés, ²
De l'embarras qui croît ferment les défilés, ³
Et partout, des passans enchaînant les brigades,
Au milieu de la paix font voir les barricades. ⁴   60
On n'entend que des cris poussés confusément :
Dieu, pour s'y faire ouïr, tonnerait vainement. ⁵
Moi donc, qui dois souvent en certain lieu me rendre,
Le jour déjà baissant, et qui suis las d'attendre, ⁶
Ne sachant plus tantôt à quel saint me vouer,   65
Je me mets au hasard de me faire rouer. ⁷
Je saute vingt ruisseaux, j'esquive, je me pousse ; ⁸

---

dernier hémistiche du vers 55, tome II, p. 181, note 1, ligne 9, où, par erreur, l'on a imprimé vers 551).

¹ *Murmure* est impropre pour exprimer un vacarme. *Muralt* et *Saint-Marc*, V, 351 (Brumoi paraît en convenir).

² *V. E ou O.* Les vers 57 à 60 n'étaient pas dans la première édition faite en 1666. *Bross..* — Mais dans celles de 1667 à 1683 (vingt, dont dix originales), et dans le *Ménagiana* (IV, 249), il y a *et bientôt*, au lieu de *aussitôt*. Il est singulier que M. de S.-S. qui reproche aux éditeurs d'avoir omis la variante du couplet suivant (vers 61, 62, note 5) n'ait pas aperçu celle-ci.

³ *F. N. R.* 1667 et 1668, pet. in-12.. *croit forment les..*

⁴ Allusion aux barricades de la Fronde (1648). *Bross.*

⁵ Voilà comment parlent les épiciers et les chapeliers. *Pradon*, 42.—Proverbe cité plaisamment. *Le Brun.*

Vers 61 et 62. V. O. 1666 (*id.*, 1666, C. et CT.; 1667, Fr.) : *au milieu de cent cris poussés... Dieu pour se faire ouïr...*

⁶ Ce participe isolé, *le jour déjà baissant*, entre deux *qui*, liés par le sens, paraît peu correct. *Brumoi*. — Il embarrasse la construction. *Lévizac.* — La phrase est claire ; le poète doit souvent, lorsque le jour baisse, se rendre en certain *lieu. Saint-Marc*, V, 355 (M. Daunou est du même avis).

⁷ Imit. de Boil. (*v.* aussi vers 47 et 48, p. 144).. Regnard, épit. à Du Vaux.

> Tu n'es point obligé tout dégouttant de boue,
> De serrer les maisons de peur qu'on ne te roue.

⁸ *Je me pousse..* Espèce d'ellipse dont le sens n'est pas assez déterminé.

Guenaud sur son cheval en passant m'éclabousse : [1]
Et, n'osant plus paraître en l'état où je suis,
Sans songer où je vais, je me sauve où je puis. [2] 70
  Tandis que dans un coin en grondant je m'essuie,
Souvent, pour m'achever, il survient une pluie :
On dirait que le ciel, qui se fond tout en eau,
Veuille [3] inonder ces lieux d'un déluge nouveau.
Pour traverser la rue, au milieu de l'orage, 75
Un ais sur deux pavés forme un étroit passage ;
Le plus hardi laquais n'y marche qu'en tremblant :
Il faut pourtant passer sur ce pont chancelant ;
Et les nombreux torrens qui tombent des gouttières,
Grossissant les ruisseaux, en ont fait des rivières. 80
J'y passe en trébuchant ; mais, malgré l'embarras,
La frayeur de la nuit précipite mes pas.
  Car, sitôt que du soir les ombres pacifiques [4]
D'un double cadenas font fermer les boutiques ;
Que, retiré chez lui, le paisible marchand 85
Va revoir ses billets et compter son argent ;

Le Brun (pour la coupe du dernier hémistiche du vers 67, *voy.* tome II, p. 181, note 1, ligne 9.)

[1] C'était le plus célèbre médecin de Paris, et qui allait toujours à cheval. *Boil.*, 1713 (d'où le proverbe, Guenaud et son cheval... *Bross.*).
  Imitat. de Boil... Regnard, Satire des maris, vers 173 à 176 :

> Agathon dans Paris court à bride abattue :
> Malheur à qui pour lors est à pied dans la rue !
> D'un et d'autre côté ses chevaux bondissans
> D'un déluge de boue inondent les passans.

[2] Boileau a imité en partie ceci dans le dernier vers (p. 56) du *Discours au roi*, composé, on l'a vu (p. 35), après la satire vi.

[3] Bien des gens préfèrent *veut. Bross.* — Et c'est l'usage aujourd'hui. *Saint-Marc* et *M. Daunou.*—Il faut *veuille*, parce qu'on n'affirme pas que le ciel *veut*, mais *semble vouloir. M. Amar.*

[4] Expression très poétique. *Le Brun.*

Que dans le Marché-Neuf[1] tout est calme et tranquille,
Les voleurs à l'instant s'emparent de la ville.
Le bois le plus funeste et le moins fréquenté
Est, au prix de Paris, un lieu de sûreté. 90
Malheur donc à celui qu'une affaire imprévue
Engage un peu trop tard au détour d'une rue !
Bientôt quatre bandits lui serrant les côtés :
La bourse !..... Il faut se rendre ; ou bien non, résistez[2],
Afin que votre mort, de tragique mémoire, 95
Des massacres fameux aille grossir l'histoire.[3]
Pour moi, fermant ma porte, et cédant au sommeil,[4]
Tous les jours je me couche avecque[5] le soleil :

[1] Entre le pont Saint-Michel et le Petit-Pont. *Bross.*
[2] On volait beaucoup en ce temps-là (1660 à 1666) dans les rues, à Paris. *Boil.*, 1713.—Louis XIV y remédia vers 1667 (*v.* l'Essai, n° 74), mais déjà Cotin (Sat., p. 8) avait pris texte des vers 88 à 90 pour accuser Boileau d'être l'ennemi du gouvernement. — Le Brun dit au sujet du vers 93 (*bientôt*, etc.), transition rapide. — Coupe du vers 94 ou de son dernier hémistiche, *voy.* tome II, p. 181, note 1, ligne 10).

V. E. Brossette, Dumonteil et Souchay ont changé en entier la note de Boileau ; d'autres éditeurs l'ont supprimée ; d'autres enfin (1747, S.-M. ; 1788 à 1819, Did. ; 1821, S.-S. ; 1825, Daun. ; 1826, Mart. ; 1828, Thi. ; 1829, B. ch. ; 1832, Tr. ; etc.) y lisent mal-à-propos, *dans les rues de Paris*.

Juvénal, sat. III, v. 302 à 305, et 290 à 292.

> .... Nam qui spoliet te
> Non deerit, clausis domibus, postquam omnis ubique
> Fixa catenatæ siluit compago tabernæ.
> Interdum et ferro subitus grassator agit rem...
> Stat contra, starique jubet ; parere necesse est.
> Nam quid agas, quum te furiosus cogat et idem
> Fortior ?...

[3] Il y a une histoire intitulée, Histoire des Larrons. *Boil.*, 1713.
[4] V. O. (Par Brossette et Dumonteil). 1666 à 1698.

Pour moi qu'une ombre étonne, accablé de sommeil.

[5] Boileau, sur la critique de Pradon, a corrigé les vers où était ce mot

Mais en ma chambre à peine ai-je éteint la lumière,
Qu'il ne m'est plus permis de fermer la paupière. 100
Des filous effrontés, d'un coup de pistolet,
Ébranlent ma fenêtre, et percent mon volet :
J'entends crier partout : Au meurtre! On m'assassine!
Ou : Le feu vient de prendre à la maison voisine!
Tremblant et demi mort, je me lève à ce bruit, 105
Et souvent sans pourpoint¹ je cours toute la nuit.
Car le feu, dont la flamme en ondes se déploie,
Fait de notre quartier une seconde Troie,
Où maint Grec affamé, maint avide Argien, ²
Au travers des charbons va piller le Troyen. ³ 110
Enfin sous mille crocs la maison abîmée
Entraîne aussi le feu qui se perd en fumée.

Je me retire donc, encor pâle d'effroi,
Mais le jour est venu quand je rentre chez moi.
Je fais pour reposer un effort inutile : 115
Ce n'est qu'à prix d'argent qu'on dort en cette ville. ⁴

(*voy.* p. 78, note 2) : il faut qu'il ne l'ait pas pu dans ce passage, qui est le seul, dit Lévizac, où il l'ait laissé subsister.

¹ Tout le monde en ce temps-là portait des pourpoints. *Boil.*, 1713 (partie de l'habillement qui couvrait le corps depuis le cou jusques à la ceinture. *Féraud; Cormont*. — C'était une espèce d'habit-veste qui se portait sous le manteau. *M. Viollet Le Duc*).

² Cheville : *maint Argien* est compris dans *maint Grec*. Desmarets, 41 ; *Saint-Marc*, V, 371 ; *Le Brun* ; *M. Daunou*.

³ Vers 107 à 110. Figures fortes : tours hardis et brillans. *Van-Effen*, dans *Saint-Marc*, V, 205 (*v.* l'Essai, n° 117).

⁴ Martial, liv. XII, épigramme LVII, v. 3 et 4 ; Juvénal, sat. III, v. 235.

> Nec cogitandi spatium, nec quiescendi
> In urbe locus est pauperi...
> ... Magnis opibus dormitur in urbe.

A prix d'argent indiquant qu'il faut *acheter* le sommeil a plus d'énergie

Il faudrait, dans l'enclos d'un vaste logement,
Avoir loin de la rue un autre appartement.

.Paris est pour un riche un pays de Cocagne.¹
Sans sortir de la ville, il trouve la campagne : 120
Il peut dans son jardin, tout peuplé d'arbres verts,
Recéler le printemps au milieu des hivers;
Et, foulant le parfum de ses plantes fleuries,²
Aller entretenir ses douces rêveries.

Mais moi, grâce au destin, qui n'ai ni feu ni lieu, 125
Je me loge où je puis, et comme il plaît à Dieu.³

que *magnis opibus;* Boileau l'emporte donc ici sur son modèle. *Brossette* et *Brumoi* (p. 418). — Saint-Marc (V, 372) et M. Amar soutiennent que les deux poètes ont également bien rendu leur pensée. Nous pencherions pour le premier avis.

¹ Cela est bas et sent le langage des halles. *Pradon, R.,* 42.

² *Fouler les plantes* serait ordinaire; *fouler le parfum des plantes* fleuries prête une certaine élégance poétique au vers : voilà comme un grand poète sait tirer parti de son art. *Le Brun.* — Il y a ici, ce me semble, une *très riche poésie,* et non pas seulement une CERTAINE *élégance.*

³ Cette opposition du destin à Dieu est impie. *Muralt.* — Le destin était alors souvent opposé à la providence par les prédicateurs. Au reste, il est ici synonyme de fortune. *Saint-Marc,* V, 377.

SATIRE VII.[1]

Muse, changeons de style, et quittons la satire;
C'est un méchant métier que celui de médire;[2]
A l'auteur qui l'embrasse il est toujours fatal :[3]
Le mal qu'on dit d'autrui ne produit que du mal.
Maint poète, aveuglé d'une telle manie,   5
En courant à l'honneur, trouve l'ignominie;
Et tel mot, pour avoir[4] réjoui le lecteur,
A coûté bien souvent des larmes à l'auteur.[5]
    Un éloge ennuyeux, un froid panégyrique,
Peut pourrir à son aise au fond d'une boutique,   10
Ne craint point du public les jugemens divers,
Et n'a pour ennemis que la poudre et les vers :
Mais un auteur malin, qui rit et qui fait rire,

Composée en 1663 (Table chronolog., p. 35). Elle est écrite du même ton que la deuxième, et paraît devoir être mise à côté pour la beauté des vers et l'exactitude du langage. Le plan en est régulier et bien suivi. *Saint-Marc*, V, 387.—Elle est imitée d'Horace, satire 1re, livre II. *Bross.* (elle diffère de celle-ci et par le plan et par l'exécution. *Saint-Marc*, ib.).

[2] Trait d'autant plus heureux qu'il jaillit de la plume même d'un satirique. *Le Brun.* — Gacon (*Sat.* xv) dit aussi :

> Il faut enfin, ma muse, abjurer la satire;
> C'est un méchant métier que celui de médire :
> Un grave auteur l'a dit, il doit en être cru;
> Ne songeons désormais qu'à louer la vertu.

[3] Martial, liv. 11, épig. 22... *Ecce nocet vati musa jocosa suo.*

[4] Mauvaise césure, parce que les temps composés des verbes ne forment jamais un repos entre eux. *Boiste*, 46.

[5] Révélation précieuse. *M. David, Monit.*, an VIII, p. 481.

Vers 2 à 8. Ce sont les plus beaux de l'auteur. *Pradon, R.,* 43.

SATIRE VII.

Qu'on blâme en le lisant, et pourtant qu'on veut lire,
Dans ses plaisans accès qui se croit tout permis,   15
De ses propres rieurs se fait des ennemis.
Un discours trop sincère aisément nous outrage : [1]
Chacun dans ce miroir pense voir [2] son visage :
Et tel, en vous lisant, admire chaque trait,
Qui dans le fond de l'âme et vous craint et vous hait. [3]   20

Muse, c'est donc en vain que la main vous démange. [4]
S'il faut rimer ici, rimons quelque louange ;
Et cherchons un héros, parmi cet univers,
Digne de notre encens et digne de nos vers. [5]
Mais à ce grand effort en vain je vous anime : [6]   25

---

[1] Vers 13 à 17. *P. C. O.* (en partie). 1666, R.; 1667, C.; 1668, Ver..

> Mais un auteur plaisant qui court partout le monde,
> Qui contrôle les (*nos*) mœurs, qui nous mord et nous gronde,
> Dans sa critique ardeur qui se croit tout permis,
> Des lecteurs en tous lieux se fait des ennemis.
> La satire toujours nous pique et nous outrage.

[2] *P. C. O.* Mêmes éditions... *dans ce miroir* craint *de voir son*...

[3] Horace, même satire 1re, vers 23.

> Quum sibi quisque timet, quanquam est intactus, et odit.

[4] Expression triviale et un peu basse. *Saint-Marc*, V, 389. — Plaisanterie grivoise et déjà usée alors. *Le Brun*. — Mais voyez la note du vers 54.

[5] Cette phrase est louche, *digne* se rapportant à *héros* et se construisant avec *univers*. St.-Marc, V, 390. — Elle ne présente aucune obscurité. M. de S.-S. — *Parmi* ne se met qu'avec un pluriel indéfini qui signifie plus de deux, ou avec un singulier collectif. *Univers* signifie ici *la terre*. La poésie autorise ces sortes de tropes. *Lévizac*.

[6] Vers 23 à 25. Que cela est judicieux ! il vient de faire un discours à la louange du roi, et il ne trouve dans le monde aucun héros digne de ses vers. Cotin, *Crit.*, 37.

Horace, même satire 1re, vers 10 et 11.

> Aut si tantus amor scribendi te rapit, aude
> Cæsaris invicti res dicere...

Je ne puis pour louer rencontrer une rime;
Dès que j'y veux rêver, ma veine est aux abois.
J'ai beau frotter mon front, j'ai beau mordre mes doigts,[1]
Je ne puis arracher du creux de ma cervelle
Que des vers plus forcés que ceux de la Pucelle.[2]   30
Je pense être à la gêne, et, pour un tel dessein,
La plume et le papier résistent à ma main.[3]
Mais, quand il faut[4] railler, j'ai ce que je souhaite.
Alors, certes, alors je me connais poète :
Phébus, dès que je parle, est prêt à m'exaucer;   35
Mes mots viennent sans peine, et courent se placer.
Faut-il peindre un fripon fameux dans cette ville?
Ma main, sans que j'y rêve, écrira Raumaville.[5]
Faut-il d'un sot parfait montrer l'original?
Ma plume au bout du vers d'abord trouve Sofal :[6]   40
Je sens que mon esprit travaille de génie.[7]

---

[1] *Voy.* note du vers 54, p. 53, la remarque de M. Amar sur cette locution.

[2] Poëme héroïque de Chapelain dont tous les vers semblent faits en dépit de Minerve. *Boil.*, 1713.

[3] Résistent à ma main, hémistiche imitatif par la peine qu'on éprouve à le prononcer. *Le Brun.*

[4] *P. C. O.* 1666, R.; 1667, C.. *mais dès qu'il faut..*

[5] *V. O. ou E.* (en partie). 1666 (*id.* 1665 et 1667, C.; 1666, CT. et R.; 1667, F.), *Saumaville* (et non pas Raumaville, comme le dit M. de S.-S.)... 1667 et 1668, petit in-12, P., *Raumaville...* 1668 à 1682, *Saumaville.*

[6] V.O. 1666 à 1669, *Saufal..* 1672, C., à 1713, *Sofal.*—Mais on lit à 1666, R., 1667 et 1685, C., *Sauval..* Cela seul suffit pour dissiper les doutes que nous aurions voulu élever comme MM. Amar et Dubois, sur cette personnalité d'autant plus répréhensible (*v.* l'Essai, n° 53) que Sauval a laissé un ouvrage savant et fort utile sur les antiquités de Paris (publié en 1724, en 3 in-fol., cinquante ans après sa mort). — St.-Marc (V, 390) trouve le dernier hémistiche bien dur; cela vient de ce que Boileau pour déguiser le nom a mis *Sofal* au lieu de Sauval.

[7] Mon esprit travaille de génie, expression d'un poète. *Le Brun.*

SATIRE VII.

Faut-il d'un froid rimeur dépeindre la manie?
Mes vers, comme un torrent, coulent sur le papier : [1]
Je rencontre à-la-fois [2] Perrin et Pelletier,
Bonnecorse, Pradon, Colletet, Titreville;   45
Et, pour un que je veux, j'en trouve plus de mille.
Aussitôt je triomphe; et ma muse en secret
S'estime et s'applaudit du beau coup qu'elle a fait.
C'est en vain qu'au milieu [4] de ma fureur extrême
Je me fais quelquefois des leçons à moi-même;   50
En vain je veux au moins faire grâce à quelqu'un :
Ma plume aurait regret [5] d'en épargner aucun;
Et sitôt qu'une fois la verve [6] me domine,
Tout ce qui s'offre à moi passe par l'étamine. [7]
Le mérite pourtant m'est toujours précieux : [8]   55

---

[1] Vers rapide. *Clément* (ses observations sont citées p. 111, note 1).

[2] Poètes décriés. *Boil.*, 1713.

[3] V. O. Premier hémistiche, 1666 à 1682.. *Bardou, Mauroy, Boursaut...* — V. O. 1683 et 1685.. *Bursaut.* — Deuxième hémistiche : P. C. 1666, R.; 1667, C.. *Francheville*.. 1668, Ver.. C..

Bardou et Mauroi, mauvais poètes.. Boileau fit, mais sans le publier, un distique (tome II, p. 476, épigr. xxxix) contre le second, l'abbé Testu de Mauroi, qui fut pourtant de l'Académie. *Bross.*

[4] On dit bien *dans le fort*, mais non pas *au milieu de* ma fureur. *Pradon*, R., 44.

[5] Aurait regret, syllabes bien dures. *Saint-Marc*, V, 390.

[6] P. C. O. 1666, R., 1667, C., 1668, Ver. *une fois ma verve..*

[7] Locution proverbiale, tirée de ce qu'on fait passer les liqueurs par une étamine pour les clarifier. Le Brun et M. Daunou regrettent de la trouver dans Boileau. M. Amar (1824) observe que cette locution et celles des vers 21 et 28 (*la main vous démange... mordre mes doigts*) sont si naturellement amenées, associées avec tant de bonheur au style de la poésie, que plus on remarque l'humilité de leur extraction, plus on sait de gré à Boileau d'avoir su les ennoblir avec tant d'art. Au reste, Regnier (sat. xiv, v. 4) avait déjà employé la première (et qui put des vertus *passer par l'étamine*).

[8] Vers très dur.. ensuite *précieux* peut-il avoir un régime sans la préposi-

Mais tout fat¹ me déplaît, et me blesse les yeux;²
Je le poursuis partout, comme un chien fait sa proie,
Et ne le sens jamais qu'aussitôt je n'aboie.³
Enfin, sans perdre temps en de si vains propos,
Je sais coudre une rime au bout de quelques mots. 60
Souvent j'habille en vers une maligne prose :⁴

tion *pour? St.-Marc*, V, 391.—Pourquoi non? Ne dit-on pas votre temps *vous est précieux* ? (*Voy.* l'académ. et Féraud).

¹ *V. E.* et *F. N. R.* Texte de 1666 à 1713. Brossette (in-4° et in-12) y a substitué *mais un fat...* et a été imité dans un grand nombre d'éditions, telles que 1717, 1720 et 1721, Vest.; 1721, Bru.; 1724, Bross.; 1735, Souch.; 1745, 1750, 1752, 1757, 1766, 1767, 1768, 1769, 1775, 1778, 1780, 1782, 1787, 1789, 1791, 1798 et 1803, P.; 1749 et 1756, A.; 1770, Barb.; 1777, Cas.; 1780, Lond. et G.; 1781, Did. (2 édit.); 1784, Evr.; 1800, Del.; 1805, 1815 et 1830, Ly.; 1810, Caill.; 1812, Tu.; 1814 et 1825, Ny.; 1816 et 1821, Avi.; 1818, Coll.; 1822 et 1824, Jeun.; 1826, Dub. (plus de *quarante*).

² Imitat. de Boil., Gacon, épit. au roi, p. 83 (voy. ci-apr. p. 156, note 5).

> Et malheur à tout fat dont le style ennuyeux
> Vint blesser mon oreille et déplaire à mes yeux.

³ *P. C. O.* 1666, R., 1668, Ver., *je* ne le sens jamais..
Cette comparaison de l'auteur à un chien lui convient admirablement, dit Pradon, qui ajoute (R., 43) :

> A bon droit par ton air, ton style et ta grimace,
> On te peut appeler le dogue du Parnasse.

Cette figure métaphorique est d'autant plus heureuse qu'elle se développe sans effort et se justifie par ces mots *comme un chien fait sa proie*. Le Brun.
Imitat. de Boil... Clément, sat. v., vers 191.

> Et qui dès que son chef lui désigne sa proie
> Au même instant, contre elle, incessamment aboie.

⁴ Quant au sens de ce vers, voy. l'Essai, n° 166.—Vers 59 et suiv. Imit. d'Horace, liv. II, sat. 1, v. 57, etc.

> Ne longum faciam; seu me tranquilla senectus
> Exspectat, seu mors atris circumvolat alis;
> Dives, inops; Romæ, seu fors ita jusserit, exul;

C'est par là que je vaux, si je vaux quelque chose.
Ainsi, soit que bientôt, par une dure loi,
La mort d'un vol affreux vienne fondre sur moi,[1]
Soit que le ciel me garde un cours long et tranquille [2], 65
A Rome ou dans Paris, aux champs ou dans la ville [3],
Dût ma muse par là choquer tout l'univers,
Riche, gueux, triste ou gai [4], je veux faire des vers.
    Pauvre esprit, dira-t-on, que je plains ta folie!

>   Quisquis erit vitæ, scribam, color. — O puer, ut sis;
>   Vitalis metuo, et majorum ne quis amicus
>   Frigore te feriat. — Quid? cum est Lucilius ausus
>   Primus in hunc operis componere carmina morem,
>   Detrahere et pellem, nitidus qua quisque per ora
>   Cederet, introrsum turpis; num Lælius, aut qui
>   Duxit ab oppressa meritum Carthagine nomen,
>   Ingenio offensi? aut læso doluere Metello,
>   Famosisque Lupo cooperto versibus? etc.

[1] Voyez le second vers d'Horace, p. 154, note 4... Clément (Lett. VIII, p. 95) dit que Boileau a imité ici le *sed nox atra caput tristi circumvolat umbrá*, de Virgile (*Enéide*, II, 360... Mais *voy*. tome II, p. 331, note 2), et l'a mieux imité (nous ne sommes point de cet avis) que Voltaire dans la Henriade (ch. VII, vers 403).

    La mort autour de lui vole sans s'arrêter.

Affreux ne convient qu'aux choses visibles, dit Desmarets, 41.

[2] *Me garde un cours*, n'est ni assez clair, ni assez français. *Le Brun.* — Expression incorrecte. *M. Planche.*

Vers 63 à 65. On voit ici que le calomniateur public (Boileau) se faisant justice, craint si *raisonnablement* d'être assommé, que dans les illusions de sa crainte, ce pauvre garçon qui ne peut se déguiser à lui-même et qui reconnaît ce qu'il mérite, appréhende partout les implacables déesses, lesquelles fondirent sur Oreste, etc. *Cotin, Crit.*, 35.

[3] *P. C. O.* 1666, R., 1668, Ver., *aux champs* comme à la *ville*.

[4] V. 1666 à 1682. *Riche, gueux ou content.*

Ce *content* tout seul ne contente point. Il faut lui opposer un mot, comme *ou triste*... l'auteur devait dire *riche ou gueux, triste ou gai*... *Desmarets*, 42. —On voit qu'au premier *ou* près, qui produisait une cacophonie, Boileau a été encore docile à la critique d'un ennemi.

Modère ces bouillons de ta mélancolie; ¹ 70
Et garde qu'un de ceux que tu penses blâmer
N'éteigne dans ton sang cette ardeur de rimer. ²
Eh quoi! lorsqu'autrefois Horace, après Lucile,
Exhalait en bons mots les vapeurs de sa bile, ³
Et, vengeant la vertu par des traits éclatans, 75
Allait ôter le masque⁴ aux vices de son temps;
Ou bien quand Juvénal, de sa mordante plume
Faisant couler des flots de fiel et d'amertume, ⁵
Gourmandait en courroux tout le peuple latin,

---

¹ *P. C. O.* 1666, R., 1668, Ver., *modère les bouillons..*
Métaphore peu juste, car *bouillons* annonce de l'agitation, et *mélancolie*, une sombre tranquillité. *Féraud.*

² Imitat. de Boil... Gacon, épît. VIII, p. 105.

> Mais pourquoi chère Iris, si fort te gendarmer,
> Et condamner en moi cette ardeur de rimer?

³ *P. C. O.* 1666, R.; 1667, C. 1668, Ver.; noircissait les Romains de sa plaisante *(des vapeurs de sa) bile.*
Vers élégant et léger. *Le Brun* (cité dans la note du vers 78).
Imitat. de Boil... M. de Frénilly (Poésies, 1807, p. 6).

> Est-ce ainsi qu'autrefois Horace après Lucile,
> Marquait de son cachet les travers de la ville?

⁴ *P. C. O.* 1667, C... *faisant tomber* le masque.—*Allait ôter* est sans doute mieux, mais n'a pas l'énergie des mots *detrahere et pellem*, du vers 64 d'Horace, rapporté p. 155, à la note (il en est le cinquième).

⁵ Après avoir désigné le talent d'Horace par un vers élégant et léger (le 74ᵉ), Boileau peint ici Juvénal par un vers plus pesant et plus fort de verve. *Le Brun* (même remarque à-peu-près dans M. Amar, 1824).—Ce même vers déplait à Desmarets (p. 33), parce que Boileau y joint l'espèce au genre. C'est, observe-t-il, comme qui dirait de *roses* et de *fleurs*, car le *fiel* est une espèce d'*amertume*.

Imitat. de Boil... Gacon, Épît. au roi, p. 84, vers 47 et 48 (ils font suite à ceux qu'on a rapportés, p. 154, note 1).

> Aussitôt contre lui ma muse satirique,
> Vomit des flots amers d'une bile caustique.

L'un ou l'autre ¹ fit-il une tragique fin ? 80
Et que craindre, après tout, d'une fureur si vaine ?
Personne ne connaît ni mon nom ni ma veine :
On ne voit point mes vers, à l'envi de Montreuil, ²
Grossir impunément les feuillets d'un recueil.
A peine quelquefois je me force à les lire, 85
Pour plaire à quelque ami que charme la satire, ³
Qui me flatte peut-être, et, d'un air imposteur,
Rit tout haut de l'ouvrage, et tout bas de l'auteur. ⁴
Enfin c'est mon plaisir; je me veux satisfaire. ⁵

¹ *P. C. O.* 1666, R., 1667, C., 1668, Ver., l'*un et l'autre*.

² Le nom de Montreuil dominait dans tous les fréquens recueils de poésies choisies qu'on faisait alors. Boil., 1713. — Il s'agit de l'abbé Mathieu de Montreuil, poète qui jouissait alors de quelque réputation. *Bross.*

A l'envi est ici un adverbe, et ne demande pas d'*e* muet. *Le Brun*, note mss... *Voir* aussi Féraud et Lavaux.

³ Vers 83 à 86. Imitat. d'Horace, liv. I, sat. IV, vers 70 à 73.

. . . . Cur metuas me ?
Nulla taberna meos habeat, neque pila libellos,
Queis manus insudet vulgi, Hermogenisque Tigelli.
Non recito cuiquam nisi amicis, idque coactus ;
Non ubivis coramve quibuslibet.

⁴ Vers 85 à 88. Allusion à un trait de Furetière. Tout en louant Boileau à la lecture de la première satire, il souriait malignement de la pensée qu'elle attirerait des ennemis à *son ami*... *Bross.*

⁵ V. Texte de 1666 à 1698, et de 1713 (47 éditions, dont quinze originales), suivi par tous les éditeurs jusques au milieu du XVIIIe siècle. Il nous paraît préférable à la leçon *je veux me satisfaire*, qui est, à la vérité, dans les deux éditions de 1701, mais y est peut-être le résultat d'une erreur typographique. Saint-Marc, suivi par la plupart des éditeurs modernes, a adopté cette dernière leçon, soit parce qu'il croyait (on peut l'induire de sa note), et fort mal-à-propos, que la nôtre n'était que dans deux éditions (1694 et 1713); soit parce que la sienne, dit-il, rend le vers *plus doux* et la phrase *plus exacte*... On peut répondre que si le vers est, dans ce cas, plus doux, il est moins soutenu qu'avec la leçon primitive; que celle-ci met de la variété dans la chute des deux vers (il y a avec la leçon de 1701, *me* satisfaire et *me taire*).

Je ne puis bien parler, et ne saurais ¹ me taire ; 90
Et, dès qu'un mot plaisant vient luire ² à mon esprit,
Je n'ai point de repos qu'il ne soit en écrit :
Je ne résiste point au torrent qui m'entraîne.

    Mais c'est assez parlé ; prenons un peu d'haleine :
Ma main, pour cette fois, commence à se lasser. 95
Finissons. Mais demain, Muse, à recommencer.

et que Boileau emploie ailleurs (*voy.* entre autres, ci-devant p. 15, note 1; Lutrin, ch. 1, vers 184, ch. v, vers 16, tome II, p. 304 et 371) la même forme grammaticale.. Quant à la seconde observation de Saint-Marc, nous n'apercevons point en quoi sa leçon rend la phrase plus exacte, et il paraît que Boileau ne s'en est pas non plus douté... Au reste, notre leçon se trouve aussi dans beaucoup d'éditions postérieures à celles de Saint-Marc, telles que 1749 et 1756, A.; 1750, 1752, 1757 et 1766, P.; 1767, P. et Dr.; 1768, P.; 1770, Barb.; 1775, P.; 1777, Cas.; 1778, P. et G.; 1780, Lond. et G.; 1781, Did.; 1782, P.; 1784, Evr.; 1787, 1789, 1793 et 1798, P.; 1800, Léviz.; 1803, P.; 1805, Ly.; 1810, Caill.; 1821, Avi.; 1822 et 1824, Jeun.; 1829, B. ch. (son éditeur soutient qu'elle est la vraie leçon)..

  ¹ *P. C. O.* 1666, R. 1668, Ver., *parler, je ne saurais*..

  ² *Me luire* pour *vient s'offrir*, expression insupportable, obscure et bien galimatias. *Pradon*, R., 45.

SATIRE VIII.[1]

A MONSIEUR M** (*MOREL*),

DOCTEUR DE SORBONNE.[2]

De tous les animaux qui s'élèvent dans l'air,
Qui marchent sur la terre, ou nagent dans la mer,[3]
De Paris au Pérou, du Japon jusqu'à Rome,[4]

---

[1] Epoque de composition et de publication ; *voy.* avis de la sat. IX, not. 2.
Cette satire est tout-à-fait dans le goût de Perse et marque un philosophe chagrin qui ne peut plus souffrir les vices des hommes. *Boil.*, 1713.
L'auteur y semble ennuyeusement vouloir épuiser sa matière, sans art quelconque. *Desmarets,* 48. — Il y fait, dit Pradon (R. 45), mille répétitions inutiles ; et néanmoins Pradon n'en cite qu'une (voir les vers 37 et 38, dont il dit que l'idée est reproduite dans les vers 50 à 53).
Elle mérite de grands éloges, mais on y peut reprendre plusieurs défauts assez considérables. *Lenoir-Dulac*, p. 176 et suiv. — On y retrouve la correction de Boileau, son élégance, sa touche harmonieuse, cette facilité qu'on sait être le fruit d'un travail opiniâtre et de grands efforts qui pourtant ne se font jamais sentir ; mais on y desirerait un peu plus d'énergie, un plus grand cadre, un tableau enfin, et souvent ce n'est qu'une très jolie miniature. *Dubois-Fontanelle*, III, 195.
Elle est une des meilleures de Boileau : c'est une de celles où il y a le plus de mouvement et de variété ; le fond en est très vrai et très philosophique, etc. *Laharpe, Lyc.*, VI, 199. — Elle est admirablement dialoguée : Boileau n'en a point de plus forte, ni pour le sens, ni pour les vers. *Le Brun.*

[2] *V. O.* 1668 à 1685. Docteur de Sorb. — Claude Morel, surnommé la mâchoire d'âne, à cause de la grandeur de la sienne, et grand moliniste. *Bross.*

[3] *Animaux* ne se dit point des oiseaux, en poésie. *Desmarets,* 43. — Le second vers est dans Ronsard, liv. I, hym. 6. *Le Brun.* — Mais il est peu probable que Boileau ait été piller un pareil vers dans Ronsard. *M. Viollet Le Duc.*

[4] Il fallait opposer ville à ville, ou pays à pays, comme font les *bons* poètes. *Desmarets,* 43.

Le plus sot animal, à mon avis, c'est l'homme.¹

Quoi! dira-t-on d'abord, un ver, une fourmi,
Un insecte rampant qui ne vit qu'à demi,
Un taureau qui rumine, une chèvre qui broute,
Ont l'esprit mieux tourné que n'a l'homme? Oui sans doute.
Ce discours te surprend, docteur, je l'aperçoi.²
L'homme de la nature est le chef et le roi :
Bois, prés, champs, animaux, tout est pour son usage,
Et lui seul a, dis-tu, la raison en partage.³
Il est vrai, de tout temps, la raison fut son lot :
Mais de là je conclus que l'homme est le plus sot.

Ces propos, diras-tu, sont bons dans la satire,
Pour égayer d'abord un lecteur qui veut rire :
Mais il faut les prouver. En forme. — J'y consens.⁴

---

¹ Imitat. de Boil... Regnard, épître au marquis de **, vers 138, 139.

> Mais je te veux prouver que l'homme est mille fois
> Plus dépourvu de sens que les hôtes des bois.

² Autrefois les premières personnes des verbes n'avaient jamais une *s* à la fin : mais les poètes, que cette finale gênait lorsqu'elle n'était pas en *e* muet, l'y introduisirent pour éviter l'hiatus. L'usage en devint bientôt général : ainsi, ce qui n'avait d'abord été qu'une licence, devint une loi, dont, de nos jours, on ne s'écarte plus dans le style élevé, même en vers. Despréaux et Racine ont quelquefois employé l'ancienne orthographe. *Lévizac.*

³ Im. de Boil... Rochester, satire de l'homme, trad. de M. Hennet.

> L'homme seul distingué par une âme immortelle,
> Monarque enorgueilli de ce superbe don,
> Sur tous les animaux règne par la raison.

⁴ *En forme : j'y consens* : riposte vive et précise. *Le Brun.*
Ainsi le dessein du poète est de prouver que de tous les animaux, l'homme est le plus sot, c'est-à-dire le plus vicieux. Mais y parvient-il? Les animaux n'ont-ils pas la plupart des passions, telles que la vengeance, l'amour, la jalousie, etc., dont il fait le reproche à l'homme, reproche sur lequel il fonde principalement ses preuves? *Lenoir-Dulac,* 176 *et suiv.*

Réponds-moi donc, docteur, et mets-toi sur les bancs.
  Qu'est-ce que la sagesse? une égalité d'âme
Que rien ne peut troubler, qu'aucun desir n'enflamme, 20
Qui marche en ses conseils à pas plus mesurés
Qu'un doyen au palais ne monte les degrés.[1]
Or cette égalité dont se forme le sage,
Qui jamais moins que l'homme en a connu l'usage?
La fourmi tous les ans traversant les guérets,[2]   25
Grossit ses magasins des trésors de Cérès ;
Et dès que l'aquilon ramenant la froidure,
Vient de ses noirs frimats[3] attrister la nature,
Cet animal, tapi dans son obscurité,

---

[1] Ces deux derniers vers rendent burlesque la belle idée que les deux premiers donnent de la sagesse. *Réflex. etc., etc., de critique* (1731), dans St.-Marc, V, 295.—Qu'est-ce qu'une égalité d'âme qui MARCHE? *Rosel*, p. 8.— Il serait permis de critiquer cette expression... *M. Daunou*, 1809. — La comparaison ne manque peut-être pas de justesse, mais n'a point la dignité qui semblerait convenir à l'objet comparé. *M. Amar.* — Elle rappelle un peu trop celle de la satire III, v. 151, 152, p. 106.

[2] Vers 25 et suiv... Imitation d'Horace (liv. I, sat. I, v. 33, etc.).

> Parvula (nam exemplo est) magni formica laboris,
> Ore trahit quodcumque potest, atque addit acervo
> Quem struit, haud ignara ac non incauta futuri.
> Quæ, simul inversum contristat aquarius annum,
> Non usquam prorepit, et illis utitur ante
> Quæsitis sapiens.

Cette imitation n'est pas heureuse, d'autant plus que les vers de Boileau sont trop poétiques pour une satire. *S.-Marc*, V, 391 à 395. — Cette imitation vaut mieux que toutes les traductions. *Le Brun.* — C'est aussi l'avis de M. Amar. Il n'y a pas, dit-il, un trait saillant dans le latin, qui n'ait été saisi et rendu par le poète français avec une rare habileté. *Grossit ses magasins.* — *Attrister la nature.* — *Jouit l'hiver des biens conquis durant l'été.* La critique de S.-Marc prouve qu'il n'entendait pas mieux Horace que Boileau.

[3] Orthographe de ce mot.. Voy. tome II, p. 393, note 5, p. 417, note 2.

Jouit l'hiver des biens conquis durant l'été. ¹ 30
Mais on ne la voit point, d'une humeur inconstante,
Paresseuse au printemps, en hiver diligente,
Affronter en plein champ les fureurs de janvier,
Ou demeurer oisive au retour du bélier.
Mais l'homme, sans arrêt dans sa course insensée, ² 35
Voltige incessamment de pensée en pensée :
Son cœur, toujours flottant entre mille embarras,
Ne sait ni ce qu'il veut ni ce qu'il ne veut pas.
Ce qu'un jour il abhorre, en l'autre il le souhaite.³
Moi ! j'irais épouser une femme coquette ! 40
J'irais, par ma constance aux affronts endurci,
Me mettre au rang des saints qu'a célébrés Bussi !⁴

---

¹ *Conquis* signifie enlevé par supériorité de force, à quelqu'un : *acquis* conviendrait bien mieux à la fourmi. *St.-Marc*, V, 394. — Il me semble que *conquis* est ici aussi vrai que poétique. Les conquêtes ne sont pas uniquement dues à la force, mais à l'habileté, à la persévérance. — Césures de ces vers, *voy.* tome II, p. 181, not. 1.

² Il y a déjà un *mais* au vers 31. *St.-Marc*, V, 397.

Vers 35 et suiv... Imitat. d'Horace (liv. I, ép. 1, vers 97, 98 et 99.)

> . . . Quid mea cum pugnat sententia secum?
> Quod petiit, spernit; repetit quod nuper omisit;
> Æstuat et vitæ disconvenit ordine toto.

³ On aurait pu mettre *un* autre. *Brossette; Lévizac.* — M. Amar n'aperçoit aucune utilité dans cette correction. — Nous pensons avec M. de Saint-Surin qu'elle rendrait le vers plus prosaïque.

Les vers 39 à 50 sont supprimés dans le Boileau classique.

⁴ Vers très plaisant. *Le Brun.*

Bussi, dans son histoire galante, raconte beaucoup de galanteries très criminelles de dames mariées de la cour. *Boil.*, 1713.

V. E. La note précédente des éditions de 1713, in-4° et in-12, n'a pas été reproduite avec exactitude dans l'édition de Saint-Marc et successivement dans beaucoup d'autres, telles que 1788 à 1819, Did. et leurs copies; 1805, Bast; 1808, Le Br.; 1814, Bod. et Serp.; 1821, S.-S.; 1822, Del.; 1823,

Assez de sots sans moi feront parler la ville,
Disait le mois passé, ce marquis indocile,
Qui, depuis quinze jours dans le piège arrêté, 45
Entre les bons maris pour exemple cité,
Croit que Dieu tout exprès d'une côte nouvelle
A tiré pour lui seul une femme fidèle.¹
 Voilà l'homme en effet. Il va du blanc au noir :
Il condamne au matin ses sentimens du soir :² 50
Importun à tout autre, à soi-même incommode,
Il change à tous momens d'esprit comme de mode :
Il tourne au moindre vent, il tombe au moindre choc,
Aujourd'hui dans un casque et demain dans un froc.³

Levr. et De B.; 1824, Fro; 1825, Daun. et Aug.; 1826, Mart. et Toul; 1828, Thi.; 1829, R. Ch... etc. (plus de *vingt*)... Saint-Marc et ses imitateurs ont mis, 1° *des dames mariées de la cour*, ce qui les fait *toutes* accuser de galanteries très criminelles... 2° *Histoire galante*, en italiques, ce qui induit à penser que Boileau attribue à Bussi (on parle de lui, tome IV, p. 5) un ouvrage portant ce titre, tandis que selon l'éditeur d'Amsterdam, de 1713, il s'agit de l'*Histoire amoureuse des Gaules*; et que, selon Brossette, Boileau fait allusion à un livre relié en forme d'heures, où Bussi avait joint les portraits des maris de ces femmes galantes.
 Imitation de Molière (Ecole des femmes, acte I, sc. 1.).

> Tandis que sous le nom de mari de madame
> Je serais comme un saint, que pas un ne réclame.

¹ Vers 47 et 48. *Tout exprès* est bien bas et bien inutile, puisqu'il y a ensuite *pour lui seul..* Desmarets, 44; Pradon, R., 46. — Voy. sur ces vers, sat. x, v. 104, note.

² Boileau a croqué ici mon portrait en deux mots, dit J.-J. Rousseau (*Le Persifleur*).
 Imitat. de Boil.. Clément (sat. II, vers 244):

> Il condamne demain ce qu'il loue aujourd'hui.

³ Boileau faisait cas de ces deux vers, tant pour leur beauté que pour la singularité de la rime. *Bross.* — M. de Saint-Surin en loue seulement la rime

Cependant à le voir plein de vapeurs légères, 55
Soi-même se bercer de ses propres chimères,
Lui seul de la nature est la base et l'appui,
Et le dixième ciel ne tourne que pour lui. ¹
De tous les animaux, il est, dit-il, le maître. —
Qui pourrait le nier? poursuis-tu. — Moi, peut-être. 60
Mais, sans examiner si, vers les antres sourds,
L'ours a peur du passant, ou le passant de l'ours;

et la tournure facile et concise ; enfin M. Daunou doute qu'on puisse dire dans un *casque...*; mais peut-être cela était-il reçu alors, puisqu'il eût été bien facile à Boileau de mettre, comme le remarque M. Amar (1828), *sous un casque.*

Pope (Essai sur l'homme, épit. II, trad. de Du Resnel) a dit :

> Dans ses vagues desirs, incertain, inconstant,
> Tantôt fou, tantôt sage, il change à chaque instant;
> Egalement rempli de force et de faiblesse,
> Il tombe, il se relève et retombe sans cesse.

¹ Vers 49 à 58. Dans une satire sur l'homme, la philosophie semblerait demander une touche moins plaisante, plus de gravité, plus de force, moins de portraits et plus de caractères. C'est ce que l'on trouve à-peu-près dans celle de Rochester. *Dubois-Fontanelle*, III, 196. — Il cite alors un long fragment traduit de Rochester par Voltaire (21ᵉ Lett. phil., et Dict. phil., mot Rochester); en voici le début :

> Cet esprit que je hais, cet esprit plein d'erreur,
> Ce n'est pas ma raison, c'est la tienne, docteur ;
> C'est ta raison frivole, inquiète, orgueilleuse,
> Des sages animaux rivale dédaigneuse,
> Qui croit entre eux et l'ange occuper le milieu,
> Et pense être ici-bas l'image de son dieu.
> Vil atôme importun, qui croit, doute, dispute,
> Rampe, s'élève, tombe et nie encor sa chute.

Voltaire a dit lui-même (VIᵉ discours, vers 71 à 74) :

> L'homme vint et cria : « Je suis puissant et sage.
> « Cieux, terres, élémens, tout est pour mon usage.
> « L'Océan fut formé pour porter mes vaisseaux :
> « Les vents sont mes courriers, les astres mes flambeaux.

Et si, sur un édit des pâtres de Nubie,
Les lions de Barca videraient la Libye;[1]
Ce maître prétendu qui leur donne des lois,   65
Ce roi des animaux, combien a-t-il de rois?
L'ambition, l'amour, l'avarice, la haine,[2]
Tiennent comme un forçat son esprit à la chaîne.

---

[1] Vers 61 à 64. L'hémistiche *si vers les antres sourds*, a singulièrement chagriné plusieurs critiques, tels que La Monnoie (cité par Bross.), Saint-Marc, Chapat (p. 72), Lévizac et Mermet (p. 25). Pour écarter cette *cheville*, ils refont les vers 61 et 62. Voici ceux que propose La Monnoie, qu'approuve Saint-Marc, et qu'adopte Mermet :

> Mais sans examiner par un trop long discours,
> Si l'ours craint le passant, si le passant craint l'ours.

Le Brun et M. Amar louent Boileau d'avoir persisté dans son hémistiche, quoiqu'il soit en effet un peu *vague* ; mais la correction proposée eût été bien pire. Enfin, M. F. (Merc. du 7 oct. 1809, t. 38) observe que l'oreille sensible de Boileau aurait été blessée par les sons à-la-fois durs et sifflans du second vers de La Monnoie.

V. O. Il paraît que Boileau ne fut pas moins mécontent de ce fameux hémistiche, puisque, pour le faire disparaître, après plus de vingt éditions (*Notice Bibl.*, § 1, n°s 13 à 44) et au bout de quinze ans, il refondit le quatrain dont il dépendait, et lui substitua, dans un carton imprimé pendant ou après le tirage de l'édition de 1683, celui qu'on va lire :

> Mais sans examiner de quel air au passant,
> L'ours pressé de la faim se montre obéissant,
> Et combien un lion ou Gétule ou Numide,
> Craint d'être recherché de vol et d'homicide ;

Mais au bout de onze ans (1694), il abandonna cette nouvelle leçon qui a échappé à tous les commentateurs, quoiqu'on la trouve dans les éditions originales de 1683 et de 1685; dans celles d'Amsterdam, de 1683, 1685, 1686, 1688, 1689 (grand et petit in-12) et 1692 (deux édit.); dans celles de Cologne, de 1685 et 1686, et dans l'une des contre-façons de Paris, de 1692 (treize éditions... *Même notice,* n°s 44 à 61 a); il abandonna, dis-je, cette nouvelle leçon pour revenir à la première.

[2] *V. O.* 1668 à 1701. L'avarice, *ou* la haine.

Le sommeil sur ses yeux commence à s'épancher : 1
Debout, dit l'avarice, il est temps de marcher. 70
Hé! laissez-moi ². -Debout! - Un moment. - Tu répliques?-

¹ Vers 69 et suivans... Imitation de Perse, sat. v, vers 132, etc.

> Mane piger stertis? surge, inquit avaritia : eia,
> Surge ? Negas ? instat : Surge, inquit. — Non queo. — Surge. —
> Et quid agam? — Rogitas? Saperdas advehe Ponto,
> Castoreum, stuppas, ebenum, thus, lubrica coa ;
> Tolle recens primus piper e sitiente camelo :
> Verte aliquid ; jura....

« Le matin vous dormez au sein de la paresse. Lève-toi, dit l'avarice; allons, lève-toi. Vous résistez, elle insiste : lève-toi, dit-elle.—Je ne puis.— Lève-toi. — Eh! pourquoi faire? Tu le demandes! Va, cours, chercher au royaume de Pont des poissons délicats, du castoreum, etc. ; trafique enfin et, s'il le faut, parjure-toi.... (Traduct. de Sélis).

Les vers 69 à 89 de Boileau, sont une imitation heureuse de Perse. Mais dans Perse pendant que l'avarice éveille cet homme, de l'autre côté du lit la volupté l'exhorte à dormir sur l'une et l'autre oreille, en sorte que le malheureux ne sait à qui entendre. Le tableau est plus fort par ce contraste et l'on ne sait pas pourquoi Boileau ne l'a pas imité tout entier. *La Harpe, Lyc.*, II, 175 (M. Amar émet la même opinion.)

Sélis, traducteur de Perse, tout en admirant les beaux vers de Boileau, le croit inférieur à son modèle. Saint-Ange (Merc., 21 fév. 1784, p. 106 et suiv.) n'est pas de cet avis. Il n'accorde point à Sélis que Perse ait plus de vivacité, de noblesse et de poésie, observant que Perse n'a rien de plus vif, de plus précis, de plus animé que les vers 70 et 71 de Boileau... Sélis paraît fonder son assertion entre autres sur ce que Perse apostrophe notre homme lui-même (*Manè Stertis ?* Vous ronflez le matin), au lieu que Boileau parle à la troisième personne (le sommeil sur ses yeux , etc, v. 69).. Mais en cela, dit St.-Ange, Boileau paraît avoir l'avantage parce qu'il évite la confusion des apostrophes du poète et de l'avarice que le traducteur n'a pu éviter qu'en employant tour-à-tour, *tu* et *vous* (voy. aussi ci-apr., note du v. 72).

Clément (Nouv. obs., 47) et Lévizac font aussi l'éloge de l'imitation de Boileau. Enfin, dit Nivernais, p. 245, cette traduction est un chef-d'œuvre avec lequel il faut se souvenir à tout moment que Perse est l'original, si on veut lui accorder quelque préférence sur la copie.

² *V. E.* Texte de 1668 à 1713, au lieu de *Hé!* laisse-*moi*, qu'on lit dans quelques éditions (1821, S.-S.; 1825, Daun. et Ny.; 1826, Mart; 1828, Thi.).

A peine le soleil fait ouvrir les boutiques. ¹ —
N'importe, lève-toi. — Pour quoi faire après tout? —
Pour courir l'Océan de l'un à l'autre bout,
Chercher jusqu'au Japon la porcelaine et l'ambre,   75
Rapporter de Goa ² le poivre et le gingembre. —
Mais j'ai des biens en foule, et je puis m'en passer. ³ —
On n'en peut trop avoir; et pour en amasser
Il ne faut épargner ni crime, ni parjure;
Il faut souffrir la faim et coucher sur la dure;   80
Eût-on plus de trésors que n'en perdit Galet, ⁴
N'avoir en sa maison ni meubles ni valet;
Parmi les tas de blé vivre de seigle et d'orge;
De peur de perdre un liard souffrir qu'on vous égorge. ⁵
— Et pourquoi cette épargne enfin? — L'ignores-tu? 85
Afin qu'un héritier, bien nourri, bien vêtu,
Profitant d'un trésor en tes mains inutile,
De son train quelque jour embarrasse la ville ⁶. —

---

¹ Sélis n'aime pas qu'on fasse tirer ses images des *boutiques*, à un homme qu'on représente comme ayant quelque distinction. St.-Ange (*ib.*) répond que la prosopopée de Boileau s'adressant à un marchand la métaphore est très juste; que si elle peut paraître un peu familière, ce ton convient très bien au style de la satire....

² Ville des portugais dans les Indes Orientales. *Boil.*, 1713.

³ *V. O.* 1701, in-4° et in-12, *et je* m'en puis *passer*. — Cette leçon a été suivie à 1702, 1707, 1708 (édit. en 2 vol.), 1713, 1715, 1726, 1741 (édit. en 2 vol.), 1758 et 1760, A.

⁴ Fameux joueur dont il est fait mention dans Regnier (*sat.* XIV, *vers* 112). *Boil.*, 1713.—Il joua et perdit en un coup de dé l'hôtel de Sully qu'il avait fait bâtir. *Bross.*

⁵ Vers excellens: l'obstination et la recherche de la rime en augmentent encore la perfection. *Le Brun.*

⁶ Imitat. de Boil.... Clément (sat. II, v. 205).

> Afin que votre aîné, plus riche en votre absence,
> Relève, avec éclat, son rang et sa naissance.

Que faire? Il faut partir : les matelots sont prêts.

Ou, si pour l'entraîner l'argent manque d'attraits, 90
Bientôt l'ambition et toute son escorte [1]
Dans le sein du repos vient le prendre à main-forte,
L'envoie en furieux, au milieu des hasards,
Se faire estropier sur les pas des Césars ;
Et cherchant sur la brèche une mort indiscrète [2], 95
De sa folle valeur embellir la gazette. [3]

Tout beau, dira quelqu'un, raillez plus à propos;
Ce vice fut toujours la vertu des héros.
Quoi donc! à votre avis, fut-ce un fou qu'Alexandre? —
Qui? cet écervelé qui mit l'Asie en cendre? 100
Ce fougueux l'Angely [4], qui, de sang altéré,
Maître du monde entier s'y trouvait trop serré [5]!

---

[1] V. 1668 à 1682, *bientôt l'ambition*, avec meilleure *escorte*. — *V. O.* 1683 à 1701, in-4°, il y a une virgule après *bientôt*.

[2] Epithète impropre. *Pradon, Tr.*, 46. — M. Daunou demande aussi quel en est le sens. — Il s'agit, observe M. Amar, d'un fou qui s'expose *indiscrètement*, pour faire parler de lui à quelque prix que ce soit. Le sens est clair et l'expression me semble juste en ce sens.

[3] Vers 93 à 96. Pradon (p. 46 et 47) se récrie contre ces insultes à la mémoire des braves morts pour le service du roi.

[4] Il en est parlé dans la première satire (p. 75). *Boil.*, 1713 (son nom y est écrit avec un *i* et ici il l'est avec un *y* dans toutes les éditions) : selon Lenoir-Dulac (Obs., 181), pour que la comparaison fût juste, il faudrait qu'il y eût quelque rapport entre la folie d'Alexandre et celle de L'Angely.—Mais Boileau emploie ici le mot *L'Angely* pour désigner un *fou* en général... aussi qualifie-t-il son genre de folie par une épithète *(fougueux)*.

[5] Imit. de Juvénal, sat. x, v. 168 à 170.

> Unus Pellæo juveni non sufficit orbis :
> Æstuat infelix angusto limite mundi,
> Ut Gyaræ clausus scopulis parva que Seripho.

M. Amar trouve avec raison le second vers de Juvénal *(il étouffe entre les limites du monde, trop étroites pour lui)* plus énergique que celui de Boileau;

L'enragé qu'il était, né roi d'une province
Qu'il pouvait gouverner en bon et sage prince,
S'en alla follement, et pensant être Dieu,   105
Courir comme un bandit qui n'a ni feu ni lieu ; [1]
Et, traînant avec soi les horreurs de la guerre,
De sa vaste folie emplir toute la terre ; [2]
Heureux, si de son temps, pour cent bonnes raisons,
La Macédoine eût eu des petites maisons, [3]   110

mais Juvénal nous paraît affaiblir son idée en la développant dans le vers suivant *(Comme s'il était enfermé entre les rochers de Gyare et de Sériphe)*, que les commentateurs ne citent point.

[1] Desmarets, 42, et Pradon, R., 48, font, à tort, un crime à Boileau d'avoir comparé Alexandre à L'Angely, parce que Louis XIV est sorti de ses états comme Alexandre, et parce que Boileau associe ces deux monarques dans l'art poétique... Dans l'art poétique, Boileau ne compare point Louis à Alexandre, il dit seulement qu'il faut que les faits du héros qu'on choisit soient surprenans et que jusques à ses défauts tout soit héroïque (tome II, p. 232, note 3).. C'est à quoi plusieurs auteurs, tels que Voltaire, Le Brun, et MM. Daunou et Amar qui ont renouvelé la même critique, n'ont, ce nous semble, pas fait assez attention.... Boursault n'était pas mieux fondé, lorsque, pour incriminer également Boileau, il prétendait (*sc.* vi, *p.* 51 à 53) trouver la même comparaison dans le discours au roi (vers 55 à 62, p. 48) où Boileau, en gémissant de ce que des mauvais poètes louent le roi, se borne à approuver la défense faite à d'autres qu'Apelle, de peindre Alexandre.. Aussi Desmarets et Pradon n'avaient-ils pas reproduit cette critique.

[2] Alexandre remplissait la terre de trouble, de terreur, etc., mais non pas de folie, qu'il ne communiquait à personne. *Desmarets*, 44. — *Emplir* est là très impropre : il fallait dire *remplir,* parce que le premier de ces mots ne se dit qu'au propre.. *Féraud; Lévizac; Nasse* (p. 152). — *Emplir* vaut mieux que *remplir*; il élargit à-la-fois le sens et la pensée. *Le Brun*.—« *Emplir* peut très bien être employé figurément, dit Roubaud (II, 59), lorsque son idée propre fonde l'analogie. » Il cite à ce sujet, trois vers de Boileau, celui-ci, le 143ᵉ du chant 3ᵉ et le 147ᵉ du chant 4ᵉ de l'art poétique (tome II, p. 224 et 264), et il ajoute : « Il est clair que le mot *emplir* vous donne seul, dans ce cas, l'idée sensible et frappante d'une plénitude absolue et de la plus ample étendue. »

[3] C'est un hôpital de Paris où l'on enferme les fous. *Boil.*, 1713.

Et qu'un sage tuteur l'eût en cette ¹ demeure,
Par avis de parens, enfermé de bonne heure!

Mais, sans nous égarer dans ces digressions,
Traiter ², comme Senaut, toutes les passions;
Et, les distribuant, par classes et par titres, 115
Dogmatiser en vers, et rimer par chapitres,
Laissons-en discourir La Chambre ou Coeffeteau, ³
Et voyons l'homme enfin par l'endroit le plus beau.

Lui seul, vivant, dit-on, dans l'enceinte des villes,
Fait voir d'honnêtes mœurs, des coutumes civiles, 120
Se fait des gouverneurs, des magistrats, des rois,
Observe une police, obéit à des lois. ⁴

Vers 109 et 110. Boileau s'y est imité lui-même (*voy.* sat. IV, vers 3 et 4, p. 113) et l'a été ensuite par Regnard, épître sans titre, vers 107 et 108.

> Il est vrai: mais bientôt par de bonnes raisons,
> L'Indien va nous placer aux petites maisons.

¹ *V. O.* 1668 sép., in-12 (id., Frib.), *l'eut*, dans *cette...*

² Il fallait répéter le mot *sans* avant *traiter* et dogmatiser, pour qu'on pût entendre ce vers. *Desmarets*, 45 ; *Pradon*, R., 49. — Il nous semble que cette répétition (MM. Daunou et St.-Surin la réclament aussi) eut été bonne, tout au plus, pour de la prose soutenue.

³ *V. O.* et *E.* Texte de 1668 à 1701, suivi par les éditeurs d'Amsterdam, de 1701, 1702, 1708 et 1713, par les copistes de celui-ci (Not. bibl., § 1, nᵒˢ 95 *a* et 109), par Dumonteil (à partir de 1722) et ses copistes, par Billiot (1726), par Saint-Marc et par l'éditeur d'Amsterdam, de 1772... Il nous paraît préférable à celui de l'édition posthume et incorrecte de 1713, où on lui a substitué *La Chambre et Coeffeteau*, et qui a été suivie par Brossette, Souchay et leurs copistes, et par les éditeurs modernes, à l'exception de quelques-uns, tels que ceux de 1781 (seulement), Did.; 1793, Pal. et S.-Br.; 1798, P.; 1810, Caill.; 1825, Ny.

F. N. R. On lit *Goeffeteau* dans plusieurs éditions, telles que 1737, 1743 (1 vol.) et 1751, A; 1769, U.; 1769, 1772 et 1789, Lond.; 1816, Avi..

Senaut, La Chambre et Coeffeteau ont tous trois fait chacun un Traité des passions. *Boil.*, 1713.

⁴ On admire la facilité et la douceur de ces quatre vers (119 à 122), et ce-

Il est vrai. Mais pourtant sans lois et sans police,
Sans craindre archers, prévôt, ni suppôt de justice [1],
Voit-on les loups brigands, comme nous inhumains, 125
Pour détrousser les loups courir les grands chemins ? [2]
Jamais, pour s'agrandir, vit-on [3] dans sa manie
Un tigre en factions partager l'Hyrcanie ? [4]
L'ours a-t-il [5] dans les bois la guerre avec les ours ?

pendant Boileau disait que de tous ses vers, c'étaient ceux qui lui avaient coûté le plus de temps et de peine. *Bross.* — Ces vers sont assez communs pour exclure toute idée de travail. M. de S.-S. — La pensée n'en est pas très élevée, mais l'expression est d'une facile et élégante concision.

[1] *V. O.* 1668 (complet) et 1669 (id., 1669 A., et 1671, Rec.), *suppôts*. *Suppôt* n'est plus que du style burlesque. *Féraud.*

[2] Horace (épod. vii, v. 11 et 12) et Juvénal (sat. xv, v. 159 à 165).

> Neque hic lupis mos, nec fuit leonibus
> Unquam nisi in dispari, feris...
>
> Sed jam serpentum major concordia : parcit
> Cognatis maculis similis fera. Quando leoni
> Fortior eripuit vitam leo ? Quo nemore unquam
> Exspiravit aper majoris dentibus apri ?
> Indica tigris agit rabida cum tigride pacem
> Perpetuam. Sævis inter se convenit ursis.
> Ast homini etc.

Bayle (*mot* Barbe, *note* C) dit que Boileau a parfaitement traduit ces deux passages, et qu'il y a joint de nouveaux exemples. Il combat ensuite, dans une longue et piquante dissertation, la méthode de quelques moralistes, imités ici par Boileau, de proposer les animaux pour modèles à l'homme. — Desmarets (p. 46), Pradon (R., 49) et Lenoir-Dulac (Obs., 178) nient aussi que les animaux soient en paix entre eux. — Chapat (p. 72) critique l'épithète de *brigands* parce que, dit-il, les loups ne sont pas des voleurs de grand chemin.

[3] *V. E.* Texte de 1668 à 1713, et non pas *s'agrandir*, voit-*on*, comme on lit dans quelques éditions (1821, S.-S; 1825, Daun.; 1826, Mart.; 1828, Thi.).

[4] Province de Perse, sur les bords de la mer Caspienne. *Boil.*, 1713.

[5] V. 1668 et 1669. *L'ours* fait-*il*. Le changement ci-dessus, fait en 1674, fut cherché sans succès par Brienne, Racine et La Fontaine. *Bross.* — Le

Le vautour dans les airs fond-il sur les vautours ? 130
A-t-on vu quelquefois dans les plaines d'Afrique,
Déchirant à l'envi leur propre république,
« Lions contre lions, parens contre parens,
« Combattre follement pour le choix des tyrans ? »[1]
L'animal le plus fier qu'enfante la nature, 135
Dans un autre animal respecte sa figure,[2]
De sa rage avec lui modère les accès,
Vit sans bruit, sans débats, sans noise, sans procès.
Un aigle, sur un champ prétendant droit d'aubaine,[3]
Ne fait point appeler un aigle à la huitaine; 140
Jamais contre un renard chicanant un poulet
Un renard de son sac n'alla charger Rolet ;[4]
Jamais la biche en rut n'a, pour fait d'impuissance,
Traîné du fond des bois un cerf à l'audience;
Et jamais juge, entre eux ordonnant le congrès,[5] 145

premier avait peut-être proposé la leçon suivante, qu'on trouve dans son Recueil de 1671.

L'ours dans le fond des bois, fait-il la guerre aux ours ?

[1] *V. O.* (en partie.. *Notes* de Boileau).. Parodie. Il y a dans le Cinna, *Romains contre Romains*, etc. Boil., 1713. — Les éditions de 1669 à 1694 n'ont aucune note. Dans celles de 1668, on rapporte les deux vers de Cinna en substituant *combattre* à *combattaient* qui est dans l'original, et en ajoutant *Corn. Cin..* Enfin, dans celles de 1701, il y a simplement « vers du Cinna. »

[2] Imit. de Boil... J. B. Rousseau, Ode aux Suisses, vers 15.

Dans un autre lion respectant son image.

[3] C'est un droit qu'a le roi de succéder aux biens des étrangers qui meurent en France et qui n'y sont point naturalisés. Boil., 1713.—C'est pour cela que l'auteur l'attribue ici au roi des oiseaux. *Bross.*—Ce droit a été aboli en 1819.

[4] N'alla *chercher* : faute grossière de 1674, in-4°, 1674 et 1675, pet. in-12, et 1678, A. — Pour Rolet, voy. p. 68, note 5.

[5] Cet usage fut aboli sur le plaidoyer de M. le président de Lamoignon, alors avocat général. Boil., 1713 (v. l'*Essai*, n° 79).

De ce burlesque mot n'a sali ses arrêts.
On ne connaît chez eux ni placets ni requêtes,
Ni haut, ni bas conseil ¹, ni chambre des enquêtes.
Chacun l'un avec l'autre en toute sûreté,
Vit sous les pures lois de la simple équité,   150
L'homme seul, l'homme seul, en sa fureur extrême,
Met un brutal honneur à s'égorger soi-même. ²
C'était peu que sa main conduite par l'enfer,
Eût pétri le salpêtre, eût aiguisé le fer : ³
Il fallait que sa rage, à l'univers funeste,   155
Allât encor de lois ⁴ embrouiller un Digeste ;

---

¹ *V. E.* et *F. N. R.* Texte de 1668 à 1713, au lieu de *conseils* (au pluriel), faute grossière de 1750 (3 vol.), 1752, 1757, 1766, 1768, 1769, 1775, 1778, 1782, 1787, 1789 et 1793, P.; 1756, A.; 1770, Barb.; 1777, Cas.; 1777 et 1789, Batt.; 1780, Lond.; 1784, Evr.; 1800, Léviz. (*vingt* éditions).

² *S'égorger soi-même* indique un suicide, mais le poète veut parler des attaques que l'homme fait contre d'autres hommes; c'est donc ici une espèce de contre-sens. *Lenoir-Dulac*, 181.

Imitation de Boil.. La Monnoie, poème du duel aboli, v. 82.

Cherchant dans leur trépas une gloire brutale.

M. Amar (note sur sat. xi, v. 176) loue et l'expression originale *(brutal honneur)* et son imitation.

³ Juvénal., sat. xv, vers 165, 166.

Ast homini ferrum lethale incude nefanda
Produxisse parum est...

⁴ *V. E.* et *F. N. R.* Texte 1668 à 1713, et non pas *encor des lois*, faute étrange commise à 1708, 1715, 1726, 1735, 1741, 1758 et 1760, Sch.; 1736, Bru.; 1756, A.; 1766, 1768, 1775, 1778, 1782, 1787, 1789, 1793 et 1798, P; 1770, Barb.; 1777 et 1789, Batt.; 1777, Cas.; 1780, Lond. et G.; 1784, Evr.; 1793, Pal.; 1801, Ri.; 1809, Daun.; 1814, Ly.; 1816, 1821 et 1831, Avi.; 1821 et 1823, Viol.; 1821 et 1828, Am.; 1823, De B.; 1825, Ny. et Aug. (in-8° et in-32); 1826, Mart.; 1832, Treut. (plus de *quarante* éditions).

Cherchât pour l'obscurcir des gloses, des docteurs,
Accablât l'équité sous des monceaux d'auteurs, [1]
Et pour comble de maux apportât dans la France
Des harangueurs du temps l'ennuyeuse éloquence. [2] 160
 Doucement, diras-tu! que sert de s'emporter?
L'homme a ses passions, on n'en saurait douter;
Il a comme la mer ses flots et ses caprices :
Mais ses moindres vertus balancent tous ses vices.
N'est-ce pas l'homme enfin dont l'art audacieux 165
Dans le tour d'un compas a mesuré les cieux? [3]
Dont la vaste science, embrassant toutes choses,
A fouillé la nature, en a percé les causes?
Les animaux ont-ils des universités?
Voit-on fleurir chez eux des quatre facultés? [4] 170

---

[1] Peinture parfaite de la méthode des jurisconsultes antérieurs au temps de Boileau. Ils n'examinaient point si une opinion était conforme à l'équité ou à la loi, ils recherchaient presque uniquement les suffrages dont elle était appuyée et elle ne leur paraissait juste qu'autant que les auteurs qui l'approuvaient étaient en plus grand nombre que les partisans de l'opinion inverse.

[2] *F. N. R. l'envieuse éloquence*, faute grossière des éditions de 1672 (C.), 1674 et 1675 (P.), 1677 (Elz.), 1678 (A.) et 1682 (P.).

A propos de ce couplet (vers 139 à 168) La Harpe (Lyc., VI, 102) dit : est-ce là écrire *froidement*?.. Remarquez ce dernier trait contre le fastidieux babil de la plaidoirie que Boileau met avec un sérieux si comique au-dessus de tous les maux que produit la chicane : n'est-ce pas là le cachet de la satire? N'est-ce pas mêler le plaisant au sévère?

[3] Virgile (Égl. 3) et Thomas (ode sur le temps) ont dit :

 Descripsit radio totum qui gentibus orbem....

 Le compas d'Uranie a mesuré l'espace.

[4] L'université est composée de quatre facultés, qui sont les arts, la théologie, le droit et la médecine. Les docteurs portent, dans les jours de cérémonie, des robes rouges fourrées d'hermine. Boil., 1713.

St.-Marc (V, 402) se récrie sur ce que Boileau fait tomber son docteur du *sérieux* le plus noble (vers 165-168) dans le *burlesque* le plus puéril....

Y voit-on des savans en droit, en médecine,
Endosser l'écarlate et se fourrer d'hermine?
Non, sans doute; et jamais chez eux un médecin
N'empoisonna les bois de son art assassin.
Jamais docteur armé d'un argument frivole   175
Ne s'enroua chez eux sur les bancs d'une école.
Mais sans chercher au fond, si notre esprit déçu
Sait rien de ce qu'il sait, s'il a jamais rien su;[1]
Toi-même réponds-moi : Dans le siècle où nous sommes
Est-ce au pied du savoir qu'on mesure les hommes?   180
Veux-tu voir tous les grands à ta porte courir?
Dit un père à son fils dont le poil va fleurir;
Prends-moi le bon parti : laisse là tous les livres.
Cent francs au denier cinq combien font-ils?-Vingt livres.-
C'est bien dit. Va, tu sais tout ce qu'il faut savoir.[2]   185

Mais, répond M. Amar, c'est en cela même que consiste l'art du poète, qui a su concilier (ce qui était ici le point difficile) la gravité du sujet avec les formes et le ton du genre. L'importance que donne le *docteur* aux *universités*, parce qu'il en fait partie, est un trait de caractère qui entrait nécessairement dans ce portrait satirique de l'homme.

[1] Vers admirable de précision. *Le Brun.* — M. Victorin Fabre en fait aussi l'éloge (il est cité tome II, p. 250, not. 1).

[2] Vers 181 à 185.. Imitat. d'Horace, art poét., v. 325, etc.

> Romani pueri longis rationibus assem
> Discuut in partes centum diducere. Dicat
> Filius Albini, si de quincunce remota est
> Uncia, quid superat? Poteras dixisse, Triens. Heus!
> Rem poteris servare tuam. Redit uncia, quid fit?
> Semis, etc.

Imitat. de Boil.. Regnard, épitre à Du Vaulx, vers 49 à 52.

> Le... me diras-tu! parlez mieux, s'il vous plaît;
> Le... est honnête homme. Il est vrai qu'il connaît
> Combien sur un billet par mois on doit rabattre,
> Et ce que cent écus rendent au denier quatre.

Que de biens, que d'honneurs sur toi s'en vont pleuvoir!
Exerce-toi, mon fils, dans ces hautes sciences;
Prends, au lieu d'un Platon, le Guidon des finances : ¹
Sache quelle province enrichit les traitans ;
Combien le sel au roi peut fournir tous les ans.   190
Endurcis-toi le cœur, sois arabe, corsaire,
Injuste, violent, sans foi, double, faussaire.
Ne va point sottement faire le généreux :
Engraisse-toi, mon fils, du suc des malheureux ;
Et, trompant de Colbert la prudence importune, ²   195
Va par tes cruautés mériter la fortune.
Aussitôt tu verras poètes, orateurs,
Rhéteurs, grammairiens, astronomes, docteurs,
Dégrader les héros pour te mettre en leurs places,
De tes titres ³ pompeux enfler leurs dédicaces,   200
Te prouver à toi-même, en grec, hébreu, latin, ⁴
Que tu sais de leur art et le fort et le fin.
Quiconque est riche est tout : sans sagesse il est sage ;
Il a, sans rien savoir, la science en partage ;

¹ Livre qui traite des finances. *Boil.*, 1713.

² Il est impossible de donner à l'éloge un tour plus franc et plus délicat : Colbert en dut être bien flatté... *Le Brun.*

³ *F. N. R.* Texte de 1668 à 1713, et non pas *de ces titres*, faute choquante commise dans plusieurs éditions, telles que 1766, 1768, 1775, 1778, 1789, 1793 et 1798, P.; 1770, Barb.; 1777 et 1790, Batt.; 1777, Cas.; 1780, Lond. et G.; 1784, Evr. — Dans quelques autres, telles que 1769, 1772 et 1789, Lond., on lit seulement *de titres*, ce qui réduit le vers à *onze syllabes.*

Boileau, dans ce vers, a voulu désigner la dédicace de Cinna à Montoron, dit Brossette. Nous nous plaisons à croire qu'il se trompe : il eût été bien peu généreux de rappeler ce trait à Corneille.

⁴ Il faudrait *en* grec, *en* hébreu, *en* latin. *Saint-Marc*, V, 402. — M. Daunou observe avec raison, que même en prose, il serait permis de ne pas répéter *en*.

Il a l'esprit, le cœur, le mérite, le rang, 205
La vertu, la valeur, la dignité, le sang;¹
Il est aimé des grands, il est chéri des belles :
Jamais surintendant ne trouva de cruelles. ²
L'or même à la laideur donne un teint de beauté : ³

¹ Très belle accumulation : le mot de *sang* qui termine le second vers enhardit la pensée. *Le Brun.*

² Vers excellent, mais qu'on regrette de trouver dans une pièce publiée à une époque où Fouquet, qu'il désigne, était proscrit pour avoir trop cru à cet axiome (il avait, dit-on, fait des offres à mademoiselle de La Vallière).— Voltaire (Guerre de Genève, ch. 1) a dit :

   Jamais Robert ne trouva de cruelles.

Vers 203 à 208. Horace, liv. I, ép. vi, v. 36 à 38; liv. II, sat. 3, v. 94 à 98.

  Scilicet uxorem cum dote, fidemque, et amicos,
  Et genus et formam regina pecunia donat;
  Ac bene nummatum decorat Suadela Venusque...
  . . . . Omnis enim res,
  Virtus, fama, decus, divina humanaque pulchris
  Divitiis parent; quas qui construxerit, ille
  Clarus erit, fortis, justus, sapiens etiam, et rex,
  Et quidquid volet..

³ P. C. *L'or même* à Pellisson *donne* etc. Pellisson était très laid... Boileau supprima son nom, ne voulant pas lui reprocher un défaut corporel dont il n'était pas coupable. *Bross.* — Même idée dans Horace (on vient de le voir, note précédente, vers 2), dans Corneille (Mélite, acte 1, sc. 1);

  L'argent dans le ménage a certaine splendeur;
  Qui donne un teint d'éclat à la même laideur;

et dans Molière (Cocu imaginaire, sc. 1) :

  Que l'or donne aux plus laids certain charme pour plaire.

Enfin, Voltaire (*Dict. phil.*, mot *amour*) a imité le vers de Boileau dans cette traduction d'un passage de Lucrèce.

  On peut, sans être belle, être long-temps aimable.
  L'attention, le goût, les soins, la propreté,

Mais tout devient affreux avec la pauvreté. ¹ 210
C'est ainsi qu'à son fils un usurier habile
Trace vers la richesse une route facile :
Et souvent tel y vient, qui sait, pour tout secret,
Cinq et quatre font neuf, ôtez deux, reste sept. ²
Après cela, docteur, va pâlir sur la Bible, ³ 215
Va marquer les écueils de cette mer terrible;
Perce la sainte horreur de ce livre divin;
Confonds dans un ouvrage et Luther et Calvin,
Débrouille des vieux temps les querelles célèbres ;
Éclaircis des rabbins les savantes ténèbres : ⁴ 220
Afin qu'en ta vieillesse un livre en maroquin
Aille offrir ton travail à quelque heureux faquin,
Qui, pour digne loyer de la Bible éclaircie,
Te paie en l'acceptant d'un « Je vous remercie ».
Ou, si ton cœur aspire à des honneurs plus grands, 225
Quitte là le bonnet, la Sorbonne, et les bancs;

<small>Un esprit naturel, un air toujours affable,
Donnent à la laideur les traits de la beauté.</small>

¹ Cette maxime, par le contraste, embellit celle qui la précède. *Le Brun.*
— Les vers 207 à 210 sont supprimés dans le *Boileau classique.*

² V.. 1668 et 1669 : *sont*, au lieu de *font*. — Brossette et tous les éditeurs d'après lui ont indiqué cette variante; mais aucun d'eux n'a remarqué que Boileau avait ici adopté une correction faite dans des éditions étrangères (1669, A. et 1672, C.). *Voy.* not. bibl. , § 1, obs. prél. , n° v.

St.-Marc soutient contre Brossette que le premier mot était tout aussi bon...
Féraud dit que l'usage est partagé là-dessus.

En un vers, deux règles d'arithmétique! un poète assurément ne pouvait pas mieux faire. *Le Brun.*

³ Perse (sat. v, v. 52) et Regnier (sat. iv, v. 8) avaient déjà dit, l'un, *nocturnis.. impallescere chartis*, et l'autre, *pâlis dessus un livre..* et Boileau a reproduit la même idée, mais avec bien plus d'énergie dans le lutrin (tome II, p. 367) *va maigrir et sécher sur un livre.*

⁴ *Savantes ténèbres*, noble et heureuse hardiesse. *Victorin Fabre* (il est cité tome II, p. 29, note 2).

Et, prenant désormais un emploi salutaire,
Mets-toi chez un banquier, ou bien chez un notaire :
Laisse là saint Thomas s'accorder avec Scot;
Et conclus avec moi qu'un docteur n'est qu'un sot.   230
    Un docteur! diras-tu. Parlez de vous, poète :
C'est pousser un peu loin votre muse indiscrète.
Mais, sans perdre en discours le temps hors de saison,
L'homme, venez au fait, n'a-t-il pas la raison?
N'est-ce pas son flambeau, son pilote fidèle?   235
    Oui. Mais de quoi lui sert que sa voix le rappelle,
Si, sur la foi des vents tout prêt à s'embarquer,
Il ne voit point d'écueil qu'il ne l'aille choquer?[1]

---

[1] Un homme prêt à s'embarquer est encore à terre, il ne peut donc *choquer* aucun écueil. *St.-Marc*, V, 403; *Condillac*, 127. — Cette critique est peu digne de Condillac. *Clément, Lett.* IX, *p.* 115 [*]; *M. Daunou.* — La pensée du poëte est juste et bien exprimée. Suivant lui, la raison détourne en vain l'homme de s'embarquer; plein de confiance dans les vents, il part, et va se briser contre les écueils qu'elle lui signale. *M. de Saint-Surin.*

1° On ne va point *choquer* un écueil, mais contre un écueil; 2° il ne faut point de *L'*, mais *qu'il n'aille choquer* suffit; 3° *qu'il ne l'aille* choque extrêmement l'oreille. *Pradon, R.,* 50.

Après le vers 238, Boileau avait dessein, suivant Brossette, de rimer cette pensée : « Que dirais-tu, docteur, d'un homme qui serait au milieu d'un bois pendant l'obscurité de la nuit; et qui, ayant un flambeau pour s'éclairer, ne laisserait pas de s'écarter du chemin, pour s'aller jeter dans des précipices? il est à plaindre, dirais-tu. »

> Il a perdu l'esprit, et demain dès l'aurore
> Il prendra, s'il m'en croit, douze grains d'ellébore.
> C'est bien dit; le conseil est sagement donné,
> Et Guenaud chez Cotin n'eût pas mieux ordonné.

Mais il renonça à ce dessein (Brossette n'en dit pas la raison).

---

[*] Clément ne donne ici aucune raison, non plus que pour d'autres critiques des critiques de Condillac (nous les indiquerons dans les notes des vers qu'elles concernent) : il se réservait de les réfuter dans un commentaire de Boileau, qu'il n'a point publié.

Et que sert à Cotin [1] la raison qui lui crie :
N'écris plus, guéris-toi d'une vaine furie, [2] 240
Si tous ces vains conseils, loin de la réprimer,
Ne font qu'accroître en lui la fureur de rimer?
Tous les jours de ses vers, qu'à grand bruit il récite,
Il met chez lui voisins, parens, amis, en fuite ; [3]
Car, lorsque son démon commence à l'agiter, 245
Tout, jusqu'à sa servante, est prêt à déserter. [4]
Un âne, pour le moins, instruit par la nature,
A l'instinct qui le guide obéit sans murmure,
Ne va point follement de sa bizarre voix
Défier aux chansons les oiseaux dans les bois : 250
Sans avoir la raison, il marche sur sa route.

---

[1] Il avait écrit contre moi et contre Molière; ce qui donna occasion à Molière de faire les *Femmes savantes*, et d'y tourner Cotin en ridicule. Boil., 1713.

V. O. (en partie). 1668 et 1669, C (*du blanc*).—1674 à 1685, C***.— Le nom (Cotin) fut mis en 1694 (id., 1695 et 1700, C. T.; 1695 et 1697, A.; 1697 et 1698, R.).. M. de S.-S. se trompe lorsqu'il dit que ce ne fut qu'en 1701.

[2] Boileau, ce poète si correct, n'a pas toujours choisi le terme propre soit qu'il n'y fît pas assez attention, soit que la contrainte du vers lui ait paru devoir excuser ses négligences. Furie, dit l'académie française dans des remarques qu'elle a faites sur ce poète, *furie* n'est pas ici le terme propre; on ne dit pas avoir la furie, mais la *fureur :* l'auteur l'emploie dans le deuxième vers suivant (242ᵉ) parce qu'il n'avait pas besoin de *furie* pour la rime. *Beauzée, Encycl.*, mot *propre*.

[3] *Il met de ses vers chez lui en fuite*, pour *il chasse de chez lui avec ses vers.*. Construction embarrassée. *Condillac*, 112; *M. Daunou.* — Clément (Lett. ix, p. 115) et MM. de Saint-Surin et Amar (1828) réprouvent cette critique, et avec raison à notre avis, car le sens de ce distique nous parait très clair. — Il est imité d'Horace (Art. poét., v. 474).

Indoctum doctumque fugat recitator acerbus.

[4] Trait rapide et vigoureusement empreint de la colère satirique. *Le Brun.*

L'homme seul, qu'elle éclaire, en plein jour ne voit goutte;
Réglé par ses avis, fait tout à contre-temps,
Et dans tout ce qu'il fait n'a ni raison ni sens. [1]
Tout lui plaît et déplaît, tout le choque et l'oblige; 255
Sans raison il est gai, sans raison il s'afflige;
Son esprit au hasard aime, évite, poursuit,
Défait, refait, augmente, ôte, élève, détruit. [2]
Et voit-on, comme lui, les ours ni les panthères
S'effrayer sottement de leurs propres chimères, 260
Plus de douze attroupés craindre le nombre impair,
Ou croire qu'un corbeau les menace dans l'air. [3]
Jamais l'homme, dis-moi, vit-il la bête folle
Sacrifier à l'homme, adorer son idole,
Lui venir, comme au dieu des saisons et des vents, 265
Demander à genoux la pluie ou le beau temps?

---

[1] La *raison* et le *sens* sont la même chose. *Pradon*, R., 51.

[2] Vers cité avec éloge par Clément. V. tome II, p. 181, note 1, lig. 10, où au lieu de *il brise son vers*, on a mis par erreur *il le* (hémistiche) *brise*.

P. C. Fait, défait et refait; ôte, augmente et détruit. *Bross.*

Imitat. d'Horace, liv. I, épît. 1, vers 100.

    Diruit, ædificat, mutat quadrata rotundis.

[3] Bien des gens croient que, lorsqu'on se trouve treize à table, il y a toujours dans l'année un des treize qui meurt, et qu'un corbeau aperçu dans l'air présage quelque chose de sinistre. *Boil.*, 1713.

Peut-on saisir d'une manière plus piquante le ridicule de la superstition? L'auteur a dévoré dans ces deux vers tout ce que la prose pouvait avoir de lâche et de stérile. *Le Brun*. — Et en effet, selon la remarque de Lévizac, *plus de douze attroupés*, est par ellipse pour *plus de douze étant attroupés*, autrement il faudrait *de plus de douze*, etc.

V. 1668 à 1682, au lieu de ces deux vers il y avait ceux-ci :

  De fantômes en l'air combattre leurs desirs,
  Et de vains argumens chicaner leurs plaisirs.

Le sens en était un peu *libertin*; Boileau les changea sur le conseil d'Ar-

Non, mais cent fois la bête a vu l'homme hypocondre[1]
Adorer le métal que lui-même il fit fondre;
A vu dans un pays les timides mortels
Trembler aux pieds d'un singe assis sur leurs autels; 270
Et sur les bords du Nil les peuples imbécilles,
L'encensoir à la main chercher les crocodiles.[2]

Mais pourquoi, diras-tu, cet exemple odieux?
Que peut servir ici l'Égypte et ses faux dieux?
Quoi! me prouverez-vous par ce[3] discours profane 275
Que l'homme, qu'un docteur est au-dessous d'un âne!
Un âne, le jouet de tous les animaux,
Un stupide animal, sujet à mille maux;
Dont le nom seul en soi comprend une satire!
— Oui, d'un âne : et qu'a-t-il qui nous excite à rire? 280
Nous nous moquons de lui : mais s'il pouvait un jour,
Docteur, sur nos défauts s'exprimer à son tour;
Si, pour nous réformer le ciel prudent et sage
De la parole enfin lui permettait l'usage;
Qu'il pût dire tout haut ce qu'il se dit tout bas; 285

---

nauld. *Bross.* — Le mot *libertin*, on l'a dit (p. 115, not. 6), signifiait alors *incrédule*.

[1] Boileau a le premier employé ce mot comme adjectif. V. l'*Essai*, n. 137.
[2] Juvénal, sat. xv, v. 1 à 4.

> Quis nescit. . . . . qualia demens
> Ægyptus portenta colat? Crocodilon adorat
> Pars hæc; illa pavet saturam serpentibus Ibin.
> Effigies sacri nitet aurea Cercopitheci, etc.

Au sujet du dernier vers, Le Brun dit que Boileau (vers 270) a vaincu l'énergie de son modèle.

[3] *V. E.* Texte de 1668 à 1713, au lieu de *quoi! vous me prouverez par..* qu'on a mis dans quelques éditions (1809 et 1825, Daun.; 1821, S.-S.; 1826, Mart.).

Ah! docteur, entre nous, que ne dirait-il pas?
Et que peut-il penser lorsque dans une rue,
Au milieu de Paris, il promène sa vue;
Qu'il voit de toutes parts les hommes bigarrés,
Les uns gris, les uns noirs, les autres chamarrés? 290
Que dit-il quand il voit, avec la mort en trousse,
Courir chez un malade un assassin en housse;
Qu'il trouve de pédans un escadron fourré,
Suivi par un recteur de bedeaux entouré; [1]
Ou qu'il voit la Justice, en grosse compagnie, 295
Mener tuer un homme avec cérémonie? [2]
Que pense-t-il de nous lorsque sur le midi
Un hasard au palais le conduit un jeudi; [3]
Lorsqu'il entend de loin, d'une gueule infernale,
La chicane en fureur mugir dans la grand'salle? [4] 300
Que dit-il quand il voit les juges, les huissiers,
Les clercs, les procureurs, les sergens, les greffiers?
Oh! que si l'âne alors, à bon droit misanthrope,
Pouvait trouver la voix qu'il eut au temps d'Ésope;

---

[1] Le Boileau classique passe du vers 290 au 295ᵉ; il est aisé de deviner le mot (*pédans*) qui aura engagé le *professeur*-éditeur à proscrire quatre vers dont les premiers (291 et 292) sont admirables (ils font image, dit M. Amar : il semble voir le hideux squelette galoper en croupe avec le médecin).

[2] Naïveté extrêmement heureuse : le poète est discret en ayant l'air de ne pas vouloir l'être. *Le Brun.*
Imitation de Boileau... Regnard, épître sans titre, vers 125, 126, p. 314.

    Un voleur par la ville, en pompeuse ordonnance,
    Est du fond d'un cachot conduit à la potence.

[3] C'est le jour des grandes audiences. *Boil.*, 1713.

[4] L'âne ne devrait pas s'étonner, car les rugissemens des lions, les hurlemens des loups, etc., sont à-peu-près aussi forts que les mugissemens de la grand'salle. *Lenoir-Dulac*, 180.

De tous côtés, docteur, voyant les hommes fous, 305
Qu'il ¹ dirait de bon cœur, sans en être jaloux,
Content de ses chardons, et secouant la tête :
Ma foi, non plus que nous, l'homme n'est qu'une bête! ²

¹ St.-Marc prétend que Boileau ayant commencé la phrase par *oh ! que si* (vers 303), le *qu'il* dirait est inutile : *il dirait* suffit... M Daunou répond judicieusement que les deux mots *que si* n'équivalent, dans ce vers 303, qu'à la simple conjonction conditionnelle *si :* c'est une expression emphatique, admise dans notre langue et qui est ici très convenablement employée. C'est mal la comprendre que de supposer qu'elle pût tenir lieu du *que*, pris en un autre sens, qui commence le vers 306.

² Boursault (*Sat. des sat., p.* 56) critique aigrement cette fin. Il termine en disant de l'auteur :

> Par les bas sentimens de sa dernière page
> Il avilit sa plume et salit son ouvrage.

Quel emportement, s'écrie Desmarets, p. 48, de faire jurer *ma foi* à un âne et de se moquer de tout honneur, de tout l'esprit humain et de toute vertu ! Ce n'est pas le moyen de parvenir à la réputation d'être bon poète, que de vouloir si fort nous égaler aux bêtes, etc.

Le Brun dit au contraire que ce dernier trait est digne de La Fontaine.

LE LIBRAIRE AU LECTEUR. [1]

Voici le dernier ouvrage qui est sorti de la plume du sieur D**. L'auteur, après avoir écrit contre tous les hommes en général [2], a cru qu'il ne pouvait mieux finir [3] qu'en écrivant contre lui-même, et que c'était le plus beau champ de satire qu'il pût trouver. Peut-être que ceux qui ne sont pas fort instruits des démêlés du Parnasse, et qui n'ont pas beaucoup lu les autres satires du même auteur, ne verront pas tout l'agrément de celle-ci, qui n'en est, à bien parler, qu'une suite. Mais je ne doute point que les gens de lettres, et ceux surtout [4] qui ont le goût délicat, ne lui donnent le prix comme à celle où il y a le plus d'art, d'invention et de finesse d'esprit [5]. Il y a déjà du temps qu'elle est faite; l'auteur s'était en quelque sorte résolu de ne la jamais publier. Il voulait bien épargner ce chagrin aux auteurs qui s'en pourront choquer. Quelques libelles

---

[1] *V. E.* Tel est le titre de cet avis dans les premières éditions de la satire ix, publiées sur des cahiers séparés, en 1668 (Notice bibl., § 1, n°ˢ 16, 16 *a*, 16 *b*, 17 et 17 *a*) et non pas *Avertissement du libraire au lecteur*, comme on lit dans une édition moderne.

Plusieurs éditeurs ont placé avant cet avis une prétendue *Esquisse en prose de la satire* ix. Nous avons montré ailleurs (Essai, n° 166) que ce croquis ne pouvait être attribué à Boileau.

[2] Dans la satire viii.. Cependant Brossette (I, 75) et Louis Racine (p. 48) assurent que la satire ix fut composée avant la satire viii, et le dernier entre à ce sujet dans des détails qui donnent beaucoup de poids à son témoignage. Peut-être par ces mots, *ayant écrit contre tous les hommes*, Boileau voulait-il seulement dire *ayant publié un écrit contre* etc., parce que, en effet, la satire viii fut publiée avant la ix (Notice bibl., § 1, n° 13, surtout n° 17 *a*).. Quoi qu'il en soit, les mêmes auteurs assurent aussi que ces deux satires furent composées la même année (1667).

[3] *V. E.* Texte des éditions de 1668, sép.; et non pas *faire*, comme a mis Saint-Marc.

[4] *V. E.* Texte des mêmes éditions... Saint-Marc lit *et surtout ceux*.

[5] C'est probablement cet éloge, un peu fort, il faut l'avouer, s'il émane de Boileau lui-même, qui a fait douter M. Daunou (1825, I, 162) qu'il fût l'auteur

diffamatoires que l'abbé Kautain et plusieurs autres [1] eussent fait imprimer contre lui, il s'en tenait assez vengé par le mépris que tout le monde a fait de leurs ouvrages [2], qui n'ont été lus de personne, et que l'impression même n'a pu rendre publics. Mais une copie de cette satire étant tombée, par une fatalité inévitable [3], entre les mains des libraires, ils ont réduit l'auteur à recevoir encore la loi d'eux. C'est donc à moi qu'il a confié l'original de sa pièce, et il l'a accompagné [4] d'un petit discours en prose [5], où il justifie, par l'autorité des poètes anciens et modernes, la liberté qu'il s'est donnée dans ses satires. Je ne doute donc [6] point que le lecteur ne soit bien aise du présent que je lui en fais. [7]

de cette espèce de préface; mais peut-être Boileau en usa-t-il ainsi précisément pour que l'on crût qu'elle était en effet du libraire.

[1] Les *libelles* de Cotin et de Coras sont parvenus jusqu'à nous (Notice bibl., § 2, nos 5, 6, 8 et 9).

[2] *V. E.* Texte des éditions séparées de 1668. On a mis *fait de ses ouvrages*, dans quelques éditions, telles que 1821, S.-S.; 1825, Daun... Avec cette leçon l'on peut croire que ce sont les ouvrages de Boileau lui-même que le libraire dit être méprisés de tout le monde.

[3] *V. E.* Saint-Marc omet l'expression *par une fatalité inévitable*, qui est dans les éditions séparées de 1668.

[4] *V. E.* Texte des mêmes éditions... On lit dans Saint-Marc et dans les éditions modernes citées, note 2, *accompagnée*.

[5] Le discours sur la satire (tome III, p. 83 et suiv.).

[6] *V. E.* Saint-Marc a omis ce mot *(donc)* qui est dans les éditions séparées de 1668.

[7] Boileau supprima cette espèce de préface dans toutes les éditions suivantes de ses œuvres.

SATIRE IX.[1]

C'est à vous, mon Esprit, à qui je veux parler.[2]
Vous avez des défauts que je ne puis celer :
Assez et trop long-temps ma lâche complaisance

---

[1] Cette satire est entièrement dans le goût d'Horace et d'un homme qui se fait son procès à soi-même pour le faire à tous les autres. *Boil.*, 1713.

Elle n'est presque qu'une traduction de la satire 7 (liv. II) d'Horace. *Desmarets*, 72. — Quoique ce soit le meilleur des ouvrages de Boileau, il y montre sa stérilité, en répétant toujours les mêmes noms des gens qu'il attaque. *Pradon*, 51.

C'est un chef-d'œuvre. *Voltaire, lett. à Bross.*, 14 avr. 1732; *La Harpe, Lyc.*, XIII, 125. — Celui-ci ajoute (p. 339) que ce qui la rend si piquante, c'est surtout l'excellent dialogue que l'auteur établit avec son esprit. Il ne se ménage pas dans les objections, et se fait alléguer de très bonnes raisons parce qu'il est sûr de la réponse (*voy.* aussi ci-après, v. 130, note 1, p. 200).

L'épître aux muses de J.-B. Rousseau en est une imitation un peu forcée. *Voltaire*, ib.

Frédéric II, roi de Prusse, dans une *épître à son esprit*, essaie, comme Boileau dans la satire IX, de justifier sa conduite; mais leur *métier* était si différent qu'ils n'ont presque jamais dû rencontrer les mêmes idées. Nous citerons quelques vers où le monarque guerrier semble avoir voulu prendre pour modèle le poète satirique.

[2] Il faut c'est à vous *que*, et non pas *à qui*... *Desforges-Maillard* (dans St.-Marc, V, 404); *Beauzée* (Encycl., *mot* périssologie) : *Levizac*; MM. *Daunou* et *Planche*. — C'est une phrase d'usage qui n'est pas déplacée dans le style d'une satire, dit St.-Marc *(ib.)*. — Il aurait pu ajouter qu'elle avait été employée par plusieurs écrivains, tels que Molière (Amour médecin, acte III, sc. 6).

La grâce de la langue sollicitait peut-être la faute qu'a adoptée Boileau. Il préférait le vers plus naturel avec cette espèce de faute, qui est un parisianisme, que sans cette faute.... Louis Racine m'a confirmé lui-même ce fait. *Le Brun.*

C'est peut-être pour s'emparer fortement dès le premier vers de l'attention

De vos jeux criminels a nourri l'insolence ;
Mais, puisque vous poussez ma patience à bout,¹ 5
Une fois en ma vie il faut vous dire tout.

On croirait à vous voir dans vos libres caprices
Discourir en Caton des vertus et des vices,
Décider du mérite et du prix des auteurs,
Et faire impunément la leçon aux docteurs, 10
Qu'étant seul à couvert² des traits de la satire
Vous avez tout pouvoir de parler et d'écrire.
Mais moi, qui dans le fond sais bien ce que j'en crois,³
Qui compte tous les jours vos défauts par mes doigts,⁴
Je ris, quand je vous vois⁵, si faible et si stérile, 15
Prendre sur vous le soin de réformer la ville,
Dans vos discours chagrins plus aigre et plus mordant

---

du lecteur, que Boileau aura préféré la tournure ci-dessus. *M. Amar.*—Nous adoptons d'autant plus volontiers cette observation ingénieuse, qu'elle nous explique pourquoi un auteur aussi correct que Buffon a employé la même tournure au commencement d'un de ses articles. « *C'est* à M. de la Condamine à *qui* nous devons, » dit-il (Hist. nat. du Mico, œuvr., 1775, VII, 344).

¹ Frédéric II (épître citée note 1, p. 187) dit :

> Écoutez, mon esprit, je ne saurais le taire,
> Les contes que sur vous tous les jours j'entends faire,
> Vos défauts, vos travers m'ont mis au désespoir.

² P. C. Vous croyez qu'*à couvert*... C'est qu'avant l'impression de cette satire il y ajouta les quatre vers précédens (7 à 10) où il fait allusion, surtout à la VIIIᵉ. *Bross.*

³ Vers monosyllabique, dur et obscur. *Coras*, 15. — Il est doux, quoique monosyllabique. *Le Brun.*

⁴ Façon de parler de la lie du peuple. *Coras*, 15.

⁵ *V. E.* Ponctuation de 1701 et 1713, suivie au XVIIIᵉ siècle et depuis, par Auger et par M. Amar. Dans quelques éditions modernes, telles que 1825, Daun. et 1832, Treut., on a supprimé, et mal-à-propos selon nous, les deux virgules; dans la plupart des autres (Did., Bod., Viol., S.-S., etc.), la première seulement.

Qu'une femme en furie, ou Gautier [1] en plaidant.

Mais répondez un peu. Quelle verve indiscrète
Sans l'aveu des neuf sœurs vous a rendu poète? [2] 20
Sentiez-vous [3], dites-moi, ces violens transports
Qui d'un esprit divin font mouvoir les ressorts?
Qui vous a pu souffler une si folle audace? [4]
Phébus a-t-il pour vous aplani le Parnasse?
Et ne savez-vous pas que, sur ce mont sacré, 25
Qui ne vole au sommet tombe au plus bas degré, [5]
Et qu'à moins d'être au rang d'Horace ou de Voiture, [6]

---

[1] Avocat célèbre (*fameux*, 1701) et très mordant. *Boil.*, 1713.

V. O. 1668 et 1669, *Gotier*. — M. Daunou fixe sa mort à 1674, époque où Boileau imprima *Gautier*; mais elle avait eu lieu (15 septembre 1666... *Regist. de la Sainte-Chapelle*) avant la publication de la satire IX, et c'est un éditeur étranger (1672, C.) qui, le premier, rétablit son nom.

[2] Imit. de Boil.. Gacon, sat. II, p. 14.

> Réprimez, croyez-moi, cette ardeur indiscrète,
> Il n'est rien de plus sot que le nom de poète.

[3] V. (ou plutôt faute typographique... *Brossette*). 1701, sentez-vous.

[4] Souffler une..., audace : expression hardie. *Le Brun.*

[5] Horace, art. poét., v. 378.

> Si paulum à summo discessit, vergit ad imum.

Mont sacré ne paraît mis là que pour rimer à *degré*. *Saint-Marc*, V, 405. — Le critique ne sent pas que c'est précisément parce que le *Parnasse* est un *mont sacré*, qu'il n'y a pas de milieu entre l'honneur de *voler au sommet*, et la honte de *tomber au plus bas degré*. *M. Amar.*

[6] F. N. R. Texte de 1668 à 1713, et non pas *d'Horace et de*, comme on a mis à 1766, 1768, 1775, 1778, 1782, 1787, 1789, 1793 et 1803, P; 1770, Barb.; 1777, Cas.; 1777 et 1789, Batt.; 1780, Lond. et G; 1784, Evr.; 1814, Ly.; 1816, 1821 et 1831, Avi. (*vingt* éditions).

On verra dans la satire XII (v. 41) que dans la suite, Boileau remit Voiture à son véritable rang; mais alors sa réputation avait un si grand éclat que le critique le plus mordant du siècle de Louis XIV, Gacon, disait encore (épît. XV) trente ans après la satire IX :

On rampe dans la fange avec l'abbé de Pure? [1]
Que si tous mes efforts ne peuvent réprimer
Cet ascendant malin qui vous force à rimer, 30
Sans perdre en vains discours tout le fruit de vos veilles,
Osez chanter du roi les augustes merveilles :
Là, mettant à profit vos caprices divers,
Vous verriez tous les ans fructifier vos vers, [2]
Et par l'espoir du gain votre muse animée 35
Vendrait au poids de l'or une once de fumée.
Mais en vain, direz-vous [3], je pense vous tenter
Par l'éclat d'un fardeau [4] trop pesant à porter.
Tout chantre ne peut pas, sur le ton d'un Orphée,
Entonner en grands vers « la Discorde étouffée »; 40
Peindre « Bellone en feu tonnant de toutes parts », [5]

> Non, je ne croirai point me rendre ridicule,
> En disant que Voiture approche de Catule.

[1] *V. O.* (en partie). Son nom est désigné par un P***, dans les éditions antérieures à celle de 1694, dit M. de S.-S...; erreur : il fut mis dans l'édition de 1685 et on le trouve aussi dans celles de 1689 (gr. in-12) et 1692, A.

[2] Dans une note inédite sur ce vers, Boileau observe qu'alors il n'avait point de pension.

[3] *V. E. et F. N. R.* Texte de 1668 à 1713, au lieu de *en vain*, dites-*vous*, comme on lit à 1757, 1766, 1767, 1768, 1775, 1778, 1782, 1787, 1789, 1793, 1798 et 1803, P.; 1770, Barb.; 1777, Cas.; 1777 et 1789, Bat.; 1780, Lo. et G; 1784, Evr.; 1814, Ly.; 1816 et 1821, Avi; 1822 et 1824, Jeun.; 1826, Dub. (2 édit.); 1830, Ly.. (plus de *vingt* éditions).

[4] L'éclat d'un fardeau ne plaît pas à tous les lecteurs. *Saint-Marc*, V, 407. — C'est sans doute à des lecteurs peu familiarisés avec les beautés poétiques. *M. Amar.*

[5] Vers 39 à 41. *Sur le ton d'un Orphée* n'est là que pour la rime. *Le Brun.* — Pourquoi cela? Il complète, ce me semble, l'idée que le poète va développer... On pourrait seulement remarquer que les mots *ton*, *entonner* et *tonnant*, sont beaucoup trop près les uns des autres : c'est une petite négligence. B. S. — Dans ces vers, Boileau se sert d'expressions dignes de la plus haute poésie. *Clément, Obs.*, 110.

SATIRE IX.

« Et le Belge effrayé fuyant sur ses remparts. » [1]
Sur un ton si hardi, sans être téméraire,
Racan pourrait chanter au défaut d'un Homère ; [2]
Mais pour Cotin et moi [3], qui rimons au hasard,   45

---

[1] Cette satire a été faite dans le temps que le roi prit (1667.. *Bross.*) Lille en Flandre. *Boil.*, 1701 ; — et plusieurs autres villes. *Id.*, 1713. Vers 37 à 42. Im. d'Horace, liv. II, sat. 1, v. 10 à 15.

    Aut si tantus amor scribendi te rapit, aude
    Cæsaris invicti res dicere. Multa laborum
    Præmia laturus. Cupidum, pater, optime, vires
    Deficiunt. Neque enim quivis horrentia pilis
    Agmina, nec fracta pereuntes cuspide Gallos,
    Aut labentis equo describat vulnera Parthi.

    T. Que, si l'amour des vers est incurable en vous,
    Consacrez à César vos accords les plus doux ;
    Vous ne vous ferez point de fâcheuses affaires,
    Et vous mériterez ses bontés tutélaires...
    H. Mais les forces, ami, manquent à mon ardeur.
    Chacun n'a pas le droit de peindre un fier vainqueur,
    Des centaures du Nord la valeur écrasée,
    Et le Gaulois mourant sur sa pique brisée. (*Trad. de Daru.*)

V. Les mots guillemetés ci-dessus dans les vers 40 à 42 sont en italiques ou en capitales, dans les éditions de 1666 à 1713. Les éditeurs modernes n'y joignent aucun signe (il en est de même quant aux vers 130, 153 à 156, 161 à 164, 203 à 207, 224, 252 à 256).

[2] *V. E. et F. N. R.* Texte de 1668 à 1713. Souchay (1735) a mis ici chanter sur le ton *d'un Homère.* Cette leçon inepte *(sur un ton si hardi, Racan pourrait chanter sur* le ton *d'un Homère)* est passée dans beaucoup d'éditions, telles que 1745, 1750, 1752, 1757, 1766, 1767, 1768, 1769, 1775, 1778, 1782, 1787, 1789, 1793 et 1803, P. ; 1756, A. ; 1770, Barb. ; 1777, Cas. ; 1777 et 1789, Batt. ; 1780, Lond. et G. ; 1784, Evr. ; 1814 et 1830, Ly. ; 1816 et 1821, Avi. ; 1822 et 1824, Jeun. ; 1826, Dub. (plus de *trente*).

Racan n'a rien fait d'où l'on doive induire qu'il aurait pu chanter sur le ton de la poésie épique. *St.-Marc*, V, 407 ; *Le Brun*. — Boileau l'a mieux apprécié dans l'art poétique (tome II, p. 172, note 4).

[3] V. O. 1668 et 1669, *Kautain.* — *V. E.* M. de S.-S. se trompe lorsqu'il

Que l'amour de blâmer fit poètes par art, [1]
Quoiqu'un tas de grimauds vante notre éloquence,
Le plus sûr est pour nous de garder le silence.
Un poème insipide et sottement flatteur
Déshonore à-la-fois le héros et l'auteur : 50
Enfin de tels projets passent notre faiblesse.

Ainsi parle un esprit languissant de mollesse,
Qui, sous l'humble dehors d'un respect affecté,
Cache le noir venin de sa malignité.
Mais, dussiez-vous en l'air voir vos ailes fondues, 55
Ne valait-il pas mieux vous perdre dans les nues,
Que d'aller sans raison, d'un style peu chrétien,
Faire insulte en rimant à qui ne vous dit rien, [2]
Et du bruit dangereux d'un livre téméraire
A vos propres périls enrichir le libraire? [3] 60

cite les éditions de 1666 et de 1667, car la satire ix ne parut qu'en 1668.—
C'est un éditeur étranger (1672, C.) qui a, le premier, imprimé *Cotin*.

Juvénal (sat. 1, v. 79 et 80) a dit :

. . . . Versum
Qualemcumque potest, quales ego, vel Cluvienus.

Modestie très plaisante. *Le Brun*.

[1] Ceux qui riment au hasard sont poètes par nature plutôt que poètes par art. *Coras*, 16.

L'amour de blâmer n'est pas, selon M. Daunou, une expression heureuse, ni surtout poétique. M. de Saint-Surin la trouve au contraire, poétique, mais il ajoute qu'en prose, le mot *amour* ne se construit guère avec un infinitif; c'est précisément ce que nie M. Planche en citant des passages de Virgile, et de Boileau lui-même qui, ailleurs (Lutrin, V, 88, tome II, p. 376) dit : *l'amour de nuire*.

[2] Vers 56 à 58. Horace, liv. II, sat. 1, v. 21, 22.

Quanto rectius hoc quam tristi lædere versu
Pantolabum scurram, Nomentanumque nepotem!

[3] Quelle pauvreté orgueilleuse que celle de Lubin (Boileau)? Comment

Vous vous flattez peut-être, en votre vanité,
D'aller comme un Horace à l'immortalité;
Et déjà vous croyez dans vos rimes obscures,
Aux Saumaises futurs préparer des tortures. ¹
Mais combien d'écrivains, d'abord si bien reçus, 65
Sont de ce fol espoir honteusement déçus!
Combien, pour quelques mois, ont vu fleurir leur livre, ²
Dont les vers en paquet se vendent à la livre! ³
Vous pourrez voir, un temps, vos écrits estimés,
Courir de main en main par la ville semés; 70
Puis de là, tout poudreux, ignorés sur la terre,
Suivre chez l'épicier Neuf-Germain ⁴ et La Serre; ⁵

croit-il ses ouvrages capables d'enrichir un libraire? *Coras*, 17. — Un livre *téméraire* et dont le *bruit* enrichit le libraire; et plus loin : (v. 67) un livre qui *fleurit*.. quel heureux et sage emploi du style figuré! *M. Amar.*

¹ *V. O. et E.* (en partie... *Notes* de Boileau).. Saumaise, célèbre commentateur. *Boil.*, 1713. — L'édition séparée de 1668 in-16, et les éditions complètes de 1668 à 1701 n'ont point de note; celle de 1668 séparée, in-4°, n'a que ces mots, *fameux commentateur.*

V. E. Obscures, futurs, tortures : consonnance peu agréable de trois hémistiches consécutifs. *M. Daunou.* — Cette consonnance ne s'aperçoit guère lorsqu'en lisant on fait un repos après le mot *obscures*, repos indiqué par la virgule qui y est placée dans les éditions anciennes, qu'on a supprimée mal-à-propos dans presque toutes les éditions modernes (depuis 1781, Did.), et que nous avons rétablie.

² *Fleurir... Voy.* note du vers 60.

³ Imitat. de Boil... M. de Frénilly, Poésies, 1807, p. 4.

> . . . . . Eh! mon fils, combien en as-tu vus
> Réduits à vendre au poids leurs feuillets inconnus,
> De deux éditions se vanter par le monde,
> Et, morts de la première, afficher la seconde?

⁴ Auteur extravagant. *Boil.*, 1713. — *V. E.* Au lieu d'*auteur*, Saint-Marc, et presque tous les éditeurs modernes après lui, lisent *poète.*

⁵ Auteur peu estimé. *Boil.*, 1713.

Il répète en cent endroits cette pensée *(suivre chez l'épicier)* qu'il a prise

Ou de trente feuillets réduits peut-être à neuf,
Parer, demi rongés, les rebords du Pont-Neuf [1]
Le bel honneur pour vous, en voyant vos ouvrages 75
Occuper le loisir des laquais et des pages,
Et souvent dans un coin renvoyés à l'écart
Servir de second tome aux airs du Savoyard ! [2]
 Mais je veux que le sort, par un heureux caprice,
Fasse de vos écrits prospérer la malice, [3]   80

chez les anciens (*voy.* à ce sujet, tome II, p. 12, note 1) et même chez Ronsard...; *poudreux* et *poussière* sont aussi de ses mots favoris. *Pradon*, R., 52 et 67. — Le Brun pense aussi que ce tour de plaisanterie est un peu trop répété par Boileau.

Vers 71 et 72. P. C. Selon Brossette (mais *voy.* tome III, p. 480, n° 17, où nous réfutons son allégation et où il faut lire *puis suivre*, au lieu de *pour suivre*) :

  Puis suivre avec..., ce rebut de notre âge,
  Et la lettre à Costar, et l'avis à Ménage.

[1] Où l'on vend d'ordinaire les livres de rebut. *Boil.*, 1713.

Vers 73 et 74. La rime a obligé de mettre *neuf* plutôt que *dix*, nombre qui étant le tiers de *trente*, a plus de rapport avec celui-ci que neuf qui n'en est point un diviseur. *Coras*, 18.

[2] Célèbre chantre du Pont-Neuf. *Boil.*, 1668, sép., in-4°. — Fameux chantre du Pont-Neuf dont on vante encore les chansons. *Boil.*, 1701. — Chantre du Pont-Neuf. *Id.*, 1713. — *V. O.* 1668, sép., in-16, point de note.

Vers 68 à 78. Coras, p. 27, les retourne ainsi contre Boileau.

  Car je prévois qu'un jour, vos vers moins estimés
  Que de faux almanachs par la ville semés,
  Seront avec raison moins connus sur la terre
  Que ceux qu'ont fagottés Neuf-Germain et la Serre :
  Que leur valeur réduite à la preuve de neuf
  Deviendra méprisable aux rebords du Pont-Neuf :
  Qu'on verra ces malins, ces burlesques ouvrages
  Ennuyer les laquais, sans divertir les pages,
  Et par tant de rebuts renvoyés à l'écart
  Envier le destin des airs du Savoyard.

[3] *Prospérer la malice*, expression très heureuse. *Le Brun.*

Et qu'enfin votre livre aille [1] au gré de vos vœux,
Faire siffler Cotin chez nos derniers neveux : [2]
Que vous sert-il qu'un jour l'avenir vous estime,
Si vos vers aujourd'hui vous tiennent lieu de crime,
Et ne produisent rien, pour fruit de leurs bons mots, 85
Que l'effroi du public et la haine des sots?
Quel démon vous irrite, et vous porte à médire?
Un livre vous déplaît : qui vous force à le lire?
Laissez mourir un fat dans son obscurité : [3]
Un auteur ne peut-il pourrir en sûreté? [4]   90
Le Jonas inconnu sèche dans la poussière :
Le David imprimé n'a point vu la lumière;

---

[1] *V. O.* Dans l'édition complète de 1668, in-8°, on a placé une virgule après le mot *aille*; dans toutes les autres éditions originales faites du vivant de l'auteur, à l'exception de celle de 1675, grand in-12, où il n'y a point de virgule, on l'a placée avant le même mot quoiqu'elle sépare le substantif *(livre)* du verbe qu'il régit *(aille)*, mais sans doute parce que, en la plaçant après ce verbe, il n'y avait plus dans le vers de suspension de l'hémistiche (*voy.* ci-dev. p. 45, note 6; Art poét., ch. 1, v. 105 et 106, tome II, p. 181). Les réviseurs de l'édition posthume de 1713 n'ont point tenu compte de cet inconvénient; ils ont rétabli la ponctuation de l'édition complète de 1668, et ils ont été imités par les éditeurs suivans, excepté 1° par Schelte (1741, 1758 et 1760) et par St.-Marc et ses copistes (1772 et 1775, A.), qui ont mis la virgule avant *aille*; 2° par les copistes de l'édition de 1713, A (Note bibl., § 1, n° 109), par les éditeurs de 1793 (Pal. et S. B.) et par M. Dubois (1826) qui l'ont supprimée. C'est aussi cette dernière méthode que nous avons adoptée, parce que nous y étions en quelque sorte autorisés par l'auteur lui-même.. Tout annonce en effet qu'il aura revu le vers de l'édition de 1675, grand in-12, où l'on a fait la même suppression, puisque ce vers est dans un carton (le même dont on parle dans les notes de p. 197).

[2] *V. O.* 1668 et 1669. *Kautain.* — Vers admirable : l'auteur devient prophète en badinant. *Le Brun.*

[3] Lubin (Boileau) répète cent fois ce mot de *fat*; il l'aime comme un autre lui-même.. Pour peu de soin qu'on apporte à chercher Lubin, on trouve toujours un fat au bout de sa plume. *Coras*, 18.

[4] Ici voilà de la pourriture! *Pradon*, R., 52.

Le Moïse commence à moisir par les bords. ¹
Quel mal cela fait-il? Ceux qui sont morts sont morts:
Le tombeau contre vous ne peut-il les défendre? ² 95
Et qu'ont fait tant d'auteurs, pour remuer leur cendre?
Que vous ont fait Perrin, Bardin, Pradon, Hainaut,
Colletet, Pelletier, Titreville, Quinault, ³
Dont les noms en cent lieux, placés comme en leurs niches

---

¹ Poèmes héroïques, qui n'ont point été vendus. *Boil.*, 1668. — *(Jonas).* Poème héroïque qui n'a point réussi, non plus que le *David*, ni le *Moïse*. *Id.*, 1701. — Ces trois poèmes avaient été faits, le Jonas, par Coras, le David, par Las Fargues, le Moïse, par St.-Amand. *Id.*, 1713 (il faut Les-Fargues... *Bross.*).

Coras (p. 11) dit, au sujet de la première note, qu'il n'y a rien de plus faible, ni de plus impertinent... Qu'il est faux que ses poèmes (ayant fait un *David*, il croyait que cet ouvrage était comme le *Jonas*, l'objet de la satire) n'aient pas été vendus, etc.

Moïse et *moisir*, méchant jeu de mots. *Pradon*, 52. — Le Brun convient que Boileau a un peu joué sur le mot, mais, ajoute-t-il, qu'on en place un autre et le vers sera peut-être moins heureux. — MM. Daunou et Planche doutent du jeu de mots, et M. Amar *(Monit.)* reproche à Le Brun d'avoir reproduit la critique pitoyable de Pradon.

² Imitat. de Boil... M. de Frénilly, Poésies, 1807, p. 8.

Quel mal nous ont-ils fait (les morts) pour qu'ainsi l'on s'emporte?
Leurs vers sont ennuyeux, fermez leur votre porte.

³ *V. O. ou E.* (du moins en partie), vers 97.

1663. Que vous ont fait Perrain, Bardin, Mauroy, Bursaut.
1669 et 1674 (in-4° et pet. in-12). Que vous a fait. . . . . .
1674 (pet. in-12). . . . . Brusaut.
1674 (gr. in-12). . . . . Boursaut.
1675 *(id.)* à 1683. Que vous ont fait. . . . .
1685. . . . . Bursaut.

Depuis l'édition de Cologne de 1672, les éditions étrangères ont presque toutes *Boursaut*.

V. O. ou E. (du moins en partie), vers 98.

1668. Colletet, Pelletier, Titreville, Kainaut.

SATIRE IX. 197

Vont de vos vers malins remplir les hémistiches ?[1] 100
Ce qu'ils font vous ennuie. O le plaisant détour !
Ils ont bien ennuyé le roi, toute la cour,[2]
Sans que le moindre édit ait, pour punir leur crime,
Retranché les auteurs, ou supprimé la rime.[3]
Écrive qui voudra :[4] chacun à ce métier 105
Peut perdre impunément de l'encre et du papier.
Un roman, sans blesser les lois ni la coutume,
Peut conduire un héros au dixième volume.[5]

1669, 1674 et 1675 (pet. in-12).	Quinaut.
1675 (gr. in-12*, avec carton).	(du blanc)
1633.	Kainaut.
1685.	Hainaut.
1694.	Kaynaut.

Les éditions étrangères nomment presque toutes *Quinaut*.

Cette adjonction de Hesnaut, si connu par sa traduction du poème de Lucrèce et par son sonnet contre Colbert, cette adjonction, dis-je, de Hesnaut aux Perrin et Colletet est une des grandes injustices de notre poëte et une injustice d'autant plus étrange, que, si l'on en croit Brossette, il faisait cas de Hesnaut. Il la commit beaucoup plutôt que ne le pense M. Amar. On voit, ci-dessus, que ce fut en 1685, et Hesnaut n'était mort que depuis trois ans au lieu des dix-neuf ou vingt que dit M. Amar.

[1] Vers 97 à 100. Cette accumulation de noms est très piquante, et les vers qui la suivent sont naïvement amenés. *Le Brun.*

[2] Lubin fait ici une terrible bévue; car, en mettant entre les mains du roi, et de toute la cour, les ouvrages qu'il prétendait obscurs, il leur rend l'éclat qu'il pensait leur avoir ôté. *Coras*, 18.

[3] Voy. sur les édits de réformation, p. 94, note 5, et p. 95, note 2.

[4] Ponctuation de 1668 à 1701, qui nous paraît préférable à celle de 1713 (on y met un point), suivie par Brossette et plusieurs autres éditeurs.

[5] Les romans de Cyrus, de Clélie et de Pharamond, sont chacun de dix

---

* Un de nos exemplaires de 1674, gr. in-12, a aussi le carton et le blanc. Il est donc clair que s'étant réconcilié avec Quinault pendant l'impression du grand in-12 de 1675 (un passage de Desmarets, p. 140, semble aussi l'annoncer), Boileau se hâta de faire cartonner et les exemplaires de cette édition et ceux de l'édition de 1674 qui n'étaient pas vendus, et que dans sa précipitation, il oublia de remplacer le mot *Quinaut*.

De là vient que Paris voit chez lui de tout temps
Les auteurs à grands flots déborder tous les ans ; [1]   110
Et n'a point de portail, où [2] jusques aux corniches,
Tous les piliers ne soient enveloppés d'affiches.
Vous seul, plus dégoûté, sans pouvoir et sans nom,
Viendrez régler les droits et l'état d'Apollon !
Mais vous, qui raffinez sur les écrits des autres,   115
De quel œil pensez-vous qu'on regarde les vôtres ?
Il n'est rien en ce temps à couvert de vos coups,
Mais savez-vous aussi comme on parle de vous ?
Gardez-vous, dira l'un, de cet esprit critique : [3]
On ne sait bien souvent quelle mouche le pique ;   120
Mais c'est un jeune fou qui se croit tout permis,
Et qui pour un bon mot va perdre vingt amis. [4]
Il ne pardonne pas aux vers de la Pucelle,
Et croit régler le monde au gré de sa cervelle.

---

volumes. *Boil.*, 1713. — Erreur : Pharamond a douze volumes, ainsi que Cléopâtre. *Dumonteil*, 1729.

V. O. (en partie) 1668 à 1683, *au douzième volume*. — Ce changement qui prouve combien Boileau était scrupuleux, car on voit par la note de Dumonteil, qu'il aurait bien pu s'en dispenser, fut fait, non en 1694 comme le dit M. de S.-S., mais en 1685 ; aussi le trouve-t-on également à 1689 (gr. in-12) et 1692, A.

[1] La répétition de *tout* et de *tous*, loin d'être une négligence, devient ici presque une grâce. *Le Brun* (voy. une critique de Coras, à l'Essai, n. 114).

[2] *V. E.* Les éditions de 1668 à 1683 ont après *où*, une seconde virgule, qui fut supprimée dans celles de 1685 à 1713 ; mais les unes et les autres, ainsi que celles de Brossette, de Dumonteil, de Souchay, de Saint-Marc, etc., en ont une après *portail...* Dans l'édition de 1781 (Did.) et dans presque toutes les suivantes (plus de *quarante*) on a déplacé cette virgule unique et on l'a mise après *où*, ce qui ôte la suspension de l'hémistiche dont nous avons parlé, p. 45, note 6, et 170, note 2.

[3] *Esprit critique* : hémistiche dur. *Saint-Marc*, V, 408.

[4] Ce vers, facile et rapide, s'est gravé aisément dans la mémoire. *Le Brun*.

Jamais dans le barreau trouva-t-il rien de bon? 125
Peut-on si bien prêcher qu'il ne dorme au sermon?
Mais lui, qui fait ici le régent du Parnasse,
N'est qu'un gueux revêtu des dépouilles d'Horace. 1
Avant lui Juvénal avait dit en latin

Vers 119 à 122. Horace, lib. I, sat. IV, v. 33; Regnier, sat. XII, v. 51.

> Omnes hi metuunt versus, odere poetas.
> Fœnum habet in cornu, longe fuge; dummodo risum
> Excutiat sibi, non hic cuiquam parcet amico...

> . . . . Fuyez ce médisant.
> Fâcheuse est son humeur, son parler est cuisant.
> Quoi, monsieur! n'est-ce pas cet homme à la satire,
> Qui perdrait son ami plutôt qu'un mot pour rire?

Imitation de Boil.. J.-B. Rousseau, épître aux muses, vers 105 à 110.

> Gardez-vous bien de cet homme caustique,
> S'écria-t-il; fuyez ce frénétique:
> Dans ses brocards aucun n'est ménagé;
> C'est un serpent, un diable, un enragé,
> Que rien n'apaise, et qui dans ses blasphèmes
> Déchire tout, jusqu'à ses amis mêmes.

Saint-Pavin reprochait à l'auteur qu'il n'était riche que des dépouilles d'Horace, de Juvénal et de Regnier. *Boil.*, 1713. — Ce fut le refrain en quelque sorte obligé des Coras (p. 19), des Sainte-Garde (p. 10), Desmarets (p. 23), Pradon (épit. à Alcandre), Bonnecorse (p. 25), etc.; de Cotin surtout, qui ne se doutant pas du trait sanglant qu'il allait fournir contre lui-même (vers 129 et 130), osa écrire (Satire des Sat., p. 5):

> Il applique à Paris ce qu'il a lu de Rome:
> Ce qu'il dit en françois, il le doit au latin;
> Et ne fait pas un vers qu'il ne fasse un larcin:
> Si le bon Juvénal était mort sans écrire,
> Le malin Despréaux n'eût point fait de satire.

Boileau s'est si fort enrichi de ces dépouilles (d'Horace), qu'il s'en est fait un trésor, qui lui appartient justement. En imitant, il est toujours original. Il n'a pas traduit le poète latin, mais il a joûté contre lui. *Marmontel*, *Encyclop.*, mot *imitation* (Lévizac fait en d'autres termes la même remarque).

« Qu'on est assis à l'aise aux sermons de Cotin.[1] » 130
L'un et l'autre avant lui s'étaient plaints de la rime,
Et c'est aussi sur eux qu'il rejette son crime :
Il cherche à se couvrir de ces noms glorieux.
J'ai peu lu ces auteurs, mais tout n'irait que mieux,
Quand de ces médisans l'engeance toute entière[2] 135
Irait la tête en bas rimer dans la rivière.[3]

[1] *V. O.* 1668 et 1669; *Kautain.* — Vers 129 et 130. Plaisanterie neuve et pleine de sel. *Le Brun.* — Imitation de Boil.. Clément, Satire intitulée *mon dernier mot*, ou satire III, vers 207, 208.

> Si l'un (*Boileau*) n'eût *point* raillé ni Pradon ni Perrin,
> L'autre (*Clément*) n'eût *point* sifflé Marmontel ni Saurin.

Ces deux *points* sont des solécismes... Ce qui est pire, c'est la plate imitation de ces vers pleins de sel, *avant lui Juvénal*, etc... *Voltaire, Observ. sur cette Satire, dans ses Mél. littér.*

Vers 118 à 130. Au sujet de tout ce passage, La Harpe observe qu'on ne peut railler plus agréablement ; que Boileau excelle dans la raillerie et que personne en ce genre ne l'a surpassé... Il y a, dit-il, du sel dans ces vers, de la bonne plaisanterie, de la gaîté, de ces traits heureux qui frappent et qu'on ne peut pas oublier, tel que celui des deux derniers vers; et voyez d'ailleurs comme la tournure en est aisée, comme ils sont du ton de la conversation, sans rien perdre du côté de la précision et de l'élégance! comme le satirique trouve à mordre gaîment, jusque dans le mal qu'il suppose qu'on dit de lui! Voilà comme avec un bon esprit, un goût délicat, un vrai talent, on sait égayer la satire et faire pardonner ce qu'elle peut avoir d'odieux quand elle n'est pas une juste représaille. On y voit d'ailleurs un honnête homme qui se respecte lui-même, qui avoue qu'on peut lui reprocher son penchant à la médisance, mais qui sent qu'on ne peut lui imputer des motifs bas, ni attaquer son caractère et ses mœurs. » *Lyc.*, VI, 199, VII, 338.

[2] *V. E.* Texte de 1668 à 1713, et non pas *tout*, comme on a mis dans beaucoup d'éditions depuis celle de 1788 (Did.), quoique *toute entière* soit une expression consacrée, d'après les exemples qu'on donne dans les dictionnaires de l'Académie, de Féraud, de Cormont, etc. (mot *entier*)... *Voy.* d'ailleurs ce qu'on observe p. 104, not. 3, Satire III, v. 117.

[3] Propos de la lie du peuple. *Coras*, 15. — Il est charmant par le ridi-

Voilà comme on vous traite : et le monde effrayé
Vous regarde déjà comme un homme noyé. [1]
En vain quelque rieur, prenant votre défense,
Veut faire au moins, de grâce, adoucir la sentence : [2] 140
Rien n'apaise un lecteur toujours tremblant d'effroi,
Qui voit peindre en autrui ce qu'il remarque en soi. [3]
Vous ferez-vous toujours des affaires nouvelles?
Et faudra-t-il sans cesse essuyer des querelles?
N'entendrai-je qu'auteurs se plaindre et murmurer? 145
Jusqu'à quand vos fureurs doivent-elles durer?
Répondez, mon Esprit; ce n'est plus raillerie :
Dites... Mais, direz-vous, pourquoi cette furie?
Quoi, pour un maigre auteur que je glose en passant,

cule qu'il exprime. *Le Brun.*—Allusion à un mot du duc de Montausier, qui pourtant avait, dans sa jeunesse, composé des Satires assez virulentes. *Bross.* (Voy. aussi tome III, p. 84, note 2, p. 88, not. 2). — Voltaire (épître à Boileau, v. 15) a ainsi reproduit cette allusion :

> Je veux t'écrire un mot sur tes sots ennemis...
> Qui voulaient, pour loyer de tes rimes sincères,
> Couronné de lauriers t'envoyer aux galères.

Imitat. de Boileau.. Gacon, épître au père La Chaise, vers 19 et 20.

> Il faudrait m'envoyer sans éclat et sans bruit,
> Rimer dans un séjour d'une éternelle nuit.

[1] Vers 133 à 138. Coras, p. 31, les retourne ainsi :

> Qu'ont produit de pareil ces auteurs glorieux,
> Qui les rende garans de vos vers odieux?
> Certes quand de tels vers l'engeance toute entière
> Périrait dans la flamme et vous dans la rivière,
> Quand ils seraient brûlés, que vous seriez noyé,
> Tout ce qui vous est dû vous serait bien payé.

[2] Vers un peu contourné. *Le Brun.* — *De grâce*, phrase adverbiale, pour *par grâce*... *Lévizac.*

[3] *En soi*... sur l'emploi de cette expression, voy. p. 44, not. 3.

Est-ce un crime, après tout, et si noir et si grand ?¹ 150
Et qui, voyant un fat s'applaudir d'un ouvrage
Où la droite raison trébuche à chaque page,²
Ne s'écrie aussitôt : « L'impertinent auteur !
« L'ennuyeux écrivain ! Le maudit traducteur !
« A quoi bon mettre au jour tous ces discours frivoles, 155
« Et ces riens enfermés dans de grandes paroles ? »³
Est-ce donc là médire, ou parler franchement ?
Non, non, la médisance y va plus doucement.
Si l'on vient à chercher pour quel secret mystère,
Alidor à ses frais bâtit un monastère : 160
« Alidor ! » dit un fourbe, « il est de mes amis,
« Je l'ai connu laquais avant qu'il fût commis :
« C'est un homme d'honneur, de piété profonde,

---

¹ Vers 148 à 150... Imitat. de Boil.. Gacon, épitre à madame Vobasi.

Commets-je un si grand mal lorsque dans mes caprices,
Je me raille des sots, et fais la guerre aux vices ?

² Il faut être brouillé avec le bon sens pour s'exprimer ainsi : en effet, la droite raison ne trébuche pas : ce malheur ne peut arriver qu'à la raison *faible* et égarée de Lubin et de ses semblables. *Coras*, 20.

Ce n'est pas tout d'un coup que tant d'orgueil trébuche,

dit Corneille (*Rodogune*, acte IV, sc. 5). Trébuche n'a jamais été du style noble, observe Voltaire (*Comm., id.*). — Il l'a été, répond Clément, qui (*Lett.* VII, p. 298) cite pour preuve le vers 52 ci-dessus, et le 129ᵉ, ch. 1 de l'art poétique (tom. II, p. 183). — On pourrait objecter à Clément que ce sont les mots auxquels Boileau a joint celui-ci, qui le relèvent en quelque sorte et lui donnent de la noblesse, et qu'il n'a pas mis ce mot à la fin du vers.

³ Vers 148 à 156. Cette réponse n'est que le bon sens assaisonné ; la pure raison rendue avec force et netteté. Les expressions sont toujours justes, claires, souvent riches et hardies, et les tours aisés et vifs. Il n'y a ni vide ni superflu. C'est un des caractères de l'élocution de Boileau... *Batteux*, III, 148 *et suivant*.

« Et qui veut rendre à Dieu ce qu'il a pris au monde. [1] »
  Voilà jouer d'adresse, et médire avec art ; [2]   165
Et c'est avec respect enfoncer le poignard. [3]
Un esprit né sans fard, sans basse complaisance,
Fuit ce ton radouci que prend la médisance.
Mais de blâmer des vers ou durs ou languissans,
De choquer un auteur qui choque le bon sens,   170
De railler d'un plaisant qui ne sait pas nous plaire, [4]

---

[1] C'est divin de naturel et de plaisanterie. *Le Brun.*

« Son Alidor (de Boileau) était si connu qu'au lieu de dire la maison de *l'institution*, on disait souvent par plaisanterie, la maison de la *restitution* ». D'après cette remarque de Louis Racine (*Mémoir.*, p. 50), plusieurs commentateurs (MM. Daunou, de Saint-Surin, Amar et Viollet le Duc) appliquent les vers de Boileau à un nommé « Pinette qui avait bâti à ses frais la maison de l'institution « de l'oratoire, rue d'Enfer ». Boileau lui-même (note mss., parmi les papiers de Brossette) dit qu'il ne s'agit point ici de ce Pinette, mais de « Dalibert, fameux maltotier qui avait été effectivement « laquais. »

[2] *Voilà jouer d'adresse*, tour plein de vivacité. Les trois quarts des poètes auraient mis : *C'est là jouer d'adresse. Le Brun.*

[3] Vers 160 et suiv. Horace, liv. I, Sat. IV, v. 293, etc.

> . . . . Mentio si qua
> De Capitolini furtis injecta Petilli
> Te coram fuerit ; defendas, ut tuus est mos :
> Me Capitolinus convictore usus amicoque
> A puero est, causaque mea permulta rogatus
> Fecit ; et incolumis lætor quod vivit in urbe ;
> Sed tamen admiror quo pacto judicium illud
> Fugerit. Hic nigræ succus loliginis, hæc est
> Ærugo mera, etc.

[4] *V. E.* On ne dit guère *se railler* de quelqu'un, pour *railler* quelqu'un. *Le Brun.* — Cette tournure était alors usitée ; Féraud en cite des exemples ; il observe, il est vrai, qu'il la croit un peu vieillie, mais on pourrait lui opposer l'usage qu'en a encore fait Voltaire en 1769, (ci-après note du vers 280, p. 213). Quoi qu'il en soit, dès qu'elle était dans toutes les éditions *originales* de Boileau, on n'aurait pas dû se permettre d'y substituer *railler un plaisant*, comme on l'a fait dans les éditions citées p. 191, note 2, et dans

C'est ce que tout lecteur eut toujours droit de faire.¹

Tous les jours à la cour un sot de qualité ²
Peut juger de travers avec impunité;
A Malherbe, à Racan, préférer Théophile, 175
Et le clinquant du Tasse à tout l'or de Virgile. ³

Un clerc, pour quinze sous⁴, sans craindre le holà,
Peut aller au parterre attaquer Attila;
Et, si le roi des Huns ne lui charme l'oreille,
Traiter de visigoths tous les vers de Corneille. ⁵ 180

Il n'est valet d'auteur, ni copiste à Paris,
Qui, la balance en main, ne pèse les écrits.
Dès que l'impression fait éclore un poète,
Il est esclave né de quiconque l'achète :

plusieurs autres, telle que 1801, Ri.; 1810, Chass.; 1814, Serp.; 1829, A. L.; etc. (plus de *trente*).

¹ Les vers 168 à 170 sont très harmonieux... Les vers 169 à 172 produisent une suspension agréable. *Batteux, ib.* — Il y a dans ces quatre vers un gallicisme de construction. La préposition *de* qui se trouve avant les infinitifs, *blâmer, choquer, railler* ne paraît les unir à aucun mot; mais si l'on y fait attention, on verra qu'ils sont sous le régime des mots *eût droit*. *Lévizac.*

² Un homme de qualité fit un jour ce beau jugement en ma présence. *Boil.*, 1713. — Il paraît par la position du signe de cette note, que la préférence du *sot* comprenait, et Théophile et le Tasse.

Imit. de Boil... Chénier, épît. citée p. 117.

. . . . Un esprit de travers
Peut juger sottement de musique ou de vers.

³ Ce vers qui marque si bien la limite entre la grâce véritable et l'afféterie de la grâce, restera éternellement proverbe.. *Le Brun.* — *Voy.* sur ce vers, l'Essai, n° 86, et tome II, p. 229, n° 1.

⁴ *V. E.* On a mis *sols* dans plusieurs éditions, telles que 1768 et 1769, U.; 1769, 1772, 1780 et 1789, Lond.; 1780, G.; 1784, Ev.

⁵ Vers 177 à 180. Ils sont si beaux qu'ils sont devenus proverbes; l'allégorie du clerc qui va se mesurer avec Attila, etc., y jette beaucoup d'agrément. *Batteux, ib.* (voy. aussi l'avis de Van-Effen, cité à l'Essai, n° 117).

Il se soumet lui-même aux caprices¹ d'autrui,   185
Et ses écrits tout seuls² doivent parler pour lui.
Un auteur à genoux, dans une humble préface,
Au lecteur qu'il ennuie, a beau demander grâce;
Il ne gagnera rien sur ce juge irrité,
Qui lui fait son procès de pleine autorité.³   190
    Et je serai le seul qui ne pourrai rien dire!
On sera ridicule, et je n'oserai rire!⁴

---

¹ *V. E.* Texte de 1668 à 1713; et non pas *au caprice*, comme à 1708, 1715, 1726, 1735, 1741, 1758 et 1760, Sch.; 1736, Bru,; 1778, P.; 1780, G.; 1784, Evr.

² *V. O.* 1668, sép., in-16, *tout seuls*. — 1668, sép., in-4, 1674 à 1682, 1685, 1694, 1701 in-4 et 1713, *tous seuls*. — 1668, complet, 1669, 1683 et 1701 in-12 (dernière édition revue par Boileau), *tout seuls*. — Les éditeurs du xviii° siècle mettent *tous*; ceux du xix°, *tout* (voy. p. 104, note 3).

³ Vers 181 à 190. Le fond de ce passage est pris dans la préface des bigarrures du seigneur Des Accords. *Coras*, 20. — Oui : mais seulement quant aux vers 187 et 188, et c'est bien *aurum ex stercore*.

Les vers 187 à 190 sont remarquables par leur beauté. *Bross.* — D'Olivet a toutefois critiqué les rimes des deux premiers, dont l'une a un *a* bref, et l'autre un *à* long. *Beauzée, Encyc.*, mot *quantité* (même remarque dans Lévizac).

⁴ Imitat. de Boil... J.-B. Rousseau, épit. aux muses, vers 193 et suiv.

    Quand de ses vers un grimaud nous poignarde,
    Chacun pourra lui donner sa nasarde,
    L'appeler buffle, et stupide achevé;
    Et moi, pour être avec vous élevé,
    Je ne pourrai, sans faire un sacrilège,
    Me prévaloir d'un faible privilège
    Que vous laissez aux derniers des humains?

Imitat. de Boil... Clément, Satire intitulée : *Mon dernier mot* (sat. III).

    Et moi je ne pourrai, sans qu'on s'en formalise,
    Des charlatans d'esprit démasquer la sottise?
    Je ne pourrai trouver d'Alembert précieux,
    Dorat impertinent, C*** (Condorcet) ennuyeux.

Et qu'ont produit mes vers de si pernicieux,
Pour armer contre moi tant d'auteurs furieux?
Loin de les décrier, je les ai fait paraître :   195
Et souvent, sans ces vers qui les ont fait connaître¹,
Leur talent dans l'oubli demeurerait caché.
Et qui saurait sans moi que Cotin a prêché?²
La satire ne sert qu'à rendre un fat illustre :
C'est une ombre au tableau, qui lui donne du lustre.³   200
En les blâmant enfin j'ai dit ce que j'en croi;
Et tel qui m'en reprend en pense autant que moi.⁴

« Il a tort, » dira l'un; « pourquoi faut-il qu'il nomme?
« Attaquer Chapelain⁵! ah! c'est un si bon homme!

Mauvais vers, et grossièretés inexcusables. — *Voltaire, Observ. sur la sat. de Clément,* aux Mélang. littér.

On lit dans l'épitre de Frédéric, citée p. 187, note 1 :

    Et moi je ne pourrai, moi seul dans l'univers,
    Adoucir mes travaux par le charme des vers!

¹ Vers 195 et 196. 1668 à 1713. *Paroistre* et *connoistre;* voy. sur ces rimes, l'Essai, n° 118 *b.*

² *V. O.* 1668 et 1669. *Kautain.*

Y a-t-il un trait plus vif, plus naïf? *Batteux, ib.* — Tour d'autant plus heureux que Boileau trouve le moyen de percer tous ses ennemis, du trait qu'il lance à Cotin. *Le Brun.*

³ *V. O.* (ou plutôt faute d'impression) 1674 à 1682. *Le Lustre.*

Vers 197 à 200. Coras (p. 35) s'adressant à Boileau, les parodie ainsi :

    Vous seriez plus prudent de vous être caché :
    Mais, puisque pour un fat, Cotin vous a prêché,
    Ses sermons éclatans vous ont donné du lustre,
    Pour être entre les fats, le fat le plus illustre.

⁴ Vers 191 à 202. Dans ce passage la verve poétique coule à pleins bords, mais sans se déborder mal-à-propos, comme il arrive à Regnier. *Batteux, ib.*

⁵ *V. O.* 1668 et 1669. *Patelain.* — 1674 à 1682, P*'*. — L'éditeur de Cologne (1672) avait déjà mis ce signe.

Vers d'une naïveté exquise. *Le Brun.*

« Balzac¹ en fait l'éloge en cent endroits divers.   205
« Il est vrai, s'il m'eût cru², qu'il n'eût point fait de vers.
« Il se tue à rimer : que n'écrit-il en prose?
Voilà ce que l'on dit. Et que dis-je autre chose ?
En blâmant ses écrits, ai-je d'un style affreux,
Distillé sur sa vie un venin dangereux?   210
Ma muse en l'attaquant, charitable et discrète,
Sait de l'homme d'honneur distinguer le poète.³
Qu'on vante en lui la foi, l'honneur, la probité;
Qu'on prise sa candeur et sa civilité;
Qu'il soit doux, complaisant, officieux, sincère :   215
On le veut, j'y souscris, et suis prêt de⁴ me taire.

¹ Autres panégyristes de Chapelain... V. l'Essai, n° 62 à 66.

² Mauvaise locution. *Chapat*, 72 (il propose de refaire ainsi le vers 206) :

> Mais s'il m'eût voulu croire, il n'eût point fait de vers.

³ Vers 289 à 212. Imitat. de Boil... Gacon, épitre à madame Vobasi.

> Partout ailleurs, Iris, charitable et discret,
> M'as-tu vu divulguer quelque crime secret?

Id.. Clément, satire v, vers 69.

> Du poète ennuyeux censurant le travers,
> J'épargnai son honneur, et je sifflai ses vers.

⁴ V. E. 1668 à 1713, *prêt de*, et non pas *prêt à*, comme on a mis depuis l'édition de 1766 (P.) inclusivement, mais non pas dans toutes les éditions comme le croit M. Daunou, car on trouve encore *prêt de* dans celles-ci: 1767, 1769, 1770, 1787 (assoc.) et 1798, P.; 1768 et 1769, Ut.; 1772 et 1775, A.; 1769, 1772 et 1789, Lond.; 1793, Pal. et S. Br... et depuis l'édition de M. Daunou, dans celles-ci : 1829, B. ch., et 1832, Treut.

Vers 209 à 216. Molière avait dit, avant Boileau, dans le Misanthrope (acte IV, sc. 1), représenté en 1666:

> De quoi s'offense-t-il et que veut-il me dire ?
> Y va-t-il de sa gloire à ne pas bien écrire ?
> Que lui fait mon avis, qu'il a pris de travers?

Mais que pour un modèle on montre ses écrits;
Qu'il soit le mieux renté de tous les beaux esprits [1],
Comme roi des auteurs qu'on l'élève à l'empire :
Ma bile alors s'échauffe, et je brûle d'écrire, 220
Et, s'il ne m'est permis de le dire au papier,
J'irai creuser la terre, et, comme ce barbier, [2]
Faire dire aux roseaux par un nouvel organe :

> On peut être honnête homme, et faire mal des vers;
> Ce n'est point à l'honneur que touchent ces matières,
> Je le tiens galant homme en toutes les manières,
> Homme de qualité, de mérite et de cœur,
> Tout ce qu'il vous plaira, mais fort méchant auteur.

[1] Chapelain avait, de divers endroits, 8,000 livres de pension. *Boil.*, 1713 (cela fait plus du double de notre temps).

La tournure et la position de ce vers ont induit à faire à Boileau un reproche dont, heureusement, son désintéressement connu (voy. l'Essai, n° 136 à 139) le justifie assez. Il semble, a-t-on dit *(Coras, p. 21 ; Marmontel, Essais de littérat.)* que ce qui le révolte surtout, c'est que Chapelain soit le mieux renté des beaux esprits.

Frédéric II (épître citée, p. 187, note 1) dit qu'il *sut distinguer l'homme du souverain.*

[2] Le barbier n'est point nommé, mais le trait qui le regarde est si connu! *Le Brun.* — On lit en effet dans Perse *(sat. 1, v. 119)* :

> — Hic tamen infodiam : vidi, vidi ipse, libelle :
> Auriculas asini Mida rex habet.

Ovide *(Métam.* XI) a délayé cette anecdote dans douze vers (*séd solitus longos* etc.... 182 à 193) traduits ainsi par St.-Ange :

> Mais son barbier l'a vu; témoin de ce mystère,
> N'osant le divulguer, et ne pouvant se taire,
> Il va creuser la terre, et, murmurant tout bas,
> Lui confie en secret la honte de Midas ;
> Remplit le creux d'argile, et par ce soin *frivole*,
> Croit avoir en lieu sûr enfoui sa parole.
> Mais des roseaux parleurs, en peu de temps formés,
> Trahirent les secrets dans la terre enfermés.
> Sitôt que sur ces joncs les vents légers frémirent,
> Ce qu'a dit le barbier, les roseaux le redirent.

« Midas, le roi Midas a des oreilles d'âne. »¹
Quel tort lui fais-je enfin? Ai-je par un écrit 225
Pétrifié sa veine et glacé son esprit ?
Quand un livre au palais se vend et se débite,
Que chacun par ses yeux juge de son mérite,
Que Bilaine l'étale au deuxième pilier, ²
Le dégoût d'un censeur peut-il le décrier? 230
En vain contre le Cid un ministre se ligue : ³
Tout Paris pour Chimène a les yeux de Rodrigue.
L'académie en corps a beau le censurer :
Le public révolté s'obstine à l'admirer. ⁴
Mais lorsque Chapelain met une œuvre en lumière, ⁵ 235
Chaque lecteur d'abord lui devient un Linière. ⁶

¹ On admire l'art avec lequel le poète a préparé ce dernier trait dans les vingt vers précédens. *Batteux*, *ib*.

Dans le temps où la satire IX parut, Pellisson (*V. Brossette*, note du vers 302) et le médecin Perrault (nous en parlons, tome III, p. 153, note 3) avaient osé dire, et Coras imprimer (p. 21) que ce vers était une allusion à Louis XIV.

² Libraire du palais. *Boil.*, 1713. — C'est lui qui vendait la Pucelle. *Bross*. — Quoique naïf, ce vers n'est au fond qu'un vers parasite. *St.-Marc*, V, 411.

³ Voyez l'histoire de l'académie, par Pellisson. *Boil.*, 1713.

Frédéric (épître citée p. 187, note 1) dit :

En vain de notre sort un souverain décide,
Son exil dans le Pont n'avilit point Ovide.

⁴ C'est aussi hardi que beau. *Le Brun*. — Tout le monde répète ces vers (231 à 234) que le goût paraît avoir dictés à la raison. *Ximénès*, *Infl. de Boil.*, 1787, p. 6.

⁵ *V. O.* (en partie). 1668 et 1669. *Patelain*. — 1674, in-4° et pet. in-12, et 1675, pet. in-12, P***. — 1674 et 1675 (gr. in-12) à 1682, *Patelin*.

V. E. 1668 et 1669 (5 éditions), *met un œuvre*. — C'est un éditeur étranger (1672, G.) qui a le premier substitué *une* à *un*.

⁶ *V. O.* (en partie... *notes* de Boileau), 1668, sép. in-4°, auteur qui a

En vain il a reçu l'encens de mille auteurs : [1]
Son livre en paraissant dément tous ses flatteurs.
Ainsi, sans m'accuser, quand tout Paris le joue,
Qu'il s'en prenne à ses vers que Phébus désavoue; 240
Qu'il s'en prenne à sa muse allemande en françois.
Mais laissons Chapelain pour la dernière fois. [2]

    La satire, dit-on, est un métier funeste,
Qui plaît à quelques gens, et choque tout le reste.
La suite en est à craindre : en ce hardi métier 245
La peur plus d'une fois fit repentir Regnier.
Quittez ces vains plaisirs dont l'appas [3] vous abuse :
A de plus doux emplois occupez votre muse;
Et laissez à Feuillet [4] réformer l'univers.

    Et sur quoi donc faut-il que s'exercent mes vers? 250
Irai-je dans une ode, en phrases de Malherbe,
« Troubler dans ses roseaux le Danube superbe;
« Délivrer de Sion le peuple gémissant;
« Faire trembler Memphis, ou pâlir le croissant;
« Et, passant du Jourdain les ondes alarmées, 255
« Cueillir » mal-à-propos, « les palmes idumées? »
Viendrai-je, en une [5] églogue, entouré de troupeaux,

écrit contre lui. — 1668, in-16, sép. et 1668, complet, à 1683, point de
note. — 1685, fameux auteur qui a écrit contre Chapelain. — 1694, 1701,
in-4° et 1713, auteur qui a etc. — 1701, in-12, auteur célèbre qui etc.

[1] *En vain a-t-il reçu*, vaudrait mieux, ce me semble, pour la régularité
et pour la mélodie. *Féraud.*

[2] *V. O.* Mêmes observations qu'à la note du vers 235, p. 209.

[3] Texte de 1668 à 1713... Il faudrait aujourd'hui *appât.*

[4] Fameux prédicateur. Boil., 1668 à 1694 (excepté 1669, où il n'y a
point de note.)—Fameux prédicateur, fort outré dans ses prédications. *Id.*,
1701. — Fameux prédicateur et chanoine de St.-Cloud. *Id.*, 1713.

[5] *V. E. et F. N. R.* Texte et ponctuation de 1666 à 1713... 1° on lit
en un *églogue*, dans plusieurs éditions, telles que 1708, 1715, 1726, 1735,

Au milieu de Paris enfler mes chalumeaux,
Et, dans mon cabinet assis au pied des hêtres,
Faire dire aux échos des sottises champêtres ?¹ 260
Faudra-t-il de sens froid ², et sans être amoureux,
Pour quelque Iris en l'air faire le langoureux;
Lui prodiguer les noms de Soleil et d'Aurore,
Et, toujours bien mangeant, mourir par métaphore³ ?
Je laisse aux doucereux ce langage affété, 265
Où s'endort un esprit de mollesse hébété.

 La satire, en leçons, en nouveautés fertile,
Sait seule assaisonner le plaisant et l'utile,
Et, d'un vers qu'elle épure aux rayons du bon sens,
Détromper les esprits des erreurs de leur temps. ⁴ 270
Elle seule, bravant l'orgueil et l'injustice,

1741, 1758 et 1760, Schelte; 1716, in-4º, Bross.; 1717, 1720 et 1721, Vest.; 1717, Mort.; 1721 et 1736, Bru...

2º On a supprimé, et mal-à-propos selon nous, la première virgule dans les éditions de Schelte, déjà citées, et dans plusieurs éditions modernes, telles que 1789, Did; 1793, S.-Br.; 1798, P.; 1809 et 1825, Daun.; 1825, Aug.; 1826, Mart.., 1829, A. L..

¹ Expression heureuse, et plaisamment poétique. *Le Brun.* — Ce passage (v. 257 à 260) a fait accuser Boileau d'avoir concouru à décréditer, en France, le genre pastoral (voy. *Genest*, Dissertat. etc., 1707, dans *St.-Marc*, II, 37). Si l'on s'en rapporte en effet à Montchesnay, il pensait que notre langue ne pouvait réussir qu'à demi dans l'églogue. *Bolœana*, p. 99.

² *V. O.* Texte de 1668 à 1713 suivi par Brossette, Dumonteil et Saint-Marc et par leurs copistes. Souchay (1735), sans avertir du changement, y a substitué *de sang froid*, comme il faudrait aujourd'hui, et a été imité par presque tous les éditeurs suivans.

³ L'éditeur du Boileau classique a supprimé les vers 261 à 264 : c'est, en vérité, pousser un peu loin le scrupule.

⁴ V. 1668 à 1701. *Détrompe* les esprits.

Détromper, signifiant tirer d'erreur, Boileau dit ici la même chose deux fois. *St.-Marc*, V., 412. — On peut répondre que c'est une locution d'usage (Racine, même, l'a employée).

Va jusque sous le dais faire pâlir le vice ; [1]
Et souvent sans rien craindre, à l'aide d'un bon mot,
Va venger la raison des attentats d'un sot.
C'est ainsi que Lucile [2], appuyé de Lélie [3],   275
Fit justice en son temps des Cotins [4] d'Italie,
Et qu'Horace, jetant le sel à pleines mains,
Se jouait aux dépens des Pelletiers romains. [5]
C'est elle qui, m'ouvrant le chemin qu'il faut suivre,
M'inspira dès quinze ans la haine d'un sot livre ; [6]   280

---

² Lubin pousse ici l'impudence jusqu'à vouloir faire peur de la satire, aux grands de la cour. *Coras*, 16.

² Poëte latin satirique. *Boil.*, 1713.

³ Consul romain *Boil.*, 1713 (l'an 613 de Rome et le 140ᵉ avant notre ère.)

⁴ V. O. 1668 et 1669. *Kautains*.

⁵ Les *Pelletiers romains* sont d'une originalité bien piquante. *Le Brun*.
Vers 275 à 278. Perse, sat. I, v. 110.

> . . . . Secuit Lucilius urbem,
> Te, Lupe, te, Muti, et genuinum fregit in illis.
> Omne vafer vitium ridenti Flaccus amico
> Tangit, et admissus circum præcordia ludit.

Imitation de Boil.. M. de Frénilly, Poésies, in-8°, 1807, p. 6.

> Est-ce ainsi qu'autrefois Horace après Lucile,
> Marquait de son cachet les travers de la ville ?

⁶ Vers 267 et suiv... Imitat. de Boil.. Gacon, sat. IV et épit. à La Chaise.

> Jamais mieux de son temps, Horace après Lucile
> Sur les fades auteurs ne déchargea sa bile...
> Ce n'est pas seulement pour venger le bon sens
> Accablé sous le joug des sots livres du temps :
> Mais afin que ma muse en égayant son style,
> Conduise ses lecteurs du plaisant à l'utile.

Voltaire dit aussi (épit. à Boileau, vers 84 à 88) :

> Ce temps est réponds-tu, très bon pour la satire.
> Mais quoi, puis-je en mes vers, aiguisant un bon mot,

Et sur ce mont fameux, où j'osai la chercher,
Fortifia mes pas et m'apprit à marcher.
C'est pour elle, en un mot, que j'ai fait vœu d'écrire.

Toutefois, s'il le faut, je veux bien m'en dédire,[1]
Et, pour calmer enfin tous ces flots[2] d'ennemis,   285
Réparer en mes vers les maux qu'ils ont[3] commis.
Puisque vous le voulez, je vais changer de style.
Je le déclare donc : Quinault est un Virgile;[4]

> Affliger sans raison l'amour-propre d'un sot?
> Des Cotins de mon temps poursuivre la racaille,
> Et railler un Coger dont tout Paris se raille?

[1] Vers 284 et suiv.. Perse, (sat. 1, v. 110 à 112) feint aussi de rétracter :

> . . . Per me equidem sint omnia protinus alba ;
> Nil moror. Euge; omnes, omnes bene miræ eritis res.
> Hoc juvat?

[2] Voy. une critique de ce vers, à l'Essai, n° 114.

[3] V. « Dans la dernière édition que M. Despréaux fit faire en 1701, il y
« a : *les maux que j'ai commis;* mais c'est une faute d'impression, dont l'au-
« teur m'a fait apercevoir, et qui n'a point été corrigée dans l'édition pos-
« thume de 1713. » *Brossette.*—Nouvelle supposition à laquelle Brossette
a encore été entraîné par sa vanité (*voy.* art. de ses Erreurs, n. 18, t. III,
p. 481). D'une part, sa correspondance avec Boileau ne parle que d'un seul
changement à faire à l'édition de 1701 (au vers 181, art. poét., ch. IV. *Voy.*
t. IV, p. 379); de l'autre, il n'a point vu Boileau depuis cette édition jusques à sa mort (même art. des Erreurs, n. 22, t. III, p. 482)... Boileau n'a
donc pu *le faire apercevoir* de la faute du vers ci-dessus. Deux raisons néanmoins nous déterminent à préférer, comme Brossette, la leçon ancienne à la
leçon des éditions de 1701 et de 1713...[1] Elle est plus poétique..[2] Un de ces
éditeurs hollandais qui paraissent avoir eu des relations particulières avec les
écrivains français, ou avec leurs amis (Notice bibl., § 1, Observat. préliminaires, n. V), l'éditeur d'Amsterdam, de 1713, s'exprime ainsi (Avertissement, p. xliv) : « Faute à corriger *dans l'édition de Paris* et dans celle-ci :
« tome I, pag. 63, vers 24 (le vers 286 de la sat. IX), *que j'ai* (commis), lisez
« *qu'ils ont* (commis). »

[4] *V. O.* (en partie). 1668.. Q*** — 1669, 1674 in-4° et pet. in-12, et

Pradon ¹ comme un soleil en nos ans a paru ;
Pelletier écrit mieux qu'Ablancourt ni Patru ; ²   290
Cotin, à ses sermons traînant toute la terre, ³
Fend les flots d'auditeurs pour aller à sa chaire ; ⁴
Saufal ⁵ est le phénix des esprits relevés ;

1675, pet. in-12, *Quinaut*. — 1674 (sauf ce qu'on a dit à la note du vers 98, p. 196) et 1675, gr. in-12, *du blanc* (il y a un carton). — 1683, *Kaynaut*. — 1685, *Haynaut*. — 1694. *Kaynaut.*—Ce vers est une allusion au vers 20 de la satire II (p. 85).

¹ *V. O.* (en partie). 1668 et 1669, *Bursaut*. — 1674 à 1683, *Boursaut*. — 1685, *Bursaut*.

En nos ans a paru est un peu dur. *Le Brun.; M. Planche.*

² Nicolas Perrot d'Ablancourt, célèbre (dans son temps) par ses traductions. *Bross.* (pour Patru, v. l'Essai, n. 128 et tome II, p. 459, note 4).

³ V. O. 1666 et 1669, *Kautain* (idem, aux vers 305 à 307). — Allusion au vers 60 de la satire III, p. 99.

⁴ Coras critique dans ce vers le mot *flots* (voy. l'Essai, n. 114), et la rime *chaire* qu'il soutient (p. 21) mauvaise, et au sujet de laquelle il dit (p. 39) que les lecteurs

> Se moquent d'un rimeur, qui pour rimer à terre,
> Dans ses égaremens ne trouve qu'une chaire.

On dirait en prose, *fend des flots d'auditeurs :* Boileau a préféré, pour l'harmonie *fend les flots*. Cette remarque est de peu de conséquence, mais elle prouve le soin que l'auteur prenait à polir ses vers. *Le Brun.*

Vers 287 à 292. Il y a ici une sorte de naïveté ironique qui rend la raillerie extrêmement piquante et agréable ; parce qu'il ne semble pas d'abord que l'intention soit de railler. *Clement*, *Nouv. obs.*, 472.

⁵ A l'exemple de Brossette et des autres commentateurs nous avons maintenu dans le texte le nom de *Saufal*, qu'on trouve dans toutes les éditions anciennes, si l'on excepte l'édition séparée de 1668, in-4°, où il n'y a qu'une différence d'orthographe *(Sofal* pour *Saufal)*. Il est vrai que dans l'édition posthume de 1713 on a mis *Sauvalle*, mais nous présumons que c'est là un des changemens que se sont permis les éditeurs. Si Boileau avait lui-même substitué ici *Sauvalle* à *Saufal*, il eût d'abord fait une semblable substitution dans le vers 40 de la satire VII (p. 152) auquel le vers 293 de la satire IX fait évidemment allusion ; et, d'ailleurs, s'il a revu une partie de l'édition de 1713, il est plus à présumer qu'il aura revu le premier que le second de ces vers (Not. bibl., § 1ᵉʳ, n. 108, obs. 2.)

Perrin ¹.... Bon, mon Esprit! courage! poursuivez.
Mais ne voyez-vous pas que leur troupe en furie
Va prendre encor ces vers pour une raillerie?
Et Dieu sait aussitôt que d'auteurs en courroux,
Que de rimeurs blessés s'en vont fondre sur vous!
Vous les verrez bientôt, féconds en impostures,
Amasser contre vous des volumes d'injures,
Traiter en ² vos écrits chaque vers d'attentat,
Et d'un mot innocent faire un crime d'état. ³
Vous aurez beau vanter le roi dans vos ouvrages,
Et de ce nom sacré sanctifier vos pages;
Qui méprise Cotin n'estime point son roi,
Et n'a, selon Cotin, ni Dieu, ni foi, ni loi.

Mais quoi! répondrez-vous, Cotin ⁴ nous peut-il nuire?
Et par ses cris enfin que saurait-il produire?
Interdire à mes vers, dont peut-être il fait cas,
L'entrée aux pensions où je ne prétends pas ⁵?
Non, pour louer un roi que tout l'univers loue,

---

¹ Auteurs *(Sauval, Perrin)* médiocres, Boil., 1713.

² *V. E.* (en partie). 1668 in-4º, sép., *traiter* dans *vos...* — M. de S.-S. se trompe lorsqu'il renvoie la correction *(en* pour *dans)* à l'édition de 1669 : elle est déjà dans celles de 1668, in-16, sép., et de 1668, complète.

³ Cotin, dans un de ses écrits, m'accusait d'être criminel de lèse-majesté divine et humaine. Boil., 1713 (voy. l'Essai, n. 80 et 147).

⁴ *V. E. et F. N. R.* Texte de 1668 à 1713, et non pas *Quoi!* répondez-vous, Cotin... comme à 1766, 1768, 1775, 1778, 1782, 1787, 1789, 1793 et 1803, P.; 1768 et 1769, Ut.; 1770, Barb.; 1772 et 1780, Lond.; 1777, Cas.; 1777 et 1789, Batt.; 1780, G.; 1784, Evr.; 1793, Pal. et S.-Br.; 1805, Bast.; 1808 et 1814, Le Br.; 1814 et 1830, Ly.; 1816 et 1821, Avi.; 1824, Fro.; 1826, Dub. (2 édit.); 1829, A. L. (plus de *trente* éditions).

V. O. Vers 305 à 307, mot *Cotin*, voy. note du vers 291.

⁵ Lubin parle ici contre sa conscience puisqu'il ne peut souffrir (v. p. 208, vers 218, et sa note) que Chapelain soit bien renté. Coras, 21.

Ma langue n'attend point que l'argent la dénoue, [1]
Et, sans espérer rien de mes faibles écrits,
L'honneur de le louer m'est un trop digne prix :
On me verra toujours, sage dans mes caprices, 315
De ce même pinceau dont j'ai noirci les vices
Et peint du nom d'auteur tant de sots revêtus, [2]
Lui marquer mon respect, et tracer ses vertus. [3]
Je vous crois; mais pourtant on crie, on vous menace.
Je crains peu, direz-vous, les braves du Parnasse. 320
Hé! mon Dieu, craignez tout d'un auteur en courroux,
Qui peut...-Quoi?-Je m'entends.-Mais encor?-Taisez-vous.

---

[1] Rien n'est plus poétique que d'avoir ainsi personnifié l'argent.. Un poète vulgaire n'aurait pas fait ce vers. *Le Brun.*

[2] Figure vive et vraie. *Clément, Lett.* VI, *p.* 121.

[3] Vers 315 à 318. Imit. de Boil.. Gacon, épît. à La Chaise, vers 34 et 34.

> Tu ne m'y verras point d'un cœur plein d'injustice,
> Louer par intérêt, ou blâmer par caprice.

OBSERVATIONS

SUR LA SATIRE X, CONSIDÉRÉE EN GÉNÉRAL.

I. « Les vers de la satire x sont plus durs, plus secs, plus coupés par morceaux, plus enjambans les uns sur les autres, plus pleins de transpositions et de mauvaises césures que tous ceux que Boileau a faits jusqu'ici. » *Perrault, Apolog., Préf.*

II. Elle est obscure, pleine de chevilles, et si mauvaise que les Perrins et les Coras n'auraient pas osé avouer un tel ouvrage. *Bellocq*, p. 5, 7 et 21.

III. « Il paraît une nouvelle satire écrite contre les vices en général, qui, d'un vers fort et d'un style d'airain, enfonce ses traits contre l'avarice, l'excès du jeu, la chicane, la mollesse, l'ordure et l'hypocrisie... un Bourdaloue en chaire ne fait point de peintures du crime, ni plus vives ni plus innocentes. » *La Bruyère, Discours à l'Académie, Préf.*

IV. « La satire sur le sexe est, ce me semble, le chef-d'œuvre de M. Despréaux. » *Bayle*, mot *Barbe*, note A.

V. « Elle est écrite avec autant d'art et de force qu'aucun des ouvrages de l'auteur ». *J.-B. Rousseau*, 184.

VI. « La satire x, quoique plus travaillée que la satire xi, quoiqu'elle offre des portraits bien frappés, entre autres celui du directeur, quoique les transitions y soient ménagées avec beaucoup d'art... n'est pourtant qu'un lieu commun qui rebute par la longueur et révolte par l'injustice ». *La Harpe, Lyc.*, VI, 196.

VII. « Cette satire, qui n'est pas la meilleure de Boileau, étincelle de beautés dignes de ce poète célèbre. » *Le Brun* (c'est aussi le sentiment de M. Daunou).

VIII. « Elle consiste en portraits ingénieux et tournés élégamment... elle est bien supérieure à la satire contre les Maris par laquelle Regnard lui a répondu, quoique celle-ci offre de l'esprit et de la facilité. » *Dubois-Fontanelle*, III, 198.

AU LECTEUR.[1]

Voici enfin la satire qu'on me demande depuis si long-temps. Si j'ai tant tardé à la mettre au jour, c'est que j'ai été bien aise qu'elle ne parût qu'avec la nouvelle édition qu'on faisait de mon livre[2], où je voulais qu'elle fût insérée. Plusieurs de mes amis, à qui je l'ai lue, en ont parlé dans le monde avec de grands éloges, et ont publié que c'était la meilleure de mes satires. Ils ne m'ont pas en cela fait plaisir. Je connais le public : je sais que naturellement il se révolte contre ces louanges outrées qu'on donne aux ouvrages avant qu'ils aient paru, et que la plupart des lecteurs ne lisent ce qu'on leur a élevé si haut, qu'avec un dessein formé de le rabaisser.

Je déclare donc que je ne veux point profiter de ces discours avantageux ; et non-seulement je laisse au public son jugement libre, mais je donne plein pouvoir à tous ceux qui ont tant critiqué mon ode sur Namur d'exercer aussi contre ma satire toute la rigueur de leur critique. J'espère qu'ils le feront avec le même succès ; et je puis les assurer que tous leurs discours ne m'obligeront point à rompre l'espèce de vœu que j'ai fait de ne jamais défendre mes ouvrages, quand on n'en attaquera que les mots et les syllabes. Je saurai fort bien soutenir contre ces censeurs Homère, Horace, Virgile, et tous ces autres grands personnages dont j'admire les écrits ; mais pour mes écrits, que je n'admire point, c'est à ceux qui les approuveront à trouver des raisons

---

[1] *V. E.* Il n'y a que ces mots dans les éditions de 1694 à 1713. Dumonteil, sans parler de ce titre primitif, a mis, en 1722, *Avertissement sur la* x.ᵉ *satire*, et a été imité par presque tous les éditeurs suivans (on verra dans la note 2 du Discours sur la satire XII, que ce changement a induit Saint-Marc en erreur).

[2] Il s'agit ici de l'édition de 1694 ; mais l'assertion de Boileau n'est pas rigoureusement exacte, puisque cette édition complète de ses œuvres ne parut que quelque temps après les éditions séparées, in-4°, in-8° et in-12, de la satire X (Notice bibl., § 1, n°ˢ 64 et 66, obs. 2)... Au reste, selon Brossette, la satire X fut terminée en 1693.

pour les défendre. C'est tout l'avis que j'ai à donner ici au lecteur.

La bienséance néanmoins voudrait, ce me semble, que je fisse quelque excuse au beau sexe de la liberté que je me suis donnée de peindre ses vices; mais, au fond, toutes les peintures que je fais dans ma satire sont si générales, que, bien loin d'appréhender que les femmes s'en offensent[1], c'est sur leur approbation et sur leur curiosité que je fonde la plus grande espérance du succès de mon ouvrage[2]. Une chose au moins dont je suis certain qu'elles me loueront, c'est d'avoir trouvé moyen, dans une matière aussi délicate que celle[3] que j'y traite, de ne pas laisser échapper un seul mot qui pût le moins du monde blesser la pudeur. J'espère donc que j'obtiendrai aisément ma grâce, et qu'elles ne seront pas plus choquées des prédications que je fais contre leurs défauts dans cette satire, que des satires que les prédicateurs font tous les jours en chaire contre ces mêmes défauts.

[1] Comment penser d'après cela, que, comme Brossette a osé l'avancer, Boileau ait pris pour originaux de ses critiques, sa belle-mère, sa belle-sœur et une de ses sœurs (voy. tome III; p. 469 et 479, nos 5, 15 et 16)?

[2] Serait-ce à cette curiosité que Boileau dut le débit extraordinaire de la satire x (de ses éditions séparées)?... Jamais, dit du moins Montchesnay, jamais brochure ne s'est plus vendue ; le libraire avouait qu'il en avait tiré plus de *deux mille écus. Elle eut pourtant, ajoute-t-il, moins d'acheteurs que de censeurs*, et Boileau était presque persuadé qu'il avait fait un mauvais ouvrage. Racine le rassura en lui disant qu'il fallait laisser passer l'orage; qu'il avait attaqué un corps qui n'était composé que de *langues ;* que sa satire reviendrait à sa juste valeur. C'est ce qui est arrivé surtout depuis qu'Arnauld, La Bruyère et Bayle se sont hautement déclarés pour cet ouvrage. *Bolæana*, p. 142 (on a donné les jugemens de La Bruyère et de Bayle, p. 217, nos 3 et 4, et celui d'Arnauld, tome IV, p. 29 à 56).

La satire x a été supprimée dans plusieurs éditions, telles que 1823, Class.; 1826, Dub.; 1828, Am.

[3] *V. O.* et *E.* Texte de 1694 à 1701. Il nous paraît préférable à celui de l'édition posthume de 1713, où on lit : *délicate qu'est celle...* et qui a été suivi jusque vers la fin du xviiie siècle, excepté par les copistes de 1708 et de 1713, A (Not. bibl., § 1, nos 95 *a* et 109). Dans l'édition de 1788 (Did.), on est revenu, mais sans en avertir, au texte de 1694 à 1701, ce qui a été imité dans presque toutes les éditions modernes.

SATIRE X.[1]

Enfin bornant le cours de tes galanteries,
Alcippe, il est donc vrai, dans peu tu te maries;[2]
Sur l'argent, c'est tout dire, on est déjà d'accord;
Ton beau-père futur vide son coffre-fort;
Et déjà le notaire a, d'un style énergique,   5
Griffonné de ton joug l'instrument authentique.[3]

[1] Époques de composition et de publication... *voy.* Tabl. chronolog., p. 38, note 1, et Not. bibliogr., § 1, n°ˢ 63, 64, 65 et 66.

V. O. 1694 à 1698 (titre ou faux titre), *dialogue ou satire* x. — Les deux premiers mots furent ensuite (1701) supprimés comme inutiles, ou peut-être comme ayant fourni un prétexte à Perrault, pour la critique rapportée p. 227, note 1; telle est du moins la conjecture de M. de S.-S. (I, 275).

[2] Racine et Maucroix ne trouvaient pas la construction de ces deux vers assez nette. Maucroix proposa ceux-ci, que Boileau trouva faibles et prosaïques. *Bross.*

> Alcippe, il est donc vrai qu'enfin l'on te marie,
> Et que tu prends congé de la galanterie.

M. Racine n'est pas le seul qui ait été blessé de ce début. Beaucoup de personnes ont critiqué le gérondif *bornant*, qui fait tout l'embarras de la phrase, et qui paraît surtout au commencement d'un ouvrage. Je crois que le vers aurait marché plus légèrement en mettant: *Enfin, désabusé de tes galanteries, Alcippe*, etc... J.-B. Rousseau, 184. — La variante de Rousseau ne vaut pas mieux que celle de Maucroix; et tout examiné, les vers de Boileau n'exigeaient aucun changement. *M. Amar.* — C'est ce qui nous semble aussi.

[3] *Instrument*, en style de pratique veut dire toutes sortes de contrats. *Boil.*, 1713 (il fallait dire, *de titres écrits*).

Un prosateur reprendrait *griffonné l'instrument*, mais un poète non-seulement l'adopte, il l'admire: l'auteur s'est plu à faire un contrat de mariage en poésie. *Le Brun.*

Imit. de Boil... Regnard, satire des maris, vers 285 et 286:

C'est bien fait. Il est temps de fixer tes desirs :
Ainsi que ses chagrins l'hymen a ses plaisirs.
Quelle joie en effet, quelle douceur extrême,
De se voir caressé d'une épouse qu'on aime ! 10
De s'entendre appeler « petit cœur », ou « mon bon [1] » !
De voir autour de soi croître dans sa maison,
Sous les paisibles lois d'une agréable mère,
De petits citoyens dont on croit être père ! [2]
Quel charme, au moindre mal qui nous vient menacer, 15
De la voir aussitôt accourir, s'empresser,
S'effrayer d'un péril qui n'a point d'apparence,
Et souvent de douleur se pâmer par avance ! [3]
Car tu ne seras point de ces jaloux affreux,

> Osent-ils se flatter qu'un contrat authentique
> Leur donne sur les cœurs un pouvoir tyrannique ?

[1] Voilà deux expressions usitées tout au plus à la place Maubert. *Pradon, Rép.*, p. 3. — Erreur : madame Colbert appelait ainsi son mari. *Bross.* — Cette manière de parler, bourgeoise à l'excès, ne répond point à la noblesse de cette satire... Il était aisé de substituer à la place :

> . . . Petit cœur, ou mon fils;
> De voir autour de soi croître dans son logis, etc.

La rime n'aurait pas été si riche à l'œil, mais elle est plus belle à l'oreille, et l'expression n'a rien de bas. *J.-B. Rousseau*, 184. — Nous ne voyons pas en quoi *mon fils* est moins bourgeois que *mon bon*, puisque bourgeois y a. Béline se sert de la même expression (*Malade imaginaire*, acte I, sc. 6) envers Argan, qui n'est qu'un bourgeois.

[2] Dont on croit être père, me semble un peu dur; j'aurais préféré : *dont on se croit le père;* cette version est sans doute échappée à Boileau, dont l'oreille était si délicate. *Le Brun.*

Les vers 13 et 14 ont choqué P. Henri. Et, dit-il (p. 14),

> Et si ce fier critique était moins effronté,
> Oserait-il ainsi choquer l'honnêteté ?

[3] Vers 15 à 18. Original prétendu de ce portrait; *voy.* tom. III, p. 479, note 1.

Habiles à se rendre inquiets, malheureux, 20
Qui, tandis qu'une épouse à leurs yeux se désole,
Pensent toujours qu'un autre en secret la console.[1]
   Mais quoi! je vois déjà que ce discours t'aigrit.
Charmé de Juvénal[2], et plein de son esprit,
Venez-vous, diras-tu, dans une pièce outrée, 25
Comme lui nous chanter : « que[3], dès le temps de Rhée,
« La chasteté déjà, la rougeur sur le front,
« Avait chez les humains reçu plus d'un affront ;
« Qu'on vit avec le fer naître les injustices,
« L'impiété, l'orgueil et tous les autres vices : 30
« Mais que la bonne foi dans l'amour conjugal
« N'alla point jusqu'au temps du troisième métal? »

[1] *Désole* et *console* sont un peu de la même famille, mais le piquant du contraste peut faire tolérer la rime. *Le Brun.*

[2] V. E. et F. N. R. Juvénal a fait une satire contre les femmes, qui est son plus bel ouvrage. *Boil.*, 1694 à 1701. — Dans l'édition de 1713, il y a seulement « Juvénal a fait une satire contre les femmes », d'où l'on pourrait conjecturer que Boileau revenait de son premier sentiment. Brossette, sans parler de cette variante, a rétabli dans son entier la première note et a été imité par presque tous les éditeurs.

[3] V. O. (en partie). Paroles du commencement de la satire de Juvénal. *Boil.*, 1694 à 1701. — Paroles du commencement de cette satire. *Id.*, 1713. — Les vers (26 à 32) guillemettés (ils sont en italique dans ces éditions) se rapportent à une partie des vers 1 à 20 de Juvénal

    CREDO pudicitiam, Saturno rege, moratam
    In terris, visamque diù.....
    Multa pudicitiæ veteris vestigia FORSAN
    Aut aliqua exstiterint, et sub Jove, sed Jove nondum
    Barbato.....
    Paulatim deindè ad superos Astrea recessit
    Hâc comite, atque duæ pariter fugere sorores...

La note ci-dessus, de Boileau, a fourni un texte à de vives discussions entre les critiques. Perrault (Apolog., préf.), Brossette, Dumonteil, et depuis, M. Daunou, dans une dissertation savante (1825), prétendent que la tra-

Ces mots ont dans sa bouche une emphase admirable :
Mais, je vous dirai, moi, sans alléguer la fable, [1]
Que si sous Adam même, et loin avant Noé, [2] 35
Le vice audacieux, des hommes avoué, [3]
A la triste innocence en tous lieux fit la guerre,
Il demeura pourtant de l'honneur sur la terre ;
Qu'aux temps les plus féconds en Phrynés, en Laïs, [4]
Plus d'une Pénélope honora son pays ; 40
Et que, même aujourd'hui, sur ce fameux modèle,
On peut trouver encor quelque femme fidèle. [5]

Sans doute, et dans Paris, si je sais bien compter,
Il en est jusqu'à trois que je pourrais citer. [6]

duction ou imitation de Boileau est opposée au sens de son modèle. M. Amar soutient au contraire qu'il l'a parfaitement saisi, et que Juvénal s'exprime ironiquement. Nous pencherions pour ce dernier avis d'après les mots *credo* et *forsan*, surtout d'après le premier, par lequel débute le poète, et que Dussaulx et Brossette, lui-même, traduisent par *je veux croire*.

[1] *Moi*, dans l'hémistiche, produit un mauvais son, rend le vers dur, et est d'ailleurs une cheville. *Bellocq*, 8.

[2] *Loin avant Noé*... cheville (*Bellocq*, 9 ; *St.-Marc*, V, 415) et hémistiche dur. *MM. de S.-S., Amar et Daunou.*

[3] Cette rime n'étant composée que d'une lettre, est insuffisante (*Bellocq*, 21) quoiqu'elle paraisse supportable par rapport à l'espèce de conformité de l'*o* et de l'*ou* dans la pénultième syllabe. *Boiste, Traité de la versific.*

[4] Phryné, courtisanne d'Athènes... Laïs, courtisanne de Corinthe. *Boil.*, 1713.

[5] V. O. 1694 à 1701, sur *ces* fameu*x* modèles... quelque*s* femme*s* fidèle*s*.

[6] Ceci est dit figurément. *Boil.*, 1713. — Avant cette explication, Perrault (*Apolog., préf.*), et depuis, La Harpe (*Lyc.*, 1820, II, 336), se sont vivement récriés contre l'hyperbole de notre auteur. On en a fait de nos jours une bien plus forte. Si Boileau comptait jusqu'à trois femmes fidèles,

Moins heureux aujourd'hui, je n'en puis louer *qu'une*,

dit Joseph Despazes, dans un passage de ses quatre satires adressé à Boileau et rapporté par un éditeur moderne, qui ajoute : « l'auteur (Despazes) écrivait à une époque où, comme il le dit lui-même, les mœurs avaient perdu dans

Ton épouse dans peu sera la quatrième : 45
Je le veux croire ainsi. Mais, la chasteté même
Sous ce beau nom d'épouse entrât-elle chez toi,
De retour d'un voyage, en arrivant, crois-moi,
Fais toujours du logis avertir la maîtresse.
Tel partit tout baigné des pleurs de sa Lucrèce, 50
Qui, faute d'avoir pris ce soin judicieux,
Trouva... tu sais... — Je sais que d'un conte odieux
Vous avez comme moi sali votre mémoire.
Mais laissons là, dis-tu, Joconde et son histoire : [1]
Du projet d'un hymen déjà fort avancé, 55
Devant vous aujourd'hui criminel dénoncé,
Et mis sur la sellette aux pieds de la critique,
Je vois bien tout de bon qu'il faut que je m'explique.

Jeune autrefois par vous dans le monde conduit, [2]
J'ai trop bien profité pour n'être pas instruit 60
A quels discours malins le mariage expose :
Je sais que c'est un texte où chacun fait sa glose ;
Que de maris trompés tout rit dans l'univers,
Épigrammes, chansons, rondeaux, fables en vers,
Satire, comédie ; et, sur cette matière, 65

la proportion de trois à un. » Ce qu'il y a de singulier, c'est que lorsque cette espèce de justification d'une assertion heureusement fausse, fut publiée (1821), il y avait à peine deux ou trois ans que le fait contraire avait été hautement proclamé à la tribune législative et solennellement avoué par le chef du ministère, après que ce chef eut aussi insinué que les mœurs *avaient perdu*. Au reste, Despazes avait fait lui-même justice de sa calomnie grossière en supprimant, dans ses dernières éditions (*voy.* entre autres la 6ᵉ, de 1801), tout le passage dont il s'agit.

[1] Voy. la dissertation sur *la Joconde*, tome III, p. 3 et suiv.

[2] Ceci a été mis afin d'expliquer pourquoi Alcippe ne tutoie point son interlocuteur. *Bross.* — Cela n'a pas empêché Bellocq de critiquer (p. 5) ce défaut de réciprocité.

J'ai vu tout ce qu'ont fait La Fontaine et Molière;
J'ai lu tout ce qu'ont dit Villon et Saint-Gelais,
Arioste, Marot, Bocace, Rabelais,
Et tous ces vieux recueils [1] de satires naïves,
Des malices du sexe immortelles archives. [2]   70
Mais, tout bien balancé, j'ai pourtant reconnu
Que de ces contes vains le monde entretenu
N'en a pas de l'hymen moins vu fleurir l'usage;
Que sous ce joug moqué tout à la fin s'engage;
Qu'à ce commun filet les railleurs mêmes pris   75
Ont été très souvent de commodes maris;
Et que, pour être heureux sous ce joug salutaire,
Tout dépend, en un mot, du bon choix qu'on sait faire. [3]

Enfin, il faut ici parler de bonne foi :
Je vieillis, et ne puis regarder sans effroi   80
Ces neveux affamés dont l'importun visage
De mon bien à mes yeux fait déjà le partage. [4]
Je crois déjà les voir, au moment annoncé
Qu'à la fin sans retour leur cher oncle est passé,
Sur quelques pleurs forcés qu'ils auront soin qu'on voie, 85
Se faire consoler du sujet de leur joie. [5]

---

[1] Les contes de la reine de Navarre, etc. *Boil.*, 1713 (*voy.* pour Villon, tome II, p. 182, note 4, et pour Saint-Gelais, tome III, p. 206, note 4).

[2] Ces deux vers (69 et 70) sont charmans et bien heureusement rimés. *Le Brun.*

[3] Voy. tome IV, p. 423, un aveu précieux de Boileau (*voy.* aussi notes sur les vers 44 et 695).

[4] Cet *importun visage* qui *partage* déjà le bien d'un vieillard, est une admirable expression. Boileau, dans cette peinture, n'a appuyé sur aucun trait, et voilà pourquoi c'est aussi beau que rapide. *Le Brun.*

[5] Coup de pinceau qui peint bien l'avidité hippocrite de l'héritier. *Le Brun.* — C'est-à-dire la tristesse étudiée qui masque la *joie* réelle d'enterrer le cher oncle. *M. Amar.*

Je me fais un plaisir, à ne vous rien celer,[1]
De pouvoir, moi vivant, dans peu les désoler,
Et trompant un espoir pour eux si plein de charmes,
Arracher de leurs yeux de véritables larmes. 90
Vous dirai-je encor plus? Soit faiblesse ou raison,
Je suis las de me voir le soir[2] en ma maison
Seul avec des valets, souvent voleurs et traîtres,
Et toujours, à coup sûr, ennemis de leurs maîtres.[3]
Je ne me couche point qu'aussitôt dans mon lit 95
Un souvenir fâcheux n'apporte à mon esprit
Ces histoires[4] de morts lamentables, tragiques,
Dont Paris tous les ans peut grossir ses chroniques.
Dépouillons-nous ici d'une vaine fierté :
Nous naissons, nous vivons pour la société. 100
A nous-mêmes livrés dans une solitude,
Notre bonheur bientôt fait notre inquiétude;
Et, si durant un jour notre premier aïeul,
Plus riche d'une côte[5], avait vécu tout seul,
Je doute, en sa demeure alors si fortunée, 105
S'il n'eût point prié Dieu d'abréger la journée.
N'allons donc point ici réformer l'univers,

---

[1] Cet hémistiche est dans Molière (École des maris, acte I, sc. 1, v. 21).

D'une vingtaine d'ans, à ne vous rien celer.

[2] V. O. 1694 à 1701, *les soirs*.

[3] Toute l'expérience d'un vieux célibataire semble recueillie dans ce vers. *Le Brun.*

[4] Blandin et Du Rosset ont composé ces histoires. *Boil.*, 1713 (le second s'appelait *De Rosset..., Bross.*).

[5] Cet hémistiche ainsi placé est une bonne fortune en poésie. *Le Brun.* — Boileau comparait les vers 103 et 104 aux vers 47 et 48 de la satire VIII (p. 163, note 1... *Croit que Dieu tout exprès d'une côte nouvelle*, etc.), et donnait la préférence aux premiers. *Bross.*

Ni, par de vains discours et de frivoles vers, [1]
Étalant au public notre misanthropie,
Censurer le lien le plus doux de la vie. 110
Laissons là, croyez-moi, le monde tel qu'il est.
L'hyménée est un joug, et c'est ce qui m'en plaît :
L'homme en ses passions toujours errant sans guide
A besoin qu'on lui mette et le mors et la bride :
Son pouvoir malheureux ne sert qu'à le gêner ; 115
Et, pour le rendre libre, il le faut enchaîner. [2]
C'est ainsi que souvent la main de Dieu l'assiste.

Ha ! bon ! voilà parler en docte janséniste,
Alcippe ; et, sur ce point si savamment touché,
Desmâres[3] dans Saint-Roch[4] n'aurait pas mieux prêché.[5] 120

---

[1] Il semble par là que l'entretien que l'auteur rapporte, se soit fait en vers : c'est comme si Corneille avait fait dire à *Auguste*, en parlant à *Cinna* ; *Prête l'oreille à mes vers*, au lieu de dire, comme il fait : *Prête l'oreille à mes discours*. Perrault, *Apol.*, *préf.* — M. de S.-S. observe que Boileau a pu se parler à lui-même, dans le feu de sa composition. M. Daunou rejette cette excuse, mais il convient qu'un interlocuteur peut parler et de ses propres discours, et des vers qu'on a faits sur le même sujet.

[2] Horace (liv. I, ép. 2, v. 62, 63) et Daru (traduction de *id.*).

. . . . . Animum rege, qui, nisi paret,
Imperat : hunc frænis, hunc tu compesce catena.

Domptez vos passions, soumettez-les au frein ;
Songez qu'il faut en être esclave ou souverain.

Je ne conclus pas, dit Voltaire (Discours V, vers 91 et 92),

Qu'il faut lâcher la bride aux passions humaines ;
De ce coursier fougueux je veux tenir les rênes ;

[3] Célèbre prédicateur. *Boil.*, 1713. — Le père Desmâres, fameux prédicateur. *Id.*, 1694 à 1701.

[4] Paroisse de Paris. *Boil.*, 1713.

[5] Jamais on n'a fait plus plaisamment l'éloge d'un prédicateur : ici la satire donne du charme à la louange. *Le Brun.*

Mais c'est trop t'insulter ; quittons la raillerie ;
Parlons sans hyperbole et sans plaisanterie.
Tu viens de mettre ici l'hymen en son beau jour :
Entends donc [1], et permets que je prêche à mon tour.

L'épouse que tu prends, sans tache en sa conduite, 125
Aux vertus, m'a-t-on dit, dans Port-Royal instruite,
Aux lois de son devoir règle tous ses desirs. [2]
Mais qui peut t'assurer qu'invincible aux plaisirs,
Chez toi, dans une vie ouverte à la licence,
Elle conservera sa première innocence ? 130
Par toi-même bientôt conduite à l'Opéra,
De quel air penses-tu que ta sainte verra
D'un spectacle enchanteur la pompe harmonieuse,
Ces danses, ces héros à voix luxurieuse, [3]
Entendra ces discours sur l'amour seul roulans, [4] 135
Ces doucereux Renauds, ces insensés Rolands ;
Saura d'eux qu'à l'amour, comme au seul dieu suprême,
On doit immoler tout, jusqu'à la vertu même ; [5]

Imit. de Boil... Clément, sat. VIII, vers 81 et 82. (V. ci-dev. p. 205, note du vers 192).

> Vraiment, sur un sujet si gravement traité,
> Le mielleux Condorcet n'eût pas mieux disserté.

[1] *Entends* est impropre : il fallait *écoute*. St.-Marc, V, 415. — Il serait plus exact de dire que les mots *entends donc* sont durs, et que l'on pourrait y substituer : *or écoute* M. de S.-S. — Mais il serait à craindre que ce changement ne rappelât un peu trop la complainte, *or écoutez, petits et grands...*

[2] Vers 125 à 127. Voy. l'Essai, n° 141.

[3] Voy. la note du vers 141.

[4] Transposition insupportable. *Perrault*, Apolog., préf. — Critique digne d'un homme dont les vers sont prosaïques... Il aurait été plus juste d'observer que le vers ci-dessus est assez dur.

[5] Racine avait dit, en 1677, dans Phèdre, acte III, sc. 3.

> Il faut immoler tout, et même la vertu.

Qu'on ne saurait trop tôt se laisser enflammer ;
Qu'on n'a reçu du ciel un cœur que pour aimer ; 140
Et tous ces lieux communs de morale lubrique ²
Que Lulli réchauffa des sons de sa musique ? ³
Mais de quels mouvemens, dans son cœur excités,
Sentira-t-elle alors tous ses sens agités !

¹ Vers 137 à 140. Maximes fort ordinaires dans les opéras de Quinault. *Boil.*, 1713. — Il citait entre autres celle-ci, de l'opéra d'Atys (*Bross.*) :

> Il faut souvent, pour devenir heureux,
>   Qu'il en coûte un peu d'innocence.

² C'est blesser la pudeur que d'employer des termes tels que *luxurieuse* (vers 134) et *lubrique*. Perrault, ibid.; Pradon, *Rép.*, p. 5. — Arnault justifie Boileau de cette accusation (tome IV, p. 31 à 35) et il le justifie parfaitement, en moraliste rigide, en grammairien philosophe, et écrivain pur. Je n'ai rien à dire après lui, mais il observe que ces mots étaient un peu vieux, et je dois observer qu'il ne leur est resté aucune trace de vieillesse : Boileau suffisait bien pour leur rendre toute leur vigueur. *Roubaud*, III, 39.

Ces lieux communs tant reprochés à Quinault se trouvent dans des ariettes détachées, où ils sont bien placés; jamais le personnage de la *scène* ne prononce une maxime qu'à propos, tantôt pour faire pressentir la passion, tantôt pour la déguiser... Les passions tendres qu'il exprimait si bien étaient, sous sa plume, la peinture vraie du cœur humain, bien plus qu'une morale *lubrique*. *Voltaire*, *Comm. sur Ariane et Pulchérie :* et *Siècle de Louis XIV*, *Liste*, mot *Lulli*.— Cette dernière réflexion est remarquable; sans doute Boileau pouvait sans impureté (*ép. x*, *v.* 55, tome II, p. 131) employer les adjectifs *luxurieux* et *lubrique*; mais il les appliquait mal dans cette occasion. — *Voyez*, au reste, pour Quinault, tome III, p. 169 à 171.

³ C'était surtout les récitatifs de Lulli qu'on admirait... Dans cette musique de pure déclamation, c'est principalement la beauté naturelle des paroles qui produit la beauté du chant. On ne peut bien déclamer que ce qui mérite de l'être... Quinault, par sa diction, échauffait encore plus la musique que l'art de Lulli n'échauffait ses paroles. *Voltaire*, même mot *Lulli*.— La Harpe (*Disc. sur les préjugés*, etc., et *Lyc.*, 1820, VII, 158) a rendu cette idée dans un fragment qui finit ainsi :

> Aux dépens du poète, on n'entend plus vanter
> Ces accords languissans, cette faible harmonie,
> Que réchauffa Quinault du feu de son génie.

Je ne te réponds pas qu'au retour, moins timide, 145
Digne écolière enfin d'Angélique et d'Armide,[1]
Elle n'aille à l'instant, pleine de ces doux sons,
Avec quelque Médor pratiquer ces leçons.
  Supposons toutefois qu'encor fidèle et pure
Sa vertu de ce choc revienne sans blessure : 150
Bientôt dans ce grand monde où tu vas l'entraîner,
Au milieu des écueils qui vont l'environner,
Crois-tu que, toujours ferme aux bords du précipice,
Elle pourra marcher sans que le pied lui glisse ;
Que, toujours insensible aux discours enchanteurs 155
D'un idolâtre amas de jeunes séducteurs,
Sa sagesse jamais ne deviendra folie ?
D'abord tu la verras, ainsi que dans Clélie,
Recevant ses amans sous le doux nom d'amis,[2]
S'en tenir avec eux aux petits soins permis ; 160
Puis bientôt en grande eau sur le fleuve de[3] Tendre
Naviger à souhait, tout dire et tout entendre.[4]
Et ne présume pas que Vénus, ou Satan,[5]

---

[1] Voyez les opéras de Quinault intitulés *Roland* et *Armide. Boil.*, 1713. — *Enfin* et *à l'instant* (vers 147). Chevilles. *Bellocq*, 10.

[2] Roman de Clélie, et autres romans du même auteur. *Boil.*, 1713. — « Clélie, y est-il dit (I, 389), cette admirable fille, vivait de façon qu'elle n'avait pas un *amant* qui ne fût obligé de se cacher sous le nom d'*ami*. » *Bross.*

[3] On a figuré dans Clélie la carte du pays de *Tendre... Petits-soins* en est un des villages. *Bross.* — Il en est question dans les Héros de roman (tome III, p. 56) et dans les *Précieuses ridicules* (sc. 4).

[4] *Naviger* était alors d'un usage général : *Naviguer* a prévalu depuis. *Féraud; Lévizac.* — Quoique *naviguer* vaille mieux, l'un et l'autre se disent encore. *Roubaud*, III, 273.
  Vers 158 à 162. Cette attaque contre un ouvrage (*Clélie*) si estimé a fait soulever tout le monde. *Perrault, sup.*

[5] L'alternative de Satan ou de Vénus est ridicule. *Bellocq*, 10; *St.-Marc,*

Souffre qu'elle en demeure aux termes du roman. ¹
Dans le crime il suffit qu'une fois on débute ; 165
Une chute toujours attire une autre chute. ²
L'honneur est comme une île escarpée et sans bords :
On n'y peut plus rentrer dès qu'on en est dehors. ³
Peut-être avant deux ans, ardente à te déplaire,
Éprise d'un cadet, ivre d'un mousquetaire, ⁴ 170
Nous la verrons hanter les plus honteux brelans,
Donner chez la Cornu rendez-vous aux galans ; ⁵
De Phèdre dédaignant la pudeur enfantine, ⁶

V, 416.— Erreur grossière. Vénus est là pour les objets extérieurs de séduction, tels que les spectacles, les lectures, etc. ; et Satan, comme agent de corruption morale. C'est la cause et l'effet habilement rapprochés. *M. Amar.*

¹ Les vers 137 à 164 sont supprimés dans le *Boileau* de la *jeunesse*.

² Ce vers est un des plus rapides de Boileau. *Le Brun.* — Douze ans avant la satire x, Racine avait dit (Phèdre, acte IV, sc. 2):

> Quelques crimes toujours précèdent les grands crimes...

³ Vers que tout le monde a retenu.

⁴ *Cadets...* jeunes gens dont on fit, en 1682, des compagnies où ils étaient exercés avant de *passer* officiers... *Mousquetaires*, jeunes gens de qualité qui forment deux compagnies dans la maison du roi. *Bross.*

⁵ Une infâme dont le nom était alors connu de tout le monde. *Boil.*, 1713. — Désigner ainsi le nom du rendez-vous et chez la Cornu ! cette hardiesse pourrait bien passer aujourd'hui pour *impudeur* ou *impudence*. *Le Brun.* — Bellocq (p. 9), comparant ce passage aux vers 125 et 126, le reprend comme invraisemblable ; et, depuis, Gacon (sat. II, vers 29 à 32), s'écria :

> Veux-tu qu'on se récrie à cette jeune fille,
> Qui dès sa tendre enfance à l'abri d'une grille,
> Oubliant tout-à-coup sa première vertu,
> Ne fait de Port-Royal qu'un saut chez la *Cornu*.

⁶ Transposition insupportable. *Perrault*, Apolog., préf.; *Bellocq*, 20. — Critique encore moins fondée que celle du vers 135, p. 228.

N'est-ce pas une pudeur bien *enfantine* que celle d'une femme qui poursuit son beau-fils, qui le presse jusqu'à arracher son épée ? *Bellocq*, 10. — Cette expression est une allusion aux scènes admirables où la pudeur arrête à cha-

Suivre à front découvert Z.... ¹ et Messaline ;
Compter pour grands exploits vingt hommes ruinés, 175
Blessés, battus pour elle, et quatre assassinés :
Trop heureux, si, toujours femme ² désordonnée,
Sans mesure et sans règle au vice abandonnée,
Par cent traits d'impudence aisés à ramasser
Elle t'acquiert au moins un droit pour la chasser ! 180

Mais que deviendras-tu, si, folle en son caprice,
N'aimant que le scandale et l'éclat dans le vice, ³
Bien moins pour son plaisir que pour t'inquiéter,
Au fond peu vicieuse, elle aime à coqueter ? ⁴
Entre nous, verras-tu d'un esprit bien tranquille 185
Chez ta femme aborder et la cour et la ville ?
Hormis toi, tout chez toi ⁵ rencontre un doux accueil :

---

que mot, sur les lèvres de Phèdre, l'aveu de son fatal amour. C'est là le vrai sens où il faut la prendre. Horace (liv. I, sat. vi, v. 57) avait déjà dit : *Infans namque pudor prohibebat plura profari. M. Amar.*

¹ Initiale mise pour dépayser le lecteur. *Bross.* — J.-B. Bousseau (II, 185, 221) regrette que Boileau n'ait pas mis *Julie*, nom ancien comme celui de Messaline ou de Phèdre, au lieu d'*estropier* son vers par un nom en blanc, qui pouvait d'ailleurs donner lieu à de malignes interprétations (cela arriva en effet, dit Brossette).

² V. O. (en partie). 1694, sép., in-4° et in-12. *Ainsi désordonnée.*

³ Les vers 169 à 180 sont supprimés dans le Boileau de la jeunesse, et l'on y *corrige* ainsi les vers 181 et 182 :

> Mais que deviendras-tu, si, *dans ses vains caprices,*
> *D'une folle parure elle fait ses délices :*

« Il y a des femmes qui aiment le bruit et l'éclat. Ce bruit et cet éclat peuvent produire du scandale ; mais ce n'est pas le *scandale* qu'elles aiment. » *Bellocq*, II (*voy.* note du vers 214).

⁴ Verbe qui ne s'emploierait point aujourd'hui dans le style soutenu. *M. Daunou.* — Mais on l'employait alors. Voy. École des maris, acte 1, sc. 4; École des femmes, acte 1, sc. 1.

⁵ V. O. 1694 à 1701. *Tout, hormis toi, chez toi...*

L'un est payé d'un mot, et l'autre d'un coup-d'œil.
Ce n'est que pour toi seul qu'elle est fière et chagrine :
Aux autres elle est douce, agréable, badine ; 190
C'est pour eux qu'elle étale et l'or et le brocard,
Que chez toi se prodigue et le rouge et le fard, ¹
Et qu'une main savante, avec tant d'artifice,
Bâtit de ses cheveux le galant édifice. ²
Dans sa chambre, crois-moi, n'entre point tout le jour. 195
Si tu veux posséder ta Lucrèce à ton tour,
Attends, discret mari, que la belle en cornette
Le soir ait étalé son teint sur la toilette,
Et dans quatre mouchoirs, de sa beauté salis,
Envoie au blanchisseur ses roses et ses lis. ³ 200

Ces *toi* font le plus mauvais son du monde. *Bellocq*, 9. — On voit que Boileau a *profité* de l'avis de Bellocq : mais son nouvel hémistiche produit encore d'assez mauvais sons.

¹ Les vers 183 à 190 sont supprimés dans le Boileau de la jeunesse ; et l'on y *corrige* ainsi les vers 191 et 192, afin qu'ils se lient aux vers 181 et 182, déjà corrigés (p. 232, n. 3) et au 201ᵉ qui va aussi l'être (p. 234, n. 1) :

S'il lui plaît d'étaler et l'or et le brocard,
De prodiguer sans fin et le rouge et le fard.

² Vers où la grâce le dispute à l'élégance. *Le Brun.* — Il faut y admirer aussi la fidélité du costume. *M. Amar* (alors, en effet, la coiffure des femmes était une espèce d'édifice). — Heureuse imitation de Juvénal (*Rollin*, Traité des études, liv. III, ch. III, art. 2, § 53), v. 502.

Tot premit ordinibus, tot adhuc compagibus altum
Ædificat caput.

³ Vers 199 et 200. Cet hémistiche (*de sa beauté salis*) est un des plus heureux de Boileau... Le *blanchisseur*, au masculin, ennoblit tout ; la *blanchisseuse* eût tout gâté. *Le Brun.* — Et *dans* quatre mouchoirs, *de sa beauté salis, envoie... ses roses...* Noble et heureuse hardiesse. *Victor. Fabre* (il est cité tome II, p. 29, note 2).

Vers 197 à 200. Clément en a fait l'éloge (cité même tom. II, p. 116, not. 2).

Alors tu peux entrer; mais, sage en sa présence[1],
Ne va pas murmurer de sa folle dépense.
D'abord, l'argent en main, paie et vite et comptant.
Mais non, fais mine un peu d'en être mécontent,
Pour la voir aussitôt, de douleur oppressée,[2] 205
Déplorer sa vertu si mal récompensée.
Un mari ne veut pas fournir à ses besoins!
Jamais femme, après tout, a-t-elle coûté moins?
A cinq cents louis d'or, tout au plus, chaque année,
Sa dépense en habits n'est-elle pas bornée?[3] 210
Que répondre? Je vois qu'à de si justes cris,
Toi-même convaincu, déjà tu t'attendris,
Tout prêt à la laisser, pourvu qu'elle s'apaise,
Dans ton coffre, à pleins sacs, puiser tout à son aise.[4]
  A quoi bon en effet t'alarmer de si peu? 215
Eh! que serait-ce donc[5], si le démon du jeu[6]
Versant dans son esprit sa ruineuse rage,
Tous les jours, mis par elle à deux doigts du naufrage,

---

[1] Vers 193 à 200. Ils sont supprimés dans le Boileau de la jeunesse, et le vers 201 est *corrigé* comme il suit (*voy.* p. 233, note 1):

   Modère-toi pourtant, et sage en sa présence...

[2] V. 1694 à 1701, *aussitôt, sur ses deux pieds haussée.*

[3] Est-il croyable que la femme d'un secrétaire du roi (vers 468, p. 251) dépense tous les ans cette somme en habits? *Bellocq*, 11.

[4] V. 1694 à 1701, *dans ton coffre,* en *pleins sacs.*

Vers 181 à 214. Bellocq (*ib.*) et Gacon (sat. 11) critiquent ce portrait de la coquette; l'un par la raison subtile rapportée note 3, p. 232; l'autre, parce que ce portrait est, dit-il, celui d'une fille publique.

[5] Ponctuation de 1694 à 1713. M. Didot, le premier, l'a changée. Il a d'abord (1781, 1788 et 1789) supprimé la virgule, et ensuite (1800) l'a placée ainsi que les éditeurs modernes à son exemple, après *si*, ce qui ôte la suspension de l'hémistiche dont on a parlé p. 45, note 6.

[6] Voy. tom. III, art. des erreurs de Brossette, n° 17, p. 480, note 1.

Tu voyais tous tes biens, au sort abandonnés,
Devenir le butin d'un pique ou d'un sonnez ? ¹
Le doux charme pour toi de voir, chaque journée,
De nobles champions ta femme environnée,
Sur une table longue et façonnée exprès,
D'un tournoi de bassette ordonner les apprêts !
Ou, si par un arrêt la grossière ² police
D'un jeu si nécessaire interdit l'exercice,
Ouvrir sur cette table un champ au lansquenet,
Ou promener trois dés chassés de son cornet !
Puis sur une autre table, avec un air plus sombre,
S'en aller méditer une vole au jeu d'Ombre ; ³
S'écrier sur un as mal-à-propos jeté ;
Se plaindre d'un gâno ⁴ qu'on n'a point écouté !
Ou, querellant tout bas le ciel qu'elle regarde,
A la bête gémir d'un roi venu sans garde !
Chez elle, en ces emplois, l'aube du lendemain

---

¹ *Pique*, terme du jeu de piquet. *Boil.*, 1713. — Comme *Pic*, terme usité aujourd'hui, fût allé tout aussi bien dans le vers, il est probable qu'alors on pouvait écrire *Pique*.

Sonnez, terme du jeu de trictrac. *Boil.*, 1713. — Dans les éditions de 1694 à 1701, il y a *sonnés*, pour rimer avec *abandonnés*, qui, dans celle de 1713, est écrit *abandonnez*.

² Epithète très plaisante. *Le Brun.*

³ *V. O...* Texte de 1694 à 1713... Brossette et les autres éditeurs (excepté les copistes de 1703 et de 1713,A... voy. Not. Bibl., § 1, nos 95 *a* et 109), ont mis d'*Hombre*. — Il faudrait *de l'Hombre*. S.-Marc, V, 417. — On voit par la note suivante, où Boileau n'était pas gêné par la mesure, qu'il ne croyait pas que ces deux lettres fussent nécessaires ; et Bellocq, qui avait (p. 12) fait une critique semblable à celle de St.-Marc, ne s'exprime que d'une manière dubitative.

⁴ Termes du jeu d'Ombre. *Boil.*, 1713 (*voy*. la note précédente). —Suivant Cormont et Lévizac il signifie : *laissez-moi venir la main.* — Suivant Laveaux, *demander gâno*, c'est avertir qu'on ne prenne pas la carte jouée.

Souvent la trouve encor les cartes à la main :
Alors pour se coucher, les quittant, non sans peine,
Elle plaint le malheur de la nature humaine,
Qui veut qu'en un sommeil où tout s'ensevelit
Tant d'heures sans jouer se consument au lit. 240
Toutefois en partant la troupe la console,
Et d'un prochain retour chacun donne parole.
C'est ainsi qu'une femme en doux amusemens
Sait du temps qui s'envole employer les momens ;
C'est ainsi que souvent par une forcenée [1] 245
Une triste famille à l'hôpital traînée
Voit ses biens en décret [2] sur tous les murs écrits
De sa déroute illustre [3] effrayer tout Paris.

Mais que plutôt son jeu mille fois te ruine,
Que si, la famélique et honteuse lésine 250
Venant mal-à-propos la saisir au collet, [4]
Elle te réduisait à vivre sans valet, [5]
Comme ce magistrat [6] de hideuse mémoire
Dont je veux bien ici te crayonner l'histoire.

---

[1] Épithète impropre et peu heureuse. *Le Brun.* — L'amour du jeu est pourtant une véritable frénésie. *M. de S.-S.*

[2] Ancien mode d'expropriation des immeubles.

[3] Expression très hardie et très singulière. *Bellocq*, 12 ; *St.-Marc*, V, 418. — On répond qu'elle est employée ici ironiquement. *M. de S.-S.* — La critique de Saint-Marc est peu fondée, et l'apologie de M. de S.-S. peu plausible : *illustre* équivaut ici à *éclatante*. *M. Daunou.*

Vers 215 à 248. Le portrait de la joueuse est fort heureux... c'est ce qu'il y a de meilleur dans cet ouvrage. *Bellocq*, 11.

[4] *Mal-à-propos*, est une cheville. *Bellocq*, 12.

[5] *Elle*, à quoi se rapporte-t-il ? Est-ce à la femme ou à la lésine ? *Bellocq, ib.* — Le sens est si clair qu'on ne conçoit pas comment Bellocq a osé publier de semblables chicanes.

[6] Le lieutenant criminel Tardieu. *Boil.*, 1713.

Dans la robe on vantait son illustre maison : 255
Il était plein d'esprit, de sens et de raison;
Seulement pour l'argent un peu trop de faiblesse
De ces vertus en lui ravalait ¹ la noblesse.
Sa table toutefois, sans superfluité,
N'avait rien que d'honnête en sa frugalité. 260
Chez lui deux bons chevaux, de pareille encolure,
Trouvaient dans l'écurie une pleine pâture,
Et, du foin que leur bouche au râtelier laissait,
De surcroît une mule ² encor se nourrissait.
Mais cette soif de l'or qui le brûlait dans l'âme 265
Le fit enfin songer à choisir une femme,
Et l'honneur dans ce choix ne fut point regardé.
Vers son triste penchant son naturel guidé ³
Le fit, dans une avare et sordide famille,
Chercher un monstre affreux sous l'habit d'une fille : 270
Et, s'en trop s'enquérir d'où la laide venait,
Il sut, ce fut assez, l'argent qu'on lui donnait.
Rien ne le rebuta, ni sa vue éraillée, ⁴
Ni sa masse de chair bizarrement taillée :
Et trois cent mille francs avec elle obtenus⁵ 275

---

¹ Ce mot n'a point vieilli quoi qu'on en dise. Les poètes, par exemple, Corneille, Molière, Racine, etc. l'ont employé, et il en est de même des prédicateurs. *Roubaud*, I, 9. — *Ravale*, est une expression énergique qui ne devrait pas vieillir, et qui aura toujours son effet quand elle sera bien placée. *La Harpe*, *Rac.*, II, 368.

² *De surcroît*, etc., mauvaise transposition. *Bellocq*, 12. — La mule était l'ancienne monture des magistrats. *Loisel, Opuscul.*, p. viij.

³ *Un triste penchant* qui fait le fond du caractère d'une personne, est la même chose que ce que l'on appelle le naturel. *Saint-Marc*, V, 418.

⁴ Ce tour est employé poétiquement pour l'œil éraillé. *Le Brun*.

⁵ Environ sept à huit cent mille de notre temps.

La firent à ses yeux plus belle que Vénus. [1]
Il l'épouse; et bientôt son hôtesse nouvelle
Le prêchant lui fit voir qu'il était, au prix d'elle,
Un vrai dissipateur, un parfait débauché.
Lui-même le sentit, reconnut son péché, 280
Se confessa prodigue, et plein de repentance,
Offrit sur ses avis de régler sa dépense.
Aussitôt de chez eux tout rôti disparut.
Le pain bis, renfermé, d'une moitié décrut;
Les deux chevaux, la mule, au marché s'envolèrent; [2] 285
Deux grands laquais, à jeun, sur le soir s'en allèrent :
De ces coquins déjà l'on se trouvait lassé,
Et pour n'en plus revoir le reste fut chassé.
Deux servantes déjà, largement souffletées,
Avaient à coups de pied descendu les montées, [3] 290
Et se voyant enfin hors de ce triste lieu,
Dans la rue en avaient rendu grâces à Dieu. [4]
Un vieux valet restait, seul chéri de son maître, [5]
Que toujours il servit, et qu'il avait vu naître,

---

[1] *La firent plus belle*, est une expression hardie, sans le paraître; elle anime le personnage; *la rendirent plus belle* affaiblirait bien l'idée. *Le Brun.* — La métamorphose opérée par les *trois cent mille francs* devient par là aussi subite que complète. *M. Amar.*

[2] P. C. O. (lett. LXXI, tome IV, p. 256). La mule et les chevaux *au marché*... et non pas *la mule et deux chevaux*, comme lit un éditeur moderne.

S'envolèrent, mot hasardé. Pradon, *Rép.*, 6. — On ne reconnaît de chevaux *volans* que Pégase et l'Hippogrife. *Bellocq*, 13.

[3] *Montées* pour *escalier* était alors reçu (Bellocq, p. 13, semble en douter): il n'est plus en usage que parmi le peuple. *Féraud.*

[4] Méchante césure (Perrault, Apolog., préf.; *Boiste*, 46) et, de plus, mauvaise transposition, *Bellocq*, 9 et 20.

[5] Vers 293 à 296. Boileau, dans ce portrait, a su glisser avec art, une teinte de sensibilité. *Le Brun.*

Et qui de quelque somme amassée au bon temps 295
Vivait encor chez eux, partie à ses dépens.
Sa vue embarrassait : il fallut s'en défaire;
Il fut de la maison chassé comme un corsaire. ¹
Voilà nos deux époux sans valets, sans enfans,
Tout seuls ² dans leur logis libres et triomphans. 300
Alors on ne mit plus de borne à la lésine :
On condamna la cave ³, on ferma la cuisine;
Pour ne s'en point servir aux plus rigoureux mois,
Dans le fond d'un grenier on séquestra le bois.
L'un et l'autre dès-lors vécut à l'aventure 305
Des présens qu'à l'abri de la magistrature
Le mari quelquefois des plaideurs extorquait,
Ou de ce que la femme aux voisins escroquait. ⁴

Mais, pour bien mettre ici leur crasse en tout son lustre ⁵
Il faut voir du logis sortir ce couple illustre : 310
Il faut voir le mari tout poudreux, tout souillé,
Couvert d'un vieux chapeau de cordon dépouillé,

---

¹ *Corsaire* n'est ici que pour la rime. *St.-Marc*, V, 419. — Eh! non : par cela seul que le malheureux valet vivait *en partie* aux dépens des deux Harpagons, il était pour eux un véritable corsaire.

² V. O. et E. (en partie). 1694, 1701, in-4°, 1713, TOUS *seuls*. — 1701, in-12 (dernière édition revue par Boileau), TOUT *seuls*.

³ On dit, condamner une porte, mais non pas condamner une cave, une chambre. *Bellocq*, 13.

⁴ V. 1694 à 1713. *Excroquait* (on l'écrivait alors ainsi).

⁵ Ce vers et les dix-neuf suivans furent retranchés dans la première édition (1694), d'après le conseil de Racine qui trouvait ces détails trop bas. Boileau les rétablit dans la suivante. *Bross*. (C'est-à-dire, en 1698... *Voy.* à ce sujet, et pour les erreurs des éditeurs, Not. bibl., n° 84, obs. 4). — Il est à regretter que Boileau ait changé d'avis. Il paraît par sa lettre du 7 octobre 1692 (tome IV, p. 253, et note 4, *ib.*), que dans le principe il hésitait lui-même à publier ce portrait ignoble..

Et de sa robe, en vain de pièces rajeunie,
A pied dans les ruisseaux traînant l'ignominie.
Mais qui pourrait compter le nombre de haillons, 315
De pièces, de lambeaux, de sales guenillons,
De chiffons ramassés dans la plus noire ordure,
Dont la femme, aux bons jours, composait sa parure?
Décrirai-je ses bas en trente endroits percés,
Ses souliers grimaçans, vingt fois rapetassés,[1] 320
Ses coiffes d'où pendait au bout d'une ficelle
Un vieux masque pelé presque aussi hideux qu'elle?[2]
Peindrai-je son jupon bigarré de latin,
Qu'ensemble composaient trois thèses de satin,
Présent qu'en un procès sur certain privilége 325
Firent à son mari les régens d'un collége,
Et qui, sur cette jupe à maint rieur encor,
Derrière elle faisait[3] dire[4] ARGUMENTABOR?
  Mais peut-être j'invente une fable frivole.[5]

---

[1] *V. E.* 1698 à 1713, *grimassans*, et non pas *grimassants*, comme le note M. de S.-S. — *F. N. R.* On lit *repetassés*, à 1716, in-4° et in-12, Bross., 1717, Mort., 1717, 1720 et 1721, Vest., 1721 et 1736, Bru...

[2] La plupart des femmes portaient alors un masque de velours noir, lorsqu'elles sortaient. Boil., 1713. — *V. E.* Au lieu de *lorsqu'elles*, Brossette a mis *quand elles*, et a été imité par Dumonteil, Souchay, Saint-Marc, et leurs copistes, et même par quelques éditeurs modernes, quoique le véritable texte eût été rétabli dans l'édition Didot, de 1788.

[3] Mauvaise césure. *Boiste*, 46.

[4] *V. E.* Et non pas *lire*, comme dans les éditions citées p. 121, note 3, et dans plusieurs autres (Daun., Viol., Thi., etc... plus de *trente*).

[5] Les vers 329 à 372 furent communiqués à Racine par Boileau (lett. LXX, du 7 octobre 1692, tom. IV, p. 254), qui le pria de lui indiquer les fautes les plus grossières. Nous n'avons pas la réponse de Racine, mais nous pouvons présumer qu'il aura concouru à faire faire les changemens et les corrections qu'on y remarque et que nous indiquerons avec d'autant plus de soin, qu'ils ne sont dans aucunes des éditions antérieures à celles de MM. de Saint-

Démens donc¹ tout Paris, qui, prenant la parole, 330
Sur ce sujet encor de bons témoins pourvu,
Tout prêt à le prouver, te dira : Je l'ai vu ;
Vingt ans j'ai vu ce couple, uni d'un même vice, ³
A tous mes habitans montrer que l'avarice⁴
Peut faire dans les biens trouver la pauvreté, 335
Et nous réduire à pis que la mendicité.
Des voleurs, qui chez eux pleins d'espérance entrèrent,⁵
De cette triste vie enfin les délivrèrent : ⁶

Surin et Daunou, et que, dans celles-ci, on a renvoyé leur indication à la même lettre, qui est dans un volume différent.

¹ *Soutiens* au lieu de *démens*, dans la lettre LXX ; mais c'est une faute de copie.

² Ce *je l'ai vu* est admirable de rapidité et de franchise. *Le Brun.*

³ Uni *d'un même vice* est d'autant plus heureux que c'est la seule manière dont un couple pareil pouvait être uni. *Le Brun.*

⁴ *Tous mes habitans*, et précédemment *tout Paris*, fait une tautologie. St.-Marc, V, 419. — Il nous semble que Boileau n'a fait cette répétition que pour donner plus de poids aux témoignages sur lesquels il s'appuie ici.

⁵ Pris dans la maison même, ils furent rompus vifs. *Bross.*

⁶ P. C. O. (Même lettre LXX) :

> Deux voleurs qui chez eux pleins d'espérance entrèrent,
> Enfin un beau matin tous deux les massacrèrent.

V. O. ou *E.* 1694 (*id.*, 1695, CT., 1697, A. et R., 1698, R.).

> A la fin un beau jour tous deux les massacrèrent.

Cette dernière version fut corrigée, non dans l'édition de 1701, comme le disent M. de Saint-Surin et autres après lui, mais dans celle de 1694-98, qu'à la vérité il n'ont pas connue (Not. bibl., n° 84, obs. 1)... Elle le fut sur l'avis ou de Bellocq (p. 13), qui déclarait le vers digne de Chapelain ; ou de Pradon, qui (Rép., p. 6) l'avait ainsi critiqué :

> *A la fin un beau jour* est plein de pauvreté.
> Ce vers de ton esprit sent la stérilité.

Gacon (sat. II, vers 89 à 92) avait aussi critiqué et le mot et le récit :

> D'ailleurs par sa longueur, cette histoire sanglante,
> Cause plus à l'esprit d'ennui que d'épouvante ;

Digne et funeste fruit du nœud le plus affreux
Dont l'hymen ait jamais uni deux malheureux! 340
　　Ce récit passe un peu l'ordinaire mesure : [1]
Mais un exemple enfin si digne de censure
Peut-il dans la satire occuper moins de mots?
Chacun sait son métier. Suivons notre propos.
Nouveau prédicateur aujourd'hui, je l'avoue, 345
Écolier ou plutôt singe de Bourdaloue, [2]
Je me plais à remplir mes sermons de portraits.
En voilà déjà trois peints d'assez heureux traits :
La femme sans honneur, la coquette et l'avare. [3]
Il faut y joindre encor la revêche bizarre, [4] 350
Qui sans cesse, d'un ton par la colère aigri,
Gronde, choque, dément, contredit un mari. [5]
Il n'est point de repos ni de paix avec elle.
Son mariage n'est [6] qu'une longue querelle.
Laisse-t-elle un moment respirer son époux, 355
Ses valets sont d'abord l'objet de son courroux;
Et sur le ton grondeur lorsqu'elle les harangue,

　　On rend grâce aux voleurs qui viennent *à la fin*,
　　Du couple trop avare achever le destin.

[1] *L'ordinaire mesure...* Inversion un peu dure, même en vers. *Féraud.*
[2] Célèbre jésuite. Boil., 1713.
P. C. O. (lett. LXX). Vrai disciple, *ou plutôt.*
[3] P. C. O. (*ib.*), *la* louve, *la coquette* et la parfaite *avare.*
[4] Vers 350 à 360. Au sujet du prétendu original de ce portrait, *voy.* art. des erreurs de Brossette, n° 15, tome III, p. 479.
[5] P. C. O. (lettre LXX), après ce vers étaient ceux-ci :

　　Qui dans tous ses discours par quolibets s'exprime,
　　A toujours dans la bouche un proverbe, une rime,
　　Et d'un roulement d'yeux aussitôt applaudit
　　Au mot aigrement fou qu'au hasard elle a dit.

[6] Mauvaise césure. *Perrault, Apolog., préf.; Bellocq,* 9.

Il faut voir de quels mots elle enrichit la langue :
Ma plume ici, traçant ces mots par alphabet,
Pourrait d'un nouveau tome augmenter Richelet.[1] 360
  Tu crains peu d'essuyer cette étrange furie :
En trop bon lieu, dis-tu, ton épouse nourrie
Jamais de tels discours ne te rendra martyr.[2]
Mais eût-elle sucé la raison dans Saint-Cyr,[3]
Crois-tu que d'une fille humble, honnête, charmante, 365
L'hymen n'ait jamais fait de femme extravagante?
Combien n'a-t-on point vu de belles aux doux yeux,[4]
Avant le mariage anges si gracieux,
Tout-à-coup se changeant en bourgeoises sauvages,[5]
Vrais démons apporter l'enfer dans leurs ménages,[6] 370
Et, découvrant l'orgueil de leurs rudes esprits,
Sous leur fontange[7] altière asservir leurs maris!

[1] Auteur qui a donné un dictionnaire français. *Boil.*, 1713.

Vers 350 à 360. Gacon (Sat. II, vers 61 à 64, p. 14) les critique ainsi :

> Que diront nos neveux de ce beau caractère,
> Ou sur ses pieds haussée une dame en colère,
> Comme une crocheteuse à son tremblant époux,
> A gorge déployée exhale son courroux.

[2] Il semble dire qu'il y a des maris qui souffrent le martyre pour soutenir la vérité des discours de leurs femmes. *Bellocq*, 15. — Critique du même genre que celle du vers 252 (p. 236, note 5).

[3] Célèbre maison près de Versailles, où on élève un grand nombre de jeunes demoiselles. *Boil.*, 1713.

[4] P. C. O. (lett. LXX), *de Philis aux doux yeux.*

Vers très dur. *Bellocq*, 14. — Critique outrée.

[5] P. C. O. (lett. LXX), *tout-à-coup se changer en...*

[6] Vers d'une vérité affreuse. *Le Brun.*

Vers 367 à 370. Ils ne sont pas justes quant à l'expression parce qu'ils n'y a aucune opposition entre *Anges, gracieux* et *vrais démons. S.-M.*, V, 424.

[7] C'est un nœud de ruban que les femmes mettent sur le devant de la tête pour attacher leur coiffure. *Boil.*, 1713 (ce nom est venu de madame de

Et puis, quelque douceur dont brille ton épouse,
Penses-tu, si jamais elle devient jalouse,
Que son âme livrée à ses tristes soupçons 375
De la raison encore écoute les leçons ?
Alors, Alcippe, alors, tu verras de ses œuvres :
Résous-toi, pauvre époux, à vivre de couleuvres; 1
A la voir tous les jours, dans ses fougueux accès,
A ton geste, à ton rire, intenter un procès; 380
Souvent, de ta maison gardant les avenues,
Les cheveux hérissés, t'attendre au coin des rues; 2
Te trouver en des lieux de vingt portes fermés,
Et, partout où tu vas, dans ses yeux enflammés 3
T'offrir non pas d'Isis la tranquille Euménide, 4 385
Mais la vraie Alecto 5, peinte dans l'Énéide,
Un tison à la main, chez le roi Latinus,
Soufflant sa rage au sein d'Amate et de Turnus. 6

Mais quoi! je chausse ici le cothurne tragique!
Reprenons au plus tôt le brodequin comique, 390

Fontange... *Bross.*). — Concevez-vous comment une femme peut *asservir* son mari sous sa fontange ? *Bellocq*, 15.

1 On dit *avaler des*, mais non pas *vivre* de couleuvres. *Bellocq*, 15. — L'expression proverbiale *avaler des couleuvres* signifie souffrir bien des choses fâcheuses que l'on nous dit ou que l'on nous fait, sans que nous osions en témoigner le moindre déplaisir. *Vivre de couleuvres*, c'est être tous les jours exposé à ces sortes de chagrins. *Lévizac.*

2 Vers 381 et 382. Portrait furieusement outré. *Bellocq*, 16.

3 *Dans ses yeux enflammés t'offrir* : mauvaise transposition ; il faudrait *t'offrir dans ses yeux*, etc. *Perrault, ibid.* — Autre observation d'un poète prosaïque.

4 Furie, dans l'opéra d'Isis, qui demeure presque toujours à ne rien faire. *Boil.*, 1694 à 1713.

5 Une des furies. *Boil.*, 1713.

6 Enéide, liv. VII. *Boil.*, 1713. — Passage (vers 373 à 388) plein de verve. *Clément, Nouv. obs.*, 458.

Et d'objets moins affreux songeons à te parler.
Dis-moi donc, laissant là cette folle hurler,
T'accommodes-tu mieux de ces douces Ménades, [1]
Qui, dans leurs vains chagrins, sans mal toujours malades,
Se font des mois entiers, sur un lit effronté,　　　395
Traiter d'une visible et parfaite santé; [2]
Et douze fois par jour, dans leur molle indolence,
Aux yeux de leurs maris tombent en défaillance?

[1] Bacchantes. *Boil.*, 1713.

[2] *Lit effronté*: noble et heureuse hardiesse. *Vict. Fabre* (cité tome II, p. 29, note 2); *Le Brun* (OEuvres, IV, 329), *MM. Amar* (Monit. 28 mars 1808) et *Daunou* (v. plus bas).

Il faut, comme l'observe très judicieusement Dumarsais (*Tr. des tropes*), que dans toute figure l'imagination aperçoive toujours un rapport clair et prochain. Ainsi l'on dirait très bien un lit adultère, un lit criminel, quoique dans la réalité un lit ne soit pas plus *adultère*, ni *criminel*, qu'il n'est *effronté*; mais l'esprit saisit sur-le-champ le rapport des idées, et voit dans le lit l'instrument de l'adultère et le théâtre du crime; et comment voir de l'effronterie dans un lit? Au reste cette faute est la seule de ce genre qui soit dans tous les ouvrages de Boileau, et l'on n'en est que plus fâché que cet esprit si judicieux, qui plus d'une fois eut la sagesse de profiter du peu qu'il y avait de bon sens dans les mauvaises critiques dont on l'accablait, ait voulu précisément s'obstiner (Épit. x, v. 55, tome II, p. 131) à défendre la faute la plus évidente qu'il eût commise. *La Harpe*, *Lyc.*, II, 316. — Cette opinion émise dès long-temps par Perrault (*Préf.*), Pradon (*Rép.*, 9), et Chapat (p. 73) a été adoptée par Marmontel (*Poétique*, I, 110, ch. 4), par M. Raynouard (p. 145) et même par M. Amar (1821, note du vers 395).

Sur un lit effronté, est beau en dépit de toutes les critiques, parce qu'il peint l'objet effronté que ce lit renferme. Seulement on attendait après cette épithète énergique, autre chose qu'*une visible santé*: c'est le second vers qui rend presque trop fort le premier. *Le Brun.* — Ce dernier sentiment était celui du prince de Conti (*Bross.*, note du v. 55, ép. x), et de Fontanes (*Décade*, an IV, t. IV, p. 26), et il paraît être celui de M. de Saint-Surin.

L'effronterie était précisément d'étaler sur un lit une santé si visible; et quand Despréaux attribue, transporte au lit même l'impudence de la per-

Quel sujet, dira l'un, peut donc si fréquemment
Mettre ainsi cette belle aux bords du monument? 400
La Parque, ravissant ou son fils ou sa fille,
A-t-elle moissonné l'espoir de sa famille?
Non : il est question de réduire un mari
A chasser un valet dans la maison chéri,[1]
Et qui, parce qu'il plaît, a trop su lui déplaire; 405
Ou de rompre un voyage utile et nécessaire,
Mais qui la priverait huit jours de ses plaisirs,
Et qui, loin d'un galant, objet de ses desirs...
Oh! que pour la punir de cette comédie
Ne lui vois-je une vraie et triste maladie![2] 410
Mais ne nous fâchons point. Peut-être avant deux jours,
Courtois et Denyau[3], mandés à son secours,
Digne ouvrage de l'art dont Hippocrate traite,[4]
Lui sauront bien ôter cette santé d'athlète;
Pour consumer l'humeur qui fait son embonpoint, 415
Lui donner sagement le mal qu'elle n'a point;
Et, fuyant de Fagon les maximes énormes,[5]

sonne qui s'y montre, il trouve ou il invente l'expression la plus vive et la plus poétiquement juste de ce qu'il veut peindre. *M. Daunou.*

Vers 296. On avait dit toujours se faire *traiter d'une maladie*, il n'était donné qu'à Boileau de dire *traiter d'une santé... Vict. Fabre,* note 15. — La Harpe (*Lyc.* , II , 315) loue aussi cette figure parce qu'elle exprime très bien l'inconséquence d'une fausse malade qui veut qu'on la guérisse d'un mal qu'elle n'a pas.

[1] Mauvaise transposition. *Perrault, ib.* — Même remarque ici qu'aux vers 135, 173 et 384, p. 228, 231 et 236.

[2] *Vraie et triste*, épithètes un peu faibles. *Le Brun.*

[3] Médecins de Paris. *Boil.*, 1713. — *V. O.* 1694, *Dunyau*. — Le changement ci-dessus fut fait dans l'édition de 1694 - 1698.

[4] Le dernier hémistiche est dur. *Le Brun.*

[5] Fagon, premier médecin du roi. *Boil.*, 1713.

Maximes énormes, ou irrégulières, ou hors de la *norme*, ou routine que

Au tombeau mérité la mettre dans les formes.
Dieu veuille avoir son âme, et nous délivre [1] d'eux !
Pour moi, grand ennemi de leur art hasardeux,   420
Je ne puis cette fois que je ne les excuse. [2]
Mais à quels vains discours est-ce que je m'amuse ?
Il faut sur des sujets plus grands, plus curieux,
Attacher de ce pas ton esprit et tes yeux.
    Qui s'offrira d'abord ? Bon, c'est cette savante   425

suivaient Courtois et Denyau : telle est en substance l'explication spécieuse que M. Amar (1821) a donnée (MM. de S. S. et Pl. l'ont adoptée sans citation) de cette expression singulière, que M. Daunou ne trouve ni heureuse ni assez claire (Lévizac la blâme aussi).

L'éditeur de la bibliothèque choisie a depuis développé et fortifié de preuves la même explication. Il observe entre autres, que Courtois et Denyau étaient défenseurs des anciennes doctrines et surtout ennemis des innovations, dont au contraire Fagon était le partisan ; que, par exemple, comme on le voit dans l'arrêt burlesque (tome III, p. 105, note 3), Denyau niait obstinément la circulation du sang soutenue par Fagon (*voy.* Goigoux) dès son début dans la carrière médicale.

Quoi qu'il en soit, nous serions portés à penser, vu l'antipathie de Boileau pour les jeux de mots, qu'il y a ici au moins une allusion à quelque fait ou à quelque ouvrage qui nous sont inconnus.

[1] V. E. Texte de 1694 à 1713 (vingt-trois éditions dont huit originales) suivi au XVIII siècle jusqu'en 1768, où l'on a mis pour la première fois *délivrer*; ce qu'ont imité depuis, une quinzaine d'éditeurs, fortifiés du suffrage imposant de M. Daunou. Selon lui l'harmonie réclame *délivrer*, qui d'ailleurs se construit mieux avec *Dieu veuille*, d'où il conclut que *délivre* n'est probablement qu'une faute d'impression dans les éditions anciennes. Mais il y en a eu un trop grand nombre pour qu'on puisse admettre cette conjecture : d'autant plus que le mot *délivre* est dans la partie de l'édition de 1694 que Boileau fit réimprimer en 1698, et dont il dut revoir le texte avec soin (Not. Bibl., § 1, n° 84, obs. 4 et 5).

[2] Locution qui tient à l'ancien langage. Molière et La Fontaine en ont beaucoup de ce genre. *Le Brun.* — Ce vers et le précédent forment une phrase très elliptique et un gallicisme. En voici la construction entière : *pour moi qui suis grand ennemi de leur art hasardeux, je ne puis m'empêcher cette fois de les excuser... Lévizac.*

Qu'estime Roberval, et que Sauveur fréquente.¹
D'où vient qu'elle a l'œil trouble et le teint si terni?
C'est que sur le calcul, dit-on,² de Cassini,³
Un astrolabe en main, elle a, dans sa gouttière,
A suivre Jupiter ⁴ passé la nuit entière.   430
Gardons de la troubler. Sa science, je croi,
Aura pour s'occuper ce jour plus d'un emploi :
D'un nouveau microscope on doit, en sa présence,
Tantôt chez Dalancé⁵ faire l'expérience;
Puis d'une femme morte avec son embryon   435
Il faut chez du Verney ⁶ voir la dissection.
Rien n'échappe aux regards de notre curieuse. ⁷

---

¹ Illustres mathématiciens. *Boil.* 1713 (tous deux de l'académie des sciences; morts, le premier, en 1675, et le second en 1716).

² *Dit-on*, est inutile et prosaïque. *Le Brun.*

³ Fameux astronome. *Boil.*, 1713. (J.-Dominique Cassini, mort en 1712).

⁴ Une des sept Planètes. *Boil.*, 1713.

⁵ Chez qui on faisait beaucoup d'expériences de physique. *Boil.*, 1713.

⁶ Médecin du roi, connu pour être très savant dans l'anatomie. *Boil.*, 1713.

⁷ Vers 425 à 437. Perrault (*sup.*) et Bellocq (*p.* 15) reprochent à Boileau d'attaquer ici une dame qui n'existe plus, et cela, dit le premier, parce qu'à l'occasion des vers 28 et 29 de l'épître v, « cette dame avait eu la *bonté* de lui dire que quand on se *mêlait* d'écrire des satires il fallait connaître les matières dont on parlait.. (*v.* tome II, p. 58, notes 2 et 3). » Si le récit de Perrault est exact, cette dame agit, il faut l'avouer, en véritable pédante, et Boileau n'eut pas tort de faire le portrait de la fausse savante, surtout après la mort de celle-ci, et sans la nommer... Il est toutefois à regretter que ce portrait pût s'appliquer à l'illustre bienfaitrice de La Fontaine, madame de la Sablière (morte en 1693), si du moins Brossette, le seul qui l'ait désignée (par de simples initiales), était bien instruit, et peut-être ne l'a-t-il fait que d'après la critique de Perrault. — Voltaire a dit aussi que Boileau, au lieu de critiquer une dame qui étudiait l'astronomie, aurait mieux fait de l'apprendre lui-même (*épit. dédicat. d'Alzire*). —Mais Boileau attaque ici, on l'a dit (même note 3), l'affectation du savoir et non pas le savoir véritable.

Mais qui vient sur ses pas? c'est une précieuse,
Reste de ces esprits jadis si renommés
Que d'un coup de son art Molière a diffamés.¹ 440
De tous leurs sentimens cette noble héritière
Maintient encore ici leur secte façonnière.
C'est chez elle toujours que les fades auteurs
S'en vont se consoler du mépris des lecteurs.
Elle y reçoit leur plainte; et sa docte demeure 445
Aux Perrins, aux Coras, est ouverte à toute heure.
Là, du faux bel esprit se tiennent les bureaux :
Là, tous les vers sont bons pourvu qu'ils soient nouveaux.²
Au mauvais goût public la belle y fait la guerre;
Plaint Pradon opprimé des sifflets du parterre;³ 450
Rit des vains amateurs du grec et du latin;
Dans la balance met Aristote et Cotin;⁴
Puis, d'une main encor plus fine et plus habile,
Pèse sans passion Chapelain et Virgile;
Remarque en ce dernier beaucoup de pauvretés, 455

Quatre vers sont sautés et 437ᵉ se lit ainsi le dans le Boileau de la jeun.

Car rien n'échappe aux yeux de notre curieuse.

¹ Voyez la comédie des Précieuses. *Boil.*, 1713.
² Vers d'une heureuse précision. *Le Brun.*
³ Vers 438 à 450. Ils désignent madame Deshoulières, un des chefs de la cabale ridicule qui s'était formée en faveur de la Phèdre de Pradon, et contre celle de Racine. *Voy.* l'Essai, n° 150, et Brossette, I, 243. — Les vers suivans de la satire concernent Perrault. *Bross.*
⁴ Inexactitude : il n'y a aucun rapport entre un auteur qui n'est que philosophe, et un auteur qui n'est que poète. *Bellocq*, 16. — Ce rapprochement, il faut l'avouer, n'est pas aussi exact que celui de Chapelain et de Virgile (vers 454); toutefois Cotin avait fait quelques ouvrages de philosophie ou de politique (voy. *d'Olivet*, Acad., II, 188). — Gacon (sat. II, v, 93) prétend fort mal-à-propos, qu'on devait envoyer chez la fausse savante, plutôt que chez la précieuse, les Perrin, les Coras, etc.

Mais pourtant confessant qu'il a quelques beautés, [1]
Ne trouve en Chapelain, quoi qu'ait dit la satire,
Autre défaut, sinon qu'on ne le saurait lire;
Et, pour faire goûter son livre à l'univers,
Croit qu'il faudrait en prose y mettre tous les vers. [2] 460

---

[1] *Voy.* la note précédente, p. 249. — Juvénal, sat. vi, v. 435 à 437.

> Laudat Virgilium, periturae ignoscit Elisae ;
> Committit vates et comparat, inde Maronem,
> Atque alia parte in trutina suspendit Homerum.

M. Amar (1821) s'étonne de ce qu'après avoir dit dans la satire ix (v. 242), laissons Chapelain pour *la dernière fois*, Boileau *s'acharne* de nouveau contre un homme mort et contre un ouvrage oublié depuis plus de vingt-six ans... Il n'y a ici aucun acharnement : c'est tout simplement une réponse à ce que Perrault venait de publier depuis deux ou trois ans dans ses Parallèles, sur Chapelain et son ouvrage (ainsi cet ouvrage n'était pas même oublié dans toute l'étendue du mot).

[2] V. O ou E. (en partie). Dans les trois éditions de 1694 (idem, 1695, A. et CT., 1697, A. et R., et 1698, R.), au lieu des vers 459 et 460, il y avait les quatorze suivans, que Boileau, dit Brossette, supprima après sa réconciliation avec Perrault. Brossette ni aucun éditeur n'indique l'époque précise de ce changement, qui eut lieu dans l'édition de 1694-98 (Not. bibl., § 1, n° 84, obs. 4); ce qui n'empêcha pas plusieurs éditeurs étrangers (tels que ceux de 1701, CT. et de 1701, 1702, 1707 et 1708, A.) de les reproduire.

> Et croit qu'on pourra même enfin le lire un jour, *
> Quand la langue vieillie ayant changé de tour,
> On ne sentira plus la barbare structure
> De ses expressions mises à la torture ;
> S'étonne cependant d'où vient que chez Coignard
> Le Saint-Paulin ** écrit avec un si grand art,
> Et d'une plume douce, aisée, et naturelle,
> Pourrit, vingt fois encor moins lu que la Pucelle.
> Elle en accuse alors notre siècle infecté
> Du pédantesque goût qu'ont pour l'antiquité

* Paroles de M. P** dans ses dialogues à propos de Chapelain. *Boil.*, 1694 (il y a *Perrault*, à 1697, 1701, 1702, 1707, et 1708, A).

** Poëme de M. P. *Boil.*, *ib.* (le libraire était Coignard).

A quoi bon m'étaler cette bizarre école
Du mauvais sens, dis-tu, prêché par une folle?
De livres et d'écrits bourgeois admirateur,
Vais-je épouser ici quelque apprentive¹ auteur?
Savez-vous que l'épouse avec qui je me lie ²   465.
Compte entre ses parens des princes d'Italie;
Sort d'aïeux dont les noms...? Je t'entends, et je voi
D'où vient que tu t'es fait secrétaire du roi:
Il fallait de ce titre appuyer ta naissance.
Cependant (t'avouerai-je ici mon insolence?),   470
Si quelque objet pareil chez moi, deçà les monts,
Pour m'épouser entrait avec tous ces grands noms,
Le sourcil rehaussé d'orgueilleuses chimères; ³
Je lui dirais bientôt : Je connais tous vos pères;
Je sais qu'ils ont brillé dans ce fameux combat ⁴   475.

> Magistrats, princes, ducs, et même fils de France,
> Qui lisent sans rougir et Virgile et Térence,
> Et toujours pour * P** pleins d'un dégoût malin,
> Ne savent pas s'il est au monde un Saint-Paulin.

Gacon, sat. 1, apostrophe ainsi ses vers :

> Quoi! vous ne craignez point d'être vendus au poids,
> Comme le Saint-Paulin et tant d'autres vers froids,
> Qui sans être venus jusqu'à la reliure,
> Ne servent chez Coignard que de maculature?

¹ V. 1694 à 1701, *apprentie;* et c'est le seul mot reçu à présent. On ne peut toutefois dissimuler qu'*apprentive* ne soit plus harmonieux... *Apprentie* rendait le vers dur.

² On dit également *lier avec,* ou *lier à. Le Brun.*

³ Vers admirable. *Le Brun.*

⁴ Combat de Cérisolles, gagné par le duc d'Enghien en Italie. *Boil.*, 1694 à 1713. — Le 14 avril 1544, disent Brossette et tous les éditeurs d'après lui, et presque tous sans le citer, de sorte qu'ils s'approprient sa faute; car

* Il y a *Perrault*, à 1697, 1701, 1702, 1707 et 1708, A.

Où sous l'un des Valois Enghien sauva l'état.
D'Hozier n'en convient pas, mais¹, quoi qu'il en puisse être,
Je ne suis point si sot que d'épouser mon maître. ²
Ainsi donc, au plus tôt délogeant de ces lieux,
Allez, princesse, allez, avec tous vos aïeux,   480
Sur le pompeux débris des lances espagnoles, ³
Coucher, si vous voulez, aux champs de Cérisoles : ⁴
Ma maison ni mon lit ne sont point faits pour vous. ⁵

selon la remarque de *Cizéron-Rival (Récréat. littér.*, 138), ce doit être 1545, parce que Pâques était cette année-là le 13 avril.

¹ V. 1694. *Varillas n'en dit rien*, mais, etc.. — Varillas ne peut parler des ancêtres d'une femme qui n'est pas même désignée, tandis que Juvénal nomme Cornélie. *Bellocq*, 17.—Suivant Brossette, Boileau fit le changement ci-dessus, changement du reste fort convenable, parce qu'on pouvait induire de ses vers qu'il accusait Varillas de n'avoir pas parlé de la bataille de Cérizolles.. Cela est au moins douteux.

² Imitat. de Martial (liv. VIII, épig. xii), dit Brossette.

> Uxorem quare locupletem ducere nolim
> Quæritis? uxori nubere nolo meæ.

Uxorem ducere exprime l'action de l'homme qui prend une femme : *nubere marito*, celle d'une femme qui prend un mari. Martial joue sur le mot en substituant *uxori* à *marito*, ce que Boileau a voulu rendre, selon Brossette, par les mots *épouser mon maître*.

³ Voltaire, Henriade, ch. iv, vers 181, a dit :

> *Sur les pompeux débris* de Bellone et de Mars.

Mais on ne peut considérer cela comme une imitation parce que c'est une de ces tournures qui appartiennent à tout le monde (même remarque pour les vers 92, épît. i : 123 et 136, épît. iv ; 60, épît. vii ; 180, Lutr., ch. i, t. II, p. 15, 50, 51, 91 et 304).... et que des poètes, même plus anciens que Boileau, avaient pu employer. *Clément, Lett.* ix, p. 243.

⁴ C'est riche de verve et de couleur. Boileau, dans sa poésie n'est pas moins étonnant par la magie des sons que par la force de la pensée. *Le Brun.*

Gacon, satire ii, v. 103 à 110, a parodié une partie de ce couplet de Boileau (vers 465 à 482.).

⁵ Vers 465 à 483. Imit. de Juvénal, sat. vi, vers 165 à 171 :

J'admire, poursuis-tu, votre noble courroux.
Souvenez-vous pourtant que ma famille illustre [1]   485
De l'assistance au sceau [2] ne tire point son lustre,
Et que, né dans Paris de magistrats connus,
Je ne suis point ici de ces nouveaux venus,
De ces nobles sans nom, que, par plus d'une voie,
La province souvent en guêtres nous envoie.   490
Mais eussé-je comme eux des meûniers pour parens,
Mon épouse vînt-elle encor d'aïeux plus grands,
On ne la verrait point, vantant son origine,
A son triste mari reprocher la farine. [3]
Son cœur, toujours nourri dans la dévotion,   495

>Quis feret uxorem cui constant omnia? Malo,
>Malo Venusinam, quam te, Cornelia mater
>Gracchorum, si cum magnis virtutibus affers
>Grande supercilium, et numeras in dote triumphos.
>Tolle tuum, precor, Annibalem, victumque Syphacem
>In castris, et cum tota Carthagine migra.

Bellocq, p. 17 et 18, et Saint-Marc, V, 427, soutiennent avec raison que Boileau est resté au-dessous de son modèle. Tout en admirant en effet, avec Le Brun les beaux vers indiqués notes 3, p. 251, et 4, p. 252, on ne peut dissimuler que Juvénal ne soit tout à-la-fois et plus précis et plus énergique. D'ailleurs ce n'est point une inconnue, une femme dont les ancêtres se sont distingués dans une bataille ordinaire, mais la célèbre Cornélie, la mère des Gracques, la fille du premier Africain vainqueur d'Annibal et de Syphax, la belle-mère du second Africain destructeur de Carthage, etc., que Juvénal repousse avec son orgueil, quoique tant de titres semblassent devoir l'excuser.

[1] *Ma famille illustre..* Ce mot n'est bien dans la bouche de qui que ce soit ; mais c'est une sottise dans celle d'un homme qui a besoin de se faire secrétaire du roi *pour appuyer sa naissance* (vers 468 et 469, p. 251). *Bellocq*, 18 (les charges de secrétaires du roi dans les chancelleries, ennoblissaient. *Encyclop., Jurisprud.,* mot *secrétaire*).

[2] Principale fonction des secrétaires du roi. *Bross.* — Cet hémistiche produit une consonnance peu agréable.

[3] Vers trivial et peu digne de l'auteur. *Le Brun.*

De trop bonne heure apprit l'humiliation : [1]
Et, pour vous détromper de la pensée étrange
Que l'hymen aujourd'hui la corrompe et la change,
Sachez qu'en notre accord elle a, pour premier point,
Exigé qu'un époux ne la contraindrait point   500
A traîner après elle un pompeux équipage,
Ni surtout de souffrir, par un profane usage, [2]
Qu'à l'église jamais devant le Dieu jaloux,
Un fastueux carreau soit vu sous ses genoux. [3]
Telle est l'humble vertu qui dans son âme empreinte... 505

  Je le vois bien, tu vas épouser une sainte;
Et dans tout ce grand zèle il n'est rien d'affecté.
Sais-tu bien cependant, sous cette humilité,
L'orgueil que quelquefois nous cache une bigote,
Alcippe, et connais-tu la nation dévote?   510
Il te faut de ce pas en tracer quelques traits,
Et par ce grand portrait finir tous mes portraits. [4]

  A Paris, à la cour [5], on trouve, je l'avoue,
Des femmes dont le zèle est digne qu'on le loue,
Qui s'occupent du bien, en tout temps, en tout lieu. 515

---

[1] A qui M. D.. passerait-il des vers comme celui-ci et les 691 et 692 dont un seul mot remplit l'hémistiche? *Bellocq*, 20.

[2] Vers 500 à 502. *Contraindre* régit, il est vrai, *de* ou *à* devant les verbes, mais on ne doit pas, même en poésie, employer dans la même phrase ces deux différens régimes. *Féraud.*

[3] Peinture noblement tracée. *Le Brun.*

[4] Les vers 507 et 510 à 512 sont supprimés dans le Boileau de la jeunesse, et le vers 509 ainsi *refait :*

  L'orgueil que *peut cacher la fausse piété.*

Au moyen de ces changemens, il n'est plus question dans la satire x ni de femme *bigote*, ni de *nation dévote*.

[5] V. O. 1694, sép. et La H., à la ville, *à la cour*...

J'en sais une chérie et du monde et de Dieu,
Humble dans les grandeurs, sage dans la fortune,
Qui gémit, comme Esther, de sa gloire importune,
Que le vice lui-même est contraint d'estimer,
Et que sur ce tableau d'abord tu vas nommer. [1]   520
Mais pour quelques vertus si pures, si sincères,
Combien y trouve-t-on d'impudentes faussaires, [2]
Qui, sous un vain dehors d'austère piété,
De leurs crimes secrets cherchent l'impunité;
Et couvrent de Dieu même, empreint sur leur visage,   525
De leurs honteux plaisirs l'affreux libertinage! [3]
N'attends pas qu'à tes yeux j'aille ici l'étaler;
Il vaut mieux le souffrir que de le dévoiler. [4]
De leurs galans exploits les Bussis, les Brantômes,

---

[1] Vers 516 à 520. Éloge de madame de Maintenon fait à l'invitation de Racine (tome IV, p. 258), et, peut-être de crainte qu'on en eût quelque doute, on mit à la table de l'édition complète de 1694, au mot DÉVOTION, « caractère d'une *dévotion solide en la personne de madame de M.* », mais peut-être aussi le roi s'offensa-t-il de ce qu'on osait citer son épouse, et la phrase fut retranchée de la table de 1701.

[2] Un *faussaire* est un contrefacteur d'écritures... Il faut deviner qu'on veut parler ici des hypocrites. *Perrault, sup.* — Non : le sens est fort clair et la métaphore très juste. *Saint-Marc*, V, 429. — Dans le Boileau de la jeunesse, on a refait ainsi le deuxième hémistiche : *de vertus mensongères...* et l'on a supprimé les 122 vers suivans (portraits de la bigote altière, du directeur, etc.), excepté les 527 et 528e, qu'on a également *refaits*.

[3] Je n'entends point ces vers. Comment Dieu est-il empreint sur le visage des dévotes? et comment se servent-elles de cette empreinte pour couvrir leurs vices?. *Bellocq*, 18. — Empreindre Dieu même sur son visage, pour y masquer *le plus honteux libertinage*, est d'une force, d'une hardiesse d'expression dont Molière *(Tartufe, acte I, sc. 6)* lui-même n'approche pas ici. *M. Amar.*

[4] Maxime dangereuse en morale. *Bellocq*, 18. — Oui, en général, mais non pas dans l'hypothèse actuelle : il eut au contraire été dangereux de dévoiler ces honteux plaisirs.

Pourraient avec plaisir te compiler des tomes : [1] 530
Mais pour moi, dont le front trop aisément [2] rougit,
Ma bouche a déjà peur de t'en avoir trop dit.
Rien n'égale en fureur, en monstrueux caprices,
Une fausse vertu qui s'abandonne aux vices.
   De ces femmes pourtant l'hypocrite noirceur [3] 535
Au moins pour un mari garde quelque douceur.
Je les aime encor mieux qu'une bigote altière,
Qui, dans son fol orgueil, aveugle et sans lumière, [4]
A peine sur le seuil de la dévotion,
Pense atteindre au sommet de la perfection, [5] 540
Qui du soin qu'elle prend de me gêner sans cesse
Va quatre fois par mois se vanter à confesse; [6]
Et, les yeux vers le ciel, pour se le faire ouvrir,
Offre à Dieu les tourmens qu'elle me fait souffrir.
Sur cent pieux devoirs aux saints elle est égale; 545
Elle lit Rodriguez [7], fait l'oraison mentale,
Va pour les malheureux quêter dans les maisons,
Hante les hôpitaux, visite les prisons,
Tous les jours à l'église entend jusqu'à six messes :
Mais de combattre en elle et dompter ses faiblesses, 550
Sur le fard, sur le jeu, vaincre sa passion,
Mettre un frein à son luxe, à son ambition,

---

[1] Brantôme a fait les vies des dames galantes de son temps. *Bross.* — On a parlé de Bussi, p. 162, note 4.

[2] On l'appelait le *chaste* Despréaux. *Bross.*

[3] Hypocrite noirceur, épithète choisie par le goût. *Le Brun.*

[4] *Sans lumière* n'est ici que pour la rime. *Saint-Marc*, V, 41 ; *Le Brun.*

[5] Le *seuil* et le *sommet* contrastent, dans ces deux vers, de la manière la plus heureuse. *Le Brun.*

[6] *Se vanter* est hardi et plaisant. *Le Brun.*

[7] Auteur d'un traité de la perfection chrétienne. *Bross.*

Et soumettre l'orgueil de son esprit rebelle,
C'est ce qu'en vain le ciel voudrait exiger d'elle.
  Et peut-il, dira-t-elle, en effet l'exiger ? 555
Elle a son directeur, c'est à lui d'en ¹ juger :
Il faut sans différer savoir ce qu'il en pense.
Bon ! vers nous à propos je le vois qui s'avance. ²
Qu'il paraît bien nourri ! Quel vermillon ! quel teint !
Le printemps dans sa fleur sur son visage est peint. ³ 560
Cependant, à l'entendre, il se soutient à peine ;
Il eut encore hier la fièvre et la migraine ;
Et, sans les prompts secours qu'on prit soin d'apporter,
Il serait sur son lit peut-être à trembloter. ⁴
Mais de tous les mortels, grâce aux dévotes âmes, 565
Nul n'est si bien soigné qu'un directeur de femmes.
Quelque léger dégoût vient-il le travailler,
Une faible ⁵ vapeur le fait-elle bâiller,

---

¹ Boileau a varié dans l'emploi de cette locution. V. tome IV, p. 12, lig. 17, et la note, ibid.

² Vers 558 et suiv.. Le portrait (du directeur) manque de vraisemblance. *Bellocq*, 19. — On y voit la sécheresse extrême de l'auteur. *Pradon*, *Rép.*, p. 6. — De tous les portraits de la satire x, c'est celui que Boileau préférait. *Bross.* — Il est fort bien frappé. *La Harpe*, *Lyc.*, VI, 196 ; *M. Thiessé, Merc*, déc. 1823, p. 509 (voy. note du vers 572).

³ L'auteur, faute d'invention, se pille ici lui-même, car il avait dit (tome III, p. 293) : *La jeunesse en sa fleur brille sur son visage*.. *Pradon*, *ib.* — Il s'est surpassé en se copiant. *M. de S.-S.* — Quant à nous, nous préférons le vers du Lutrin.

⁴ Pour cette expression, voy. tome II, p. 337 et 340, aux notes.

⁵ *V. E.* Texte de 1694 à 1713 (23 éditions dont huit originales) suivi dans l'édition de 1713, A. et dans quelques-unes de ses copies ; dans celles de 1715, 1726, 1735, 1741, 1758 et 1760, Sch. ; de 1736, Bru., de 1740, Souch, de 1793, Pal., et de 1798, P... Il a plu à Brossette de mettre, sans donner aucune raison de ce changement, *une* froide *vapeur*, et il a été imité dans presque toutes les autres éditions (nous en avons compté plus de *cent quarante*).

Un escadron coiffé d'abord court à son aide : [1]
L'une chauffe un bouillon, l'autre apprête un remède; 570
Chez lui sirops exquis, ratafias vantés,
Confitures surtout, volent de tous côtés : [2]
Car de tous mets sucrés, secs, en pâte, ou liquides,
Les estomacs dévots toujours furent avides :
Le premier massepain pour eux, je crois, se fit, 575
Et le premier citron à Rouen fut confit. [3]

Notre docteur bientôt va lever tous ses doutes,
Du paradis pour elle il aplanit les routes ;
Et, loin sur ses défauts de la mortifier,
Lui-même prend le soin de la justifier. 580
Pourquoi vous alarmer d'une vaine censure?
Du rouge qu'on vous voit on s'étonne, on murmure :
Mais a-t-on, dira-t-il, sujet de s'étonner?
Est-ce qu'à faire peur on veut vous condamner?
Aux usages reçus il faut qu'on s'accommode : 585
Une femme surtout doit tribut à la mode :
L'orgueil brille, dit-on, sur vos pompeux habits;

---

[1] *Escadron coiffé* est assurément nouveau. *Pradon, ib.* — Les femmes ne vont ni à cheval, ni en escadron. *Bellocq,* 19 (*voy.* aussi Rosel, p. 15).— Expression pittoresque. *Le Brun.*

[2] Vers 566 à 572. Ces vers sont bons pour Brossette. Il y avait ce me semble, quelque chose de mieux à nous dire. *Voltaire, Dict. phil.*, mot *directeur*. — Mais Despréaux se borne-t-il à ces vers agréables? La suite du portrait d'un faux directeur n'est-elle pas tracée d'une main courageuse? *M. de S.-S.* — Ajoutons qu'en semblable *matière*, on ne peut hésiter entre l'avis d'un La Harpe (note du vers 558, p. 257) et celui d'un Voltaire.

[3] Les plus exquis citrons confits se font à Rouen. *Boil.,* 1713.

Vers fort plaisant. *Dubois-Fontanelle*, III, 199. — Vers 575 et 576 : vers charmans où la rime caresse agréablement l'oreille; et le *je crois* est bien aimable. *Le Brun.* — Vers 573 à 575 : Portrait fidèlement tracé. *M. Lemercier,* IV, 76.

L'œil à peine soutient l'éclat de vos rubis ;
Dieu veut-il qu'on étale un luxe si profane ?
Oui, lorsqu'à l'étaler notre rang nous condamne. 590
Mais ce grand jeu chez vous comment l'autoriser ?
Le jeu fut de tout temps permis pour s'amuser ;
On ne peut pas toujours travailler, prier, lire :
Il vaut mieux s'occuper à jouer qu'à médire.
Le plus grand jeu, joué dans cette intention, 595
Peut même devenir une bonne action :
Tout est sanctifié par une âme pieuse.
Vous êtes, poursuit-on, avide, ambitieuse ;
Sans cesse vous brûlez de voir tous vos parens
Engloutir à la cour charges, dignités, rangs. 600
Votre bon naturel en cela pour eux brille ;
Dieu ne nous défend point d'aimer notre famille.
D'ailleurs tous vos parens sont sages, vertueux :
Il est bon d'empêcher ces emplois fastueux [1]
D'être donnés peut-être à des âmes mondaines, 605
Éprises du néant des vanités humaines.
Laissez là, croyez-moi, gronder les indévots,
Et sur votre salut demeurez en repos.
   Sur tous ces points douteux c'est ainsi qu'il prononce.
Alors, croyant d'un ange entendre la réponse, 610

---

[1] Molière fait dire à-peu-près la même chose à Tartufe. *Le Brun.* — Si je me résous, dit-il (acte IV, sc. 1), à accepter du père (Orgon),

> Cette donation qu'il a voulu me faire,
> Ce n'est, à dire vrai, que parce que je crains
> Que tout ce bien ne tombe en de méchantes mains ;
> Qu'il ne trouve des gens qui, l'ayant en partage,
> En fassent dans le monde un criminel usage,
> Et ne s'en servent pas, ainsi que j'ai dessein,
> Pour la gloire du ciel et le bien du prochain.

Sa dévote s'incline, et, calmant son esprit,
A cet ordre d'en haut sans réplique souscrit.
Ainsi, pleine d'erreurs qu'elle croit légitimes,
Sa tranquille vertu conserve tous ses crimes;
Dans un cœur tous les jours nourri du sacrement 615
Maintient la vanité, l'orgueil, l'entêtement,
Et croit que devant Dieu ses fréquens sacrilèges
Sont pour entrer au ciel d'assurés privilèges.¹
Voilà le digne fruit des soins de son docteur.
Encore est-ce beaucoup si ce guide imposteur, 620
Par les chemins fleuris d'un charmant quiétisme,
Tout-à-coup l'amenant au vrai molinosisme,²
Il ne lui fait bientôt, aidé de Lucifer,
Goûter en paradis les plaisirs de l'enfer.³

Mais dans ce doux état, molle, délicieuse,⁴ 625
La hais-tu plus, dis-moi, que cette bilieuse
Qui, follement outrée en sa sévérité,
Baptisant son chagrin du nom de piété,

---

¹ Vers 615 à 618. Boileau, on ne l'a pas encore remarqué, reproduit à peu-près la même idée dans les vers 125 et 126 de la satire xi.

² *Quiétisme* et *Molinosisme*, termes peu poétiques, mais consacrés par l'usage. Il fallait se faire entendre. *Le Brun.* — *Molinosisme*, de Molinos, chef du quiétisme. *Bross.*

³ Vers 623 et 624. Qu'est-ce que des plaisirs d'enfer qu'on goûte en paradis ?. *Bellocq*, p. 18. — Gacon a trop bien deviné et dévoilé dans sa satire xv (v. 77 et 78) ce que Bellocq nomme une *énigme*.

Vers 620 à 624. *Ne lui fait bientôt* étant régi par le *guide imposteur*, cet *il* qui commence le vers (623) était inutile. — *Desforges Maillard* (dans St.-Marc), *Féraud, MM. Daunou et S.-S.*

⁴ *Molle, délicieuse* : *molle* ne fait pas ici un très bel effet; et *délicieuse* dans le sens où il est pris, est un terme un peu *néologue*, mais il est cependant placé avec quelque intention. *Le Brun.* — Il eût fallu dire *néologique* M. E. P., *Journ. de Paris*, 5 févr. 1808.

Dans sa charité fausse où l'amour propre abonde,
Croit que c'est aimer Dieu que haïr tout le monde? 630
Il n'est rien où d'abord son soupçon attaché
Ne présume du crime et ne trouve un péché.[1]
Pour une fille honnête et pleine d'innocence
Croit-elle en ses valets voir quelque complaisance?
Réputés criminels, les voilà tous chassés, 635
Et chez elle à l'instant par d'autres remplacés.
Son mari, qu'une affaire appelle dans la ville,
Et qui chez lui sortant a tout laissé tranquille,
Se trouve assez surpris, rentrant dans la maison,
De voir que le portier lui demande son nom; 640
Et que, parmi ses gens, changés en son absence,[2]
Il cherche vainement quelqu'un de connaissance.[3]

Fort bien! le trait est bon! dans les femmes, dis-tu,
Enfin vous n'approuvez ni vice ni vertu.

---

[1] Vers 625 à 632. Molière (École des femmes, acte IV, sc. 8) fait aussi le portrait des *dragons de vertu*.

[2] V. 1694 à 1697. Et que dans son logis fait neuf *en son*...

On ne dit point *faire logis neuf*, quoiqu'on puisse dire *faire maison neuve*. Perrault, *Apolog.*, préf.; Bellocq, 16. — Boileau fut encore ici docile et peut-être trop docile à la critique. « La remarque de Perrault, observe « Le Brun, absolument vraie pour la prose ne l'est pas pour les vers : le goût seul peut en désigner les exceptions. Tel est un logis fait neuf, pour *faire une maison neuve*. » — « Le logis *fait neuf*, ajoute M. Amar, ennoblit cette locution vulgaire *faire maison neuve*, pour dire la renouveler entièrement. N'appauvrissons pas la langue poétique.

[3] Imitat. de Regnier (sat. XI, à la fin). *Bross.*

> Je cours à mon logis, je heurte, je tempête;
> Et croyez à frapper que je n'étais perclus.
> On m'ouvre; et mon valet ne me reconnaît plus, etc.

Vers 625 à 642. On parle de l'original prétendu de ce portrait, tome III, art. des erreurs de Brossette, n° 15, p. 479.

Voilà le sexe peint d'une noble manière : 645
Et Théophraste même, aidé de La Bruyère, [1]
Ne m'en pourrait pas faire un plus riche tableau.
C'est assez : il est temps de quitter le pinceau ;
Vous avez désormais épuisé la satire.
Épuisé, cher Alcippe! Ah! tu me ferais rire! 650
Sur ce vaste sujet si j'allais tout tracer,
Tu verrais sous ma main des tomes s'amasser.
Dans le sexe j'ai peint la piété caustique :
Et que serait-ce donc, si, censeur plus tragique,
J'allais t'y faire voir l'athéisme établi, 655
Et, non moins que l'honneur, le ciel mis en oubli ; [2]
Si j'allais t'y montrer plus d'une Capanée [3]
Pour souveraine loi mettant la destinée,
Du tonnerre dans l'air bravant les vains carreaux,
Et nous parlant de Dieu du ton de Des Barreaux ? [4] 660

---

[1] La Bruyère a traduit les *Caractères* de Théophraste, et a fait ceux de son siècle. *Boil.*, 1713.

[2] Ce vers n'est pas français : le tour est tout-à-fait barbare. *Bellocq*, 20. — Pour que cette critique soit juste, il faut admettre que ce tour était alors inusités car on n'aperçoit rien de barbare dans le vers.

[3] Capanée était un des sept chefs de l'armée qui mit le siège devant Thèbes. Les poètes ont dit que Jupiter le foudroya à cause de son impiété. *Boil.*, 1713.

Perrault remarque (*ibid.*) que Capanée étant un homme on ne peut pas dire *une* Capanée, pas plus qu'on ne pourrait dire *une* Thésée, une Cicéron. — MM. Daunou, de S.-S. et Planche approuvent cette critique, en observant que si l'on n'est pas choqué du vers de Boileau c'est que Capanée est peu connu et que son nom a une terminaison féminine.

Le Brun trouve que l'image d'une *Capanée affrontant le ciel* est heureuse et hardie ; mais il n'aime pas qu'une femme dont le nom est grec d'origine, parle à Dieu du ton de Des Barreaux (vers 660) : cette expression blesse un peu le goût.

[4] On dit qu'il se convertit avant que de mourir. *Boil.*, 1713.

Mais sans aller chercher cette femme infernale,
T'ai-je encor¹ peint, dis-moi, la fantasque inégale
Qui, m'aimant le matin, souvent me hait le soir?
T'ai-je peint la maligne aux yeux faux, au cœur noir?²
T'ai-je encore exprimé³ la brusque impertinente? 665
T'ai-je tracé la vieille⁴ à morgue dominante,
Qui veut, vingt ans encore après le sacrement,
Exiger d'un mari les respects d'un amant?
T'ai-je fait voir de joie une belle animée,
Qui souvent d'un repas sortant toute⁵ enfumée 670
Fait, même à ses amans, trop faibles d'estomac,
Redouter ses baisers pleins d'ail et de tabac?⁶
T'ai-je encore décrit la dame brelandière

---

[1] Encor signifie *là, jusqu'ici..* Cela ne peut s'employer que dans les phrases négatives. *St.-Marc*, V, 430.

[2] Voilà des façons de parler toutes nouvelles : les yeux *faux* sont des yeux de verre... Quoique on dise *l'âme noire*, on n'a jamais dit le *cœur noir*. Peut-être, M. D. prétend-il qu'il a assez d'autorité pour faire passer un mot de sa façon? *Bellocq*, 20. — La *maligne* ne signifie rien; ce n'était guère la peine de la peindre. *Le Brun*.

[3] Galimatias : on dit exprimer une pensée, mais non pas exprimer une femme. *Bellocq*, 20. — *Exprimé, tracé*, pour *faire le portrait...* l'ellipse paraît bien forte. *St.-Marc*, V, 430. — *Exprimé* n'est pas le mot propre. *M. Daunou.*

[4] Mauvaise césure. *Bellocq*, 9.

[5] V. E. Texte de 1694 à 1713, et non pas *tout*, comme on a mis dans la plupart des éditions modernes. *Voy.* p. 104, note 3.

[6] Regnard, satire des maris, vers la fin, dit :

> Quel charme, quel plaisir pour cette triste femme
> De se voir le témoin de ce spectacle infâme,
> De sentir des vapeurs de vin et de tabac,
> Qu'exhale à ses côtés un perfide estomac!

Le petit peuple ayant commencé en France à prendre du tabac par le nez, ce fut d'abord une indécence aux femmes d'en faire usage. *Voltaire*, *Dict. philos.*, mot *tabac.*

Qui des joueurs chez soi se fait cabaretière, [1]
Et souffre des affronts que ne souffrirait pas   675
L'hôtesse d'une auberge à dix sous par repas?
Ai-je offert à tes yeux ces tristes [2] Tisiphones,
Ces monstres pleins d'un fiel que n'ont point les lionnes,
Qui, prenant en dégoût les fruits nés de leur flanc,
S'irritent sans raison contre leur propre sang;   680
Toujours en des fureurs que les plaintes aigrissent,
Battent [3] dans leurs enfans l'époux qu'elles haïssent;
Et font de leur maison, digne de Phalaris, [4]
Un séjour de douleur, de larmes et de cris? [5]
Enfin t'ai-je dépeint la superstitieuse,   685
La pédante au ton fier, la bourgeoise ennuyeuse,
Celle qui de son chat fait son seul entretien,
Celle qui toujours parle et ne dit jamais rien? [6]

---

[1] Il y a des femmes qui donnent à souper aux joueurs, de peur de ne les plus revoir s'ils sortaient de leurs maisons. *Boil.*, 1713.

[2] *Tristes* : épithète peu digne de la plus terrible des furies. *Le Brun.*

[3] *V. E.* et *F. N. R.* Texte de 1694 à 1713, au lieu de *battant*, faute choquante de 1745, 1750, 1752, 1757, 1766, 1767, 1768, 1775, 1778, 1782, 1787, 1793 et 1803, P.; 1756, A.; 1770, Barb; 1777, Cas.; 1780, Lond. et Gen.; 1784, Evr.; 1799, Lié.; 1814, Ly.; 1816, Avi... (plus de *vingt* éditions).

[4] Tyran en Sicile, très cruel. *Boil.*, 1713.

[5] Vers 677 à 684. Ce passage est un de ceux que Clément (*Nouv. obs.*, p. 459) cite pour prouver que Boileau avait de la verve (*voy.* aussi l'Essai, n° 120), après quoi il ajoute : « si ce n'est pas là de la verve et de la chaleur la plus poétique, j'avoue que je ne m'y connais plus : mais cette chaleur est amenée avec art et par degrés : elle ne sort point du ton propre au genre, et ne fait aucune disparate avec ce qui précède ni ce qui suit. »

Vers 665 à 684. Ils sont supprimés dans le Boileau de la jeunesse.

Vers 677 à 684. Fausse indication de l'original de ce portrait, *voy.* t. III, art. des Erreurs de Brossette, n° 6, p. 459.

[6] Vers 686 à 688. Autre indication fausse... voy. id., n° 16, p. 479.

Il en est des milliers ; mais ma bouche enfin lasse
Des trois quarts pour le moins veut bien te faire grâce. 690
 J'entends, c'est pousser loin la modération.
Ah ! finissez, dis-tu, la déclamation. [1]
Pensez-vous qu'ébloui de vos vaines paroles,
J'ignore qu'en effet tous ces discours frivoles
Ne sont qu'un badinage, un simple jeu d'esprit [2] 695
D'un censeur dans le fond qui folâtre et qui rit, [3]
Plein du même projet qui vous vint dans la tête
Quand vous plaçâtes l'homme au-dessous de la bête ?
Mais enfin vous et moi c'est assez badiner,
Il est temps de conclure ; et, pour tout terminer, 700
Je ne dirai qu'un mot. La fille qui m'enchante,
Noble, sage, modeste, humble, honnête, touchante,
N'a pas un des défauts que vous m'avez fait voir.
Si, par un sort pourtant qu'on ne peut concevoir,
La belle, tout-à-coup rendue insociable, 705
D'ange, ce sont vos mots, se transformait en diable,
Vous me verriez bientôt, sans me désespérer,
Lui dire : Eh bien ! madame, il faut nous séparer ;
Nous ne sommes pas faits, je le vois, l'un pour l'autre.

 Vers 687. Boileau s'est imité ici : il avait dit (épit. IX, tom. II, p. 111) :

  Et qui, parlant beaucoup, ne disent jamais rien.

[1] Vers 691 et 692. Hémistiches lourds... voy. p. 254, note 1.
[2] Boileau fait entendre par là qu'il ne faut pas prendre à la lettre tout ce que dit un poète. *Bross.* (Voy. tome IV, p. 423).
[3] Mauvaise transposition. *Perrault*, Apolog.; *Bellocq*, 20 ; *Saint-Marc.*
 Dans le fond, pour *au fond*, construction louche et irrégulière. *Le Brun.*
— Non, il n'y a aucun embarras, dans ce vers ; et d'ailleurs les deux expressions sont également admises.. *M. de S.-S.* — M. Daunou convient de ce dernier point, mais n'admet pas le premier.

Mon bien se monte à tant : tenez; voilà le vôtre. 710
Partez : délivrons-nous d'un mutuel souci.
   Alcippe, tu crois donc qu'on se sépare ainsi?
Pour sortir de chez toi sur cette offre offensante,
As-tu donc oublié qu'il faut qu'elle y consente?
Et crois-tu qu'aisément elle puisse quitter 715
Le savoureux plaisir de t'y persécuter ?
Bientôt son procureur, pour elle usant sa plume,
De ses prétentions va t'offrir un volume :
Car, grâce au droit reçu chez les Parisiens,
Gens de douce nature, et maris bons chrétiens,[1] 720
Dans ses prétentions une femme est sans borne.[2]
Alcippe, à ce discours je te trouve un peu morne.
Des arbitres, dis-tu, pourront nous accorder.
Des arbitres!... Tu crois l'empêcher de plaider!
Sur ton chagrin déjà contente d'elle-même, 725
Ce n'est point tous ses droits, c'est le procès qu'elle aime.

---

[1] Ce vers si plaisant et qui est devenu proverbe, fait frémir Perrault (*ibid.*) d'indignation. Corneille avait pourtant déjà ébauché cette idée en disant (*Suite du Menteur*, act. II, sc. 1) de Paris ;

    Et, ce qui vaut bien mieux que toutes ces richesses,
    Les maris y sont bons et les femmes maîtresses.

[2] Vers 719 à 721. Boileau fait allusion aux dispositions de la coutume de Paris qui étaient très favorables aux femmes ; ce que Brossette prouve en rapportant, et avec guillemets, un passage du IXe plaidoyer de Patru. Presque tous les commentateurs, les Souchay, les Saint-Marc, etc., persuadés d'après les guillemets, que la citation est rigoureusement textuelle, ne manquent pas de la rapporter en toutes lettres, et aussi avec des guillemets, sans dire un mot de Brossette qui la leur a fournie, et en nommant uniquement Patru comme s'ils l'avaient directement consulté. Par malheur, Brossette a supprimé des mots et en a intercalé d'autres dans le texte de Patru (*Plaidoyers*, in-4°, 1677, p. 172), ce qui rend un peu suspecte l'*érudition* des commentateurs.

Pour elle un bout d'arpent qu'il faudra disputer
Vaut mieux qu'un fief entier acquis sans contester.
Avec elle il n'est point de droit qui s'éclaircisse,
Point de procès si vieux qui ne se rajeunisse ; 730
Et sur l'art de former un nouvel embarras,
Devant elle Rolet mettrait pavillon bas.
Crois-moi, pour la fléchir trouve enfin quelque voie,
Ou je ne réponds pas dans peu qu'on ne te voie
Sous le faix des procès abattu, consterné, 735
Triste[1], à pied, sans laquais, maigre, sec, ruiné,
Vingt fois dans ton malheur résolu de te pendre,
Et, pour comble de maux, réduit à la reprendre. [2]

[1] *Triste* est une épithète oisive après *consterné*.. *Le Brun*.

[2] Boileau s'applaudissait d'avoir su finir comme il avait commencé, par un trait de plaisanterie. *Bross.* — Trait excellent, et qui termine on ne peut mieux cette satire. *M Amar*.

SATIRE XI.[1]

A MONSIEUR DE VALINCOUR,

CONSEILLER DU ROI EN SES CONSEILS,

Secrétaire général de la marine et des commandemens de monseigneur le comte de Toulouse.[2]

Oui, l'honneur, Valincour, est chéri dans le monde :
Chacun, pour l'exalter, en paroles abonde;
A s'en voir revêtu chacun met son bonheur;
Et tout crie ici-bas : L'honneur! vive l'honneur!
Entendons discourir, sur les bancs des galères,   5
Ce forçat abhorré, même de ses confrères;[3]
Il plaint, par un arrêt injustement donné,

---

[1] Composée en 1698, à l'occasion du procès intenté aux Boileau sur leur noblesse. *Bross.* (*Voy.* l'Essai, n° 10 *a;* et tome IV, p. 334).
Cette satire est inférieure aux II°, VII°, VIII°, IX° et même à la X°; le sujet en est trop sérieux, trop abstrait et d'une trop grande étendue... mais je la crois aussi bonne pour les détails que pas une des autres. *Saint-Marc*, V, 431). — « On retrouve un peu plus (L. H. vient de parler de la satire X) le style de Boileau dans la satire XI, dont les soixante premiers vers sont encore dignes de lui; mais le reste est un sermon froid et languissant, chargé de redites; l'auteur est presque toujours hors du sujet, et les tournures monotones et le prosaïsme avertissent de la faiblesse de l'âge. » *La Harpe, Lyc.* VI, 196. — M. Daunou approuve ce jugement, que M. de Saint-Surin trouve beaucoup trop sévère. M. Amar (1824) est à-peu-près du sentiment de M. Daunou (voy. aussi la note du vers 127).

[2] Texte de 1701 à 1713, omis par beaucoup d'éditeurs. — Malgré tant de titres, Valincour ne serait guère connu sans cette satire; du moins selon Voltaire, qui, dans le siècle de Louis XIV (*Liste des écrivains*), dit qu'elle a fait sa plus grande réputation; et qui ailleurs (lettre du 8 septembre 1752, à d'Argental), le traite d'homme excessivement médiocre.

[3] Vers d'une audace de probité admirable. *Le Brun.*

L'honneur en sa personne à ramer condamné : ¹
En un mot, parcourons et la mer et la terre;
Interrogeons marchands, financiers, gens de guerre, 10
Courtisans, magistrats : chez eux, si je les croi,
L'intérêt ne peut rien, l'honneur seul fait la loi.

 Cependant, lorsqu'aux yeux leur portant la lanterne ²,
J'examine au grand jour l'esprit qui les gouverne,
Je n'aperçois partout que folle ambition, 15
Faiblesse, iniquité, fourbe, corruption,
Que ridicule orgueil de soi-même idolâtre. ³
Le monde, à mon avis, est comme un grand théâtre,
Où chacun en public, l'un par l'autre abusé,
Souvent à ce qu'il est, joue un rôle opposé. ⁴ 20
Tous les jours on y voit, orné d'un faux visage,
Impudemment le fou représenter le sage;
L'ignorant s'ériger en savant fastueux,
Et le plus vil faquin trancher du vertueux. ⁵

---

¹ Nous ignorons s'il y a beaucoup de galériens qui se plaignent du peu d'égards qu'on a eu pour leur honneur. *Voltaire, Dict. phil.*, mot *Honneur*. — M. Amar et d'après lui M. de S. S. opposent à Voltaire l'action si connue du duc d'Ossonne (il renvoya des galères le seul forçat qui convint d'avoir été justement condamné); action à laquelle Brossette prétend que Boileau fait allusion. M. Daunou observe judicieusement que, lors même que cette allusion serait aussi certaine qu'elle est douteuse, la réflexion de Voltaire ne serait pas moins juste.

² Allusion au mot de Diogène le cynique, qui portait une lanterne en plein jour, et qui disait qu'il cherchait un homme. *Boil.*, 1713.

³ Pensée finement exprimée. *Le Brun.*

⁴ Vers 18 à 20 : imités ou plutôt copiés, dit la Harpe (*Merc.* 2 déc. 1786), par Clément, dans les vers suivans (87 et 88, sat. VIII).

   Le monde à mon avis est une comédie;
   Chacun à s'y tromper s'intrigue et s'étudie.

⁵ On ne voit pas quelle opposition il y a entre *vil faquin* et *vertueux*. *Saint-Marc*, V, 434.

Mais, quelque fol espoir dont leur orgueil les berce, 25
Bientôt on les connaît, et la vérité perce.¹
On a beau se farder aux yeux de l'univers :
A la fin sur quelqu'un de nos vices couverts
Le public malin jette un œil inévitable;²
Et bientôt la censure, au regard formidable³, 30
Sait, le crayon en main, marquer nos endroits faux,⁴
Et nous développer⁵ avec tous nos défauts.
Du mensonge toujours le vrai demeure maître.
Pour paraître honnête homme, en un mot, il faut l'être;⁶
Et jamais, quoi qu'il fasse, un mortel ici-bas 35
Ne peut aux yeux du monde être ce qu'il n'est pas.
En vain ce misanthrope, aux yeux tristes et sombres,
Veut par un air riant, en éclaircir les ombres :
Le ris sur son visage est en mauvaise humeur⁷ :

---

¹ Rime difficile, amenée naïvement. *Le Brun.*

² On ne jette pas un œil comme on jetterait une pierre. On jette un coup-d'œil. *Chapat*, 73.

La césure est ici brisée par le mot, *Jette*; mais la faute en fait le charme. *Le Brun.* — « Je répondrai au reproche qu'on a cru pouvoir faire quelquefois à Boileau de ne suspendre qu'à demi l'hémistiche par un exemple même de ce prétendu défaut. *A la fin sur quelqu'un,* etc., qui oserait rendre le second vers plus régulier, et effacer l'image que fait ce *jette* ainsi jeté à la fin de l'hémistiche ? *Vict. Fabre*, note 15.

³ P. C. *La censure*, épagneule admirable... 2ᵉ comp... au regard admirable. *Bross.* — La première manière, observe avec raison M. Daunou, est si ridicule qu'il n'est guère permis de l'attribuer à Boileau.

⁴ Après *regard formidable* on attendait un autre mot que le verbe *sait*. *Le Brun.*

⁵ Figure hardie. *Féraud.* — Expression qu'il ne faut ni condamner ni recommander. *M. Daunou.*

⁶ Le vers 33 est dur, mais il est vrai, et d'ailleurs il en appelle un excellent (le 34ᵉ). *Le Brun.* — Le vers 34 est cité par Voltaire comme une maxime digne des honnêtes gens (v. l'Essai, n° 109).

⁷ Boileau a dû être bien satisfait quand ce vers charmant est venu sourire

L'agrément fuit ses traits, ses caresses font peur; 40
Ses mots les plus flatteurs paraissent des rudesses,
Et la vanité brille en toutes ses bassesses. ¹
Le naturel toujours sort et sait se montrer :
Vainement on l'arrête, on le force à rentrer;
Il rompt tout, perce tout, et trouve enfin passage. ² 45
 Mais loin de mon projet je sens que je m'engage.
Revenons de ce pas à mon texte égaré.
L'honneur partout, disais-je, est du monde admiré;
Mais l'honneur en effet qu'il faut que l'on admire,
Quel est-il, Valincour? Pourras-tu me le dire? 50
L'ambitieux le met souvent à tout brûler;
L'avare, à voir chez lui le Pactole ³ rouler;
Un faux brave, à vanter sa prouesse frivole;
Un vrai fourbe, à jamais ne garder sa parole⁴;

à son imagination. Avec quelle adresse ensuite il encadre sa pensée? *Le Brun.*

¹ Vers 37 à 42. Portrait du premier président de Harlay. En récitant le premier vers Boileau disait *en vain ce faux Caton*, aux yeux etc. *Voy.* Brossette; J. B. Rousseau, II, 185 et 203; Louis Racine, p. 267.

² Naturam expellas furcâ ; tamen usque recurret,
 Et mala perrumpet furtim fastidia victrix,

dit Horace (liv. I, ép. x, v. 24). L'imitation de Boileau est un peu traînante. *M. Daunou.* — Celle de Destouches (Glorieux, acte iii, sc. 5) est beaucoup plus précise.

 Chassez le naturel, il revient au galop.

³ Fleuve de Lydie, où l'on trouve de l'or, ainsi que dans plusieurs autres fleuves. *Boil.*, 1713.

⁴ Comment Boileau a-t-il pu dire qu'un fourbe fait consister l'honneur à tromper? il nous semble qu'il met son intérêt à manquer de foi, et son honneur à cacher ses fourberies. *Voltaire, Dict. phil.*, mot *honneur.*— Cela est vrai en général; mais il s'agit ici d'un *vrai* fourbe, d'un homme qui l'est par instinct plutôt encore que par calcul, et qui met par conséquent un

Ce poète, à noircir [1] d'insipides papiers ; 55
Ce marquis, à savoir frauder ses créanciers;
Un libertin, à rompre et jeûnes et carême;
Un fou perdu d'honneur, à braver l'honneur même.
L'un d'eux a-t-il raison? Qui pourrait le penser?
Qu'est-ce donc que l'honneur que tout doit embrasser? 60
Est-ce de voir, dis-moi, vanter notre éloquence,
D'exceller en courage, en adresse, en prudence;
De voir à notre aspect tout trembler sous les cieux;
De posséder enfin mille dons précieux?
Mais avec tous ces dons de l'esprit et de l'âme 65
Un roi même souvent peut n'être qu'un infâme [2],
Qu'un Hérode, un Tibère effroyable à nommer.
Où donc est cet honneur qui seul doit nous charmer?
Quoi qu'en ses beaux discours Saint-Évremond nous prône
Aujourd'hui j'en croirai Sénèque avant Pétrone? [3] 70

Dans le monde il n'est rien de beau que l'équité :
Sans elle, la valeur, la force, la bonté,
Et toutes les vertus dont s'éblouit la terre,
Ne sont que faux brillans, et que morceaux de verre.
Un injuste guerrier, terreur de l'univers, [4] 75

faux *honneur* à soutenir cet étrange caractère. *M. Amar.* — Cette explication, adoptée par M. de S.-S., nous paraît bien subtile.

[1] Boileau disait quelquefois en récitant, *Linière à barbouiller* etc.. *Bross.*

[2] C'est beau de liberté dans un siècle tout royal. *Le Brun.*

[3] Saint-Évremond a fait une dissertation dans laquelle il donne la préférence à Pétrone sur Sénèque. *Boil.*, 1713.

[4] Alexandre. *Boil.*, 1713.

Serait-ce dans ces vers (75 à 92) que J. B. Rousseau a puisé les plus mâles pensées de son *Ode à la fortune*? Je l'ignore ; mais il ne semble que la copie, et Boileau est toujours l'original. *Le Brun.* — On aperçoit trop ici l'envie de rabaisser un rival, dit M. Daunou, et M. Amar ne voit dans ces vers que le germe de l'idée si richement développée dans la même ode.

Qui, sans sujet, courant chez cent peuples divers,
S'en va tout ravager jusqu'aux rives du Gange,
N'est qu'un plus grand voleur que du Terte et Saint-Ange.¹
Du premier des Césars on vante les exploits;
Mais dans quel tribunal jugé suivant les lois, 80
Eût-il pu disculper son injuste manie ?
Qu'on livre son pareil en France à La Reynie ? ²
Dans trois jours nous verrons le phénix des guerriers ³
Laisser sur l'échafaud sa tête et ses lauriers.
C'est d'un roi ⁴ que l'on tient cette maxime auguste, 85
Que jamais on n'est grand qu'autant que l'on est juste.
Rassemblez à-la-fois Mithridate et Sylla;
Joignez-y Tamerlan, Genséric, Attila :
Tous ces fiers conquérans, rois, princes, capitaines,
Sont moins grands à mes yeux que ce bourgeois d'Athènes⁵

---

¹ *V. O.* (en partie). Fameux voleurs de grand chemin. *Boil.*, 1701.... de grands chemins. *Id.*, 1713.

V. E. Texte de 1701 et 1713 (*Id.*, 1702 à 1713, A.; 1709, Trad.), et non pas *Dutertre* et *Saint-Ange*, comme on a mis dans les éditions citées p. 264, note 3, et dans plusieurs autres, telles que 1769, 1787 (ass.). 1789, et 1806, P.; 1799, Lié.; 1801, Ri. 1810, Ray. et Chass.; 1814, Serp; 1815, Lécr.; 1821 et 1831, Avi.; 1821, Lons.; 1821 et 1823, Viol.; 1822 et 1824, Jeun.; 1822, Del; 1824 et 1825, Plan.; 1826, Min. et Dub. (deux édit.); 1829, A. L.; 1830, Ly. (plus de *quarante*).

² Célèbre lieutenant-général de police à Paris. *Boil.*, 1713. — Au lieu de *livre*, il y a *trouve* dans l'édition de 1713. *Voyez* sur cette faute grossière (M. de Saint-Surin l'appelle un *changement*), la Notice Bibl., § 1, n° 108, obs. 2.

³ *Dans trois jours*, est d'une verve étonnante: la rapidité du temps qu'il fixe signale la colère du poète. *Le Brun.*

⁴ Agésilas. *Boil.*, 1701... roi de Sparte. *Id.*, 1713.

⁵ Socrate. *Boil.*, 1701 et 1713.

L'humble titre de *bourgeois d'Athènes*, rendu plus humble encore par le rapprochement de *tous ces fiers conquérans, rois, princes, capitaines*, quand il s'agit de Socrate, devient presque une expression divine. *Le Brun.*

Qui sut, pour tous exploits, doux, modéré, frugal,
Toujours vers la justice aller d'un pas égal.
Oui, la justice en nous est la vertu qui brille :
Il faut de ses couleurs qu'ici-bas tout s'habille;[1]
Dans un mortel chéri, tout injuste qu'il est, 95
C'est quelque air d'équité qui séduit et qui plaît.[2]
A cet unique appas[3] l'âme est vraiment sensible :
Même aux yeux de l'injuste un injuste est horrible;
Et tel qui n'admet point la probité chez lui
Souvent à la rigueur l'exige chez autrui. 100
Disons plus : il n'est point d'âme livrée au vice
Où l'on ne trouve encor des traces de justice.
Chacun de l'équité ne fait pas son flambeau;
Tout n'est pas Caumartin, Bignon, ni Daguesseau.[4]
Mais jusqu'en ces pays où tout vit de pillage, 105
Chez l'Arabe et le Scythe, elle est de quelque usage;
Et du butin, acquis en violant les lois,
C'est elle entre eux qui fait le partage et le choix.

Mais allons voir le vrai jusqu'en sa source même.
Un dévot aux yeux creux, et d'abstinence blême, 110
S'il n'a point le cœur juste, est affreux devant Dieu.

---

[1] M. de Saint-Surin voit dans ce vers une charmante image. M. Daunou ne paraît pas partager son enthousiasme.

[2] Il y a, s'il est possible de le dire, un laisser-aller dans ce vers, qui rend la pensée plus naturelle et plus charmante. *Le Brun.*

[3] Texte de 1701 à 1713, et non pas *appât*, comme dans beaucoup d'éditions du XIX° siècle. M. Daunou pense qu'il ne faudrait ici ni *appas*, ni *appât*.

[4] Le tour naïf de cet éloge fait mieux croire à sa vérité. *Le Brun.* — Même remarque à-peu-près de M. Amar. — L'abbé Bignon, conseiller d'état, des académies française, des sciences et des inscriptions. *Bross.*— Quant à Daguesseau, voy. tome II, p. 140, note 4; et quant à Caumartin, l'Essai, n° 9 *b.*

L'Evangile au chrétien ne dit en aucun lieu :
Sois dévot : elle [1] dit : Sois doux, simple, équitable.
Car d'un dévot souvent au chrétien véritable
La distance est deux fois plus longue, à mon avis, 115
Que du pôle antarctique au détroit de Davis. [2]
Encor par ce dévot ne crois pas que j'entende
Tartufe, ou Molinos et sa mystique bande :

[1] Ce *sois dévot* est bien noble et bien hardi, surtout de la part de l'admirateur et de l'ami du docteur Arnauld. *Le Brun.*

F. N. R. St.-Marc assure que le mot *évangile* était alors des deux genres ; par conséquent, ce n'est pas même une inadvertance ainsi que le dit Voltaire (*Dictionn. philosoph.*, mot *dévot*), de l'avoir employé au féminin. D'ailleurs il remarque avec raison que cette faute eût été facile à corriger. — Souchay, au contraire, en a d'abord été si choqué, qu'il s'est permis de faire lui-même la correction en mettant (1735) *il nous dit* ; et cette leçon, quoiqu'il l'eût ensuite abandonnée (1740), a été reproduite dans une multitude d'éditions, telles que 1745, 1750, 1752, 1757, 1766, 1767, 1768, 1769, 1775, 1778, 1780, 1782, 1787 (deux édit.), 1789, 1793 et 1803, P.; 1756, A.; 1770, Barb.; 1777, Cas.; 1780, Lond., et Gen.; 1784, Evr.; 1800, Dét.; 1801, Ri.; 1805 et 1814, Ly.; 1810, Caill.; 1816 et 1831, Avi.; 1821, Lons.; 1826, Dub.; 1829, A. L. (plus de *trente*)... Dans d'autres, telles que 1798, P., 1812, Tu., 1818, Coll., et 1799, Lié., on a mis *il lui dit*..

[2] Détroit sous le pôle arctique près de la Nouvelle-Zemble. Boil., 1701 et 1713.

V. O. et F. N. R. Dans les deux éditions de 1701, on lit *artique* (à la note) et *antartique* (au texte), sans c... Cette faute a été reproduite dans celles de 1702, 1707, 1708 et 1713, A.., ainsi que dans leurs copies (Not. bibl., § 1, n. 95 *a* et 109) jusques à l'édition de 1789, Lond. et dans celle de 1736, Bru. (plus de *vingt*).

Voltaire (*ib.*) observe qu'il n'y a point de détroit de *Davis*, mais de *David*; que les Anglais mettent une *s* au génitif et que telle est la source de la méprise. Du reste, il excuse Boileau sur ce que de son temps personne n'apprenait l'anglais... Il nous semble qu'il importait fort peu en cette occasion que Boileau connût ou ignorât la langue anglaise, car il peut y avoir des Anglais appelés *Davis* tout comme *David*; mais il s'agit seulement de savoir si les géographes que Boileau a dû nécessaire-

J'entends un faux chrétien, mal instruit, mal guidé,
Et qui de l'Évangile en vain persuadé, 120
N'en a jamais conçu l'esprit ni la justice ;
Un chrétien qui s'en sert pour disculper le vice ;
Qui toujours près des grands, qu'il prend soin d'abuser,
Sur leurs faibles honteux sait les autoriser,
Et croit pouvoir au ciel, par ses folles maximes, 125
Comblés de sacremens [1] faire entrer tous les crimes.
Des faux dévots pour moi voilà le vrai héros. [2]

ment consulter pour sa citation, nomment le voyageur, *Davis*. Or, c'est précisément le nom qu'ils lui donnaient et qu'ils lui donnent encore dans les cartes françaises (*voy.* entre autres l'Atlas de l'Encyclopédie méthod., cartes 26 et 31).

Il n'y a point, dans ces vers, d'image que l'esprit puisse saisir... La distance d'un dévot à un chrétien et celle du pôle antarctique au détroit de Davis ne sont pas à comparer. *Condillac*, p. 146. — Plaisanterie adroite : la gaîté fait sortir le poète avec grâce d'un pas difficile... *Le Brun*. — Boileau ne plaisante point ici, ni ne cherche à déguiser sa pensée. *M. de S. S.* — Sérieuse ou non, sa comparaison est commune, peu spirituelle et même peu juste. *M. Daunou.* — M. Amar au contraire, ne paraît pas la désapprouver. — Quoi qu'il en soit, on en trouve une semblable dans Molière (Précieuses ridicules, sc. 10), mais il la met dans la bouche d'une précieuse. « Cela ne sent point le pédant... Il en est éloigné de plus de deux mille lieues. »

[1] *P. O.* On lit *avec le sacrement*, dans l'édition de 1701, in-4°, dans celles de 1713 et dans toutes les éditions postérieures (nous en avons compté plus de *cent soixante-dix*), à l'exception de celles de Schelte, de 1708 (deux éditions), 1715, 1726, 1735, 1741, 1745, 1758 et 1760 ; de celles de Genève, de 1732, et de Brunel, de 1736, et de la traduction de 1709 (Not. bibl., § 1, n° 95 a). L'expression si poétique et si hardie que Boileau y substitua, à soixante-cinq ans, et qui était resté inconnue jusqu'à présent, se trouve dans un carton de l'édition in-12 de 1701 (nous en possédons neuf exemplaires), postérieure de plusieurs mois à l'édition in-4° (même § 1, n. 90, obs. 5).

Vers 125 et 126. Imitation de sat. x... voy. p. 260, note 1.

[2] Vers 109 à 127. Quoiqu'il n'y ait pas le même feu et que les vers ne soient pas si coulans dans la satire xi, que dans les précédentes, il y a pourtant de fort beaux endroits, tels que celui du portrait du faux dé-

Mais, pour borner enfin tout ce vague propos,
Concluons qu'ici-bas le seul honneur solide,
C'est de prendre toujours la vérité pour guide ; 130
De regarder en tout la raison et la loi ;
D'être doux pour tout autre, et rigoureux pour soi ;
D'accomplir tout le bien que le ciel nous inspire ;
Et d'être juste enfin : ce mot seul [1] veut tout dire.
Je doute que le flot des vulgaires humains 135
A ce discours pourtant donne aisément les mains ; [2]
Et, pour t'en dire ici la raison historique,
Souffre que je l'habille en fable allégorique.

Sous le bon roi Saturne, ami de la douceur,
L'honneur, cher Valincour, et l'équité, sa sœur, 140
De leurs sages conseils, éclairant tout le monde,
Régnaient, chéris du ciel, dans une paix profonde.
Tout vivait en commun sous ce couple adoré : [3]

---

vot. *Bernard, Nouv. rép. lett.*, mai, 1702, p. 590. — L'éditeur du Boileau classique et celui du Boileau de la jeunesse en ont jugé autrement ; ils ont supprimé tout ce portrait, ce qui a excité de vives réclamations de la part de M. Thiéssé (Merc. 20 déc. 1823, p. 507). Ce dernier en loue entre autres les vers 109 à 118, comme étant un assez bon commentaire de l'évangile.

[1] V. 1701, in-12, *ce* seul mot *veut*.. C'est une faute, dit Brossette, sans donner aucune raison. On pourrait objecter à cette décision magistrale, qu'on trouve la même leçon dans le texte joint à la traduction latine de 1709 (Not. bibliographique, § 1, n° 97 *b*.); et que ces traductions (*voy.* tome IV, p. 441) étaient ordinairement communiquées avant l'impression, à Boileau.

[2] *Donne aisément les mains* est bien, et d'autant mieux qu'il est mis après «je doute que le flot des vulgaires humains». *Le Brun.*— On ne reconnaît là ni la justesse d'idées, ni l'élégance habituelle de l'auteur. *M. Amar* (M. Daunou est à-peu-près du même sentiment).

[3] Virgile (Georg., I, 126) et Delille (traduction de *id.*).

    Nec signare quidem aut partiri limite campum
    Fas erat ; in medium quærebant, etc.

Aucun n'avait d'enclos ni de champ séparé.
La vertu n'était point sujette à l'ostracisme, ¹ 145
Ni ne s'appelait point alors un jansénisme. ²
L'honneur, beau par soi-même, et sans vains ornemens
N'étalait point aux yeux l'or ni les diamans; ³
Et, jamais ne sortant de ses devoirs austères,
Maintenait de sa sœur les règles salutaires. 150
Mais une fois au ciel par les dieux appelé,
Il demeura long-temps au séjour étoilé. ⁴
    Un fourbe cependant, assez haut de corsage,

    Avant lui (Jupiter) point d'enclos, de bornes, de partages ;
    La terre était de tous le commun héritage.

Juvénal, sat. vi, vers 17 et 18.

    . . . . Quum furem nemo timeret
Caulibus et pomis, et aperto viveret horto.

¹ Loi par laquelle les Athéniens avaient droit de reléguer tel de leurs citoyens qu'ils voulaient. *Boil.*, 1713.

² V. 1701 à 1713, 1716, 1718, 1721, etc; alors un ***. La première édition où nous ayons trouvé le mot de *jansénisme*, est celle de Dumonteil, de 1729. Souchay fut le premier qui osa l'imprimer à Paris, en 1735, en y joignant cette note : « le soupçon de *jansénisme* bien ou mal fondé a rendu parmi nous la vertu sujette à une espèce d'ostracisme ; » mais il en fut puni par une saisie, et, en 1740, il rétablit les étoiles et supprima la note (Not. bibl., § 1, n° 131).

Les vers 143 à 146 ont été supprimés dans le Boileau classique et dans celui de la jeunesse : nous en sommes moins surpris que de voir Auger rétablir, en 1825, les astériques, et émettre le doute qu'ils tinssent lieu du mot de *jansénisme*.

³ Boileau s'est ici imité lui-même (voy. tome II, p. 191, v. 3 et 4, Art poét., ch. II).

L'honneur est représenté dans des médailles antiques sous la figure d'un jeune homme, qui porte d'une main la *haste* de la divinité, et de l'autre, la *corne d'abondance*. Brossette.

⁴ *Séjour étoilé* est une expression du jargon poétique. *S.-Marc*, V, 434.—
Elle n'est pas neuve, mais ici bien placée *M. de S.-S.* — Elle n'est qu'une répétition emphatique du mot *ciel* employé dans le vers 151. *M. Daunou.*

Et qui lui ressemblait de geste et de visage,
Prend son temps, et partout ce hardi suborneur [1]   155
S'en va chez les humains crier qu'il est l'honneur ;
Qu'il arrive du ciel, et que, voulant lui-même
Seul porter désormais le faix du diadème,
De lui seul il prétend qu'on reçoive la loi.
A ces discours trompeurs le monde ajoute foi.   160
L'innocente équité, honteusement bannie,
Trouve à peine un désert où fuir l'ignominie.
Aussitôt sur un trône éclatant de rubis
L'imposteur monte, orné de superbes habits.
La hauteur, le dédain, l'audace l'environnent ;   165
Et le luxe et l'orgueil de leurs mains le couronnent.
Tout fier il montre alors un front plus sourcilleux.
Et le Mien et le Tien, deux frères pointilleux [2],
Par son ordre amenant les procès et la guerre,
En tous lieux de ce pas vont partager la terre ;   170
En tous lieux, sous les noms de bon droit et de tort,
Vont chez elle établir le seul droit du plus fort.
Le nouveau roi triomphe, et, sur ce droit inique,
Bâtit de vaines lois un code fantastique ;
Avant tout aux mortels prescrit de se venger,   175
L'un l'autre au moindre affront les force à s'égorger,

---

[1] *Prend son temps*, syllabes vives et qui coupent bien le vers. *Le Brun.*

[2] Le *mien* et le *tien* ; ces adjectifs sont habilement relevés par ces mots *deux frères pointilleux*... *Le Brun.* — Les deux frères *pointilleux* caractérisent à merveille cette puérile habitude de la dispute, qui amène à sa suite des contestations sérieuses et souvent de détestables catastrophes. *M. Amar.* — Ce vers est un de ceux où reparaît le poète. *M. Daunou.*

Vers 168 à 172. Imitat. de Regnier (sat. VI, vers 115 à 118).

Lors, du Mien et du Tien naquirent les procès,
A qui l'argent départ bon ou mauvais succès.

Et dans leur âme, en vain de remords combattue,
Trace en lettres de sang ces deux mots : «Meurs» ou «tue».[1]
Alors, ce fut alors, sous ce vrai Jupiter,
Qu'on vit naître ici-bas le noir siècle de fer.   180
Le frère au même instant s'arma contre le frère;
Le fils trempa ses mains dans le sang de son père;
Le soif de commander enfanta les tyrans,
Du Tanaïs [2] au Nil porta les conquérans;
L'ambition passa pour la vertu sublime;   185
Le crime heureux fut juste et cessa d'être crime.[3]
On ne vit plus que haine et que division,
Qu'envie, effroi, tumulte, horreur, confusion.[4]
Le véritable honneur sur la voûte céleste[5]
Est enfin averti de ce trouble funeste.   190

> Le fort battit le faible, et lui livra la guerre.
> De là l'ambition fit envahir la terre, etc.

[1] Corneille fait dire par don Diègue à son fils (Cid., acte I, sc. VIII, v. 13):

> Ce n'est que dans le sang qu'on lave un tel outrage;
> Meurs ou tue.

[2] Le Tanaïs est un fleuve du pays des Scythes. *Boil.*, 1713.

[3] Très beau vers, mais ceux dont il est suivi ne font qu'affaiblir une pensée profondément énergique. *Le Brun.*
Vers 179 à 186. Je voudrais qu'on me dît si nous avons, dans quelque autre poète, des vers plus remplis de verve et de force que ceux-ci. *Clément, Nouv. obs.*, 457.

[4] Imit. d'Ovide (Métamorphoses, liv. 1, v. 128 et suiv., 145 et 148).

> Protinus irrupit venæ pejoris in ævum
> Omne nefas; fugere pudor, verumque, fidesque;
> In quorum subiere locum fraudesque, dolique,
> Insidiæque, et vis, et amor sceleratus habendi, etc.
> . . . . Fratrum quoque gratia rara est......
> Filius ante diem patrios inquirit in annos.

[5] *Voûte céleste* ne vaut pas mieux que séjour étoilé (p. 278, note 4). *St. Marc*, V, p. 434.

Il part sans différer, et, descendu des cieux,
Va partout se montrer dans les terrestres lieux : ¹
Mais il n'y fait plus voir qu'un visage incommode;
On n'y peut plus souffrir ses vertus hors de mode;
Et lui-même, traité de fourbe et d'imposteur,   195
Est contraint de ramper aux pieds du séducteur.
Enfin, las d'essuyer outrage sur outrage,
Il livre les humains à leur triste esclavage;
S'en va trouver sa sœur ², et dès ce même jour,
Avec elle s'envole au céleste séjour. ³   200
Depuis, toujours ici riche de leur ruine,
Sur les tristes mortels le faux honneur domine, ⁴
Gouverne tout, fait tout, dans ce bas univers;
Et peut-être est-ce lui qui m'a dicté ces vers. ⁵
Mais en fut-il l'auteur, je conclus de sa fable   205
Que ce n'est qu'en Dieu seul qu'est l'honneur véritable.⁶

¹ *Terrestres lieux* n'est ici que pour la rime. *St.-Marc*, V, 435.

² Hémistiche lourd et lent et presque opposé à l'action du personnage jaloux de s'envoler au ciel. *Le Brun.*

³ *Céleste séjour,* autres mots pour la rime. *St.-Marc*, V, 436.

⁴ *Triste* est employé ici pour *malheureux*, mais je doute qu'il ait ce sens dans l'usage. *Féraud.*

⁵ Im. de Regnier, sat. VI (contre l'honneur.. vers 129 à 132). *Brossette.*

> Mais, mon dieu que ce traître est d'une étrange sorte!
> Tandis qu'à le blâmer, la raison me transporte,
> Que de lui je médis, il me flatte et me dit,
> Que je veux par ces vers acquérir son crédit.

Il me semble que c'est plutôt une imitation de ce passage de Cicéron (Pro Archia poeta), cité aussi par Brossette : *Ipsi illi philosophi, etiam in illis libellis quos de contemnenda gloria scribunt, nomen suum inscribunt... prædicari de se volunt.*

⁶ Ces deux idées n'eussent pas dû se rencontrer ensemble. *La Harpe*, *Lyc.*, VI, 197.

DISCOURS [1] DE L'AUTEUR

POUR SERVIR D'APOLOGIE A LA SATIRE SUIVANTE. [2]

Quelque heureux succès qu'aient eu mes ouvrages, j'avais résolu depuis leur dernière édition [3] de ne plus rien donner au public; et quoiqu'à mes heures perdues, il y a environ cinq [4] ans, j'eusse encore fait contre l'*équivoque* une satire que tous ceux à qui je l'ai communiquée ne jugeaient pas inférieure [5] à mes autres écrits [6], bien loin de la publier, je la tenais soigneusement cachée, et je ne croyais pas que, moi vivant, elle dût jamais voir le jour. Ainsi donc, aussi soigneux désormais de me faire oublier, que j'avais été autrefois curieux de faire parler de moi, je jouissais, à mes infirmités près, d'une assez

---

1 Le manuscrit autographe du commencement de ce discours, ou au moins de sa première composition, est dans les papiers de Brossette... *Voy.* p. 287, notes 2 et 3.

2 Texte de 1711 à 1713, et de Brossette, de Dumonteil et de Souchay.. Saint-Marc, imité sur ce point par plusieurs éditeurs modernes, y a substitué ces mots, *Avertissement sur la satire* XII, afin que le titre ici, fût « pareil au titre « donné par l'auteur lui-même à l'avertissement de la satire x, » en quoi il se trompe, ce dernier titre, on l'a dit, p. 248, note 1, étant de Dumonteil, et non pas de Boileau. Quoi qu'il en soit, il y a simplement *Préface* dans le manuscrit (mais voyez mêmes notes 2 et 3, p. 287). Ce discours fut publié dès 1711 (M. de S.-S. se trompe, lorsqu'il dit en 1716). *V. Notice bibl.*, § 1, n° 99 et suiv.

3 Celle de 1701. *Brossette.*

4 *P. C. O.* Autographe.. *trois ans..* — La satire XII ayant été achevée au mois de novembre 1705 (tome IV, p. 415), il est clair que le *discours* fut composé, non en 1710, comme le dit Brossette, mais vers la fin de 1708.

5 Il avait donc aussi des flatteurs (v. la première note de la satire)!

6 *V. E.* et *F. N. R.* Texte de 1711 à 1713 et de l'autographe, au lieu de *à mes écrits..* L'omission du mot *autres*, qui rend le sens tout-à-fait ridicule, a été faite dans plusieurs éditions, telles que 1735, Souch.; 1745, 1750, 1752, 1757, 1766, 1767, 1768, 1775, 1778, 1782, 1787 et 1793, P.; 1756, A.; 1770, Barb.; 1777, Cas.; 1780, Lond.; 1784, Evr.; 1814, Ly.; 1816, Avi.; 1826, Dub. (plus de *vingt*).

grande tranquillité, lorsque tout d'un coup j'ai appris qu'on débitait dans le monde, sous mon nom, quantité de méchans écrits, et entre autres une pièce en vers contre les jésuites, également odieuse et insipide, et où [1] l'on me faisait, en mon propre nom, dire à toute leur société les injures les plus atroces et les plus grossières [2]. J'avoue que cela m'a donné un très grand chagrin : car, bien que tous les gens sensés aient connu sans peine que la pièce n'était point de moi, et qu'il n'y ait eu que de très petits esprits qui aient présumé que j'en pouvais être l'auteur, la vérité est pourtant que je n'ai pas regardé comme un médiocre affront de me voir soupçonné, même par des ridicules [3], d'avoir fait un ouvrage si ridicule. [4]

J'ai donc cherché les moyens les plus propres pour me laver de cette infamie; et, tout bien considéré, je n'ai point trouvé de meilleur expédient que de faire imprimer ma satire contre l'ÉQUIVOQUE; parce qu'en la lisant, les moins éclairés même de ces petits esprits, ouvriraient peut-être les yeux, et verraient manifestement le peu de rapport qu'il y a de mon style, même en l'âge où je suis, au style bas et rampant de l'auteur de ce pitoyable écrit. Ajoutez à cela que je pouvais [5] mettre à la tête de ma satire, en la donnant au public, un avertissement en manière de préface, où je me justifierais pleinement, et tirerais tout le monde d'erreur. C'est ce que je fais aujourd'hui; et j'espère que le peu que je [6] viens de dire produira l'effet que je

---

[1] P. C. O. Autographe... *monde, une pièce en vers contre les jésuites, également* plate et *insipide, dont* on me publiait auteur, *et où...*

[2] C'était une mauvaise épître d'environ 60 vers, que Boileau désavoua dans une lettre à un jésuite. *Bross.* (nous en parlons dans les notes de la lettre du 13 août 1709, tome IV, p. 134 et 135).

[3] Voy. sur le mot *ridicule*, ci-devant, Catalogue de l'édition de 1713, p. 32, n. 3.

[4] P. C. O. On lit dans l'autographe à la suite du mot *ridicule* : »Et qui d'ailleurs tendait à me brouiller avec une société que j'ai toujours extrêmement honorée, et chez qui j'ai toujours eu et j'ai encore d'illustres amis.« — C'était sans doute une concession que faisait Boileau pour obtenir la permission de publier la satire.

[5] P. C. O. Idem... *que* je *pourrais mettre à la tête..* (peut-être est-ce la véritable leçon).

[6] P. C. O. Idem.. *le peu* de mots *que je..*

284   DISCOURS

me suis proposé. Il ne me reste¹ donc plus maintenant qu'à parler de la satire² pour laquelle est fait ce discours.

Je l'ai composée par le caprice du monde le plus bizarre, et par une espèce de dépit et de colère poétique, s'il faut ainsi dire, qui me saisit à l'occasion de ce que je vais raconter. Je me promenais dans mon jardin à Auteuil, et rêvais en marchant à un poème que je voulais faire contre les mauvais critiques de notre siècle. J'en avais même déjà composé³ quelques vers, dont j'étais assez content. Mais voulant continuer, je m'aperçus qu'il y avait dans ces vers une équivoque de langue; et m'étant sur-le-champ mis en devoir de la corriger, je n'en pus jamais venir à bout. Cela m'irrita de telle manière, qu'au lieu de m'appliquer davantage à réformer cette équivoque, et de poursuivre mon poème contre les faux critiques, la folle pensée me vint de faire contre l'équivoque même une satire, qui pût me venger de tous les chagrins qu'elle m'a causés depuis que je me mêle d'écrire. Je vis bien que je ne rencontrerais pas de médiocres difficultés à mettre en vers un sujet si sec; et même il s'en présenta d'abord une qui⁴ m'arrêta tout court : ce fut de savoir duquel des deux genres, masculin ou féminin, je ferais le mot d'équivoque, beaucoup d'habiles écrivains, ainsi que le remarque Vaugelas,⁵ le faisant masculin⁶. Je me déterminai pourtant assez vite au féminin, comme au plus usité des deux : et bien loin que cela empêchât l'exécution de mon projet, je crus que ce ne serait pas une méchante plaisanterie de com-

---

¹ *P. C. O.* Autographe... *Il ne reste donc..* (*me* y est omis).

² *P. C. O.* Idem.. *La satire* qui doit suivre cet avertissement. *Je l'ai composée..*

³ *V. E.* Texte de 1711 à 1713 et de l'autographe. Si l'on excepte l'édition de 1735, dans toutes celles qu'on a citées p. 282, note 6, et dans quelques autres, telles que 1787 (Associés), 1798, P.; 1810, Chass., et 1829, A. L. (plus de vingt), on a mis *j'en avais déjà même composé.*

⁴ *P. C. O.* Autographe... *il s'en présenta une d'abord qui..*

⁵ Voy. les Observations de l'académie sur ses Remarques, in-4, p. 31.

⁶ Ce mot est aujourd'hui exclusivement féminin. *Beauzée*, *Encyclop.*, mot *équivoque*; Académie, Féraud, Gattel, Cormont, etc. — M. Amar qui prétendait d'abord (1821) que ce mot était toujours des deux genres, est revenu (1824) de cette opinion.

mencer ma satire par cette difficulté[1] même. C'est ainsi que je m'engageai dans la composition de cet ouvrage. Je croyais d'abord faire tout au plus cinquante ou soixante vers, mais ensuite les pensées me venant en foule, et les choses que j'avais à reprocher à l'équivoque se multipliant à mes yeux, j'ai poussé ces vers jusqu'à près de trois cent cinquante.

C'est au public maintenant à voir si j'ai bien ou mal réussi et[2] je n'emploierai point ici, non plus que dans les préfaces de mes autres écrits, mon adresse et ma rhétorique à le prévenir[3] en ma faveur. Tout ce que je lui puis dire[4], c'est que j'ai travaillé cette pièce avec le même soin que toutes mes autres poésies. Une chose pourtant dont il est bon que les jésuites soient avertis[5], c'est qu'en attaquant l'équivoque, je n'ai pas pris ce mot dans toute l'étroite rigueur de sa signification grammaticale; le mot d'équivoque[6], en ce sens-là, ne voulant dire qu'une ambiguïté de paroles; mais que je l'ai pris, comme le prend ordinairement le commun des hommes, pour toutes sortes d'ambiguïté de sens, de pensées, d'expressions, et enfin pour tous ces abus et toutes ces méprises de l'esprit humain qui font qu'il prend souvent une chose pour une autre. Et c'est dans ce sens que j'ai dit que l'idolâtrie avait pris naissance de l'é-

---

[1] *P. C. O.* Autographe... *Difficulté là même..*

[2] *V. E.* Texte de 1711 à 1713 et de l'autographe. On a supprimé cet *et* dans l'édition de Brossette et dans toutes les autres, à l'exception de celle de 1798, P., et de presque toutes les copies de 1713, A. (Note bibl., § 1, n° 109); mais dans celles-ci, on a commis une autre faute: on y lit *Je n'emploie* au lieu de *je n'emploierai*.

[3] *P. C. O.* Idem... *mon adresse et* mon éloquence *à le prévenir...*

[4] *V. E.* Texte de 1711 à 1716 et de l'autographe, et non pas *ce que* je puis lui *dire*, comme on a mis dans les éditions de Souchay (1735) et de Didot (1788), dans leurs copies et dans les éditions du XIXᵉ siècle, à l'exception de quelques-unes, telles que 1821 et 1823, Viol.; 1821, S.-S.; 1825, Daun. et Ny.; 1832, Treut.. (nous avons compté plus de *cinquante* éditions où se trouve la leçon de Souchay).

[5] *P. C. O.* Autographe... *que les* lecteurs *soient avertis..*

[6] *V. E.* Texte de 1711 à 1713, et de l'autographe, et non pas, 1° *le mot* équivoque, comme à 1768, 1775, 1778, 1782, 1787 (deux édit.), 1789 et 1793, P.; 1770, Barb.; 1777, Cas.; 1780, Lond.; 1784, Evr.; 1801, Ri.; 1814 et 1830, Ly.; 1816, 1821 et 1831, Avi.; 1821, Lons.; 1822, Jeun.; 1826, Dub.; 1829, A. L. 2° *le mot* de l'équivoque, comme à 1769 et 1772, Lond...

quivoque; les hommes, à mon avis, ne pouvant pas s'équivoquer plus lourdement que de prendre des pierres, de l'or et du cuivre pour Dieu. J'ajouterai à cela que la Providence divine, ainsi que je l'établis clairement dans ma satire, n'ayant permis chez eux cet horrible aveuglement qu'en punition de ce que leur premier père avait prêté l'oreille aux promesses du démon [1], j'ai pu conclure infailliblement que l'idolâtrie [2] est un fruit, ou, pour mieux dire, un véritable enfant de l'équivoque. Je ne vois donc pas qu'on me puisse faire sur cela aucune bonne critique; surtout ma satire étant un pur jeu d'esprit, où il serait ridicule d'exiger une précision géométrique [3] de pensées et de paroles.

Mais il y a une autre objection plus importante et plus considérable qu'on me fera peut-être au sujet des propositions de morale relâchée que j'attaque dans la dernière partie de mon ouvrage : car ces propositions ayant été, à ce qu'on prétend, avancées par quantité de théologiens, même célèbres, la moquerie que j'en fais peut, dira-t-on, diffamer en quelque sorte ces théologiens, et causer ainsi une espèce de scandale dans l'église. A cela je réponds premièrement qu'il n'y a aucune des propositions que j'attaque qui n'ait été plus d'une fois condamnée par toute [4] l'église, et tout récemment encore par deux des plus grands papes qui aient depuis long-temps rempli le Saint-Siège [5]. Je dis en second lieu qu'à l'exemple de ces célèbres vicaires de Jésus-Christ, je n'ai point nommé [6] les auteurs de ces propositions, ni aucun de ces théologiens dont on dit que je puis causer la diffamation, et contre lesquels même j'avoue que je ne puis rien décider, puisque je n'ai point lu ni ne suis d'humeur à lire leurs écrits, ce qui serait pourtant absolument [7] né-

---

[1] *P. C. O.* Autographe *aux promesses* équivoques *du démon*...

[2] *P. C. O.* Idem... *conclure infailliblement,* comme je le conclus, *que l'idolâtrie.*

[3] *P. C. O.* Idem... *précision si géométrique*...

[4] *P. C. O.* Idem... *d'une fois,* fulminée *par toute*...

[5] *P. C. O.* Idem... *qui aient* jamais *rempli le*...

[6] *P. C. O.* Idem... *de ces* deux *célèbres vicaires de* Jésus-Christ en terre*, je n'ai point nommé*...

[7] *V. O.* Texte de 1711 à 1716 et de l'autographe... *Absolument* n'est pas à 1712.

cessaire pour prononcer sur les accusations que l'on forme contre eux; leurs accusateurs pouvant les avoir mal entendus, et s'être trompés dans l'intelligence des passages où ils prétendent que sont ces erreurs dont ils les accusent. Je soutiens en troisième lieu qu'il est contre la droite raison de penser que je puisse exciter quelque scandale dans l'église, en traitant de ridicules des propositions rejetées de toute l'église, et plus dignes encore, par leur absurdité, d'être sifflées de tous les fidèles, que réfutées sérieusement. C'est ce que[1] je me crois obligé de dire pour me justifier. Que si après cela il se trouve encore quelques théologiens qui se figurent qu'en décriant ces propositions j'ai eu en vue de les décrier eux-mêmes, je déclare que cette fausse idée qu'ils ont de moi ne saurait venir que des mauvais artifices de l'équivoque, qui, pour se venger des injures que je lui dis dans ma pièce, s'efforce d'intéresser dans sa cause ces théologiens, en me faisant penser ce que je n'ai pas pensé, et dire ce que je n'ai point dit.[2]

Voilà, ce me semble, bien des paroles, et peut-être trop de paroles employées pour justifier un aussi peu considérable ouvrage[3] qu'est la satire qu'on va voir. Avant néanmoins que de finir, je ne crois pas me pouvoir dispenser d'apprendre aux lecteurs qu'en attaquant, comme je fais dans ma satire, ces erreurs, je ne me suis point fié à mes seules lumières; mais qu'ainsi que je l'ai pratiqué, il y a environ dix ans, à l'égard de mon épître de l'Amour de Dieu[4], j'ai non-seulement consulté sur mon ouvrage tout ce que je connais de plus habiles docteurs, mais que je l'ai donné à examiner au prélat de l'église qui, par l'étendue

---

[1] *P. C. O.* Autographe... *sérieusement.* Voilà *ce que*...

[2] Le manuscrit finit ici, quoiqu'il y ait encore trois pages de blanc dans le cahier. Le reste aura été rédigé au moment où Boileau espérait obtenir la permission de publier son ouvrage, et ajouté à la dernière composition remise au légataire Billiot pour l'impression de la satire xii (tome IV, p. 495, ligne 9 et suivantes).

[3] Ceci semble autoriser à croire que le titre (p. 282) des premières éditions (*Discours pour servir d'apologie* etc.) est de Boileau lui-même. Il l'aura probablement adopté au moment où il faisait l'addition citée note 2, et placé en tête de la seconde composition citée aussi même note.

[4] C'est ce qu'on voit dans la préface de cette épître, tome II, p. 122.

de ses connaissances et par l'éminence de sa dignité, est le plus capable et le plus en droit de me prescrire ce que je dois penser sur ces matières : je veux dire M. le cardinal [1] de Noailles, mon archevêque. J'ajouterai que ce pieux et savant cardinal a eu trois semaines ma satire entre les mains, et qu'à mes instantes prières, après l'avoir lue et relue plus d'une fois, il me l'a enfin rendue en me comblant d'éloges, et m'a assuré qu'il n'y avait trouvé à redire qu'un seul mot [2], que j'ai corrigé sur-le-champ, et sur lequel je lui ai donné une entière satisfaction. Je me flatte donc qu'avec une approbation si authentique, si sûre et si glorieuse, je puis marcher la tête levée, et dire hardiment des critiques qu'on pourra faire désormais contre la doctrine de mon ouvrage, que ce ne sauraient être que de vaines subtilités d'un tas de misérables sophistes formés dans l'école du mensonge, et aussi affidés amis de l'équivoque, qu'opiniâtres ennemis de Dieu, du bon sens et de la vérité [3].

[1] Dans la même préface de l'épître x, p. 123, Noailles qui n'était pourtant alors qu'archevêque, est qualifié de *Monseigneur*. Cette variante suffit pour prouver que la satire xii ne fut point imprimée du vivant de Boileau : il n'aurait sans doute pas manqué, en corrigeant les épreuves, de rétablir la véritable qualification.

[2] Voyez la note du vers 148, p. 298.

[3] Voy. celle du vers 328, p. 312.

SATIRE XII.

SUR L'ÉQUIVOQUE. [1]

Du langage français bizarre hermaphrodite,
De quel genre te faire, équivoque maudite,
Ou maudit ? car sans peine aux rimeurs hasardeux [2]
L'usage encor, je crois, laisse le choix des deux. [3]
Tu ne me réponds rien. Sors d'ici, fourbe insigne, 5
Mâle aussi dangereux que femelle maligne,
Qui crois rendre innocens les discours imposteurs ;

---

[1] *V. O.* Texte des éditions de 1711 à 1716, à l'exception d'une édition de 1711 (Not. bib., § 1, n° 98 a) où l'on a mis *sur* les *équivoques*. Beaucoup d'éditeurs modernes ne mettent aucun titre, et il est vrai qu'il n'y en a point dans les éditions originales des autres satires.

Boileau, dit Voltaire (*Dict. philos.*, mot *abus des mots*) n'avait pas tort quand il fit la satire de l'équivoque : il eût pu la mieux faire, mais il y a des vers dignes de lui, qu'on cite tous les jours... Ailleurs (*Temple du goût*) il dit aussi de Boileau, *de la triste équivoque il rougit d'être père.*

Le vice radical de cette satire, observe Le Brun, est dans le choix du sujet. Il était difficile de traiter l'équivoque, et peu d'auteurs s'en seraient aussi heureusement tirés que Boileau. Je conviens qu'il a quelquefois oublié le poète pour ne songer qu'au théologien : mais on retrouve souvent sa manière ferme et énergique. — Lenoir-Dulac (p. 175), M. Thiessé (*Merc.* 20 déc. 1823), et MM. Amar et Daunou émettent à-peu-près la même opinion que Le Brun.

Dartigny (*Mémoir. de littér.*, 1756, VII, 376) a publié une critique en vers, ou plutôt une censure générale de cette satire. Il y a joint (p. 385-391) des remarques particulières dont nous donnons quelques extraits dans les notes suivantes.

[2] *Hasardeux* s'applique aux choses et non pas aux personnes. *St.-Marc*, V, 436. — Il appartient à la poésie de transporter aux personnes les épithètes qui ne conviennent immédiatement qu'aux actions ou aux choses. Hasardeux est ici une très bonne expression poétique. M. *Daunou* (M. de S.-S. est du même avis).

[3] Genre actuel d'*équivoque*. V. note 6, p. 284.

Tourment des écrivains, juste effroi des lecteurs ;
Par qui de mots confus sans cesse embarrassée
Ma plume, en écrivant, cherche en vain ma pensée.[1] 10
Laisse-moi ; va charmer de tes vains agrémens
Les yeux faux et gâtés de tes louches amans,
Et ne viens point ici de ton ombre grossière
Envelopper mon style, ami de la lumière. [2]
Tu sais bien que jamais chez toi, dans mes discours, 15
Je n'ai d'un faux brillant emprunté le secours : [3]
Fuis donc. Mais non, demeure ; un démon qui m'inspire [4]
Veut qu'encore une utile et dernière satire,
De ce pas en mon livre exprimant tes noirceurs,
Se vienne, en nombre pair, joindre à ses onze sœurs ; [5] 20
Et je sens que ta vue échauffe mon audace.
Viens, approche [6] : voyons, malgré l'âge et sa glace,
Si ma muse aujourd'hui sortant de sa langueur,
Pourra trouver encore un reste de vigueur. [7]

Mais où tend, dira-t-on, ce projet fantastique ? 25
Ne vaudrait-il pas mieux dans mes vers, moins caustique,

---

[1] *La plume qui cherche la pensée ;* tour qui appartient à la bonne poésie ; et au bon temps de Boileau. *Le Brun.* — J'admire ces deux vers (9 et 10) qui marquent si bien les peines d'un auteur embarrassé dans des équivoques de style dont il veut se tirer... et quelle heureuse hardiesse dans le second !.. *Clément, Lett.* IV, p. 104.

[2] Quatre vers (11 à 14) de l'élégance la plus poétique. *Clément, ib.*

[3] Le poète, quoique très modeste, dit de lui ce qu'en dira la postérité. *Le Brun.*

[4] *Fuis donc. Mais non demeure.* Il y a un mouvement très rapide dans cet hémistiche. *Le Brun.*

[5] Expression très heureuse pour marquer le nombre douze. *Brossette ; MM. Amar, de S.-S., Daunou.*

[6] *V. O.* 1712 : *approche, et voyons.*

[7] Vers 8 à 24. Je ne pense pas que vous ayez jamais fait des vers mieux

Répandre de tes jeux le sel réjouissant, [1]
Que d'aller contre toi, sur ce ton menaçant,
Pousser jusqu'à l'excès ma critique boutade?
 Je ferais mieux, j'entends, d'imiter Benserade.   30
C'est par lui qu'autrefois, mise en ton plus [2] beau jour,
Tu sus, trompant les yeux du peuple et de la cour,
Leur faire, à la faveur de tes bluettes folles,
Goûter comme bons mots tes quolibets frivoles.
Mais ce n'est plus le temps : le public détrompé   35
D'un pareil enjouement ne se sent plus frappé.
Tes bons mots, autrefois délices des ruelles, [3]
Approuvés chez les grands, applaudis chez les belles,
Hors de mode aujourd'hui chez nos plus froids badins,
Sont des collets montés et des vertugadins. [4]   40

tournés, plus élégans, plus harmonieux, et d'une marche aussi vive, aussi pleine que ceux-ci. *Clément, Lett.* IV, p. 103.

[1] *V. E.* Boileau disait tantôt *divertissant*, tantôt *réjouissant*; il aurait même préféré ce dernier s'il ne l'avait pas employé dans l'épître x (tome II, p. 126). *Bross.* — Saint-Marc a conclu de là qu'il fallait mettre *divertissant* et plusieurs éditeurs l'ont imité. M. de S.-S. ajoute que ce mot est dans plusieurs éditions de 1711; mais des huit éditions de 1711, 1712 et 1713, citées dans notre notice bibliographique (§ 1, n. 98 *a* à 105) trois seulement (n. 98 *a*, 101 et 102), c'est-à-dire les moins correctes, portent *divertissant;* dans les cinq autres, dont deux peuvent être considérées comme originales (*ibid.*, n. 99 et 100), on trouve *réjouissant*.

[2] *V. E.* et *F. N. R.* Texte de 1711 à 1713, au lieu de *en son plus*, étrange barbarisme qu'on a prêté à Boileau dans beaucoup d'éditions, telles que 1735, Souch.; 1745, 1750, 1752, 1757, 1766, 1767, 1768, 1775, 1778, 1782, 1787, 1789, 1793 et 1803, P.; 1756, A.; 1770, Barb.; 1777, Cas.; 1780, Lond. et G.; 1784, Evr.; 1799, Lié.; 1814, Ly.; 1816, 1821 et 1831, Avi.; 1821, Lons.; 1826, Dub... (près de *trente*).

[3] *Ruelles...* Le sens de ce mot est expliqué tome II, p. 267, note 3.

[4] Pièces de l'ancien habillement des femmes. *Bross.*

Vers 36 à 40. Ils ont été supprimés, et nous ne pouvons concevoir pourquoi, dans le Boileau de la jeunesse.

Le lecteur ne sait plus admirer dans Voiture
De ton froid jeu de mots l'insipide figure : [1]
C'est à regret qu'on voit cet auteur si charmant,
Et pour mille beaux traits vanté si justement,
Chez toi toujours cherchant quelque finesse aiguë, 45
Présenter au lecteur sa pensée ambiguë,
Et souvent du faux sens d'un proverbe affecté
Faire de son discours la piquante beauté.

 Mais laissons là le tort qu'à ces [2] brillans ouvrages
Fit le plat agrément de tes vains badinages. [3] 50
Parlons des maux sans fin que ton sens de travers,
Source de toute erreur, sema dans l'univers : [4]
Et, pour les contempler jusque dans leur naissance,
Dès le temps nouveau-né, quand la Toute-Puissance
D'un mot forma le ciel, l'air, la terre et les flots, 55
N'est-ce pas toi, voyant le monde à peine éclos, [5]

---

[1] Quant à ce jugement sur Voiture, *v.* p. 24, note 1, et p. 189, note 6.

[2] *V. O.* Texte de 1711 à 1716, si l'on en excepte l'édition n. 101 (citée p. 291, note 1), où l'on a mis *ses*, ce qui a été suivi par Souchay, par Saint-Marc et par les éditeurs modernes. Sans blâmer cette leçon qui, comme la nôtre, peut s'accorder avec le sens du couplet précédent, nous avons dû lui préférer celle-ci comme étant dans presque toutes les éditions primitives; et c'est aussi ce qu'ont fait l'éditeur d'Amsterdam, de 1713, Brossette et Dumonteil et leurs copistes.. Au reste, ni Souchay ni aucun autre éditeur n'ont averti de cette variante.

[3] Vers 49 et 50. P. C., d'après Brossette :

  Mais laissons là le mal qu'à de tels discours jointe,
   Tu fis en mille endroits sous le beau nom de Pointe.

[4] Vers 49 à 52. Transition vicieuse. Le poète passe trop brusquement de la signification naturelle de l'*équivoque*, au sens plus vague dans lequel il lui plaît de l'employer, *pour toutes les sortes de méprises de l'esprit humain.* S.-Marc, V, 437. — M. Amar approuve cette critique.

[5] Hémistiche postiche : c'est d'ailleurs la même chose que le temps *nouveau-né* du vers 54. Saint-Marc, *ib.*

Qui, par l'éclat trompeur d'une funeste pomme,
Et tes mots ambigus, fis croire au premier homme
Qu'il allait, en goûtant de ce morceau fatal,
Comblé de tout savoir, à Dieu se rendre égal ? ¹ 60
Il en fit sur-le-champ la folle expérience :
Mais tout ce qu'il acquit de nouvelle science
Fut que, triste et honteux de voir sa nudité,
Il sut qu'il n'était plus, grâce à sa vanité, ²
Qu'un chétif animal pétri d'un peu de terre, 65
A qui la faim, la soif partout faisaient la guerre, ³
Et qui, courant toujours de malheur en malheur,
A la mort arrivait enfin par la douleur. ⁴
Oui, de tes noirs complots et de ta triste rage
Le genre humain perdu fut le premier ouvrage : 70
Et bien que l'homme alors parût si rabaissé,
Par toi contre le ciel un orgueil insensé
Armant de ses neveux la gigantesque engeance,
Dieu résolut enfin, terrible en sa vengeance,
D'abîmer sous les eaux tous ces audacieux. 75
Mais avant qu'il lâchât les écluses des cieux,
Par un fils de Noé fatalement sauvée,

¹ Peut-on dire comblé de tout savoir ? *Dartigny*.

Vers 56 à 60. Comment un homme d'un aussi grand sens que Boileau peut-il dire qu'Adam désobéit à Dieu par une équivoque ?... Voilà de bien mauvais vers ; mais le faux qui y domine les rend plus mauvais encore. *Voltaire, du Vrai dans les ouvrages* (Mél. littérair.).

² Boileau avait été un mois à trouver le second hémistiche (*Brossette*); c'est-à-dire une cacophonie. *Dumonteil*; *Chapat*, 274. — Elle peut disparaître dans la prononciation au moyen d'un court repos après le mot grâce. *MM. Daunou et de S.-S.* — Il nous paraît très difficile de la sauver, même avec le repos.

³ Même idée à-peu-près dans l'épître III, vers 57, tome II, p. 32.

⁴ Vers plus heureux qu'il ne le paraît d'abord. *Le Brun*.

Tu fus, comme serpent, dans l'arche conservée. ¹
Et d'abord poursuivant tes projets suspendus,
Chez les mortels restans, encor tout éperdus, ²   80
De nouveau tu semas tes captieux mensonges,
Et remplis leurs esprits de fables et de songes.
Tes voiles offusquant leurs yeux de toutes parts,
Dieu disparut lui-même à leurs troubles regards.
Alors ce ne fut plus ³ que stupide ignorance,   85
Qu'impiété sans borne en son extravagance,
Puis, de cent dogmes faux la superstition
Répandant l'idolâtre et folle illusion
Sur la terre en tous lieux ⁴ disposée à les suivre,

¹ L'équivoque avec les animaux dans l'arche renfermée, comme serpent ! Quelle expression, et quelle idée ! *Voltaire, Du vrai dans les ouvrages* (Mél. littérair.).

² P. C. *Hommes* au lieu de *mortels*. Bross. — 1711 à 1713, 1716, etc. *restans, encor*, et non pas *restant encor*.

Mortels restans est plat. *St.-Marc*, V, 440 ; *Chapat*, 274. — Hémistiche faible (*Le Brun*) et peu correct. *M. Daunou*. — Il prête d'ailleurs un peu à l'équivoque. *Le Brun* ; *Dartigny*. — C'est ce que nous n'apercevons point.

³ V. E. Texte de 1711 à 1716 (douze éditions... *Voy.* Notice bibl., § 1, n. 98 *a* à 105, 109, 111, 112 et 112 *b*). Brossette, suivi par les autres éditeurs, si l'on en excepte la plupart des copistes de 1713, A. (ibid., n° 109), a mis *alors* tout *ne fut*.. Nous avons d'autant mieux dû adopter l'autre leçon, que Brossette ne cite aucune autorité à l'appui de la sienne et que, de son aveu, la nôtre se trouve dans *toutes les copies imprimées ou manuscrites*, et par conséquent dans les deux éditions qu'on peut regarder comme originales (celles de Billiot, légataire du manuscrit... *Ibid.*, n°ˢ 99 et 100, et ci-devant, p. 287, notes 2 et 3).

⁴ V. E. Même texte, que nous avons dû, par les mêmes raisons, préférer à celui de Brossette (*tout lieu*) qui ne l'appuie également d'aucune autorité et qui a été aussi adopté par les éditeurs suivans, à l'exception, 1° des copistes qu'on vient de citer ; 2° de Souchay (1735, 1740) et des siens propres (même § 1, n° 131) ; 3° de M. Dubois (1826) ; 4° des éditeurs de 1798, P. et 1829, A. L.

L'art se tailla des dieux d'or, d'argent et de cuivre,[1]   90
Et l'artisan lui-même, humblement prosterné
Aux pieds du vain métal par sa main façonné,
Lui demanda les biens, la santé, la sagesse.
Le monde fut rempli de dieux de toute espèce :
On vit le peuple fou qui du Nil boit les eaux [2]   95
Adorer les serpens, les poissons, les oiseaux ;
Aux chiens, aux chats, aux boucs [3] offrir des sacrifices ;
Conjurer l'ail, l'oignon, d'être à ses vœux propices ;
Et croire follement maîtres de ses destins
Ces dieux nés du fumier porté dans ses jardins. [4]   100
Bientôt te signalant par mille faux miracles, [5]

---

[1] Ce vers tout dur qu'il est, l'emporte de beaucoup sur ceux que Corneille a faits sur le même sujet. *Le Brun.*

    Et le nez que votre art planta sur leur visage
    Ne leur sert que d'ornement.

[2] Vers dur et quelque chose de pis. *Dartigny.*

[3] Texte de 1711 à 1713, excepté des trois éditions n°s 98 *a*, 101 et 102, citées p. 291, note 1, où il y a *rats*.

[4] Le mot *Dieux* ennoblit le vers et fait passer avec lui le fumier des jardins. *Le Brun.*

Vers 98 à 100. Imit. (peu brillante.. *M. Daun.*) de Juvén., sat. xv, v. 9.

    Porrum et cepe nefas violare et frangere morsu :
    O sanctas gentes quibus hæc nascuntur in hortis
    Numina !

Vers 95 à 100. Boileau avait déjà décrit l'idolâtrie des Egyptiens dans la satire VIII (vers 267 à 272, p. 182) ; j'ai dit deux fois la même chose, observait-il, et ne me suis pas copié. *Bross.* — Mais la seconde leçon est bien inférieure à la première. *MM. Amar et Daunou.*

[5] *V. E. et F. N. R.* Texte de 1711 à 1713, et non pas *bientôt se signalant...* Autre barbarisme (voy. p. 291, note 2) prêté à Boileau, et, cette fois, consacré, en quelque sorte, par son premier commentateur Brossette (1716, in-4° et in-12), dont l'exemple, quoiqu'il se fût ensuite rectifié lui-même (en 1724) a été imité dans une foule d'éditions telles que 1717, 1720 et 1721,

Ce fut toi qui partout fis parler les oracles :
C'est par ton double sens dans leurs discours jeté
Qu'ils surent, en mentant, dire la vérité ;
Et sans crainte, rendant leurs réponses normandes, 105
Des peuples et des rois engloutir les offrandes.

Ainsi, loin du vrai jour par toi toujours conduit,
L'homme ne sortit plus de son épaisse nuit.
Pour mieux tromper ses yeux, ton adroit artifice
Fit à chaque vertu prendre le nom d'un vice ; 110
Et par toi, de splendeur faussement revêtu,
Chaque vice emprunta le nom d'une vertu.
Par toi l'humilité devint une bassesse ;
La candeur se nomma grossièreté, rudesse.
Au contraire, l'aveugle et folle ambition 115
S'appela des grands cœurs la belle passion ;
Du nom de fierté noble on orna l'impudence,
Et la fourbe passa pour exquise prudence :
L'audace brilla seule aux yeux de l'univers ;
Et pour vraiment héros, chez les hommes pervers, 120
On ne reconnut plus qu'usurpateurs iniques, [1]
Que tyranniques rois censés grands politiques, [2]

Vest.; 1721 et 1736, Brun.; 1735, Souch.; 1740, 1745, 1750, 1752, 1757, 1766, 1767, 1768, 1769, 1775, 1778, 1782, 1787 (deux édit.), 1789, 1793, 1798 et 1803, P.; 1756, A. ; 1770, Barb.; 1777, Cas.; 1780, Lond. et G.; 1784, Evr. ; 1799, Lié.; 1805 et 1814, Ly.; 1810, Caill.; 1816, Avi.; 1822 et 1824, Jeun.; 1826 (deux édit.), Dub. (*quarante*).

Vers 101 à 140. Ils peuvent être mis au rang des meilleurs de la pièce. Ils ne furent faits qu'un an après les autres, et sur l'idée qu'un des amis (J. B. Rousseau) de l'auteur lui donna de traiter de l'ambiguité des oracles. *J.-B. Rousseau*, 186, 204.

[1] C'est avoir une terrible envie de rendre l'équivoque responsable de tout, que de dire qu'elle a fait les premiers tyrans. *Voltaire* (cité p. 293, note 1).

[2] Je doute qu'on puisse dire un roi *tyrannique* (*St.-Marc*, V, 440, fait à-

SATIRE XII.

Qu'infâmes scélérats à la gloire aspirans,
Et voleurs revêtus du nom de conquérans.
 Mais à quoi s'attacha ta savante malice ? 125
Ce fut surtout à faire ignorer la justice.
Dans les plus claires lois ton ambiguïté
Répandant son adroite et fine obscurité,
Aux yeux embarrassés des juges les plus sages
Tout sens devint douteux, tout mot¹ eut deux visages; 130
Plus on crut pénétrer, moins on fut éclairci ;
Le texte fut souvent par la glose obscurci :
Et, pour comble de maux, à tes raisons frivoles
L'éloquence prêtant l'ornement des paroles,
Tous les jours accablé ² sous leur commun effort, 135
Le vrai passa pour faux, et le bon droit eut tort. ³
Voilà comme, déchu de sa grandeur première,
Concluons, l'homme enfin perdit toute lumière,
Et, par tes yeux trompeurs se figurant tout voir,
Ne vit, ne sut plus rien, ne put plus rien savoir. 140
 De la raison pourtant ⁴, par le vrai Dieu guidée,
Il resta quelque trace encor dans la Judée.
Chez les hommes ailleurs sous ton joug gémissans
Vainement on chercha la vertu, le droit sens :
Car, qu'est-ce⁵, loin de Dieu, que l'humaine sagesse ? 145

---

peu-près la même remarque)... D'ailleurs *tyrannique* et *politique*, placés dans le même vers, forment un son qui ne flatte guère l'oreille. *Dartigny.*

¹ *Tout mot eut deux visages ;* la poésie a osé le dire ; l'expression eût effrayé la prose. *Le Brun.*

² P. C. (d'après Brossette), chaque jour *accablé...*

³ Vers énergiquement naïf. *Le Brun.*

⁴ P. C. *De l'équité pourtant...* Boileau changea ce mot parce qu'il s'agit ici de la raison et non pas de l'équité. *Bross.*

⁵ *Car, qu'est-ce* est un peu dur et prosaïque. *Le Brun.*

Et Socrate, l'honneur de la profane Grèce,
Qu'était-il en effet, de près examiné,
Qu'un mortel par lui-même au seul mal entraîné, [1]
Et, malgré la vertu dont il faisait parade,
Très équivoque ami du jeune Alcibiade ? [2] 150
Oui, j'ose hardiment l'affirmer contre toi,
Dans le monde idolâtre, asservi sous ta loi,
Par l'humaine raison de clarté dépourvue
L'humble et vraie équité fut à peine entrevue :
Et, par un sage altier, au seul faste attaché, 155
Le bien même accompli souvent fut un péché. [3]

Pour tirer l'homme enfin de ce désordre extrême,
Il fallut qu'ici-bas Dieu, fait homme lui-même,

---

[1] *V. E.* Au lieu de ce vers, l'auteur avait mis celui-ci : *Qu'un mortel, comme un autre, au mal déterminé..* Et c'est ce vers que M. le cardinal de Noailles lui fit changer. ».. *Note de 1711 à 1713, copiée par Brossette...* Les éditeurs modernes en ont changé la rédaction.

« Ce mot (*entraîné*), pris dans la rigueur, n'est pas à l'abri d'une juste
« critique. L'homme sans doute a un penchant violent au mal; mais avec
« l'aide de Dieu il lui est toujours possible de surmonter les plus violentes
« tentations.» *Boil. jeun.*

[2] L'auteur, en s'exprimant ainsi sur un philosophe aussi illustre, oublie ce qu'il doit à la pudeur, à lui-même et sans doute à la vérité, car on sait que Platon disculpa Socrate d'une accusation semblable, trop odieuse pour qu'on y ajoute foi. *Le Brun.* — Même remarque à-peu-près dans Dumonteil. — Mais, observe un éditeur moderne, Boileau est bien plus réservé qu'Aristophane!... Ainsi Boileau serait excusable par cela seul qu'il aurait moins médit de Socrate qu'un ennemi mortel de Socrate !

[3] Ces deux vers ne sont point nets. *Dartigny; M. Daunou.* — Ce n'est pourtant que leur troisième composition. Voici les deux premières d'après Brossette :

   Et faite avec un cœur au seul faste attaché,
   La bonne action même au fond fut un péché...
   Et fait avec un cœur au seul faste attaché,
   Le bien même, le bien au fond fut un péché...

Vînt du sein lumineux de l'éternel séjour
De tes dogmes trompeurs dissiper le faux jour.   160
A l'aspect de ce Dieu les démons disparurent ;
Dans Delphes, dans Délos, tes oracles se turent : [1]
Tout marqua, tout sentit sa venue en ces lieux ;
L'estropié marcha, l'aveugle ouvrit les yeux. [2]
Mais bientôt contre lui ton audace rebelle,   165
Chez la nation même à son culte fidèle,
De tous côtés arma tes nombreux sectateurs,
Prêtres [3], pharisiens, rois, pontifes, docteurs.
C'est par eux que l'on vit la vérité suprême
De mensonge et d'erreur accusée elle-même,   170

---

[1] Boileau adopte ici l'opinion la plus généralement reçue alors, que les oracles étaient l'œuvre du démon, et qu'à la venue de J.-C. ils avaient été réduits au silence; opinion que le jésuite Baltus venait de défendre (1707) dans sa *Réponse à l'Histoire des oracles de Fontenelle*. Celui-ci, au contraire, et l'érudit Van-Dale dont il est l'abréviateur, soutiennent que les oracles des prêtres du paganisme n'étaient fondés que sur l'artifice des prêtres des idoles, et qu'ils avaient duré sous les empereurs chrétiens jusqu'à la ruine du paganisme (*voy*. Goigoux, mot Baltus).

[2] Le mot *estropié* convient à ceux qui n'ont pas l'usage de leurs bras ou de leurs mains comme à ceux qui sont perclus des jambes. Boileau à qui on le fit observer, s'efforça de corriger ce vers. Il mit d'abord *le faible devint fort*, ensuite *le muet discourut*... mécontent de ces changemens, il s'en tint à la première expression. *Bross.*

Le Brun, loin de blâmer cette expression (comme St.-Marc, Chapat, et M. Daunou) s'écrie : Deux miracles dans un vers!.. La Motte a eu le même bonheur lorsqu'il a dit :

Le muet parle au sourd étonné de l'entendre.

Le Brun ne fait pas attention que ce vers est clair, tandis que le vers de Boileau offre de l'ambiguïté; et c'est avec raison que M. Amar le trouve bien inférieur à celui de La Motte.

[3] P. C. *Scribes* au lieu de *prêtres* : mais on fit observer à Boileau que les scribes étaient la même chose que les docteurs. *Bross.*

Au tribunal humain le Dieu du ciel traîné, 1
Et l'auteur de la vie à mourir condamné.
Ta fureur toutefois à ce coup fut déçue,
Et pour toi ton audace eut une triste issue. 2
Dans la nuit du tombeau ce Dieu précipité 175
Se releva soudain tout brillant de clarté ;
Et partout sa doctrine en peu de temps portée
Fut du Gange et 3 du Nil et du Tage écoutée.
Des superbes autels à leur gloire dressés
Tes ridicules dieux tombèrent renversés, 180
On vit en mille endroits leurs honteuses statues
Pour le plus bas usage utilement fondues ;
Et gémir vainement Mars, Jupiter, Vénus,
Urnes, vases, trépieds, vils meubles devenus. 4
Sans succomber pourtant tu soutins cet orage, 185
Et, sur l'idolâtrie enfin perdant courage,
Pour embarrasser l'homme en des nœuds plus subtils,
Tu courus chez Satan brouiller de nouveaux fils.
　　Alors, pour seconder ta triste frénésie,

---

1 *Le Dieu du ciel traîné* : image expressive et belle. *Le Brun.*

2 Eut une *triste* issue, est un triste hémistiche. *Le Brun.*

3 V. Texte des deux éditions de 1711 qu'on peut regarder comme originales (Not. bibl., § 1, nos 99 et 100). Ainsi M. de S-S. se trompe lorsqu'il annonce que *et* manque dans les éditions de 1711 ; cela n'est exact que pour les nos 98 *a*, 101 et 102 de la même notice.

4 Vers 182 et 184. P. C.. *Vil usage... Vains meubles...* Ce mot *vains* n'ayant presque pas de sens, Boileau y substitua le mot *vils*, et à celui-ci, le mot *bas. Bross.*

Vers 182 à 184. Après *fondues*, il fallait un autre participe et non pas le verbe *gémir. St.-Marc*, V, 440.

Vers 183 et 184. Ils sont très durs et l'inversion du dernier paraît insupportable. *Saint-Marc*, V, 441 ; *Dartigny.* — Comment les dieux étant devenus des vases pouvaient-ils encore gémir? *Dartigny*; *Chapal*, 275.—Un trépied n'est pas un meuble vil. *Dartigny.*

Arriva de l'enfer ta fille l'hérésie. 190
Ce monstre, dès l'enfance à ton école instruit,
De tes leçons bientôt te fit goûter le fruit.
Par lui l'erreur, toujours finement apprêtée,
Sortant pleine d'attraits de sa bouche empestée,
De son mortel poison tout courut s'abreuver, 195
Et l'église elle-même eut peine à s'en sauver.
Elle-même deux fois, presque toute [1] arienne,
Sentit chez soi trembler la vérité chrétienne;
Lorsque attaquant le Verbe et sa divinité,
D'une syllabe impie un saint mot augmenté 200
Remplit tous les esprits d'aigreurs si meurtrières,
Et fit de sang chrétien couler tant de rivières. [2]

[1] *V. E.* Texte de 1711 à 1713, et des éditions suivantes jusqu'à 1801, Riom, où l'on a mis *tout;* ce qu'on a aussi fait dans plusieurs autres, telles que 1815 et 1819, Did.; 1821, S.-S.; 1824, Am.; 1825, Daun. (*voy.* p. 104, note 3).

[2] *V. E. et F. N. R.* Même texte, et non pas *fit* du *sang*, faute commise dans les éditions de 1750 et années suivantes (excepté celle de 1798) citées p. 295, note 5, et même dans plusieurs autres, telles que 1821 et 1831, Avi.; 1825, Ny.; 1829, A. L.; 1830, Ly. (plus de *trente*.)

Vers 199 à 202. P. C. d'après Brossette.

> Lorsque *chez* ses sujets l'un contre l'autre armés,
> Et sur un dieu fait homme au combat animés,
> Tu fis, dans une guerre et si triste et si longue,
> Périr tant de chrétiens, MARTYRS D'UNE DIPHTHONGUE.

Les orthodoxes disent que le fils est *Omousios*, de même substance que le père; les Ariens disaient qu'il était *omoiousios*, de substance semblable. Leur hérésie consistait donc dans l'addition d'une diphthongue. *Bross.* (il n'explique pas pourquoi Boileau changea ces vers dont le dernier surtout a été loué par plusieurs auteurs, tels que Voltaire, *Dict. phil.*, mot *abus des mots*, M. Daunou, etc.).

Vers 200. 2ᵉ C... *d'une adroite syllabe.. Bross.*

C'est *d'une lettre* qu'il fallait dire, car les Ariens (on vient de le voir) n'a-

Le fidèle, au milieu de ces troubles confus,
Quelque temps égaré, ne se reconnut plus ;
Et dans plus d'un aveugle et ténébreux concile 205
Le mensonge parut vainqueur de l'Évangile.[1]
  Mais à quoi bon ici du profond[2] des enfers,
Nouvel historien de tant de maux soufferts,
Rappeler Arius, Valentin et Pélage,
Et tous ces fiers démons que toujours d'âge en âge 210
Dieu, pour faire éclaircir à fond ses vérités,
A permis qu'aux chrétiens l'enfer ait suscités ?
Laissons hurler là-bas tous ces damnés antiques,
Et bornons nos regards aux troubles fanatiques
Que ton horrible fille ici[3] sut émouvoir, 215
Quand Luther et Calvin[4], remplis de ton savoir,
Et soi-disant choisis pour réformer l'église,

joutaient qu'un *i... Éditeur de* 1713, A. — Chénier ne connaissait peut être pas cette remarque lorsqu'il a dit (épitre sur l'erreur, citée p. 117) :

> L'évangile est ouvert ; Nicée en vain décide,
> Et du prêtre Arius la diphthongue homicide
> Fait chanceler cent ans sur un dogme incertain
> L'édifice nouveau qu'a fondé Constantin.

[1] On cite plus de vingt conciles tenus de 318 à 360, par les Ariens (voy. Lenglet, *Tablett. chronol.*, 1744, II, 226 à 231).

Reconnut *plus..* et dans *plus.*, négligence. *Dartigny.*

[2] *Du profond* pour *du fond* est-il français ? *St.-Marc*, V, 441. — Oui : c'est une expression poétique créée par Boileau. *M. Daunou.* — En effet, Voltaire (Henriade, VII, 319), a dit :

> Comme il parlait ainsi du profond d'une nue...

[3] *Ici*, dans ce vers, signifie *en France*, et dans le vers 207, il signifie *actuellement*. Ces deux vers ne sont-ils pas trop proches pour employer ce mot dans deux sens différens ? *St.-Marc*, V, 442.

[4] Vers 216 et 224. Au lieu des mots *Luther, Calvin* et *protestant*, il y a des ** dans les éditions de Brossette faites à Genève, en 1716. Ils ont été rétablis dès

Vinrent du célibat affranchir la prêtrise,
Et, des vœux les plus saints blâmant l'austérité,
Aux moines les du joug rendre la liberté. 220
Alors n'admettant plus d'autorité visible,
Chacun fut de la foi censé juge infaillible;
Et, sans être approuvé par le clergé romain,
Tout protestant fut pape, une bible à la main.
De cette erreur dans peu naquirent plus de sectes 225
Qu'en automne on ne voit de bourdonnans insectes [1]
Fondre sur les raisins nouvellement mûris,
Ou qu'en toutes saisons sur les murs, à Paris, [2]
On ne voit affichés de recueils d'amourettes,
De vers, de contes bleus, de frivoles sornettes, 230
Souvent peu recherchés du public nonchalant,
Mais vantés à coup sûr du Mercure Galant. [3]
Ce ne fut plus partout que fous anabaptistes,
Qu'orgueilleux puritains, qu'exécrables déistes.
Le plus vil artisan eut ses dogmes à soi, 235
Et chaque chrétien fut de différente loi.
La discorde, au milieu de ces sectes altières,
En tout lieu cependant déploya ses bannières ;
Et ta fille, au secours des vains raisonnemens
Appelant le ravage et les embrasemens, 240

1718, dans celle de Dumonteil. — Mais il y a encore des ** à 1721, Vest. et à 1721 et 1736, Bru...

[1] *Bourdonnans* peint bien, mais il devrait être placé après *insectes*, dit Saint-Marc, V, 442 à 444 (trois pages pour prouver cela). — M. de S.-S. trouve au contraire ce mot bien placé.

[2] On proposa à l'auteur de mettre sur les *murs de Paris*, il répondit que cela signifierait *sur les murailles de cette ville*. Bross.

[3] Vers 225 à 232. Ces deux comparaisons sont ingénieuses et plaisantes, mais déplacées dans une matière si grave. *Dartigny*.

Fit, en plus d'un pays, aux villes désolées,
Sous l'herbe en vain chercher leurs églises brûlées.
L'Europe fut un champ de massacre et d'horreur,
Et l'orthodoxe même, aveugle en sa fureur,
De tes dogmes trompeurs nourrissant son idée, 245
Oublia la douceur aux chrétiens commandée,
Et crut, pour venger Dieu de ses fiers ennemis,
Tout ce que Dieu défend légitime et permis. [1]
Au signal tout-à-coup donné pour le carnage, [2]
Dans les villes, partout théâtres de leur rage, 250
Cent mille faux zélés [3], le fer en main courans,
Allèrent attaquer leurs amis, leurs parens ;
Et, sans distinction, dans tout sein hérétique
Pleins de joie enfoncer un poignard catholique. [4]

---

[1] Vers 243 à 248. Vers très énergiques. *D'Alembert*, III, 184, note 38.

[2] Allusion à la Saint-Barthélemi. *Dumonteil.*

[3] *V. E.* Clément (*Nouv. obs.*, 461) lit : *cent mille affreux zélés...*

[4] Vers 237 à 254. Après avoir cité en 1772 (*Nouv. obs.*, 460) tout ce passage (et plusieurs autres) pour prouver que Boileau a de la verve, Clément fit en 1775 (*Lett.* VIII, p. 197) un éloge particulier des vers 251 à 254. Comme il venait (1775... *Lett.* VI, p. 241) de faire aussi une satire virulente de La Harpe (il le nomme *La Harpie*), il est probable que ces deux circonstances auront influé sur le jugement rigoureux que La Harpe porte sur les mêmes vers. « Ils sont mauvais, dit-il. *Cent mille faux zélés* est à peine de la prose noble. *Le fer en main courans* forme une chute de vers et une inversion également désagréables ; sans parler de la faute de français *courans* quand le participe ne doit pas être décliné *. *Allèrent attaquer* est de la plus grande faiblesse : *sans distinction* ne peut guère entrer dans la poésie soutenue : *Dans tout sein hérétique* est affreux à l'oreille **. Le dernier (*plein de joie* etc). est le meilleur ou plutôt le seul bon. Mais peut-on s'extasier sur une mé-

---

* On a vu (p. 142, note 4), que cette règle n'était pas alors d'un usage général.

** *Dur*, oui : mais *affreux !*

Car quel lion, quel tigre égale en cruauté 255
Une injuste fureur qu'arme la piété ?[1]

Ces fureurs, jusqu'ici du vain peuple admirées,
Étaient pourtant toujours de l'église abhorrées,
Et, dans ton grand crédit pour te bien conserver,
Il fallait que le ciel parût les approuver : 260
Ce chef-d'œuvre devait couronner ton adresse.
Pour y parvenir donc, ton active souplesse,
Dans l'école abusant tes grossiers écrivains,
Fit croire à leurs esprits ridiculement vains

---

tonymie aussi commune que le *poignard catholique?* » *Lyc.*, VIII, 189. — D'Alembert (III, 184), Clément (même p. 460), Le Brun, M. Amar (*Monit.*, 28 mars 1808, et *not. sur Boil.*), M. Daunou, etc., etc. n'ont point trouvé cette métonymie *commune*. *Poignard catholique*, dit M. Amar, est admirable par l'énergie de l'expression et la profondeur de l'idée.

[1] V. On lui a quelquefois entendu réciter : *une injuste fureur qui se croit piété. Note de l'édit. de* 1712. — Brossette rapporte cette note (sans citation), et ajoute que l'expression *qui se croit* était plus hardie.. M. Amar pense aussi qu'elle était plus énergique, tandis que Saint-Marc observe avec raison, ce nous semble, que le vers eût été moins fort. — Cette pensée, dit Le Brun, n'avait point encore eu en poésie un semblable élan.

Vers 243 à 256. Quoi de plus courageux que ces vers publiés en 1710, à une époque si voisine de la révocation de l'édit de Nantes, des dragonnades et des massacres des Cévennes ?... *M. Thiessé, Merc.,* 20 déc. 1823.

Vers 237 à 256. Passage plein de verve. *Voy.* Clément (cité note 4, p. 304), et M. Amar.

[2] Il voulait d'abord mettre *adorées;* il préféra ensuite *admirées*, quoique le premier mot rimât plus richement. *Bross.*

V. O. « Dans un exemplaire manuscrit de cette satire, que j'avais retenue par cœur avant qu'elle fût imprimée, je trouve ces deux vers tournés de la manière suivante :

> Ces fureurs toutefois du vain peuple admirées
> Avaient été toujours de l'église abhorrées.

Il me semble qu'ils se lient plus naturellement avec ce qui précède. » *J.-B. Rousseau,* II, 186.

Qu'un sentiment impie,¹ injuste, abominable,   265
Par deux ou trois d'entre eux réputé soutenable,
Prenait chez eux un sceau de probabilité²
Qui même contre Dieu lui donnait sûreté;
Et qu'un chrétien pouvait, rempli de confiance,
Même en le condamnant, le suivre en conscience.   270
   C'est sur ce beau principe, admis si follement,
Qu'aussitôt tu posas l'énorme fondement
De la plus dangereuse et terrible morale
Que Lucifer, assis dans sa chaire infernale,
Vomissant contre Dieu ses monstrueux sermons,   275
Ait jamais enseignée³ aux novices démons.

---

¹ V. E Texte de 1711 à 1713, excepté des n°ˢ 98 *a*, 101 et 102, cités p. 291, note 1, et où il y a *horrible*.

² Ce vers et les soixante qui suivent paraissent l'endroit le mieux travaillé de tout l'ouvrage. Le poète n'y attaque plus des morts mais des vivans. C'est comme il le dit, le chef-d'œuvre de l'adresse et de la souplesse de l'équivoque. Son démon l'a bien servi. Les vers y sont plus châtiés, et soutiennent plus l'attention du lecteur.... C'est le triomphe de l'équivoque. *Dartigny*. — Pascal, que Boileau va suivre pas à pas (*voy*. les notes suivantes), dans cet exposé des doctrines jésuitiques, leur avait prêté un tour bien plus vif, bien plus piquant. C'est lui qui est vraiment ici poète satirique : Boileau n'est que lourd et sèchement didactique. *M. Amar* (1821).

Vers 265 et suiv.. Censure du dogme de la probabilité soutenu par les jésuites, et qui est comme le fondement de toute leur morale (*voy*. Pascal, 5ᵉ lettre provinc.). *Dumonteil*.

³ V. E. Texte des deux éditions qu'on peut regarder comme originales; M. de S.-S. se trompe encore (v. p. 300, note 3) lorsqu'il dit qu'il y a *enseigné*, au masculin, dans les éditions de 1711. Cette faute grossière commise, il est vrai, dans trois éditions de la même année (les n°ˢ 98 *a*, 101 et 102, déjà cités) est passée dans les éditions de Brossette (1716), de Mortier (1717), de Vestein (1717 à 1721), de Dumonteil (1718), de Brunel (1721 et 1736) et de Souchay (1735 et 1740). Elle a été corrigée par Brossette, en 1724, par Dumonteil, en 1722, et par Souchay, en 1745.

Le noviciat des démons serait une chose très plaisante. *Le Brun*.

Soudain, au grand honneur de l'école païenne,
On entendit prêcher dans l'école chrétienne [1]
Que sous le joug du vice un pécheur abattu
Pouvait, sans aimer Dieu ni même la vertu, 280
Par la seule frayeur au sacrement unie,
Admis au ciel, jouir de la gloire infinie;
Et que, les clefs en main, sur ce seul passe-port,
Saint Pierre à tous venans devait ouvrir d'abord? [2]
 Ainsi, pour éviter l'éternelle misère 285
Le vrai zèle au chrétien n'étant plus nécessaire,
Tu sus, dirigeant bien en eux l'intention,
De tout crime laver la coupable action. [3]

[1] *V. E.* Texte des douze éditions de 1711 à 1716. Nous n'en connaissons aucune de ce temps, où il y ait au vers 277, *église païenne*, comme à 1716 (in-4 et in-12) et 1724, Bross.; 1717, Mort.; 1717, 1720 et 1721, Vest.; 1721 et 1736, Brun.; 1735 et 1740, Souch.; 1741 et 1756, A.; 1745, 1750, 1752, 1757, 1766, 1768, 1775, 1778. 1782, 1787 (deux édit.), 1789, 1793, 1798 et 1803, P.; 1770, Barb.; 1777, Cas.; 1780, Lond. et Ge.; 1784, Evr.; 1799, Lié.; 1805 et 1814, Ly.; 1810, Caill.; 1816, Avi.; 1818, Ny.; 1826, Dub. (deux édit.); 1829, B. ch. et A. L......

Et au vers 278, *église chrétienne*, comme à 1718 (in-fol. et in-4), 1722, et 1729 (in-fol., et in-12), Dumont.; 1735, 1737, 1743, 1749, 1751, 1759, 1762, 1766 et 1772, A.; 1746 et 1767, Dr.; 1747, St.-M.; 1757, Rol.; 1768 et 1769, Utr.; 1770, 1775 et 1806, P.; 1769, 1772 et 1789, Lon.; 1781, 1788, 1789, 1800, 1815 et 1819, Did.; 1793, Pal.; 1800, Lév.; 1801, Ri.; 1805, Bast.; 1806, Barb.; 1808 et 1814, Le Br.; 1809 et 1825, Daun.; 1810, Chass., Ray. et Caill.; 1814, Serp. et Bod.; 1815, Lécr.; 1821 et 1823, Viol.; 1821 et 1824, Am.; 1821 et 1831, Avi.; 1821, S.-S.; 1822, de L.; 1823, Levr.; 1824, Fro.; 1824 et 1825, Pl.; 1825, Aug. (in-8 et in-32) et Ny.; 1826, Mart., Toul. et Mi.; 1828, Thi.; 1830, Tours; 1832, Treut... (plus de *cent dix* éditions fautives pour l'un ou pour l'autre vers).

[2] Autre doctrine des jésuites (Pascal, lett. 10). *Dumonteil* (la même que Boileau avait combattue dans l'épitre XII et dont il parle dans la préface de l'épitre X, tome II, p. 124).

[3] Autre idem (id., lett. 9 et 7). *Dumont.*— Molière l'avait déjà peinte dans le Tartufe (Acte V, sc. 5) :

Bientôt, se parjurer cessa d'être un parjure ; [1]
L'argent à tout denier se prêta sans usure ; [2] 290
Sans simonie, on put, contre un bien temporel,
Hardiment échanger un bien spirituel ; [3]
Du soin d'aider le pauvre on dispensa l'avare, [4]
Et même chez les rois le superflu fut rare. [5]
C'est alors qu'on trouva, pour sortir d'embarras 295
L'art de mentir tout haut en disant vrai tout bas. [6]
C'est alors qu'on apprit qu'avec un peu d'adresse
Sans crime un prêtre peut vendre trois fois sa messe,
Pourvu que, laissant là son salut à l'écart,
Lui-même en la disant n'y prenne aucune part. [7] 300
C'est alors que l'on sut qu'on peut pour une pomme,
Sans blesser la justice, assassiner un homme :
Assassiner! ah! non, je parle improprement;
Mais que, prêt à la perdre, on peut innocemment,
Surtout ne la pouvant sauver d'une autre sorte, 305
Massacrer le voleur qui fuit et qui l'emporte. [8]

>Selon divers besoins, il est une science
>D'étendre les liens de notre conscience,
>Et de rectifier le mal de l'action
>Avec la pureté de notre intention.

[1] Autre doctrine des jésuites (Pascal, lett. 9). *Dumonteil.*

V. E. Texte de 1711 à 1713, excepté des n°ˢ 98 a, 101 et 102, déjà cités (même erreur de M. de S.-S. qu'à p. 300, note 3), et où on lit, *parjurer ne fut plus un parjure*, ce qui a été imité dans quelques éditions, telles que 1713, A. et 1732, G.

[2] Autre doctrine, etc. (lett. 8). *Dumont.*

[3] Idem (lett. 6 et 12... V. aussi la défense de la même lettre 12). *Dumont.*

[4] Idem (lett. 9 et 12, et même défense). *Dumont.*

[5] Idem (lett. 6 et 12, et même défense). *Dumont.*

[6] Idem (lett. 9... V. aussi les PP. Sanchez et Filliutius, cités ibid.). *Dumont.*

[7] Idem (lett. 5). *Dumont.*

[8] Idem (lett. 14). *Dumont.*

Enfin ce fut alors que, sans se corriger,
Tout pécheur... Mais où vais-je aujourd'hui m'engager ?
Veux-je d'un pape illustre [1], armé contre tes crimes,
A tes yeux mettre ici toute la bulle en rimes ; [2]   310
Exprimer tes détours burlesquement pieux
Pour disculper l'impur, le gourmand, l'envieux ; [3]
Tes subtils faux-fuyans pour sauver la mollesse, [4]
Le larcin, le duel, le luxe, la paresse, [5]
En un mot, faire voir à fond développés   315
Tous ces dogmes affreux d'anathème frappés,
Que, sans peur débitant tes distinctions folles,
L'erreur encor pourtant maintient dans tes écoles ? [6]
Mais sur ce seul projet soudain puis-je ignorer
A quels nombreux combats il faut me préparer ?   320
J'entends déjà d'ici tes docteurs frénétiques
Hautement me compter au rang des hérétiques ;
M'appeler scélérat, traître, fourbe, imposteur,

---

[1] Innocent XI (1676 à 1689). Boileau en parle dans ses lettres à Brossette, des 12 mars 1706 et 2 août 1707 (tome IV, p. 418 et 436). Il est très remarquable que ce *flatteur* de Louis XIV, célèbre ici un pape qui en fut l'ennemi juré.

[2] P. C. Veux-je ici, rassemblant un corps de tes maximes,
   Donner Soto, Bannez, Diana, mis en rimes ?

Ces deux vers sont dans un fragment de la satire XIIe, envoyé par Boileau à Brossette (lett. du 2 août 1707 ; tome IV, p. 436). Celui-ci dans sa réponse (Lett. famil., II, 196) doutant qu'on pût dire *donner un auteur mis en rimes*, proposa *l'expression* suivante : mettre ici, Diana, Soto, Bannez en rimes.... Boileau refit alors les deux vers comme ils se trouvent au texte.

[3] Voy. Pascal., lett. 9 et 10. *Dumont.*

[4] Voy. idem, lett. 8. *Dumont.*

[5] Voy. idem, lett. 6, 7 et 9. *Dumont.*

[6] P. C. et *V. E.* Les vers 317 et 318 ont été refaits deux fois. Suivant Dumonteil et M. Daunou, Boileau en abandonna les deux premières leçons (on

Froid plaisant, faux bouffon, vrai calomniateur, [1]
De Pascal, de Wendrock [2], copiste misérable;
Et, pour tout dire enfin, janséniste exécrable.
J'aurai beau condamner, en tous sens expliqués,
Les cinq dogmes fameux par ta main fabriqués, [3]

va les lire), surtout la première, parce qu'il s'y reprochait d'y trop ménager les jésuites. Cela est possible; mais on peut aussi penser avec M. de Saint-Surin (IV, 599) que la crainte de se faire des ennemis, influa sur l'abandon de la dernière.

> Qu'en chaire tous les jours combattant ton audace,
> Blâment, plus haut que moi, les vrais enfans d'Ignace...
> Que tous les jours rempli de tes visions folles,
> Plus d'un moine à long froc prêche dans tes écoles...

La dernière leçon nous a été fournie par Brossette, et la première, par Boileau lui-même (lett. citée p. 309, note 2)... Dans une note d'une des premières éditions de la satire XII (1712... Not. bibl., § 1, n° 103) au lieu de *combattant*, on lit *condamnant*... Nous aurions comme M. Daunou (1825, I, 292) adopté cette leçon qui nous semble plus correcte, si Boileau n'avait pas écrit (peut-être est-ce par inadvertance) dans la même lettre, *combattant*.

[1] Injures dont se plaint Pascal, lett. 12. *Dumonteil*.

[2] Nom que prit Nicole dans sa traduction latine des *Provinciales*, accompagnée d'un commentaire où il en justifie les citations. *Dumonteil*.

[3] C'est-à-dire les cinq propositions *attribuées* à Jansénius. *Souchay*, 1735. — C'est-à-dire les cinq fameuses propositions. *Id.*, 1740 (*voy.* Not. bibl., § 1, n° 131)... — qui se trouvent, *dit-on*, dans un in-folio, intitulé *Augustinus*, composé par Jansénius. *MM. Daunou* et *Planche* (mais celui-ci a supprimé le *dit-on*).

Brossette prétend prouver d'après ce vers et les précédens, que Boileau regardait le jansénisme comme une hérésie aussi véritable que l'arianisme... Dumonteil, dans une longue note, accuse et avec raison Brossette de ne pas rendre fidèlement la pensée de Boileau (voy. l'Essai, n° 152).

Il est assez remarquable que dans aucune édition française du XVIII° siècle on n'ait osé citer, même par une simple indication, les longues notes de Dumonteil, dont nous avons tiré la plupart de celles des vers 280 et suivans, quoique ces notes soient dans presque toutes les éditions étrangères, telles que 1718 (in-4 et in-fol.,) 1722, 1729 (in-12 et in-fol.), 1735, 1743, 1772 (in-8 et in-12) et 1775 (in-8 et in-12), A.; 1746 et 1767, Dr.. M. Daunou

Blâmer de tes docteurs la morale risible :
C'est, selon eux, prêcher un calvinisme [1] horrible ; 330
C'est nier qu'ici-bas par l'amour appelé
Dieu pour tous les humains voulut être immolé. [2]
Prévenons tout ce bruit : trop tard, dans le naufrage,
Confus on se repent d'avoir bravé l'orage. [3]
Halte là donc ma plume [4]. Et toi, sors de ces lieux, 335
Monstre à qui, par un trait des plus capricieux,
Aujourd'hui terminant ma course satirique,
J'ai prêté dans mes vers une âme allégorique.
Fuis, va chercher ailleurs tes patrons bien-aimés,
Dans ces pays par toi rendus si renommés, 340
Où l'Orne épand ses eaux, et que la Sarthe arrose ; [5]

a, le premier, en 1809, renvoyé à quelques-unes des lettres provinciales analysées par Dumonteil.

[1] *V. E.* Texte de 1711 à 1713, à l'exception des n°s 98, 101 et 102 déjà cités, de l'édition de Schelte, de 1713, où on lit *jansénisme ;* mais Schelte avertit dans son errata (p. vj) qu'il faut lire *Calvinisme.* Toutefois il y a en note dans une édition de 1712, que quelques copies portent *un jansénisme,* et Brossette affirme que c'est ainsi que Boileau avait mis d'abord ; mais le sens indique évidemment que Brossette est dans l'erreur (*voy.* aussi Dumonteil). Quoi qu'il en soit, en admettant même que son assertion fût exacte, puisque Boileau s'était fixé au mot *calvinisme,* on n'aurait pas dû y substituer le mot *jansénisme,* comme on l'a fait dans l'édition de 1735, P., dans ses nombreuses copies, et dans les éditions de 1798, P,, et de 1826, Dub.

[2] Boileau avait écrit en marge : *Proposition de Saint-Paul* (c'est épît. II, aux Cor., ch. v, vers 14 et 15). *Bross.*

F. N. R. On lit *Dieu par tous* les humains, à 1808 et 1814, Le Br.

[3] Les vers 242 à 334 (Tableau des fureurs du fanatisme... Critique des doctrines combattues par Pascal etc.) ont été supprimés dans le Boileau de la jeunesse.

[4] On a ainsi corrigé ce vers dans le même Boileau : *mais, alte là,* ma plume.

[5] *V. O.* Rivières qui passent par la Normandie. *Notes de* 1711 à 1713 (excepté des n°s 101 et 102, déjà cités). — Il eût été plus exact de dire pour la Sarthe, qu'elle prend sa source dans la Normandie.

Ou, si plus sûrement tu veux gagner ta cause,
Porte-la dans Trévoux ¹, à ce beau tribunal
Où de nouveaux Midas un sénat monacal, ²
Tous les mois, appuyé ³ de ta sœur l'ignorance,   345
Pour juger Apollon tient, dit-on, sa séance. ⁴

¹ Texte de 1711 à 1713. Brossette, soit par timidité, soit pour se conformer à l'intention primitive de Boileau (tome IV, p. 419), a substitué deux ** au mot *Trévoux*. Souchay, dans sa première édition (1735) fut plus hardi. Rendu plus circonspect par la suppression de cette édition, il imita Brossette, dans celle de 1740 (Not. bibl., § 1, nᵒˢ 131 et 134). Depuis, on a toujours imprimé *Trévoux*, comme Dumonteil l'avait déjà fait, dès 1718.

² *Monacal* n'est là que pour rimer à tribunal... Midas s'est érigé une fois en juge : mais cela a-t-il jamais fait un sénat de Midas? *Dartigny*. — Quelle pitoyable critique ? Quoi! on ne peut pas dire un *sénat* dont chaque membre est *un Midas?*

³ P. C. D'après Brossette... *Tous les mois* sous l'appui *de..*

⁴ *Dit-on* est une cheville, selon *Dartigny*.

On a parlé dans l'Essai (n° 105) des réflexions malignes, par lesquelles les journalistes de Trévoux s'attirèrent l'animadversion de Boileau ; réflexions auxquelles M. Amar n'aura peut-être pas assez fait d'attention puisqu'il dit qu'il ne voit pas dans l'article du journal, ce qui a pu exalter l'humeur satirique du poète.

Il est presque inutile d'observer que les vers 339 à 346 ont été supprimés dans le Boileau de *la jeunesse*.

TABLE DE L'ESSAI [1].

CHAPITRE I. — *Coup-d'œil général sur la vie de Boileau*, n°ˢ 1 à 21, p. j à xxxij.

Sa naissance : époque, 1ᵉʳ novembre 1636, n. 1 et 7... lieu; argumens pour Crône et pour Paris ; les derniers l'emportent ; citation du baptême de Gilles Boileau I, de ses fils Jacques et Despréaux, et de sa nièce, Nicole Clément; id. de lettres de l'abbé Boileau et de Guilleragues etc., n. 1 et 7 et 8. [2]

Sa famille, n. 1; noblesse de id.; arrêt et discussions sur ce point; qualités que prennent les Boileau etc.; surnom de Despréaux, n. 9 à 12.

Ses parens, n. 11 *b*, 12 (surtout tome III, Explicat. généalogique).

Ses amis.... Voy. la fin de la présente table, p. 316.

Ses alliés (même explicat., et art. des Erreurs de Brossette, n. 3, 11, 12).

Son père : qualités, n. 1 ; naissance et mort, n. 7 *d* (même explication, n. 164); nombre d'enfans (ib., n. 290); demeure, n. 7 *c* et 8 *a*; mot sur le caractère de Despréaux, n. 50.

Sa mère, n. 2; vrai nom, âge, mort (même explicat., n. 165, et art. des Erreurs de Brossette, n. 6).

Sa belle-mère (même art., n. 5).

Ses frères, n. 2 et 11 (Explicat. généalog., n. 268 à 290).

Ses sœurs (Explicat. généalog., mêmes numéros).

Sa belle-sœur (art. des Erreurs de Bross., n. 15).

Son enfance : maladie de la pierre et anecdote controuvée du dindon, n. 2 et 13.

Son adolescence : logement, études, collège, professeurs, théologie, droit, réception comme avocat, passion pour la littérature et les romans, n. 2 à 5 et 14 à 17.

Sa fortune ; argent, mobilier, capitaux, etc.; débiteurs, parens ou autres, n. 5 et 18 (supplém., n° 13).

Ses travaux littéraires, comme académicien, comme historiographe, etc., n. 6, 137 et 139.

Son âge mûr... Bonheur, n. 6.

Sa vieillesse... infirmités, mort (13 mars 1711), sépulture... Discussion sur ces deux points, n. 6 et 19 à 21.

---

[1] Nous y indiquons aussi (entre parenthèses) divers passages des autres parties de notre édition qui ont rapport aux matières de l'Essai.

[2] Ici est une digression sur l'époque et le lieu de la naissance de Voltaire.

CHAPITRE II. — *Boileau considéré comme critique*, n. 22 à 97, p. xxxiij à lxxiv.

Critique littéraire, en vers, est en général blâmable, n. 22, 45 et 46... La censure conduit à l'injure... incivilité des critiques; exemples; n. 23 et 47 et suiv.

Traits répréhensibles de Boileau contre Ménage, Colletet, Pelletier, Sauval, de Pure et Boursault; torts de ces deux derniers, n. 24, 49, 51 et 53.

Noms sacrifiés à la rime, ou censurés par pure homonymie: Cotin, Boursault, Hesnault, Perrault, Quinault... Déguisemens insuffisans de leurs noms. Apologies mal fondées pour Boileau sur ce point et sur ses épigrammes; sa justification quant à ses parens et quant à Cassagne, n. 25, 47, 50, 53 à 58.

Utilité des satires de Boileau; état fâcheux de la poésie française; défaut de modèles; époques des bons ouvrages de Molière, et de ses relations avec Boileau; digression sur la satire 2e, n. 26, 27 et 59.

Mauvais goût du public et des gens de lettres... Éloges pompeux donnés à de mauvais écrivains, Scudéri, Chapelain, Cotin, etc.. Liste de ces écrivains; succès de leurs ouvrages et en particulier de la Pucelle; composition étrange de l'académie vers 1660, n. 28 à 34 et 59 à 71.

Satires de Boileau composées d'abord pour être lues ou répandues en manuscrit, n. 35 et 72 et 73... Leur but à-la-fois littéraire et moral; leur influence... Désordres de Paris; emprunts de la noblesse; autorité d'Aristote; épreuve du congrès... n. 36 à 39 et 74 à 79... Mérite de leur versification; décence de leur style, n. 37, 39, 75, 82... Édition imparfaite imprimée sur des copies, qui force Boileau à publier ses ouvrages... Reproches et injures des mauvais écrivains du temps contre lui et les autres grands poètes, Molière, Racine, etc., n. 40, 41, 80, 81, 83 à 85.

Jugemens de Boileau sur le mérite des auteurs, entre autres sur le Tasse, Voiture, Quinault, La Fontaine et Molière; discussion sur les jugemens relatifs aux deux derniers... Mot sur Athalie; n. 41 *a* et 86 à 92.

Mérite de Boileau comme critique. Sa prose est très inférieure à ses vers; exception... (digression sur la dissertation relative à la Joconde)... Louanges que lui donne Racine... Il a prêté son conseil et son appui aux bons auteurs, Cassandre, Molière et Racine (digression sur l'École des Femmes, et ses critiques), n. 42 à 44, et 93 à 97.

CHAPITRE III. — *Boileau considéré comme écrivain*, n. 98 à 120, p. lxxv à xcj.

Jugemens des bons écrivains sur les satires, les épitres, l'Art poétique, le Lutrin, l'ode sur Namur et les épigrammes, p. lxxv, où l'on renvoie aux observations mises en tête de ces ouvrages.

Imitation des anciens. Boileau y a excellé : Exemples... La Bruyère lui donne à ce sujet des éloges qui excitent l'animadversion des jésuites rédacteurs du journal de Trévoux ; leurs critiques ; réfutation qu'en fait Desmaiseaux, n. 98 et 104, 105.

Ordre dans ses ouvrages... De l'art des transitions ; observations de La Harpe, n. 99 et 106, 107.

Du style de Boileau. Des modernes le trouvent trop *timide ;* ses contemporains le trouvaient trop hardi... Exemples de leurs critiques sur ses figures, ses expressions nouvelles, ses rimes, ses césures etc.; Boileau en a profité quelquefois ; faute qui lui est échappée pendant trente ans, et qu'ils n'avaient pas aperçue, n. 100 et 110 à 117.

Soins qu'il apportait dans ses compositions, voy. la fin de la table, p. 316, lign. 19 et 20.

Opinion de Voltaire sur Boileau... Vers devenus proverbes, n. 108 et 109.

Les modernes qui regardent Boileau comme un versificateur ont été entraînés par Fontenelle et réfutés par Vauvenargues... Digression sur la rime; alors on rimait plus pour les yeux que pour l'oreille, n. 118.

Souplesse, verve, etc. du style de Boileau ; exemples... Opinion de La Harpe, de Le Brun et de Victorin Fabre... Il ne manquait pas non plus de sensibilité, n. 101, 102, 119 et 120.

Utilité de ses écrits (ils ont été traduits dans toutes les langues) surtout de l'Art poétique pour la littérature ; éloge échappé à un de ses critiques (Brienne) n. 103.

Chapitre IV. — *Boileau considéré comme homme*, n. 121 à 175, p. xcij à cxxvj.

Son Portrait par lui-même... Probité, désintéressement. Il donne ses ouvrages aux libraires... Digression sur les bénéfices possédés par des laïques... Sa réception aux académies ; son exactitude à celle des inscriptions ; son peu de crédit à l'Académie française ; ses travaux comme historiographe ; imputation mal fondée qu'on lui fait à ce sujet, n. 121, 122, 136 à 139.

Sa franchise courageuse... Exemples relativement à Saint-Aulaire, Seignelay et même Louis XIV ; ses éloges hardis des jansénistes, Arnauld, Pavillon, les religieuses de Port-Royal ; étonnement et craintes de Racine et reproches de Desmarets à cette occasion, n. 123, 124, 140, 141.

Il est accusé par des modernes d'avoir été le flatteur du roi ; des contemporains lui reprochaient au contraire de ne pas assez le louer... C'est à ceux-ci qu'il faut reprocher de l'adulation ; citation de Saint-Réal et Duclos, et de traits des minimes, de Tallemant, Charles Boileau, La Chapelle, Clermont-Tonnerre, Cotin, Bellocq... Il n'est que deux circonstances où Boileau eut le tort de les imiter, quoique de loin ; et il est surtout louable d'avoir exhorté le roi à la paix, ce qui fut pour eux un nouveau sujet de censure, n. 125 et 142 à 148.

Son empressement à célébrer les gens qui étaient dignes de l'être.. Exemples relatifs à Molière, Pascal, Racine, Cassandre et surtout à Arnauld, alors proscrit et fugitif... Digression sur le Tartufe et sur Phèdre, n. 126 et 149 à 151.

Boileau lié avec des jésuites et des jansénistes.. sa prédilection pour ces derniers... Il est accusé d'impiété par ses ennemis... Passages de ses poésies dont ils s'appuient, n. 127 et 153 à 155.

Sa bonhomie et sa douceur... Cordialité de son accueil à Auteuil où il s'était retiré... Exemples divers... Mots de Racine, de madame de Sévigné, de Saint-Simon et de Dangeau sur la douceur de son caractère... Son affection pour ses parens; n. 129 et 157, 158 (supplém., n. 13).

Portrait hideux qu'en font ses ennemis; libelles qu'ils lui attribuent et qu'on reproduit dans les éditions étrangères de ses œuvres... Il se réconcilie avec plusieurs d'entre eux et ne répond à d'autres qu'avec modération, excepté à Charles Perrault et à Jean Le Clerc... Ses torts à ce sujet, n. 130, 131 et 159 à 161.

Sa docilité pour la critique... même exprimée en termes injurieux... Ses soins dans ses compositions... second vers fait, dit-on, avant le premier... esquisses en prose, n. 131 et 162 à 167.

Il avait beaucoup d'amis... Indication de plusieurs... sa candeur et sa simplicité... Mot de Pontchartrain, n. 132 et 168.

Sa liaison avec Racine; histoire de cette liaison.. Ils se consultent sur tous leurs ouvrages... Traits divers de leur amitié... Derniers momens de Racine... c'est à Boileau, en grande partie, qu'on doit ce poète. Il avait aussi formé J. B. Rousseau, n. 133 à 135 et 169 à 175.

TABLE DES NOMS

DES PERSONNAGES MENTIONNÉS DANS L'ESSAI.

Les chiffres qui suivent ici les noms renvoient aux numéros de l'Essai, où il en est question avec quelque détail. Or comme dans ces numéros, nous indiquons ordinairement les passages de notre édition, où se trouve, relativement au même personnage, non pas un fragment d'ouvrage, une simple citation, ce qui eût exigé une espèce de dictionnaire, mais au moins un fait, une opinion, etc., la présente table peut, en quelque façon, tenir lieu d'une table des matières (dans le même but nous y avons aussi indiqué (entre parenthèses) les numéros soit du Supplément, soit de l'Avertissement du présent volume où il est question des mêmes personnages).

A

Académiciens en 1660, n° 69.
Amar (M.), 52, 90 *b*, 95, 165, 166, 170 (Avert., n. 10, 14).
Andrieux, 116 (Avert., n. 14).
Arioste, 95.
Aristote, 78, 88, 151.
Arnauld (Antoine), 14, 124, 126, 132, 140, 151, 152.
Arouet (Fr.), père de Voltaire, 8 *g* et *h*.
Auger, 165.
Automne, 76.

B

Baillet, 83, 153.
Balzac, 30, 60 (suppl., n° 12).
Batonneau, 40.
Batteux, 108.
Bayle, 49, 82, 92 (Avert., n. 10).
Bellocq, 30, 147 (Avert., n. 4).
Benserade, 70, 88, 137.
Bernier, 132.
Bessé-la-Chapelle I, neveu de Despréaux (suppl., n° 11).
— II, petit neveu, 18 *b*, 158, (suppl., n° 15).
Betuleius, 48.
Beuchot (M... Avert., n. 10).
Bidal, 40.
Boileau (Gilles I), père de Despréaux, 1, 2, 5, 7 *c* à *f*, 8 *a* et *e*, 9 *d*, 11, 11 *a*, 12, 12 *a*, 16, 157, 158.
— (Gilles II), frère, 2, 11, 11 *a*, 12, 18 *a*, 69, 72.
— (Jacques), *id.*, 7 *a* et *e*, 8 *b*, 9 *d*, 10 *a*, 11, 18 *a* et *e*, 20, 134, 158 (suppl., n° 13).
— (Jérôme), *id.*, 11.
— (Nicolas), *id.*, 11.
— Puymorin, *id.*, 8 *g*, 11, 11 *a*, 18 *a* (suppl., n° 13).
— (Anne I), sœur, 7 *f*.
— (Marguerite), *id.*, 8 *c*.
— (Charlotte III), *id.* (suppl., n° 13).
— (Geneviève), *id.*, 18 *b*.
— (Guillaume II), oncle, 9 *d*, 12.
— (Gilles IV), neveu, 9 *d*.
— (Balt.-Charl. I), cousin, 9 *d*, 11 *a*, 12.
— (Gilles III), *id.*, 9 *d*, 10, 12.
— (Jean IV), aïeul, 7 *d*.
— (François II), trisaïeul, 9.
— (Jean I), anobli en 1371, 9, 12.
— (Henri), avocat gén., 12.
— (Charles), abbé de Beaulieu, 144.
Bonnecorse, 57, 148, 153, 155 (Avert., n. 4).
Bossuet, 48.
Bouhours, 127, 132.
Bouillon, 95.
Boulanger de Chalussay, 85, 137.
Bourdaloue, 127, 132.
Boursault, 19, 49, 53, 55, 97, 156.
Bourvalais, voy. Poisson.
Bourzeis, 69, 95.
Boyer, 15, 33, 68, 85, 137.
Boyvinet, beau-frère de Despréaux (supplém., n. 13).
Boze (de), 16, 136.
Brienne, 103, 112, 153, 154 (Av., n. 4).
Brossette, 7, 8 *b*, *d* et *e*, 9, 10 *a*, 18, 47, 57, 72, 74, 90 *a*, 94, 103, 136, 146, 156, 159, 165, 172 (sup., n° 4.. Avert., n. 1, 7, 10).
Broussain (du), 55.

C

Cartigny, 18 b.
Cassagne, 34, 47, 55, 58, 67 à 70.
Cassandre, 128, 151.
Caumartin, 9 b, 10 b.
Cavoie, 132.
Chamlai, 132.
Champollion (M.... Avert., n. 14).
Chapat (Avert., n. 4).
Chapelain, 30, 32, 35, 36, 37, 60, 62 à 66, 68 à 70, 72, 95, 170, 171.
Chapelle, 132.
Charpentier, 81.
Cizeron-Rival, 7 a, 9 c, 18, 156 (Av., 14).
Clairambault, 9, 9 a, 12.
Clément (Thomas), oncle de Despréaux, 7 c.
Clément, de Dijon, 58, 94, 119, 166.
Clermont-Tonnerre, 145.
Collin, libraire (Avert., n. 1, 10).
Colletet (Franç.), 24, 34, 37, 52, 56.
Colletet (Guillaume), 52, 68.
Commire, 132.
Condillac (Avert., n. 4).
Coras, 34, 68, 84, 114 (Avert, n. 4, 7).
Corneille, 2, 27 à 30, 34, 35, 60, 69, 88, 108, 128, 156.
Costar, 30, 63, 132.
Cotin, 32, 37, 47, 55, 68, 69, 80, 84, 113, 147, 154, 159, 162 (Avert., n. 4, 7).

D

Daçarq (Avert., n. 4).
Dacier, 167 (Avert., n. 14).
Daguesseau, 132.
D'Alembert, 7 a, 9, 9 c, 20, 28, 53, 59, 93, 137, 170 (Avert., n. 2).
Dangeau, 157.
D'Argental, 8 g.
Daumart (Mar.-Margu.), 8 g et h.
Damilaville, 89.
Daunou (M.), 9 a, 18, 18 e, 53, 90 b, 95, 139, 166 (suppl., n° 15. Avert., n. 10, 13, 14).
Deshoulières (mad.), 150.
Desmaiseaux, 73, 78, 103, 105, 136.
Desmarets, 30, 33, 60, 62, 68 à 71, 80, 84, 103, 111, 112, 115, 116, 118 a, 137, 140, 148, 153, 162 (Avert., n. 4, 7).
D'Olivet, 58.

Dongois (Jean), beau-frère de Despréaux, 7 f.
Dongois (Nicolas), neveu, 12 b.
Dongois (Gilles), id., 12 b.
Dongois, femme Bessé (Charlotte), nièce, 18 b (Suppl., n. 11.)
Dongois (Fr.-Gen.), petite nièce, 12 b, 18 b.
Duclos, 8 g, 142, 145.
Dumolard, 50.
Du Ryer, 60.
Dussault, 86, 120.

E

Etienne (M.), 149.

F

Fabre (Victorin), 119, 120 (Avert., n. 2, 4).
Famille de Boileau, 1, 158 (Av., n. 13).
Féraud (Avert., n. 4).
Fléchier, 132.
Foncemagne, 9.
Fontanes (suppl., n° 6).
Fontenelle, 118, 118 a.
Furetière, 47, 90 a, 132.

G

Gacon (Avert., n. 4).
Gallois, 95.
Garnier (Germ), 93, 172.
Gendron, 13 a et c.
Genlis (mad. de), 7 d.
Gibert, 116.
Gilbert de Voisins (Pierre), petit neveu de Despréaux, 12 b, 18 b.
Gillot, 7, 7 b, 8 b, c et d.
Ginguené, 86, 95, 165.
Godeau, 34, 62, 67 à 69.
Goigoux, 8 f, 9, 52.
Gombaud, 34, 67, 68, 69, 70.
Gomberville, 69, 95.
Grammont (comtesse de), 141.
Gresset, 56.
Grignan (mad. de), 89.
Grouvelle, 90 b.
Guilleragues, 8 d.
Gui-Patin, 65, 74.

H

Haudiquier, 9.
Heinsius, 64.
Helvétius, 13 a.
Hénaut, 8 g.

TABLE DES NOMS.

Hesnault, 53.
Henriette d'Angleterre (suppl., n° 4).
Heury (G), 154.
Hoffmann, 86.
Homère, 35.
Horace, 39, 80, 88, 103, 104, 105.
Hozier (d'), 7 d, 9, 9 a, 12 (supp., n. 7).
Huet, 65, 161.

I

Innocent XI, 141.

J

Jacquier, 40,
Juvénal, 39, 103, 104.

L

La Bruyère, 104 à 107, 132.
La Chapelle (J. de), 144.
La Chapelle, voy. Bessé.
La Chétardie, 14.
Lacour de Beauval, 9 c, 10, 10 b.
La Fontaine, 2, 43, 87 à 90, 95, 108, 132, 137.
La Fresnaie-Vauquelin (Avert., n. 1).
La Harpe, 45, 65, 75, 86, 87, 95, 107, 120, 145, 170, 172 (Av., n. 1, 2, 5).
Lamoignon, P. P., 82, 132.
—Avoc. gén., 132.
La Motte, 56.
Langlois (Charles), beau-frère de Despréaux, 8 c.
La Place, 14, 16 a.
La Rochefoucauld, 90 b, 129.
La Roque, 95.
La Serre, 37.
Le Brun, 91, 120, 163, 166.
Le Clerc (Jean), 160, 161.
—(Mich.), 34, 68, 85, 137.
Le Fèvre (Tann.), 64.
Lemarchant (Franç.), cousine de Despréaux, 12 b.
—(Roger), oncle, 12 b.
Lemoine (le P.), 62, 68.
Lémontey, 55, 76, 136.
Le Nain, 13 a et c.
Lenoir-Dulac, 58, 93.
Le Pays, 72, 131.
Le Tasse, voy. Tasse.
Lescalopier, 48.
Le Vasseur, 172.
Le Verrier, 18 b.
Linières, 128.
Locke, 108.

Longin, 87, 93, 167.
Louis XIV, 6, 36, 74, 76, 91, 103, 122, 124, 125, 137, 139, 141 à 149 (supp., n° 12, 13).
Lully, 85.
Luneau-Boisgermain, 157.

M

Malherbe, 29, 35.
Mambrun, 62, 64, 68.
Manchon (Jér.), neveu de Despréaux, 18 b.
Mariage (Sim.), cousin, 8 h.
Marmontel, 21, 118 b, 120.
Marolles, 30, 60, 69.
Marot, 87.
Maucroix, 90 a.
Ménage, 30, 40, 51, 53, 63, 64, 70.
Merlon (Hugues), bisaïeul de Despréaux, 11 b.
Mermet, 109 (Avert., n. 4).
Molière, 2, 27, 29, 44, 49, 59, 61, 66, 85, 88, 91, 97, 102, 103, 126, 132, 149, 171 (Avert., n. 14).
Monchesnay, 87, 146.
Montfleury, 61.
Montmaur, 24.
Morand, 21.

N

Newton, 108.
Nicéron, 83.
Nicole, 132, 141.
Nyélé (Anne de), mère de Despréaux, 1, 2, 7 c et e, 8 e, 158.
—(Nicolas I), aïeul, 7 c, 11 b.
—(Nicolas II), oncle, 11 b.
—(Nicole), tante, 7 c.
—(Nicolas-Charles), cousin-germain (suppl., n°. 9).

P

Palissot, 108.
Papyre-Masson, 14.
Parfait (frères), 8 g.
Pascal, 30, 126.
Pasquier, 14.
Patru, 69, 116, 128, 156.
Pavillon, 140.
Pelletier, 24, 37, 52, 68.
Pellisson, 60, 69.
Perrault, médecin, 57, 159.
—(Charles), 30, 53, 55, 57, 58, 71, 130, 155, 160, 162 (Avert., n. 4).

TABLE DES NOMS.

Perrin, 34, 37, 56, 68.
Pinchesne, 34, 68, 115, 118 b, 146, 147.
Poisson de Bourvalais, 9 c.
Pomponne (Arnauld de), 35.
Poucher de Bretouville (Mar.), 136.
Pontchartrain, 132, 168.
Port-Royal (religieuses de), 141.
Pradon, 13, 13 a, 30, 56, 57, 71, 82, 85, 96, 110 à 112, 130, 137, 139, 148, 150, 153 à 155, 162, 163, 173, 175 (Avert., n. 4, 7).
Prévôt (l'abbé), 4.
Pure (de), 24, 51, 53, 70, 68, 85, 159.

Q

Quinault, 53, 55, 85, 86, 166, 172.

R

Racan, 29, 69.
Racine (J.), 2, 4, 8 d, 19, 44, 85, 88, 92, 96, 97, 108, 110, 126, 133 à 135, 139, 141 à 150, 155, 157, 162, 169.
—(Louis), 7, 7 b, 8, 8 g, 11 b, 13, 16, 21, 91, 133, 135, 136, 142, 156, 168, 172, 173.
Raisin, 156.
Rapin, 127, 132.
Rapoil (Catherine), aïeule de Despréaux, 7 d, 11.
Raynouard (M.), 90 a, 166 (s., n° 14).
Regnier, 29.
Regnier-Desmarais, 129.
Renouard (M.) père (Avert., n. 14).
Revel (comte de), 141.
Richardson, 4.
Ronsard, 3, 14.
Rousseau (J-B.), 175.

S

Sailly (Nicolas de), 12 b (sup., n° 10).
Saint-Amand, 62, 68, 69.
Saint-Aulaire, 123.
Saint-Evremont, 60.
Saint-Gelais, 87.
Saint-Geniez, 64.
Saint-Marc, 95, 137, 166 (Avert., n. 1, 3, 4, 7).
Saint-Réal, 45, 46, 48, 142.
Saint-Simon, 136, 141, 157.
Saint-Surin (M. de) 9, 9 a et c, 95 (Av., n. 10, 11, 13, 14).
Sainte-Garde, 30, 34, 68, 71, 84, 114, 118 b, 148, 153 (Avert., n. 4).

Sainte-Marthe, 14.
Salo, 95.
Sarrasin, 60, 64.
Sauval, 53.
Scaliger, 14.
Scarron, 124, 126.
Scudéri, 31, 35, 37, 60, 62, 68, 69.
Scudéri (madem.), 43, 68.
Segrais, 29, 88, 154.
Seignelay, 123.
Sévigné (mad. de), 89, 90 b, 143, 157.
Sévin, 14, 16 a.
Souchay, 47 (Avert., n. 7).
Spanheim, 82.
Staël (mad. de), 120.
Subligny, 110.

T

Tallemant (Franç.), 68, 69, 143.
Tardieu, 8 c.
Taschereau (M.), 149.
Tasse (le), 86.
Termes, 129.
Thiébaut, 93.
Thomas (Avert., n. 4).
Thou (de), 14.
Tournemine, 156.
Trévoux (Journalistes de), 105, 156.
Tristan, 60.
Trudaine, 8 g.
Turnèbe, 14.

V

Valincourt, 132.
Van-Effen, 117.
Vaugelas, 30, 48, 56.
Vauvenargues, 71, 118.
Vaumorière, 62, 68.
Villemain (M.), 14, 43.
Villenave (M.) père (Avert., n. 13).
Villeroi, 18.
Viollet-le-Duc (M.), 118 b.
Virgile, 35, 104.
Visé, 85, 97.
Vivonne (suppl., n° 12).
Voiture, 64, 70, 86 (suppl., n° 12).
Voltaire, 8 f à 8 h, 42, 45, 50, 58, 66, 75, 92, 94, 95, 108, 109, 118 a, 139, 142, 150 (suppl, n°s 1, 2 et 3; av., n. 5, 14).

W

Walckenaer (M.), 89, 90 a et b.

TABLE DU PREMIER VOLUME.

Avertissement du nouvel éditeur.   I
Explication des signes abréviatifs.   xv
Errata.   xvi
Fac-similé de l'écriture de Boileau.
FRAGMENS D'UN ESSAI SUR LA VIE ET LES OUVRAGES DE BOILEAU.   j
Chapitre I. Coup-d'œil sur la vie de Boileau.   ibid.
APPENDICE au chapitre I. Preuves ou développemens.   v
Article Ier. Lieu de naissance de Boileau.   ibid.
Digression sur l'époque et le lieu de la naissance de Voltaire (voy. aussi Supplément, p. ccxxxvij).   xj
Article II. Noblesse des Boileau.   xvj
— III. Accident qu'on prétend arrivé à Boileau.   xxiij
— IV. Ses professeurs formés à l'école de Ronsard.   xxv
— V. Passion de Boileau pour l'étude... Premiers essais littéraires.   xxvj
— VI. Etude de la théologie et de la jurisprudence.   xxvij
— VII Fortune de Boileau.   xxviij
— VIII. Ses infirmités, sa mort, sa sépulture.   xxx
Chapitre II. Boileau considéré comme critique.   xxxiij
APPENDICE au chapitre II. Preuves ou développemens.   xlvj
Article I. Critique littéraire en vers.   ibid.
— II. Incivilité des critiques.. Auteurs censurés, nommés par Boileau.   ibid.
— III. Même sujet (incivilité des critiques etc.), et remarques sur de Pure, Colletet et Pelletier.   xlviij
— IV. Même sujet... Noms d'auteurs critiqués déguisés ou substitués à d'autres. Apologies de Boileau. — Sa justification quant à Cassagne.   xlix
— V. Epoques de la publication des bons ouvrages de Molière...Rapports de Molière et de Boileau.   liij
— VI. Poésie... Mauvais goût du public.   liv

Article VII. Même sujet.—Poëmes épiques du xviie siècle. lv
— VIII. Même sujet... De Chapelain. lvj
— IX. Suite du même sujet (mauvais goût... etc.). Auteurs dont la réputation est tombée. lvij
— X. Suite du même sujet. — Académie française. — Mauvais goût des littérateurs. lviij
— XI. Premières critiques de Boileau... Satires répandues en manuscrit. lx
— XII. Influence des satires. — Désordres de Paris avant 1667. lxj
— XIII. Mérite de la versification de Boileau. lxij
— XIV. Abus et préjugés qu'il attaque. ib.
— XV. Décence de son style. lxiv
— XVI. Satires publiées contre Boileau et les grands auteurs du xviie siècle. lxv
— XVII. Ses jugemens littéraires (Le Tasse, Voiture, Quinault, La Fontaine, Molière). lxvij
— XVIII. Sa prose... Dissertation sur la Joconde. lxxij
— XIX. Auteurs défendus ou assistés par Boileau. lxxiv
Chapitre III. Boileau considéré comme écrivain. lxxv
APPENDICE au chapitre III. Preuves ou développemens. lxxxj
Article I. Imitation des anciens... Reproches faits à Boileau à ce sujet. ibid.
— II. Ordre dans ses ouvrages... Transitions. lxxxij
— III. Opinion de Voltaire sur Boileau. — Vers devenus proverbes. lxxxiij
— IV. Critiques anciennes du style et de la versification de Boileau. — Opinion des modernes sur ce point.—Rimes pour les yeux. lxxxv
— V. Souplesse, verve, etc., du style de Boileau. xcj
Chapitre IV. Boileau considéré comme homme. xcij
APPENDICE au chapitre IV. Preuves ou développemens. ciij
Article I. Bénéfices possédés par des laïques.—Probité de Boileau. — Sa réception et ses assistances aux académies. ib.
— II. Son désintéressement. — Ses travaux comme historiographe. civ

Article III. Sa franchise courageuse. — Eloges qu'il
    donne aux jansénistes.   cvj
— IV. Boileau accusé injustement d'être le flatteur de
    Louis XIV.   cviij
— V. Exhortations à Louis XIV de préférer la paix à
    la guerre... Eloges que Boileau fait du roi à
    cette occasion.   cxj
— VI. Éloges donnés par Boileau à Molière.   ib.
— VII. Défense et éloges de Racine.   cxij
— VIII. Éloges donnés à Arnauld et à Cassandre.   cxiij
— IX. Son opinion sur le jansénisme et le molinisme.   ib.
— X. Boileau accusé d'impiété.   ib.
— XI. Sa générosité et sa bienfaisance.   cxv
— XII. Sa bonhomie, sa douceur, etc.   cxvj
— XIII. Son affection pour ses parens.   cxvij
— XIV. Calomnies et manœuvres de ses ennemis...
    Libelles qu'on lui attribue.   ib.
— XV. Critique trop amère qu'il fait de Perrault et
    de Le Clerc.   cxviij
— XVI. Sa docilité pour la critique. — Soin dans ses
    compositions... Second vers fait, dit-on,
    avant le premier... Esquisse en prose.   cxix
— XVII. Boileau aimé de tout le monde. — Sa can-
    deur et sa simplicité.   cxxij
— XVIII. Ouvrages de Boileau composés avant sa
    liaison avec Racine.   cxxiij
— XIX. Premières relations de Boileau et de Racine.
    Utilité de ces relations pour Racine.   ib.

NOTICES BIBLIOGRAPHIQUES.   cxxvij
  § 1. Editions de Boileau dont on s'est servi pour celle-ci. ib.
  Observations préliminaires.   ib.
  Editions.   cxxx
  § 2. Ouvrages divers.   ccxiij
  SUPPLÉMENT pour les tomes I (p. xij, xv, cxxxix,
    clxiv, 70, 438), II (p. 438), III (p. 439 et s., 455,
    462, 473), et IV (p. 9 à 16, 28, 76, 78).   ccxxxvij

PRÉFACES DE BOILEAU POUR LES ÉDITIONS COMPLÈTES
DE SES OEUVRES. 1
   Ire Préface : éditions de 1666 à 1669. . . . . *ib.*
   IIe — — de 1674, in-4°, et 1674 et 1675, petit in-12.
   IIIe — — de 1674 et 1675, grand in-12.
   IVe — — de 1683, 1685 et 1694. 10
   V^e — ou Avis mis en 1694 après la ive préface. . . . 14
   VIe — Editions de 1701. 13
Catalogue des OEuvres de Boileau, d'après l'édition de
   1713. 30
Table chronologique des OEuvres de Boileau. 34
Discours au roi. 41
SATIRES. 57
   Observations sur les satires considérées en général. 59
   Satire I. 63
   — II, à Molière. 83
   — III. 94
   — IV, à l'abbé Le Vayer. 113
   — V, au marquis de Dangeau. 126
   — VI. 139
   — VII. 150
   — VIII, à M. (Morel), docteur de Sorbonne. 159
Le libraire au lecteur (Préface de la satire IX). 185
   Satire IX. 187
Observations sur la satire X, considérée en général. . 217
Au lecteur (Préface de la satire X). 218
   Satire X. 220
   Satire XI, à Valincour. 268
Discours de l'auteur pour servir d'apologie à la satire
   suivante. 282
   Satire XII, sur l'équivoque. 289
Table de l'essai. 313
Table des noms des personnages cités dans l'Essai. . . 317

FIN DE LA TABLE DU TOME PREMIER.

www.ingramcontent.com/pod-product-compliance
Lightning Source LLC
Chambersburg PA
CBHW060308230426
43663CB00009B/1635